東南亞史研究5

印尼近現代史

陳鴻瑜　著

蘭臺出版社

序

　　印尼是二戰後掙脫荷蘭殖民統治而獲得獨立地位的東南亞國家，無論是土地面積和人口，都是東南亞的大國。但在國際政治上，印尼之國家領導人都採取低姿態，在國際政治舞台強調走中立不結盟路線，不介入美國和蘇聯（後來的俄羅斯）、中國的權力競爭中，故很少受到國際矚目。

　　荷蘭從1610年在安汶設立總督府開始，1619年將總督府遷到巴達維亞，開展對印尼群島的入侵活動。為了跟中國發展貿易，1622年在澎湖設立貿易據點，明國跟荷軍戰爭，後議和，1624年荷軍轉侵臺灣南部的大員。大員成為荷蘭前往中國和日本貿易的中繼站，也開展了台灣和印尼群島的關係。荷蘭將其統治印尼群島的政策措施應用到臺灣，荷蘭將其征服的印尼摩鹿加群島的班達島民送至臺灣做苦工，同時也將小琉球島民以奴隸身份賣至巴達維亞。

　　荷蘭以武力征服印尼群島各大小王朝和部落，臣服者必須簽署宣誓書，效忠荷蘭。荷蘭在臺灣南部也採用武力征服手段，但實行一種特殊的儀式值得一提，即被征服的部落必須呈交大員當局一株椰子樹苗或檳榔樹苗，連同土壤送至大員城堡、基隆和淡水城堡內種植，以示臣服之意。此一儀式很像十四世紀琅勃拉邦（Luang-Phra-Bang）、永珍（Viang Chan, Vientiane）等素可泰之藩屬國定期向素可泰國王進貢貢品和「金銀花樹（Bunga Mas）」；十八到十九世紀馬來半島北邊四個州，包括吉打、玻璃市、登嘉樓和吉蘭丹，以及寮國永珍王朝、琅勃拉邦也要向暹羅國王進貢「金銀花樹」。

　　二戰期間，日本統治印尼將近三年多，基此關係，臺灣銀行在印尼泗水、三寶壟、巴達維亞（雅加達）等地設有分行；華南銀行在三寶

壾設有分行。臺商在印尼銷售大稻埕的茶業，同時也經銷雜糧、日本棉布等。台灣和印尼再度建立起商業關係。

李登輝總統在1993年推動南向政策，有許多台商到印尼投資經商，由於台灣在印尼經商和旅遊人數增多，印尼政府特別開放台商輸入印尼的機器使用中文說明書，也允許台商愛到的卡拉Ok店唱歌時店內可使用中文字歌詞。此為當時印尼政府中文禁令環境下，開啟了一個出現中文字的小窗口。

筆者在2008年寫作《印度尼西亞史》一書，是一本縱貫印尼全史的著作。該書之著作權受到國立編譯館（現改為國家教育研究院）之限制，無法重印原文，作者僅能使用半數原稿。今為撰寫《印尼近現代史》，由於部分史事內容和《印度尼西亞史》一書相同，故筆者節錄《印度尼西亞史》一書中的近現代史部分章節，放入本書中。本書從第一章第三節起至第十章係節錄自《印度尼西亞史》一書，第十一章和第十二章係就原稿增補新資料，第一章第一節、第二節和從第十三到第十五章係新增部分。

在節錄原《印度尼西亞史》一書部分，亦做了部分文字和內容的修改。特別是早期瀏覽的網路資料，經過十多年已不復見，故重新搜尋，如目前還可以瀏覽到者則補上新的瀏覽日期。

本書如有疏漏之處，敬請博雅讀者諸君不吝指教。

臺灣花蓮人

陳鴻瑜　謹誌

2023年1月1日

目 錄

圖目次

表目次

第一章　導論

第一節　印尼在荷蘭入侵前的狀況

荷蘭探險家郝特曼（Cornelis de Houtman）於1596年率領船隊航抵印尼爪哇島西端的萬丹（Benten）港，尋求貿易機會以及企圖購買香料。當時印尼群島的情勢如何？這些土著國家如何因應荷人之入侵？

印尼由17,508個島嶼組成，其中只有6,000個島有人居住。[1] 由於島嶼眾多，難以形成一個大一統的政權。1552年，淡目（Demak）國王古倫加遜（Sunan Gunungjati）派遣其兒子哈山奴丁（Maulana Hasanuddin）統治萬丹，也控制順塔—加留巴（即雅加達）。1568年，哈山奴丁趁淡目亡國、政局混亂的機會脫離與淡目的關係而獨立，他是伊斯蘭教徒。1579年征服巴查查南（Pajajáran），爪哇島上最後一個印度教和佛教國家於焉滅亡，[2] 居民開始轉向信仰伊斯蘭教。有少數居民逃到山上，至今其後代仍住在該處，稱為巴杜伊族（Baduis）。1596年，萬丹出兵200艘軍艦跨越海峽征伐巴鄰旁，結果敗歸。

位在爪哇中部的馬塔蘭（Mataram），於1584年宣布脫離帕章（Pajang）王國的屬國地位，成為一個獨立國家，建國者是希納帕遜（Panĕmbahan Senapati Ingalaga, 1584–1601）。1588年，馬塔蘭征服淡目，1590或1591年征服茉莉芬（Madiun），1591年征服諫義里（Kediri）。1595年，又出兵茉莉芬平亂。1597年出兵萬丹，但失敗。1598和1599年

1　http://www.indonesia.go.id/en/index.php/content/view/112/336/
　　http://en.wikipedia.org/wiki/Geography_of_Indonesia 2007年7月10日瀏覽。

2　M. C. Ricklefs, *A History of Modern Indonesia Since C. 1200*, Stanford University Press, Stanford, California, 2001, third edition, p.43.

出兵杜板，但失敗。1591和1600年攻擊泗水南方的巴蘇魯安。在希納帕遜於1601年去世前，東爪哇唯一未攻下的地方是泗水及其附近地區，而西爪哇仍保持獨立地位的是萬丹和井里汶。

蘇門答臘的亞齊、巴鄰旁、米南加保（Minangkabau）、巴賽（Pasai）等都是獨立國家。蘇拉威西島（Sulawesi）、卡里曼丹（Kalimantan）、摩鹿加群島（Moluccas）、馬都拉島（Madura）、巴里島（Bali）、龍目島（Lombok）等都因為滿者伯夷（Majapahit）王朝的崩潰而脫離獨立。這些各自獨立的小國，有些只能算是部落，有其自己的統治者，他們過著自足的經濟生活，只有摩鹿加群島的土著仰賴香料出口。由於其香料透過印度商人販賣到地中海周邊國家，而引來葡萄牙和西班牙以武力征服這些產香料的群島。荷蘭人也隨之聞風而來，捲入這場爭奪香料的腥風血雨戰爭。

葡萄牙艦隊在1512年初在馬來水手的引導下先航經爪哇、小巽他群島（Lesser Sunda Islands）、安汶島（Ambon）、班達島（Banda）。當航抵班達島時，兩艘船破損，達布祿（Antonio da Breu）返回馬六甲。瑟拉歐（Francisco Serrão）修補船隻，繼續抵達安汶島以北海岸地帶的希度（Hitu），遭到土著的反抗。隨後葡軍又介入德那地（Ternate）和蒂多蕾（Tidore）兩島土著的衝突。葡軍支持德那地島。德那地蘇丹獲得鄰近72個島嶼土著的支持，包括帝汶島（Timor）。

德那地蘇丹賴斯（Abu Lais, 或稱Bayansirullah）對葡軍表示友善，任命瑟拉歐為其顧問，其他葡人也被任命為宮廷中的官員，蘇丹希望獲得葡軍的協助，葡軍得以在該島建設堡壘。而蒂多蕾蘇丹曼蘇爾（Kijai Hadji Mas Mansur）則歡迎從菲律賓返回西班牙的麥哲倫（Ferdinand Magellan）殘軍，雙方建立聯盟關係，共同對抗葡軍。

1513年3月，葡萄牙派遣特使到西爪哇的巴查查南，獲允在順塔—加留巴（今雅加達）設立堡壘。葡軍在德那地和巴肯（Bacan）設立倉庫。1515年8月18日，葡軍和商人航抵帝汶島，購買該島產的香料和檀香木。1520年，葡國商人前往佛羅里斯島（Flores）和梭洛（Solor）島尋求商品。

1522年2月，葡軍由迪布里托（Antonio de Brito）率領航抵班達島。5月，航抵德那地，建造石造的德那地（Sao Joao Baptista de Ternate）堡

壘。隨後並由耶穌會士（Jesuits）在島上開辦學校。1536年10月25日，葡萄牙行政長官格爾瓦歐（Antonio Galvao）抵達德那地，他積極建設德那地，建立德那地葡人城堡、學校和醫院。

葡萄牙和西班牙為了爭奪摩鹿加群島的勢力範圍，而在1529年4月22日簽訂札拉哥札條約（Zaragoza Treaty），葡萄牙付給西班牙35萬金幣，西班牙退出對摩鹿加群島的爭奪。

1536年，葡軍派駐德那地的總督為達嘎爾福（Antonio da Galv），他在安汶建造據點。1550年，葡軍在佛羅里斯島建造堡壘。

1556年，葡萄牙的多明尼康教派（Dominican）傳教士古斯毛（Domingos de Gusmao）抵達帝汶島西北方的梭洛島，除了建教堂外，亦建造堡壘，以保護信仰天主教的土著，對抗來自西里伯斯島（Celebes）（現稱蘇拉威西島）的伊斯蘭教徒的入侵。梭洛島成為葡萄牙在東印度群島東部的貨物轉運港，船隻到此等候季風。

1560年，葡萄牙在東爪哇的帕那魯康（Panarukan）建造天主教堂和貿易站。西班牙則在蘇拉威西島北端的萬鴉老（Manado）建立據點。

1575年7月15日，德那地蘇丹巴布烏拉（Sultan Baab Ullah）聯合附近土著的勢力驅逐葡人。葡人乃轉往蒂多蕾，在1578年建立新的堡壘。此時葡人在摩鹿加群島的活動中心在安汶島。有些葡人也遷徙到馬六甲和帝汶島。

1569年，葡人瑪拉瑪克（Gonlo Pereira Marramaque）在安汶島北岸建立一個木造堡壘。1572年，堡壘移至南岸。隨後瓦士康希洛司（Sancho de Vasconcelos）在吉拉拉（Gelala）和巴土瑪拉（Batumarah）分別建造木造堡壘。1576年3月25日，葡人在安汶市建造石造的阿南西亞達（Nossa Senhora da Anunciada）堡壘。耶穌會士在島上建造教堂。1591年，德那地軍隊進攻安汶的葡軍。1593年，再度進攻安汶的葡軍。1598年，爪哇人攻擊安汶。1600年，安汶島又遭到荷軍的攻擊。1605年2月23日，荷軍佔領安汶，葡人退出該島。

1556年，葡萄牙多明尼康教派傳教士塔維拉（António Taveira）抵達帝汶島，以後葡人勢力在島上發展，其初期據點在西帝汶的古邦（Kupang）和位在西帝汶而屬於東帝汶的利埠。帝汶島產白色的和紅色的檀香木，也產黃金。每年從帝汶經由馬六甲運至印度的商品價值達500

「克魯札多」（cruzados）（貨幣單位），運至澳門的商品價值高達1,000「克魯札多」。[3] 1647年，多明尼康派傳教士賈心托（Antonio de Sao Jacinto）在古邦建造堡壘。

第二節　第十六世紀荷蘭的狀況

荷蘭是靠近北海海濱的小國，沿海地勢低窪，有許多沼澤地，故被稱為低地國。國內產業以農牧業為主，其生產的農牧產品透過阿姆斯特丹、鹿特丹等港口運送到附近的國家，主要是英國、法國、比利時、葡萄牙和西班牙等。當時西歐國家航行的範圍很少到北非以南的地區，因為那是蠻荒不可知的世界。

1579年，在西班牙統治下的荷蘭北部7個信仰抗議教的省分格羅寧根（Groningen）、弗里西亞（Frisia）、歐瓦艾瑟爾（Overijssel）、古爾德斯（Guelders）、烏特勒支（Utrecht）、荷蘭（Holland）和熱蘭（Zeeland）聯合起來反抗西班牙的統治，他們在該年1月23日在烏特勒支簽署條約，成立「烏特勒支聯盟」（Union of Utrecht）。1581年，該7省宣佈獨立。歷史上被稱為「7個聯合尼德蘭共和國」（Republic of the Seven United Netherlands）或「尼德蘭聯省」（The United Provinces of the Netherlands），簡稱「荷蘭共和國（Dutch Republic）。

西班牙在1585年8月17日佔領安特衛普（Antwerp），荷蘭因此被分為兩部份，南荷蘭就是比利時，北荷蘭則持續對抗西班牙。直至1609年4月9日西班牙與南荷蘭和荷蘭共和國在安特衛普簽署停戰條約，荷蘭共和國的獨立地位獲得承認。

在布魯日（Bruges）、根特（Ghent）和安特衛普等城市的技術工人和富裕的商人，有很多人改信抗議教（Protestant），依據1585年安特衛普投降條約之規定，抗議教徒如不想改宗，則可在上述城市和哈布斯堡（Habsburg）王朝領土居住4年。因此從1585年到1630年，有許多抗議教徒搬遷到北荷蘭，主要集中住在阿姆斯特丹（Amsterdam）。使得該城市從小港口變成大港口和商業中心。

3　No author, "History of Timor," p.18. 參見 http://pascal.iseg.utl.pt/~cesa/History_of_Timor.pdf，2006年12月27日瀏覽。

由於荷蘭共和國信仰抗議教，其工作倫理有助於推動節儉和教育，使得荷蘭成為歐洲低利率和高教育率的國家，資金充足，財富增加，建造許多大型船艦，有助其航海事業之發展。風力磨房、泥碳提供了廉價的能源，境內運河四通八達，貨物可以很快速運到港口。利用風力的鋸木廠的發明，被轉用於建造風力推動的船艦，荷屬東印度公司（Dutch East India Company, VOC）擁有大量帆船，航行各大洋，成就了其海洋大國的夢想。

第三節　荷蘭開展對東方的侵略探險

葡萄牙人從1512年起控制從葡萄牙到香料群島的航線，將其在印尼群島的航線地圖列入機密，防止外國刺探。但荷蘭人林珠騰（Jan Huygen van Linschoten）在1595–1596年出版東印度或葡屬印度旅遊指　南（Itinerario naer Oost ofte Portugaels Indien, Itinerary to the East, or Portuguese, Indies），書中附了印尼群島地圖以及詳細描述了葡萄牙在東印度的發現。[4] 荷人據此書所述，在1595年4月2日由郝特曼率領4艘軍艦、249名水手和64門加農砲航向東印度群島。1596年6月23日，他抵達西爪哇的萬丹，而與葡人和當地人發生生意上的衝突，郝特曼在萬丹港口劫掠2艘爪哇船，葡人指控荷人為海盜，導致郝特曼及若干水手被捕。荷人遂砲轟萬丹港及船隻，雙方貿易關係破壞。郝特曼獲釋後乃將船隊駛往萬丹對岸的蘇門答臘港口。經數月後，他與萬丹始恢復友好關係。但葡人還是從中挑撥。郝特曼只好向東航行，沿著爪哇北海岸航行，在西大由（Sidayu）（位在東爪哇東北角），遭到海盜攻擊，損失一艘船，死12人。在馬都拉，又與馬都拉王子發生衝突，王子被殺死，荷人數名水手被捕，郝特曼付出贖金才救回這些水手。1597年，遠征隊航抵巴里島時，有數名水手留下，不願返回荷蘭。葡軍艦隊在迪布里托的指揮下，

4　林珠騰為荷蘭人，是一名旅行家和歷史學家，受雇於葡萄牙人，1583–1588年擔任葡萄牙駐印度果阿（Goa）總主教的秘書，其工作是聽取葡萄牙商人來往於果阿和香料群島的報告，因此知道許多商業情報，而這些是葡萄牙人意圖保密的。林珠騰在1592年返回荷蘭，在阿姆斯特丹，他繪製在果阿所見到的景象圖，並在1595–1596年出版東印度或葡屬印度旅遊指南。
http://worldviewmaps.com/fresh/details.aspx?pi=406 2005年4月5日瀏覽。

進兵萬丹蘇丹，以報復其與荷蘭商人進行貿易。戰爭結果，萬丹將葡軍擊退。郝特曼繞道東爪哇後於1597年返回荷蘭，只剩3艘船和89人。[5]此行帶回香料，不及其所付出的代價，惟對荷人是一個鼓舞。

圖1－1：荷蘭商人和歷史學家林珠騰（Jan Huygen van Linschoten）

資料來源："Jan Huyghen van Linschoten," *Wkikipedia*, https://en.wikipedia.org/wiki/Jan_Huyghen_van_Linschoten，2022年5月20日瀏覽。

圖1－2：林珠騰於1595年著作中刊載的印度果阿圖

資料來源：http://worldviewmaps.com/fresh/details.aspx?pi=406，2006年4月5日瀏覽

圖1－3：林珠騰於1595年著作中刊載的世界地圖

資料來源："LINSCHOTEN, Jan Huygen van (1563–1611). Itinerario Voyage ofte Schipvaert naer Oost ofte Portugaels Indien. Amsterdam: Cornelis Claesz., 1596–1595.," *Charistie's*, https://www.christies.com/zh/lot/lot-

---

5　M. C. Ricklefs, *op.cit.,* 2001, p.30.

6082942?lid=1&sc_lang=en，2022 年 5 月 20 日瀏覽。

圖 1－4：林珠騰於 1596 年所畫的東南亞圖

資料來源： "Southeast Asia by Jan Huygen van Linschoten. oriented to the East 1596," SANDERUS Antique maps & books," https://sanderusmaps.com/our-catalogue/antique-maps/australia/old-antique-map-of-southeast-asia-by-jan-huygen-van-linschoten-oriented-to-the-east-7026，2022 年 5 月 20 日瀏覽。

說　　明：該圖是從西方角度繪製的，圖下方右第一個島是爪哇島，其左邊是蘇門答臘島，其左上方呈東西向的是馬來半島。馬來半島的上方是婆羅洲。

　　1598 年，有 5 家公司組織 22 艘船隊，由范內克（Admiral Jacob van Neck）和瓦偉捷克（Vice-Admiral Van Waerwijck）率領，在 1598 年 11 月 28 日抵達萬丹。此時萬丹情勢有所改變，萬丹與葡軍發生戰爭。范內克小心地與萬丹蘇丹交往，迅速購買三船香料並運回荷蘭。另一艘船則往東航行經過雅加達、杜板、錦石（Gresik），一路上都獲得土人的友好接待。但在馬都拉還是一樣受到敵視，若干水手遭逮捕，付出高額贖金後才獲釋放。在安汶島的希度地區的土著願意賣香料給荷人，但數量微少。1599 年 3 月抵達班達，與土著進行貿易，有 2 艘船載回香料，另留下 20 人繼續購買香料。由瓦偉捷克率領 2 艘船前往德那地，獲得當地蘇丹友善待遇。但該地丁香數量不多，他決定設立一處貿易站。此次航行，荷人獲利 400%。船隊在 1600 年 9 月返抵荷蘭。但在 1599 年 6 月，郝特曼在與亞齊蘇丹戰鬥中喪生。

　　1598 年，荷蘭人范諾特（Olivier van Noort）遠征隊出發環遊世界，1600 年 5 月，橫越太平洋攻擊在關島的西班牙軍隊。范諾特成為環遊航行世界一週的第四人，前面三人分別為西班牙人麥哲倫，1519 年出航）、英國人德瑞克（Sir Francis Drake,1577 年出航）和英國人卡文迪許（1586 年

出航）。葡萄牙在加帕拉（Jepara）建立貿易站。范諾特的船隊亦抵達汶萊，然後沿著巴里海峽（位在爪哇島與巴里島之間）和爪哇南岸返回荷蘭。

　　第三次遠征隊是在1599年4月由指揮官哈根（Steven van der Hagen）率領3艘船，11個月後抵達萬丹。隨後與希度土著合作，進攻在安汶的葡軍，交換條件是唯有荷人有權購買希度的香料。荷軍雖包圍安汶葡軍，但無功而退。荷軍在希度地區建立范偉爾（Kasteel Van Verre）堡壘，留下少數軍隊駐守。

　　1600年，范內克再度率領船隊前往萬丹，但未獲允購買香料，他遂前往德那地。在前往蒂多蕾時遭到西班牙和葡軍的抗拒，亦未取得香料。他航向澳門，雖登陸，但不少水手遭葡軍逮捕處死。他再駛往泰國南部的北大年，獲土著友善待遇，仍遭到葡軍、暹羅和日本商人的抵制，只得再轉往萬丹。在1604年返回荷蘭。[6]

　　1601年，荷蘭有14艘船再度前往摩鹿加群島。該年12月25–27日，由哈梅茲（Wolfert Harmesz）率領的5艘荷蘭軍艦在萬丹港擊敗29艘葡萄牙艦隊。1602年1月1日，哈梅茲航向摩鹿加群島，與土著簽約獲取香料，知悉葡軍要攻擊德那地，便立即返航荷蘭。同時另一個由希姆史克克（Van Heemskerck）率領的船隊在萬丹亦遭到西班牙艦隊的襲擊，有2艘船返回荷蘭。他領一艘船沿著爪哇北岸航行，在淡目外海遭到土著襲擊，損失數名水手。他遂駛往北大年，再前往澳門，幸運地他擄獲一艘西班牙船，上面有17樽大砲和700名水手。在組成荷屬東印度公司之前的最後一次航行是由史皮爾柏（Joris van Spilbergh）率領的船隊，他航向亞齊，與英國艦隊指揮官蘭開斯特（Sir James Lancaster）合作俘擄一艘葡萄牙船隻，他留下史匹克斯（Cornelis Specx）擔任商務代表，即返回荷蘭。

　　由於各家船公司資本小，難以在東方競爭商業利益。在荷屬東印度公司成立前，荷蘭共派遣63艘船前往東印度群島，損失11艘船，有許多船員殉難。唯有資本雄厚的船公司才能獲得利益，也才能對抗西班牙和葡萄牙的勢力。[7]因此在歐爾登巴尼瓦特（Van Oldenbarnevelt）之號召

6　Eduard Servaas de, Klerck, *History of the Netherlands East Indies,* v.1, W. L. & J. Brusse, Rotterdam, 1938, p.201.

7　Eduard Servaas de, Klerck, *op.cit.,* v.1, p.202.

下，在1601年5月將聯合公司的意見向荷蘭政府提出，12月31日，荷蘭
國會（States-General）召集各家船公司開會，但未達成協議，因為熱蘭
（Zeeland）反對阿姆斯特丹擁有過大的影響力。1602年3月20日，這些船
公司聯合組成「聯合東印度公司」（United East India Company, Vereenigde
Oost-Indische Compagnie, VOC），設董事會（Board of Bewindhebbers），
由6個港口城市的商會組成，包括：阿姆斯特丹、戴爾福特（Delft）、
鹿特丹（Rotterdam）、霍翁（Hoorn）、恩克會增（Enkhuizen）和在
熱蘭的首府米德爾伯格（Middelburg）。各家商會出資比例如下：阿姆
斯特丹佔50%，熱蘭佔25%，戴爾福特和鹿特丹聯合組成的馬士卡莫
士（Maaskamers）公司，以及霍翁和恩克會增組成的諾德－科瓦遜爾
（Noorder-Kwartier）公司，則各佔12.5%。為防止阿姆斯特丹擁有過大
的權力，規定管理董事會的商會應輪流由熱蘭、馬士卡莫士、諾德－
科瓦遜爾任命擔任。董事會稱為Kamer van Zeventien，或習稱為Heeren
Zeventier。董事會決定船隊的裝備、目的地。董事會總部設在阿姆斯特丹
6年，以後再遷到米德爾伯格2年。[8]

　　在初期，各公司的董事總共有73人，分別擔任各委員會的工作，但
逐次將其人數減到60人。其中由阿姆斯特丹任命20人，熱蘭任命12人，
其他各公司任命7人。當有人出缺時，則由相關的委員會提名3名人選，
由省議會（Provincial States）任命。但此一規定從未執行。通常都是由阿
姆斯特丹決定遞補人選，而非由省議會決定。最後董事會由17人組成，
稱為「17人董事會」（Counsel of Hareen XVII, the Lords Seventeen），成
為荷屬東印度公司的最高機構。「17人董事會」之組成包括：8人來自阿
姆斯特丹商會的代表，4人來自熱蘭商會的代表，其他5人來自其他地區的
商會所派的代表。

　　該公司由荷蘭國會頒給憲章，賦予準主權的權力，它擁有從好望角
以東、麥哲倫海峽以西到東印度群島的專有貿易權21年，且可以與亞洲
國家宣戰、外交、媾和、訂約、建堡壘、建立軍隊、鑄幣、官吏任免、
商品輸入荷蘭免稅等權力，公司官員須宣誓效忠共和國和公司，公司
須服從國會的命令。該公司初成立時的資本額共642萬基爾德（荷盾）
（guilders, gulden，1基爾德約合27.6美分）。

8　Eduard Servaas de, Klerck, *op.cit.,* v.1, p.204.

表 1 - 1：荷屬東印度公司初籌集之資本額

商會名稱	資本額（荷盾）
Amsterdam	3,679,915
Zeeland	1,300,405
Enkhuizen	540,000
Delft	469,400
Hoorn	266,868
Rotterdam	173,000
總數	**6,424,588**

資料來源： "Dutch East India Company," *Answers.com,* http://www.answers.com/topic/dutch-east-india-company，2006 年 12 月 4 日瀏覽。

　　1602 年春天，荷屬東印度公司首度派遣 3 艘船，由狄沃特（De Weert）率領，他不幸在錫蘭遇害。他的船隊分為兩支，一支航向萬丹，另一支航向北大年。1604 年 4 月，到北大年的船隊滿載貨物回到荷蘭。

　　1602 年 6 月，瓦偉捷克率 11 艘船到東方，其中有 3 艘前往亞齊，與狄沃特的部分船隻會合再前往萬丹。與萬丹蘇丹交涉設立貿易站，不果。他繼續前往錦石，獲允設立貿易站。他繼續航至汶萊、柔佛（Johore）、北大年和暹羅。由於未能取得暹羅國王的介紹函，所以未能前往中國。他在 1607 年 6 月返回荷蘭。[9]

　　1603 年，荷屬東印度公司在萬丹設立正式官方貿易站，在萬丹和馬來半島的柔佛設立中央土庫（Central Rendezvous），做為商品和軍火的儲備之用。1604 年元旦，哈根抵達萬丹，安汶的特使已在該處等他，告訴他安汶情況已很險峻，因為西班牙的孟多薩（Admiral de Mendoza）對該島採取報復措施，該島島民曾協助荷蘭。2 月，哈根前往安汶，他抵達後兩天，西班牙軍即放棄在該島上的堡壘。荷蘭佔領安汶後，將之改名為維克托里亞（Victoria），驅逐葡萄牙天主教傳教士，強迫土著改信喀爾文教（Calvinism）。希度地區酋長與荷軍簽訂友好條約，宣誓效忠荷蘭政府，保證丁香只賣給荷屬東印度公司。佛瑞德里克‧迪‧郝特曼（Frederic de Houtman）被任命為安汶的第一任行政長官（Governor）（或譯為州長）。

　　荷蘭其他的艦隊則被派至蒂多蕾，經過一場硬戰後，將西班牙軍隊

9　Eduard Servaas de, Klerck, *op.cit.,* v.1, p.207.

驅逐出該島。但因兵力不足，1606年春天，西班牙軍隊重新佔領蒂多蕾和德那地兩島。蘇丹逃走後被俘，賽德蘇丹和其他貴族被流放菲律賓的馬尼拉。哈根從安汶前往班達，建立土庫（倉庫），獲得肉荳蔻和荳蔻的專賣權，並獲得信教自由的保證。蒂多蕾派遣特使到萬丹請求荷蘭出兵協助，荷軍司令馬特里福（Admiral Matelieff de Jonge）遂前往安汶，在1607年4月底抵達。為建立穩固的勢力，他允許荷人與土著婦女通婚，甚至留下一些官員在當地教育小孩。然後他前往蒂多蕾，在島上建立堡壘，讓蘇丹可以在遭到西班牙軍隊攻擊時有躲避的地方。他與蘇丹簽訂條約，蒂多蕾獲得荷屬東印度公司的保護，荷蘭則獲得丁香的專賣權。然而因為西班牙的威脅不斷，荷蘭很難維持其在該島的據點。馬特里福繼續前往越南中部的占婆（占城）和中國，尋找商業機會和利益，但收穫很少，在1607年11月轉到萬丹。

1606年4月率7艘船從荷蘭出發的范卡登（Van Caerden），目的在取得馬六甲，他在萬丹遇見馬特里福的船隊，後者不贊成此時攻打馬六甲，因為此時正吹西風，他於是勸范卡登攻取德那地，范卡登在1608年5月征服馬金島（Makian）上的西班牙堡壘，遇暴風而損失兩條船。9月，范卡登遭西班牙逮捕，被關在德那地的西班牙的嘎姆拉瑪（Gamu Lama）堡壘2年。馬特里福於1608年初返回荷蘭，有兩位暹羅特使與他隨行。他在萬丹亦安排一位土庫長埃賀麥特（Jacques I'Hermite），負責看管貨物。

在公司成立頭6年，已經在萬丹、錦石、德那地、馬金、安汶和班達等地設立貿易站。

1609年，荷人佔領在巴肯島上的葡軍堡壘。西班牙勢力滯留在摩鹿加群島直到1660年代為止。

荷蘭於1610年在安汶設立總督，首任總督為彼得・波特（Pieter Both）（1610–1614）。他抵達萬丹時，立即設立5人的「印度評議會」（Council of Indies, Raad van Indië），為總督的諮詢和監督機關，事實上，荷屬東印度公司董事會無法指揮遠在東印度的總督，所以總督擁有很大的權力。他亦成立審計長（Visitateur-General, auditor-general），負責監督各項機構和設施。1611年，荷屬東印度公司在雅加達（Jayakĕrta）設立貿易站。荷蘭人獲准在雅加達以1,200里耳（reals）（2,700盾）的

價錢購得一片土地，在該處建造房屋，他們在雅加達購買的貨物，除了準備出口的食物以外，一律要納稅。葡人和西班牙人不准到雅加達經商。彼得‧波特請求雅加達領主韋加亞克拉瑪（Pangeran Wijayakrama）（Pangeran意指領主、親王或偉大的統治者）准許他在雅加達建築堡壘，遭到拒絕，並且規定荷屬東印度公司以後輸出食物也要納稅。另外，荷人也獲准在芝里翁（Tjiliwoeng）河東岸建築商館。[10]

1613年4月18日，荷蘭從葡人手中取得梭洛的控制權。葡萄牙多明尼康教派將其總部遷往佛羅里斯島的拉鬱吐卡（Larantuka）。荷屬東印度公司在加帕拉和帝汶島設立貿易站。1616年，荷蘭攻打班達島。

雅加達由領主韋加亞克拉瑪統治，為萬丹的屬國。1618年12月，萬丹準備對付雅加達和荷屬東印度公司，就委派英國人戴爾（Admiral Thomas Dale）到雅加達驅逐荷蘭人。馬塔蘭王國的阿貢蘇丹（Sultan Agung）禁止賣米給荷屬東印度公司，阿貢蘇丹的加帕拉總督攻擊在該地的荷屬東印度公司的貿易站。荷軍則燒毀加帕拉作為報復。荷軍亦重新佔領梭洛。1619年初，荷屬東印度公司委派彼得昆（Jan Pieterszoon Coen）為總督。[11]他將雅加達荷屬東印度公司的辦事處周圍築起磚牆，成為堅固的堡壘。韋加亞克拉瑪亦在市區周圍開始築城，並允許英國人加強其在芝里翁河西岸的據點，以與荷蘭人對抗。彼得昆摧毀英國辦事處。後來英國艦隊在雅加達港口遇見彼得昆的小艦隊，將之擊敗。彼得昆乃逃至摩鹿加群島，號召援軍。但城內的荷屬東印度公司的堡壘未被英國人佔領。因為萬丹首相阿里阿‧拉納莽卡拉和韋加亞克拉瑪不願英國人在雅加達的勢力增強。

10　[印尼]薩努西‧巴尼著，吳世璜譯，**印度尼西亞史**，上冊，商務印書館香港分館，香港，1980年，頁256~257。

11　彼得昆於1587年生於荷蘭的霍恩（Hoorn），父親並無顯赫身世，他年輕時到羅馬求學，主修商業課程，他精通拉丁語、法語、英語、義大利語、西班牙語和葡萄牙語。21歲時，隨著韋霍夫（Verhoeff）海軍司令的艦隊前往東方國家。韋霍夫在班達遭到土著殺害，此也許影響到彼得昆後來擔任總督後對班達土著採取鎮壓手段。1612年，他重返荷屬東印度，擔任商務官（Uppermerchant），次年，擔任總會計長（Accountant-General），他採用各土庫的簿記方法，此一方法使用到荷屬東印度公司結束為止。1629年9月21日，因病死於印尼，享年42歲。參見Eduard Servaas de, Klerck, *op.cit.,* v.1, pp.218,237.

圖 1－5：彼得昆總督

資料來源：http://nl.wikipedia.org/wiki/Jan_Pieterszoon_Coen，2022 年 5 月 12 日瀏覽。

　　1619 年 1 月底，萬丹蘇丹不願意英國控制雅加達，所以出兵攻擊在雅加達的英軍，英軍指揮官戴爾逃至其船上，萬丹軍隊將韋加亞克拉瑪驅趕至山上。萬丹軍隊佔領雅加達，荷屬東印度公司仍保有在雅加達的堡壘。1619 年 3 月 12 日，荷屬東印度公司將該城名字改為巴達維亞（Batavia），[12]以荷軍大都來自巴達維亞族之故。5 月 10 日，彼得昆率領 16 艘船、1,200 名軍隊回到巴達維亞（以下簡稱吧城），路經加帕拉時，將城焚燬，包括英國的貿易站。28 日，進攻吧城，驅逐萬丹軍隊。以後吧城成為荷屬東印度公司在遠東的指揮總部。8 月，荷蘭開始重新在吧城築城。

　　彼得昆為了繁榮吧城，就必須阻止萬丹的商業活動，他於是封鎖萬丹港，強迫在萬丹運載胡椒的船舶開往吧城，並強迫前往萬丹買賣胡椒的中國船隻開往吧城。為了讓城內有手工業者和農民，彼得昆以免稅的方式吸引華人前來吧城，並在吧城周圍開闢水田，使吧城不致過於依賴馬塔蘭。他委任一名華人蘇鳴岡（或譯為蘇明光）為華人的首長（甲必丹）（Capitan）。[13]在建城第一年，城內華人只有 800 人，10 年後，華人人數達到 2 千人。[14]1638 年，華人增加到 1 萬 2 千人。城內貿易、小商販、工匠業、承包稅、商品供應、貸款業和典當業都由華人經營。

12　Eduard Servaas de, Klerck, *op.cit.,* v.1, p.218. 但巴尼認為改稱巴達維亞的時間是在 1621 年。參見[印尼]薩努西‧巴尼著，**前引書**，上冊，頁 258。

13　[印尼]薩努西‧巴尼著，**前引書**，上冊，頁 259。

14　Bernard H. M. Vlekke, Nusantara: *A History of the East Indian Archipelago,* Harvard University Press, Cambridge, Massachusetts, U.S.A., 1943, p.131.

第四節　馬塔蘭王國陷入荷蘭威迫之險境

1613年，馬塔蘭由瑪斯・朗商（Mas Rangsan）繼位蘇丹，號稱：巴寧巴漢・阿貢・斯諾巴迪・英・阿羅科・卡甫杜爾拉赫曼（Panĕmbahan Agung Senopati Ingalaga Gabdurrahman）（1613–1645），他以蘇丹阿貢著稱。他的首都在卡達蘇拉（Kartasura）。一般人朝觀蘇丹時，蘇丹坐在檀木長凳上，這長凳擺在四方形的石臺上（每邊長約3公尺），凳子旁有花盆，裡面栽種幾棵小樹，蘇丹坐在小樹下。在蘇丹周圍分作三排，坐著數百名文武官員。朝觀國王每週舉行兩次，分別在星期一和星期四。星期六在草場上舉行戰鬥演習。每逢穆罕默德聖誕日各地的領主和副領主皆須到首都集會。[15]

馬塔蘭在1622年出兵8萬進攻泗水，因缺乏糧食，被迫撤退。1624年佔領馬都拉。蘇丹阿貢繼續以停止供應大米給荷蘭人為手段，迫使荷人與其聯手佔領萬丹以及荷屬東印度公司不再援助泗水。蘇丹阿貢另又要求收回加拉橫（Krawang），該地以前為馬塔蘭的屬領，後改屬萬丹。但荷蘭對這些要求，沒有答應，荷蘭企圖在萬丹和馬塔蘭之間維持平衡和對峙，以取得優勢，談判遂拖延不決。

阿貢在1625年自上尊號「蘇蘇胡南」（Susuhunan），意即最高的統治者。他在該年控制泗水之後，就將注意力轉到吧城，在1628年8月派遣第一批軍隊行軍500公里抵達巴達維亞；10月，又派遣第二批軍隊進攻，結果失敗。1629年5月，再度準備進攻巴達維亞，但其在直葛和井里汶的糧倉和船隻遭荷蘭海軍破壞，而減損其戰力。從8月到10月，爪哇軍隊對巴達維亞進行包圍戰，最後因為疾病和飢餓而敗戰。彼得昆亦在9月20日因霍亂病死於堡壘中。[16]戰敗的馬塔蘭軍隊的指揮官，亦被處死。

蘇丹阿貢為對付荷蘭，企圖聯合控制馬六甲的葡人、柔佛和望加錫（Makassar），但在聯盟未建立之前，荷蘭在1641年佔領馬六甲，使蘇丹阿貢的希望破滅。

1642年，蘇門答臘南部的巴鄰旁統治者親自到卡達蘇拉請求援助，

15　[印尼]薩努西・巴尼著，前引書，上冊，頁262。Bernard H. M. Vlekke 的書將阿貢蘇丹的英文姓名寫為 Tjakrakusuma Ngabdurrahman (Sultan Agung)。參見 Bernard H. M. Vlekke, *Nusantara: A History of the East Indian Archipelago,* p.415.

16　M. C. Ricklefs, *op.cit.,* 2001, p.53.

以反抗荷屬東印度公司的入侵，蘇丹阿貢派遣海軍援助，但中途遭荷蘭艦隊消滅。荷蘭與巴鄰旁簽訂條約，取得該地的專屬貿易權。同年，荷蘭公佈巴達維亞法令（Statutes of Batavia），作為其控制領地的法律。

1646年，蘇丹阿貢去世，其所統治的疆域包括中爪哇、東爪哇、蘇門答臘的巴鄰旁和占卑（Jambi）、卡里曼丹的馬辰（Banjarmasin or Bandjarmasin）。蘇蘇胡南阿蠻古拉特一世（Susuhunan Amangkurat I）[17]繼承阿貢蘇丹的王位。9月24日，馬塔蘭與荷蘭簽訂友好合作條約，規定：(1)共同對付外來敵人；(2)引渡欠債者；(3)雙方交換戰俘；(4)荷蘭歸還擄獲自1642年阿貢蘇丹遣使到麥加朝聖時攜帶的金錢；(5)除了安汶、德那地或班達外，馬塔蘭的船隻得前往荷蘭的各個港口進行貿易。但假如要駛往馬六甲或其他的地點，須先向吧城申請許可。(6)荷蘭人每年派遣使節到馬塔蘭，而馬塔蘭出國的使節須乘荷蘭船隻。荷蘭在該年亦在塔寧巴群島（Tanimbar Islands）設立貿易站。葡萄牙亦在西帝汶的古邦，建立殖民地點。1647年，荷蘭又規定馬塔蘭的船隻如欲開往馬六甲或經過馬六甲（荷蘭在1641年控制馬六甲），須持有荷蘭發給的准許證。[18]上述規定迫使馬塔蘭無法繼續前往摩鹿加群島以及蘇門答臘、馬六甲等地進行貿易活動，爪哇的對外貿易幾乎停頓，馬塔蘭逐漸變成一個農業國家，其大米也無法外銷，農民生活日益窮困。

1647年，爪哇東南部的東角（Eastern Salient）（即巴南邦岸所在地）發生叛亂，馬塔蘭出兵，結果失敗。此後，該地脫離馬塔蘭的控制。1650年，馬塔蘭命令井里汶出兵進攻萬丹。1657年底，馬塔蘭再度出兵萬丹，結果都失敗。巴里島軍隊進攻東爪哇海岸，馬塔蘭毫無力量反擊。爪哇之外，只有巴鄰旁還承認馬塔蘭的宗主權。

從1646年到1654年，荷屬東印度公司數度遣使到馬塔蘭首都交涉供應糧食問題。1651年，荷屬東印度公司重新在加帕拉設立貿易站。荷屬東印度公司與爪哇北岸的貿易開始活絡起來。[19]但海岸貿易的利益與內陸的利益衝突，出口米和木材增加，國王的稅收卻減少，導致在1652年禁

17　阿蠻古拉特一世為蓋世之昏君，且為稀有之暴主，誅殺前朝大臣及家族，亦濫殺平
　　民，民怨不已。參見沈鈞編著，**蘭領東印度史**，中華學術院南洋研究所重刊，文史
　　哲出版社，臺北市，民國72年，頁66–67。

18　[印尼]薩努西·巴尼著，**前引書**，上冊，頁273。

19　M. C. Ricklefs, *op.cit.*, 2001, p.93.

止出口米和木材。阿蠻古拉特一世對荷屬東印度公司說，此舉不是針對荷蘭而是萬丹，如果荷蘭有米和木材的需要，可直接與他談判數量和價格。其目的在獲取米和木材出口的利益。1655年，阿蠻古拉特一世進一步下令關閉港口。1657年，重開港口。該年再度進攻萬丹。1658年，荷蘭在萬鴉老設立貿易站。1659年，荷屬東印度公司攻擊巴鄰旁，焚燬該城，另重建該公司的貿易站。7月10日，荷蘭與萬丹簽約，規定雙方交換戰俘和逃奴，荷屬東印度公司的船隻可到萬丹做生意，並獲得免租金和稅的優待，另亦劃分荷蘭領地和萬丹的疆界。馬塔蘭為了報復，在1660年又關閉港口，荷屬東印度公司在加帕拉的貿易站亦遭關閉。1661年，重開港口。

　　阿蠻古拉特一世企圖控制港口貿易以及獨佔與荷屬東印度公司的貿易是有關聯的，他的目的有四：(1)確保王室能取得港口貿易的收入。(2)重建與荷屬東印度公司的藩屬關係，他相信1646年與荷屬東印度公司的條約已確立該藩屬關係。(3)獲取荷屬東印度公司的禮物，可使其皇宮增加華麗和光榮，諸如波斯馬等。(4)獲得荷屬東印度公司的金錢，以彌補其王國財政之不足。為達成以上目的，他迫使荷屬東印度公司在1667、1668、1669等年遣使到國王所在地埔里瑞德進行談判，但都告失敗。[20]

　　卡里曼丹在1659年後脫離馬塔蘭的勢力。占卑在1663年後，拒絕馬塔蘭的宗主權，而與荷屬東印度公司合作。

　　1675年，望加錫人叛亂，攻擊杜板（廚閩）。特魯那加雅（Trunajaya）率領的馬都拉叛軍亦佔領泗水。東爪哇沿岸地帶紛紛脫離馬塔蘭的控制。馬塔蘭王國朝廷內部分裂成兩派，一派主張與荷屬東印度公司合作，另一派反對與基督教徒合作。1676年，荷蘭協助馬塔蘭平定馬都拉叛軍。1676年10月，馬塔蘭的軍隊在爪哇東北海岸的哥哥多各（Gogodog）（在三寶壟 (Semarang)地區）遭遇叛軍特魯那加雅的軍隊，在尚未接戰前，馬塔蘭的軍隊就潰散。1677年1月，叛軍控制東爪哇海岸重要港口，甚至井里汶也改投向叛軍。

　　1676年，特魯那加雅自稱榮譽領主（panĕmbahan）和拉惹（raja，即國王），自稱為滿者伯夷的後代，有權擔任馬塔蘭的國王，但他未能獲得望加錫人的支持。荷蘭史皮爾曼將軍率軍囤駐加帕拉，威迫阿蠻古拉特

20　M. C. Ricklefs, *op.cit.,* 2001, p.94.

一世修訂新約，以作為鎮壓叛軍之條件。

　　1677年2月25日，阿蠻古拉特一世與荷屬東印度公司重修訂1646年的友好條約，規定：(1)荷蘭同意協助馬塔蘭對抗進攻其港口的敵人，而給予荷屬東印度公司在爪哇各港口入口免稅的優惠。(2)荷蘭在吧城的領地向東延展，荷蘭可以在任何港口設立土庫。(3)荷屬東印度公司每年可按照市場價格獲得4千擔大米。(4)馬塔蘭將限制馬來人、阿拉伯人和外國人居住在馬塔蘭。(5)馬塔蘭將償付荷蘭平定叛軍的費用25萬里耳和3千擔米，分3年還清。如果戰爭持續到1677年7月以後，則蘇蘇胡南每月還須償付2萬里耳。[21]

　　荷軍指揮官史皮爾曼獲得阿蠻古拉特一世的授權可以代表他簽訂條約。5月，荷屬東印度公司進軍海岸地帶，將特魯那加雅逐出泗水，擄獲100樽加農砲。荷軍將特魯那加雅的軍隊逼入內陸，導致更多爪哇人加入其軍隊。6月，特魯那加雅的軍隊攻入馬塔蘭首都埔里瑞德，阿蠻古拉特一世與其王儲逃向由荷屬東印度公司控制的東北海岸地帶（其首府在三寶壠），由其另一個兒子普哲王子（Pangeran Pugěr）領軍對抗叛軍。特魯那加雅擄掠埔里瑞德後，領軍投向諫義里。普哲重新佔領埔里瑞德，自稱蘇蘇胡南殷格拉格（Susuhunan Ingalaga），此後與其王儲哥哥陷入緊張關係。阿蠻古拉特一世逝於東北海岸，王儲在1677年7月登基，稱蘇蘇胡南阿蠻古拉特二世（Susuhunan Amangkurat II, 1677–1703）。

　　阿蠻古拉特二世為了鞏固其地位，尋求荷蘭的支持，在1677年10月和1678年1月15日，與史皮爾曼將軍議訂新約，其中規定：(1)荷屬東印度公司承認阿蠻古拉特二世為馬塔蘭正當合法的國王。(2)荷屬東印度公司享有在馬塔蘭全國通商自由，且得於南望（Rěmbang）建造船塢。(3)荷屬東印度公司輸往馬塔蘭之貨物，全部免稅。(4)荷屬東印度公司之疆界得擴張至卡拉灣（Krawang）及勃良安（Priangan）之一部份茵德拉馬卓（Indramajoe）沿線。(5)割讓三寶壠市及其外圍地域。(6)允諾給予荷屬東印度公司海岸港口的稅收，直至荷屬東印度公司出兵清除從直葛到加帕拉的叛軍的軍費完全清償為止。(7)荷屬東印度公司還擁有購買米和糖的專有權、進口紡織品和鴉片的專有權、免稅權。(8)承認巴達維亞的向南到印度洋的疆界，以致於整個勃良安高地變成荷屬東印度公司的土

21　[印尼]薩努西·巴尼著，**前引書**，上冊，頁279–280。

地。[22]阿蠻古拉特二世因為無法支付賠償費給荷蘭，允諾放棄三寶壟以及對勃良安的主權主張、沿岸港口的收費。荷印總督馬蘇特圭爾（Joan Maetsuycker）及「印度評議會」之多數委員對於史皮爾曼將軍與阿蠻古拉特二世簽約一事，不甚同意，蓋史皮爾曼將軍之行動，與總督所採之溫和政策相反，且條約之內容對於馬塔蘭之善意乞援，有近於要挾意味。1678年9月，荷蘭派遣賀德（Anthonio Hurdt）與阿蠻古拉特二世的軍隊聯合進入爪哇內陸，摧毀在諫義里的特魯那加雅的軍隊，重獲滿者伯夷的金冠和馬塔蘭王室傳家寶，特魯那加雅逃走，在1679年被捕。1680年1月，阿蠻古拉特二世親手用刀將其刺死。荷軍入侵馬都拉，自稱係代表馬塔蘭行事。特魯那加雅的叔叔卡克蘭寧格拉特二世（Cakraningrat II）控制西馬都拉，而荷蘭控制東馬都拉。

1680年9月，阿蠻古拉特二世和荷軍佔領舊首都埔里瑞德，蘇蘇胡南殷格拉格逃往八加連。阿蠻古拉特二世將首都遷往握諾克爾托（在梭羅之西），命名為卡達蘇拉。1年後，蘇蘇胡南殷格拉格佔領舊首都，又被阿蠻古拉特二世逐回八加連。以後雙方議和。[23]

位在吧城南方的沙臘山（Salak）在1699年火山爆發，火山灰淹沒流入吧城的芝里翁河，將之阻絕，吧城市內惡水充溢，釀成疫病，很多市民死亡。

馬塔蘭並未履行與荷屬東印度公司的條約，阿蠻古拉特二世拒絕支付荷蘭軍費以及供應米、木材和糖，關於割讓三寶壟給荷蘭，其疆界出現衝突，荷蘭繼續利用加帕拉作為其沿海地帶的總部。荷蘭在1682年對馬塔蘭的欠債停止計息，希望蘇蘇胡南能償還一部份欠款。蘇蘇胡南的欠款達1,540,000里耳，此從特魯那加雅於1677年佔領馬塔蘭首都以來，債務增加5倍。[24]阿蠻古拉特二世與荷蘭陷入緊張關係。

普哲於1681年建立一支軍隊，佔領馬塔蘭的中心地帶，但無法佔領卡達蘇拉，因為該地獲荷軍保護。荷軍將其逐退。

1684年，勃良安（包括蘇木丹、萬隆、蘇卡甫拉、卡隆貢和巴拉幹・蒙章）的領主和印巴・尼卡拉、固阿森（在這之前，印巴・尼卡

22　M. C. Ricklefs, *op.cit.*, 2001, p.99. 沈鈞編著，**前引書**，頁69。

23　[印尼]薩努西・巴尼著，**前引書**，上冊，頁285。

24　M. C. Ricklefs, *op.cit.*, 2001, p.105.

拉、固阿森原為勃良安東南部卡魯勒痕區的一部份）地區的首長服從荷屬東印度公司的命令。2年後，他們公開表示不是蘇蘇胡南的下屬，而是荷屬東印度公司的臣僕，向荷屬東印度公司繳納貢賦並聽從其命令。[25]

　　1688年，邦加島的地方領袖要求荷蘭保護。1689年，吧城發生反荷運動，失敗後，起義領袖逃到卡達蘇拉。1694年，荷蘭開始與蘇門答臘的多巴湖（Lake Toba）附近的巴塔克族（Bataks）接觸。

　　1703年，阿鑾古拉特三世（Amangkurat III）登基（1703–8），他與其叔叔普哲不合，普哲攜其家眷在1704年3月逃到三寶壠，請求荷蘭協助其擔任國王。西馬都拉的卡克蘭寧格拉特二世支持普哲，而且使荷蘭相信爪哇人是支持普哲的，荷蘭受其影響，在1704年6月，承認普哲為蘇蘇胡南帕庫布烏諾一世（Susuhunan Pakubuwana I, 1704–19），從此展開第一次的馬塔蘭的王位繼承戰爭（1704–8）。帕庫布烏諾一世獲得沿海地帶和荷蘭的支持，荷蘭也以其名義佔領淡目和附近沿岸地區。阿鑾古拉特二世和帕庫布烏諾一世都在1705年派遣代表到吧城，請求荷蘭協助。但普哲派遣大使到三寶壠的時間早於帕庫布烏諾一世，已為荷蘭所接受，所以荷蘭於3月18日承認普哲為帕庫布烏諾一世。6月19日，帕庫布烏諾一世於三寶壠舉行公開就職蘇蘇胡南的典禮。9月，在英國的協助下，英國賄賂卡達蘇拉的指揮官，允許他控制沙拉笛加（Salatiga），其他官員可以保留原職，結果帕庫布烏諾一世的軍隊很順利的進佔王都所在地卡達蘇拉，沒有遭到抵抗。阿鑾古拉特三世攜帶金銀珠寶和傳家寶往東逃，與蘇拉帕遜（Surapati）結合。以後3年在東爪哇爆發戰爭。

　　帕庫布烏諾一世曾在1705年10月5日與荷屬東印度公司簽訂條約，其中規定：(1)荷蘭放棄1705年以前馬塔蘭所積欠的債務。(2)帕庫布烏諾一世承認巴達維亞的疆域包括勃良安。(3)承認井里汶為荷屬東印度公司的保護地。(4)割讓馬都拉島東半部給荷蘭。(5)承認荷蘭控制三寶壠。(6)荷蘭有權在爪哇任何地點建立堡壘。(7)荷蘭有權購買她所需要的米。(8)承認荷蘭有進口鴉片和紡織品的專有權。(9)馬塔蘭每年提供免費的米800「科揚」（koyan）（約3百萬磅或1,300立方公噸）（每一科揚約重27–40擔）給荷屬東印度公司，為期25年。(10)恢復荷屬東印度公司在王宮所在地駐軍，費用由國王支付。(11)規定爪哇船隻航行不可超過以下之範圍，向東

25　[印尼]薩努西‧巴尼著，前引書，上冊，頁290。

到龍目島，向北到卡里曼丹，向西到南蘇門答臘的楠榜。(12)雙方同意不
讓其他歐洲國家在爪哇建造土庫和堡壘。10月11日，帕庫布烏諾一世和荷
蘭簽署協議，支付荷蘭駐軍卡達蘇拉的費用。1709年，雙方再度簽約，規
定關於運送米、木材、靛藍和咖啡（1696年由荷蘭引入爪哇栽種），荷蘭
擁有專有權。[26]

　　1706年，帕庫布烏諾一世和荷蘭聯合出兵攻佔諫義里，蘇拉帕遜在
班吉爾（Bangil）被殺。1707年，再佔領巴蘇魯安，阿蠻古拉特三世和蘇
拉帕遜的兒子潘加丁（Pangating）逃到瑪琅（Malang）。此次戰爭，為自
從對抗特魯那加雅以來，荷蘭首度介入爪哇事務的戰爭。參與此次戰爭
的雙方兵力高達46,000人，在戰爭中因疾病死亡者多於戰鬥死亡者。[27]

　　1708年7月17日，阿蠻古拉特三世在泗水同意與荷蘭談判，他希望荷
蘭允許其控制一部份爪哇的土地，他也不向帕庫布烏諾一世投降。但荷
蘭將他逮捕，並於8月24日放逐到錫蘭。

　　荷屬東印度公司為了重新考慮爪哇和馬都拉的統治問題，在卡達蘇
拉召開大會，所有的攝政官（Adipati）（意指殖民地時期具有bupati身份
的頭銜）都出席。結果將馬塔蘭王國劃分為43州，各州在王國關係上地
位平等，彼此沒有從屬關係。並規定每州應向荷屬東印度公司繳納土產
和貨物，例如西爪哇沿海各州應繳178「科揚」大米及3千4百個「零吉」
（1零吉約合2盾5角）銀幣。荷屬東印度公司所需要的土產和貨物包括：
靛藍、糖、線、牛皮、胡椒和豆類。泗水的攝政官反對該項規定，結果
在王宮舉行的宴會中，遭荷屬東印度公司派人暗殺。[28]1713–1714年，威囊
安攝政官起兵反對阿蠻古拉特三世，後來失敗退入巴南邦岸。

　　1719年2月，阿蠻古拉特三世去世，由其兒子阿蠻古拉特四世
（Amangkurat IV）繼位（1719–1727），但其弟弟布里塔（Blitar）和普巴
亞（Purbaya）發動叛亂，攻擊王宮，幸賴荷蘭軍隊保護，擊退叛軍。國
王的叔叔阿雅・馬塔蘭王子（Pangeran Arya Mataram）也在北爪哇海岸發
動叛亂，自稱國王。從1719–23年，馬塔蘭再度陷入王位繼承戰爭（第二
次王位繼承戰爭）。1719年10月，阿雅・馬塔蘭投降。布里塔逝於1721

26　M. C. Ricklefs, *op.cit.,* 2001, pp.111–112.

27　M. C. Ricklefs, *op.cit.,* 2001, pp.110–111.

28　[印尼]薩努西・巴尼著，**前引書**，上冊，頁305。

年，普巴亞於1723年在巴達維亞被捕。

1717年，荷蘭指控泗水的攝政官與東爪哇的抗荷軍合作，帕庫布烏諾一世對於此事影響他與荷蘭之間的關係，感到不快。年老的攝政官投降，以期結束此一不安，但帕庫布烏諾一世逮捕他後在卡達蘇拉予以處死。攝政官的兒子普士披塔（Jaya Puspita）領導叛軍在泗水、諫義里、龐越（Probolinggo）、巴南邦岸和馬都拉一帶活動，獲得巴里島的協助。荷蘭加強軍力對付該一叛軍。1718年，荷軍佔領泗水和茉莉芬。叛軍仍在東爪哇活動。

1719年，阿蠻古拉特四世繼承馬塔蘭的王位，引起衝突，叛亂的王子往東逃逸，馬塔蘭和荷蘭的聯軍將叛軍從諫義里逐出到瑪琅的崇山中。荷屬東印度公司禁止印尼人民在瑪琅、龐越、南海漳、巴拿魯幹、一直到巴南邦岸邊界的地區居住，並將這一帶種植的稻子全部剷除。不願遷出此一地區或進入該一地區者，格殺勿論，以便建立秩序。[29]

1723年，荷蘭在勃良安強制種植咖啡。1726年，帕庫布烏諾二世（Pakubuwono II）繼承馬塔蘭王位，年僅14歲。1728年，王室爆發內部衝突，荷蘭將曼庫尼加拉王子（Pangeran Mangkunegara）予以放逐。1731年，荷屬東印度公司總督范克倫（Dirk van Cloon）及其他高官因財務處理不當，被「17人董事會」召回荷蘭。1734年，帕庫布烏諾二世宣佈將巴南邦岸劃歸荷屬東印度公司管轄，但當時該地仍在巴里島國王的控制之下。

從1733年起到1795年，爪哇流行霍亂，傷亡慘重，光是荷屬東印度公司在巴達維亞雇用的員工就有85,000人得霍亂以及其他疾病死亡。由於傷亡事件嚴重，導致總督范克倫在1735年離職。「印度評議會」對於繼任人選無法決定，最後改用抽籤方式，由年邁的帕特拉斯（Abraham Patras）出任總督，他是荷屬東印度公司唯一的法國籍總督。帕特拉斯在1737年去世。同時荷屬東印度公司的商業經營出現困難，出口減少，市場估計錯誤，例如出口到荷蘭的糖數量過多，而咖啡數量過少，結果荷屬東印度公司要求總督和總務長從他們自己的口袋掏錢彌補此一損失。[30]

29　[印尼]薩努西‧巴尼著，**前引書**，上冊，頁310。
30　M. C. Ricklefs, *op.cit.*, 2001, pp.118–119.

第五節　紅溪慘案

在巴達維亞城內，華人人數增加，他們大都從事商業、技術工人、糖坊業主和小店主。富裕的華人也和荷蘭人一樣，任意規定稅率和無償勞動的天數，例如在煉糖廠服役的天數。又由於他們放高利貸，勢力日益增長，而威脅荷屬東印度公司的利益。荷人為對付華人，乃採取居留許可證制，若無居留許可證，將被驅逐出境，遣返中國。

1677年，荷屬東印度公司規定華人如果事先沒有獲得許可證，不准與吧城附近地區的印尼人進行貿易。荷蘭官吏利用該一條例增加私人的收入。[31]

1740年，城內有25,00戶華人，城內外華人總人數不少於15,000人，約佔吧城總人口數的17%。雖然荷屬東印度公司當局對華人移入加以限制，但他們還是有辦法偷渡進城。因為華人人數過多，有些是無業遊民或參加地下幫會，荷屬東印度公司當局下令逮捕一切無固定職業的華人，不管他們有無居留證。荷人將這些無業華人押解用船載運出港，原本是將他們運至錫蘭和南非，當奴隸賣掉，使之在肉桂園工作。但謠言說他們的船在航至吧城外海時就被拋下海裡。消息傳到城內，遂引發華人不滿，10月7日，在城外的華人與荷蘭人爆發衝突。荷蘭在城內實施宵禁，並逐家挨戶搜查華人家中的武器。9日，演變成屠殺、搶劫和放火焚燒華人住宅區。荷印總督瓦爾肯尼亞（A. Valckenier）甚至親自下令將被捕的華人殺死，同時貼出佈告：凡在城外殺一個華人，賞銀二「杜卡特」（一個杜卡特等於荷印幣3盾1角5分）。[32]據估計，被殺華人有10,000人，被焚燬房屋約600家。[33]

事件發生後，荷印政府佈告恢復和平，解除武裝，對華人涉及該案者赦免無罪，並指定市內華人居住於特定地區，即今雅加達市內的唐人街。

31　[印尼]薩努西・巴尼著，**前引書**，上冊，頁313。
32　[印尼]薩努西・巴尼著，**前引書**，上冊，頁314。
33　M. C. Ricklefs, *op.cit.,* 2001, p.121. 另據潘翎主編，崔貴強編譯的**海外華人百科全書**的記載，當時吧城有華人居民15,000人，被殺害者有三分之二。參見潘翎主編，崔貴強編譯，**海外華人百科全書**，三聯書店（香港）有限公司，香港，1998年，頁153。沈鈞編著，**前引書**，頁95。

逃出城的華人沿著海岸向東逃亡，結合當地的反抗荷蘭的爪哇人，他們在1741年5月佔領在朱瓦納（Juwana）的荷蘭據點，包圍在三寶壟的荷蘭沿岸據點。在淡目的荷蘭守軍在1741年5月撤走。7月，在南望的荷蘭守軍全被殺害。馬塔蘭國王帕庫布烏諾二世面臨兩難困境，朝廷分成兩派，一派主張與華人結合，一派反對。結果他決定參加華人的抗荷力量。他表面上派軍參加解救三寶壟的荷軍，實際上是加入華軍。他摧毀在卡達蘇拉的荷軍總部。11月，包圍三寶壟的爪哇軍隊有2萬人，華軍有3,500人，加農砲有30樽。

西馬都拉的統治者卡克蘭寧格拉特四世（Cakraningrat IV）親荷蘭，他表示如果荷蘭同意他統治東爪哇，脫離馬塔蘭，他願意援助荷蘭。他下令屠殺在馬都拉島上的華人。1741年6–7月，荷蘭接受他的援助，但遲不對東爪哇一問題表態承諾。卡克蘭寧格拉特四世遂出兵到三寶壟，為荷軍解圍，並屠殺所有的華軍。荷軍恢復幾個被佔領的據點，卡克蘭寧格拉特四世趁機佔領東爪哇。馬塔蘭蘇丹帕庫布烏諾二世面對此一變局，只好與荷蘭求和。

1741年，在吧城出現兩位總督的衝突，瓦爾肯尼亞逮捕范・英霍夫（Van Imhoff），並將之遣送回荷蘭。但荷蘭「17人董事會」任命范・英霍夫為總督，他逮捕瓦爾肯尼亞，並將之下獄。

1742年3月，荷蘭派遣一支由賀亨道夫（Captain Johan Andries Baron van Hohendorff）率領的7人小隊前往王宮談判。6月中旬，國王派遣他的副攝政官納塔古蘇瑪〔patih (chief advisor) Natakusuma〕到三寶壟，荷蘭將他逮捕，並請國王同意將他放逐。納塔古蘇瑪是馬塔蘭王朝內最主張伊斯蘭教教義的最後一位皇族。[34] 此一抗荷事件雖然失敗，但已激起廣大爪哇人的意識，開始對荷蘭人不滿，也對國王不滿，有些王子參加叛軍。

6月底，叛軍攻入王宮，掠奪財物，帕庫布烏諾二世向東逃到帕那拉加（Panaraga）。11月，卡克蘭寧格拉特四世的軍隊進入卡達蘇拉，弭平叛亂。卡克蘭寧格拉特四世向荷蘭建議殺掉帕庫布烏諾二世，但荷蘭考慮維持穩定，無意因為殺害國王而導致情勢混亂，所以沒有接受此項建議。卡克蘭寧格拉特四世只好退兵，帕庫布烏諾二世重回卡達蘇拉。至

---

34 M. C. Ricklefs, *op.cit.,* 2001, p.122.

1743年10月，叛軍大都瓦解。

　　1743年11月11日，帕庫布烏諾二世與荷蘭簽訂條約，重要條款包括：(1)重新恢復王位；(2)將西馬都拉、泗水、南望、加帕拉、東角割讓給荷屬東印度公司；(3)將其他港口的徵稅權交給荷蘭；(4)允許馬塔蘭在爪哇沿岸地帶有狹窄的通道以及河流流到爪哇海的河道通行權；(5)國王每年要付給荷蘭米和其他穀物5,000科揚（koyan）（約1千8百萬英鎊或8,600立方公噸）；(6)需經荷蘭同意才能任命副攝政官；(7)荷蘭派衛隊駐守王宮；(8)爪哇人對外航行不能超越爪哇島、馬都拉島和巴里島之範圍。[35]

　　卡克蘭寧格拉特四世自認平亂有功，遂向荷蘭要求擁有東爪哇一地，但遭荷蘭拒絕，認為此將帶來混亂。他遂拒絕向荷蘭繳交港口稅以及繳交米。荷蘭幾經交涉無效後，在1745年2月宣佈他為叛亂份子。卡克蘭寧格拉特四世佔領東馬都拉，並在東爪哇海岸地帶攻擊荷軍。至年底，荷軍節節進逼，他眼見大勢已去，逃亡到卡里曼丹的馬辰，避難在一艘英國船上。當地蘇丹將他逮捕，送到巴達維亞，荷蘭在1746年將他放逐到南非的好望角。由他的兒子繼承他在西馬都拉的攝政官地位，西馬都拉成為荷蘭的屬地。

　　爪哇華人受荷蘭當局苛虐，起來反抗，卒遭殺害1萬多人，當時清朝高官的反應殊為奇特，說為獲取商業利益，華人被殺不足計較。

　　福建總督策楞、提督王郡上奏說：這些被殺害的華人是「自棄王化，按之國法，皆干嚴譴。今被其戕殺多人，事屬可傷，實則孽由自作。」

　　「乾隆6年(1741年)閏6月，噶剌巴（Kelapa，印尼話指椰子）（按：狹義指雅加達，廣義指爪哇）為群番（按指馬塔蘭軍隊）所擾，荷蘭力不勝，遣[西朧]（按：即錫蘭）罪人禦之。許立功後，令還噶剌巴。罪人奮勇效命，戰屢捷。群番為之退卻。荷蘭即有立功贖罪之令。又慮遣還罪人，則西朧孤弱，一再令噶剌巴調無辜漢人往代。時有甲必丹連富光者，以漢人在此貿易，惟領票輸銀，無調取之例，不受命。番目拘之，被獲者先後不勝計，於是漢人大恐，鳴金罷市。番目怒，舉火鳴砲相攻，殺傷頗多。署福建總督策楞、提督王郡聞於朝。策楞又奏言：『被

35　M. C. Ricklefs, *op.cit.*, 2001, pp.123–124.

害漢人久居番地，屢邀寬宥之恩，而自棄王化，按之國法，皆干嚴譴。今被其戕殺多人，事屬可傷，實則孽由自作。但噶剌巴以地隔重洋，恃其荒遠，罔知顧忌，肆行殘害，恐嗣後擾及商船，請禁止南洋商販，俾知畏懼。俟革心向化，再為請旨恩施。』又廣東道監察御史李清芳奏言：『商人往東洋者十之一，南洋者十之九，江浙閩廣稅銀多出於此。一加禁遏，則四省海關稅額必至於缺，每年統計不下數十萬，其有損於國帑一也。大凡民間貿易皆先時而買，及時而賣，預為蓄積，流通不窮。今若一旦禁止，商旅必至大困二也。應暫停噶剌巴貿易，俟其哀求，然後再往。至南洋各道，不宜盡禁。』奏入，上令江浙閩廣督撫詳查議奏。嗣兩江總督德沛、浙閩總督那蘇圖、署福建總督策楞、兩廣總督慶復，皆尊旨議奏，王大臣會同兵部奏言：『臣等查各督撫所議，或請毋庸禁止南洋商販，或請暫禁噶剌巴往來，雖所議不同，其大意皆以仰體皇上懷柔無外之盛心，今海外遠夷悔過自新，均霑德澤，即議令暫禁噶剌巴者，原欲使其畏懼，今聞噶剌巴已將夷目黜責，於我船返棹時，加意撫慰護送，囑令再往，並無擾及商客之意，宜仍准其通商為便。』奏入。上從之。」[36]

　　兩廣總督公慶復上奏稱：「臣等仰體聖主懷柔，無外之至意。請將南洋照舊貿易，毋庸禁止。即噶喇叭一處，洋面相通，在彼國已將夷目詰責，深懷悔懼，尤當示以寬大。若一禁止，致啟外域傳疑，況南洋各國多有較遠於吧者，設有因風漂泊之事，內地商船反致周章，應請將御史李清芳所議暫停噶國買賣之處，亦毋庸議。」又說：「今海外遠夷，悔過自新，均霑德澤，應請將南洋一帶諸番，仍准照舊通商。」

　　「乾隆7年(1742年)2月，太子少保署兩廣總督領侍衛內大臣承恩公臣慶復謹奏，為遵旨議覆事。……但臣慶復於上年蒞任之始，聞有噶喇叭之事，適值粵商林恆泰等四船在吧回棹，臣即傳詢，所言與策楞所奏約略相同。更稱此番到彼，並無熟識漢人，與番交易，各懷疑懼，不能得利。但夷目此舉，伊地賀蘭（按即荷蘭）國王責其太過，欲將鎮守噶喇叭夷目更換。臨行又再三安慰，囑令商船下次再來，照舊生理等語。則該番原因內地違旨，不聽招回，甘心久住之輩，在天朝本應正法之人，

36　清高宗敕撰，**清朝文獻通考**，卷二百九十七，四裔考五，噶剌巴條，新興書局，臺北市，民國52年重印，頁考7465。

其在外洋生事被害，孽由自取。番目本無擾及客商之意，且上年八月有
賀蘭商船二隻到粵，經臣王安國准其照舊，在於黃埔停泊照常貿易。恭
摺奏明。奉有硃批，欽遵在案。是即噶喇叭一處而論，往來已屬相安，
我皇上撫綏萬方，海隅日出之區，無不輸誠悅服。正當遠佈德威，以消
疑阻，況南洋貿易商賈各挾資本子母營利，粵東一省，○水萬人皆食外
域米糧，各謀生計。今若遽議禁止南洋貿易，內港之商船固至失業，外
來之洋艘亦皆阻絕。信如御史李清芳所稱，內地土產雜物多至壅滯，民
間每歲少此夷錁，流通必多困乏，遊手貧民俱皆待哺，內地生計維艱。
雖各省關稅缺額，每歲不過數十萬金，苟於商民生計有益，我皇上子惠
元元，每頒蠲賑，動帑數十百萬，該御史所稱稅額有缺之處，何屑計此
盈虧。但損歲額之常，兼致商民之困，就粵省而論，於商民衣食生計實
有大礙。臣等仰體聖主懷柔，無外之至意。請將南洋照舊貿易，毋庸禁
止。即噶喇叭一處，洋面相通，在彼國已將夷目詰責，深懷悔懼，尤當
示以寬大。若一禁止，致啟外域傳疑，況南洋各國多有較遠於吧者，設
有因風漂泊之事，內地商船反致周章，應請將御史李清芳所議暫停噶國
買賣之處，亦毋庸議。再南洋諸國米多價賤，每倉石二錢六七分至三錢
五六分不等，內地商船回棹買米壓載，兼可圖利，每船入口食米餘剩千
石數百石不等，運回內地糶賣，粵省每年洋船進口米價頓平，於民食不
無小補。事關海洋重務，臣等謹就粵省情形遵旨詳晰議覆，是否有當？
伏候聖訓。……乾隆7年2月初3日硃批議政王大臣議奏。」[37]

　　兩廣總督公慶復亦建議說：荷蘭夷已悔過自新，所以應恢復與之
貿易。「乾隆7年（1742年）10月，王大臣等議覆，兩廣總督公慶復奏
稱：『廣東地窄民稠，雍正五年，援閩省之例，開趁南洋，閱久相安，
茲以噶喇叭戕害漢人，署閩督策楞，恐番性貪殘，並有擾及商船，請禁
南洋貿易，固為防微杜漸，但聞番目此舉，伊地賀蘭國王，責其太過，
欲將鎮守噶喇叭番目更換，再三安慰商船，照舊生理，則該番並無擾及
客商之意，請毋庸禁止南洋貿易等語。復據閩浙總督那蘇圖奏稱：『商
船出洋者十之七八，其中有至暹羅、柔佛等國者，宜加分別，請將噶喇
叭暫禁。其暹羅、柔佛等國仍准往來等語。』復據兩江總督宗室德沛奏
稱：『外番肆橫，固當禁止以俟革心，而議禁南洋，不能不弛禁諸國。且

37　**史料旬刊**，第二十二期，乾隆朝外洋通商案，慶復摺，天八百零三至八百零四。

該番因禁止通商，必致窮乏，是以商船回棹，加意撫慰周旋，是番性雖殘，亦知畏懼。況其所害者，原係彼地土生，實與番民無異。南洋商販仍聽經營為便等語。』查各督撫所議，或請毋庸禁止南洋，或請暫禁噶喇叭往來，雖所議不同，其意皆以仰體皇上懷柔至意。今海外遠夷，悔過自新，均霑德澤，應請將南洋一帶諸番，仍准照舊通商。其洋船進口帶米一節，既據江、廣、閩、浙督撫等查明，或經奏准聽從商便，或食米餘剩，糶賣多寡不一，或向無買米裝回，應令各該督撫等，遵照原議辦理。再據閩浙總督那蘇圖奏稱：『外洋貿易，或至壓冬，又遇颶風，難以逆料，然亦不過三年內定可回棹。查海疆立法，自宜嚴密，但內地外洋，情形各別，今內地貿易定以二年為限，其重洋風信難定，限期太促，恐有未便，應如所請。商船往販諸番者，以三年為限，如逾期始歸，即將舵、水、人等不許再行出洋。其外洋汛地，如有停泊洋船，查驗船照，已閱多年者，將該船勒令入口，交地方官查訊詳報。』從之。」[38]

據**吧城舊砲台日記**之記載，荷人恐清廷興師問罪，1741年遣使奉書謝罪，謂事出不得已，以致累及無辜，而乾隆則答之曰：「天朝棄民，不惜背祖宗廬墓，出洋謀利，朝廷概不聞問。」[39]

兩江總督德沛和太子少保署兩廣總督領侍衛內大臣承恩公臣慶復的奏摺，反應了清朝高官對於1740年發生在印尼雅加達的「紅溪慘案」的立場和態度。他們唯一考慮的是關稅收入和貿易實利，而將印尼華人視為與土著相同的化外之民，他們的生命並非清國所重視。

第六節　荷蘭在印尼其他島嶼攻城掠地

1620年，由於班達島的土著將島上的香料走私賣給爪哇人、馬來人和其他歐洲人，引起荷蘭的不滿，除了殺害島上大部分土著（1萬5千人）外，另將少數土著遷移到靠近西蘭島（Seram）的數個小島，有800人被擄往吧城作為奴隸。荷屬東印度公司將班達島的土地分給荷蘭退伍

38　[清]慶桂等撰，**大清高宗純（乾隆）皇帝實錄（四）**，卷一百七十六，華文書局，台北市，1964年，頁6–8。

39　引自李長傅，**中國殖民史**，台灣商務印書館，臺北市，民國79年，頁171。

軍人。[40]荷蘭運來奴隸填補人口。荷蘭也因此掌控了香料貿易的路線。

1621年，英國重新在安汶設立貿易站。1623年，在安汶的荷屬東印度公司的官員以間諜罪逮捕英國貿易站的官員，並加以拷問和監禁。在該年彼得昆總督返回荷蘭，由卡噴遜爾（Pieter de Carpentier）接替總督職。1627年，彼得昆重回吧城擔任總督。

望加錫有兩個王國，包括哥瓦（Gowa）和塔羅（Tallo）。兩國關係密切，是以望加錫為首都。1603年，伊斯蘭教傳入望加錫。荷屬東印度公司在1609年在南蘇拉威西設立貿易站，但國王哥瓦（Gowa）並不怎友善。1615年，撤退該貿易站，並與南蘇拉威西進行戰爭。

望加錫人善於航海，荷蘭人雖禁止其他西歐人到摩鹿加群島買賣香料，但望加錫人利用其航海技術走私摩鹿加群島的香料，以致於許多西班牙人、葡人、英國人、法國人和丹麥人到望加錫採購香料。荷蘭人為防堵此一漏洞，在1633年從海上包圍望加錫，結果無效，於1636年解除。荷蘭和望加錫在1637年6月簽訂條約，其中規定望加錫得自由派遣船隻到馬六甲和錫蘭做生意。1640年，望加錫佔領勃尼（Bone）。安汶人請求望加錫給予援助，因此望加錫派出一支艦隊前往保護希度和甘貝羅，但為荷蘭人所阻。1655年12月，雙方媾和。但望加錫對於荷蘭禁止其前往摩鹿加群島買賣香料，表示反對。不久，雙方發生戰爭。1660年12月，雙方媾和。1666年，又發生戰爭。1667年，雙方在蘇拉威西島的汶卡耶（Bungaya, Bongaja）（位在望加錫之南）簽訂協定，規定：(1)望加錫放棄它對於所有的武吉斯人（Bugis）居住的地區（包括勃尼及其他地區）和松巴哇（Sumbawa）島比馬的統治權。(2)望加錫的帆船須獲得荷屬東印度公司的許可證之後才能航行。(3)禁止其他歐洲人前往望加錫。(4)只有荷屬東印度公司才能把布帛和中國貨物輸入望加錫。(5)望加錫須賠償戰費，移交一座堡壘給荷蘭（其餘的都加以摧毀），並派人到吧城做為人質。[41]數月後，因為望加錫蘇丹哈沙·努丁不願履行該條約，荷軍遂佔領望加錫。荷蘭在望加錫建立一個堅固的鹿特丹要塞。

許多反抗荷人的望加錫人前往萬丹和東爪哇，從事抗荷活動。有些武吉斯人則從事海盜活動。他們阻撓把大米運往吧城。

---

40 [印尼]薩努西·巴尼著，**前引書**，上冊，頁354。

41 [印尼]薩努西·巴尼著，**前引書**，上冊，頁275–277。

1630年，荷蘭放棄梭洛，重被葡軍佔領。1633年，荷屬東印度公司和萬丹發生戰爭。1634年，荷蘭逮捕希度地區的統治者卡基亞里（Kakiali），其罪名為將香料「走私」賣給其他歐洲人。1637年，荷軍進攻德那地。荷軍開始驅逐及破壞在東南群島的葡軍據點。1640年，葡萄牙放棄在加帕拉的貿易站。

巴里島的格爾格爾王朝在爪哇島東南部的巴南邦岸取得據點，而與馬塔蘭對立。1633年，荷屬東印度公司考慮與巴里島聯合起來對付馬塔蘭。數年後，馬塔蘭入侵巴南邦岸，這一次是巴里島想聯合荷蘭人對抗馬塔蘭。結果不成，馬塔蘭蘇丹阿貢在1639年征服巴南邦岸。[42]但出兵攻擊巴里島，卻告失敗。井里汶和勃良安皆被蘇丹阿貢所控制，成為其屬領，蘇丹派遣領主管轄。

自從荷蘭人在1641年控制馬六甲後，許多馬六甲人遷往望加錫，望加錫和杜並（廚閩）、泗水、錦石之間的貿易日益興盛，望加錫變成香料的集散中心。

1643年，荷蘭暗殺希度地區蘇丹卡基亞里，意圖控制該島。至1646年，佔領該島。1646年荷蘭重新佔領梭洛。

1657年和1658–9年，南蘇拉威西哥瓦的哈山努丁蘇丹（Sultan Hasanuddin）遣使到馬塔蘭，阿蠻古拉特一世要求國王親來朝，遭拒絕，雙方關係陷入冷淡。

1651年，荷蘭佔領西帝汶的古邦，並開始移民到東帝汶的利埠（今天的歐庫西(Oecussi)或潘特那卡沙 (Pantemakassar)）。1652年，荷蘭將德那地蘇丹曼達士雅（Sultan Mandarsyah）送到吧城，逼迫他簽署條約，停止生產丁香，以維持丁香的價格。荷蘭在該島採取軍事行動，對付反對份子。荷蘭在布祿（Buru）利用「快艇」（Hongi）巡邏砍除多餘的丁香樹。

1660年，荷蘭進攻哥瓦，擊毀停在港內的葡萄牙軍艦，迫使哈山努丁蘇丹簽訂和平條約。1663年，西班牙放棄在蒂多蕾的貿易站。萬丹開始與馬尼拉進行直接貿易。7月6日，荷蘭與米南加保簽訂派南條約（Treaty

---

42　M. C. Ricklefs, *op.cit.,* 2001, p.59. 但 Robert Pringle 的書說是在 1640 年。參見 Robert Pringle, *A Short History of Bali, Indonesia's Hindu Realm,* Allen & Unwin, Australia, 2004, p.66.

of Painan），規定米南加保的沿海地帶，包括巴東，成為荷蘭的保護地，荷蘭保證其安全，以免亞齊的侵犯。

1666年，荷蘭與武吉斯人合作，聯合對付望加錫，導致哥瓦國王最後戰死。[43]

1666年，荷蘭派遣由史皮爾曼（Admiral Cornelis Speelman）率領的荷蘭艦隊以及由帕拉卡（Arung Palakka）率領的武吉斯軍隊和由鍾克（Captain Jonker）率領的安汶軍隊前往哥瓦和摩鹿加群島解決問題。1667年，荷蘭艦隊登陸布東（Butung），清除島上哥瓦的軍隊，並迫使蒂多蕾蘇丹臣服於荷蘭，蒂多蕾和德那地簽署和平條約，二島至此皆由荷蘭控制。此時英國亦聲明放棄班達島，以換取在北美的曼哈坦島（Manhattan）。1668年，荷蘭遠征軍完全控制哥瓦。在望加錫和哥瓦的葡人則逃至澳門、暹羅或佛羅里斯島。11月8日，荷蘭與哥瓦簽訂汶卡耶條約，規定哥瓦由荷蘭控制，哈山努丁蘇丹除了在望加錫外，沒有實權。隨後，荷蘭宣稱對松巴哇和佛羅里斯島擁有控制權。荷蘭亦在楠榜的門加拉（Menggala）建造堡壘。1669年，哥瓦的哈山努丁蘇丹去世，反荷勢力終告結束。

1672年，荷蘭承認帕拉卡為勃尼的國王。

1679年11月，荷軍和帕拉卡的軍隊將望加錫抗荷軍從東爪哇的據點基浦（Kěpěr）驅逐，荷軍亦蕩平帕章的叛軍。此時，爪哇人又逐漸歸服阿蠻古拉特二世。

荷屬東印度公司為了要專賣爪哇運來的鹽，杜絕競爭，屢次破壞米南加保人的製鹽場，引起米南加保人的不滿，而恢復與英國人的貿易。[44]

荷屬東印度公司在巴魯斯（Barus）（或譯為婆魯師）、帕里阿曼、亞逸班義（Airbangis）和新吉爾（Singkil）開設商館。荷蘭人因為無法與亞齊人和英國人競爭，其商業日益衰退。1751年英國人在納達爾開設商館，1755年，又在打板努里（在婆魯斯附近）開設商館。最後荷蘭人在蘇門答臘西岸的所有商館都落入英國人的手中，巴東的商館是在1795年落入英國手中。[45]

43　M. C. Ricklefs, *op.cit.,* 2001, pp.57–58.

44　[印尼]薩努西・巴尼著，**前引書**，上冊，頁339–340。

45　[印尼]薩努西・巴尼著，**前引書**，上冊，頁340。

1722年，位在蘇拉威西島南部的武吉斯人佔領廖內群島（Riau）和柔佛。荷蘭從巴鄰旁蘇丹取得邦加島和勿里洞的錫礦的專賣權。

1606年，荷蘭船隻曾到馬辰進行貿易。1612年，馬辰遭到荷蘭軍隊的攻擊而被摧毀，伊納耶都拉乃將首都遷到馬爾達甫拉。1635年，荷屬東印度公司與馬辰簽訂條約，向其購買胡椒。1663年後馬辰的首都遷到科達哇鄰竟。1787年，荷屬東印度公司協助納達王子打敗其競爭對手阿美爾王子，而控制馬辰，馬辰成為荷蘭的保護地。荷屬東印度公司派遣代表控制該王國。1年後，該代表被暗殺，以後未再派代表。1797年，荷屬東印度公司將馬辰完全交給土著蘇丹治理。[46]

1771年，阿布都爾・拉曼（al-Sayyid Sharif 'Abdu' l Rahman al-Kadri）建立坤甸（Pontianak）蘇丹王國（Sultanate），其父為阿拉伯人、伊斯蘭教學者，其母為瑪丹王的公主，其妻為南吧哇王（Panembahan of Mampawa）的公主，後來又娶了馬辰蘇丹（Sultan of Banjarmarsin）的女兒。1779年，他與荷蘭結盟，獲荷蘭承認他為坤甸蘇丹。1787年，坤甸滅蘇卡達納和南吧哇。阿布都爾・拉曼的後代與英國維持密切關係，其家族有些成員在新加坡從事商業活動。[47]

1714年，蒂多蕾蘇丹將西紐幾內亞割讓給荷蘭，即今天的西巴布亞（West Papua）。

荷屬東印度公司在1603年在萬丹設立第一個石頭建的貿易站。阿布卡迪爾蘇丹（Abulmafakhir Mahmud Abdulkadir，1596–1651）對於荷蘭佔領巴達維亞表示反對，慫恿英國東印度公司驅逐在雅加達的荷人。英國海軍司令戴爾在1618年12月出兵攻擊在雅加達的荷蘭據點，導致彼得昆採取報復，將英軍驅逐出雅加達，並佔領雅加達作為其在遠東的據點。[48]1633–9年，雙方又爆發戰爭，後以簽訂和平條約收場。1645年，又簽訂雙邊條約，規範雙邊關係。1651年、1652年和1656年，雙方爆發戰爭。1659年，雙方簽訂新條約。1682年3月，荷蘭出兵進攻萬丹，王儲被老蘇丹軟禁在其皇宮中，荷蘭將其救出，承認他為蘇丹。以後荷蘭

---

46 [印尼]薩努西・巴尼著，**前引書**，上冊，頁342。

47 http://www.4dw.net/royalark/Indonesia/pontian.htm 2006年12月7日瀏覽。

48 M. C. Ricklefs, "Banten and the Dutch in 1619: Six Early 'Pasar Malay' Letters," *Bulletin of the School of Orient and African Studies,* University of London, Vol.39, No, 1976, pp.128–136.

以他之名義驅逐在萬丹的歐洲商人，英國人撤退至南蘇門答臘的明古連（Benkulen）（在1685年建立貿易站）。1683年3月，逃至山區的老蘇丹向荷蘭投降。老蘇丹被關在巴達維亞，死於1695年。[49]

　　1684年4月17日，荷屬東印度公司重新修訂其在1659年與萬丹的條約，規定：(1)萬丹放棄其對井里汶的主張。(2)只有荷屬東印度公司有權在萬丹和萬丹在蘇門答臘的屬領楠榜買賣胡椒和輸入布帛的專有權。(3)禁止萬丹在摩鹿加群島進行貿易。[50]4月28日，荷屬東印度公司勾消萬丹蘇丹積欠的債務，其條件為萬丹需遵守過去與荷蘭簽訂的條約。1686年2月15日，荷蘭獲得萬丹胡椒的完全專有權。

　　1733年，阿甫爾法達‧穆罕默德‧西發‧蔡音努爾阿里芬（Sultan Muhammad Syifa' Zainul Arifin, 1733–1750）繼位為新蘇丹，他獲得荷屬東印度公司的同意，指定其兒子顧斯迪王子為繼位人，但王后拉都‧夏利發‧法迪瑪則主張由其女婿（蘇丹的侄兒）夏利夫‧阿甫杜拉為繼位人。蘇丹只好呈請荷屬東印度公司撤銷顧斯迪王子的繼位人資格，改夏利夫‧阿甫杜拉為繼位人。顧斯迪王子甚至在1747年被荷屬東印度公司流放到錫蘭。在這次王位繼承問題上，荷屬東印度公司出力不少，蘇丹酬謝以芝沙丹尼河流域的一片土地，並有權取得楠榜出產的金礦的半數。[51]

　　1752年，萬丹王位人選由荷蘭決定，荷印政府對於萬丹的控制非常嚴格，規定每一萬丹居民必須承擔無償勞動，每一個年滿16歲的人必須種植500棵胡椒樹。種植的酬勞費以價格非常昂貴的布帛、鴉片、食鹽、碗盤等償付，因此1播荷[52]（3擔）胡椒，價錢還抵不過4個「零吉」（Ringgit）（西班牙幣）。此導致人民離鄉出走，或不好好照料咖啡園，因此荷屬東印度公司所獲得的胡椒產量愈來愈少，例如，1724年1年收成

49　M. C. Ricklefs, *op.cit.,* 2001, pp.103–104. 薩努西‧巴尼的書說老蘇丹死於1692年。參見[印尼]薩努西‧巴尼著，前引書，上冊，頁289。

50　[印尼]薩努西‧巴尼著，**前引書**，上冊，頁289。

51　[印尼]薩努西‧巴尼著，**前引書**，上冊，頁292。

52　播荷（bhura）為古印度梵文，為東南亞通行的秤重的單位，明朝馬歡所撰的瀛涯勝覽曾記載：「論播荷說價，每一播荷該番秤二十五封剌，每一封剌該番秤十斤，計官秤十六斤，每一播荷該官秤四百斤。賣波處金錢或一百箇，或九十箇，直銀五兩。」（[明]馬歡，馮承鈞校注，**瀛涯勝覽校注**，柯枝條，臺灣商務印書館，臺北市，2005年，頁41。）

為1萬9千播荷，1782年只獲得4千5百播荷，1796年未超過4百播荷。有些居民甚至從事海盜，劫掠船隻。萬丹蘇丹積欠荷屬東印度公司的債務已超過1百萬盾，其中一半是用來鎮壓人民反抗的軍費。[53]

53　[印尼]薩努西·巴尼著，**前引書**，下冊，商務印書館香港分館，香港，1980年，頁378–379。

第二章
馬塔蘭王位繼承之爭與荷蘭加強入侵

第一節 馬塔蘭第三次王位爭奪戰爭

帕庫布烏諾二世鑑於卡達蘇拉幾經戰火摧殘，其「超自然力」已經消失，決定在它東邊12公里處另建新王宮，新地點稱為蘇拉卡達（Surakarta）〔今之梭羅（Solo）〕。他在1746年2月喬遷至新王宮。在該年，荷蘭總督范・英霍夫前往梭羅，要求將直葛和北加浪岸割讓給荷屬東印度公司。上游地區的各種過境稅、水路運輸的各種貨物過境稅皆應交由荷屬東印度公司徵收。此後馬塔蘭王國的輸出入稅、採集燕窩專利稅、梭羅河上的通行稅、葛都的煙稅和市場稅等徵稅權的出讓，全由荷屬東印度公司決定。[1]在荷蘭的壓力下，馬塔蘭將北爪哇海岸地帶租給荷蘭，收取年租金2萬里耳。[2]但此項協議遭到領主曼庫布米（Pangeran Mangkubumi）[3]的反對，雙方發生齟齬，認為此舉無異是將馬塔蘭變成荷屬東印度公司的殖民地。5月，他發動抗荷運動，爆發了爪哇第三次王位繼承戰爭（1746–57）。他加入了領主新柯沙里王子（Pangeran Singasari）的抗荷軍馬斯・賽德（Mas Said），軍力達到13,000人，其中有25,00名騎兵。1748年，進攻蘇拉卡達，威脅其安全。1749年，帕庫布烏諾二世生病，荷蘭派遣東北海岸司令官賀亨道夫（1748–54）前往蘇拉卡達，監督

---

1 [印尼]薩努西・巴尼著，**前引書**，上冊，頁319。

2 M. C. Ricklefs, *op.cit.,* 2001, p.128. 但巴尼說東印度公司每年付給他9千里耳。參見[印尼]薩努西・巴尼著，**前引書**，上冊，頁320。

3 Pangeran，意指王子或領主。

處理王位繼承問題。帕庫布烏諾二世建議由賀亨道夫掌管國政,獲其同意,雙方在該年12月11日簽訂條約,規定馬塔蘭王國主權割讓給荷蘭。9天後,國王去世。但條約無法履行,因為以後荷蘭捲入一連串的戰爭。

1749年12月15日,賀亨道夫宣佈由王儲繼位為帕庫布烏諾三世(Susuhunan Pakubuwana III, 1749–88),但在此之前,曼庫布米已被其徒眾擁立為王,其首都在約格雅(Yogya)(以後稱日惹),其王號為蘇蘇胡南帕庫布烏諾(Susuhunan Pakubuwana, 1749–92)。1755年,他採用蘇丹稱號,也使用哈門庫布烏諾一世(Haměngkubuwana I),其繼位者亦襲用此名號。此後,馬塔蘭又出現兩位統治者。

蘇拉卡達的國王:

國王:帕庫布烏諾三世(1749–1788)

攝政官(Adipati, Viceroy):曼庫尼加拉一世(Sri Mangkunagoro I, 1757–1795)自1757年在沙拉笛加(Salatiga)被承認

日惹的國王:

國王:哈門庫布烏諾一世(1749–1792)

攝政官:帕庫亞蘭一世(Sri Pakualam I)(1813–1829)

受英國爪哇副行政長官萊佛士承認。

這兩個王朝和王室人員存續到目前,保存了爪哇的文化和傳統。[4]

表2-1:蘇拉卡達國王世系表

帕庫布烏諾三世(Pakubuwono III(of Mataram), ?)
帕庫布烏諾四世(Pakubuwono IV, 1788–1820)
帕庫布烏諾五世(Pakubuwono V, 1820–1823)
帕庫布烏諾六世(Pakubuwono VI, 1823–1830)
帕庫布烏諾七世(Pakubuwono VII, 1830–1858)
帕庫布烏諾八世(Pakubuwono VIII, 1858–1861)
帕庫布烏諾九世(Pakubuwono IX, 1861–1893)
帕庫布烏諾十世(Pakubuwono X, 1893–1939)
帕庫布烏諾十一世(Pakubuwono XI, 1939–1944)
帕庫布烏諾十二世(Pakubuwono XII, 1944–1946)

資料來源:Robert Cribb, ed., *Historical Dictionary of Indonesia*, p.518.

4　http://www.joglosemar.co.id/mataramking.html 2006年6月10日瀏覽。

表 2 - 2：日惹國王世系表

哈門庫布烏諾一世（Hamengkubuwono I, Mangkubumi, 1749–1792）
哈門庫布烏諾二世（Hamengkubuwono II, Sultan Sepuh, 1792–1810）
哈門庫布烏諾三世（Hamengkubuwono III, Raja, 1810–1814）
哈門庫布烏諾四世（Hamengkubuwono IV, Seda Pesijar, 1814–1822）
哈門庫布烏諾五世（Hamengkubuwono V, Menol, 1822–1855）
哈門庫布烏諾六世（Hamengkubuwono VI, Mangkubumi, 1855–1877）
哈門庫布烏諾七世（Hamengkubuwono VII, 1877–1921）
哈門庫布烏諾八世（Hamengkubuwono VIII, 1921–1939）
哈門庫布烏諾九世（Hamengkubuwono IX, 1939–1989）
哈門庫布烏諾十世（Hamengkubuwono X, 1989– ）

資料來源：Robert Cribb, ed., *Historical Dictionary of Indonesia*, p.518.

　　1754年9月，荷蘭與曼庫布米達成協議，荷蘭同意給予一半的中爪哇的統治權，其首都設在馬塔蘭，曼庫布米則同意荷蘭租用爪哇北海岸，並領取每年2萬里耳租金。曼庫布米與荷蘭聯合對抗叛亂的馬斯‧賽德。巴達維亞雖不太贊同該協議，但情勢所迫也不得不批准。至於帕庫布烏諾三世亦未敢表達反對之意。[5]

　　1755年2月13日，曼庫布米與荷蘭簽訂吉揚逖條約（Treaty of Giyanti），規定：(1)荷蘭承認曼庫布米為哈門庫布烏諾一世蘇丹（將蘇蘇胡南改為蘇丹），是中爪哇一半的統治者。(2) 曼庫布米遷都到約格雅，1756在該城建王宮（Kraton），然後改名為日惹（Jogyakarta）。日惹和蘇拉卡達為兩個獨立的侯國。(3) 哈門庫布烏諾一世蘇丹與荷軍合作對抗抗荷軍馬斯‧賽德。抗荷軍的勢力增強，1755年10月，擊敗荷軍；1756年2月，幾乎燒掉日惹的新王宮。不過，其勢力仍無法推翻兩位國王，所以在1757年2月向帕庫布烏諾三世求和；3月，在沙拉笛加正式宣誓效忠蘇拉卡達的蘇蘇胡南、日惹的蘇丹和荷蘭。他則從帕庫布烏諾三世獲得4,000戶的俸祿。同時封為領主兼攝政官曼庫尼加拉一世（Pangeran Adipati Mangkunĕgara I, 1757–95），在蘇拉卡達擁有領地，但其領地的地位以及其後代是否繼承，則不清楚。從1757年到1825年，爪哇沒有發生大規模戰爭，應是爪哇史上最和平的年代。

　　日惹和蘇拉卡達原先都是採用馬塔蘭的國名，後來改以首都名為國名。

　　1767年，荷軍進攻巴南邦岸，佔領瑪琅和干當。後又佔領巴南邦

5　M. C. Ricklefs, *op.cit.,* 2001, p.128.

岸的首府古多・巴南邦岸，其領袖旺・阿貢・威利斯逃到巴里島避難。
荷印政府強迫兩位巴南邦岸貴族（原來信奉印度教與佛教）改信伊斯蘭
教，然後委任他們為巴南邦岸的攝政官。1771年，荷蘭將兩位巴南邦岸的
攝政官解職，因為他們企圖聯合巴里島人驅逐荷蘭人，導致當地爆發抗
荷運動，荷蘭採取殘酷鎮壓手段，才控制巴南邦岸。爪哇島上最後一個
印度化王國於焉消滅。[6]

法國探險隊於1769年在安汶獲得丁香和肉荳蔻的樹種，從此打破荷
蘭的壟斷。葡萄牙在東帝汶的狄力（Dili）建造貿易站。1770年，華人工
人在卡里曼丹的三發（Sambas）與當地蘇丹和達雅克族工頭發生衝突。

1773–4年，蘇拉卡達和日惹的疆界劃分達成協議，雙方同意新法
律，解決司法管轄權的問題，正式規範兩國人民之關係。1771年，通過
大法典（Anggĕr-Agĕng, Great Law Code）。1773年，又通過破壞和平法
（Anggĕr-Arubiru, Law on Disturbing the Peace）作為兩國的規範，若有需
要協調之處，則荷屬東印度公司扮演仲裁的角色。

年僅19歲的帕庫布烏諾四世（Pakubuwana IV）於1788年登基，他籌
組一個年輕的顧問團，有意將分裂的國家重歸統一，此一企圖引發日惹
的緊張。1790年11月，日惹哈門庫布烏諾一世和蘇拉卡達攝政官曼庫尼
加拉一世率軍包圍蘇拉卡達，要求帕庫布烏諾四世退位，哈門庫布烏諾
一世並企圖由其兒子繼位。荷蘭調集馬都拉、武吉斯、馬來和歐洲軍隊
進入蘇拉卡達，防止發生戰爭。最後，帕庫布烏諾四世覺得事不可為，
乃解散其顧問團，並將他們放逐。在荷蘭的協調下，帕庫布烏諾四世、
哈門庫布烏諾一世、曼庫尼加拉一世和荷蘭東北海岸司令官格立福（Jan
Greeve）簽訂協議，承認曼庫尼加拉一世為簽約者，其地位高於其他王
子，並正式承認荷屬東印度公司為各方爭執的最後仲裁者。

1778年，坤甸（Pontianak）接受成為荷蘭的保護地，而由荷蘭承認
當地統治者為蘇丹。1784年，荷蘭出兵廖內（Riau），防止英國佔領該
地。10月29日，荷蘭擊敗武吉斯人，佔領廖內，廖內蘇丹沒有子嗣，遂由
荷蘭完全控制柔佛和廖內，並在民丹島（Bintan）建造堡壘。在該年英國
和荷蘭簽訂巴黎條約，結束兩國的戰爭，開放荷屬東印度為自由貿易地
區。

---

6 [印尼]薩努西・巴尼著，**前引書**，上冊，頁330。

第二節　荷屬東印度公司的管理與解散

　　荷蘭在1602年成立荷屬東印度公司，公司資本共有645萬9千盾（Guilder）（或譯為基爾德），分成2,153股，每股3,000盾。自成立以後，迄無增減。全部股份中的56.9%係阿姆斯特丹商會所有，其餘43.1%則屬一般公眾所有。但投票權係以8對9，以後者佔居多數。商會將股東名簿提交國會，由國會派定董事17人，成立董事會，稱為「17人董事會」（Heeren XVII），執行一切重要業務。1610年派任首任總督彼得·波特，總督與數名輔佐顧問成立「印度評議會」（Raad Van Indie, Indian Council），構成東印度的最高統治機關。另外在馬六甲、班達、安汶、摩鹿加群島等處派遣知事管理。[7]荷蘭自派遣首任總督開始，即有殖民的意思。

　　早期荷屬東印度公司在安汶購買丁香和在班達購買肉荳蔻，是用歐洲、印度的商品或印尼的貨物交換的。荷蘭用此方法交易，可獲益50–75%，例如以7分半錢購買1鎊香料，運到荷蘭可賣3盾（3百分）。荷屬東印度公司與萬丹、馬塔蘭、井里汶簽訂條約，規定只有荷蘭有權從南印度的科羅曼德爾海岸（Coromandel Coast）輸入棉布和鴉片進入印尼。荷屬東印度公司在南望、錦石和加帕拉以6「零吉」的價格購買500磅食鹽，運到蘇門答臘，300磅食鹽賣30–35「零吉」。[8]

　　荷屬東印度公司為了獲得更多的利潤，實行「強迫供應制」。該制首先在馬塔蘭實行，規定馬塔蘭每年需以最低的價格供應荷屬東印度公司以大米，其數量由條約規定。以後該制延伸到萬丹，強迫其供應胡椒；強迫勃良安供應木材、大米、胡椒、牲畜、靛藍和棉花；強迫井里汶供應靛藍、蔗糖、大米、木材和棉花等。荷屬東印度公司在每一州派駐一名職員監督各州如數供應指定產品。各州的攝政官須親自將貢品送到吧城。1709年，又規定卡達蘇拉每州供應之貢品的份額。

　　荷屬東印度公司在1696年從印度的馬拉巴地區引入咖啡的種子，在勃良安試種，1706年開始收成，並從次年在勃良安積極推廣種植。由於荷屬東印度公司將咖啡價格壓低，人民生產意願不高，荷印當局又禁止

7　林英強，「東印度公司的拓展與沒落」，**南洋學報**（新加坡），第五卷，第二輯，1948年12月，頁46–51。

8　[印尼]薩努西·巴尼著，**前引書**，上冊，頁355–356。

砍除咖啡樹，導致人民生活困苦。1738年，荷印當局規定購買咖啡時，一半用現款支付，一半用賒欠。許多人民只好離開家園，流浪他鄉。1740年，荷印當局又規定每一州必須供應的咖啡之份額，未達份額者將受到處罰。因此，攝政官只好加緊壓榨人民。[9]

荷屬東印度公司分配給股東的股息，日益增加，每年平均獲12.5%之配息，1642年高至50%，平均每年股息18%。從1602年到1782年，公司發給股東的股息為2億3千2百萬盾，等於股本的36倍。在印尼的荷蘭人將錢匯回荷蘭也很可觀，1750–1759年，從印尼匯回荷蘭的匯款每年平均250萬盾；1770–1779年，每年平均為4百萬盾。荷屬東印度公司的船隻亦日益增加，1659年有51艘船，其中17艘船是1千噸以上。1世紀後，噸位數在1千噸以上的船隻有50艘。[10]

荷屬東印度公司將收稅權交給華人，華人以承包稅制方式承攬各種稅，如賭博稅、鴉片煙館稅、徭役稅等。公司還常將大片私領地賣給歐洲人和華人。私領地的地主享有封建主的權力，可以向居住在其土地上的居民徵稅、審判、指派村長、設置警察等。[11]

由於荷屬東印度公司的壓榨，種地者日減，公司所獲的土產數量亦相對減少。而爪哇的戰爭費用和爪哇以外的軍事費用日增，導致財政困難。許多人民失業而成為海盜。

在荷屬東印度公司統治的末期，受到歐洲局勢的影響，以及英國在爪哇以外的地方活躍，英國在1651年頒佈航海條例，由英國商船輸入東方諸殖民地物產，法國自1672年以來亦採此一政策，而與荷印公司相競爭。其次，荷印公司弊病叢生，內部職員大都營私舞弊，私自攜帶私貨貿易，公司職員亦與私人合營公司，例如彭加蘭（Bangkalaan）公司公然與巴達維亞進行貿易。1722年，吧城有26名之員役犯竊盜及秘密通商之罪，宣判死刑。高級官員亦涉及該非法營私活動，例如1731年總督杜爾

9　[印尼]薩努西‧巴尼著，**前引書**，上冊，頁357–358。

10　[印尼]薩努西‧巴尼著，**前引書**，上冊，頁359。Bernard H. M. Vlekke的書說自荷屬東印度公司成立後30年內，公司董事會分派給董事的紅利約佔利潤的10%，約有2千萬基爾德。但股東們懷疑該公司有賺那麼多的利潤。在荷蘭，在同一時期，公司積欠債務超過1千萬基爾德。就債務和分派利潤相比，故每位股東領取超過一倍的利潤。參見Bernard H. M. Vlekke, *Nusantara: A History of the East Indian Archipelago*, pp.143–144.

11　[印尼]薩努西‧巴尼著，**前引書**，上冊，頁360。

文（Diederik Durven）、監督哈士拉爾（Hasselaar）及「印度評議會」委員二名，皆以瀆職罪而遭免職。[12]此導致荷屬東印度公司營運虧本，債務升高，1783年，缺乏現金，請求荷蘭母國提供財政援助。至1794年負債總額高達1億2千7百萬佛羅倫斯金幣（Florins）。香料獨佔貿易亦為英、法兩國所侵犯，至1795年，荷蘭在東印度的獨佔貿易權亦告停止。至該公司在1799年底解散為止，欠債總額達1億8千7百萬盾。[13]

荷蘭頻繁的對外戰爭，亦減損其國力。荷蘭在1652–1654、1665–1667、1672–1674、1780–1784年進行四次戰爭，其戰力日益遜於英國。1783年1月，英國和法國達成停戰，做為法國之衛星國的荷蘭共和國，亦與英國休戰。1784年5月20日，荷蘭和英國在巴黎簽訂條約，荷蘭允許英國船隻在摩鹿加群島自由進出的權力，影響荷蘭的商業利益。

1795年1月，荷蘭成立「巴達維亞共和國」，國王威廉五世（William V）〔又稱歐蘭吉親王（Prince of Orange）〕避難到英國，而巴達維亞共和國受到法國的支持。2月7日，流亡英國的威廉五世發表「丘園訓諭」（Kew Letters），訓令荷蘭殖民地總督，要求其向英國投降，將荷屬東印度公司的財產移交給英國，吧城未予同意。8月，在馬六甲的荷蘭當局向英屬東印度公司投降。1796年3月1日，荷蘭對其過去的殖民事業進行改革，成立「東印度事務委員會」（Committee for East Indian Affairs），以代替荷屬東印度公司的「17人董事會」，由政府直接監督。英國在該年佔領巴東和安汶。在德那地的荷軍拒絕向英國投降。1798年，在巴達維亞共和國憲法中規定，荷屬東印度公司財產及負債悉歸國有。在荷印公司特許權期滿後，前述規定於1979年12月31日生效。荷蘭政府撤銷荷屬東印度公司的憲章，承擔其債務和資產。1799年4月27日，「東印度事務委員會」致函吧城，說明共和國的革命觀念（自由和平等）不能應用到荷屬東印度。12月31日，共和國政府接管荷屬東印度公司的全部財產，並承擔其債務。在德那地的荷蘭官員向英國投降。1800年1月1日，荷屬東印度公司解散。

在荷屬東印度公司統治時期，在巴達維亞及其附近地區，華人的主

12　沈鈞編著，**前引書**，頁84。

13　林英強，**前引文**。巴尼的書說，荷屬東印度公司在1785年欠債5千5百萬盾，1795年增加到1萬2千5百萬盾。參見[印尼]薩努西・巴尼著，**前引書**，上冊，頁363。

要職責是照料糧食之分配、宅舍之建築、溝河之開鑿、吧城之收稅，其地位為半官方。華人之經濟地位介於荷蘭人和土著之間，扮演中間人的角色。

吧城設立之後，荷印當局由華人4百人中選出華人甲必丹一人，第一位甲必丹為蘇鳴岡（Souw Beng Kong）於1619年10月1日選出。擔任甲必丹者，都是有聲望和富有的華人，任職並不領薪水，還需經常捐款辦醫院及其他慈善機關，如會堂之類。有時還需饋贈荷屬東印度公司官員，遇隆重典禮，必設盛宴，故該職並非一般人可以擔任。然而，荷蘭亦給予甲必丹一些特權，例如可以攜傘（一種紳士的象徵）、免納丁稅、自1747年後得住壯麗之官員豪宅。

清朝王大海所撰的**海島逸志**一書對於甲必丹的選任有詳細的描述，該書說：「甲必丹（華人頭目之稱，有大雷珍蘭武等諸名號，然統稱甲必丹）者，華人有口角鬥毆等事，皆質之。甲必丹長揖不跪，自稱晚生。其是非曲直無不立斷，或拘或打，無容三思。至犯大罪，並嫁娶、生死，俱申報荷蘭定奪。人命不問鄰佑，而重見證，見證必審訊，斬雞發誓，方敢花押定案，所以殺人或棄之道路溝洫，置而不問者，無敢作證也。嗟乎，人命至重，竟如此憒憒乎。凡推華人為甲必丹者，必申詳其祖家。甲必丹擇吉招集其親友門客，至期，荷蘭一人捧字而來，甲必丹偕眾迎，荷蘭入門，止庭中，開字捧讀，上指天，下指地，云：此人俊秀聰明，通曉事理，推為甲必丹，汝等鄉耆以為何如？諸人齊聲曰：甚美，甚善。荷蘭與諸人握手為禮。畢，諸人退，方與甲必丹攜手升階，至中堂，繾綣敘賓主禮，其籠絡人類如是也。」[14]文中所稱的「甲必丹」，即隊長或上尉（Capitan）之音譯；「雷珍蘭武」，即中尉（Lieutenant）之音譯。

甲必丹之上又設有「瑪腰」，即少校（Major）之音譯。「瑪腰」負責與荷印政府聯繫，管轄甲必丹，其人數不多。印尼各地的甲必丹之權責不盡相同，「吧中之甲必丹權分而利不專，三寶壟之甲必丹，權專而利獨歸，煮海為鹽，丈田為租，皆其所有，得膺其職，富逾百萬矣。」[15]文中

14　王大海撰，**海島逸志**，載於〔清〕鄭光祖編，**舟車所至**，中國書店出版，北京市，1991年，頁3–4。

15　王大海撰，**海島逸志**，頁5。

的「吧中」指的是吧城。

　　1666年，甲必丹顏四官（Si Qua）去世，由其遺孀代理甲必丹的職務，而沒有再任命一位新甲必丹。12年後始重新任命新甲必丹。1678年，設立華僑議會，除任命甲必丹外，又任命雷珍蘭及副雷珍蘭（Sub-Lieutenant）各一人，共同襄理華僑事務。華僑議會初始並無權力，1747年5月26日起，其地位始穩固，因為從此時起不用錄事，而用秘書。至於雷珍蘭及副雷珍蘭的人數並不一定，要看華人人數的多寡而增減。雷珍蘭之下設有傳令（Das），負責聯繫一般華人，傳達政令。

　　荷屬東印度公司經常以管理荷人之法律適用於華人，如1642年之「吧城法令」。自1856年3月1日起，荷蘭亦將民法適用於華人，特別是關於歐洲之批發交易之利益與便利問題，以及荷人及公司職員之特別權利問題等。因華人從事金融與商業活動，例如涉及遺產繼承、不動產債務、華人婦女地位等，以民法適用於華人之目的在保護荷人之利益。公司之所以設立遺產管理局，目的在防止華人將其遺產由其子女繼承以及保障妻子的財產權。亦有華人身後蕭條，其子女每有被賣為奴者；或窮者賣身為奴。遺產管理局須監督華人財產的處分。由於該局對財產管理方式與華人習慣不同，曾一度因華人建議而遭廢除，後來又因華人請求而恢復設立。

　　公司對於華人財產之規定，較特別的，例如，詳細規定家庭各成員份子，包括妻妾、私生子、螟蛉子等享有財產繼承權（1720年）；妻子得繼承其亡夫之財產以及經營其亡夫之商業（1666年）；華人婦女年滿25歲享有管理財產權與申訴保障權（1693年）；遺產管理局得對結婚者抽稅，用途為維持華僑醫院以及做特殊用途，如建造市政廳等。

　　對於華人婚姻，自1717年後，須經華籍官員（即甲必丹）之書面承認，始為合法。華籍官員每週集會一次，調查華人結婚是否屬實和正當，如與中國道德違背，則不許其請求。但亦允許其向荷蘭官員申訴。華籍官員審查之要點，主要是審查欲結婚之華人是否為同姓，如為同姓，即不允其所請。華人離婚案，亦需華籍官員之同意。

　　關於華籍官員之職務，並無明文規定，而係因地制宜以中國習慣處理華民事務，調解華民之間的糾紛，對小型糾紛有便宜處理之權限，但重要之爭訟或華人與他族之糾紛，仍需由荷蘭設立的法庭為裁判。1620年

6月24日，設立第一個法庭，有管理及執行吧城司法之權。有華人在法庭訴訟時，華人甲必丹有權擔任司法顧問。1625年，又允許另一名華人擔任法庭中的司法顧問。於是法庭中有兩位華人司法顧問。1666年，廢止此一制度。但以後在必要情況下，法庭也會邀請華籍官員蒞庭貢獻意見。例如1733年6月12日，法庭審理財產信託委員李遠官（Lee Wan Qua）及華籍婦女陳愛娘（Tan Ay Neo）之遺產糾紛，即請華籍官員蒞庭提供意見。

　　關於初級法庭之訴訟，如有不服判決者，可以上訴。上訴之法庭，可以審判公民對荷屬東印度公司犯法之事件，如走私、租借、詐欺、煽動暴亂等案件，例如1740年之紅溪慘案，著名之甲必丹連富光（Ni Hoe Kong）即因涉嫌煽動暴亂而在法庭受審。[16]

第三節　荷軍對井里汶的控制

　　井里汶（Cirebon）一名，意即「蝦子河」（River of Shrimps），又稱為Kota Udang，意指「大蝦子城市」（City of the big Shrimps），表示該地盛產蝦子，現今該地市政府大廈的正面兩邊亦安置兩隻石雕大蝦子作為裝飾。1477年，淡目變成伊斯蘭化。井里汶則在1480年變成伊斯蘭化。1550年，萬丹的古倫加遜遷移到井里汶，自任為井里汶蘇丹，建立井里汶蘇丹國。井里汶及其附近地區逐漸伊斯蘭化。

　　1681年1月6日，荷屬東印度公司和井里汶的王子簽署條約，承諾在緊急時期相互協助，同意對反抗荷蘭者給予嚴厲的處罰。另亦規定荷屬東印度公司有從井里汶出口木材的獨佔權。在獲得勃良安攝政官之同意後，伐木工人變成荷屬東印度公司在井里汶之駐紮官之臣民。荷蘭在井里汶有胡椒專有權。井里汶王子則有蔗糖和米的出口權。當爪哇在該年4月30日爆發特魯諾卓約（Trunojoyo）抗荷運動時，井里汶與荷屬東印度公司簽訂協議，獲得荷屬東印度公司之保護。至1705年10月5日，馬塔蘭和荷屬東印度公司簽約正式將井里汶和勃良安割讓給荷屬東印度公司。[17]

16　以上關於華僑之司法權和法庭審理之資料，係參見J. Th. Vermeulen原著，劉強譯，「十七八世紀荷蘭東印度公司之司法與華僑」，**南洋學報**（新加坡），第三卷，第一輯，1946年6月，頁81–86。

17　A. G.. Muhaimin, *The Islamic Tradition of Cirebon, Ibadat and Adat among Javanese Muslims,* Anu. E Press, 2006, p.207. in http://epress.anu.edu.au/islamic/itc/pdf/cho7.pdf 2007 年 7

　　井里汶國王為了徵稅，由華人承包所有稅收，華人為繳交一定數額稅款給政府，兼為私人利益計，對土著甚為嚴苛，而引起土著怨恨，1806年，土著4萬多人發動排華暴動，殺害眾多華人，破壞華人經營的砂糖工廠。荷印政府聯合其他土著族群出兵平亂，馬都拉協助荷印政府尤鉅。1806年9月1日，荷印政府與井里汶簽訂條約，井里汶蘇丹拉查・卡諾曼退位，流放到安汶，由其兒子繼位，並禁止華人住留於井里汶領土內。

　　1808年，荷印總督丹德爾斯（Marshal Herman Willem Daendels）恢復被流放到安汶的井里汶蘇丹拉查・卡諾曼的職位，但該地反荷的動亂持續不斷。

　　1809年，丹德爾斯宣布井里汶為荷印政府的屬領。井里汶的蘇丹可以保留其頭銜，但今後將成為殖民地政府的官吏，其官階最高是「布巴迪」（bupati），即攝政官。井里汶被劃分為兩個府，第一個府是北邊府，再分為三個區：井里汶和固寧干區由斯甫蘇丹治理；馬查連卡區由阿囊蘇丹治理；南安區由井里汶蘇丹治理。第二個府包括卡魯、林邦干和蘇卡甫拉。

　　上述三位蘇丹每年須向殖民地政府繳納3萬「零吉」和2千「科揚」大米。此外，每一戶人家須栽培5百棵咖啡樹，按照每擔（225英鎊）4「零吉」的價格賣給政府。在不適於種植咖啡的地區，則種植草棉。

　　井里汶蘇丹不願認真執行丹德爾斯的命令，結果被革職。丹德爾斯將他以前管轄的地區加以調整，東部地區分給斯甫蘇丹和阿囊蘇丹。芝馬努克河以西的地區，則劃入加拉橫府（Krawang）。[18]1849–50年，井里汶發生旱災，糧食嚴重生產不足，居民流浪他處，許多流為盜匪。

第四節　荷蘭加強控制日惹和梭羅

　　荷印總督丹德爾斯在1810年將卡魯歸併日惹，召回梭羅和日惹的「駐紮官」，改派部長頭銜的新官上任。在他任職以前，曾規定在某些儀式中，「駐紮官」須在距離梭羅或日惹蘇丹一段距離時向蘇丹脫帽並行三鞠躬禮，並呈獻葡萄、麥葉盤和洗手用的水。丹德爾斯將此儀式廢

月10日瀏覽。
18　[印尼]薩努西・巴尼著，前引書，下冊，頁381–382。

除，規定在以後的儀式中，在梭羅和日惹蘇丹後面有手持金傘（正中有綠色）的侍從跟隨著。

丹德爾斯為了削弱蘇丹的威望，特別要求日惹蘇丹前往巴都蘭岸（Baturangan）迎接他到日惹訪問，當日惹蘇丹前往巴都蘭岸時，他還坐在寶座上接見日惹蘇丹。丹德爾斯進而想取消1743年和1746年簽訂的條約中關於梭羅、日惹蘇丹割讓沿海地區給殖民地政府、殖民地政府給予上述兩個蘇丹補償費的規定。

1810年馬塔蘭蘇丹的首席行政官、也是其同父異母弟拉登‧蘭加（Raden Rangga）起來反抗荷蘭，失敗後被殺，其子森托特（Sentot）成為爪哇抗荷的領袖。哈門庫布烏諾二世亦未按荷印協議將王位傳給繼承人副攝政官丹努里加二世（patih Danurĕja II），而是傳給蘇丹之兄弟納塔庫蘇瑪（Natakusuma）的兒子。荷蘭總督丹德爾斯乃要求哈門庫布烏諾二世接受歐洲部長的地位、恢復丹奴里加二世（Danurĕja II）的權力以及負起拉登‧蘭加叛亂的責任。蘇丹反對，荷蘭總督在1810年12月派遣32,00名軍隊進入日惹，逼迫哈門庫布烏諾二世下臺，由其兒子繼位，成為「王子攝政」（prince regent），是為哈門庫布烏諾三世（Hamĕngkubuwana III, 1810–11, 1812–14）。在該年法國兼併荷蘭，丹德爾斯在吧城升起法國國旗。

丹德爾斯要求日惹蘇丹付給他19萬6千「零吉」，作為他的軍隊和隨從的酬勞費。隨後他前往梭羅，強迫蘇蘇胡南同意取消「沿海地區補償費」及割讓葛都北部地區、不流老的一部份地區、三寶壟、沙拉笛加、淡目、札巴拉等縣的若干地區。蘇蘇胡南獲得瑪琅和額安當作補償。

1811年1月，荷蘭再與蘇拉卡達和日惹簽訂條約，擴大荷蘭控制的領土，取消自1746年以來付給馬塔蘭的沿海地帶的租金。日惹和殖民地政府交換轄區，即以下列日惹轄區：葛都、三寶壟（淡目、札巴拉）、格羅坡干（Grobogan）、韋羅沙里、舍羅、新埠頭、惹班等交換殖民地政府在波約拉里的附近地區和勃良安的卡魯。日惹不必償付荷蘭軍隊到日惹的行軍費用。[19] 同時放逐涉嫌拉登‧蘭加叛亂的納塔庫蘇瑪及其兒子納塔丁寧格拉特（Natadiningrat），將他們關在井里汶。[20]

19　［印尼］薩努西‧巴尼著，**前引書**，下冊，頁386。
20　M. C. Ricklefs, *op.cit.*, 2001, p.147.

丹德爾斯進行改革行政機構，他取消了東北沿海地區的省級行政單位，把它們改為若干州，即：直葛、北加浪岸、三寶壟、札巴拉、朱哇納和南望。後來朱哇納和札巴拉合併為一州。東部地區也成為一州。

「布巴迪」（bupati）（即攝政官）[21]則變成為殖民地政府的官員，位於「駐紮官」之下，他們不需再向殖民地政府納貢。他們有權繼續徵稅，稅款的一部份（10萬零吉）必須上繳殖民地政府。此一改變，增加人民的負擔，因為要上繳如此多稅款，比以前繳納農產品還困難，只好多向人民增收稅款。此外，殖民地政府官員的俸祿制被取消，改為數額較大的固定的薪水制。在針對土著的司法體系也做了調整，在每一縣設立一所初級法院，每一府設立一所中級法院。在三寶壟和泗水各設一所高級法院。[22]

5月，荷蘭派遣新總督詹生士（Jan Willem Janssens），接替丹德爾斯。

荷蘭為取得香料群島的香料貿易的控制權，派遣「快艇」燒毀或砍除多餘的丁香樹，以免沒有節制，造成生產過剩，使丁香價格下降。荷蘭為執行該項政策，對摩鹿加群島的土著採取殘酷鎮壓措施。

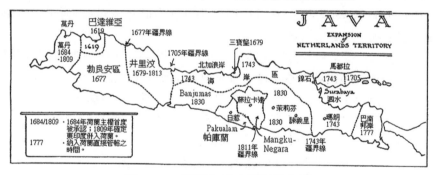

圖2-1：荷蘭在爪哇擴張勢力圖

資料來源：Bernard H. M. Vlekke, *Nusantara: A History of the East Indian Archipelago*, p.153.

21　Bupati 或寫為Bopatis，其意思與攝政官（Regent）和國王（Rajah）一樣，是酋長、土王或國王的意思。參見 Donald Maclaine, Campbell, *Java:Past and Present, A Description of the Most Beautiful Country in the World, Its Ancient History, People, Antiquities, and Products,* William Heinemann, London, 1915, p.5.

22　[印尼]薩努西・巴尼著，**前引書**，下冊，頁387。

第五節　英國短暫佔領東印度

1795年，荷蘭國王威廉五世，擺脫法國的控制，逃到英國。在丘園（Kew）發表「丘園訓諭」，指示荷蘭殖民地官員向英國投降，以免殖民地為法國所佔領。英國遂得以佔領印尼的若干領土，1795年先佔領巴東（Padang）（事實上英國曾在1781–4佔領過該地）、馬六甲，1796年佔領安汶和班達。至1799年，除了爪哇、巴鄰旁、馬辰、西帝汶和望加錫外，其他荷屬東印度領地都為英國所佔領。1801年，英國控制民那哈沙（Minahasa）地區（位在北蘇拉威西島萬鴉老附近一帶），直到1816年。

1802年3月25日，英國與法國共和國、西班牙、巴達維亞共和國簽訂亞明斯條約（Treaty of Amiens），該約第三條規定：「英國將其在戰爭中所控制和征服原屬於法國和巴達維亞共和國的領土，歸還給法國和巴達維亞共和國。」[23]據此規定，英國需將馬六甲和摩鹿加群島歸還給荷蘭。荷蘭開始加派軍隊到爪哇。1803年，巴達維亞共和國政府下令荷屬東印度直接向其負責。英國將安汶移交給荷蘭。1806年，英國海軍與法國－荷蘭聯軍在爪哇外海發生海戰，英國奪取邦加島。

1806年，拿破崙（Napoleon Bonaparte）派其弟弟路易士·拿破崙（Louis Napoleon）為荷蘭國王，巴達維亞共和國變成荷蘭王國。荷蘭政府成立殖民部，負責管理海外殖民地。1807年，英國重新佔領馬六甲。在民那哈沙地區的唐達諾（Tondano）出現反英活動。在1808年，路易士·拿破崙委派丹德爾斯為巴達維亞總督（1808–11）。丹德爾斯充滿革命熱情，積極改革爪哇的無效率、貪污和濫權，但效果不大。他設立士官學校、兵營、軍醫院；在三寶壟設立鐵炮製造廠；在泗水設立砲兵工廠；在三寶壟和泗水建造新要塞；改建吧城堡壘；在泗水建設軍港；在面對馬都拉海峽，築有路易砲台；開築從西爪哇安耶爾到東爪哇班那魯干約1千公里之道路，中間設有休息站和警備屯營。這些工程大都是強迫土著義務勞動，沒有支付酬勞。[24]

對於荷蘭控制地區的爪哇攝政官，由於丹德爾斯反封建的性格，所以感覺不好。他不把他們視為攝政官，而視之為歐洲行政區下的官員，

23　"The Treaty of Amiens," *The Waterloo Association*, http://www.napoleon-series.org/research/government/diplomatic/c_amiens.html 2022年6月26日瀏覽。

24　沈鈞編著，**前引書**，頁120–122。

並減少他們的權力和收入。他將中爪哇的統治者視為巴達維亞的附庸屬地。在法律上，他是對的，因為1749年條約已將主權移轉給荷屬東印度公司。但荷蘭無意在中爪哇內陸地帶行使主權。他將派駐在王宮的「駐紮官」（Residents）改稱為「部長」（Ministers）。他們不是從盟國派到另一國的大使，而是歐洲國家主權在地方的代表以及代表巴達維亞的總督，他們的地位等於爪哇的國王。此一變革與自1750年代以來的雙邊關係不同。蘇拉卡達的帕庫布烏諾四世（Pakubuwana IV）接受此一改變，但日惹的哈門庫布烏諾二世拒絕。

丹德爾斯將爪哇分為九州，每州設一位直屬吧城的州知事，負責州的統治權，傳統的土酋官吏皆受其節制。他亦在吧城設立法庭警視所（Vredegerichten），在各州設立地方法院（Landgerichten），由州知事（駐紮官）擔任地方法院院長。副院長則由歐洲人官吏或秘書擔任。其他屬吏，則任用土著。在三寶壟和泗水設立上訴法院，對於不服地方法院之判決者，可上訴上訴法院。

萊佛士（Thomas Stamford Raffles）在1805年被英屬東印度公司派到檳榔嶼擔任代表，開始學習馬來語、習俗和歷史。1808年，8月18日，英國決定放棄馬六甲，英屬東印度公司的職員萊佛士聞訊緊急寫信給英國駐印度總督，反對此一決定，最後印度總督改變此一決定，繼續控制馬六甲。

丹德爾斯亦將楠榜交由法國治理。1809年，他在萬丹周邊進行公共工程，建公路和新港口。但因對工人苛待，引發暴動，工人殺了荷蘭駐萬丹的「駐紮官」。他派軍隊鎮壓，殺死萬丹首相，並將萬丹蘇丹流放到安汶。他宣布萬丹為荷蘭屬領。丹德爾斯任命拉都王子為新的蘇丹，號稱阿甫爾模華希爾‧穆罕默德‧阿里烏丁二世。蘇丹已無實權，每年獲得1萬5千「里耳」俸金。荷印政府委任一位歐籍官吏為「知事」（駐紮官），駐紮在西冷（Serang），實際上統治萬丹。1810年，荷印政府懷疑蘇丹不忠誠，將他解往吧城幽禁。然後將烏戎河下游地區分為萬丹和亞熱兩縣，由穆希丁‧柴英努爾沙里興蘇丹的一個兒子擔任上游地區的蘇丹，號稱穆罕默德‧沙菲烏丁蘇丹，駐紮在潘德格蘭（Pandeglang）。不過，仍直接由荷印政府管轄。[25]

25　[印尼]薩努西‧巴尼著，前引書，下冊，頁380–381。

1810年5月，英國重新佔領安汶、德那地和蒂多蕾。

1810年，萊佛士前往印度加爾各答會見英國駐印度總督民徒（Lord Minto），遊說其驅逐在爪哇的法國和荷蘭勢力，民徒接受其意見。

1811年8月4日，43艘英國船艦出現在巴達維亞外海，英軍1萬1千人、軍馬500匹登陸，此時萬丹局勢動盪，地方的王子反荷，逮捕萬丹蘇丹，而與英國合作。26日，吧城為英國控制，荷蘭新任總督詹生士退至三寶壟，獲得曼庫尼加拉軍團（Mangkunĕgaran Legion）、蘇拉卡達和日惹軍隊的援助。但英軍將之擊退，9月18日，在沙拉笛加的敦丹（Toentang）俘獲荷印總督詹生士，荷軍和法軍向英軍投降。詹生士和英軍簽訂敦丹和平條約，主要內容如下：[26]

(1) 爪哇及其屬領、帝汶島、望加錫和巴鄰旁成為英國領土。

(2) 凡荷蘭軍隊之被俘虜者，悉數歸還之。

(3) 英國對法國統治時代之巴達維亞政府之負債，不負任何責任。

(4) 凡官吏沒有任何不服之表示者，得以同一官職服務於英國統治之下。

英軍接管望加錫和帝汶島，沒有遭到反抗。但在接收巴鄰旁時，卻碰到困難。巴鄰旁蘇丹趁荷軍投降英軍之際，大肆屠殺荷蘭人。英軍與該蘇丹簽訂條約，取得邦加島錫礦的專有權，英國要求支付錫礦的價格較荷蘭少20%，蘇丹加以拒絕，英軍遂以武力進攻，蘇丹逃逸。數年後荷蘭重回東印度，蘇丹持了一封萊佛士寫給他的誘惑信，來向荷印政府表態，表示他是不得已受到萊佛士的煽惑所致，為其自己開罪。[27]

隨著英軍的占領，哈門庫布烏諾二世趁機恢復日惹王位，其兒子被降為王儲，蘇丹並謀殺達奴里加二世。英國任命萊佛士為「爪哇及其轄區」副行政長官（副總督）（Lt-Governor of Java, 1811–16），英國在爪哇沒有任命總督，當時英國在印度的總督是派駐在印度的加爾各答。

1812年6月，萊佛士率領1,200名英軍和印度兵，以及獲得800名曼庫尼加拉軍團的協助，征服日惹，摘除哈門庫布烏諾二世的王位，並將之放逐檳榔嶼，由其子哈門庫布烏諾三世（Hamĕngkubuwana III）出任蘇

26　沈鈞編著，**前引書**，頁134。

27　Bernard H. M. Vlekke, *Nusantara: A History of the East Indian Archipelago*, p.243.

丹。萊佛士與梭羅的蘇蘇胡南簽訂新條約，英國放棄了以前丹德爾斯強迫要求割讓的地區，蘇蘇胡南每年獲得12萬元作為放棄徵收關卡稅（經過或進入某一地區應繳納的稅款，以及橋樑稅、市場稅等，荷蘭將這些關卡租賃給華人）及採集燕窩的補償費；柚木林改由英國殖民地政府管轄；廢除「實物地租」及「強迫供應」制。[28]

1813年，英國廢除萬丹蘇丹的地位，改由英國付給蘇丹年金。英國將印尼群島劃分為四個行政區，包括：馬六甲、明古連、爪哇和摩鹿加群島。英國迫使巴鄰旁蘇丹割讓邦加島（Bangka）和勿里洞島（Belitung）給英國，取得這兩個島的錫礦控制權。

萊佛士在印尼的最重要改革是廢除「強迫供應制」，建立「地租制」，根據農產物的收成而定稅率：1/2、2/5、1/3或1/4。土地稅可用稻或米或貨幣來繳納；雜糧免稅，沒有土地的人須繳納戶口稅；廢除「布巴迪」（攝政官）徵用無償勞動和獲得一部份農產品的權力。此一改革的目的在增加人民的收入，俾能多購買英國的工業製品。[29] 為調查地租，必須先普查人口數，所以萊佛士在1815年針對爪哇島和馬都拉島進行第一次人口普查，該兩島總人口數為4,615,270人，其中爪哇島有4,397,611人。萊佛士又調查出當時華人有94,441人，其中男性有51,332人，女性有43,109，[30] 男女性人數相差不多，顯示當時女性出國人數相當多。

萊佛士重建地方政府組織，以「村」為最底層之行政單位。當時歐洲人和華人在中爪哇承租過大的土地，種植咖啡、蔗糖、靛藍和胡椒。土地所以過度承租給私人，主因是貴族階層需要資金。惟爪哇農民和習慣法卻輕視這些種植業。當農民付給政府稅時，是要繳納現金，而非生產物，他們就需向貸款者借貸，這些行業都是華人在做。所以華人企業家和貸款業者在農村地帶變得愈來愈重要，因其經濟力量日益增強，控制農村地帶之經濟，而加速了他們和爪哇人之間的緊張關係。因為農民貧困，連帶地政府稅收也大量減少。社會出現不安，盜匪橫行。再加上吸食鴉片流行，成為荷蘭稅收的大宗，在1827–33年之間，因為鴉片的獨

28　[印尼] 薩努西·巴尼著，前引書，下冊，頁392–393。
29　[印尼] 薩努西·巴尼著，**前引書**，下冊，頁390。
30　Thomas Stamford Raffles, *The History of Java,* Kuala Lumpur, Oxford University Press, Vol. One, 1978, p.63.

佔，其收入佔總歲入的12%。[31]

　　萊佛士繼續推行荷蘭人的政策，意圖削弱土著蘇丹的權力。萊佛士將曾協助英國的阿赫瑪特王子以涉嫌造反之罪名，將之流放檳榔嶼、班達和安汶。他亦付給萬丹蘇丹俸祿每年1萬「零吉」，[32]而限制其權力。他將日惹和梭羅二王的軍隊裁減到只剩下王宮衛隊。日惹蘇丹被迫割讓在葛都和帕吉丹的領土、惹班（Mojokerto）、新埠頭和格羅坡干。蘇蘇胡南被迫割讓在葛都和帕吉丹的領土、不流老和威羅梭坡。英國獲取這些領土並未給予補償，此與帕德爾斯的作法不同。蘇蘇胡南和蘇丹除了被剝奪關卡徵稅權外，又被剝奪市場稅徵稅權。英國殖民政府給予蘇丹西班牙幣10萬零吉作為補償費，並答應給蘇蘇胡南王族補償費。蘇丹又被迫讓出柚木林之專有權。英國在日惹和梭羅獲得鴉片專賣權。[33]

　　萊佛士恢復以前地方政治單位「州」的名稱，將其控制的印尼群島分為18州，茂物從吧城分出另成一州。加拉橫和吧城各縣合併成一州，稱為勃良安州。從日惹和梭羅割讓過來的葛都領地合併成一州。南望和廚閩合併為一州。東爪哇地區成立岩望、龐越和外南夢三州。錦石恢復為一州。惹班、威羅梭坡及其他地區合併為泗水州。巴墨卡珊和雙門納合併為一州。每一州派有「州長」，即是駐紮官，其權力擴大了。

　　「布巴迪」（攝政官）的權力被削弱，只剩下監督警政的權力。萊佛士另給予這些「布巴迪」采地俸祿，作為補償。另外他們亦可以領取薪俸或在某一地區徵稅，以增加收入。

　　萊佛士亦在司法方面進行改革，將英國的陪審員制引入，委任法院以外的人共同審判案件。但因為印尼群島對於陪審制不熟悉，以致於該制度之推行是失敗的。當荷蘭重回印尼群島時，該制立即被廢止。另外設立三個巡迴裁判所（Reehtbaaken van Ommegang）。分別在吧城、三寶壟和泗水三個城市設立審理歐洲人的高等法院。

　　1812年，萊佛士公布一項條例，規定奴隸主如有年在8歲以上的奴隸需向政府繳稅，每人每年1零吉。此一稅款由奴隸主負擔。奴隸主每賣一名奴隸，需向政府繳納0.5零吉的稅。1815年，取消了因釋放奴隸而徵

31　M. C. Ricklefs, *op.cit.,* 2001, p.150.

32　「零吉」（Ringgit）為西班牙貨幣單位，一個「零吉」等於一個里耳（Real）。

33　[印尼]薩努西‧巴尼著，**前引書**，下冊，頁394–395。

收的一切費用，並且禁止警察按照奴隸主的要求拘禁奴隸。由於這些措施，使得奴隸人數大減。

當時食鹽的生產地主要在爪哇島東北沿海地帶，是由華人操控食鹽的生產和銷售，鹽價高昂。萊佛士將食鹽生產收歸政府經營，以降低鹽價。[34]

1813年11月，荷蘭爆發反拿破崙的革命。1814年6月21日，反拿破崙的各國達成協議，要建立一個新的荷蘭王國。在拿破崙失敗後，法國結束對荷蘭的佔領，荷蘭取得獨立地位。英國和荷蘭在1814年8月13日在倫敦簽訂條約（The Anglo-Dutch Treaty of 1814, the Convention of London），將英國在1803年以後取得的荷屬東印度領土歸還巴達維亞荷蘭當局。

1814年倫敦條約內容要點如下：

(1) 除了好望角和南美的狄摩拉加（Demerara）、埃賜奎博（Essequibo）和伯必示（Berbice）（前面三地在今蓋亞納）之外，荷蘭在這些地方仍擁有貿易權，將荷蘭在1803年1月1日戰爭爆發後所擁有的在美洲、非洲和亞洲的殖民地移交給英國。

(2) 英國將馬來群島的邦加島（Banca）割讓給荷蘭，以交換取得在印度科欽（Cochin）的殖民地以及其在馬拉巴（Malabar）沿岸的領地。

(3) 荷蘭也割讓靠近加爾各答的伯納哥里（Bernagore）地區給英國，以換取英國每年付費給荷蘭。

(4) 雙方同意荷蘭在1814年6月15日的聲明，即運送奴隸貿易的船隻不允許進入英國港口，此項限制也適用於禁止荷蘭公民參加奴隸貿易。

(5) 英國同意支付瑞典1百萬英鎊，以解決對加勒比海的瓜帝洛普（Guadeloupe）的主權問題。

(6) 英國和荷蘭同意各付2百萬英鎊，以改善低地諸國（包括荷蘭、比利時和盧森堡）的國防；將以3百萬英鎊作為最後及滿意的解決低地諸國和荷蘭組織聯邦之用。[35]

34　[印尼]薩努西・巴尼著，**前引書**，下冊，頁400–401。

35　"Anglo-Dutch Treaty of 1814," *Wikipedia*, http://en.wikipedia.org/wiki/Anglo-Dutch

　　1816年3月萊佛士離開爪哇，英國另派一位官員到爪哇接替他的工作。5月，荷蘭派遣3位特派專員到達爪哇，準備接收工作。英國歸還爪哇島速度緩慢，可能是因為拿破崙從愛爾巴島逃回巴黎，亦可能是從印度傳來的命令耽擱，英國至1816年8月19日始將爪哇島移交給荷蘭。

第三章　荷蘭重回東印度

第一節　荷蘭重整統治方式

1816年8月，荷蘭重新控制爪哇。1818年，荷蘭重新控制馬六甲和坤甸，並結束在爪哇的奴隸買賣。1819年1月，荷蘭重新控制蘇門答臘島西中部的巴東。

萊佛士統治爪哇時廢除「強迫種植制」，改為地租制。荷蘭返回爪哇後，重新恢復「強迫種植制」，強迫農民種植某種農產品，農民將收成的一半或三分之一繳納給政府作為地租之後，剩下的產品得自由販賣。但在勃良安繼續實行強迫命令的耕種。由於產品價格由買者隨意規定，而經營農產品買賣者是區長或鄉長，農民的產品價格遂受到區長或鄉長的控制，收入並未因此增加。[1]

當荷蘭在1816年重回印尼後，歐洲種植者開始租土地，以及利用在土地上的農民從事種植工作。1819年，總督卡比連（G. A. G. Ph. Van der Capellen, 1816–26）不贊成自由貿易和自由經營種植園，阻撓歐洲人獲得建立種植園的土地，又阻撓歐洲人商業的活動。此一作法，導致爪哇的經濟愈來愈衰退，政府的收入愈來愈減少。卡比連總督不贊成私人資本在爪哇經營，宣布取消以前締結的一切租地契約，並且規定將日惹和梭羅王國所有土地租給荷印政府，為期30年，其目的在縮小日惹和梭羅王國的疆土和權力。荷印政府並沒有向日惹和梭羅王國繳納第一期應繳納的土地租金。[2]

1　[印尼]薩努西・巴尼著，**前引書**，下冊，頁404。
2　[印尼]薩努西・巴尼著，**前引書**，下冊，頁418。

　　荷印政府也調整了以前的政府組織，巴達維亞自成一州，加拉橫也恢復為一州。邦卡蘭從泗水分出來，與雙門納（Sumenep）合併為一州。由於丹德爾斯和萊佛士的措施，梭羅和日惹的兩個王國的疆土更加縮小，收入銳減。另外荷印政府也廢除了英國實施的陪審制。

　　1821年，殘餘的米南加保貴族與荷蘭簽訂條約，將米南加保交予荷蘭，以換取荷蘭的保護，對抗帕德里（Padri）教派的反荷運動，從該年起爆發帕德里戰爭。1823年，荷軍和帕德里的軍隊在林投（Lintau）戰爭，結果失敗。

　　1824年3月17日，英國和荷蘭簽訂倫敦條約（The Anglo-Dutch Treaty of 1824, Treaty of London），瓜分兩國在東印度群島的勢力範圍。該條約是要解決1814年英、荷條約的執行問題。

　　1824年英、荷倫敦條約之內容要點如下：

(1) 英、荷兩國人民可進入英屬印度、錫蘭和印尼進行貿易，並給予最惠國國民待遇，但須遵守當地法令規定。

(2) 限定對他國人民和船隻課徵的費用。

(3) 雙方同意不與禁止和外國貿易的東方國家簽訂條約。

(4) 雙方同意不使用民事和軍事武力阻礙貿易。

(5) 雙方同意反對海盜，對海盜不提供隱蔽所或保護，不銷售海盜的財物。

(6) 雙方同意在未獲各自母國政府之同意前，其在東印度的地方官員不在東印度群島開設新辦事處。

(7) 英國需讓荷蘭人前往摩鹿加群島貿易，特別是安汶、班達島和德那地。

(8) 荷蘭割讓其在印度次大陸的所有據點以及其所有的權利給英國。

(9) 英國割讓在明古連的馬爾伯羅堡（Fort Marlborough）的土庫以及在蘇門答臘島上的財產給荷蘭，且不在該島建立據點或與其統治者簽訂任何條約。

(10) 荷蘭割讓馬六甲城市和堡壘給英國，且不在馬來半島建立任何據點或與其統治者簽訂任何條約。

(11) 英國撤回其對荷蘭佔領勿里洞島的反對。

(12)荷蘭撤回其對英國佔領新加坡島的反對。

(13)英國同意不在卡里蒙群島（Carimon Islands）或巴潭島、民丹島(Bintan)、林金島(Lingin)，或位在新加坡海峽以南的其他島嶼建立據點，或與這些島嶼的統治者簽訂任何條約。

(14)所有這些財產和設施的移轉，應在1825年3月1日前完成。

(15)雙方同意爪哇歸還荷蘭，依據1817年6月24日爪哇協議（Convention on Java），已經獲得解決，除了荷蘭需在1825年底前在倫敦付給英國10萬鎊款項。

英國在1824年4月30日批准該約，而荷蘭在同年6月2日批准。[3]

荷屬東印度政府遭逢財政困難，卡比連總督提供殖民地土地作為向英國商人帕爾瑪公司（Palmer and Co.）貸款擔保之用；1826–28年，荷屬東印度政府向該公司借了大筆款項。

荷印政府指控萬丹蘇丹穆罕默德·沙菲烏丁支助海盜，而於1832年將他放逐到泗水。

卡比連總督在馬都拉建立了兩個州，包括馬都拉和雙門納，該兩州蘇丹極受荷印政府器重，因為爪哇或外省（Outer Provinces, Outer Territories）（「外省」指爪哇以外由荷蘭控制的蘇拉威西、卡里曼丹或摩鹿加群島等地）如果爆發反荷運動，該兩蘇丹成為殖民政府的重要助手。因此，在荷印政府之支持下，該兩州建立了軍隊。從1879年和1882年起，將雙門納和邦卡蘭的地位先後提升為爪哇的「布巴迪」區（攝政區）。後來邦卡蘭劃分為兩個縣：邦卡蘭和三邦。[4]1885年，荷蘭在馬都拉實施直接統治。1887年，馬都拉蘇丹被降低地位為攝政官地位。

1888年，荷蘭派駐蘇拉卡達的「駐紮官」控制曼庫尼加拉皇室的財政。在此時期的爪哇，約有80名地方統治者保持「蘇丹」、「蘇蘇胡南」或「攝政官」的名號，不過，實權仍握在荷印政府手裡。

1906年9月20日，荷蘭海軍砲轟巴里島的登帕剎（Denpasar）（俗稱麻塘）。班敦（Baudung）的貴族採取「榮譽自殺」，走向登帕剎大街上自殺，超過3,600人被殺。

3 http://en.wikipedia.org/wiki/Anglo-Dutch_Treaty_of_1824 2007年5月4日瀏覽。
4 [印尼]薩努西·巴尼著，**前引書**，下冊，頁514。

　　荷蘭重返爪哇後，恢復以前的高壓統治，導致民怨，反抗運動時起。舉其最著的，例如馬徒里西（Thomas Matulessy）、帕迪穆拉（alias Pattimura）於1816–1818在摩鹿加群島發動抗荷運動。迪波尼哥羅王子（Prince Diponegoro）從1825年到1830年領導爪哇農民抗荷。崩卓勒（Tuanku Imam Bonjol）領導蘇門答臘進行帕德里戰爭（Padri War），而烏瑪（Teuku Umar）在1873–1903年領導亞齊抗荷戰爭。巴塔克族的希欣嘎曼嘎拉惹國王（King Sisingamangaraja），在1907年起來抗荷。1908年，荷軍企圖佔領巴里島，遭巫達雅納國王（King Udayana）擊退。在南蘇拉威西和南卡里曼丹亦爆發抗荷事件。

第二節　1825年的迪波尼哥羅反荷運動

　　1823年，卡比連總督決定禁止中爪哇私人租地，影響貴族的收益，導致許多貴族發動反抗運動。1825年5月，在直葛爾里加（Těgalrěja）開築公路，亦引發迪波尼哥羅（Diponegoro）王子和副攝政官達努里加四世（patih Danurěja IV）（patih意指副攝政官）之間的衝突。迪波尼哥羅王子獲得許多王子和攝政官、鄉村農民和宗教領袖的支持，包括基艾・馬加（Kyai Maja）。日惹王室並沒有站在他那一邊。蘇拉卡達的帕庫布烏諾六世（Pakubuwono VI）暗中支持他。迪波尼哥羅王子發動的「爪哇戰爭」，起始於開築一條將經過迪波尼哥羅之果樹園的新公路，使其家園遭切割，但這只是原因之一而已。7月20日，荷軍在日惹逮捕迪波尼哥羅，直葛爾里加遭反荷軍佔領並燒毀。迪波尼哥羅脫逃，成為反荷軍領袖。鄉下地區都傾向迪波尼哥羅。

　　另一說法，認為1822年土王安蒙古・巫呵那四世歿，王子安蒙古・巫呵那五世即位，新王年僅21歲，有其叔父安蒙古・巫靡及迪波尼哥羅為之保護。迪波尼哥羅嘗覬覦王位，但荷印政府未予支持，因之心懷不滿，此為其發動反荷運動之導火線。[5]

5　沈鈞編著，**前引書**，頁156。

圖 3 - 1：迪波尼哥羅（Diponegoro）王子

資料來源："An online timeline of Indonesian History," *Sejarah Indonesia*, http://
www.gimonca.com/sejarah/sejarah04.shtml 2022 年 5 月 15 日瀏覽。

　　迪波尼哥羅是爪哇日惹蘇丹的王子，是羅佐蘇丹的妾所生的兒子，
大概在 1785 年出生。他經常參加宗教學校的活動，亦在神秘洞穴冥思
可蘭經。他是具有神秘色彩的爪哇領袖，人民流傳一個故事，認為他是
「解放者王子」（Prince Liberator），擁有一把有魔力的劍，可以打敗荷蘭
人，解放印尼人。靠著這股神秘力量的導引，迪波尼哥羅在 1825 年領導
人民起來反抗荷蘭，他以伊斯蘭教的「聖戰」觀念，帶領鄉下的農民，
進行游擊戰，企圖消磨耗損荷蘭的力量。荷蘭從馬都拉、北蘇拉威西和
蘇拉卡達（今天的梭羅）調集兵力，以建築堡壘方式縮小包圍圈，控制
各個據點，截斷游擊隊的聯繫，但都未能平息該股游擊武力。因戰爭持
續數年，無法結束，荷蘭已感師老兵疲，一度想放棄爪哇。

　　荷蘭為此，在 1826 年 8 月將被放逐在安汶的年邁的哈門庫布烏諾二世
送回日惹，出任日惹國王（1826–28）。1826 年 10 月，迪波尼哥羅進攻蘇
拉卡達，遭到失敗。以後遇到霍亂、痢疾和其他疾病，使抗荷軍和荷蘭
軍損失慘重。他的親友和戰友、地方攝政官和親王，也就是中上貴族菁
英階層很多人相繼投降荷蘭。1828 年 11 月，荷軍逮獲他的親密顧問基艾‧
馬加。1829 年 9 月，他的叔叔領主曼庫布米（Pangeran Mangkubumi）亦向
荷蘭投降。10 月，森托特向荷蘭投降，荷蘭拔擢他為中校。經過 5 年的戰
爭，重要副手皆一一向荷蘭投降，他只好談和。

　　1830 年 3 月，他與荷蘭在瑪吉蘭（Magelang）談判，結果遭荷蘭逮
捕，被放逐到蘇拉威西島北邊的萬鴉老，再轉到望加錫，於 1855 年去
世。在這長期抗荷戰爭中，荷蘭軍人死亡 8,000 人，印尼軍人死亡 7,000

人，一般印尼平民死亡至少20萬人，日惹人口約減少一半。[6]迪波尼哥羅的長子被放逐到三寶壟、泗水，再送到安汶，與其兩個兄弟在一起。其另一個兒子，則在抗荷戰爭中犧牲生命。

迪波尼哥羅成為印尼史上最偉大的英雄，日惹也成為戰後獨立運動的抗荷的中心。雅加達的街道也以迪波尼哥羅命名，在日惹的嘎迦瑪達大學（Gajah Mada University）的女生宿舍也以迪波尼哥羅的妻子的名字命名。[7]

1830年9月27日，梭羅的副攝政官、日惹的副攝政官和荷印政府的代表簽署改變日惹和梭羅疆界的協議，將帕章、蘇科哇迪永遠地和無條件地分割給梭羅，馬塔蘭和顧農基杜爾則分割給日惹。荷蘭將日惹變成印尼蘇丹的政治中心，將附近的土地併入日惹，包括蘇拉卡達附近的土地也併入日惹。10月1日，梭羅國王批准了上述協議。10月4日，日惹國王也批准了上述協議。11月3日，荷印政府和日惹國王簽訂了一項協議，規定馬塔蘭和顧農基杜爾仍由日惹國王管轄。其他地區則由荷印政府以日惹國王的名義管轄。荷印政府有權委任司法、警政、徵稅的公務員、「布巴迪」及其他首長。荷印政府將給日惹國王及官員們以補償。協議中又規定在日惹設立法庭，以州長或其他官員為庭長，負責審判日惹居民在王國境內所犯的刑事案件。日惹國王需負擔王子們和官員們的生活費，這些王子們和官員們曾經協助迪波尼哥羅，在投降荷軍後，荷印政府曾保證要給予土地和金錢，此則由日惹國王負擔給付。

荷印政府還企圖削弱梭羅國王的權力，要求其割讓蒙佐尼哥羅。梭羅國王帕庫布烏諾六世（Pakubuwana VI, 1823–30）因此在6月5日晚上離開蘇拉卡達，跑到爪哇南岸的印度洋畔的曼進安居住。荷蘭唯恐引發更多的暴動，因此將他放逐到安汶，於1849年6月3日去世。荷印政府任命其兄弟帕庫布烏諾七世成為梭羅的蘇蘇胡南。6月22日，梭羅國王與荷印政府簽訂協議，將蒙佐尼哥羅割讓給荷印政府，取得補償費26萬4千盾。另規定荷印政府委任「攝政官」時，需與梭羅王協商。荷印政府為贏得

6　M. C. Ricklefs, *op.cit.*, 2001, p.153. 薩努西‧巴尼的書說，荷蘭人死亡8千人，荷軍中的印尼土著士兵死亡7千人，耗去戰費約2千萬盾。參見［印尼］薩努西‧巴尼著，**前引書**，下冊，頁467。

7　Bruce Grant, *Indonesia,* Melbourne University Press, Australia, third edition,1996, pp.15–16.

民心，廢除在日惹和梭羅的所有的關卡稅，並取消將田地租給外國人的禁令。[8]

關於迪波尼哥羅發動反荷戰爭之原因，薩努西・巴尼歸納歐洲學者的觀點如下：

(1)迪波尼哥羅因為未被任命為蘇丹，心中懷恨。

(2)租賃土地問題。

(3)爪哇諸王的轄區被縮小了。

(4)承包關卡稅的華人對印尼人民的沈重壓迫。

(5)爪哇社會道德的淪亡。

(6)當時日惹州長及歐籍官員等的昏庸無能。

薩努西・巴尼批評上述觀點不能令人滿意，因為只偏重原因的一部份，未能把所有的原因聯繫起來做整體看待。他認為迪波尼哥羅重視精神，不會因為未被任命蘇丹而心生不滿。又認為迪波尼哥羅沒有鼓動反抗也沒有打算為個人圖謀利益，而是被迫反抗荷蘭的。他是在不得已的情況下，才採取武裝反抗的。[9]薩努西・巴尼認為荷印總督任命迪波尼哥羅、莽古甫美王子、拉都・庚佐諾（蘇丹的母親）和拉都・阿庚（蘇丹的祖母）四人為攝政官，而事先沒有與迪波尼哥羅商量，是導致迪波尼哥羅不滿的主因，顯示荷蘭人不信任他，而且降低了他的地位。而州長（駐紮官）和副攝政官在做決定時，都沒有徵詢迪波尼哥羅的意見，更令他感到憤怒。[10]

第三節　強迫種植制度

荷屬東印度公司為了供應歐洲市場的需要，在印尼實施獨佔商品的措施，並在其控制的領土徵稅，其在爪哇即實施稻米分攤制（rice contingents），要求沿海岸地區的攝政官分攤份額。分攤份額（稅和貢物）和強迫供應（forced deliveries）（獨佔產品）之差別，是後者要付

8　[印尼]薩努西・巴尼著，**前引書**，下冊，頁470–471。
9　[印尼]薩努西・巴尼著，**前引書**，下冊，頁409–410。
10　[印尼]薩努西・巴尼著，**前引書**，下冊，頁412–413。

費，而前者不要。然而，二者經常模糊不清。[11]

　　此一獨佔產品制度是源自荷屬東印度公司的董事堅投曼十七世（Gentlemen XVII）在1602年公司成立時的決定，規定應繳交給公司每項產品的最低數量，以及付費的價款。在爪哇，該制下的主要受害者是蔗糖和咖啡的種植者，較小受害者是棉花、靛藍和胡椒的種植者。蔗糖、棉花和靛藍是年生作物，一年一種，而咖啡和胡椒是四季生產產品。對四季生產產品的數量和價格加以限制，將對農民造成嚴重負擔。經常發生下令種植大量咖啡樹，隨後價格下跌，農民血本無歸。經濟作物的國際價格，如果波動不已，亦難以執行強迫供應制，因為無法準確估算種植的數量。所以當丹德爾斯在1808年就任總督時，就廢除棉花和靛藍的「強迫供應制」。蔗糖專賣制被放棄了，也停止對蔗糖的津貼。只維持胡椒的強迫供應制。鼓勵咖啡擴大種植。稻米出口仍維持政府獨佔。

　　萊佛士在統治爪哇時，在1813年引進「地租制」，以後到荷蘭結束印尼統治為止，都實施此制。萊佛士厭惡荷蘭的強迫勞役、透過攝政官徵稅（稻米分攤制）和獨佔制。他開始是引進英國在印度實施的「薩敏達里制」（Zamindari System），[12]隨後廢棄，另採用1792年在印度南部馬德拉斯（Madras）實施的土地稅制（Raiyatwari System），其辦法是調查每個人的土地持份，評估其地價，然後直接對土地持有人課稅。萊佛士在1813年6月14日向其上級長官和下級官員提出此一土地稅的觀念（事實上是地租，因為他將土地歸屬政府所有，農民變成土地承租人）。1814年2月11日，他下令評估地價並收稅。印尼各地開始實施此制，但在各侯國、馬都拉仍由自己的統治者管理，在加拉璜、帕西坦（Pacitan）、勃良安和森林地區（blandong）還維持各種的「強迫勞役制」（corvée）。地租制的基本原則是按照每位耕種者的土地數量和品質，或者其所有物來課稅，

11　Peter Boomgaard, "Changing Economic Policy," in Paul H. Kratoska, *Southeast Asia: Colonial History,* Vol.III, High Imperialism(1890s–1930s), Routledge, London and New York, 2001, pp.77–94.

12　薩敏達里制是英國統治印度時實施的土地徵稅制，薩敏達里是印度地主的名字，他負責徵收其土地上的地租，除一部份留為己用外，其餘上繳給英國統治者。其徵稅並未按一定的比例，往往依己意為之，導致印度農民陷入貧困。印度在獨立後取消該制。參閱"Zamindar," *Wikipedia,* http://en.wikipedia.org/wiki/Zamindari 2022年6月26日瀏覽。

因為所有土地被視為政府所有。[13]

　　然而，要全面調查土地並進行估價，並非一件容易的事，英國東印度政府並無如此龐大的官僚人力來完成此一工作，所以荷印時期的舊制度仍舊存在。在勃良安，咖啡強迫種植制就維持不變。其他地方的咖啡種植地則改為地租制下的土地，結果咖啡產量減少，此為英國統治的一項失敗。森林地也沒有廢止，森林地上的居民則變成受雇的伐木工，以代替繳稅。萊佛士原本想廢止封建氣味的強迫勞役制，最後還是沒有改變而保留下來。1816年，爪哇歸還荷蘭後，地租制仍持續實施。

　　地租制對印尼的社會和經濟發展的影響如下：第一，除了在勃良安還保留咖啡強迫種植制外，其他地方的強迫供應制宣告結束。第二，攝政官不再擁有要求農民分攤稻米數額以及強制勞役的權力。由攝政官雇用的低階土著官員，成為攝政區的租地者和繳稅的農民，解散了介在中間的首長。現代的官僚體制逐漸取代世襲的官僚體制。第三，村長的地位，不再像過去一樣僅是擁有土地的村民中輩份最高者，從1813年起，他已變成政府官員，負責徵稅和提供勞務、重分配村中的可耕地。第四，世襲的私人土地在很多情況下已移轉為社區財產，每年予以平等重分配。第五，為了評估土地的價值，在1811–12和1815年曾進行土地丈量和人口普查。1820–22年，又進行一次丈量。自1823年起，所有駐紮官必須每年提呈一份總報告（General Report），內容包括人口和農業。[14]

　　1827年5月1日，基西格尼司（L.P.J. Burggraaf du Bus de Gisignies）總督寫了一篇報告給荷蘭政府，批評限制土產的措施，認為該制度使價格上漲，使生產方式落後。目前爪哇的主要生產只是滿足國內需要的稻米和供應世界市場的咖啡。荷蘭人只掌握一部份輸入品，因此荷蘭人的商業和航運不能發展。爪哇人在公有的土地上只擁有小塊土地，沒有資金和技術，所以難以發展農業。他建議允許荷蘭人開闢農園，生產農產品供給世界市場，故有必要給予廣大的土地，將土地改為個人私有制，使爪哇人更便於將土地出賣給荷蘭人。但此建議未獲荷蘭國王接受，而係接受范登波士（Van den Bosch, 1830–33）的建議。范登波士在1827年10月已被委任為荷印總督，他的計畫的主要內容如下：

13　Peter Boomgaard, *op.cit.,* p.80.

14　Peter Boomgaard, op.cit., p.82.

與印尼土著簽約，以水田的一部份種植歐洲市場所需要的農產品。
這一部份水田佔農村全部水田的1/8。

種植歐洲市場所需要的農產品的勞動天數，不能超過種植水稻所需
要的勞動天數。這一部份田地免繳地稅。

把收穫物交給政府。如果收穫物的價格根據估計高於豁免的地稅，
就把差額償給農民。如果農作物並非由於農民懶惰而遭受損失，其責任
應由政府負擔。

農民在工頭監督之下工作，歐籍職員在旁監視，使田地的經營能夠
很好地進行，並使農產品能夠及時、妥當地收割和運輸。工作可分工進
行：一部份人從事種植和培育，一直到農產品成熟。第二部份人從事收
割。第三部份人從事運輸。第四部份人在工廠工作，如果自由工人不夠
的話。

在難以全部實行此條例的地方，如果農作物已栽培成熟，即應認為
農民已完成任務，切實豁免其地稅。運輸和加工的工作另訂辦法處理。[15]

1830年，荷蘭委派新總督范登波士，開啟了新的殖民統治方式，
他強迫爪哇每個村莊必須撥出一部份土地種植出口作物，例如咖啡、蔗
糖、靛藍、菸葉和茶葉，然後以固定價格賣給殖民政府，此制稱為「強
迫種植制度」（cultuurstelsel, culture system, 或Cultivation system）。農民
撥出其土地的五分之一，每年花66天（一年的五分之一時間）種植荷印
政府指定的作物。從事種植該類作物的農民無須繳納地稅，但荷印政府
對種植稻米的農民則徵收其穀物市價的40%的稅。從事種植該類作物的農
民亦無需從事強制勞動的工作。[16]

韋里克（Bernard H. M. Vlekke）的書認為農民可採用兩種方式之一
參加該強迫種植制，一個方法是繳交穀物生產的五分之二作為地租，另
一個方法是撥出稻米地的五分之一生產由「種植指導官」（Director of
Cultures）指定的作物。在耕作地勞動的時間不可超過耕種同一面積的稻
米地的時間。假如生產穀物的價值超過實施強迫種植制以前的地租的數
額，則超過的數額應歸農民所有。有些農民免除在政府的農地上從事義

---

15 ［印尼］薩努西‧巴尼著，**前引書**，下冊，頁473–474。
16 Robert Cribb, ed., *Historical Dictionary of Indonesia,* The Scarecrow Press, Inc., Metuchen, N.
 J. & London, 1992, p.106.

務勞動，但政府可要求他們在從事出口的稻米、糖和靛藍加工的工廠工作。這些工廠是由歐洲人或華人組織及經營，惟由荷印政府出資，荷印政府支付給經營這些工廠的歐洲人或華人一筆固定的金錢。在這些工廠工作的農民或運送產品的人都有工錢。理論上，關於耕作地、勞動和運輸的協議，都是由政府官員和農村的頭領簽訂自由契約。由於簽約的雙方力量和經濟實力相差懸殊，弱勢的農民很少有選擇的自由。此一制度實施的結果，是造成強迫勞動和剝削，爪哇變成由政府所有的大型種植園，其情形類似中世紀的莊園（manor）。[17]

沈鈞的書認為，土著以每年五分之一的勞動時間從事強迫種植制工作，若土著以收穫物五分之一納於政府，得免除其一年五分之一天數（約66天）之勞役。其課稅方式，以村落為單位，政府對於村落年額收穫五分之一，令土著各自納貢。若村落內無何等耕作地者，責令土著每年66天服役於政府經營之農園。土著無論是繳納收穫物五分之一，或從事66天勞役，由土著自行決定，政府不加干涉。[18]

荷蘭國王在1831年3月批准該項新制度。在爪哇島上，僅有部分人被納入「強迫種植制度」下。未納入該制的人，則受地租制的管轄。

在1830年在勃良安強迫種植靛藍。

1833年，范登波士被任命為總欽差大臣（Commissioner-General），被賦予比總督更大的權力。荷屬東印度的主要責任是賺錢。

當時爪哇農民需繳給荷印政府土地稅，大約是穀物收成的40%。荷印政府對於穀物估價很低，再加上需以現金繳稅，造成農民更大的痛苦和負擔。范登波士總督的計畫是農民種植指定作物可因此免除部分土地稅，預估農民土地收成的20%（後來增加到33%）即可達成繳交土地稅之預定目標。假如農民在指定作物的收成很好，賣給政府的錢超過其所應繳給政府的土地稅，則他可以保留多餘的錢。假如賣價不到應繳給政府的土地稅，則他應補交此土地稅。但該制度，在爪哇各地的實施並不相同。因為每村的荷蘭或印尼官員有權訂定土地稅評估辦法和出口作物的生產水準。農民的水田被撥出來的比例不一，有的1/5，有的1/3，有的1/2，有的是全部。有時農民要前往遙遠的地方工作，時間達一週或數個

17　Bernard H. M. Vlekke, *Nusantara: A History of the East Indian Archipelago,* pp.270–271.

18　沈鈞編著，**前引書**，頁166。

月，且要自行準備糧食。種植甘蔗的要挖溝渠、砍樹木、製磚瓦，供給糖廠。地稅也沒有切實豁免。農民繳納的農作物不是按照市價，而係荷印政府自訂的。

此制也改變了行政體系，「村」變成基本的制度單位，村長成為耕種者和地方印尼官員之間的中間人，荷蘭稱「攝政區」（Regency）的頭頭為攝政官。攝政官向荷蘭官員負責，但荷蘭官員不涉入基層事務。以致於華商就有機會在鄉村地帶活動。地方官員的貪污和濫權非常普遍，巴達維亞政府難以做好監督工作。

范登波士在1831年向「印度評議會」致函稱，允許爪哇人自由活動和運動，其目的在解救受到地租制所困的爪哇人。但此制最後變成強制性的，它也未能廢除地租制，雖然有些地方有廢除地租制的例子，強迫種植制反而變成一個負擔。當種植收成失敗時，政府並未承擔損失，雖然此可能歸因於官員的疏忽，而官員當然並非種植者。政府不僅收取稻米收成的五分之一做為稅收，而且將可耕地改為強迫種植其他作物。以致於所需要的勞力遠多於種植稻田所需。對穀物徵收的稅很低，市場穀物的價格也相對很低。農民是無法自由選擇地租或強迫種植，反對者會受到懲罰。結果，政府以很低的價格獲得產品。[19]

地方的領導人，例如攝政官，可以從強迫種植制中獲得生產物的紅利（cultuur procenter）。這些攝政官在英國萊佛士實施自由政策後，其權力和影響力下降。范登波士則強化他們的聲望。這些由英國時期變成領月俸的官員，至此時已變成土地的主人，可以擁有土地，以及從土地獲取歲入，其中半數可以來自國庫，另一半來自分配給他們的土地。他們擁有領主的權力，可以徵稅，亦可以令其人民服勞役。為了擴大攝政官的影響力，他們可以支配警察。這些警察稱為barisan，大都由他們的親戚和隨從組成，而由政府支薪。這些非正規的警力，力量微弱不足以威脅荷印政府的地位，但足以維持地方的和平和秩序。[20]

攝政官的紅利、官員可以擁有土地財產以及擁有地方警力，以及升遷和特殊榮譽等，不過是一些用來刺激強迫種植制下行政機器運作的手段。而保護人民免受剝削的責任則被忽略。此外，在村中亦舉行村長的

19　Eduard Servaas de, Klerck, *op.cit.,* v.2, pp.180–181.
20　Eduard Servaas de, Klerck, *op.cit.,* v.2, pp.182–183.

選舉，擁有一定的村自治權。村長是政府在基層的工具，他必須監督經濟作物生產是否達到一定的量。如果失敗，即被撤換，一直到合適的村長產生為止。

　　該制實施初期，范登波士曾計畫促進自由企業和私有土地，他認為一個繁榮的爪哇有助於荷蘭紡織業的發展，為達此目的他在1830年起草的「荷屬東印度憲章」也載明此一自由原則和鼓勵私人企業。但從一開始，他卻反對將未開墾地分配給私人。他為了防止在強迫種植制下的土著遷移到所謂的私人產業地（particuliere landen），而實施通行證制（passport system），即土著和非土著分開居住，非土著只能在荷印政府直轄地內居住，如要跨區到土著住區旅遊，需獲得荷印政府的許可，取得通行證。在1836年，在包德（G. G. Baud）擔任總督時，其內心的想法是自由思想的，有些計畫是將土地租給歐洲人，但1838年該未開墾地長期出租的案子送到荷蘭做最後法律定案時，范登波士時任殖民部長，極力反對該案。因為強迫種植制和自由企業不能相容。假如後者被允許無阻礙地發展，則前者就宣告無法進行，因為強迫種植制僅能在降低生產成本以增加利潤的基礎上進行。私人企業家支付的工資是根據當地的習慣，是比土著所得還多二至三倍，其生產的產品之品質較好和數量更多。

　　1834年，在強制種植茶葉方面，政府決定雇用自願工人，並依當地習慣支付工資。在沒有官方控制下的生產，較為成功，相反地，政府控制的地方則是失敗。1840年，預定分配未開墾的土地種植咖啡、蔗糖或靛藍，遭到禁止，因為種植其他作物並非經由總督的同意，而是需經殖民部長的同意。

　　開始時，荷印政府計畫在勃良安種植靛藍，在井里汶種植蔗糖和靛藍。這些措施引起地方不滿和反抗，在加拉璜的特吉蘭克拉普（Tjilangkrap）試種各種經濟作物，華人在1831年在該地從事生產蔗糖工作，其雖抗議工資過低，仍繼續在工作。5月8日，華人發起暴動，打敗少數監工，破壞「駐紮官」的住所，最後經過鎮壓，許多華人遭屠殺，才逐漸恢復秩序。[21]

　　以後種植的作物延伸包括茶和煙草，種植桑葉養蠶也開始了。另外

21　Eduard Servaas de, Klerck, *op.cit.*, v.2, pp.187–188.

偶爾也試種肉桂、蟲紅（cochineal，由胭脂蟲製成的）、胡椒和棉花，都告失敗。在頭十年，蔗糖種植也失敗，因為糖廠雖建造了，但土地並不適合種植甘蔗，加上缺乏運輸設備，無法立即快速將甘蔗運至糖廠，需使用人工勞力方法將甘蔗送到製糖廠。另外因為缺乏甘蔗種植的專家，缺乏對農業有經驗的監督官（controller），生產的甘蔗品質並不好，導致收成減少。農民的生活受到影響，在加帕拉的農民被迫逃離其故鄉，流亡到他鄉謀生。至1837年，蔗糖的收入僅有40萬佛羅倫斯金幣，從該年到1844年，約損失1千萬佛羅倫斯金幣。在同一時期，茶和肉桂的損失達到85萬佛羅倫斯金幣，而靛藍的收入有1千萬佛羅倫斯金幣。兩相權衡，可以說收支相抵。在這些經濟作物中，唯有咖啡是賺錢的，從1840–1874年，約賺7億8千1百萬佛羅倫斯金幣。據估計，從1841–1863年，強迫種植制下所賺的錢有4億6千8百萬佛羅倫斯金幣。[22]

　　1836年2月，伊仁士（De Eerems）出任總督，頒佈新的「殖民地憲章」，將「印度評議會」降為顧問委員會，由總督負完全責任。[23]

　　簡言之，「強迫種植制度」有兩個特徵：一是廢止土王（蘇丹）貢賦，另派荷蘭官員收稅。二是稅率是按照生產物的五分之一及土人勞力五分之一徵收。凡勞力的收穫均需經過荷蘭國王保護的商業公司之手，然後出售。土王（蘇丹）以荷蘭公使的名義，得受政府俸給，以及生產物的利益分配。此制實施35年後，收效豐碩，對荷蘭財政有重大貢獻，匯回荷蘭本國的稅收款達4千萬鎊。該制至第一世界大戰期間才廢止，另代以自由經濟制度，吸引內外資金，走向農園農業之途。在實施強迫種植制之前，荷蘭已於1827年實施新貨幣制度，1828年設立爪哇銀行，才能使爪哇經濟有長足的發展。[24]

　　無論如何，「強迫種植制度」強化荷印政府對東印度土著的控制，對財政亦有幫助，在1831年殖民地財政達到平衡，以前荷屬東印度公司的欠債都已還清。從1831年到1877年，有很多盈餘送回荷蘭，數目達到8億3千2百萬佛羅倫斯金幣。在1850年以前，此一送回荷蘭的錢，佔荷蘭國家歲入的19%，1851–60年佔32%，1860–66佔34%。荷蘭政府利用這筆

22　Eduard Servaas de, Klerck, *op.cit.*, v.2, pp.192–193.
23　Eduard Servaas de, Klerck, *op.cit.*, v.2, p.194.
24　林英強，**前引文**。

錢償債、減稅、強化國防、建築水道、鐵路。阿姆斯特丹再度成為熱帶產品的世界市場，特別是咖啡和糖。但荷蘭僅用有限的資源在爪哇。[25]

　　荷印政府在爪哇亦進行試種各種出口作物，由於經驗不足，這類作物在1830–60年強迫種植制時期收成並不好，直到實施自由開放制後，反而有大幅的增長。例如茶葉的種植。英國官員在1825年在印度阿薩姆（Assam）發現茶園，但茶葉不適合飲用。1826年，荷印政府從日本引進茶種至爪哇，在布騰卓格（Buitenzorg）的植物園試種。荷蘭貿易公司的茶葉專家約克伯森（J. Jacobsen）亦從中國引進茶種，並經過6年試種，才獲得成功。1832年，他在爪哇雇用華人工人，開始種植茶葉。由於種植不易且花費很大，荷印政府並未從茶葉種植獲利。荷印政府乃將茶園移轉由私人經營，至1860年「種植指導官」決定結束所有由政府經營的新耕作作物。然而，由私人種植茶葉的成果並不比由政府種植好，至1873年引進阿薩姆茶樹的種植，才見好轉。隨後逐漸將中國茶樹砍除，另改種阿薩姆茶樹。在1940年代，爪哇和蘇門答臘生產的茶葉每年約7萬噸，占全世界茶葉出口量的18%。[26]

　　菸葉是由葡萄牙引進印尼，16世紀末葉普遍在印尼群島種植，但荷屬東印度公司對菸葉種植不感興趣。「農業指導署」（Direction of Agricultures）為提升菸葉品質，派遣專家到古巴研究並從古巴引進菸葉品種，在北爪哇的南望（Rembang）試種，但不理想。1854年，再派專家前往古巴學習，在爪哇試種亦告失敗。1864年，荷印政府決定放棄種植菸葉。不過，大概在同一時期，私人在北蘇門答臘的日里（Deli）試種菸葉成功。以後荷蘭貿易公司提供資金鼓勵種植菸葉，在各地平原地帶遂廣泛有人種植菸葉。[27]

　　在「強迫種植制」下，爪哇人被迫種植一定量出口的作物，例如咖啡、蔗糖、香料和靛藍，但種稻米的減少。在該制實施頭數年，農

25　M. C. Ricklefs, *op.cit.*, 2001,pp.159–160. Bernard H. M. Vlekke認為從1831年到1877年，盈餘送回荷蘭之數目為8億2千3百萬基爾德。其中一部份錢用來償還荷屬東印度政府的債務，其餘則用以償還荷蘭政府的債務以及到1839年與比利時戰爭的花費、建設鐵路和公共建設。參見Bernard H. M. Vlekke, *Nusantara: A History of the East Indian Archipelago,* p.273.

26　Bernard H. M. Vlekke, *Nusantara: A History of the East Indian Archipelago,* p.275.

27　Bernard H. M. Vlekke, *Nusantara: A History of the East Indian Archipelago,* pp.275–276.

民意願不大，例如種植咖啡非其專長，且前三年無法收成，第四年起才有收成。這些經濟作物由政府收購的價格亦不高，引起農民不滿。范登波士總督規定地方農民應給予餘裕的土地生產他們的糧食，但殖民地官員忽視該項命令，只顧著追求生產獲利較大的作物。強迫種植的作物是經由荷蘭政府經營的「荷蘭貿易協會」（Nederlandse Handel-Maatschappij,NHM, Netherlands Trading Society）而銷售的，利潤由荷蘭政府所得。荷蘭國王在該「荷蘭貿易協會」擁有大股份，從此獲得大筆財富〔荷蘭貿易協會如今改為荷蘭聯合銀行（Algemene Bank Nederland, the Amalgamated Banks of The Netherlands）〕。

惟在「強迫種植制」下，胡椒產量並沒有增加。從錫蘭引進的肉桂產量亦不佳。製絲試驗亦告失敗。在巴鄰旁種植棉花，略有成果。葡萄牙從美洲引進的樹薯，荷印政府鼓勵種植，以做為稻米的替代糧食。為提升樹薯的品質，荷印政府再度從美洲引進新品種，以增加樹薯的產量。1848年，從西非洲海岸引進的油棕，直到20世紀初，都是作為裝飾塗料之用。以後印尼出口大量油棕烹調油產品，1940年代，每年出口1百萬噸。1852年，從巴黎經由萊登（Leyden）植物園引進奎寧樹到爪哇種植。不等試種的結果，荷印政府在1854年派遣布騰卓格植物園的官員到南美洲。該名官員是德國人哈斯卡爾（J. K. Hasskarl），他在爪哇工作，他從南美洲帶回75株金雞納（cinchona, quinine）樹苗，在爪哇試種。數年後哈斯卡爾因病退休，其工作移交給鍾胡恩（Franz W. Junghuhn），20年後，印尼開始出口奎寧。[28]

在1820年代，荷屬東印度政府幾乎破產，經由范登波士總督的努力，在1830年代到1870年代，創造大量的預算盈餘，對荷蘭財政貢獻卓著。

1833年，在岩望蔗園中工作的農民起來反抗荷印政府的壓迫。在1840年代，爪哇農民生產這類作物的收成的三分之二，被徵稅剝削。1841年，在蘇門答臘的帕里阿曼爆發反荷運動。1843年，井里汶發生飢荒。1844年，巴東居民因為土地被荷印政府強迫開闢為胡椒園，在伊斯蘭教學者領導下進行抗荷運動。1846年，煙草農起來反抗荷印政府，焚燒7座煙草園。1848年，淡目發生飢荒。1849年，格羅坡干（Grobogan）發生

28　Bernard H. M. Vlekke, *Nusantara: A History of the East Indian Archipelago*, pp.276–277.

一連串傳染病和旱災，導致收成不佳，爪哇農民陷入貧困，甚至飢荒，因為好地都被移轉種植煙草、蔗糖或咖啡，且地力被過度使用。1848年統計有33萬6千人死亡。[29]1850年，中爪哇發生飢荒和瘟疫，許多人逃離強迫種植區，特別在三寶壟附近的淡目和格羅坡干，有許多人逃難到鄰近地區，也同樣缺糧，結果造成該一地區的煙草和米糧收成大減。[30]從勃良安、井里汶和西爪哇的附近地區有大量人口流出，例如淡目的人口從33萬6千人減為12萬人，格羅坡干從8萬9千5百人減為9千人。[31]他們流徙到實施強迫種植制不嚴格的地區。地方的攝政官和荷蘭官員受命將這些難民遣送回其原先的住地。1859年，荷印政府廢止奴隸制。1860年以後奴隸一律解放。同時奴隸主因釋放奴隸所造成的財產損失，無享有賠償之權利。此外，荷印政府亦設立鴉片專賣所，禁止私下買賣鴉片。

　　總之，由於印尼土著的反抗、荷蘭私人資本家的反對、歐洲資本主義的興起、法國和英國的工業愈來愈發展、德國因工業發展急謀開拓國外市場，這些因素促使荷蘭政府在1870年公布農業法（Agrarian Law）（或譯為土地法），廢止強制強迫種植制，打開印尼的大門，讓私人資本和企業進入其市場，展開「門戶開放政策」。然而，若干強制強迫種植制還持續存在，例如咖啡獨佔制到1915年才廢止。[32]

29　沈鈞編著，**前引書**，頁179。

30　Eduard Servaas de, Klerck, *op.cit.*,v.2, p.198.

31　[印尼]薩努西・巴尼著，**前引書**，下冊，頁479。

32　Robert Cribb, ed., *op.cit.,* p.108.

第四章
19世紀以來荷蘭入侵爪哇以外其他島嶼

第一節　荷蘭入侵印尼大東部和婆羅洲

(一) 荷蘭入侵巴里島

當滿者伯夷的嘎迦・瑪達在1343年征服巴里島後，巴里人的格爾格爾王朝開始建立，一直持續到17世紀中葉，馬德（Di Made）的王位為首相馬魯替（Maruti）所簒奪。位在島的東部，1675年出現小國卡蘭嘎森（Karangasem）。1687年，馬德的兒子詹畢（Agung Jambe）重新掌握政權，將首都遷到格爾格爾以北3公里的格隆貢（Klungkun）（位在島的東南方），故該王朝又稱為格隆貢王朝。以後該島出現許多小王朝，例如，1690年出現的孟威（Mengwi）（位在島的南部）、1691年出現的布里連（Buleleng）（位在島的北部）、1704年出現的巴敦（Badung）。至1870年代，島上的小國有8至9個。[1]

在19世紀中葉，爪哇海海盜橫行，荷蘭在西里伯斯面對土著女王的強大海軍的挑戰。西里伯斯女王率領勇敢善戰的武吉斯人構成的海盜，對抗荷軍。

荷印政府在1826年派代表駐守巴里島的登帕剎（俗稱麻塘），5年後撤除該代表。1839年，荷印政府與巴里島的9個土王簽約，諸王允諾以後

1　Helen Creese, ＂New Kingdoms, Old Concerns: Balinese Identities in the Eighteenth and Nineteenth Centuries,＂ in Anthony Reid, ed., *The Last Stand of Asian Autonomies, Responses to Modernity in the Diverse States of Southeast Asia and Korea, 1750–1900*, Macmillan Press Ltd., London, 1997, pp.345–366.

對於漂流到巴里島的輪船,不再加以沒收,而荷印政府則允諾漂流到巴里島的輪船,向巴里王繳納補償費。由於荷蘭的補償費過低,所以巴里王並未遵守該約。

龍目島的馬塔蘭(Mataram)王朝在1839年統一島上各小國後,逐漸與巴里島的格隆貢的阿貢國王(Dewa Agung)爭奪權力。在荷蘭於1848–49年以軍事介入巴里島之前,格隆貢的阿貢國王仍能夠獲得諸小國的效忠支持。例如,當荷蘭在1841年派遣庫普曼(Huskus Koopman)到巴里島,與巴敦、格隆貢、卡蘭嘎森和布里連的拉惹談判簽署條約,阿貢國王命令其在塔巴南(Tabanan)、基安雅(Gianyar)和孟威的統治者拒絕與庫普曼談判或簽署條約。庫普曼應允給予格隆貢、卡蘭嘎森和布里連軍事協助以對抗龍目島。巴敦亦與荷蘭維持友好關係。[2]

1844年,布里連和卡蘭嘎森的土王因為對荷蘭不滿,拒絕簽署條約。1846年6月,荷軍1,700人(其中包括400名歐洲人)攻打布里連,其他土王暗中支持反荷活動。荷軍在新加拉惹(Singaraja)駐守軍隊。巴里島擁有3萬名軍隊,武器是購自新加坡。荷軍摧毀在新加拉惹的王宮,布里連的吉蘭遜克(Gusti Ketut Jilantik)拉惹被迫簽署臣服條約,每年須向荷印政府納貢22萬5千盾;卡朗嘎森王則須繳納2萬5千盾。他們必須接見荷印政府的代表,每隔3年派遣使節前往荷印政府總督府晉謁。荷軍禁止他們設立防禦工事。[3]但他們獲得格隆貢的支持,不願履行上述條約,引發荷軍再度出兵。1848年6月,荷印政府派遣軍隊進入巴里島,處理其與當地拉惹簽訂的條約所引發的衝突。但在加嘎拉嘎(Jagaraga),吉蘭遜克拉惹的軍隊擊敗荷軍,荷軍從巴里島撤出。

1849年4月,荷軍再度入侵巴里島,吉蘭遜克戰敗。荷軍控制布里連和巴里島北岸。5月,荷軍首度進入巴里島南部,經過卡蘭嘎森和格隆貢,擊敗反荷勢力,控制巴里島。在1849年,荷蘭同意不侵犯巴里島,也不干預其內政,而由巴里島國王承認荷蘭的「權威」而結束衝突。[4]1853年,荷蘭開始在巴里島北部的布里連和堅布拉納(Jembrana)實施直接行政管理。雖然抗荷活動不絕,荷蘭在1856年在北巴里(North

2　Helen Creese, *op.cit.,* p.358.

3　[印尼]薩努西‧巴尼著,**前引書**,下冊,頁514–515。

4　Bruce Grant, *Indonesia,* Melbourne University Press, Australia, third edition,1996, p.16.

Bali）（即布里連）派駐行政官員，進行直接管轄。

圖 4－1：1865 年巴里島布里連的國王

資料來源："An online timeline of Indonesian History," *Sejarah Indonesia,* http://
www.gimonca.com/sejarah/sejarah05.shtml 2022 年 5 月 16 日瀏覽。

　　1868年，荷蘭派軍鎮壓巴里島上的抗荷活動，有20名荷軍陣亡。1872
年，荷蘭將製造麻煩的巴里島攝政官放逐到蘇門答臘。1882年，荷屬東印
度政府在布里連和巴里島的堅布拉納，派遣「駐紮官」，實施直接統治。[5]

　　荷屬東印度政府控制巴里島的卡蘭嘎森和基安雅。巴里島和龍目島
劃成單一駐紮區（Residency），巴里島南部諸土王對此感到不滿，彼此之
間爭鬥不斷。1891年，基安雅和孟威之間發生戰爭，孟威被摧毀而亡國。

　　1899年，基安雅的統治者拉卡（Dewa Gede Raka）與其鄰國發生戰
爭，他請求荷印政府援助。基安雅的屬國烏巴德（Ubud）的統治者蘇卡
瓦遜（Cokorde Gede Sukawati）也支持拉卡如此做。隔年，荷蘭同意給予
拉卡「州長」（或譯為行政長官）（governor, stedehouder）的稱號，該名
稱比「攝政官」有更大的自治權。荷蘭派遣一位能幹的官員史瓦茲（H. J.
E. F. Schwartz）為駐巴里島南部的特使。[6]

　　格隆貢試圖進攻基安雅，但為荷印政府所阻，荷印政府派遣三艘戰
艦到卡松巴港口。1904年5月，一艘以婆羅洲為基地的中國帆船在登帕剎
擱淺，遭當地居民劫掠，荷印政府要求巴里王繳納罰款7千5百盾，遭拒

5　Robert Pringle, *A Short History of Bali, Indonesia's Hindu Realm,* Allen & Unwin, Australia,
　　2004. p.101.

6　Robert Pringle, *op.cit.,* p.103.

絕，荷軍在1905年封鎖巴里島沿岸。塔巴南援助登帕剎，亦遭封鎖，荷軍在1906年9月14日佔領登帕剎，登帕剎國王及其眷屬全數犧牲。荷軍續攻塔巴南，其國王和王子自殺身亡。荷印政府將登帕剎、塔巴南、基安雅、邦麗、格隆貢和加冷亞森合併為南巴里，派一名縣長管轄。[7]

1900年，巴里島的基安雅拉惹臣服於荷蘭主權。

1906年9月23日，荷軍推進到巴里島的塔巴南。塔巴南的拉惹向荷蘭提出投降的條件，即允許他們保留其頭銜和土地。荷蘭「駐紮官」拘押拉惹，直至荷屬東印度政府應允此事。塔巴南的拉惹在拘押期間自殺身亡。荷軍佔領了巴里島。在該年荷蘭直接控制松巴島（Sumba）。

1908年4月28日，巴里島爆發反荷暴動，荷軍進入格隆貢和格爾格爾進行鎮壓，巴里人有400人被殺，一些格隆貢貴族被放逐到龍目島。皇宮則被摧毀，其大門遺跡至今尚存。[8]

在1906–08年之間，巴里人有1,100人死於「榮譽自殺」（puputan）。Puputan一詞來自puput的語根，意即「終結」或「結束」。西方學者認為該種「榮譽自殺」是受到吸食鴉片或文化上喜歡自發的暴力的刺激引發的。但並非所有的「榮譽自殺」是具有相同的性質。例如在1839年龍目島的內戰中，在巴里人之間的衝突亦有採用此「榮譽自殺」。也不是所有的「榮譽自殺」採用自殺方式。「榮譽自殺」一詞的最初意義應是指對優勢的敵人採取最後奮不顧身的反抗。在巴里人之間的戰爭中，最後採取此一「榮譽自殺」方式而獲得勝利。1906年，情況有所不同，荷蘭人擁有優勢武力，巴里人自知抵抗無用，某些統治者害怕將失去一切，深感屈辱，故尋求自殺。「榮譽自殺」的象徵意義大於戰略考慮，從事該一行為者明顯地並無意以軍事手段擊敗對手。統治者率其子民集體自殺，多少有訴求超自然力量之協助的意思。1908年4月28日，格隆貢統治者將其神聖的短劍埋入地下，希望它能阻擋住荷軍的進逼，最後還是遭荷軍鎮壓。格隆貢在1849年使用魔術的武器，咒詛荷蘭將軍立即死亡。無論如何，巴里的「榮譽自殺」引起荷蘭人的不安，荷蘭政府隨後採取善待印尼人的「倫理政策」（Ethical Policy）。[9]

7　[印尼]薩努西・巴尼著，**前引書**，下冊，頁602–603。

8　Robert Pringle, *op.cit.*, p.105.

9　Robert Pringle, *op.cit.*, pp.106–108.

荷蘭統治巴里時，革除當地不良風俗習慣，例如焚燒寡婦（suttee, widow burning），並致力於將巴里納入印尼體系以及建立行政體系。荷蘭也鼓勵爪哇人移民到巴里島，引進教師和技術人員。在這些通婚案例中，最受到重視的就是蘇卡諾的父親娶了巴里島的小姐，蘇卡諾在1901年出生。

至1920年代末，荷印政府對巴里的控制放寬，支持巴里的傳統的統治者，1938年在畢沙奇（Besakih）母親廟召集8大王族，舉行盛大儀式，承認巴敦、邦里、布里連、卡蘭嘎森、基安雅、格隆貢、堅布拉納、塔巴南的拉惹，成為自治的統治者。[10]

此外，荷蘭在穩固政治控制方面，又做了一些調整，最為特別的是在1910年恢復傳統的「卡士特」（Caste）（血統階級）制度。荷蘭確定三個上層高階級（triwangsa），以及一個下層低階級（sudra），後者約佔巴里島總人口的十分之九。但仍有一些行業的人，難以確定其屬於哪一階級，例如鐵匠，被歸類為下層階級。因為三個上層高階級無須服強迫勞役，而最低階級不能服公職，以致造成階級間的緊張，以及在習慣法庭上的訴訟。統治者支持跨階級的通婚，但荷印當局禁止。下層階級而受過教育者，其上升為高階級，即出現問題，在1920年代曾有激烈的討論。實際上該一爭論一直未停歇，在公元2千年時，巴里島的印度教社群對於擔任祭司的階級資格，也分裂為兩派不同的意見。[11]

(二) 荷軍入侵龍目島

在19世紀初，龍目島西部存在著四個相互敵對的巴里島人建立的小國家，包括主要的國家卡蘭嘎森—龍目（Karangasem-Lombok）、馬塔蘭（龍目島）、帕吉山根（Pagesangan）、帕古坦（Pagutan）。這四小國各有一位拉惹統治，其統治區各有一個城鎮，此外有不少沙沙克族（Sasaks）村子散佈在島的西部和東部。島的中央布滿森林。這四小國中，力量最強的是卡蘭嘎森—龍目。1830年代時，其統治者是拉度·潘吉（Ratu Ngurah Panji），他是島上最富有者，擁有大片土地，並控制該島對外貿易，他與中國貿易農民（bandars, trade farmers）合作，中國貿易農

10　Robert Pringle, *op.cit.*, p.114.
11　Robert Pringle, *op.cit.*, p.123.

民在西海岸的安班南（Ampenan）和唐戎‧卡蘭（Tanjung Karang）、東海岸的皮攸（Piju）建立據點，輸出稻米為主。1834年，英國人和丹麥人抵達該島，會見潘吉，潘吉，獲允在唐戎‧卡蘭定居，成為貿易農民，但需每年付費給潘吉。[12]

1836年，馬塔蘭力量增強，控制安班南，驅逐卡蘭嘎森—龍目的中國貿易農民，而扶植自己的中國貿易農民。後來馬塔蘭和卡蘭嘎森—龍目為了王位繼承問題以及使用灌溉水問題而在1838年1月發生戰爭。英國人金恩（George Pockock King）協助馬塔蘭，率領他的船隊從巴里島運送糧食、武器和人員到安班南。4月，約有7,000–8,000名巴里島軍隊被送至安班南，支持馬塔蘭作戰。但丹麥人柏德（John Burd）和蘭吉（Mads Lange）在1837年4月支持卡蘭嘎森—龍目，派遣其船隊巡邏巴里島和龍目島之間的海峽，阻止及擊沈巴里島的武吉斯人派往封鎖龍目島的船隻。金恩搭乘荷蘭人的船，而得以避開柏德的攻擊，往返於巴里島和龍目島之間。

1838年6月初一個晚上，戰敗的卡蘭嘎森—龍目拉惹古拉‧潘吉（Ratu Gusti Ngurah Panji）夥同他的姑媽、其他親戚和隨從穿著白衣，放火燒毀查克拉尼卡拉（Cakranegara）王宮，用刀刺死兒童，折斷他們的矛，使之易於使用。然後他們群聚在一起，將拉惹圍在中央，從燃燒的王宮的火焰中跳出去，向敵人衝去，等在外圍的馬塔蘭軍隊正準備進攻，立即開槍射殺這些自殺者。總共包括拉惹、妻妾、9個兄弟、姑媽、子女等300人死亡。拉惹的兩個兒子僥倖由僕人帶離脫逃，沒有受害。馬塔蘭的拉惹阿貢‧吉德（Anak Agung G'de）另立伊達‧拉度（Ida Ratu）為卡蘭嘎森—龍目的新拉惹。但當巴里島軍隊在1839年5月返回巴里島後，阿貢‧吉德出兵進攻伊達‧拉度，伊達‧拉度雖有蘭吉的協助，最後還是戰敗，逃到龍目島東部。阿貢‧吉德是巴里島人，成為統一龍目島的偉大的拉惹之一。

龍目島的人口增長快速，1830年代人口約有30萬人，其中巴里人2萬

12　Alfons van der Kraan, "Lombok under the Mataram Dynasty,1839–94," in Anthony Reid, ed., *The Last Stand of Asian Autonomies, Responses to Modernity in the Diverse States of Southeast Asia and Korea, 1750–1900,* Macmillan Press Ltd., London, 1997, pp.389–408, at.p.392.

人、武吉斯人1萬人、沙沙克族27萬人。1890年代人口約有53萬人，其中巴里人3萬人、武吉斯人1萬人、沙沙克族49萬人。人口成長率高達77%。此一人口增長情況比巴里島高。巴里島人口在1830年代為70萬人，1890年代為95萬人，成長率為35%。龍目島人口增長與其出口稻米增加、與國際稻米市場結合有關係。當然農業技術改良和耕地增加、森林減少對稻米增加亦有影響。其主要的貿易對象是新加坡，由新加坡轉口其稻米到中國、歐洲和澳洲。從1830年代以後的10年，每年出口的稻米約19,000公噸到22,000公噸。1880年代末，稻米出口每年約21,000–24,000公噸。[13]

1843年，龍目島的國王接受荷蘭的主權。1891–1893年，龍目島的統治者協助其在卡蘭嘎森統治者，也是他們的親戚，以對抗格隆貢。龍目島的統治者是巴里人，派遣由沙沙克族組成的軍隊前往巴里島協助卡蘭嘎森，沙沙克族是龍目島上的伊斯蘭教徒，受到印度教的巴里人統治者的剝削。此一行動導致沙沙克族於1891年在龍目島東部發生暴動。結果卡蘭嘎森和格隆貢兩方都尋求荷蘭的援助，但沒有獲得荷蘭的協助。龍目島上的巴里人統治者為了攻擊龍目島東部的沙沙克族，需要船艦運輸軍隊，所以向新加坡購買兩艘船隻，分別為「斯里馬塔蘭號」（Sri Mataram）和「斯里卡克拉號」（Sri Cakra），並雇用英國水手將船隻開到龍目島。龍目島拉惹利用富有的新加坡人阿門尼安（Armenian）出任港務局長，透過他尋求英國的協助。此舉使荷蘭人感到不安，荷蘭不願看到其屬地擁有海軍力量，意圖中途予以攔截，加以沒收。

1892年2月，荷印政府藉口保護沙沙克族，派遣一名荷蘭官員前往龍目交涉，龍目王古拉（Ratu Agung Agung Ngurah）不願接見。剛好龍目王向新加坡買了兩艘船，荷印政府扣留了其中一艘船。同時派遣三艘軍艦到安班南港口示威。1892年5月，州長到龍目，因國王太老，聽力不好，所以與其兒子交涉。王子和首相聲明荷印政府無權過問龍目和沙沙克族之關係。荷印政府對此表示不滿，又扣留龍目王的另一艘船。

1894年，荷蘭在亞齊的戰爭告一段落，將其注意力轉移到龍目島。荷蘭對龍目王致送最後通牒，繼之派遣曾在亞齊作戰的精銳部隊進攻龍目島。結果龍目統治者對荷蘭付出賠償費。

1894年6月，荷印政府派遣州長到龍目，提出下列要求：(1)道歉。(2)

13　Alfons van der Kraan, *op.cit.,* pp.399–400.

把阿納克・阿貢・瑪德（Anak Agung Made）交出來。(3)履行上述二條款時以州長為中介人。龍目王要求給予考慮時間，州長只好等待。7月5日，荷軍派遣4,400名軍隊抵達安班南港口，未遭到抵抗，除了提出上述要求外，另提出龍目王退位及由王子阿納克・阿貢・克土特（Anak Agung K'tut）繼位的要求，以及簽訂新約，賠償戰費40萬元西班牙幣，限龍目王在24小時內答覆。龍目王未在限定的時間內答覆，荷軍乃登陸。兩天後，龍目王的答覆才到達，除了交出阿納克・阿貢・瑪德這一條要求外，其他的要求都接受了。荷蘭認為阿納克・阿貢・瑪德是龍目王朝內部的強硬派領袖。為滿足荷蘭人的要求，龍目王以捏造的近親相姦的罪名將阿納克・阿貢・瑪德處死。[14]

在7–8月間，當荷蘭知道沙沙克族領袖堅決反對服從巴里人時，荷蘭改變想法，荷蘭無意捲入島內的戰爭，決定不讓巴里人恢復在龍目島東部的統治權。荷蘭起草一項新條約，預備將龍目島分成兩個族群統治區，新的拉惹阿納克・阿貢・克土特只統治3萬人巴里人住區，而沙沙克族抗荷軍領袖則統治50萬沙沙克族住區。此一新條約引起馬塔蘭（龍目島）王室內部的歧見，拉惹有意簽署該約，避免與荷蘭衝突。但另一批親王和王族反對拉惹，採取軍事行動對抗荷蘭。8月25日，數千名巴里人和龍目島西部的沙沙克族人突然出兵攻擊在龍目島上的荷人。荷軍進行報復，雙方展開戰鬥，荷蘭人死傷900人。9月1日，從爪哇派來的援軍7千人抵達龍目。9月12日，荷軍佔領馬塔蘭（龍目島），掠奪黃金1千鎊、銀6千鎊。9月18日，佔領查克拉尼卡拉。11月20日，龍目王古拉及其一個兒子和孫子投降被俘，解往吧城，後死於吧城。[15]其他人則拒絕投降。11月22日早晨，約400名穿著白衣的男子、婦女和兒童手拿著短矛，從廢墟的村子中衝向荷蘭軍隊，進行自殺性攻擊。全數壯烈犧牲，死者中包括拉惹的4位女兒、3位孫子、至少有2位曾孫。馬塔蘭（龍目島）王朝於焉亡國。[16]荷蘭任命卡朗嘎森—龍目皇室的王子吉蘭遜克（I Gusti Gede Jelantik）為巴里島東南部的卡朗嘎森的「州長」（governor,

---

14　Alfons van der Kraan, *op.cit.,* p.403.

15　［印尼］薩努西・巴尼著，**前引書**，下冊，頁604–605。

16　Alfons van der Kraan, *op.cit.,* p.405.

stedehouder），該名稱比「攝政官」有更大的自治權。[17]

1894年，荷蘭干預龍目獲得成功，貴族則「榮譽自殺」。卡蘭嘎森變成荷蘭的屬地。所謂「榮譽自殺」是指巴里島的貴族當喪失所有一切時，為維護其榮譽，而以自殺作為指控對方的行為。王室成員穿上白色儀式衣服，配戴假武器，直接走上敵方砲火下自殺。

在龍目島發生駭人聽聞的事件的消息傳回荷蘭時，引起社會不同的反應。一般媒體鼓吹戰爭的氣氛熱烈，有3,000人志願前往東印度為荷蘭國王參戰。但有其他人對此消息感到震撼，要求殖民政府進行溫和的改革，採取「倫理政策」。

荷印政府在1895年8月31日將龍目改為荷印直接統治區。

(三)荷軍入侵松巴哇島和西蘭島(Ceram)

松巴哇島在1875年成為荷印政府直轄區。1880年，唐坡和比馬亦淪為荷印政府轄區。荷印政府在1879年，即在佛羅里斯島擴張勢力。1889年派遣一支礦產勘探隊到該島進行調查，不受居民歡迎，乃退回。1890年，該探險隊又遭擊退。1907年至1908年，荷軍在該島巡邏，沒收土著攜帶的武器。1893年，宣布廢除強迫種植肉荳蔻和把產品交給荷印政府的規定。

位於安汶島北部的西蘭島（Ceram），土著仍有獵人頭習俗，外人不敢進入該島。荷印政府在1903年派軍征服，解除其武裝。1904年，荷印政府開始向西蘭島內地進軍。1909年，派遣官員駐守，開築道路，使之漸入文明之境。

(四)荷軍入侵蘇拉威西島及其鄰近地區

蘇拉威西的勃尼和達尼德擴充其領地，而跨越荷印政府的轄區，荷印政府在1816年提出抗議，無效。卡比連總督在1824年前往望加錫，擬修改「汶卡耶條約（Bunkaya Treay）」，勃尼要求荷印政府承認其對於其他地區的管轄權。達尼德和蘇巴未派使者。卡比連派兵進攻上述兩王國，但被蘇巴的軍隊擊退。勃尼利用此一機會出兵進入荷印轄區，荷軍前往驅逐，並佔領勃尼城市，其女王逃脫。因爆發迪波尼哥羅抗荷事件，所以荷軍從勃尼撤兵。勃尼女王於1835年去世，繼任國王與荷蘭媾和。第二個繼位人表示遵守「汶卡耶條約」，不久，勃尼女王要求荷印政

17　Robert Pringle, *op.cit.,* pp.102–103.

府承認她對於托美尼海灣及其他地區的管轄權,荷印政府拒絕,於1859年出兵,結果失敗。荷印政府再度派兵,才征服勃尼,雙方簽訂條約,其領土一部份納入荷印轄區,另一部份則賜給協助荷軍的阿盧‧巴拉卡。[18]以後土王、貴族依舊欺壓土民,且進行奴隸買賣,獵殺人頭惡習不改。

1860年,荷蘭將蘇拉威西島的瓦卓(Wajo)納為保護地。1895年,勃尼新王登基,未按照條約由荷印政府冊封,且入侵週鄰之瓦卓和盧梧(Loewoe)。1905年,勃尼爆發抗荷事件,荷軍派遣3艘軍艦到勃尼港口,要求其交出輸出入稅的徵收權以及要求控制勃尼港口,遭到拒絕,荷軍攻陷其首府哇丹勃尼,其國王被俘往三寶壟。荷軍接著又佔領瓦卓,其國王被迫退位。然後又佔領巴羅坡,逼迫盧梧女王簽約,進攻科阿,其國王自殺。

從1900年到1910年之間,荷軍佔領了蘇拉威西島的西南部。

班達和安汶在1796–1802年間和1810–1817年間由英國統治。1817年,安汶人反對荷蘭重來統治,起而反抗,殺死沙巴魯阿的州長。荷軍重回安汶鎮壓。卡比連總督於1824年訪問安汶,為了贏得民心,提高丁香的價格,取消「快艇巡邏」。1864年,宣布廢除強迫種植和把產品交給荷印政府的規定。

荷印政府軍隊在1848年佔領西伊里安。1864年,荷印政府將「民那哈沙」分出來,自成一州。[19]1870年,荷蘭在「民那哈沙」地區實施直接統治。

1907年,荷軍征服西里伯斯島(即蘇拉威西島)中部及南部。另以每年支付6,000盾給德那地蘇丹,迫其讓出在西里伯斯島西部的所有權。

1895年,簽訂英、荷協議,劃分兩國在紐幾內亞的伊里安(Irian, New Guinea)的疆界。

1882年,阿魯(Aru)和塔寧巴群島(Tanimbar islands)納入荷蘭行政管轄之下。

(五)荷軍入侵卡里曼丹

18　[印尼]薩努西‧巴尼著,**前引書**,下冊,頁517–518。
19　[印尼]薩努西‧巴尼著,**前引書**,下冊,頁524–525。

　　位在婆羅洲東部的古戴國（Kutai），源自何時，並不可考。史學家認為該國可能是達雅克族的後裔。荷印政府在1744年出兵古戴，與蘇丹穆罕默德·穆斯里胡丁簽訂條約，蘇丹承認荷蘭為其主權者。[20]

　　荷印政府曾在1809年放棄在南婆羅洲的馬辰，1817年，與馬辰蘇丹納達簽約，將其一部份領土劃歸荷印政府管轄。1825年，納達之子奪回該地，荷印政府出兵，佔領大部分領土，蘇丹只維持控制馬辰市、馬爾達甫拉和胡盧·松卡伊。荷印政府在1849年在馬爾達甫拉發現煤礦，強行進行開採。荷印政府干預馬辰王位繼承，1859年將馬辰王國領地納入荷印政府管轄。王子希達雅務拉與荷軍戰鬥歷經兩年，失敗被捕，荷印政府在1862年將他放逐展玉（展玉）（位在萬隆西邊）。[21]

　　在西婆羅洲地區，從18世紀開始，有許多華人前往坤甸和三發地區的東方律開採金礦，他們與當地土著酋長簽約開礦，實行自治，設立公司，辦理政務、司法和警政。而當地酋長派遣達雅克族看守這些華人公司。1716年，三發和坤甸地區的統治者請求荷印政府援助。1718年，荷軍進入該地區，對華人頒佈許多管理條例，例如人頭稅、食鹽的專賣權和鴉片的包辦條例等。華人不滿，起而抗荷。以後荷軍因為控制重點不在該地區，並沒有採取進一步的軍事行動。1770年，華人對於達雅克族的監管行動感到無法忍受，起來革命，殺害這些達雅克族監工，此後這些公司就成立半獨立的共和國。

　　華人重要領袖為廣東梅縣人羅芳伯，他在1772年到坤甸的東方律（金山）一帶組織公司，從事開採金礦業務，在1779年被選為「大唐客長」。他組織當地華人團體，成立「蘭芳公司」，實行自治，反對荷人侵佔。該自治地區又被稱為「蘭芳共和國」。羅芳伯死後，蘭芳公司的領袖漸為荷人攏絡，被委任為甲必丹。1853年，位於三發和打撈鹿之間的斯巴旺為荷軍所佔領，華人起來反抗，迫使荷軍放棄該村鎮。荷蘭人懷疑三發蘇丹不忠誠，將他放逐到爪哇，直到1879年才許他回三發。1854年，荷軍佔領打撈鹿，「蘭芳公司」為荷印政府解散。以後華人和荷軍進行長期的戰爭，直到1888年才平息。荷軍沒有將其勢力延伸入砂拉越和沙巴，該兩地後來被英國人佔領。當時坤甸和三發地區的華人約有3萬人，大都

20　[印尼]薩努西·巴尼著，**前引書**，下冊，頁519。
21　[印尼]薩努西·巴尼著，**前引書**，下冊，頁520–521。

為華人與當地達雅克族土著婦女通婚生下的混血種。[22]

　　1846年，荷軍佔領卡里曼丹的三馬林達（Samarinda）。1855年，荷軍控制西卡里曼丹。

　　1873年4月，在東卡里曼丹的古戴蘇丹（Sultan of Kutai）與荷蘭簽署條約，承認荷蘭主權。1906年，荷蘭在東卡里曼丹的比烙（Berau）建立保護地。

第二節　荷蘭佔領東蘇門答臘

　　荷蘭在1641年驅逐葡軍，佔領馬六甲，控制馬六甲海峽的航運線。1642年，荷蘭與巴鄰旁簽訂條約，巴鄰旁許諾給予荷蘭獨佔巴鄰旁的胡椒出口權，而荷蘭給予巴鄰旁蘇丹政治和軍事保護。1643年，蘇門答臘蘇丹與葡萄牙簽訂條約，允許葡萄牙繼續在該港口貿易。1655年，荷蘭嚴格執行其1642年與巴鄰旁簽訂的條約，禁止外國商人在港口貿易，沒收他們的胡椒貨物，引起與巴鄰旁的衝突，有40名荷人被殺，另有28人被強制割禮改信伊斯蘭教。1658–9年，荷蘭封鎖該港，以武力佔領該港，掠奪和焚燒該城。占卑因為協助荷蘭提供情報，而獲得武器的報酬，以及由占卑提名巴鄰旁的國王的機會。[23]至此，占卑和巴鄰旁都中斷了與爪哇的馬塔蘭王國的關係。

　　占卑和巴鄰旁相鄰的山地，原產胡椒，後因兩國的衝突，導致胡椒產量大減，占卑蘇丹的收入減少，當地有許多華商離開，沿海居民乃多從事海盜。1687年，占卑與荷蘭開戰，荷蘭將占卑國王解職。導致占卑往後30年出現王位之爭，居民逃亡到巴鄰旁。米南加保人趁虛進入占卑上游產胡椒的地區。

　　1754年，占卑人反抗荷屬東印度公司的人員，荷蘭人遂逃離占卑，避難到巴鄰旁。1756年，荷蘭採取報復，封鎖占卑，雙方重簽新約。不過，以後衝突持續不斷。1768年，因為武吉斯人移入占卑，荷蘭貿易站遭到攻擊，占卑變成海盜聚集的港口，荷蘭遂決定放棄該地，直至19世紀

22　Bernard H. M. Vlekke, *Nusantara: A History of the East Indian Archipelago,* p.194.

23　M. C. Ricklefs, *op.cit.,* 2001, p.85.

荷蘭才重回該地。[24]

　　1833年，占卑蘇丹法魯丁（Sultan Muhammad Fahruddin）請求荷蘭協助，對抗巴鄰旁。荷印政府強迫占卑蘇丹簽訂條約，規定蘇丹必須把輸出入的徵稅權和販賣食鹽專賣權交給荷印政府，荷印政府每年給予補償費8千盾。1834年，荷蘭強迫占卑蘇丹承認荷蘭的主權。1855年，蘇丹答哈登基，他不承認荷蘭的統治權，荷軍進攻占卑，答哈蘇丹戰敗後退到上游地區，荷印政府委任答哈的叔叔納柴魯丁為蘇丹，惟未獲人民支持。[25]

　　1901年，在歷經繼承問題和政局不安之後，荷蘭將占卑置於荷蘭駐巴鄰旁之「駐紮官」的控制之下。1906年2月1日，荷印政府將占卑和固林基合併為一州。1912年，占卑地方政府機構改組，設立了區的機構（有25人辦公）。1916年，爆發反荷事件，經調派巴東、班章、巴鄰旁和吧城的軍隊加以鎮壓。[26]

　　1722年，武吉斯人協助柔佛蘇丹控制廖內群島，成為馬六甲海峽一支活躍的海軍勢力。1728年，武吉斯人擊敗彭亨拉惹基西爾（Raja Kĕcil）。馬六甲海峽航運受到嚴重影響，海盜活躍，商旅苦之。

　　1782年，柔佛哈知拉惹（Raja Haji）得悉荷蘭和英國發生戰爭，他與荷屬東印度公司進行合作，但因處理被俘英國船隻出現歧見，雙方在1783–4年發生衝突。1784年1月，荷屬東印度公司的旗艦在廖內群島遭到柔佛軍隊轟擊，死傷百多人。5月，荷屬東印度公司派遣一支由布拉姆（J. P. van Braam）統帥的艦隊，包括4艘軍艦和1,400人進攻廖內，哈知拉惹戰死。

　　荷蘭在1784年與廖內蘇丹馬慕德（Sultan Mahmud）簽訂條約，馬慕德蘇丹將柔佛、彭亨、廖內及其屬領割讓給荷屬東印度公司。荷屬東印度公司將這些屬領交給馬慕德蘇丹，作為世襲的租借地，但要馬慕德蘇丹履行下列條件：剿滅海盜；只許與荷屬東印度公司進行貿易；在得到荷屬東印度公司的同意下才能委派王儲；成立4人王國議會代替宰相；允許荷屬東印度公司在廖內設立軍營；不再收容武吉斯人；3年後應將徵收

進出口稅的權力交給荷屬東印度公司。[27]

　　1787年，廖內人起來反抗荷屬東印度公司，獲得來自蘇祿群島的7,000名伊拉倫（Ilanun）奴隸的支持，最後還是遭到鎮壓，荷蘭重新控制該島群。[28]馬慕德蘇丹不敵，逃往馬來半島，而蘇祿和民答那峨人也離開廖內。荷印政府在1795年重新任命馬慕德為蘇丹。馬慕德蘇丹於1812年去世，由其子鄧古·阿布都拉·拉曼（Tengku Abd al-Rahman）繼位。荷印政府在1818年與鄧古·阿布都拉·拉曼蘇丹簽訂新條約。萊佛士則承認馬慕德蘇丹與另一妻子所生的鄧古·胡笙（Tengku Husain）為柔佛蘇丹，並與該柔佛蘇丹簽訂條約取得新加坡的所有權。

　　馬慕德·夏四世蘇丹以獨立國王的身份行動，同時企圖在馬來半島活動，擴展勢力，遭到英國的不滿，因為英國和荷蘭已在1824年劃分各自的勢力範圍，馬來半島屬於英國的勢力範圍，荷印政府遂在1857年迫其退位，他逃往蘇門答臘的英德拉基里河的列德，荷軍追捕甚急，他又逃往馬來半島，後來遷移到暹羅。1864年逝於彭亨。1899年，荷印政府委任宰相之子為蘇丹，其稱號為阿布都拉·拉曼·瑪阿藍·夏。1913年，荷印政府為鞏固其在廖內群島的地位，逼迫蘇丹下台，廢除蘇丹制。[29]

第三節　荷蘭佔領南蘇門答臘

　　巴鄰旁在1706年拉曼蘇丹（Sultan Abdul Rahman）去世後，爆發王位繼承衝突，直至巴達魯丁蘇丹（Sultan Mahmud Badaruddin）在1724年登基，才穩定下來。該地除了胡椒外，亦在邦加島（Bangka）和勿里洞發現錫礦。許多礦工來自武吉斯人。1731年，武吉斯人在邦加島發動暴動，馬慕德蘇丹（Sultan Mahmud）依賴荷蘭軍隊才平定亂事。以後引進華工，至1754年馬慕德蘇丹統治末期，在邦加島的華工人數達到25,000–30,000人。荷屬東印度公司與巴鄰旁簽約，取得錫礦輸出的專有權。但荷蘭人所獲只有一半，因為走私猖獗，其價格高於荷屬東印度公司所付的

27　[印尼]薩努西·巴尼著，**前引書**，下冊，頁543。

28　M. C. Ricklefs, *op.cit.,* 2001,pp.89–90.

29　[印尼]薩努西·巴尼著，**前引書**，下冊，頁612–613。

價格，所以多不願將錫礦賣給荷屬東印度公司。[30]

後來在卡里曼丹和馬來半島的霹靂陸續發現錫礦，所以在邦加島的華工就移轉到這些新礦區，邦加島上的華工人數遂減少，到1780年代，只剩6,000到13,000人。[31]

巴鄰旁的蘇丹巴特魯丁在1811年趁荷蘭在爪哇失敗之際，出兵佔領了巴鄰旁的荷軍堡壘，並且不准英國人進入其領土。萊佛士於1812年派兵到巴鄰旁，巴特魯丁退到上游地區。英國委任巴特魯丁的弟弟納查穆丁為蘇丹，並簽訂條約，將生產錫礦的邦加島和勿里洞島割讓給英國。巴特魯丁經常出兵騷擾巴鄰旁，英國委派的州長承認巴特魯丁重新出任蘇丹，但其需履行下述條件：繳納罰款、重建堡壘、每年繳納胡椒1萬5千擔，向英國購買鴉片，承認割讓邦加島和勿里洞島給英國。納查穆丁願意退位，以後再按照規定繼巴特魯丁之後擔任蘇丹。於是巴特魯丁在1813年再度登上王位。但萊佛士不同意州長的措施，派兵去捉拿納查穆丁。

1816年，荷蘭從英國手中收回巴鄰旁。1818年，荷印政府與巴特魯丁和納查穆丁簽訂條約，承認巴特魯丁為老蘇丹，納查穆丁為副蘇丹，指定特定地區為他們收入的來源。上游地區為荷軍控制。不久，英軍前往巴鄰旁援助納查穆丁，為荷軍擊退。後來英軍又進攻，荷軍將納查穆丁及其子女擄往爪哇，最後流放於展玉。

萊佛士從明古連派兵進攻巴鄰旁，荷軍聯合巴特魯丁的軍隊迎擊英軍，當聯軍行進到明古連路上邊界時，巴特魯丁的軍隊攻擊荷軍，並阻止荷軍退回巴鄰旁。荷軍司令逃脫。荷印政府派來援軍。1819年中葉，荷軍從巴鄰旁出兵，攻擊巴特魯丁的軍隊，嚐到敗績，荷軍司令乘船前往吧城求援，殘軍退往邦加島，又遭邦加島人民的攻擊。1821年，荷軍才恢復對邦加島的控制。[32]

荷軍繼續進攻巴鄰旁，仍然失敗。1821年，荷軍與納查穆丁簽訂條約，規定如果巴鄰旁被荷印政府奪回，則納查穆丁將不擔任蘇蘇胡南而出家修行，其長子將被立為蘇丹。由荷印政府徵收輸出入稅，包辦租賃

30　M. C. Ricklefs, *op.cit.,* 2001,p.88.

31　M. C. Ricklefs, *op.cit.,* 2001, p.89.

32　[印尼] 薩努西・巴尼著，**前引書**，下冊，頁539。

稅及其他稅務，而蘇丹將徵收土產稅。於是納查穆丁與荷軍合作，聯合進攻巴鄰旁，佔領該城，逮捕巴特魯丁，將他流放至摩鹿加群島的德那地，於1852年在該地去世。依據荷印政府和納查穆丁簽訂的條約，納查穆丁的兒子納查穆丁二世登上蘇丹寶座。

然而，巴鄰旁上游地區仍不服荷蘭的統治，荷印政府無法從該地獲取利益，而每年在巴鄰旁駐軍的費用高達30萬盾，收入卻只有8萬盾。所以荷蘭在1825年逼迫納查穆丁二世退位，改為直接統治。納查穆丁二世起兵抗荷，被捕後流放到班達和萬鴉老，1844年逝於萬鴉老。1842年，荷蘭將巴鄰旁以北的駐軍撤退。1849年5月，荷蘭完全控制巴鄰旁。巴鄰旁蘇丹的後裔在1881年以前屢次企圖奪回政權，但每次都失敗。[33]

蘇祿人在1793年抵達楠榜，且佔領杜朗‧巴旺南邊的斯甫迪，荷蘭被迫放棄杜朗‧巴旺的堡壘。拉登‧英丹在蘇祿人的支持下奪取楠榜的政權，荷軍在1805年攻擊楠榜，失敗。1825年，再度進攻，又失敗。拉登‧英丹在1826年去世，由其子拉登‧英巴‧卡蘇瑪繼位。荷軍在1832年和1833年進攻，再度失敗。1834年，荷軍終於佔領楠榜，卡蘇瑪蘇丹退往林伽島（Lingga）（或譯為龍牙島）。後被荷軍逮捕，流放帝汶島。[34]

第四節　荷蘭佔領西蘇門答臘

1819年，荷蘭從英國手中接收「巴東及征服地區」。從英國回到蘇門答臘擔任明古連州長（其轄區包括蘇門答臘西部）的萊佛士原先要求荷蘭給付補償費西班牙幣17萬5千零吉，但遭英國駐孟加拉總督的反對，英國始將「巴東及征服地區」移交給荷蘭。荷印政府委派一位州長管理該地區。

1821年2月10日，米南加保與荷印政府簽訂條約，米南加保成為荷蘭的保護地。帕德里教派（Paderi Sect）[35]的領袖沙哈（Muhammad Sahab）

33　[印尼]薩努西‧巴尼著，**前引書**，下冊，頁540。
34　[印尼]薩努西‧巴尼著，**前引書**，下冊，頁545–546。
35　「帕德里」是指哈知美斯京所建立的伊斯蘭教派信徒。此一名稱大概源自「勃迪爾」（Pedir, Pidie）。「勃迪爾」是亞齊的一個地名，當時伊斯蘭教的信仰中心。該地主要族群是米南加保族。凡欲到該地群參加朝聖者，都是由亞齊或該地上船，「勃迪爾」遂成為商旅中心。「帕德里」是阿拉文「來自勃迪爾」的意思。參見[印尼]薩

開始發動抗荷戰爭。巴東州長同14個族長簽訂條約，數日後，荷軍運送兩樽大砲到司馬望。數週後，荷軍進攻司馬望附近的蘇力‧阿意爾，遭伊斯蘭教的帕德里教徒擊退。數天後，才加以佔領。以後展開帕德里戰爭。1824年1月22日，荷軍與帕德里教徒在瑪桑簽訂協定，規定尊重雙方的疆界，帕德里教徒同意以後只與荷蘭人貿易。不久，荷軍違背協定，進攻班達意‧西卡特和科達‧拉哇斯，旁槽爾的帕德里教徒即將瑪桑協定書退回荷軍，雙方又展開戰爭。

1833年9月，范登‧波士總督在武吉丁宜發佈命令取消市場稅。他在巴東制訂了幾條有關殖民統治和軍隊的原則：

(1)廢除對土著徵收的一切沈重的直接稅。

(2)豁免土著的一切徭役，且要成立一個供應苦力的機構。

(3)繼續徵收輸出入稅、食鹽和鴉片，在條例略加修改後，繼續由政府壟斷。

(4)對於重要的居民首腦，按照他們的地位、勞力和才能，每月給予25盾至200盾的薪水〔「勒痕」（Letnan, Lieutenant）（荷印政府派遣的基層官員）的最低月薪是250盾〕。

(5)各地區的居民可以管理自己區內的內政，但殖民地政府有權徵用一定的人數來鎮壓區內的敵人或外地前來進攻的敵人。此外，殖民地政府有權調解各地區發生的糾紛，防止戰爭。對於殖民地政府的反抗，例如暴動、屠殺或虐待政府公務員，將由巴東法院審判。此一法院可在市外開庭審判，並對外國人有審判權。

(6)鼓勵種植歐洲市場極為需要的農產品和開採金礦。在高原的咖啡價格規定為每擔9盾，輸出稅按價徵收1/5。

(7)將以前由軍人管理的地區改為文人官員治理。統治方面的事務交由「荷印評議會」委員范‧西芬霍芬辦理。另委鮑爾中校為陸軍指揮官。36

1837年10月，在帕德里戰爭中，米南加保的邦卓（Tuanku Imam Bonjol）戰敗，荷蘭將之流放。荷印政府在當地種植咖啡，以極低的價格

努西‧巴尼著，**前引書**，下冊，頁483。

36　[印尼]薩努西‧巴尼著，**前引書**，下冊，頁503–504。

收購咖啡。當地土著將咖啡、胡椒和黃金走私到新加坡，從新加坡走私運入食鹽和布匹，致使荷蘭貿易公司的貿易收入未能達到既定的目標。

1838年，荷蘭在達盧達盧（Daludalu）贏得勝利，結束在米南加保的帕德里戰爭。荷蘭在米南加保實施直接統治。同年，荷蘭出兵佛羅里斯島和尼亞斯島（Nias）。1855年，荷軍出兵尼亞斯。1856年，荷軍出兵佛羅里斯島。1860年，荷蘭獲得尼亞斯島為屬地。

1886年，荷印政府派遣軍艦和官員駐守蘇門答臘西海岸的門塔威島（Mentawi）。1905年，將該島置於其直接管轄之下。

第五節　荷蘭入侵北蘇門答臘

萊佛士在1819年佔領新加坡，還想佔領其他地區。他主張歸還給荷蘭的地區僅限於以前英國從荷蘭手中奪得的地區。他認為荷屬東印度公司與印尼群島諸王簽訂的條約已無效，故英國有權與印尼群島諸王簽訂條約。但其建議未被英國政府當局完全接受。

荷蘭人要求接收勿里洞，萊佛士推說條約中沒有這項規定，未予答應。荷蘭接收巨港（巴鄰旁）和巴東時，受到萊佛士的阻撓。萊佛士在楠榜巽他海峽附近建築兵營。英國政府同意萊佛士在新加坡和勿里洞問題上所採取的措施，但主張將巨港、楠榜和巴東歸還荷蘭。

荷蘭願將南印度的科羅曼德爾和蘇拉特的商館交換英國的新加坡、勿里洞和明古連，因為此時印度布已為歐洲布所排擠。另外是鴉片和硝石的貿易已經為英國人所控制，荷蘭在印度的商館也不重要了。英國認為其在印尼的商業地位能夠用其他方式加強的話，他們願意割讓明古連和勿里洞，但不放棄新加坡。

1820年，英國和荷蘭在倫敦進行談判，由於英國不願放棄新加坡，所以談判沒有結果。1823年底，雙方又在倫敦談判，1824年3月17日簽訂倫敦條約（或稱蘇門答臘協定）規定荷蘭將其在印度的商館移交給英國；英國將其在蘇門答臘的殖民地，如明古連等移交給荷蘭；荷蘭將馬六甲移交給英國；英國將勿里洞移交給荷蘭；荷蘭承認英國在新加坡的權力，英國不在新加坡以南擴張勢力；亞齊不能由荷蘭統治，但荷蘭應

撲滅亞齊的海盜。[37]

　　英國和荷蘭的此項條約，明顯就是以馬六甲海峽為界，劃分勢力範圍，海峽中線以東的地區屬於英國的勢力範圍，以西的地區屬於荷蘭的勢力範圍。另一個目的就是防阻荷蘭入侵亞齊，並科以清除海盜的責任。

　　萊佛士在1818年前往亞齊，發現亞齊蘇丹查務哈爾的勢力很強，就承認他為蘇丹，並在1819年與他簽訂條約。蘇丹夏立夫·夏伊夫爾阿藍願意接受每年6千元的俸祿而退位。但控制大亞齊的邦里瑪·波林反對，親英國的蘇丹查務哈爾被迫逃往比迪埃。

表4-1：亞齊歷任蘇丹姓名

- 1496–1528 Ali Mughayat Syah
- 1528–1537 Salahuddin
- 1537–1568 Alauddin al Qahhar
- 1568–1575 Husain Ali Riayat Syah
- 1575 Muda
- 1575–1576 Sri Alam
- 1576–1577 Zainal Abidin
- 1577–1589 Alauddin Mansur Syah
- 1589–1596 Buyong
- 1596–1604 Alauddin Riayat Syah Sayyid al-Mukammil
- 1604–1607 Ali Riayat Syah
- 1607–1636 Iskandar Muda
- 1636–1641 Iskandar Thani
- 1641–1675 Ratu Safiatuddin Tajul Alam
- 1675–1678 Ratu Naqiatuddin Nurul Alam
- 1678–1688 Ratu Zaqiatuddin Inayat Syah
- 1688–1699 Ratu Kamalat Syah Zinatuddin
- 1699–1702 Badrul Alam Syarif Hashim Jamaluddin
- 1702–1703 Perkasa Alam Syarif Lamtui
- 1703–1726 Jamal ul Alam Badrul Munir
- 1726 Jauhar ul Alam Aminuddin
- 1726–1727 Syamsul Alam
- 1727–1735 Alauddin Ahmad Syah
- 1735–1760 Alauddin Johan Syah
- 1750–1781 Mahmud Syah
- 1764–1785 Badruddin
- 1775–1781 Sulaiman Syah
- 1781–1795 Alauddin Muhammad Daud Syah
- 1795–1815 Alauddin Jauhar ul Alam
- 1815–1818 Syarif Saif ul Alam
- 1818–1824 Alauddin Jauhar ul Alam (second time)
- 1824–1838 Muhammad Syah
- 1838–1857 Sulaiman Syah
- 1857–1870 Mansur Syah

37　[印尼]薩努西·巴尼著，**前引書**，下冊，頁528–529。

· 1870–1874 Mahmud Syah
· 1874–1903 Muhammad Daud Syah

資 料 來 源：Aceh Sultanate, *Wikipedia*, http://en.wikipedia.org/wiki/Sultan_of_Aceh #List_of_sultans 2022 年 5 月 25 日瀏覽。

　　1829 年，荷軍企圖奪回婆魯師，結果失敗，因為婆魯師獲得亞齊人的協助。不久，亞齊佔領打板努里（Tapanuli）[38]港口的旁彰島上的荷軍堡壘，後來荷軍又奪回。為了鞏固該據點，荷印政府命令西蘇門答臘的州長與杜魯蒙王締結通商友好條約，並承認杜魯蒙王不受亞齊的管轄。此事導致荷蘭和亞齊的關係惡化，以致於開往亞齊港口的荷蘭船隻只好改掛英國或美國旗幟。[39]

　　1840 年，荷蘭艦隊奪取了亞齊在西蘇門答臘北部至中基爾的港口。

　　1857 年，荷蘭與亞齊蘇丹締結通商友好條約，荷蘭並未獲得好處。隨後雙方對於亞齊的領地範圍發生爭端，亞齊堅持對席亞克（Siak）、亞沙漢（Asahan）、巴都巴拉、色爾當、日里（Deli）、巴魯支那和龍葛（Langkat）的統治權。荷蘭則承認亞沙漢、巴都巴拉、日里、巴魯支那和龍葛為席亞克的領地，認為達美昂河（淡洋）是亞齊和席亞克的分界線。

　　荷蘭在 1858 年與席亞克簽訂條約，規定由荷蘭控制席亞克王國及其屬領，而席亞克屬領是指席亞克以北至達美昂河之間的地區。但實際的情況是，亞沙漢並不承認席亞克的統治權，亞齊統治著從達美昂河至巴都巴拉的若干地區。日里和龍葛企圖擺脫亞齊和席亞克的羈絆。[40]

　　1864 年，席亞克蘇丹伊斯麥爾因反抗荷蘭，被荷印政府強迫退位。其弟夏立夫·卡蘇瑪繼位，號稱蘇丹卡新。1884 年，他把對亞沙漢、日里等的統治權移交給荷印政府，每年獲得補償金 4 萬盾。此後蘇丹人選由荷印政府決定。

　　亞齊在尼亞斯擄獲許多奴隸，荷蘭以此為理由，於 1863 年派兵到尼亞斯，藉口保護該地居民，目的在對亞齊施加壓力。

　　荷印政府在 1865 年派遣軍隊到東蘇門答臘的北部，與亞沙漢、色爾

38　打板努里原為 Tapian na Uli，意為美麗的海岸，歐洲人簡稱為 Tapanuli。參見 [印尼] 薩努西·巴尼著，**前引書**，下冊，頁 531。

39　[印尼] 薩努西·巴尼著，**前引書**，下冊，頁 531–532。

40　[印尼] 薩努西·巴尼著，**前引書**，下冊，頁 532–533。

當締結條約，荷蘭對亞沙漢蘇丹國實施直接統治，接著佔領亞齊在龍葛港口、甘拜島上的堡壘以及達美昂。

　　亞齊蘇丹馬慕德·夏在1870年登基，企圖尋求土耳其、法國、美國和義大利的援助。荷印政府認為此將妨礙它欲取得亞齊，而以前簽訂的英荷「蘇門答臘協定」成為一大阻礙，它限制荷蘭在亞齊的發展。所以荷印政府必須將該協定加以修改。1871年11月2日，荷蘭和英國在荷蘭海牙（The Hague）簽訂「蘇門答臘條約」（Sumatra Treaty），內容如下。

　　第一條：英國撤銷反對荷蘭在蘇門答臘島任何地方擴張領地，也因此撤銷對於英國和荷蘭在1824年3月17日簽訂條約時換文照會所做的保留意見。

　　第二條：荷蘭國王宣布，在荷印政府和席亞克斯里英德拉普拉王國（Kingdom of Siac Sri Indrapoora）於1858年2月1日簽訂的條約所確定的領土內，英國人和船隻之貿易應繼續享有與荷蘭人和船隻之貿易時所享有的權利和利益，相同的條件應給予在蘇門答臘島任何土著國家貿易之英國人和船隻，這些土著國家可能成為荷蘭王國的屬地，英國人民應遵守荷蘭政府的法律和規定。

　　第三條：前條之規定不應破壞荷印法律對於西方人和東方人之規定所建立起來的榮譽，也不能破壞1851年3月27日協議之應用。

　　第四條：目前之條約應儘快批准，直至獲得荷蘭國會（States-General）之同意才正式生效。各自的全權大使簽署並蓋印。1871年11月2日於海牙。

L. Gericke Van Bosse和E. A. J. Harris簽字[41]

　　根據上述條約，英國聲明不干涉荷蘭在蘇門答臘任何地方擴張勢力的行動。

　　1872年，亞齊特使與義大利和美國駐新加坡領事談判，簽訂了美國和亞齊友好條約，草案送至華府準備批准。但荷蘭在1873年3月7日從吧城出兵，要求亞齊蘇丹承認荷印政府的統治權。在未獲亞齊合理的解釋

41　http://www.asnlf.net/asnlf_int/diplomacy/treaty/treaty_02111871.htm 2007年7月11日瀏覽。

後，於3月26日對亞齊宣戰，荷軍7,000人進攻亞齊，其指揮官被殺之後，始退兵。11月，再度派兵7,000人進攻亞齊，1874年1月26日，佔領亞齊蘇丹王宮，設立中央權力機關，稱為「古打拉夜」，俗稱「大亞齊」（亞齊拉惹）（Atjeh Raja）〔今稱班達亞齊(Banda Aceh)〕，企圖用和平方式屈服酋長和伊斯蘭教學者。但抗荷活動繼續，由22鎮大部落頭目邦里瑪‧波林和伊曼‧魯恩‧巴達為領袖。該抗荷運動獲得檳榔嶼亞齊人組成的「八人委員會」的援助，該委員會的主席是德固‧伊布拉欣。

1879年3月，荷印政府在亞齊設立省長1人、縣長3人和督察官10人。最先成立的縣是大亞齊縣，轄區包括第25大部落、第26大部落和第22區。這個縣由荷蘭人直接管理。大部落頭目的頭銜被廢除。第二個縣政府設在司馬威，第三個縣政府設在梅拉坡。1881年3月，軍政與民政分開，由一位高級官員接替范‧德爾‧黑登擔任省長。[42]以後雙方鏖戰多年，亞齊在1908年才向荷蘭投降。1912年2月以後，亞齊終於沒有大規模抗荷活動，戰事漸趨平息。在這長期抗荷運動中，除了蘇丹和貴族參加外，最重要者，因為長期戰爭的關係，許多王室菁英先後戰死，因此自第19世紀末，伊斯蘭教師（Ulama）在抗荷運動中扮演重要的角色。[43]亞齊人民長期抗荷，寫下人民光輝的反侵略的歷史。

1872–1894年，爆發長期的巴塔克戰爭。1883年，希欣嘎曼嘎拉惹十二世（Sisingamangaraja XII）被逐出巴塔克區域。

1884年，荷蘭將日里、亞沙漢和龍葛納入其統治之下。

荷蘭將亞齊蘇丹放逐，地方的酋長（ulebalang）仍擁有其地位，由政府給予固定的薪水。地方酋長遂與荷蘭政府維持密切關係，由於他們利用其職權剝削當地土著，擴增土地，且將其子女送至亞齊之外接受荷蘭教育，而引起一般人民對他們的不滿。1904年，荷軍深入亞齊山區，將反荷印政府之反對派達巫（Moehamet Dawot）、波廉（Panglima Polem）、枯馬拉（Radja van Keumala）收服，他們相繼無條件投降。荷蘭迫他們簽署「簡易宣言書」，內容如下：[44]

(1)亞齊為構成荷屬東印度之一部份，立於荷蘭宗主權之下，因而吾

42　[印尼]薩努西‧巴尼著，**前引書**，下冊，頁587。
43　[印尼]薩努西‧巴尼著，**前引書**，下冊，頁597。
44　沈鈞編著，**前引書**，頁207。

人對於荷蘭國王陛下及其最高代表者總督閣下，誓以忠誠遵奉之。且吾人統治上之權限，確認為總督閣下所委任。

(2) 吾人對他國列強，不得簽訂任何協定。荷蘭之敵，即為吾人之敵。荷蘭之友，亦即吾人之友。

(3) 吾人對於荷蘭國王陛下及依其名而發出之命令，均遵奉履行。又荷印總督及其代表者，所發佈之命令，不論在何種場合，均有同樣遵守之義務。

　　儘管荷蘭攏絡地方酋長，但在1910年代到1930年代抗荷事件仍持續不斷。此一不斷的抗荷事件，使亞齊人有一種認知，即亞齊從未向荷蘭投降而喪失主權。[45]

　　荷印政府對於其所控制的大大小小的土邦，為了將他們納入控制體系內，主要手段是透過頒佈「簡易宣言書」，要求這些小邦土王宣誓效忠荷印政府，承認荷印政府的宗主權。在1916年調查，荷屬東印度總數有350個大小不一的小邦，其中有330個土王宣誓「簡易宣言書」，確立了荷印政府對他們的主權。[46]

圖4－2：1815－1870年荷蘭控制印尼群島的範圍

資料來源："An online timeline of Indonesian History," *Sejarah Indonesia*, http://www.gimonca.com/sejarah/sejarah05.shtml 2022年5月20日瀏覽。

45　Clive J. Christie, *A Modern History of Southeast Asia: Decolonization, Nationalism and Separatism*, I. B. Tauris & Co. Ltd., London, 1996, pp.143–144.

46　沈鈞編著，**前引書**，頁227。

圖 4－3：1857 年荷屬東印度使用的半分錢

說明：從錢面上花紋可知，當時仍使用爪夷文（即阿拉伯字母）

資料來源："An online timeline of Indonesian History," *Sejarah Indonesia*, http://
www.gimonca.com/sejarah/sejarah05.shtml 2022 年 5 月 20 日瀏覽。

第五章　荷蘭在印尼的統治政策

第一節　政治改革

　　自19世紀中葉後，受到歐洲自由主義思想的影響，對民權的要求已成為一股新潮流。荷蘭政府為穩固其對印尼群島的統治，在1854年發佈一項對荷屬東印度的憲法改革，規定荷屬東印度當地統治者對其人民繼續擁有傳統權力，他們係代表荷蘭實施統治。在法律上承認歐洲人和土著（Inlanders）是有區別的。荷屬東印度總督有權將任何人流放，而不能上訴或檢討。換言之，荷印政府仍堅持「分而治之」的政策不變，將東印度土著視同二等公民。

　　荷印政府對於思想的控制還是嚴酷，對於開始興起的出版事業，必須加以控制和管理，在1856年頒佈出版管理法（Regulation on Publications），賦予總督擁有出版前的審查權，且出版者不得上訴或重審。荷蘭跟其他西歐殖民主一樣，對殖民地人民的思想和觀念，採取嚴格控制的政策。至1906年實施出版後審查制，所有出版品在出版後24小時內需送請政府當局審查，對出版品的控制稍寬。

　　荷印政府為了將權力集中在荷印政府手中，除了加強駐紮官和其他荷蘭官員的權力外，削弱土著的傳統權力，例如在1866年，土著酋長，除了村長之外，禁止擁有土地財產，禁止人民送東西或提供勞務給酋長和村長。但提高酋長和村長的薪水以作為補償。進而在1880年進行法律改革，取消貴族的封建權利和特權。平民獲得少數自由權，但大多數的改變僅是將權力從傳統統治者的手裡移交到荷蘭官員而已。「苦力令」（Koelie Ordonnantie, Coolie Ordinance）規定就業契約的法律，它規定雇

主需對工人提供適當的住房和醫療照顧，工人則需依據合約規定的期限在種植園工作。合約須在官員面前簽署，有爭端可上法院訴訟。1881年，「民那哈沙」的首長成為荷屬東印度的領薪水的官員。

荷印政府自1830年實施「強迫種植制」開始，即實施「分區居住」的限制，禁止非土著在土著王國境內居住。非土著可以在荷印政府直轄地旅行和居住。凡跨區旅行者，需取得荷印當局的許可。此一制度不利於貿易開放的新措施，所以在1866年廢除阻礙人民遷徙和私人企業發展的通行證制。廢除違警辦法的連坐處分，尤其是對不支持「強迫種植制」的村長的處罰。

對於伊斯蘭教徒的司法管轄，也在1882年做了改革，在爪哇的伊斯蘭法庭獲得有限的權力（Priesterraden），其管轄權僅限於家庭法律案件。此一改變雖非一般伊斯蘭教國家所實施的「伊斯蘭教法」所規定的審理各項有關伊斯蘭教徒的案件，但已是一個重要的起步。另一個對伊斯蘭教徒的善意改革，是在1902年取消印尼土著前往麥加朝聖的禁令。

1901年6月，荷蘭女王威訶米納（Queen Wilhelmina）宣布在東印度實施善待土著的「倫理政策」。

荷屬東印度公司和1816年後的荷印政府在東印度的經營都是為了牟取商業利益。但在1899年，荷蘭的興論有了改變，一位名叫迪文特（Conrad Theodore van Deventer）的自由派律師寫了一篇文章，題目是「內心負欠」（A Debt of Honor），刊載在荷蘭的期刊文學（De Gids）（Literature）。他有在東印度工作的經驗，他認為荷蘭應有道德責任善待土著，荷蘭國會自1867年責成東印度財政責任後，應將銷售穀物所得回饋土著。他預估荷蘭從東印度獲得總額2億基爾德（荷盾），應投資在東印度的福利和教育設施。當1901年荷蘭選出自由政府時，這些觀念變成「倫理政策」的基礎，其政策範圍包括擴大印尼土著的教育機會、改善農業，特別是灌溉，將爪哇過多的人口移到外省。[1]

「倫理政策」被視為一個高貴的實驗，目標在改變印尼社會，使新的菁英能分享豐富的西方文明，使殖民地變成現代社會。迪文特期待出現西方化的土著菁英，他們會感謝及承認荷蘭使他們繁榮和擁有更高

---

1   "Indonesia: the ethical policy," *Globalization Partner*, http://www.country-data.com/cgi-bin/query/r-6193.html 2022年6月27日瀏覽。

文化。其他人則希望有新的東印度社會能將印尼傳統文化和西方文化
融合，在荷蘭帝國的架構下享有高度自治。[2]荷蘭在1906年頒佈「農村
法」（Village Act），目的在將村轉變為類似西方國家的小市鎮（petty
municipality），由村民組織實施統治，賦予管理村事務的權力，為地方
人民謀取利益、財富和土地，培養人民自治的能力。然而實際上，該一
「農村法」提高了效率，而非政治教育。村會議僅是形式的，決議案還
是受到督察官的節制和影響。[3]

　　這一「倫理政策」忽略「封建」的政治傳統，後者緊緊地束縛自荷
屬東印度公司統治以來所形成的荷蘭官員和印尼土著的關係。殖民地政
府的理性化和官僚化產生自採取新的福利政策，而該政策疏離了許多菁
英份子，也沒有讓一般人受惠。督察官和副駐紮官為了推動人民福利，
而直接與土著接觸，此一發展反而使攝政官愈來愈喪失影響力。攝政
官甚至被認為是傳統威權的殘餘人物，因制度的改變，使他們漸退至幕
後。荷印政府則甄選專業的官員從事有關教育、農業、醫療和獸醫的工
作。[4]

　　「倫理政策」的目標之一，是改善教育。與英國統治下的緬甸和西
班牙和美國統治下的菲律賓相比，荷蘭在印尼設的學校很少，人民的識
字率很低，在1900年，全印尼人口有3千6百萬人，但僅有1,500所小學。
在基督教徒住區，例如安汶、蘇門答臘的巴塔克社區、蘇拉威西的萬鴉
老，因為有教會學校，所以教育條件較其他地區好。在蘇門答臘，有許
多伊斯蘭教辦的村級學校。直到1906年荷印政府才設立公立小學。1913
年，公立學校有3,500所，1940年增加到18,000所。許多村民經濟窮困，
無法負擔學費及支付教師薪水。

　　爪哇菁英在20世紀初，獲得教育的機會還是有限。1851年在吧城已設
立有培訓土著醫學訓練的學校。在1880年後，有三所這類的訓練高級菁
英的學校。1900年，有1,545名土著菁英在現代學校中與荷蘭學生一起就
讀。但荷印政府在各級學校採取「分離就讀體系」（segregated system），

2　http://users.skynet.be/network.indonesia/ni4001c9c.htm 2006年2月9日瀏覽。

3　J. S. Furnivall, "Colonial Policy and Practice: Netherlands India," in Paul H. Kratoska(ed.),
　　Southeast Asia: Colonial History, Vol. II, Empire-building During the Nineteenth Century,
　　Routledge, London and New York, 2001, pp.173–191, at p.177.

4　J. S. Furnivall, *op.cit.*, p.177.

即土著上土著的學校,荷蘭人上荷蘭的學校。1915年,荷語的土著學校
(Dutch-Language Native Schools, Hollandsche Inlandsche Scholen),學生
數有20,000人,至第二次世界大戰爆發前夕,學生數有45,000人。透過荷
蘭語的學習,畢業的學生可到現代社會就業,而使用土著語的人,其工
作機會就受到限制。此一不公平的情況,激起以後的民族主義的興起。

　　1900年,舊式醫學校變成訓練土著醫生的醫學校,其學生在民族主
義的推動下起了重要的作用。1920年在萬隆設立理工技術學院,1924年在
吧城設立一所法律學院。有少數學生畢業後前往荷蘭萊登大學和鹿特丹
(Rotterdam)經濟學院就讀。

　　「倫理政策」充其量是溫和的改良主義的政策,稍微抑低父權主義
的色彩。少數荷蘭自由主義者幻想東印度會成為獨立國家。但多數人認
為東印度與荷蘭維持一種永恆的臣屬關係,其與美國自1900年後對待菲
律賓的政策有別。因此,東印度的政治演進遲緩。1903年通過的分權法
(The Decentralization Law),設立駐紮區(地方)委員會(Residency
Councils),具有諮詢功能,它包含歐洲人、東印度人和華人。1925年,
也設立「攝政區(省)委員會」(Regency Council)。1918年成立「人民
議會」(People's Council, Volksraad),是總督的諮詢機構,包含選舉的和
委任的歐洲人、東印度人。雖然它可贊同荷印政府的預算以及提出立法
案,但它缺乏有效的政治權力,仍受荷印政府控制。[5]「人民議會」的委
員任期4年。[6]

　　「倫理政策」的成就有限,它既不能制止衰退的生活水準,也不能
促進農業革命。它對農業的貢獻是提供灌溉技術和水稻的種植技術,但
無法解決土著的農業和歐洲人的工商業之間的差距問題。在教育方面,
在小學、中學和第三級學校有許多的貢獻,但到1930年代末,受過高中
教育的人數還是很少,全印尼的識字率僅有6%。[7]此外,荷印當局從1902
年開始實施強迫移民政策,將爪哇過多的人口移到外省地區,亦造成民

5　"Indonesia: the ethical policy," *Globalization Partner*, http://www.country-data.com/cgi-bin/query/r-6193.html 2022年6月27日瀏覽。

6　Lennox A. Mills, "The Netherlands Indies," in Paul H. Kratoska(ed.), *Southest Asia: Colonial History*, Vol.III, High Imperialism(1890s–1930s), Routledge, London and New York, 2001, p.50.

7　http://users.skynet.be/network.indonesia/ni4001c9c.htm 2006年2月9日瀏覽。

怨，移出者需離鄉背井，而移民地的人則抱怨他們的祖地遭到入侵。該
政策對相關的人而言，都是不公平的。[8]

圖 5-1：19 世紀爪哇人的裝扮

說明：左為一名舞者，右為一對新婚夫婦。
資料來源：http://sun.menloschool.org/~sportman/modernworld/chapter8/2003/bblock/
　　　　　kbouret/index.html 2006 年 2 月 9 日瀏覽。

第二節　經濟改革

　　在「強迫種植制」下，土著農民經濟受到剝削，反抗聲四起，農村
社會普遍不安。在強迫種植制時代，爪哇銀行已受到荷蘭貿易公司的排
擠。荷蘭貿易公司把印尼的土產運往荷蘭，是由荷印政府擔保的，因此
金、銀停止輸入印尼，但爪哇對外付款時卻要以金或銀結帳。爪哇需要
用高價兌換外匯。爪哇銀行在 1827 年成立時，有貨幣 200 萬盾，到 1839 年
時只剩下 1 萬 8 千盾。後來情況日益惡化，因為荷印政府用銅幣發薪水和
做其他支付。銅幣排擠了爪哇銀行財庫中的銀幣。爪哇銀行的硬幣愈來
愈少，當時也發行紙幣，但這種紙幣不能兌換硬幣。[9]1841 年，半官方的
爪哇銀行瀕臨破產，直至 1854 年 4 月才因印尼經濟衰退而宣告結束。

　　為因應印尼經濟發展之需要，1848 年後，荷蘭國會開始討論殖民地開
放貿易的問題，減少政府在殖民地的經濟所扮演的角色，以及減少對殖
民地爪哇地區私人企業的限制，廢止強制勞動。荷印政府開始漸進地採

8　http://sun.menloschool.org/~sportman/modernworld/chapter8/2003/ablock/bnichols/index.
　　html 2006 年 2 月 9 日瀏覽。
9　[印尼]薩努西‧巴尼著，**前引書**，下冊，頁 619。

取一些開放措施，意圖刺激人民勞動的意願和活絡市場機制。

1852年，荷蘭停徵前往麥加朝聖的稅，藉以收攬伊斯蘭教徒的向心力。荷印政府也加強試種各種經濟作物，以增加收入，例如在1852年在爪哇種植可樂（Cola）樹。1854年，在西爪哇的希伯達士（Cibodas）和勃良安（Priangan）種植金雞納樹（cinchona, quinine）。同時也興辦各種通訊系統，在1857年，鋪設第一條從巴達維亞到布騰卓格（Buitenzorg）的電話線。1859年，在吧城和新加坡之間鋪設電報線，1866年接著在蘇門答臘楠榜省的直落勿洞（Telok Betong）和巴東鋪設電報線。1864年4月1日，荷蘭在爪哇和蘇門答臘試種橡膠。在該年開辦郵政局，由政府經營。同年亦興築從三寶壟到蘇拉卡達的鐵路，兩年後再興建從吧城到畢天卓格的鐵路。1865年，在日里和北蘇門答臘種植煙草。

1860年，一位曾任萬丹「副駐紮官」的荷蘭官員迪克（Eduard Douwes Dekker）用筆名穆爾塔度里（Multatuli）寫了一本小說馬克斯哈維臘爾（Max Havelaar），暴露荷屬東印度政府的貪污腐化和壓迫爪哇人的情況，而引發更進一步要求取消殖民地「強迫種植制」的聲浪。面對此波反對論調，荷蘭殖民地首先將獲利不大的作物停止強迫種植制，依次為：胡椒在1862年、丁香和肉荳蔻（nutmeg）在1864年；靛藍、茶、肉桂（cinnamon）在1865年；煙草在1866年。1863年，在北蘇門答臘引進種植煙草。1870年的「蔗糖法」（Sugar Law）規定從1878年起12年內政府退出種植甘蔗。1917年1月1日，在今稱為萬隆（Bandung）的勃良安廢除強迫種植咖啡。1919年6月，在爪哇北海岸廢除強迫種植咖啡。

由於「強迫種植制」在爪哇瓦解，荷蘭控制蘇門答臘和東部群島，以及蘇伊士運河（Suez Canal）在1869年開通等因素的刺激，使得荷屬東印度的經濟作物和出口經濟快速增長。另一因素是技術進步，特別是自動工業的發展，在歐洲和北美洲創造更高的熱帶商品的市場。雖然棕櫚油、蔗糖、奎寧、可可、茶、咖啡和煙草是主要的收入來源，但在20世紀初，因為橡膠和石油的開發，而黯然失色。儘管蔗糖仍是東爪哇的重要產地，但蘇門答臘和東部群島的熱帶商品的生產量已超過爪哇，成為熱帶出口商品的主要來源地。

在20世紀初，開始大量種植橡膠樹，其地點主要在蘇門答臘的棉蘭、巴鄰旁和占卑。主要投資者是英國、美國、法國和其他外國投資

者。橡膠樹在馬來半島的種植較晚，1876年從巴西將橡膠株送到倫敦，1877年移植至新加坡，在植物園試種，成功後再移植到馬來半島的馬六甲和霹靂州的瓜拉江沙。在該一時期，橡膠種植者都是小股本經營，在印尼經濟扮演重要的角色。

錫礦長期以來是印尼群島的主要礦物產品，特別是在邦加島和勿里洞島。石油亦是重要產品，1884年在北蘇門答臘棉蘭北邊的特拉加賽德（Telega Said）開始生產。以後陸續在南蘇門答臘也發現石油。1890年，設立荷屬東印度石油探勘公司（Royal Dutch Company for Exploration of Petroleum Sources in the Netherlands Indies, Koninklijke Nederlandsche Maatschappij tot Exploitatie van Petroleum-bronnen in Nederlandsche -Indies）。1907年，它與英國的殼牌運輸及貿易公司（Shell Transport and Trading Company）合併，成立皇家荷蘭殼牌公司（Royal Dutch Shell），在第二次世界大戰前，控制該島石油產量的85%。以後在爪哇、東卡里曼丹等地陸續發現石油。

1870年，荷屬東印度政府採取自由開放政策，允許私人擁有土地產權，使得經濟快速發展，大大地改變印尼群島的歐洲人和土著的生活水準。歐洲人數也跟著增加，在1856年，爪哇島上的歐洲人僅有2萬人，大都為官員，1872年增加到36,467人，1882年增加到43,738人，1892年增加到58,806人，1905年增加到80,910人。在33年內，歐洲人人口數增加122%。而華人人數在上述各年代分別為：290,278人、351,828人、445,071人、563,449人。增加幅度為94%。1905年，土著人口在爪哇和馬都拉有29,715,908人，在外島地區有7,304,552人。[10]在1930年之前，吧城的人口超過50萬人，泗水人口30萬人，另外人口在10萬到30萬人之間的有三寶壟、日惹和蘇拉卡達等城市。專就爪哇和馬都拉兩地人口的數字做一比較可知，1860年的人口數為12,514,000人，1920年為34,429,000人，1930年為40,801,000人。[11]換言之，在70年間，人口增加3.2倍。

在白種人中，荷蘭人佔居多數。1930年，在荷蘭出生但住在東印度群島的荷人人數有51,000人，而在東印度群島出生的荷人有180,000人。荷人大多數為歐亞混血種，被稱為印歐人（Indo-Europeans），他（她）

10　Eduard Servaas de, Klerck, *op.cit.*,v.2, p.224.
11　[印尼] 薩努西‧巴尼著，**前引書**，下冊，頁629–630。

們是歐洲人與土著婦女通婚生下的後代。印歐人自認為屬於荷蘭人同等級，效忠荷蘭。在法律上，歐亞人與純歐洲人的地位是平等的，但在社會地位上是有差別的。受過教育的歐亞人可以參加各種社交活動，可以出任官員、經商或製造業。最重要的土著是爪哇人、馬都拉人、馬來人、西里伯斯島的望加錫人和武吉斯人。望加錫人和武吉斯人跟蘇門答臘內陸的馬來人很像，大都從事水手或商人，此可以解釋為何他們的子孫會在群島各地活動的原因。蘇門答臘內陸的馬來人不比其他族群聰明和勤勉。馬都拉人大都從事捕魚和船運業。爪哇人則主要從事農業，僅有少數人從事零售業或公務員、私人行業或企業。他們遵守社會規範，但並不勤快、不太節約、不太重視未來。大多數人均為文盲。有錢人及貴族之子女獲得較好的教育，俾從事書記或官員的助手。[12]

在印尼的華人是少數民族，長期以來在印尼群島扮演重要的經濟角色，例如商人、工匠和收購土產及從土著徵稅的中間人。他們遭到東印度人和歐洲人相當大的嫉視，主要原因是他們具有經濟威脅。例如1740年，約有1萬名華人在吧城被殺。在19世紀，從中國南方移入印尼的人數大量增加，有助於印尼的經濟發展。在1870年到1930年間，華人人口從250,000人增加到1,250,000人，約佔印尼群島總人數的2%。華人可分為兩類，一為新客華人（totok），是在中國出生的華人，移入印尼為第一代。另一類為土生華人（peranakan Cina），是在印尼出生的華人，明顯有東印度人的生活方式，不會說華語，大都認同當地印尼社會。華人在印尼群島是居住在特定的社區內。在20世紀初，華人的認同深受中國革命之影響。[13]

1870年4月9日實行的土地法（Agrarian Law），規定非屬私人所有的土地，均歸政府所有，政府有處分權。假若該土地對土著的利益沒有影響，則政府可將該土地出租或賣給非土著。對於屬於土著的原野地，經由政府訂定條件後，可以讓非土著從事農作，但不可售賣給非土著。開放爪哇允許私人企業，唯有爪哇人才能擁有土地，外國人可向政府租借75年，在爪哇的土地面積至多500巴胡斯（bahus）（1 bahus約等於1.47

12　Eduard Servaas de, Klerck, *op.cit.*,v.2, pp.226–227.

13　"Colonial Economy and Society, 1870–1940," *U.S. Library of Congress*, http://countrystudies.us/indonesia/13.htm 2022 年 6 月 27 日瀏覽。

英畝），在外島的土地面積約5,000巴胡斯；或從土著租借土地5–20年。租金按照土地的位置和價值訂定，約每1巴胡斯租金為1–5基爾德（荷盾）。荷蘭公民、荷屬東印度的居民以及代表荷蘭或荷屬東印度的商業公司，可以長期租賃土地。所有土地持有人有權利和義務，此與其國籍無關。他們被禁止要求有關的人從事勞務，亦不能種植罌粟，政府仍擁有鴉片專賣權。除鴉片外，允許他們種植任何作物。[14]私人經營的農業可以在爪哇和外島地區發展。1860年，印尼各地的私人企業產值和政府的差不多。1885年，政府和私人出口總值比1860年多一倍。歐洲人在爪哇的人數，從1852年的17,285人增加到1900年的62,447人。[15]由於荷蘭在1870年允許將爪哇土地賣給歐洲私人企業家，所以視該年為荷蘭殖民經濟政策的轉捩點。但1875年，又公布法令禁止土著的土地移轉給外國人。

　　土地法（或農業法）不適用於國王所在地的蘇拉卡達，非土著不能從事農耕，荷屬東印度政府只能擁有間接的權力。在其附近的省份，土地的租賃仍沿用現行的辦法，即王子的封地的所有權人可將原野地的五分之二租賃給歐洲人，而根據當地的習慣，該歐洲人有權支配租賃地上的居民。此一安排很容易造成濫權，因此需訂定嚴格的辦法禁止該種濫權。無論如何，在歐洲承租人管轄下的居民，其生活條件要較在土著地主管轄下的居民為好。該法也促進農業發展、對土著和外國人提供平等的機會、保障土著，避免被濫權壓迫，最重要的，它開啟了自由農業企業的發展。[16]

　　由於實施自由開放政策，私人擁有種植園者日增，他們利用村長的影響力獲取勞動力和產品，而漸成為政府的代理人。商業亦日益昌盛，已出現合夥企業，而非像以前的獨資企業。在自由開放時期，亦促成間接統治。歐洲官員經常被期望保護耕種者，防止本地統治者的壓迫。在開放體系下，亦有必要保護耕種者，以防止從事西方企業的歐洲人的壓迫。在1819–1838年間，曾禁止歐洲企業主和印尼土著村民簽訂集體勞動的協議。1838年，又允許該集體協議。1840年，修改該協議，訂定一個條款，即禁止涉及可能威脅到耕種「高官」（high authority）土地的協議。

14　Eduard Servaas de, Klerck, *op.cit.*,v.2, p.219.

15　M. C. Ricklefs, *op.cit.*, 2001, p.161.

16　Eduard Servaas de, Klerck, *op.cit.*,v.2, p.220.

然而，無法知道有多少潛在的簽約者受此條款的限制。1857年，正式重申
1838年的規定。1863年，再度廢除該規定，允許個人簽約，但此對於歐洲
企業主並無吸引力。1880年，該問題獲得解決，此並非修改集體協議的規
定，而是逐漸廢除強迫勞役，以及因為高度人口成長，導致「自由」的
工資工人的供應增加。[17]

為了促進國際貿易的發展，在1850年頒佈航海法
（Seheepvaartwet），廢止對外國船舶的差別待遇，允許外國船舶進入荷
印港口。1853年，摩鹿加群島開放為自由港。1856年，通過關稅法，採用
特惠關稅制。1872年，廢除特惠關稅之差別制度，給予外國貿易之平等機
會。

歐洲官員經常被要求照顧歐洲事務，此符合荷蘭統治的基本原則。
本地的攝政官管轄本地事務，華人和印度人的「甲必丹」管轄其各自的
事務，歐洲人管轄其歐洲人事務。但直到1850年，甚至到1870年，隨著
私人企業的增加，歐洲官員對歐洲人企業的努力較多，此造成行政體系
出現兩個層面，一方面是歐洲人在促進增加歐洲人的商業利益，而另一
方面攝政官在促進本地土著商業的發展。督察官（Controleur）仍在該體
系中扮演居間聯繫的角色。[18]

1873年4月，由於中國茶的銷路日減，所以從印度引入阿薩姆茶。
1876年在爪哇開始種植橡膠。1879年，在爪哇種植可可。

在1880年代初，一位住在庫都斯（Kudus），名字為加馬里（Haji
Jamahri）的人，習慣將丁香加入手捲的香菸，以減輕氣喘的毛病。這是
丁香煙（kretek）的起源。但商業製造丁香煙需至1930年代才廣泛流行。

1904年，荷印政府成立人民信貸銀行，利率雖低於高利貸業者（由
華人、阿拉伯人和東印度人經營），但起的作用有限，因為農民沒有足夠
的財產作抵押，借貸的手續也非常麻煩。荷印政府也在農村中廣泛建立
穀倉委員會，借貸稻穀援助農民，但農民需以穀子償還利息。許多改革

17　Peter Boomgaard, "Changing Economic Policy," in Paul H. Kratoska, *Southeast Asia: Colonial History*, Vol.III, High Imperialism(1890s–1930s), Routledge, London and New York, 2001, pp.77–94. at pp.85–86.

18　J. S. Furnivall, "Colonial Policy and Practice: Netherlands India," in Paul H. Kratoska(ed.), *Southeast Asia: Colonial History*, Vol. II, Empire-building During the Nineteenth Century, Routledge, London and New York, 2001, pp.173–191.

乍看起來是為了改善人民的生活，其實都是為了外國資本的利益而服務的。同樣地，交通事業的發展也是為了軍事目的，防止或鎮壓人民反抗荷蘭。[19]

　　1908年，荷印政府開始向歐洲人（包括企業）徵收所得稅，但稅率比印尼土著還低。根據估計，1936年外僑繳納的所得稅總計是1億1千4百90萬盾，而印尼土著為9千9百70萬盾。荷印政府經常入不敷出，只好借貸。1913年荷印政府負債1億5百萬盾，1933年為15億2千2百萬盾，1939年為13億7千2百萬盾。造成荷印政府負債的因素中，最重要的一項是養老金，荷蘭官員在退休後返回荷蘭居住，荷印政府需將該筆退休金匯回荷蘭，1938年匯回荷蘭的養老金有3千萬盾。[20]

圖5-2：1870年巴達維亞街上賣湯小販

資料來源："An online timeline of Indonesian History," *Sejarah Indonesia*, http://www.gimonca.com/sejarah/sejarah05.shtml 2022年5月20日瀏覽。

第三節　殖民政府的體系

一、行政體系

　　自荷蘭開始殖民統治印尼群島起，並沒有單一的法律作為統治的法典，而是由國王以敕令或國會的授權命令為之。在1854年，荷蘭國會（States-General）通過「荷屬印度憲法」（Netherlands Indies Constitution），由荷蘭國王批准施行。該「荷屬印度憲法」成為荷印政府的基本法，以後有增刪修改。

19　[印尼]薩努西・巴尼著，**前引書**，下冊，頁632。
20　[印尼]薩努西・巴尼著，**前引書**，下冊，頁633。

　　荷蘭海外殖民地的最高權力所在是皇權，主管殖民地的機關是殖民部（Ministry of Colony），殖民部長是代表國王行使殖民地的統治權，他對國王和國會負責。法令需經國會通過，然後由國王及相關部門共同簽字，才算生效。1864年制訂了一項有關財政責任的法令，規定從1867年起荷印政府的預算需以法令形式為之，從而使荷蘭國會可以監督在東印度的荷印政府。[21]

　　在荷屬東印度，最高權力的所在是總督（第一次任命總督是在1610年），他代表國王行使權力。總督是由荷蘭國王徵詢殖民部的意見後任命的，其任期通常為5年，但有時不到任期結束即更換。總督須依法行事。總督可任免副總督，以繼承其職位。但自1854年以來，均未任命副總督。總督雖在法定上屬於殖民部管轄，但因為荷蘭和荷屬東印度兩地距離遙遠，所以二者之間的關係很微妙，例如在「強迫種植制」實施期間，總督可以有較大的自主權處理荷屬東印度的事務。總督有權任免殖民地的官員，但下述官員之任免不在其權限內，包括「荷屬東印度評議會（Raad van Indie, the Council of the Indies）」委員、「人民議會」主席、高等法院院長、審計院（Auditing Chamber）成員。

　　原先在總督下設數名評議員（Councillor），協助總督治理印尼。1836年，將這些評議員改稱諮詢委員，成立「荷屬東印度評議會」，由5人組成，其中1人為主席，這5人皆為荷蘭官員。（後來設立「人民議會」後，才有一名該「人民議會」的土著委員出任「荷屬東印度評議會」的委員。）總督需接受該委員會的意見，有些情況，還需完全同意。假如二者意見不一致，總督需將問題提交荷蘭國王做最後決定，假如情況緊急，則可自行做決定。1870年以後，由於私人企業增長，商人批評荷蘭國會對他們的限制。基於自由開放原則，商人要求在印尼實施的經濟辦法應更為開放，簡化繁瑣的行政程序。因此，他們建議增加非官員加入「荷屬東印度評議會」，以推動西方企業的發展。1903年的「分權法」，使較大的鎮變成縣市，並成立「駐紮區委員會」，在特定的農村地區也成立小型的委員會。[22]

　　在立法領域，總督被賦予很大的權力，但仍受荷蘭國王和國會的限

21　[印尼]薩努西‧巴尼著，**前引書**，下冊，頁660。

22　J. S. Furnivall, *op.cit.*, pp.186–187.

制。權力行使的順序如下：荷蘭立法機關、國王和總督，立法機關通過的法律需經荷蘭國王公布。此外，荷蘭國王亦可頒佈敕令，總督獲授權可以頒佈法律沒有規定的辦法，或經荷蘭國王或國會授權頒佈辦法。

　　總督擁有特別的權力，就是可將違反殖民地治安的份子或嫌疑犯予以驅逐出境。但需獲得「荷屬東印度評議會」的同意，犯人亦可上訴。

表 5–1：歷任荷屬東印度總督姓名和任期

1610–1614: Pieter Both
1614–1615: Gerard Reynst
1615–1619: Laurens Reael
1619–1623: Jan Pieterszoon Coen
1623–1627: Pieter Carpentier
1627–1629: Jan Pieterszoon Coen
1629–1632: Jacques Specx
1632–1636: Hendrik Brouwer
1636–1645: Anthony van Diemen
1645–1650: Cornelis van der Lijn
1650–1653: Carel Reyniersz
1653–1678: Joan Maetsuycker
1678–1681: Rijkloff van Goens
1681–1684: Cornelis Speelman
1684–1691: Johannes Camphuys
1691–1704: Willem van Outhoorn
1704–1709: Joan van Hoorn
1709–1713: Abraham van Riebeeck
1713–1718: Christoffel van Swol
1718–1725: Hendrick Zwaardecroon
1725–1729: Mattheus de Haan
1729–1732: Diederik Durven
1732–1735: Dirk van Cloon
1735–1737: Abraham Patras
1737–1741: Adriaan Vackenier
1741–1743: Johannes Thedens
1743–1750: Gustaaf Willem baron van Imhoff
1750–1761: Jacob Mossel
1761–1775: Petrus Albertus van der Parra
1775–1777: Jeremias van Riemsdijk
1777–1780: Reinier de Klerk
1780–1796: Willem Alting
1796–1801: Pieter Gerardus van Overstraten
1801–1805: Johannes Siberg
1805–1808: Albertus Wiese
1808–1811: Herman Willem Daendels
1811–1816: under British rule
1811: Lord Minto
1811–1816: Thomas Stamford Raffles
1816: John Fendall
1816–1826: G.A.G.Ph. Baron van der Capellen
1826–1830: L.P.J. Burggraaf du Bus de Gisignies
1830–1833: Graaf van den Bosch

1833–1836: J.C. Baud
1836–1840: D.J. de Eerens
1840–1841: C.S.W. Graaf van Hogendorp
1841–1844: P. Merkus
1844–1845: jhr J.C. Reijnst
1845–1851: J.J. Rochussen
1851–1856: A.J. Duijmaer van Twist
1856–1861: C.F. Pahud
1861–1866: L.A.J.W. Baron Sloet van de Beele
1866–1872: P. Mijer
1872–1875: J. Loudon
1875–1881: J.W. van Lansberge
1881–1884: F. s'Jacob
1884–1888: O. van Rees
1888–1893: C. Pijnacker Hordijk
1893–1899: jhr. C.H.A. van Wijck
1899–1904: W. Rooseboom
1904–1909: Johannes Benedictus van Heutsz
1909–1916: A.F.W. Idenburg
1916–1921: J.P. Graaf van Limburg Stirum
1921–1926: D. Fock
1926–1931: jhr. A.C.D. de Graeff
1931–1936: jhr. B.C. de Jonge
1936–1942: Alidius Warmoldus Lambertus Tjarda van Starkenborgh Stachouwer
1942–1948: Hubertus Johannes van Mook
1948–1949: Louis Beel (high commissioner)
1949: A.H.J. Lovink (high commissioner)

資料來源：http://www.answers.com/topic/governor-general-of-the-dutch-east-indies
2006 年 2 月 19 日瀏覽。

"List of governors of the Dutch East Indies," *Wikipedia*, https://en.wikipedia.org/wiki/List_of_governors_of_the_Dutch_East_Indies 2022 年 6 月 27 日瀏覽。

「荷屬東印度評議會」在立法工作上的角色很重要，因為立法工作涉及整個東印度事務的管理，所以總督和「荷屬東印度評議會」之間的協議是立法工作的先決條件。行政是由總督負責，他綜理全盤行政事務，以及省和地方事務。總督之下有許多官員協助，例如秘書長（General Secretariat）、財政官、審計官，文化部後來改為公務服務部。1870 年，成立司法部。

荷屬東印度政府在各省派駐有「駐紮官」（Resident）（或譯為知事），為其控制區的領導人。自 1816 年荷蘭重新統治印尼起，「駐紮官」約每一個月召集其下屬開會，討論當地的問題。他的底下設有「助理駐紮官」（或「副駐紮官」）（Assistant-Redidents），負責監督各地行政事務的推動。在 1827 年以前，該工作是由監督官負責，他們通常為卸任的

非委任的官員（ex-non-commissioned officers），他們被稱為「監督官」（Controleur der landelijke inkomsten）。在「強迫種植制」實施期間，其名稱改為「種植督察官」（Controleur der Cultures, Director of Cultures）。他們由「駐紮官」指揮，具有財政官能力，但不屬於公務官員。他們懂得當地語言，故受重用。如有受過教育，經證明具有能力，則可擔任公務官員。

1869年，取消「副駐紮官」的司法權，慢慢由地區法院的法官取代。給予歐洲官員的紅利（cultuur-procenten）也停止了，但給他們加薪作為補償。在該年組織一個委員會，調查爪哇和馬都拉人民的土地所有權問題以及與土地所有權有關的風俗習慣和制度。[23]1870年，廢止當舖的租賃權。

1832年，在蘇拉卡達地區的大學開始教授爪哇語課程。1843年在荷蘭的戴爾福特（Delft）開辦東印度土著公務員訓練班。1863年，在吧城開始舉辦公務員考試制度。

省政府是由「駐紮官」負責。在「外省」（或稱「外島」），有若干省份是由行政長官管轄，較不重要的省份是由「副駐紮官」管轄，像爪哇地區的重要省份則是由「駐紮官」管轄。「駐紮官」為省的最高行政首長，也擁有財政、司法和立法的權力。

「攝政官」（Regent）是實際控制其領地的官員，需為土著身份，他需接受「駐紮官」的指令。「攝政官」的權力來自傳統，受其人民之支持和尊敬。攝政官由總督依據「駐紮官」的建議任免。「駐紮官」和「攝政官」的關係極為特別，關於攝政事務，「駐紮官」需聽「攝政官」的意見，而做出決定，「攝政官」需服從其決定。在1808年，丹德爾斯總督引進新的官僚體系，將「攝政官」改為公務員，受荷蘭官員指揮。萊佛士在1811–16年統治爪哇時，進一步削弱「攝政官」的權力。在「地租制」下，「攝政官」被剝奪許多政治和經濟權力，實際上被排除在行政體系之外。[24]從1816年起，「攝政官」不再分配獲得土地，而改以領取固定薪水。其他的收入，如貢品或勞務（土著每人每年為他服役若干日）等，

23　Eduard Servaas de, Klerck, *op.cit.*,v.2, p.215.
24　Sartono Kartodirdjo, "Political Transformation in the Nineteenth Century," in Haryati Soebadio, ed., *op.cit.*, pp.237–255.

都被禁止收取。其目的在防止「攝政官」濫權和對人民斂財。另外也停止世襲繼承「攝政官」的辦法,改由以技術能力作為任命「攝政官」的條件。儘管如此,荷印政府並未充分落實該一新措施。

荷印政府在印尼設立5個「行政區」(prefectures, districts)和38個「攝政區」(regency)。[25]每一個「攝政區」下分數個「次攝政區」,其首長稱為「區長」(Wedonos)。其下再分為更小的「攝政區」,其首長為「助理區長」(Assistent-Wedonos),自1867年以後改由土著官員充任。開始時,訓練土著官員有實際的需要,貴族的兒子被安排出任「攝政官」或「區長」,目的在熟悉業務。以後才設立訓練土著官員的學校。

「攝政官」之下設「副攝政官」,「副攝政官」之下設「區長」(或譯為郡守),「區長」之下設「副區長」。「區長」和「副區長」的事務由「門的里」(Menteri)(指重要官員)協助辦理。[26]

在爪哇,管理區域(afdéling)的「副駐紮官」(Assistent Resident),是「駐紮官」的代理人而非其下屬,因此在駐紮區總部沒有設置「副駐紮官」。監督官的人數增加,功能愈趨多元化,但他們僅能被視為「駐紮官」的耳目或其助手,他們沒有行政權力。為了提高行政效率以及防止攝政官濫權,每個攝政區再劃分為3到4個次區域,每個次區域再劃分為3到4個小區域,每個小區域約由20個村莊組成,由土著官員管轄其地方事務。「區長」每一星期召集10–20位村長開會,「村長」則每月召集幹部每月開數次會議。「攝政官」每月召集區級官員開會一次。「駐紮官」亦是每月召集幹部開會一次。監督官並不自行集會,而係參加「駐紮官」或「副駐紮官」的會議。他亦自由參加「攝政官」或「副攝政官」的會議。[27]

「攝政官」及其助理構成土著行政體系(Inlandsch Bestuur, Native Administration),其與歐洲行政體系(Binnenlandsch Bestuur, European Administration)是並行的,並非直屬其下的行政體系。土著行政體系的官員並非世襲的,視同一般公務員,而「攝政官」是世襲的。土著官員

---

25 Sartono Kartodirdjo, "Political Transformation in the Nineteen Century," in Haryati Soebadio, ed., op.cit., p.241.

26 [印尼]薩努西・巴尼著,**前引書**,下冊,頁404。

27 J. S. Furnivall, op.cit., p.180.

在服從「攝政官」和歐洲人「監督官」上，會較服從後者的意見。[28]

　　清朝王大海所撰的海島逸志，記載說：「爪亞之魁在三寶壠，稱巡欄（猶曰君長也），處山中，地名覽內（猶曰國都也），其餘各地所主者，俱稱史丹（猶曰郡守也），其官職曰二把智，曰淡扳公，曰把底，各有副。其陞降黜陟皆聽命於荷蘭焉。其主僕之分嚴明，諸爪亞見其主，必合掌屈膝。」[29]上段話所提及的「爪亞」即爪哇。「爪亞之魁在三寶壠」，應是指三寶壠的統治者稱為「巡欄」，而「巡欄」應是 Sunan 之音譯。王大海寫作的時間約在1791年左右，當時的馬塔蘭分裂為兩個政權，首府分別在日惹和蘇拉卡達，不是在三寶壠。「史丹」可能為「區長」，即郡守。「二把智」，不詳其職責。「淡扳公」，可能為 Temenggung 之音譯，或譯為「天猛公」，掌管內政警察及禮賓工作。「把底」，可能為 Patih 之音譯，是「副攝政官」。

　　1830年，范登·波士擔任總督時，採行新政策，他維持傳統社會的政治結構，以「強迫種植制」擴大農業生產、強迫勞動和個人勞務。政府在該制下，可徵收地租，通常為穀物收成的五分之二，亦可依據「種植督察官」的指示，以稻米收成的五分之一繳稅。因此，基於經濟的理由，恢復傳統的秩序和攝政官的傳統權力是基本的。於是重新恢復攝政官的世襲權利。[30]

　　1911年，廢除采邑制，此後封建大臣只能從王國獲得薪俸。[31]也就是土著國家的王公貴族，已無領地，改為向土著國王領取薪俸。

　　在19世紀下半葉，由於貿易和農業工業的發展，在1870年廢除「強迫種植制」，殖民地行政制度逐漸依據西方模式建構，官僚化取代了人治色彩。於是建立階層化的官僚體系，甄選土著進入官僚機構服務，「攝政官」的一些特權也廢止了。另一方面，對「攝政官」的最大挑戰是來自受過教育的菁英份子。

　　「攝政官」的位階雖高於「副駐紮官」，但在官職上卻低於「副駐紮

28　J. S. Furnivall, *op.cit.*, p.175.
29　王大海撰，「海島逸志」，載於[清]鄭光祖編，**舟車所至**，中國書店出版，北京市，1991年，頁2。
30　*Ibid.*, p.239.
31　[印尼]薩努西·巴尼著，**前引書**，下冊，頁601。

官」，常被稱為「副駐紮官」的「小兄弟」。[32]

　　「攝政官」有義務保護其人民，以免受到地方官的高壓統治，他也必須維持和平、秩序和公共安全，促進經濟繁榮，特別是農業的發展。此外，他也需監督土著學校以及保護伊斯蘭教。惟他不可以參與任何金融交易。

　　按照長期以來的習慣，「攝政官」由「副攝政官」（Patih, vizir）協助，是其右手，必要時，可以臨時替換。「攝政官」負責民事案件和輕罪的審判，通常在地方法院（Landraad）召開治安法庭。在警察事務上，有檢察官（Jaksa）的協助。檢察官負責調查犯罪，也擔任法庭的辯護律師。

　　吧城攝政區內的土著行政管轄區的組織，因為人口成分較複雜，故其形態與其他攝政區不同。土著村落的行政委員會是由居民組成，村擁有一定程度的自治權，故有權選舉其自己的委員會成員，並訂有規章辦法防止濫權。但村長並非由土著官員擔任。

圖 5－3：1853 年馬都拉地方統治者

資料來源："An online timeline of Indonesian History," *Sejarah Indonesia*, http://www.gimonca.com/sejarah/sejarah05.shtml 2022 年 5 月 20 日瀏覽。

　　「外省」（外島）地區的行政組織，則採因地制宜，並不完全相同。行政首長是由總督任命，蘇門答臘西海岸、西里伯斯和亞齊都是由行政長官統治。1866 年，摩鹿加政府分為數個「駐紮區」。1874 年，蘇門答臘東海岸區與廖內「駐紮區」劃分開來，變成獨立的省，就跟勿里洞和邦加島一樣。[33]

32　Eduard Servaas de, Klerck, *op.cit.*,v.2, pp.238–239.
33　Eduard Servaas de, Klerck, *op.cit.*,v.2, p.240.

1855年，美國在荷屬東印度設立領事館，從事商業交流。以後其他國家亦跟進，在吧城設立領事館。中國（清國）是在1911年與荷蘭於吧城簽訂領事條約，在巴城設立總領事館，另外分別在泗水、棉蘭、巴東、三寶壠設立領事館。

二、「人民議會」

在20世紀初，「荷屬印度憲法」中除了增加關於地方分權的條款外，又增補了關於設立「人民議會」的條文。

分權體系對於參與委員會的各團體的代表可以提供很好的訓練，特別是對於非歐洲人，可藉此參加政治活動。1912年，荷蘭政府派遣格拉弗（De Graaff）為荷屬東印度欽差大臣，調查地方自治的情況，並進行改革。2年後，他提出一份報告，因過於保守，而未獲殖民部的同意，主要原因是東印度各省的自治政府並未獲得充足的重視，行政長官仍擁有過多的權力，省評議會則權力不足。總之，該報告並未顯示加速改革的時代精神。[34]

在第一次世界大戰末期，歐洲局勢和荷蘭情勢漸趨明朗，荷印總督林保・斯迪盧姆（J.P. Graaf van Limburg Stirum）在1918年11月發表聲明：加速改革荷印政府，儘快地將統治東印度的權力從荷蘭政府轉移給荷印政府。此一聲明通稱為「11月承諾」。據此聲明，「人民議會」將改為國會，但荷印政府並未履行該諾言。[35]

1916年12月，「伊斯蘭協會」在萬隆舉行第一次會議，決議與荷蘭當局合作，實施印尼自治。荷印當局為因應東印度人民的民主化壓力，在1918年成立「人民議會」（Volksraad, People's Council），此為一個諮詢機構，沒有立法權。「人民議會」的部分代表是由區域議會選出，部分是由殖民政府委任。東印度人佔全部委員的39%。其中有名的人物有曼絲庫蘇莫博士（Dr. Tjipto Mangunkusumo）、特卓克羅民諾托（H. O. S. Tjokroaminoto, Haji Umar Said Cokroaminot）、穆伊士（Abdul Muis）、拉吐蘭吉博士（Dr. G.S.S.J. Ratulangi）、譚林（Muhammad H. Thamrin）、韋武滬（Wiwoho）、卡托哈迪庫蘇莫（Sutardjo Kartohadikusumo）、拉吉

34　Eduard Servaas de, Klerck, *op.cit.*,v.2, p.481.
35　[印尼]薩努西・巴尼著，**前引書**，下冊，頁663–664。

曼博士（Dr. Radjiman）和韋約普蘭諾托（Soekardjo Wiryopranoto）。曼
鯀庫蘇莫博士是「萬隆研究俱樂部」（Bandung Study Club）的領袖。

　　1918年正式成立的「人民議會」，成員包括主席共39人。議員中
19人是總督委任的，包括印尼土著5人、歐洲人和東方外僑（foreign
Orientals）14人。另外19人是由各地區委員會（locale raden, Local Boards）
組成的選舉團選出的，其中包括印尼土著10人，歐洲人和東方外僑9人。
「人民議會」主席由荷蘭國王任命。[36]

　　官員不可充當該「人民議會」的成員，如被委任為該議會成員，則
須暫停其官職。「人民議會」議員的任期為3年。

　　「人民議會」在吧城每年集會兩次，分別在6月中旬到8月初、1月中
旬到2月底。該議會的討論問題可以提交給荷蘭國王、國會或總督參考。
會中語言使用荷蘭語，亦可使用馬來語。議會成員享有議會免責權以及
犯罪者由最高法院審判之權利。[37]

　　「人民議會」對於總督之命令草案，有權不修改的通過，亦可加以
修改或加以否決。假如「人民議會」修改命令草案，總督可加以否決。
假如「人民議會」拒絕命令草案，或加以修改，而總督予以拒絕，該草
案可以在6個月內進一步討論。假如沒有達成協議，則該問題可交由荷蘭
國王以命令決定之。然而，假如情況緊急，總督有權發佈緊急命令自行
決定之。在此情況下，「人民議會」有權請求荷蘭國王解決該問題。[38]

　　1920年，「人民議會」委員從39人增加到49人。由於「荷蘭王國憲
法」的修改，所以荷蘭國會在1925年也修改了「荷屬印度憲法」，將辦
理內政的權力交給荷印政府，並將「荷屬印度憲法」改為「荷印政府組
織法」。「人民議會」仍為諮詢機關，但此時被賦予立法權，不過，總督
還是有最後決定權。此時增加「人民議會」的議員人數，連同主席共61
人，其中印尼土著25人、東方外僑3–5人、荷蘭人30–32人。其產生方式
為：各地區委員會和市政府選舉印尼土著20人、東方外僑3人、荷蘭人15
人，其餘由總督任命。「人民議會」在這一年也取得有限的立法權。

　　1926年，荷印政府廢止爪哇的「地方委員會」，「人民議會」成

36　[印尼]薩努西・巴尼著，**前引書**，下冊，頁663。

37　Eduard Servaas de, Klerck, *op.cit.*,v.2, pp.530–531.

38　Eduard Servaas de, Klerck, *op.cit.*,v.2, p.553.

員選舉的方式作了一次改變，在爪哇地區，即改由市自治體（municipal corporation）及「攝政區評議會」的成員選出；在外島地區，「地方委員會」仍為選舉團。「人民議會」成員的任期則由3年改為4年。[39]

當時在印尼的荷蘭人人數僅有20萬人，卻有4個政黨參政，包括「基督教倫理聯盟」（Christelijk Ethische Vereeniging, Christian Ethical Union）、「印尼天主教黨」（Indische Katholieke Partij）、「印尼社會民主協會」（在1919年改為印尼社會民主黨）、「荷屬印度自由聯盟」（Nederlandsch Indische Vrijzinnige Bond, Netherlands Indian Liberal Union）。[40]

1929年8月，「人民議會」中的東印度人數增加2名，超過半數，但仍是諮詢機關。譚林於1930年初在「人民議會」中成立民族主義派系，主張自治。

圖5–4：蘇拉卡達的帕庫布烏諾十世（Pakubuwono X）

資料來源：　"Pakubuwono X," *Wikipedia*, https://en.wikipedia.org/wiki/Pakubuwono_X 2023年3月17日瀏覽。

1931年，增加「人民議會」人數，印尼土著30人（其中選舉20人，委任10人），荷蘭人25人（其中選舉15人，委任10人），東方外僑5人（其中選舉3人，委任2人）。選舉的「人民議會」議員是由較低層的議會選出，省評議會則除外。土著議員由東印度人選出，東方外僑議員由東方外僑選出，荷蘭議員由荷蘭人選出。在這之前，選舉是不分種族的。

39　Eduard Servaas de, Klerck, *op.cit.*,v.2, p.552.

40　Eduard Servaas de, Klerck, *op.cit.*,v.2, pp.500–501.

表 5-2：「人民議會」代表人數

	1918–21		1921–27		1927–31		1931–42	
	(a)	(b)	(a)	(b)	(a)	(b)	(a)	(b)
土著	10	5	1522	8	20	5	20	10
荷蘭人	9	14	12	16	15	15	15	10
其他人					3	2	3	2

說明：(a)是選舉產生的代表。(b)是委任的代表。
資料來源：J. S. Furnivall, *op.cit.*, p.189.

　　「人民議會」的選民包括城市和農村的地方委員會的成員，當「駐紮區委員會」由「攝政區評議會」取代後，選民人數增加。以前每個社區構成一個選區，但在1927年土著社區被分為12個選區，其中爪哇有4個選區，蘇門答臘有4個選區，婆羅洲、西里伯斯、摩鹿加群島和小巽他群島（Lesser Sunda）各有1個選區。1939年，選民數有2,228人，包括爪哇地區1,817人和外省411人。爪哇的選民包括都市委員會的312人和「攝政區評議會」的1,505人。都市委員會的選民包括土著98人、荷蘭人177人和其他族群37人。他們都是經由選舉產生。其他委員會的部份成員是由地方省長提名委任。「攝政區評議會」的成員包括由選舉產生的774名土著和委任的334名土著，另外加上委任的231名荷蘭人和其他族群166人。[41]

　　「人民議會」可主動提出法案，但最後還是由總督定奪。「人民議會」須審議預算案，如對此與總督有歧見，最後由荷蘭國會決定。「人民議會」有請願權和質詢權，但並未能控制總督的作為。

　　在「人民議會」議員中按各族群比例選出20人（後來裁減為15人）組織「執事團」（College of Delegates），在「人民議會」休會時執行其職務。[42]

　　總督若與「人民議會」出現不同意見時，則由荷蘭國會（Home Legislature）做最後決定。如「人民議會」和荷蘭國會對於法案出現不同意見時，則由荷蘭國王做最後決定。但對緊急問題，總督有決定權。

41　J. S. Furnivall, *op.cit.*, p.189.
42　[印尼]薩努西‧巴尼著，**前引書**，下冊，頁665。該書說該「執事團」執行不甚重要的工作。另外參考 Lennox A. Mills, "The Netherlands Indies," in Paul H. Kratoska(ed.), *Southest Asia: Colonial History*, Vol.III, High Imperialism(1890s-1930s), Routledge, London and New York, 2001, p.50.

除了「人民議會」外，亦成立有「荷屬東印度評議會」，其委員皆由荷印政府委任，其中著名人物有德加加迪寧格拉特（Achmad Djajadiningrat）和蘇卓諾（Sujono）。至1923年，由於經濟惡化以及漸增的勞工不安，促使殖民政府嚴格限制東印度人民的公民自由，也修改了殖民地的法律和刑法。集會、言論和出版的自由都受到限制。

1936年7月，蘇塔卓向「人民議會」提出請願，稱為蘇塔卓請願書（Sutarjo Petition），要求印尼實施自治，在10年內獲得獨立。9月29日，「人民議會」投票支持該項請願，建議在荷蘭憲法中規定印尼自治。1938年11月16日，荷蘭政府拒絕給予印尼自治的請願。1940年2月，再度拒絕給予印尼自治。1941年7月11日，「人民議會」通過組織印尼民兵的法案。

三、司法體系

荷屬東印度時期的司法體系，隨著荷屬東印度公司的解散而遭廢棄，另代替以荷蘭母國的法律，包括民法、刑法和商法。1867年，在東印度實施適用於歐洲人的刑法（Code Pénal）。該法第四章規定警察事務，在爪哇和馬都拉設立臨時的省級的警察武力，至1873年才正式設立。

關於土著的司法體系，1848年確立原則，即習慣和習慣法（adat）應予尊重，但刑法的規定也應適用於土著。1873年，根據刑法另外頒佈適用於土著的刑法。另外也設立土著法院，由一群攝政官擔任法官，地方行政長官（Prefect）擔任審判時的主席。[43]

1848年，修改荷屬東印度僅適用於歐洲人的商業、民事和刑事的法律。在吧城，擔任荷蘭改革部長（Dutch Reformed minister）的范胡韋爾（Baron van Hoevell）領導一次示威，向荷蘭國王請願，要求讓荷屬東印度人民擁有出版自由、設立公立初中以及荷屬東印度派遣代表出席荷蘭國會。

1869年，決定逐步由法官取代文官出任土著法院的主席，並負責審判歐洲人的司法案件。1891年，上述原則完全實現。在1901年之前，土著

43　Sartono Kartodirdjo, "Political Transformation in the Nineteen Century," in Haryati Soebadio, ed., *Dynamics of Indonesian History*, North-Holland Publishing Company, Amsterdam, New York, 1978, p.241.

的刑法案子是由巡迴法官（ommegaande rechters）負責，後改由地區法院
（Landraden）的主席負責。文官僅負責違警案件。

關於土著的案件，1854年「荷印政府組織法」（Government-
Regulations）規定，假如適用於歐洲人的民法不能適用於土著，以及假如
土著不願適用該法律，則必須適用土著習慣法（adatrecht），只要該法不
與普遍認知的公正和公道原則相違反。[44]

關於法律，例如1906年以後的民事法律請求權（索賠）條例（the
Reglement op de Burgerlijke, Regulations on civil legal claims）、破產宣
告（the Failissement Verordening, Ditto on bankrupty）和刑事訴訟法（the
Reglement op de Strafvordering, Ditto the criminal procedure）適用於歐洲
人，而土著辦法（Inlandsche Reglement）則適用於土著。

1898年，重新實施適用於歐洲人的刑法，另草擬適用土著的刑法。
但此計畫一直未實現。1918年，通過一項新刑法，適用於各種族。此為法
律邁向統一的第一步，各種族樂見其成。[45]

東方外僑適用與歐洲人一樣的民法。1919年，適用於歐洲人的民法也
適用於華人，該法取代了在荷屬東印度行諸多年的婚姻法、家庭法和繼
承法。

在爪哇設有伊斯蘭教法院，院長是由教長擔任，該類法院處理有關
伊斯蘭教徒家庭和遺產的案件。荷印政府規定，教長的判決如果有關方
面拒絕履行，只有在得到地方法院的同意後才能強迫有關方面履行。1882
年，荷印政府公布一項條例，規定伊斯蘭教法院的成員由總督委任，院
長即地方法院的伊斯蘭教顧問。1938年1月1日，在雅加達成立最高伊斯
蘭教法院，是爪哇和馬都拉之宗教法院的上訴機關。[46]伊斯蘭土著的宗教
問題，則由宗教法庭審理（Priesterraad），它由一位伊斯蘭長老和3至8位
穆斯林官員組成，它審理宗教衝突問題，審理時依據伊斯蘭法。

綜合言之，荷印時期的法院體系如下：

(1)區法院和縣法院（Landgerecht）：處理印尼土著的民事和較輕的違
　法案件。

44　Eduard Servaas de, Klerck, *op.cit.*,v.2, p.245.
45　Eduard Servaas de, Klerck, *op.cit.*,v.2, pp.243–244.
46　[印尼]薩努西・巴尼著，**前引書**，下冊，頁657–658。

(2)地方法院（Landraad）：處理印尼土著的民刑事案件以及被告是華人的刑事案件。

(3)高等法院（Raad van Justitie）：處理不服地方法院之判決的案件，以及被告是歐洲人或在法律上和歐洲人處於同等地位的其他外國僑民的民刑事案件；以及處理被告是華人的民事案件。

(4)最高法院（Hooggerechtshof）：荷印大理院是最高法院，處理不服高等法院之判決的上述案件。[47]

最高法院只有一所，設於巴達維亞。高等法院六所，設於巴達維亞、泗水、三寶壟、望加錫、棉蘭及巨港。凡屬徒刑3個月以上或罰金荷幣5百盾以上之刑事案件，如當事人為歐美人或日本人，逕由高等法院審理，對判決不服者，可上訴至最高法院。高等法院於1907年開始設於吧城等六個城市。1914年，設立區法院和縣法院法官（Landgerechten），開始時僅設在爪哇和馬都拉，以後才設在其他外島（指爪哇和馬都拉島以外的地區）省份。他們負責審理輕罪案，不管其種族別。司法程序愈趨平等。司法和行政雖在原則上加以區別，但警察報告（politie-rol, Police report）卻仍然存在，意即警察權力還是很大。[48]

此外，亦設有府區法院（Residentitie Gerecht），其院長由地方法院院長兼任，因為兩院同設於一處。關於歐美人、日本人或東方客民之民事案件，在爪哇、馬都拉兩島境內，凡屬5百盾以下之案件，在外島凡屬1千5百盾以下之案件，均由府區法院審理判決。不服者，可上訴於高等法院。在爪哇、馬都拉兩島，凡屬5百盾以上、在外島凡屬1千5百盾以上之案件，逕由高等法院審理，不服者，可上訴於最高法院。惟關於薪金之案件，無論其數目多寡，以府區法院之判決為定，不得上訴。至於土人之民事案件，無論其數目多寡，均由地方法院審理，對判決不服者，可上訴於高等法院。土人亦可呈經特許援用歐人及東方客民所適用之民事訴訟法，惟事實上尚未多見。[49]

47　[印尼]薩努西・巴尼著，**前引書**，下冊，頁658。

48　Eduard Servaas de, Klerck, *op.cit.*,v.2, pp.246–247.

49　檔名：印尼華人刑事裁判不平等待遇案，**外交部檔案**，國史館藏，目錄號：172–1，案卷號：3063，民國21年1月至25年10月。駐巴達維亞總領事館呈外交部，事由：呈復和屬華僑刑事裁判未與歐洲人享受同等待遇之詳情，請鑑核提出交涉由，民國22年1月9日。附件：荷屬東印度司法概況，民國21年12月24日。

　　土著犯微罪者，由攝政官或區級官員審理，通常會在官署所在地的一個大型的開放的迴廊舉行聽審。開庭時，地方耆老和主審官坐在板凳上，最後由主審官做出判決。其審理過程是非正式的，所做的懲罰都是象徵性的。較重的罪則是在地方警察局聽審，主審官通常是副駐紮官，土著官員則坐在他旁邊。

　　土著犯較重罪者，則移送法院審理，由法官主審，另有數名地方耆老出席。判決是依據出席者多數決決定的。該類法院除了審理土著的民刑案件外，亦審理東方亞洲人的民刑案件。[50]

　　審理歐洲人犯罪的最低級法院是攝政區法院，其上訴法院是司法委員會（Council of Justice）（即高等法院），總共在6個城鎮設立該司法委員會。該上訴法院亦有初審權，亦審理習慣法案件的上訴案。犯較重罪者，則是由一些專業法官組成的法院審判，這些法官很多是大學畢業生，並取得律師資格。在爪哇有3個這類法院。[51]歐洲人和土著的終審法院是設在吧城的最高法院，不可上訴於荷蘭最高法院。

　　鄉村警力由村長控制。警察亦由官員支配，但他們缺乏良好的訓練和薪水。至1911年才在爪哇的三個主要城市建立有效的警力。1922年，在爪哇設立「野外警察」（veldpolitie, field-police），以保障鄉下的安全，他們的人數約有3,000人，配備有馬匹、腳踏車和摩托車。該支警力由一位歐洲人警長負責，在每省設一名歐洲人的督察官，負責監督警察的訓練。1914年，在「外省」也設立該一「野外警察」。同時也在外省設立半軍事的警察，稱為「武警」（armed-police），在各地也設立分遣隊，防止警察部隊的分裂。整體警察是由檢察總長（Attorney-General）主管，他也是警探處的首長。[52]

　　對於華人，適用於土著的法律原則上也適用於華人，但民法案件，根據1885年的規定，在荷屬東印度的華人被歸類為「歐洲人」，目的在使華人適用商業法律。歐洲人的民法也適用於華人。[53]華人犯輕罪者，由警長審判，而重罪可能被判處奴隸罪。他們若沒有通行證，則禁止旅行。

50　J. S. Furnivall, *op.cit.*, p.185; Lennox A. Mills, *op.cit.*, p.52.

51　J. S. Furnivall, *op.cit.*, p.185.

52　Eduard Servaas de, Klerck, *op.cit.*,v.2, pp.428–429.

53　Eduard Servaas de, Klerck, *op.cit.*,v.2, p.245.

與阿拉伯人一樣，須居住在特定地區。無論是土生華人（peranakan）或新客華人（singkehs）的社會地位不會比土著最底層階級還高。他們都受上述法律的同樣的待遇。當時法律對待日本人的待遇視同歐洲人（主要原因是日本和荷蘭雙方有領事關係，日本從荷蘭學習西方科學技術，在神戶還闢建荷蘭村），此引起華人不滿。

20世紀初，荷印政府逐漸撤銷對華人的不公平待遇，例如1910年，華人知名人士免辦申請越區通行證；1918年，廢除通行證制度；1919年，撤銷了東方外僑的特定住區制度，允許華人子女就讀荷蘭人學校，開辦歐華學校，撤銷對華人行使的警察權，跟其他國籍的人一樣，犯輕罪者由地方法院法官審理。1921年，採用財政制度，適用於各種族，對各族徵稅的稅率相同。[54]

然而，對於華人之刑事裁判仍存在不平等待遇，這些不平等的待遇包括：(1)依據荷印憲法第163條規定，歐美人、日本人及其出生他國而其本國之親屬律與荷蘭法律原則上相同之人為一類，統稱曰歐人；土人為一類；東方客民（包括中國人、阿拉伯人等，但日本人除外）為一類。歐人在法律上之地位優越，而東方客民則否，實際上等於土人。(2)華人所適用之刑法、民法及商法雖與歐美人及日本人相同，但刑事裁判之程序顯有差別。凡屬徒刑3個月以上或罰金5百盾以上之刑事案件，如當事人為歐美人或日本人，均由高等法院審理。如為土人或東方客民，則由地方法院審理，手續較繁，費用較鉅。且地方法院之推事均由土人充任，對於華人案件不無偏袒土人一造之處。(3)嫌疑犯如係土人或東方客民，則可由警察先行逮捕，拘留於警察署，以待偵察，如三日內不釋放，即移送警察廳或主管警政之行政官署繼續拘押，再候偵察，以三個月為限，逾限應送主管法院審理。倘得地方法院檢察官（土人充任）之命令仍應拘禁，亦可再禁於監獄，靜待提審，並無限期。倘上述警政機關擅自逾限拘禁，則最高法院之總檢察長有提出質問之權。(4)偏遠鄉下地方土人及華人被扣留時，雖犯罪未明，亦常受警察之非法拷打。(5)拘留所及監獄之設備，亦有差別。歐美人及日本人拘禁於較優之拘留所及監獄。土人及東方客民則拘禁於較劣之處所。(6)依照習慣，上等華人可向荷印政府請求「平等書」（gelijkstelling, act of equalization），繳納印花費荷幣1盾

54　Eduard Servaas de, Klerck, *op.cit.*, v.2, p.494.

5方，俟核給後，即可與歐美人處法律上之同等地位，得到平等之待遇。但此並非法律上規定，全由荷印當局裁決。[55]

華人在荷印時期的地位相當尷尬，其地位不如歐美人，而接近土著，華人想取得土地權，又不願加入土著籍，故未能如願，華人乃要求改善該種不平等的地位。印尼華人領袖向荷印政府要求改善。荷印總督格拉弗（Jhr Mr Andries Cornelis Dirk De Graeff）在1929年6月15日「人民議會」第11屆常會致開幕詞時曾說：「中國國民政府將於明年1月1日頒行親屬律（民法）於全國，倘能實行，則荷印華僑可一律與荷人在法律上得平等待遇。」他亦表示將籌備改組各級法院，擬自荷蘭本國聘請法官多名以為補充之用。荷印華僑透過中國國民黨南洋荷屬總支部於1932年11月向中華民國政府請求與荷印政府交涉，以改善不平等的刑事裁判待遇。中華民國外交部於1933年1月20日訓令駐荷蘭公使館，要求交涉「荷印政府適用法律時中國人應與歐美人、日本人享受同等待遇。」[56]但荷蘭政府覆稱，荷印之司法改革將視各民族之實際需要及荷印政府財政實況循序漸進。現在最低級地方法庭所採手續對於各類民族待遇早已相同。荷印政府已決定自1933年1月1日起將所有歐美人及日本人之初審案件，改由一位推事審判，使其法律上之地位下降，以為平等待遇之準備。[57]

為了促進「外省」的農業企業的發展，荷印政府在1880年頒佈第一個「苦力勞工令」（Coolie-labour ordinance），從中國引入苦力。違反苦力契約者，將受到喪失自由的懲罰。雇主也應對苦力提供合適的住屋、醫療照顧、工資和寬大的待遇，以及契約到期後自由返家的權利。1931年，公布「新苦力令」，廢止該強制性的苦力命令，改為自願方式引入勞

55　檔名：印尼華人刑事裁判不平等待遇案，**外交部檔案**，國史館藏，目錄號：172–1，案卷號：3063，民國21年1月至25年10月。駐巴達維亞總領事館呈外交部，事由：呈復和屬華僑刑事裁判未與歐洲人享受同等待遇之詳情，請鑑核提出交涉由，民國22年1月9日。

56　檔名：印尼華人刑事裁判不平等待遇案，**外交部檔案**，國史館藏，目錄號：172–1，案卷號：3063，民國21年1月至25年10月。外交部訓令駐荷蘭公使館，事由：荷印政府適用法律時中國人應與歐美人、日本人享受同等待遇仰遵照交涉」，民國22年1月22日。

57　檔名：印尼華人刑事裁判不平等待遇案，**外交部檔案**，國史館藏，目錄號：172–1，案卷號：3063，民國21年1月至25年10月。駐和使館呈外交部，和字第1153號，民國23年5月，缺日期。

工。[58]

四、教育與醫療設施方面

荷蘭在1816年重新控制爪哇後，重視歐洲人子女的教育，所以在該年在吧城成立第一所公立學校，以後在三寶壟、泗水等地設立，教師都是歐洲人。數年後在吧城設立兩所私立學校。在三寶壟也設立軍事訓練學院，在蘇拉卡達設立學習爪哇語的機構。

1830年，荷蘭傳教會（Nederlands Zendelinggenootschap, Dutch Missionary Society）開始對土著兒童提供教育。

荷屬東印度政府在1848年花了2萬5千佛羅倫斯金幣（florines）在爪哇設立一所官員培訓學校，稱為管理學校（Regency School），其主要宗旨是教育和訓練地方統治者和貴族的子女。1851年，在蘇拉卡達設立一所培養土著教師的訓練學院。1855年在蘇門答臘的科克堡壘（Fort de Kock）設立同樣的一所訓練學院。1866年在萬隆設立另一所同類學校。以後在外省（外島）陸續設立類似的學校。在同一個時期，為土著設立小學。1851年，荷蘭在吧城的甘密爾（Gambir）設立爪哇醫科學校（Dokter-Jawa school）。1859年，在吧城設立威廉三世高等學校（Gijmnasium Willem III）。1860年，在吧城成立初級中學（Hoogere Burgerschool）。1864年，在荷蘭萊登大學（Leyden University）指定教授印尼語、地理學、人種學等科目。1866年，在萬隆設立師範學校，培養當地師資。1877年，在三寶壟成立初級中學。

至1865年，小學總共有60所。1867年，設立公共教育部（Department of Public Instruction），以後小學數目日漸擴增。

1893年，設立為印尼土著就學的「第一級」學校（"First Class" schools）。

1907年，在爪哇地區的公私立小學土著學生有133,555人，「外省」有132,385人。（參見表5–3）

表 5－3：1907 年公私立土著小學數量和學生人數

地區	爪哇	外省

58　Eduard Servaas de, Klerck, *op.cit.*,v.2, p.424.

公立學校： 第一級 第二級	50 278	4 382
私立學校： 第一級 第二級	468 93	257 891
學生總數	133,555	132,385

資料來源：J. S. Furnivall, "Education," op.cit., Vol.III, p.119.

　　在范修茲（Johannes Benedictus van Heutsz, 1904–1909）總督時期，在農村設立小學，與村長合作，由村負責建造學校，並酌收微薄的學費作為支應，政府也提供津貼。村級的小學在1908年有367所，到1931年有13,716所。[59]1914年，初級小學轉變為荷印學校，開始教授較高等的課程。

　　但開辦的小學數目和學生數非常少，可從表5–4看出來。

表 5 - 4：1914 - 1940 年印尼小學生入學人數

年代	學生數
1914–1915	159,441
1919–1920	177,479
1924–1925	324,017
1929–1930	508,616
1934–1935	657,476
1939–1940	806,609

資料來源：〔印尼〕薩努西·巴尼著，印度尼西亞史（下冊），頁652。

　　上述小學就學人數與全印尼總人口數是不成比例的，如以爪哇和馬都拉的人口數做一對比，在1920年爪哇和馬都拉的人口數為34,429.000人，而該年入小學的人數比例為0.5%；1930年爪哇和馬都拉的人口數為40,801,000人，而該年入小學的人數比例為1.2%。

　　然而，由於家庭普遍貧困，大部分小孩都需在家幫忙工作，因此能讀完小學者人數極少。從表5–5可以看出來。

表 5 - 5：1929 - 1939 年印尼小學生畢業人數

59　Eduard Servaas de, Klerck, op.cit.,v.2, p.415.

年代	學生數
1929–1930	61,093
1934–1935	77,769
1938–1939	96,159

資料來源：〔印尼〕薩努西・巴尼著，**印度尼西亞史**（下冊），頁653。

　　如將表5–4和表5–5做一比較，可知1930年的小學畢業生只佔1924年入學生的18%。1935年的小學畢業生只佔1929年入學生的15%。1939年的小學畢業生只佔1934年入學生的14.6%。

　　此外，荷印政府又於1914年開辦以荷蘭語教學的荷印小學和銜接學校（銜接用印尼語教學的小學和荷語教學的中學），其目的在訓練較高級的職員，該類學校的數目和學生數更少，參見表5–6。

表 5 - 6：1914 - 1939 年荷印小學生入學人數

年代	學生數
1914–1915	951
1919–1920	1,948
1924–1925	3,767
1929–1930	4,674
1934–1935	6,431
1939–1940	7,349

資料來源：〔印尼〕薩努西・巴尼著，**印度尼西亞史**（下冊），頁653。

　　荷印政府在1914年成立用荷語教學的專為印尼土著設立的三年制初中，就學人數更少。參見表5–7。

表 5 - 7：1920 - 1941 年荷印中學生畢業人數

年 代	印尼學生數	東方外僑學生數	歐籍學生數
1920–1921	83	39	361
1924–1925	354	111	549
1929–1930	762	235	607
1934–1935	995	338	619
1938–1941	1,012	487	740

資料來源：〔印尼〕薩努西・巴尼著，**印度尼西亞史**（下冊），頁654。

　　在荷印統治時期，只設立三所大學，分別為工科、法科和醫科。工

科大學設在萬隆，在這之前，已設有中等和初等工業技術學校。醫科大學設在雅加達，在這之前，已設有荷印醫學訓練學校（最初稱為爪哇醫科學校）、泗水醫科學校。醫科大學成立後，荷印醫學訓練學校就取消了。法科大學亦設在吧城。法科大學成立之前，已有訓練法院的紀錄人員、法官和法院院長的法科學校。

　　在1930–31年間，上大學的學生數，歐洲人有116人，土著有178人，東方外僑有60人，總數有354人。（參見表5–8）就當時印尼總人口數來比較，上大學的人數顯然偏低。

表5-8：1930-31年間上荷蘭語學校的學生人數

	歐洲人學生數	土著學生數	東方外僑學生數	總數
幼稚園	2,798	7,131	4,818	14,747
西方低級學校	38,236	71,618	24,807	134,661
中低級學校（Mulo）	3,458	6,906	1,424	11,788
初中	3,536	862	588	4,986
合計	48,028	86,517	31,637	166,182
職業學校：	848	1,558	200	2,606
師範	100	325	109	534
醫學	1,758	1,580	342	3,680
工業	178	266	34	478
農林	175	128	185	488
商業	353	780	18	1,151
海洋	14	155	-	169
軍校	540	431	-	971
合計	3,966	5,223	888	10,077
大學：				
技術	66	36	9	111
法律	50	142	51	243
醫學				
合計	116	178	60	354

說　　明：Mulo一詞是More Extended Lower Instruction的簡縮語，意指低級學校往上延伸的學校，但位在初中之下，類似進入初中前的預備班。

資料來源：J. S. Furnivall, "Education," in Paul H. Kratoska(ed.), *Southeast Asia: Colonial History,* Vol.III, p.127.

表5-9：1930-31年間上印尼語學校的學生人數

	歐洲人學生數	土著學生數	東方外僑學生數	總數

文化：			
土著低級學校	-	1,656,244	10,252	1,666,496
幼稚園	-	-	-	-
西方低級學校	-	-	-	-
中低級學校（Mulo）	-	-	-	-
初中	-	-	-	-
合計	-	1,656,244	10,252	1666,496
職業學校：				
師範	-	8,575	-	8,575
醫學	3	2,091	5	2,099
工業	37	4,697	22	4,756
農林	-	126	-	126
商業	-	-	-	-
海洋	-	227	-	227
軍校	-	-	-	-
合計	40	15,716	27	15,783

資料來源： J. S. Furnivall, "Education," in Paul H. Kratoska(ed.), *Southeast Asia: Colonial History*, Vol.III, p.127.

第二次世界大戰期間，增設文科大學和農科大學，在工科大學中設立化學系。而接受大學教育者人數很少。參見表5–10。

表 5 - 10：1924 - 1939 年荷印大學生畢業人數

年 代	印尼學生數	東方外僑學生數	歐籍學生數
1924–1925	-	-	8
1929–1930	4	1	7
1934–1935	14	21	8
1938–1941	40	21	20

資料來源：〔印尼〕薩努西‧巴尼著，**印度尼西亞史**（下冊），頁655。

在19世紀末，土著社會還反對婦女受教育。爪哇加帕拉的攝政官的女兒卡遜尼（Raden Ajeng Kartini, 1879–1905）的努力，功不可沒。這一位有才能的婦女精通荷蘭文，可惜壽命短，26歲便去世。她寫給其荷蘭朋友的信，在1911年出版，書名為：從黑暗到光明：關於爪哇人的想法及代其發言（Door duisternis tot licht: gedachten over en voor het Javanese volk, From Darkness to Light: Thoughts About and on Behalf of the Javanese

People)，以後譯為英文爪哇公主的信札（Letters of a Javanese Princess）。卡迷尼呼籲印尼婦女接受現代教育，及從傳統的束縛中解放。這些信函的出版，目的在獲得贊同「倫理政策」之朋友的支持。她致力於提高爪哇婦女的社會地位，她主張普及教育以及反對一夫多妻制。她的先生是南望（Rembang）的攝政官，其努力除了獲得她的丈夫的支持外，也獲得公共教育部長阿奔達農（Abendanon）的鼎力協助，她建立了一所小型的女子學校。在她死後，荷印社會籌措了一筆基金，為實現她的理想，開始普遍設立女子學校。自1913年後，在爪哇成立有許多私人興辦的女子學校，並由政府津貼。以後也設立培訓女性教師的學院。[60]

在19世紀末，開始在吧城設立初中，以後在三寶壟、泗水也設立中學。1900年，重組在萬隆、瑪吉琅和普洛柏林戈（Probolinggo）的高等學校（Upper schools）（中學），訓練爪哇人從事地方公職。在吧城也設立私立女子中學和其他性質的私立中學，在其他城市也設立商業中學和文化會館。1903年，荷印政府開始開放初級中學（MULO, junior high schools），使土著可以接受基礎教育。

1920年，由商界、工業界、農業界和船運界捐款在萬隆設立技術高中，於4年後移轉給政府經營。同年在吧城也設立法律高中（Rechts Hoogeschool）、醫學高中。以後設立各類職業學校，1927年有400所，共有21,000名學生。[61]

此外，亦有私人設立的伊斯蘭學校和華人辦的學校。在1900年，華人在爪哇的學生數有5千人，在「外省」地區有3千人。[62]

在醫療設施方面，1804年即引入種痘及疫苗接種，防治天花和其他疾病。自19世紀中葉起，開始訓練土著醫生，稱為爪哇醫生（dokter-jawa）。1826年，荷印政府將平民醫療服務處（Civil Medical Service）、軍事醫療服務處（Military Medical Service）和疫苗接種服務處（Vaccination Service）統一指揮。長期以來，是由軍事醫療團（Army Medical Corps）負責印尼地區的公共衛生服務，其首長也是公共衛生服務處的首長。1925年，將平民醫療服務處轉型為公共衛生服務處，專門從事防治疾病的工

60　Eduard Servaas de, Klerck, *op.cit.*,v.2, p.415.

61　Eduard Servaas de, Klerck, *op.cit.*,v.2, p.418.

62　J. S. Furnivall, "Education," in Paul H. Kratoska(ed.), *Southeast Asia: Colonial History*, Vol.III, pp.117–128.

作。

　　1876年，在吧城設立一家專門訓練印尼土著醫生的醫事學校。1913年在泗水設立尼亞斯（Nias）醫校，訓練土著醫生。1927年，將吧城醫事學校改組成立醫學大學。該大學之文憑效力如同荷蘭的醫學大學，畢業生可以在荷蘭執業。[63]1933年，關閉醫事學校。在吧城亦設立有訓練印尼牙醫的牙醫學校。

　　1803年底，統治模里西斯（Mauritius）的法國總督，為一名中將，他派遣一名軍人前往吧城，並攜帶一封信說明牛痘疫苗在模里西斯使用的有效性，隨信附送許多疫苗。不幸地，因為航行過久，該批疫苗失效。荷印總督在1804年派遣10–12名健康兒童，在登陸模里西斯後，先由一名兒童接種牛痘疫苗。以後回航到吧城的路程中，每隔7–10天相繼接種其他健康的兒童身上，使疫苗保持有效。此一方法最早使用在1800年西班牙將疫苗運輸至中美洲和南美洲，再從中美洲運送至菲律賓、澳門和廣州。[64]

　　霍亂是印尼一個普遍的熱帶疾病，因得病而死亡的人數很多。據估計，從1910年到1920年在爪哇和馬都拉地區因霍亂死亡的人數有101,286人。（參見表5–11）從1924年後，除了偶發的少數案例外，大體上霍亂已逐漸在印尼群島減少。[65]另外鼠疫傳染病亦是印尼的熱帶疾病之一，從1911年到1939年，死亡人數達215,104人。[66]1940年後，荷印政府從改善住屋設計及防鼠等措施著手，以減少鼠患和鼠疫。

表 5－11：1910－1920 年爪哇和馬都拉霍亂死亡人數

年代	死亡人數
1910	64,733
1911	6,939
1912	4,575
1913	1,562
1914	1,108
1915	1,144

63　I. Snapper, “Medical Contributions from the Netherlands Indies,” in Paul H. Kratoska(ed.), *Southeast Asia: Colonial History*, Vol.III, pp.129–152.

64　I. Snapper, *op.cit.*, pp.132–133.

65　I. Snapper, *op.cit.*, pp.138–139.

66　I. Snapper, *op.cit.*, p.142.

1916	1,199
1917	327
1918	9,864
1919	9,818
1920	17

資料來源：I. Snapper, *op.cit.*, p.138.

　　1891年，荷印政府在吧城設立疫苗接種機構，4年後將細菌研究所合併。至1929年，印尼群島的天花大體上已絕跡，但以後還陸續有零星案例發生，如在1937年爪哇有一個案例。1938年，爪哇有9個案例、「外省」地區有3個案例。[67]在政府機關中設立平民醫療服務處（Civil Medical Service）後，在各地廣設公立醫院。另外有傳教士辦的醫院，亦由政府給予津貼補助。

五、地方分權與自治

　　1903年，荷印政府通過「分權法」，在地方建立自治社區。自治的觀念是指獨立的地方行政組織，例如委員會（Raad, board, council）彼此合作，執行上級的指示，在特定的限制內，授權下層單位促進領土內所有人的利益。雖然省和縣的組織是模仿自荷蘭母國，但功能卻不一樣，它必須更謹慎和小心。因此，控制這些社區的權力仍握在分權局（Decentralisatie Bureau, Decentralization Office）手裡。地方自治並未完全實施，荷印政府仍握有監督稅收和支出的權力、土著村莊的事務和警察，結果荷印政府並未減輕其負擔。

　　該「分權法」給予土著在地方和省政府工作的少數職位。

　　根據1903年的「分權法」，「攝政區」變成獨立的法人組織，有其本身的「攝政區評議會」。約70個自治的「攝政區評議會」，是由三個主要的人民團體（包括歐洲人、土著和東方外僑）的代表所組成，其中土著的代表佔居多數。其中部分的代表係由選舉產生，選民必須前數年有繳稅者；其餘的代表則是由攝政官推薦再經總督委任。「攝政區評議會」的主席則由攝政官擔任。「攝政區評議會」的功能在討論地方事務，但徵稅辦法需經總督的同意。「攝政區評議會」亦選出「執事小組」（Board

---

67　I. Snapper, *op.cit.*, p.133.

of Deputies），它與總督共同監督村政府。攝政官對省長和「攝政區評議會」負責。當「攝政區評議會」委員逐次由選舉產生以取代委任的委員時，大大地改變攝政官的地位。隨著土著民族主義情緒的提升，攝政官已無法憑其傳統聲望完全掌控「攝政區評議會」。有些攝政官的子女，能力較強者，改從事其他行業。[68]

荷印政府原先計畫在爪哇設立省社區和省評議會，接著是設立縣社區，但後來的發展卻有所改變。荷印政府開始設立歐洲人居住的鎮，從鎮再變成市。1905年10月，市評議會（Municipal councils）在巴達維亞和萬隆設立。

1907年和1908年，在爪哇分為15個「駐紮區」。1921年，在爪哇設立17個「駐紮區」，在「外省」地區設立20個「駐紮區」。[69]但後來這些社區停止再劃分，1922年進行行政改革。1926年，西爪哇的「駐紮區」整合為一個西爪哇省，以巽他族為主。1928年，中爪哇和東爪哇也分別成立一個省份，中爪哇以爪哇族為主，東爪哇以馬都拉族為主。在1930年頒佈新規定，計畫成立省政府和自治的「攝政區」。1926年，爪哇成立省，並設立省長，由省評議會（Provinvial Council）協助治理省的事務。

在「外省」地區，沒有建立省社區，雖然有些「駐紮區」合組成一個自主的領地，例如1909年在蘇門答臘東海岸設立「種植區」（Cultuurgebied, culture district），1920年擴大其範圍。此外，也成立「民那哈沙區」，它包括萬鴉老「駐紮區」的若干次區域、巴里島克蘭嘎森的領地等等。1934年，在「外省」地區也成立3個「政府」（government），包括蘇門答臘、婆羅洲和大東區（Great East）。[70]

在自主的區域和鎮的評議會的代表，有歐洲人和土著官員參加，而市評議會的委員，由總督委任或選舉產生的歐洲人、土著或東方外僑的代表參加。開始時，鎮評議會是由「副駐紮官」擔任主席，他也是鎮的首長。但自1916年起，較大城鎮的市長由總督任命產生。

評議會具有行政和立法權，負責照顧地方利益和政府交給地方處理的問題，例如道路、水利灌溉、電力設施等，除非這些設施需更上一

68　Lennox A. Mills, *op.cit.*, p.51.

69　J. S. Furnivall, *op.cit.*, p.187.

70　J. S. Furnivall, *op.cit.*, p.188.

層級政府機構之參與。在沒有設立地方評議會的地方，就無分權化的問題。若無該種評議會，「分權法」不承認該一地方社區。

根據「分權法」，進而在1904年公布分權令（Decentralisatie Besluit）、1905年的地方土侯（貴族）令（Locale Raden Ordonnantie）和公共會計令（Instellings Ordonnantie）。分權令適用於所有地方領域，地方土侯（貴族）令則規定每個領域的評議會的構造和功能權力。根據分權令，爪哇各州，除蘇拉卡達、日惹兩個土邦王國外，皆設省評議會（Gewestelijke Raad, Provincial Council），1916年設立15個省。另外在1916年設立18個市政會議（Gemeente Raad），其委員多由市民中選出。蘇門答臘島設有種植評議會（Cultuur Raad），一稱地方評議會（Locale Raad）。[71]

1922年制訂一項「關於繼續實行地方分權法令」，規定在1926年設立西爪哇省（帕巽丹），包括18縣；1929年設立東爪哇省，包括32縣；1930年成立中爪哇省，包括26縣。若干縣聯合成立一省。在爪哇地區，梭羅和日惹仍保持為土著蘇丹管轄的形態。

每個省設一名省長、一個省評議會和「執事小組」。省長由荷蘭人擔任，掌理省務，並擔任「省評議會」和「執事小組」的主席，他直接對總督和「省評議會」負責。「省評議會」具行政和立法功能，由荷蘭人、土著和其他亞洲人組成，其中部份是由選民選出，部份是由總督委任。民選的代表是由攝政區和「縣市評議會」的成員選出。「省評議會」議立省的事務，惟總督有最後決定權。「省評議會」選出2–6人組成「執事小組」，可以從「省評議會」委員或非該評議會委員選出，其職責在協助省長執行省事務，並對「省評議會」負責。[72]「省評議會」僅討論預算案，其例行工作是由「執事小組」執行。該「執事小組」的主要功能是通過「攝政區」和「都市委員會」的預算。

婦女有權出任該「省評議會」委員。委員的任期為4年。西爪哇省的評議會，共由20名荷蘭人、20名土著和5名東方外僑組成。[73]「省評議會」行使「攝政區評議會」的部份權力，並監督「攝政區評議會」，它構成了

71　沈鈞編著，前引書，頁236。

72　Lennox A. Mills, op.cit., p.50.

73　Eduard Servaas de, Klerck, op.cit.,v.2, p.482.

「攝政區評議會」和「人民議會」之間的橋樑。因此，「人民議會」、「省評議會」、「攝政區評議會」和村，共同構成荷蘭在印尼自治政府的一個體系。[74]

1932年，「攝政區評議會」共有1,583名成員，其中選舉產生的有813人、委任的有770人。在這些成員中，有由選舉產生的651名和委任的186名土著成員是官員，有54人是耕種者，但「官員」明顯包括村長，他們是農業耕種者，有時是大地主。「攝政區評議會」一年開會一次，主要是討論預算，如有必要，亦可召開臨時會議，一年約三到四次。「攝政區評議會」的活動主要是仰賴攝政官的態度。[75]

結果，在設立省的地方，「駐紮官」的權力就日漸萎縮，省長的重要性遠大於昔日的「駐紮官」。在爪哇的省的規模比「駐紮區」大五倍，中央政府的一些權力也移轉給省長。省愈來愈變成自治體，擁有較大的權力。

然而，這些行政改革未盡其功，有些人認為將爪哇分為三個省份並非最有效，最好還是由一個政府治理最為有效，因此主張恢復「駐紮官」的功能。因此，地方自治並未完全實施。

省之下設數個「駐紮區」，由荷蘭駐紮官管轄，不過仍由省長控制。每個「駐紮區」下再設數個小區，由荷蘭副駐紮官管轄。駐紮官也受到土著攝政官的協助。在爪哇，設有土著攝政官和「攝政區評議會」。以前的親王或王子都被解除職務，由荷蘭實施直接統治。攝政官成為荷蘭官員和土著之間的橋樑。駐紮官和副駐紮官掌握實權，以命令逐行執政。

攝政官通常選自以前的統治家族，對其人民擁有影響力。這些攝政官並非都是有錢人，所以需仰賴荷印政府的薪水或年金。此一因素造成他們對荷印政府效忠。攝政官有少數土著官員協助，這些土著官員大都在行政學校受訓，最後可升到攝政官的地位。[76]在「外省」地區，則不設土著攝政官和攝政區評議會。爪哇約有7%的地方、「外省」地區約有半數以上的地方是由傳統統治者治理。[77]

74　J. S. Furnivall, *op.cit.*, p.188.

75　J. S. Furnivall, *op.cit.*, p.190.

76　Lennox A. Mills, *op.cit.*, p.51.

77　Lennox A. Mills, *op.cit.*, pp.47–54.

　　凡被認為具備自治條件的縣，可以設立「縣評議會」，由縣長任主席。委員大多數是印尼土著。「縣評議會」的委員有一部份是選舉的，另一部份是任命的。

　　在地方層級的評議會，「外省」地區的選民包括選舉產生的139人（包括土著65人、荷蘭人59人和其他族群15人）和委任的272人（包括土著181人、荷蘭人76人和其他族群15人）。因此，在總數2,228名選民中，有1003人是委任的（包括土著515人、荷蘭人307人和其他族群181人），僅有1,225人（包括土著937人、荷蘭人236人和其他族群52人）是經由選舉產生而出任地方評議會的成員。在城鎮地區，擁有選舉權者只限於男性居民、識字及繳納所得稅不低於300佛羅倫斯金幣。能具備上述投票權條件的土著非常少，所以土著的選民數很少。在爪哇的攝政區的選舉，其基礎是村，習慣上是由村長行使投票權。每個村約有500名村民，產生一名「選民」，這些「選民」構成「攝政區評議會」中土著委員的「選民」。[78]

　　1931年和1932年，「人民議會」和荷蘭國會通過「改變外省政制的法律草案」，將「外省」分為蘇門答臘、婆羅洲和大東區三個「政府」（Government），每一「政府」由一位具有省長官銜的高級官員治理，一如爪哇的省，但更具威權性質。此外，又成立各集團的聯盟，設立集團評議會，委員大多數是印尼土著。委員中有一部份是委任的，另一部份是選舉的。

　　1938年，正式設立蘇門答臘、婆羅洲和大東區三個「政府」。每一個「政府」設立一位行政長官，由總督監督管理。此「外省」的組織結構類似爪哇的省，其下分為數個小行政區，由駐紮官負責。其下再分為更小的行政區，由副駐紮官和監督官負責。「外省」不設攝政官，也沒有設立「省評議會」和「攝政區評議會」，荷印政府是利用現行的本地的政治組織，逐漸發展出社區的邦聯。[79]同年又成立米南加保族盟區和班查爾族盟區。1941年又成立巴鄰旁族盟區。

　　在范修茲總督時期，開始極力干涉土侯內政，將土侯的地區置於荷印政府的控制之下，即使保留較為完整的土侯制的日惹和梭羅，亦由荷

78　J. S. Furnivall, *op.cit.*, p.189.

79　Lennox A. Mills, *op.cit.*, p.52.

印政府管轄其行政體系，舉凡政令的發佈和官員的派任，均需獲得荷印政府的許可。

　　荷印政府的公務員，早期是在荷蘭的萊登大學和烏特勒支大學（Utrecht University）培訓，然後派到荷屬東印度工作。20世紀初，才在荷屬東印度設立機構或學校培訓公務員。

　　印尼土著約有90%住在鄉村，村是基本的行政單位，每個村選出其村長和長老會議的成員。村長和長老根據傳統的習慣控制土地和管理地方事務。村長有權收稅和微罪的民事和刑事管轄權。村級法院和土著的較高法院，大都依據習慣法判決。都會區不是由攝政區政府管轄，而是由民選的市長和縣市評議會管轄。縣市則由省「執事小組」和總督管轄。[80]

圖5－5：1930年代荷印自治區範圍示意圖

說　　明：Zelfbesturen是指荷印當局允許印尼當地統治者自治內部事務，地方統治者的權力不可超過其統治區域，通常他們對其領土內的歐洲人和華人沒有管轄權。深黑色部份為印尼土侯自治地區。淡灰色部份為荷印政府直轄區。

資料來源："An online timeline of Indonesian History," *Sejarah Indonesia*, http://www.gimonca.com/sejarah/sejarah05.shtml 2022年5月20日瀏覽。

六、對殖民地經濟的評估

80　Lennox A. Mills, *op.cit.*, p.52.

　　荷蘭以其小國而統治印尼群島，並非易事，事實上，這種不可能卻讓荷蘭殖民統治印尼群島達3百多年，而且將一個破碎的群島地區統整為一個單一政治體。在1930年代，荷蘭人口只有8百萬，土地面積13,000平方英里，而印尼群島人口有6千萬人，土地面積800,000平方英里。荷蘭從印尼獲得巨大利益，據統計，荷屬東印度公司原先的資本只有650萬佛羅倫斯金幣，其從印尼取得的紅利約增加36倍，平均每年增加18.5%。除了紅利外，其從印尼匯回荷蘭的金錢、官員的薪水和退休金等總共約有20億佛羅倫斯金幣。1831–1881年間，荷印政府從印尼群島匯回荷蘭的金額更達8億佛羅倫斯金幣，以挹注荷蘭財政所需。[81]

　　1877年後，印尼群島開放私人投資，許多荷蘭人移民到印尼群島，在印尼的企業投資也增加。1929年，外國在印尼的投資總額達40億佛羅倫斯金幣，其中三分之二為荷蘭資本。在1929年以前，荷蘭在印尼的投資獲利每年約5億佛羅倫斯金幣以上，除了部份獲利在印尼再投資外，每年約匯回荷蘭2.5億佛羅倫斯金幣。荷蘭政府從該筆錢每年扣取直接稅6千萬佛羅倫斯金幣。荷蘭政府每年要付給退休的荷印政府官員、公務員和軍人年金2千5百萬佛羅倫斯金幣。1938年時，印尼地區的公共債務有15億佛羅倫斯金幣，其原因是荷蘭掠奪所致。[82]

　　從1925年到1933年，荷屬東印度的對外貿易出現衰退，在1925年的進出口貿易有2,603百萬基爾德（guilder）（金幣），以後逐年下降，到1935年只有740百萬基爾德。（參見表5–12）此一數字顯示荷蘭統治印尼的末期，印尼經濟日趨衰退，生產力大幅減弱。另一方面，荷印政府的歲入亦大幅衰退，1929年的歲入為5億2千4百萬佛羅倫斯金幣，到1933年下滑一半，只剩下2億5千萬佛羅倫斯金幣。荷印政府積欠的公共債務從5億佛羅倫斯金幣上升到15億佛羅倫斯金幣。造成荷印經濟衰退的主因是1930年代經濟大蕭條，印尼的主要經濟作物，諸如咖啡、橡膠和茶等的價格下滑，而影響荷印人民的經濟生活。1936年，荷蘭政府宣布給予荷印政府2千5百萬佛羅倫斯金幣補助款，從事社會福利措施之用。[83]1949年

81　A. Vandenbosch, "The Netherlands Colonial Balance Sheet," in Paul H. Kratoska(ed.), *Southeast Asia: Colonial History*, Vol.III, pp.108–116.

82　A. Vandenbosch, *op.cit.*, p.109.

83　A. Vandenbosch, *op.cit.*, pp.113,115.

荷蘭和印尼共和國在荷蘭海牙達成的圓桌協議，其中規定荷屬東印度時期積欠的債務43億盾由印尼聯邦共和國承擔。從而可知，荷印統治末期的經濟是失敗的。

表 5－12：1925－1935 年印尼進出口貿易額

單位：百萬基爾德

年代	進口額	出口額
1925	818	1785
1929	1072	1446
1930	855	1159
1931	572	749
1932	373	543
1933	321	470
1934	298	490
1935	275	465

資料來源：A. Vandenbosch, *op.cit.*, p.112.

第六章　民族主義思想的勃興

第一節　民族主義思想勃興背景

　　印尼民族主義的勃興，與亞歐局勢的發展有關，從中東朝聖者和學生返國後帶回來現代主義的伊斯蘭教觀念，使一般人的信仰必須適應變動的時代。其他的影響包括：印度國大黨（Indian National Congress）在1885年建立；菲律賓在1898–1902年向西班牙和美國爭取獨立的運動；日本在1904–05年打敗俄羅斯，象徵歐洲白種人的優越感並非不可挑戰；中國在1911年爆發共和革命；土耳其凱莫爾（Kemal Ataturk）在第一次世界大戰後在毀滅的鄂圖曼帝國（Ottoman Empire）之後建立一個現代的、世俗的國家；俄國在1917年成功的共產革命對於印尼在1920年代的社會主義運動有深遠的影響。

　　印尼的民族主義，呈現區域的和超區域的形式，受到印尼本身的文化以及區域和國際情勢的影響。

　　爪哇新興少數的貴族階級（priyayi）（或知識份子），是向上努力爬升的官員，他們視教育為民族主義勃興的關鍵。這一階層的人主要是名義教徒（abangan），指名份上信仰伊斯蘭教，帶有神秘思想，並不嚴格遵守伊斯蘭教教義，例如每日祈禱五次、齋戒或捐獻施捨（giving alms）等。他們在文化上認同爪哇的藝術形式，例如皮影戲。[1]

　　印尼貴族階層的思想解放，在20世紀初是透過一些刊物的傳播。第一個是1902年在荷蘭出版的印度之星（Bintang Hindia, Star of the Indies），該刊物在印尼廣受菁英份子閱讀。該刊物在1906年停刊。

1　M. C. Ricklefs, *op.cit.,* 2001, p.207.

蘇迪洛胡蘇度博士（Dr. Wahidin Soedirohoesodo）是第一個爪哇上層階層建立現代組織的人物，他是爪哇醫科學校（Dokter-Jawa School）的畢業生，也是政府的醫生，在日惹擔任醫生直到1899年。1901年，他主編明亮珠寶（Retnadhoemilah, Luminous Jewel）刊物，用爪哇文和馬來文印刷，主要訴求對象是上層階級，反應他們關切的問題。他視古典爪哇音樂和皮影戲是反應印度教和佛教的精神，他暗示爪哇文明之所以衰退的部分原因是伊斯蘭教的引進，他呼籲透過教育恢復爪哇的文明。他企圖提供獎學金給予爪哇的上層階級，但老一代官員或「攝政官」階級興趣不大，事實上，此一貴族階級擔心受到下層階級的競爭。但在日惹的帕庫亞蘭（Pakualam）王室則支持他。[2]

第二節　民族主義團體

前述的印尼民族主義團體是教育團體，它主要的訴求是社會平等而非政治平等。1902年，一位爪哇攝政官的女兒叫卡遜尼建立一所讓印尼官員女兒就讀的學校。

1905年，在鐵路受雇的荷蘭人組織工會，後來印尼人也加入，至1910年印尼人數已超過半數，但無投票權。1908年，成立「鐵路工人協會」（Vereeniging voor Spoor-en Tramweg Personeel, Union for Railway and Tram Workers, VSTP），在開始時，該組織的成員大多數是荷蘭人，印尼人可以參加，權利與荷蘭人平等。但在1917年，印尼人已成為該組織的大多數人。該組織之許多領袖和成員是社會主義者。以後陸續成立有海關官員（1911年）、公立學校教師（1912年）、公營當鋪受雇者、公營鴉片獨佔業工人、公共工程受雇者、金融業工作者、糖廠工人、農民和工人聯合會等的工會。

1908年5月20日，蘇托莫博士（Dr. Soetomo）在日惹設立一所「至善社」（Budi Utomo, High Endeavour）（意指高貴行為）學校，透過教育鼓舞國家尊嚴感。該社的成員有650人，初時大多數為學生，以後才有一般社會人士參加。成員主要來自爪哇和馬都拉，其使用的語言是馬來語，而非爪哇語。蘇托莫博士是巴達維亞醫科學校（Batavia Medical School,

2　M. C. Ricklefs, *op.cit.,* 2001, p.207.

STOVIA）的學生，該學校是訓練印尼人擔任醫生的學校。醫生在民族主義運動擁有很大的影響力，可能的原因是他們的工作是獨立的，可以在人民之間自由移動。「至善社」學校的會員人數迅速增加，主要獲得爪哇官員和貴族的支持，它是以哲學和教育來領導人民，而未變成一個群眾運動。[3]

蘇托莫博士受到蘇迪洛胡蘇度博士的影響，而且得到古納萬（Gunawan）和蘇拉吉（Suradji）的支持。1908年10月，在日惹召開第一次大會。至1909年底，其成員人數達到1萬人。它的主要活動偏重文化和教育而非政治層面。雖然有些成員主張將該組織變成政黨，但理事會成員都是資深的官員，他們主張對上層階級施予更多的教育以及鼓勵爪哇人從事企業活動。激進派的曼絲庫蘇莫博士（Dr. Tjipto Mangunkusumo）雖被選為理事，但在1909年辭職，另加入更激進的印度黨（Indische Partij, Party of the Indies）。[4]該黨在1913年被禁。

「至善社爪哇聯盟」（Javanese League Budi Utomo）的內部後來發生分裂，由王室家族出身的蘇里歐科蘇莫（Soetatmo Soeriokoesoemo）領導爪哇民族主義委員會（Committee for Javanese Nationalism）。在西蘇門答臘，由貴族馬哈拉惹（Datoek Soetan Maharadja）（拿督(Datoek)是蘇門答臘貴族的頭銜）領導的組織，亦有相同的趨勢。[5]

「至善社」缺乏資金和有活力的領袖，所以其對於殖民地的改革所扮演的角色有限。許多爪哇和馬都拉的攝政官輕視該組織的上層階級出身卑微，恐懼他們對政府的影響力受到該組織的影響而削弱，所以在1913年另組織「攝政官聯盟」（Bupatis' Union, Regentenbond）。爪哇的官僚菁英過於注意他們自己的事業，且重視出身背景，導致民眾起來扮演較為積極的角色。

為了與華人競爭生意，特別是印尼衫（batik）（花彩顏色的衣服）的生意，伊斯蘭商人沙曼胡帝（Haji Samanhudi）於1909年在巴達維亞

---

3 Bruce Grant, *Indonesia*, Melbourne University Press, Australia, third edition, 1996, p.21.

4 M. C. Ricklefs, *op.cit.*, 2001, p.209.

5 Dr. H.A.O. de Tollenaere, "The Theosophical Society and Labour and National Movements in Indonesia, 1913–1918," Paper for the first European Social Sciences History Conference, Noordwijkerhout, *The Netherlands*, 9–11 May 1996. http://www.stelling.nl/simpos/indisch.htm 2006 年 1 月 18 日瀏覽。

成立「伊斯蘭商業聯盟」（Sarikat Dagang Islamiyah, Islamic Commercial Union）。隔年，又在茂物成立相同的組織，目的在支援印尼的商人。1903年，他建立了第一家由印尼人出資的報紙，用馬來文發行的週報巽他消息（Soenda Berita, News of Sunda）。1907年在巴達維亞出版上層階級的舞台（Medan Prijaji, The Priyayi's Arena）的週報。1910年，上層階級的舞台成為日報。另外在泗水，一名從商的卸任官員特卓克羅民諾托（H. O. S. Tjokroaminoto）和烏馬賽德（Haji Umar Said Cokroaminot）亦成為「伊斯蘭商業聯盟」的領袖。1912年，該組織在特卓克羅民諾托的領導下改組成「伊斯蘭協會」（Sarikat Islam, Islamic Union 或 Islamic Association)。該協會變成第一個有平民廣泛參加的組織。1914年初，其成員人數達360,000人。參加者包括爪哇島和其他外島的人，且加入者需秘密宣誓，參加者中有一些不喜歡華人者。該組織之宗旨為宣揚伊斯蘭教和促進伊斯蘭教徒的經濟繁榮，反華人情感是主要訴求。該組織也追求傳統的爪哇人信仰，即返回「正義之王」（Just King）的觀念，而特卓克羅民諾托把自己變成具有魅力領袖的角色，雖不是神，亦接近。特卓克羅民諾托主張東印度成立自治政府，此一主張引起荷人的不安。1916年，「伊斯蘭協會」在爪哇和外島有80個分部。[6]在蘇拉卡達，土著杯葛買賣印尼衫的華商，導致華人和印尼人之間發生衝突，1913–14年在爪哇的鄉下爆發族群的衝突，在排華運動中，「伊斯蘭協會」扮演重要的領導角色。[7]

　　一個由歐亞混血種人所建立的政黨「印度人黨」（Indian Party, Indische Partij），在1912年12月成立，其宗旨口號是：「東印度為那些以東印度（按：指印尼）為家鄉的人所有。」創黨人是迪克（Eduard F. E. Douwes Dekker）（1946年後以 Danudirja Setyabuddhi 為名而揚名於印尼），他是1861年寫作馬克斯·哈維臘爾（Max Havelaar）小說的迪克的侄子，該小說在批評荷印時期的高壓統治。迪克的祖父母具有荷蘭人、法國人、德國人和爪哇人的血統，所以該政黨是一個多元種族政黨，它反對直接的荷蘭統治，贊成印尼獨立和種族平等。參加該黨的大多數人

6　"The Growth of National Consciousness," *U.S. Library of Congress*, http://countrystudies. us/indonesia/14.htm 2022年6月27日瀏覽。

7　M. C. Ricklefs, *op.cit.,* 2001, p.211.

是歐亞混血種人，約有6千人，另外印尼人人數約僅有1,300人。該黨與荷蘭的社會民主黨（Social Democrat Party of the Netherlands, the SDAP）有良好的關係。迪克曾參加波耳戰爭（Boer War, 1899–1902），參加非洲一方，他也是一位新聞記者，他批評「倫理政策」過於保守，贊成東印度自治，東印度民族主義應包括所有東印度的所有永久住民，而非僅土著（trekkers）的族群。在1913年7月，他的朋友曼鯀庫蘇莫和蘇加寧格拉特（R.M. Suwardi Surjaningrat）兩位醫生，在萬隆建立「土著委員會」（Native Committee），計畫向荷蘭國王請願設立東印度國會。1913年，印度人黨出版了一份由蘇瓦帝（Suwardi）所寫的小冊子「假如我是荷蘭人」（If I were to be a Dutchman），立即招來批評。荷印政府視之為顛覆活動，荷蘭人視之為魯莽的，該小冊子還被譯為馬來文，導致迪克及其兩位爪哇的朋友被流放到荷蘭。在放逐期間，他們與荷蘭自由主義者和愛國學生一起工作。據信 Indonesia 一詞，最早是「印尼學生聯盟」（the Indonesian Alliance of Students）組織所使用，時間約在1920年代初。[8]

1912年，達蘭（K.H. Akhmad Dahlan）在日惹成立「穆罕默迪亞」（Muhammadiyah, Mohammadijah），是一個進步的穆斯林組織，代表現代主義或改革主義的伊斯蘭。它的宗旨在從事教育和社會服務，是一個溫和派的伊斯蘭社團。「穆罕默迪亞」意指穆罕默德跟隨者（Followers of Muhammad）。它主要的據點是在蘇門答臘的米南加保，該地建有許多現代主義的學校。該派的重要領導人是哈達（Mohammad Hatta）。[9]1926

---

8   "The Growth of National Consciousness," *U.S. Library of Congress*, http://countrystudies. us/indonesia/14.htm 2022年6月27日瀏覽。該網站說印度人黨成立於1910年。此外，其說法另有一點與 Bruce Grant 的不同，Bruce Grant 說被驅逐出東印度的人，除了曼鯀庫蘇莫博士外，另一位是狄萬托洛（Ki Hajar Dewantoro）。參見 Bruce Grant, *op.cit.*, p.21.

9   哈達於1902年出生於西蘇門答臘武吉丁宜，父為伊斯蘭教學者。小學讀巴東荷語學校，後來就讀雅加達商業高級中學。曾任「蘇門答臘青年會」巴東支部的秘書和司庫。1922年，前往荷蘭留學，就讀鹿特丹商業學校（Rotterdam School of Commerce）。1923年加入「印尼學生聯盟」，該聯盟在1924年改名為「印尼協會」，哈達在1926年當選該協會主席。他主編印尼獨立（Indonesia Merdeka）刊物。1927年被荷印當局逮捕。經法庭審判，無罪釋放。1932年，回到蘇門答臘，成為「印尼民族教育」組織（Indonesia National Education）主席。1935年被逮捕並流放。直到日軍佔領印尼後，才從獄中釋放。他與蘇卡諾及其他民族主義者決定與日本合作，以尋求印尼獨立。1945年8月17日，他與蘇卡諾宣布印尼共和國獨立，蘇卡諾出任總統，哈達出任副總統。1948年，哈達擔任總理兼國防部長，在該年遭荷軍逮捕。

年成立的「伊斯蘭教師聯合會」（Nahdatul Ulama, Revival of the Religious Scholars或稱為Muslim Scholars' League, Association of Muslim Scholars）是保守主義的組織，主要宗旨在因應勢力增強的特卓克羅民諾托的統一主義（syncretism）和現代主義的觀念。

1913年，荷人史尼吾里亞特（Hendricus J. F. M. Sneevliet）因為參加鐵路工人工會的左派活動而遭到荷蘭政府和雇主列入黑名單，被迫搬遷到印尼（1913–1918年居住在印尼），他是天主教徒，但轉變為社會民主革命思想和工會的活躍份子。他以別名馬林（G. Maring）在中國擔任「共產國際」（Communist International, Comintern）的代理人。1914年5月，史尼吾里亞特在三寶壟成立「印尼社會民主協會」（Indische Sociaal Democratische Vereeniging, Indies Social-Democratic Association, ISDV），是第一個社會主義的政治組織。「印尼社會民主協會」是由兩個荷蘭人的政黨組成，一個是「社會民主工人黨」（Social-Democratic Workers' Party），另一個是「社會民主黨」（Social-Democratic Party）。跟「鐵路工人協會」一樣，在開始時，「印尼社會民主協會」的成員大多數是荷蘭人，約有85人，除了史尼吾里亞特外，還有巴司（Baars）和布郎德史泰德（Brandsteder）。以後印尼人漸居多數。許多社會主義者和工會主義者也積極參加「伊斯蘭協會」。「印尼社會民主協會」的成員來自不同的團體，包括商人、低層和高層公務員、農民和工人。它是一個多元議題的運動組織，不僅關心伊斯蘭宗教，而且也關心反對社會階層和殖民權威。例如反對荷印政府對新聞採取嚴厲的新聞檢查制、舉行公共集會批評荷蘭當局準備參與戰爭。

1915–16年，「印尼社會民主協會」與「印度群島協會」（Insulinde Society, Indies Archipoelago）建立聯盟，後者成立於1908年，在1913年後吸收印度黨內許多印尼人和荷蘭人的激進份子。「印度群島協會」的成員有6,000人，包括一些爪哇領袖，但並非有效的號召群眾的組織。所以「印尼社會民主協會」尋求滲透入「伊斯蘭協會」，因為後者有廣大的基

荷蘭退出印尼後，他出任副總統。蘇卡諾垮台後，哈達成為蘇哈托的顧問。他在1980年去世。

"Mohammad Hatta," *My hero*, http://myhero.com/myhero/hero.asp?hero=hatta_bandung 2022年6月27日瀏覽。

層民眾。「伊斯蘭協會」因此有左傾色彩。1917年，「印尼社會民主協會」內部發生分裂，溫和派另組「東印度社會民主黨」，激進派仍維持「印尼社會民主協會」，直至1920年。

1916年，「伊斯蘭協會」在萬隆召開第一屆大會，決議在與荷蘭的合作下印尼實施自治。「伊斯蘭協會」要求參與立法權，荷蘭雖在1918年同意設立「人民議會」，惟僅具顧問諮詢作用。「伊斯蘭協會」之下的「三寶壟聯盟」，明顯地是認同「印尼社會民主協會」，在1916年成立時已是一個反對中央領導的革命派，他們提出具體的社會要求，反對資本主義。「三寶壟聯盟」在1915年會員有1,700人，1916年為20,000人。「伊斯蘭協會」中央領導人曾企圖瓦解「三寶壟派」的實力，但未成功。因此，他們唯一能作的是將「伊斯蘭協會」中的社會主義觀念予以消除。儘管「印尼社會民主協會」的影響力日增，但其組織還是小規模。在1915年，「印尼社會民主協會」的成員有103人，其中僅有3人是印尼人。1919年，成員有330人，其中印尼人已增加到300人。「印尼社會民主協會」屬於幹部政黨，有城市和鄉村的政治活動家和工會領袖參加，其階級取向明顯地反應在工會運動的訴求。第一個工會聯盟創立於1919年，由22個工會組成，成員共72,000人，包括「印尼社會民主協會」和「伊斯蘭協會」的中央領導人。然而不出數年，除少數白領工會外，能力不佳的「伊斯蘭協會」的中央領導人都遭到撤換。[10]

1920年5月23日，「伊斯蘭協會」分裂為左派和右派，左派的西蒙（Semaun）、達梭諾（Darsono）、阿里民（Alimin）、穆梭（Musso）將「印尼社會民主協會」改組，另成立「東印度共產主義者協會」（Perserikatan Kommunist di India, the Communist Association in the Indies），1924年，再改為「印尼共產黨」（Partai Komunis Indonesia, the Indonesian Communist Party, PKI）。一般即以1920年為「印尼共產黨」成立的年代。在莫斯科「共產國際」的支持下，印共在工會和農村積極活動。1926年和1927年，在來自蘇門答臘的「共產國際」的代表陳馬六甲（Tan Malaka）之顧問諮詢下，印共在西爪哇和蘇門答臘發動叛亂。

---

10 Jean Duval, "The first period of the Indonesian Communist Party(PKI):1914–1920," *In Defence of Marxism*, August 29, 2005, http://www.marxist.com/indonesian-communist-party-pki2000.htm http://www.marxist.com/Asia/earlyPKI.html 2022年6月27日瀏覽。

陳馬六甲逃脫。有1,300名共黨份子被流放到西伊里安的迪辜（Boven Digul）。[11]

　　陳馬六甲為「共產國際」份子，先後居住過新加坡、馬尼拉、東京、廣州和曼谷。[12]在1921年12月出任印共主席，他首先提出「印尼獨立」（Indonesia Merdika）的口號。他也提出「阿斯里亞」（Aslia）的概念，即推動包括東南亞和澳洲聯合起來的無產階級運動。1922年3月，陳馬六甲被荷印當局驅逐出境。1923年2月，他被任命為「共產國際」駐東南亞代表。印共在1925–1926年暴動失敗後，他在1927年7月在曼谷組織印尼共和國黨（Partai Republik Indonesian, Pari），在印尼進行地下活動。陳馬六甲的同夥紛紛被荷蘭警察逮捕，他本人則逃亡中國避難，然後轉到新加坡，在一所華文學校任教。在荷蘭統治印尼的末期，蘇卡尼和馬力克（Adam Malik）參加印共。在日本進攻新加坡時，陳馬六甲則以化名潛回印尼，在西爪哇萬丹的巴雅（Bayah）煤礦區工作。一直到蘇卡諾宣布印尼獨立後，他才公開露面活動。[13]

****

陳馬六甲（1897年6月2日-1949年2月21日）小傳

　　陳馬六甲於1897年6月2日出生在蘇門答臘島里馬普魯攝政區（Lima Puluh Kota Regency）之蘇里基（Suliki）的巴東加東（Nagari Pandam Gadang）。其父為農業受雇者。1908年就讀課寇克堡（Fort de Kock）的公立師範學校，1913年畢業後，獲其村中人之支助前往荷蘭鹿特丹

11　"The Growth of National Consciousness," *U.S. Library of Congress*, http://countrystudies. us/indonesia/14.htm 2022年6月27日瀏覽。

12　陳馬六甲（Tan Malaka）生於西蘇門答臘的巴東（Pandang Gadang）的蘇里基（Suliki）地區，曾就讀武吉丁宜的師範學校，後前往荷蘭留學。1919年底返回印尼，在東蘇門答臘任教。因不滿當地對苦力的非人道待遇，而辭去教職，搬遷到三寶壟。當西蒙（Semaun）前往莫斯科時，陳馬六甲即擔任印共主席的職位。後來典當業工人罷工，他發表煽動性言論，遭荷印當局逮捕，被流放荷蘭。1923年，他被「共產國際」任命為第一個東南亞的代表，派駐在廣州。Aboe Bakar Loebis, "Tan Malaka's Arrest: An Eye-witness Account," in http://e-publishing.library.cornell.edu/Dienst/ Repository/1.0/Disseminate/seap.indo/1106966645/body/pdf?userid=&password= 2006年2月6日瀏覽。

13　Bernhard Dahm, *History of Indonesia in the Twentieth Century*, Praeger Publishers, London, New York, 1971, p.118.

（Rotterdam）就讀，喜歡讀法國革命書籍，而漸對革命理論有所興趣。俄國在1917年爆發共產革命後，他閱讀不少馬克斯、恩格斯和列寧的著作，對共產主義和社會主義產生興趣。他曾報名入伍德國軍隊，但因他是外國人而被拒絕。1919年11月，他從鹿特丹大學畢業。返回故鄉，後在日里（Deli）教茶農的小孩，並向茶農宣傳共產思想。他同時也在報上發表文章，討論資本家和工人之財富分配問題。1921年，他前往巴達維亞，代表左翼團體被選為「人民議會」（Volksraad）議員，但2月23日辭職。他前往日惹，參加「伊斯蘭協會」組織的第五屆大會，認識許多有名望的回教領袖，包括特卓克羅民諾托、沙林（Agus Salim）、達梭諾（Darsono）和西蒙。會中討論了「伊斯蘭協會」組織和印尼共產黨的雙重會員問題，沙林和穆伊斯（Abdul Muis）反對此議，但西蒙和達梭諾則是印共份子。結果，「伊斯蘭協會」組織分裂成兩派，特卓克羅民諾托領導白色「伊斯蘭協會」，稱為「白色伊斯蘭協會」（Sarekat Islam Putih，White Sarekat Islam）。西蒙領導紅色「伊斯蘭協會」稱為「紅色伊斯蘭協會」（Sarekat Islam Merah，Red Sarekat Islam），其總部設在三寶壠（Semarang）。

西蒙邀請陳馬六甲到三寶壠參加印共，雙方會談同意成立一所「伊斯蘭協會」學校（Sekolah Sarekat Islam，Sarekat Islam School），或稱為「陳馬六甲學校」（Sekolah Tan Malaka，Tan Malaka's School），在6月21日招生，以後又在萬隆和德那地成立分校。陳馬六甲在6月出任「印刷工人協會」（Serikat Pegawai Pertjitakan，Printing Workers Association）主席，又擔任「印度石油工人協會」（Serikat Pegawai Pelikan Hindia, SPPH，Indies Oils Workers Association）副主席。他出版「蘇維埃或巴力門？」（Sovjet atau Parlemen?，Soviet or Parliament?）及在印共報紙印度之星（The Sinar Hindia，The Hindia Star）發表文章，由於西蒙在10月離開荷屬東印度，故在12月24–25日印共黨大會上陳馬六甲被選為黨主席。

1922年2月13日，陳馬六甲前往萬隆視察其學校時，遭荷印當局逮捕，將他放逐到荷蘭。他在荷蘭時加入荷蘭共產黨，被提名參選1922年荷蘭人民代表院的排名第三順位的候選人。荷蘭採比例代表制，他排名第三順位，要當選很難。他前往德國柏林，在該年10月轉往莫斯科，參加「共產國際」（Comintern）第四屆世界大會。他在會上提議共產主義

和泛伊斯蘭主義可以合作，但在會上遭多數人反對。1923年1月，他和西蒙被「紅聯國際」（Die Rote Gewerkschafts-Internationale，The Red Union International）選為通訊員。他也成為「共產國際」東方局的代理人。1924年8月，他因病請求荷印當局讓他返回印尼。荷印當局給出很多條件，以致於他未能返回印尼。1925年4月，他在廣州發表「邁向印尼共和國」（Towards the Republic of Indonesia）一文。

　　1925年7月，陳馬六甲前往馬尼拉，他成為報紙辯論報（El Debate，The Debate）的通訊員，會見菲律賓的共產主義者馬里亞諾（Mariano de los Santos）、荷西・阿巴得・桑托斯（José Abad Santos）和伊凡吉利斯塔（Crisanto Evangelista）等人。1926年12月，陳馬六甲前往曼谷，研究印尼共黨失敗的原因。他在1927年6月與賈馬魯丁（Djamaludin Tamin）和蘇巴卡特（Subakat）成立「印尼共和國黨」（Partai Republik Indonesia，Republic of Indonesia Party），與「共產國際」保持距離，並批評印共。但該黨黨員人數少，影響力有限。陳馬六甲在1927年8月12日返回馬尼拉，以非法入境而被逮捕。他被遣送至廈門。1929年底，他流亡到上海。1932年10月，他到香港，遭來自新加坡的英國官員逮捕，被拘留數月後被遞解出境到廈門。他到中國南方鄉下養病。1936年初回到廈門，開了一家外語學校。1937年8月，他持中國假護照前往新加坡，成為一名老師。在荷蘭投降日本後，他從檳榔嶼返回印尼，1942年中他前往雅加達。他向日本印尼社會福利當局申請工作，獲得一份在西爪哇南邊海岸的巴雅（Bayah）礦場的採煤工作。

　　1946年1月，他號召組織140個小團體在蘇拉卡達成立「鬥爭陣線」（Struggle Front, or United Action），沒有包括印共，主張印尼完全獨立、政府必須服從人民的願望、國有化外國種植園和產業。2月，該「鬥爭陣線」迫使總理賈里爾（Sutan Sjahrir）暫時下台，因為賈里爾主張與荷蘭和談，蘇卡諾與陳馬六甲協商，尋求陳馬六甲的支持。結果，陳馬六甲遭蘇卡諾逮捕。賈里爾恢復擔任總理。

　　陳馬六甲在獲釋後，待在日惹，想要組織新的政黨「無產階級黨」（Proletarian Party），但他已無號召力。荷蘭在1948年12月奪取日惹，他逃到東爪哇的鄉下。他在瑪琅（Malang）的布林賓（Blimbing）建立據點，與38營的營長沙巴魯丁（Major Sabarudin）取得聯繫。1949年2月17

日，印尼共和國軍隊決定逮捕沙巴魯丁及其軍隊。19日，又逮捕陳馬六甲，20日，荷蘭軍隊在東爪哇的恩江珠克（Nganjuk）發動攻擊，共和軍和受傷的陳馬六甲迅速逃入山區。21日，在帕哲（Patje）村遭共和軍槍決。[14]

****

印尼共黨並不宣揚馬克斯的共產學說，而是訴求印尼名義上的伊斯蘭教，推崇印尼的英雄人物，例如狄帕那嘎拉（Dipanagara）、馬加（Kyai Maja）、申徒（Sento）。印共所宣傳的是伊斯蘭共產主義。1923年年中，西蒙領導的「鐵路工人協會」發動罷工，遭政府鎮壓後，他即被放逐到歐洲。達梭諾成為印共領袖。自1923年後，印尼共產黨的力量日趨增強，該年在茉莉芬（Madiun）舉行的會議上與「伊斯蘭協會」分裂。在該次會議，婦女首次參加。「伊斯蘭協會」中的紅色份子脫離，另組「人民協會」（Sarikat Rayat），其會員人數立即增加到31,000人。「伊斯蘭協會」的力量大為削弱，改稱為「伊斯蘭聯盟黨」（Partai Sarikat Islam）。[15]

圖6-1：陳馬六甲

資料來源："Tan Malaka," *Wikipedia*, http://id.wikipedia.org/wiki/Tan_Malaka 2022年5月19日瀏覽。

1924年初，在勃良安出現一個組織稱為「綠色聯盟」（sarekat hijau, Green Union），它是由暗殺團員、警察和教師組成，受到荷蘭政府和上層

14　"Tan Malaka," *Wikipedia*, https://en.wikipedia.org/wiki/Tan_Malaka 2022年5月17日瀏覽。

15　Eduard Servaas de, Klerck, *op.cit.*, v.2, p.547.

階級官員之鼓舞。至1925年初，該組織有成員20,000人，他們威脅恐嚇印共和「伊斯蘭協會」的集會，荷蘭政府也經常逮捕印共份子。1925年，印共發動大罷工，失敗後遭政府鎮壓；9月，達梭諾及其他領袖被捕。隔年，達梭諾獲允前往蘇聯。阿里民則逃至新加坡，加入陳馬六甲的派系。此後，印共在蘇門答臘和爪哇擴展快速。1926年11月12日，印共在萬丹、巴達維亞和勃良安發動暴亂，很快就被鎮壓。1927年1月1日，又在蘇門答臘米南加保、巴東發動暴亂，1月4日即被鎮壓。此後，印共一蹶不振，有13,000人被捕，有些人被槍殺。約有4,500人被關在監獄，有1,308人被關在伊里安的迪辜集中營。[16]曼緣庫蘇莫博士則被流放到班達島（Bandaneira）。暴亂後，印共被宣布為非法。

1922年7月3日，狄萬托洛（Ki Hajar Dewantoro）成立「學生花園」組織（Taman Siswa, Garden of Pupils)，目的在建立一個混合印尼和荷蘭文化的學校體系。雖然當時政治活動受到限制，但透過該種學校教育方式，有許多人後來加入民族主義者的行列。

留學荷蘭的印尼學生在1908年成立「印度群島協會」（Indies Association），這是一個聯誼性社團。1922年，陳馬六甲到該協會演講，哈達和蘇基曼博士（Dr. Sukiman）受其影響，將該組織改名為「印尼協會」（Perhimpoenan Indonesia, Indonesian Association)，主張印尼獨立。該協會在1924年1月出版印尼獨立（Indonesia Merdeka）月刊，宣傳印尼獨立、經濟自足和印尼人團結。[17]該組織部分成員後來返回印尼，在1927年6月4日成立「印尼國民黨」（Partai Nasional Indonesia, Indonesian Nationalist Party, PNI）。蘇卡諾是該黨的主席。

1927年2月，哈達、蘇巴德卓（Achmad Soebardjo）等人出席在比利時布魯塞爾舉行的「反帝反殖壓迫聯盟」（League Against Imperialism and Colonial Oppression）世界大會，來自亞、非洲國家的領袖有印度的尼赫魯（Jawaharlal Nehru）等人。

1927年7月，蘇卡諾（Sukarno）、沙托諾（Sartono）等人在萬隆組

16　M. C. Ricklefs, *op.cit.,* 2001, p.225.

17　Klaas Stutje, "Indonesian Identities Abroad, International Engagement of Colonial Students in the Netherlands, 1908–1931," *BMGN - Low Countries Historical Review*, Volume 128, No.1, 2013, pp.151–172. file:///D:/%E4%B8%8B%E8%BC%89/8359-13920–2-PB%20(1).pdf 2018年12月27日瀏覽。

織印尼國民黨，採用印尼語為會議語言。該黨採取不與荷印當局合作的政策，其獨立主張與荷印當局相衝突。該黨主張以群眾運動達成目標。同一年，出現了許多青年組織，且以各地區為主，例如「爪哇青年會」（Young Java）、「蘇門答臘青年會」（Young Sumatra）和「安汶青年會」（Young Ambon）等。由於印尼國民黨的建議，1927年在萬隆成立政黨聯盟，稱為「印尼民族政黨聯盟」。

1929年10月28日，在雅加達舉行的第二屆全印尼青年會議（Indonesian Youth Congress），通過「青年誓言」，決議保證效忠「一個國家、一個民族和一種語言--即印度尼西亞」（one country, one nation and one language, Indonesia）。荷印當局為遏止該股要求自由的氣氛，在12月逮捕蘇卡諾、曼庫普拉加（Gatot Mangkupradja）和蘇普里亞迪納塔（Maskun Supriadinata）等人。蘇卡諾在1931年12月被釋放。曼庫普拉加和蘇普里亞迪納塔則被控以顛覆政府罪。1933年8月，蘇卡諾再度被捕，未經審判被流放到佛羅里斯島的恩迪（Ende）。

爪哇婦女解放運動首先是由卡遜尼所推動，1928年後在土著報紙上也有類似的主張，若干婦女組織聯合組成「印尼婦女聯合俱樂部」（Persarikatan Perhimpunan Istri Indonesia, United Indonesian Women Club），目的在提昇婦女的社會地位以及限制童婚。為了反對一夫多妻制，婦女組織在1930年成立「婦女聯盟」（Istri Sedar），隨後在泗水舉行的婦女大會上，接受男女平等的原則，女權主義運動受到全印尼的重視。[18]

1930年9月，新聞記者塔布拉尼（Tabrani）成立印尼民主黨（Partai Rayat Indonesia），目的在以合法方式追求印尼獨立，為達此目的，尋求印尼土著的團結是最為重要的途徑。

1931年1月，蘇托莫博士成立印尼統一黨（Persatuan Bangsa Indonesia, Indonesian Unity Party），宗旨在改善印尼人民的社會地位。同年4月，印尼國民黨解散。沙托諾另成立新政黨「印度尼西亞黨」（Partai Indonesia, the Indonesian Party），仍倡議民族主義，主張印尼獨立。賈里爾（Sutan Sjahrir）（1909–66）亦組織「新國民黨」（Pendidikan Nasional Indonesia, new PNI），倡議民族教育，哈達加入該黨。

18　Eduard Servaas de, Klerck, *op.cit.*,v.2, p.562.

　　米南加保蘇丹賈里爾和哈達是蘇卡諾的最重要的政治朋友也是競爭者，他們在荷蘭的大學受教育，在外觀上屬於社會民主主義者，比蘇卡諾更具理性主義傾向，常批評蘇卡諾的浪漫主義以及煽動群眾。1931年12月，他們成立「印尼國民教育會」（Indonesian National Education, PNI-Baru），但常被稱為「新國民黨」。他們採用「教育」一語，反應他們是走漸進主義，以菁英推動教育，喚醒人民的政治意識。[19]1932年8月，哈達回到印尼後出任「新國民黨」主席。蘇卡諾在1931年12月從獄中獲釋，他在重新團結各民族主義組織的工作失敗後，於1932年8月加入「印度尼西亞黨」。

　　泗水的研究會於1931年成立「印尼民族協會」，並在各地成立分會。該會從事推動經濟發展的活動，例如成立印尼國民銀行、農民協會、紡織技術學校、航運團體等。

　　1933年2月5日，荷蘭戰艦「普羅文森號」（De Zeven Provincien）發生荷蘭人和印尼人水手的叛變，主因是抗議薪水過低，但荷印當局指稱有印尼民族主義者參與其事，有164名荷蘭和印尼海員分別被判處徒刑。

　　1933年8月，蘇卡諾再度被捕，並流放偏遠外地。1934年2月，荷印政府禁止印度尼西亞黨、「新國民黨」。賈里爾、哈達和其他民族主義者被逮捕，監禁到1942年，才被入侵的日軍釋放。

　　1935年12月，蘇托莫將印尼統一黨、印尼民族協會、蘇門答臘人協會、西里伯斯聯合黨、帝汶協會和「至善社」合併成大印尼黨（Partai Indonesia Raya, Greater Indonesian Party, Parindra），主張與荷蘭合作，追求大印尼獨立。

　　印度尼西亞黨的領導人於1936年宣布該黨解散。1937年5月，加尼（Dr. A.K. Gani）推動成立「印尼人民運動黨」（Indonesian People's Movement, Gerakan Rakyat Indonesia），做為印度尼西亞黨的替身，該黨主張民族主義、社會獨立和自主，以及與荷印政府合作，爭取在印尼成立議會制度。[20]

　　1939年5月，由印尼各政黨和團體組成「全印尼政治聯盟」（All

19　"The Growth of National Consciousness," http://countrystudies.us/indonesia/14.htm 2022年6月27日瀏覽。

20　[印尼]薩努西・巴尼著，**印度尼西亞史**，下冊，頁641。

Indonesian Political Federation, GAPI），參加的團體有「印尼人民運動黨」、「大印尼黨」、「印尼伊斯蘭黨」、「印尼阿拉伯黨」、「印尼基督教黨」。該聯盟的主要領導人是代表「印尼人民運動黨」的賈里福丁（Amir Sjarifuddin）、代表「大印尼黨」的塔林（Hoesni Thamrin）、代表「印尼伊斯蘭聯盟黨」的特卓克洛蘇卓梭（Abikusno Tjplrosoejoso）。該聯盟的主張如下：

(1) 爭取建立印尼自治政府。

(2) 在政治、經濟和社會民主的基礎上統一印尼。

(3) 成立民選國會，並向人民負責。

(4) 印尼各團體與荷蘭加強團結，以建立強大的反法西斯陣線。[21]

該聯盟於1939年12月在雅加達召開「印尼全國人民代表大會」，大會決定採用印尼語為國語，紅白旗為國旗，大印尼歌為國歌。該聯盟要求設立一個全面的印尼的國會，但在1940年遭到荷蘭政府的否絕。該組織亦要求組織印尼軍隊，以在戰時防衛印尼。雖然第二次世界大戰爆發了，但荷蘭政府還是拒絕該項建議。

除了政黨之外，各地各行業也成立工會，例如規模最大的是公務員組織的「鐵道職工會」、「印尼教師協會」等。1930年，組織了總工會，也成立「公務員總工會」。內政部官員和職員組織了「印尼官員職工會」和「印尼官員協會」，這兩個團體參加議會競選。[22]

青年在民族主義運動中亦扮演重要的角色，他們組織以青年為主的團體，在1916年成立「爪哇青年會」，接著各地也成立類似的組織，如「蘇門答臘青年會」、「巽他青年會」、「民那哈沙青年會」、「安汶青年會」等。參加這類組織的青年有大學生、中學生和小學生等。1930年和1931年初，這些青年會聯合組成「印尼青年會」。另外有伊斯蘭青年組成的「伊斯蘭教青年會」。

第三節　民族主義的魅力型人物：蘇卡諾

21　George McTurnan, Kahin, *Nationalism and Revolution in Indonesia*, Ithaca, Cornell University Press, 1963, pp.96–97.

22　[印尼]薩努西・巴尼著，**印度尼西亞史**，下冊，頁643。

蘇卡諾於1901年6月6日出生於泗水，其父原為東爪哇布里塔人
（Blitar），在巴里島新加拉德加（Singaradja）的公立小學擔任教師兼
校長，母為巴里島人。其父有「拉登」（Raden）頭銜，為諫義里王朝
的後裔，所以具有貴族的頭銜。其父為名義穆斯林信徒，且是見神派者
（Theosophist）。其外祖父為巴里島的祭司階級，巴里島新加拉德加王朝
最後一任國王是其母的叔叔。其母信仰印度教-佛教，為了嫁給其父，改
變宗教信仰。由於兩人宗教信仰不同，還經過法庭審判，法官問明其母
是否出於自願嫁給蘇卡諾的父親，其母稱是，最後法官判決其母罰款25
西林吉特（seringgits）（約25美元），允許其脫教，嫁給伊斯蘭教徒。其
父因此對巴里島感到失望，遂請調至泗水任教。蘇卡諾即在泗水出生。[23]

圖6-2：1916年讀初中的蘇卡諾

資料來源： "Sukarno," *Wikipedia*, https://en.wikipedia.org/wiki/Sukarno 2022年5
月20日瀏覽。

圖6-3：蘇卡諾

23　Cindy Adams, *Sukarno: An Autobiography*, Gunung Agung, Hongkong, second printing, 1966. pp.17–21.

資料來源："An online timeline of Indonesian History," *Sejarah Indonesia*, http://www.gimonca.com/sejarah/sejarah05.shtml 2022 年 5 月 20 日瀏覽。

　　蘇卡諾6歲時，其父舉家搬到東爪哇的惹班（Majakerta, Modjokerto）。在他父親服務的東爪哇的荷蘭人辦的惹班小學畢業後進荷蘭人辦的泗水中學，1916年畢業。進泗水的荷蘭人辦的高中，住在他的父親的朋友特卓克羅民諾托的家裡，特卓克羅民諾托是「伊斯蘭協會」的會員。1918年，蘇卡諾參加「爪哇青年運動」（Jong Java），開始以筆名Bima（偉大戰士）為「伊斯蘭協會」的期刊東印度信使（Oetoesan Hindia, Indies Messenger）寫文章，並在「伊斯蘭協會」的集會上發表動人的演說。1921年，蘇卡諾為了安慰特卓克羅民諾托喪妻之慟，以簡易婚禮（hung marriage, hanging marriage, kawin gantung）的方式娶了特卓克羅民諾托的16歲的女兒巫塔里（Utari），以示該女已有夫家，可免除特卓克羅民諾托對其幼女之未來之擔憂。此一婚姻因為女方年幼，所以圓房和婚禮時間延後，巫塔里仍住在其父親家。[24]事實上，蘇卡諾延後舉行婚禮，有兩個原因。第一個原因是清真寺長老不同意他穿西裝戴領帶參加婚禮，堅持新郎應穿著傳統的「沙龍」，而蘇卡諾堅持要戴領帶，所以長老不願為他主持婚禮。第二個原因是當蘇卡諾走出清真寺後，從口袋中拿出火柴盒，劃根火柴抽煙，結果整個火柴盒竟然燃燒起來，燒傷他的手指頭，蘇卡諾認為這是壞的兆頭。[25]

　　1921年6月，蘇卡諾完成高中學業，其母反對他前往荷蘭讀大學，所以他前往萬隆理工學院就讀，研習機械和建築，該校大部分學生是荷蘭人，印尼學生只有11人，蘇卡諾成為其中之一。蘇卡諾的岳丈替他安排住在萬隆沙努西（Hadji Sanusi）的家。年老的沙努西親自到車站迎接蘇卡諾到其家。蘇卡諾因此認識沙努西的妻子，即英吉特（Inggit Garnasih）。該年8月，其岳丈因為在審判中作偽證而被判刑，蘇卡諾只好輟學返回泗水，在鐵路局工作，以養活家人。1922年4月，其岳丈被關了7個月後出獄，他在該年7月又重返萬隆理工學院就讀。他與其房東太太英吉特（英吉特已有年邁的丈夫，而英吉特大蘇卡諾12歲，且沒有受過教

24　M. C. Ricklefs, *op.cit.*, 2001, p.228; Cindy Adams, *op.cit.*, pp.46–47.

25　Cindy Adams, *op.cit.*, p.48.

育[26]）陷入熱戀，遂在 1922 年與其妻子離婚，於 1923 年與英吉特結婚。

　　1925 年 11 月，蘇卡諾在學校最後一年，協助學生建立「廣泛學習俱樂部」（Algemeene Studieclub, General Study Club），該一組織是政治性的，主張印尼獨立。1926 年 11 月，他從萬隆理工學院畢業，他撰寫一些文章，主張伊斯蘭、馬克斯主義和民族主義可以融合為一，以追求獨立。特別是前面兩項可併入最後一項。1927 年 7 月 4 日，他與萬隆研究俱樂部的成員創立「印尼民族主義協會」（Perserikatan Nasional Indonesia, Indonesian Nationalist Association），由他擔任主席。1928 年 5 月，將該組織改名為印尼國民黨。該黨主張以不合作的方法、群眾組織達成印尼的獨立。1929 年 5 月，在爪哇的重要城市和巴鄰旁設立黨分部，黨員數達到 3,860 人，到該年底，達到 1 萬人。[27]

　　蘇卡諾有才能將爪哇傳統、伊斯蘭和他自己的馬克斯主義觀念結合起來，吸引大批跟隨者。他提出了一個重要的理論是「勞動階級」（Marhaenism），Marhaen 在巽他話指的是農民，蘇卡諾在 1930 年在萬隆的鄉下看到一位農民在用手犁犁田，他問該農民是否擁有該手犁，農民答是。又問他是否擁有土地，農民也答是。又問他是否擁有房子，亦答是。他問該農民的名字，答以 Marhaen。蘇卡諾認為該農民是典型的印尼人，他不是馬克斯主義意義的無產階級，因為該農民擁有生產工具，也擁有土地，但農民還是貧窮和被剝削的。以後蘇卡諾在多次演講中闡釋印尼人的概念，最後變成為「勞動階級」理論。1964 年，印尼國民黨的領袖簽署「勞動階級」宣言，要求清算地主、資本家和其他違反民粹主義運動理念的階級團體。[28]神秘的「勞動階級」體現了印尼民眾的困境，他們不是馬克斯主義意義的無產階級，而是在殖民主義者剝削下的窮人，依賴歐洲和美洲的市場。除了追求獨立外，他希望印尼免除依賴外國資本，成為一個無階級的社會，他們是快樂的「勞動階級」，而非貪婪的個人主義者，此反應傳統爪哇的農村的觀念「互助合作」（gotong-royong, or

---

26　Cindy Adams, *op.cit.*, p.59.

27　M. C. Ricklefs, *op.cit.*, 2001, p.230.

28　Max Lane, "A sense of déjà vu," *New Internationalist,* 116, October 1982, in https://newint.org/features/1982/10/01/dejavu 2022 年 6 月 27 日瀏覽。
　　蘇卡諾在其自傳中亦提及該「勞動階級」的概念。參見 Cindy Adams, *op.cit.*, pp.61–62.

mutual self-help）。「勞動階級」一詞雖然空泛，但在1933年發展出的論點，它變成與社會-民族主義和爭取獨立為同義語。[29]

　　1927年底，印尼的主要政治組織與印尼國民黨組織聯合陣線「印尼人民政治聯盟」（Permufakatan Perhimpunan-perhimpunan Politik Kebangsaan Indonesia, Political Union of Indonesian Peoples, PPPKI），這些組織包括「伊斯蘭協會黨」（Partai Sarekat Islam）、「至善社」、「泗水研究俱樂部」（Surabaya Study Club）、「馬都拉協會」（Sarikat Madura）、「帕蘇丹」（Pasudan）、「蘇門答臘協會」（Sarikat Sumatra）、「巴塔威組織」（Kaum Batawi）等組織和基督教組織。[30]但成員複雜，以致於該聯合陣線無法運作。1930年，「伊斯蘭協會黨」因為其他組織拒絕承認伊斯蘭，所以退出該聯合陣線。世俗的民族主義者傾向於將伊斯蘭和國家予以區別，不主張實施以伊斯蘭為國家宗教的政策。換言之，都市中的民族主義者走的是現代主義的路線，而農村的伊斯蘭教徒則強調伊斯蘭的正統主義。

　　在荷蘭的印尼留學生，在1908年建立「印度群島協會」（Indische Vereeniging, Indies Association），在1922年改名為「印尼協會」（Perhimpunan Indonesia, Indonesian Association），而且更涉入政治問題。被放逐的印共領袖陳馬六甲和西蒙在該組織的集會上演講，使得該組織走向激進路線。該組織的兩位主要領袖是米南加保人哈達和賈里爾，他們兩位都是留學荷蘭。此外，爪哇人阿里‧沙斯特羅米卓卓（Ali Sastroamidjojo）和韋卓山卓卓（Sukiman Wirjosandjojo）也是著名人物。哈達是「印尼聯盟」（Indonesian Union）的主席，其政治主張接近社會主義，以馬克斯主義的觀點來解釋帝國主義。哈達和賈里爾參加「自由團」（Golongong Merdeka, Freedom Group），該組織後來易名為「印尼民族教育俱樂部」（Pendidikan Nasional Indonesia, Indonesian National Education Club），該組織在培訓激進活動的領導人。[31]

　　1927年9月，哈達、阿里‧沙斯特羅米卓卓等領袖因鼓吹以暴力手段

29　"Sukarno and the Nationalist Movement," in http://www.country-data.com/cgi-bin/query/r-6195.html 2022年6月27日瀏覽。

30　Eduard Servaas de, Klerck, op.cit.,v.2, p.561.

31　Bruce Grant, op.cit., p.23.

推翻荷蘭在印尼的統治，而被逮捕。經5個月的關押後，他們在1928年3月在海牙法庭受審，無罪開釋。

1931年，當傾向莫斯科的共產主義者掌控「印尼協會」時，造成內部分裂，哈達和賈里爾被逐出該組織。

1929年，蘇卡諾及其他印尼國民黨領袖被捕。1930年12月2日，蘇卡諾在萬隆公開審判，以違反公共秩序罪被判處有期徒刑4年。荷印當局宣佈解散印尼國民黨。因為黨領導人被捕入獄，印尼國民黨陷入停擺。印尼國民黨在1931年4月25日投票決定解散。4天後，另組織「印度尼西亞黨」，取代印尼國民黨，其主張與原先的印尼國民黨相同，是以不合作和群眾運動方式達成印尼獨立。由於該項解散未能獲得多數領袖的支持，致使該黨的成員數目在1932年時只有3千人。反對印度尼西亞黨的賈里爾在1931年12月另創立「新國民黨」（PNI-Baru, New PNI）。為避免黨領袖被捕後，黨即告瓦解的結果，該黨建立黨幹部制，可以立即接替被捕的領袖。此外，該黨亦採取社會主義思想，批評本地的資產階級，與伊斯蘭商業社團和官僚的上層階級保持距離。[32]

1928年10月，在巴達維亞成立了青年大會（Youth Congress），會中提出了「青年誓言」（Youth Pledge），採納三大理想：一個祖國，即印度尼西亞；一個民族，即印度尼西亞族；一種語言，即印度尼西亞語，統一的語言。[33]

1923年成立的「巴達維亞人民組織」（The People of Batavia, Kaum Betawi）的領袖譚林在1930年1月創立民族黨（National Party, Nationale Fractie），主要成員來自爪哇和外島。該黨的主張是與荷蘭合作，尋求自治。[34]

蘇卡諾在1931年12月31日獲釋，他本想將各種民主主義運動團體整合，結果失敗，他在1932年8月加入印度尼西亞黨，也許群眾運動較符合他的興味。該黨人數急遽增加，1933年7月，達2萬人。1933年8月，蘇卡諾再度被捕，他曾4度致函荷印當局，提議他將不再參加政治活動作為釋放的條件，但未獲應允。這次沒有公開審判，他被放逐到佛羅里斯島。

32　M. C. Ricklefs, *op.cit.*, 2001, p.236.

33　M. C. Ricklefs, *op.cit.*, 2001, p.233.

34　M. C. Ricklefs, *op.cit.*, 2001, p.236.

1938年移到明古連的監獄。1934年2月，哈達、賈里爾和其他新國民黨的領袖也被捕入獄，被放逐到迪辜。印度尼西亞黨在1934年被解散。1936年，哈達和賈里爾被移到班達島。

　　1934年12月，特卓克羅民諾托去世，伊斯蘭政治運動失去動力和重要的領袖，以致分裂為數個派系。

　　隨著激進政黨的瀕臨瓦解，保守溫和的政黨則尚可以存在。1935年12月，印尼統一黨、印尼人民聯盟（Indonesian People's Union）和「至善社」等合併為大印尼黨，其目的在與荷蘭合作，最後獲取印尼獨立。蘇多莫（Sudomo）為該黨主席，該黨採取宗教中立立場，反對伊斯蘭的保守主義，部分領袖尋求以日本為模範。1937年，該黨黨員有4,600人，1946年底達11,250人，主要根據地在東爪哇。[35]除了新國民黨外，印尼主要的民族主義者在1939年5月成立「印尼政治聯盟」（Gabungan Politik Indonesia, Indonesian Political Federation,GAPI），呼籲在印尼組織完全的國會。同年12月，「印尼政治聯盟」在巴達維亞召開印尼人民大會（Indonesian People's Congress），要求荷蘭給予自治，共同對抗法西斯主義。但荷蘭在1940年2月回應說，只要它仍控有印尼，就沒有自治或成立議會政府的問題。1940年5月10日，荷蘭遭德國希特勒軍隊佔領，荷蘭政府流亡到英國倫敦，在同一天在印尼宣佈戒嚴，禁止所有政治集會。

　　1941年1月6日，荷印當局逮捕譚林、德克及其他民族主義份子，5天後，譚林死於拘留所，德克則被流放到蘇利南（Surinam）。

　　1942年2月23日，當日軍攻佔巴鄰旁時，荷印當局將蘇卡諾移到蘇門答臘中西部的巴東監獄，亦將賈里爾和哈達移出班達島，繼續關押。

****

黛薇小傳

　　黛薇本名根本七保子（Naoko Nemoto），是日本女商人、社交名媛、電視名人和慈善家。1959年，19歲的根本七保子在帝國飯店附近的東京銀座女主人酒吧遇到了比她大39歲的蘇卡諾。根本是一名藝術學生和藝人，而蘇卡諾正在對日本進行國事訪問。黛薇於1962年在印尼與

35　M. C. Ricklefs, *op.cit.*, 2001, p.239.

蘇卡諾結婚並皈依伊斯蘭教，蘇卡諾給她取了印尼名字 Ratna Sari Dewi Sukarno；源自爪哇梵語，意為「女神的寶石精華」。他們有一個女兒 Kartika，是蘇卡諾的第八個小孩。[36]

圖 6－4：蘇卡諾與黛薇（1960 年攝）

資料來源："Sukarno dan Dewi," *Pinterest*, https://www.pinterest.com/pin/386465211780195169/ 2022 年 5 月 18 日瀏覽。

****

36　"Dewi Sukarnom" *Wikipedia*, https://en.wikipedia.org/wiki/Dewi_Sukarno 2022 年 5 月 18 日瀏覽。

第七章　日本佔領印尼群島

第一節　日軍在印尼之軍事和政治控制

　　日本為使其太平洋戰爭獲勝，急謀從東南亞取得戰略物質，例如石油、橡膠和木材等。1940年9月，日本和德國、義大利簽訂軸心協議，日軍獲得法國維琪（Vichy）政府之同意，派軍進入東京（北越紅河三角洲）。日本同時派遣由工商部長小林一造（Schizo Kobayashi）率領的代表團抵達巴達維亞，進行貿易談判。隨行的日本代表團有許多技術人員，他們取得外交許可，在印尼享有行動自由，他們到處在印尼進行地理環境和戰略地點的調查。小林一造獲取許多日本人提供的電訊資料，使他在與荷蘭談判時態度非常強硬，他向荷方人員表示，由日本領導東亞是「天意」。經過數週的談判，荷印當局同意出口10萬噸鹽到日本。[1]

　　原先日本的策略是當德國佔領英國後，日本將逼迫荷蘭交出荷屬東印度。但到1940年10月，英國並未陷落，日本就改變其戰術。日本政府陸續發言稱，如果荷屬東印度不向日本投降，日本將轟炸其油田設施。此一戰術奏效，日本和荷印當局在10月26日宣布一份公報，雙方同意在石油供應上合作。11月12日，雙方簽署一項協議，荷印當局同意在未來一年出口石油180萬噸給日本。12月，小林一造返回日本，由日本駐法屬印度支那大使芳澤謙吉（Kenkichi Yoshizawa）取代，作為對荷印政府之談判代表。

　　美、英判斷，為阻止日本侵略，讓它沒有石油是最佳辦法，並策劃在國際上以石油作為經濟制裁之措施。美國首先要求美系大石油公司

1　Bernard H. M. Vlekke, *Nusantara: A History of the East Indian Archipelago*, pp.378–379.

「標準石油」妨礙日本的石油調度，而且為阻撓日本從荷印購買石油，乃在馬尼拉召開美、英、荷印三國會議，協議今後的政策。於是決定：(1)英、美兩國要荷印拖延對日本之石油交涉，並限制合約的數量與期限。(2)荷印在日軍進入時破壞所有的石油庫存與煉油所。荷印之所以與英、美合作的理由，是因為美系資本握有該地26%的石油事業，英系資本實質握有該地74%的石油事業。也就是說，英、美握有該地石油事業的實權。

　　然而，日本對於英、美這樣的抵制作法，甚為不滿，1941年1月11日，日本派遣由芳澤謙吉率領的特使團抵達巴達維亞。他對荷印當局的態度比小林一造更為強硬。他要求荷印政府加入「大東亞共榮圈」，但遭荷印總督范穆克（H. J. Van Mook）拒絕。[2]按照日方的說法：「依照前英、美、荷印的決議，使得會談變成一味拖延，結果是徒然浪費時間。而且，當時荷印方面的談判態度十分傲慢無禮，完全是在侮辱日本，所以日本政府與軍隊中央部認為，已經沒有以實力解決以外的辦法了。就這樣，同年6月中旬，這項談判便告中止。」[3]

　　1月21日，日本外相松岡洋右（Yosuke Matsuoka）在眾議院開幕式上說：荷屬東印度和印度支那、泰國命運一體，都屬於「大東亞共榮圈」的一份子。此一說法引起荷屬東印度的不滿。[4]5月14日，日本致送荷印當局最後通牒，要求日本在該一地區享有影響力及日軍入駐印尼。日本提出「共榮」的要求包括：無限制的讓日本移民爪哇之外的其他島嶼、增加四倍的日貨輸入印尼、由日商掌控輸入印尼的日貨、日商可獲得無限制的自由行動權、由日本建造印尼的鐵路和港口設施、由日本經理和工程人員管理這些設施、取消對日本漁民的所有限制、廢止對日本工業家新設工廠的限制、由日本公司和移民探勘和利用人口稀疏的外島。[5]6月6日，荷蘭當局和日本談判破裂，荷印當局表示不對日本讓步，所有戰略物資，包括石油和橡膠已經與英國和美國簽約運往這兩國。

2　Bernard H. M. Vlekke, *Nusantara: A History of the East Indian Archipelago*, pp.378–379.

3　日本國防研究會網站，http://www.kokubou.com/document_room/rance/rekishi/seiji 2007年1月12日瀏覽。

4　Bernard H. M. Vlekke, *Nusantara: A History of the East Indian Archipelago*, p.391.

5　Bernard H. M. Vlekke, *Nusantara: A History of the East Indian Archipelago*, pp.391–392.

　　由於日軍進入印度支那南部，引起美國對日本的經濟制裁，凍結日本在美國的資產。7月26日，荷印當局也凍結在印尼的日本人之資產。日本政府隨之警告在荷屬東印度的日本僑民離開荷屬東印度。在日本的荷蘭婦女和兒童也開始離境。8月，美國軍事代表團前往吧城，隨後與新加坡、吧城、馬尼拉的軍事指揮官舉行會議。

　　9月，美國國務卿胡爾（Cordell Hull）與日本駐華府大使野村吉三郎和日本特使栗栖三郎會晤，雙方會談如何改善美、日關係。11月26日，胡爾致送日本一項正式照會，希望太平洋國家能簽署一項互不侵犯條約，以及籲請日本從中國和印支半島撤軍，美、日一起放棄在中國的治外法權，美、日恢復商業關係。日本對此建議並沒有給予回應，因為日本當時正在準備發動太平洋戰爭。12月6日，羅斯福總統亦籲請日本裕仁天皇停止侵略行為。12月7日，日軍偷襲美國在夏威夷的基地珍珠港，爆發太平洋戰爭。12月8日，日軍入侵馬來亞，荷蘭對日本宣戰。日軍入侵印尼群島，引發一部份印尼人民反對日本。12月12日，「印尼人民協會」（Madjelis Rakjat Indonesia, Council of the Indonesian People）的執行委員會與「印尼政治聯盟」（Gabungan Politiek Indonesia, Political Alliance of Indonesia）的秘書處聯合起來發表聲明：所有有自尊的人民應起來反抗外來的入侵。革命領袖哈達（Mohammed Hatta）發表聲明說：「我們的人民，現在除了少數人從軍外，都不知道使用武器，對其自己的命運不負責任。然而不要以為此次戰爭不會影響我們，…..。假如我們相信日軍入侵危及我們的信念，則我們必須反抗日本帝國主義。即使我們相信日本可能會贏，但防衛我們陷於危險的信念，仍是我們的責任。站立而戰死，亦比屈膝而苟活要好。……」[6]12月16日，反荷的亞齊軍人在馬來亞與日軍接觸，表示歡迎。12月17日，日本空軍空襲摩鹿加群島的德那地。哈達在12月12日在報上發表文章主張抗日。

　　荷印當局的第一個步驟是對住在印尼群島的約1,300名日本人集中住在一起。荷軍並派遣軍隊前往英屬北婆羅洲（沙巴）的邊境，清掃當地的日本人社區，將他們集中管理。荷印當局的第二個步驟是清掃日本滲透入中立地區的危險。荷軍聯合澳洲軍隊前往葡屬東帝汶的首府狄力（Dilli），防止日本間諜在此活動。此事緣起於荷蘭-澳洲-英國聯合參謀

6　Bernard H. M. Vlekke, *Nusantara: A History of the East Indian Archipelago*, pp.396–397.

首長會議舉行以前數個月，荷蘭和澳洲出兵佔領東帝汶，即是兩國的防衛計畫，且經兩國政府的贊同。在1941年11月4日，英國和葡萄牙政府即有接觸。12月15日，英國建議由荷蘭和澳洲協助防衛帝汶，葡萄牙接受此議。葡國同意增派軍隊防衛其殖民地。這些增援軍隊將集中在葡屬東非國家。但葡國拒絕由盟軍佔領其領土，因為擔心德國對其採取報復手段。因此，荷軍和澳洲軍隊佔領帝汶，葡屬帝汶總督提出抗議，但沒有發生意外。葡屬帝汶有1名日本副領事及30名館員，立遭拘禁。帝汶的民事行政機構繼續運作，盟軍保證一旦戰爭結束，將儘速撤出軍隊。[7]

12月19日，婆羅洲西部的坤甸遭日軍瘋狂的轟炸，城裡民房失火。

1942年1月10日，日軍入侵印尼的北卡里曼丹。1月11日，日本海軍進入望加錫海峽。1月23日，日軍首度遭到荷蘭戰機的轟炸，其次遭到美國和荷蘭聯軍的攻擊。英軍從婆羅洲的石油中心巴里克帕攀（Balik Papan）撤退時，將該石油設施燒毀，以免為日軍所用。2月1日，日軍佔領坤甸。4日，日軍與荷軍在望加錫海峽進行海戰。6日，日軍空襲巴鄰旁。10日，佔領望加錫。13日，佔領馬辰。14日，佔領巴鄰旁。15日，新加坡陷落，13萬英軍被俘。2月19日，美國和荷蘭海軍聯軍在巴里島南方海面突襲日本海軍，重創一艘日本巡洋艦，獲得一次成功。2月22日，日軍佔領帝汶和巴里島，切斷爪哇和澳洲之間的空中聯繫。2月27日到3月1日，日本海軍在泗水外的爪哇海與荷軍、澳洲軍和美軍的海軍聯合進行海戰，結果日軍獲勝，美國的海軍勢力退出爪哇一帶海域。

印尼人對於日軍獲勝感到高興，起來攻擊荷蘭平民和軍人。亞齊的伊斯蘭教領袖在1939年組織「全亞齊伊斯蘭教師聯盟」（Persatuan Ulama-ulama Seluruh Aceh, All-Aceh Union of Ulamas, PUSA），在伯利尤（Mohammed Daud Beureu'eh）的領導下，保護伊斯蘭教徒，鼓勵伊斯蘭教學校現代化。它後來變成為反荷的中心。「全亞齊伊斯蘭教師聯盟」與日本聯繫並訂定計畫為日軍進攻鋪路。在日軍登陸蘇門答臘三星期以前，亞齊的伊斯蘭教師於1942年2月19日開始進行怠工反荷。3月初，亞齊爆發全面反荷暴動。他們協助日軍登陸，希望日軍能將荷軍驅趕出印尼。

3月1日，日軍登陸萬丹。5日，佔領巴達維亞。3月8日，爪哇

7　Bernard H. M. Vlekke, *Nusantara: A History of the East Indian Archipelago*, p.397.

荷軍投降，荷蘭總督史塔鏗包（Jhr. A. W. L. Tjarda van Starkenborgh Stachouwer）被捕。荷蘭副總督范穆克在萬隆淪陷前數小時搭機逃往澳洲。3月18日，日軍入侵蘇門答臘西海岸的巴東。28日，荷蘭在蘇門答臘的軍隊最後在亞齊南部的庫塔加尼（Kutatjane）向日軍投降。在蘇門答臘的殘餘的荷軍一直抗日到6月才結束。荷軍在爪哇從童子軍提供的情報說，有25萬日軍正向萬隆進發，所以就向日軍投降。實際上，該項情報有誤，日軍實際上僅有25,000人而已。在日軍控制爪哇各地之前，荷印當局已將自1926年以來拘押在牢中的印尼共產黨份子遷移到澳洲的集中營。

在荷軍投降的次日，3月8日，一群「印尼人民委員會」（Majelis Rakjat Indonesia, Council of Indonesian People）的成員向日本軍事政府提出一份48人名單，供作選擇參加政府內閣工作之用。「印尼人民運動黨」（Gerindo）雖然贊同該份名單，但其主席賈里福丁（Amir Sjarifuddin）從一開始就反對日本的法西斯主義，所以沒有列在該名單中，他企圖建立一個反日運動，後被逮捕入獄。

日軍佔領印尼後，禁止政治集會和示威，一週後，禁止懸掛印尼旗幟，禁止討論有關印尼國家之政治組織和行政制度。違反該禁令者，遭到處罰。日軍鎮壓印尼的革命活動，對起事者加以逮捕或監禁。日軍為了維持秩序，不得不依賴東蘇門答臘的拉惹、米南加保的穆斯林領袖（penghulus）、亞齊的傳統貴族（uleebalangs）和爪哇的上層階級等。

日本佔領印尼後，禁止所有政治活動，廢止「人民議會」。1942年3月，日軍將蘇卡諾、哈達和賈里爾從監獄釋放，三人在雅加達密會，由蘇卡諾與日本合作，推動獨立，哈達從事外交聯繫，賈里爾則與地下反日份子聯繫。

日本將印尼分為三個區域，蘇門答臘置於第25軍之下，爪哇和馬都拉置於第16軍之下，摩鹿加群島、卡里曼丹和東印尼則置於第2南方艦隊控制之下，其總部設在望加錫。前面兩軍都置於總部設於新加坡的第7軍區控制之下。日本將印尼群島劃分為以上數個區域，是在戰爭爆發前就決定的，目的在便於取得天然資源，人口密集的爪哇島，由陸軍控制，可迅速徵集勞動力，人口稀疏、地區遼闊的東印尼和婆羅洲則由海軍控

制。[8]

　　日本禁止在印尼使用荷蘭語、英語，開始在學校中教授日語，組織委員會研究印尼語，使之變成標準化的國語，並在1942年底恢復巴達維亞的原名雅加達。透過電影、戲劇、皮影戲和電台傳播日本的資訊。印尼人亦填補荷蘭官員的空缺，這些印尼人大多是學校教師。然而，日本並未在印尼大肆推行日本文化，反而讓印尼文化逐漸從荷蘭的壓制下復甦。

　　在日本統治印尼初期，推行「三A」（Tiga A）運動，其內容是「日本是亞洲之光、亞洲之領袖、亞洲之保護者」。印尼人支援該項運動者是沙穆丁（Raden Samudin），他是來自茂物的律師，曾為大印度尼西亞黨的成員，1939年出任「人民議會」委員，1940年被選為該會副主席。但他不是早先被推薦的48人名單之一。該「三A」運動後來在日本人清水仁（Shimizu Hitoshi）之協助下，於1942年4月出版印尼文日報**大亞洲**（Asia Raya），大印度尼西亞黨的領袖韋卓普拉諾托（Sukardjo Wirjopranoto）亦是重要成員。惟由於該報一面倒推崇日本，並未獲得印尼人的支持。[9]

　　日軍大肆逮捕印尼共黨份子，並以「敵性華僑」罪名逮捕500多名華僑。在西婆羅洲的坤甸和山口洋，遭日軍殺害的華人約有1千9百多人。

　　在日據時期，印尼領袖對日本之態度不同，可分為兩類，一類為與日本合作，主要領袖為蘇卡諾、哈達；另一類為從事地下反日活動，包括賈里爾和蘇卡尼（Sukarni）。蘇卡諾在1942年3月被日軍從巴東監獄釋放，在武吉丁宜接受日軍的合作要求，然後前往巴鄰旁，等候返回爪哇。7月，他獲允返回雅加達。9月24日，他被任命為「研究印尼習慣法委員會」的成員，其他成員包括：哈達、蘇塔卓（Sutarjo）、特卓克洛蘇卓梭、曼蘇爾（Kijai Hadji Mas Mansur）（為蒂多雷蘇丹）、穆里亞（Mulia）醫生、蘇波莫（Supomo）教授、普巴加拉卡（Purbatjaraka）教授、加加迪寧格拉特（Hussein Djajadiningrat）教授。該一組織成為日本軍政府的顧問委員會，提出印尼人的希望想法，事實上，該委員會並非

8　Bernhard Dahm, *History of Indonesia in the Twentieth Century*, Praeger Publishers, London, New York, 1971, p.83.

9　Bernhard Dahm, *op.cit.*, p.85.

在研究印尼習慣法。[10]

　　哈達成為日軍中有關印尼事務的顧問。賈里爾和蘇卡尼在1920年代接受陳馬六甲的指揮。賈里爾假託生病，避免與日軍合作，1943年在學生中推動反日運動。屬於蘇卡尼團體的還有賈里福丁（他同情共黨）和沙勒（Chairul Saleh）（後來在蘇卡諾政府中出任軍職）。賈里福丁是共黨份子，但獲得荷蘭流亡政府的資金援助，用以支持其抗日活動。1943年1月，日軍逮捕他後，判處死刑。後來獲蘇卡諾援救，而未執行死刑。此外，有學生團體，包括阿布都加尼（Ruslan Abdulgani）和蘇班德里歐（Subandrio），從事地下活動。賈里爾住在他姊姊的家中，位在雅加達郊區的吉帕納斯（Tjipanas），是在一處山區，主要目的是為了收聽地下電台，便於聯絡。蘇卡諾和哈達則在雅加達與日本周旋，採取與日本合作的策略。

　　日本佔領當局也在1943年3月8日在印尼成立「民眾力量中心」（Pusat Tenega Rakjat, Centre of People's Power），以取代「三A運動」，作為將印尼納入「大東亞共榮圈」之一部分而努力。蘇卡諾為該中心主席，中心下設宣傳、組織、教育和保衛等部門。該中心主要領導人有四人，稱為「四人會」（Empat Serangkai），成員包括蘇卡諾、哈達、曼蘇爾和狄萬托洛。曼蘇爾代表伊斯蘭教，他是「穆罕默迪亞」的領袖，印尼伊斯蘭黨（Partai Islam Indonesia）的成員，「印尼最高伊斯蘭協會」的領袖。狄萬托洛代表教育界，是教育政策的重要成員。哈達代表知識份子。蘇卡諾則代表民意。該一組織因為能充分反映各界的意見，獲得印尼人民的普遍支持，對日軍具有重要性。

　　日本在1943年春討論印尼的前途問題，首相東條英機（Tojo Hideki.）和外相重光葵同意最後讓印尼獨立，但大本營和駐守印尼的海軍和陸軍反對。同年5月31日，東京召開一次御前秘密會議，決議將印尼併入日本帝國。[11]6月15日，東條在日本國會演講，表示印尼與日本合作良好，日本將考慮讓印尼人參與政府工作。7月7日，東條英機在雅加達的甘密爾演講，同意讓印尼擁有有限的自治權。

　　8月1日，日本駐印尼司令官原田熊吉中將宣布將在爪哇設立地方議

10　Bernhard Dahm, op.cit., p.87.

11　Bernhard Dahm, op.cit., p.89.

會以及中央諮詢議會，印尼人將在各行政機構中取得更多的職位。8月和
10月，日本分別宣布允許緬甸和菲律賓獨立。印尼領袖對此表示關切。

　　隨後日本在印尼雅加達設立「中央顧問委員會」（Central Advisory
Board, Chuo Sangi-in）（或譯為中央參議會）及在各行政區設立地方議
會。「中央顧問委員會」共有53名成員，其中23名委員由日本佔領軍委
任，12名由蘇丹推選，其餘18名則由地方議會選舉產生。地方議會（Shu
Sangi-kai）（或譯為地方參議會）成員一般為12名委員組成，半數由地方
行政長官指定，半數為民選。蘇卡諾為「中央顧問委員會」主席。「中央
顧問委員會」只是諮詢機構，未具立法功能，其目的在讓印尼人有表達
意見及提出建議的機會。「中央顧問委員會」第一次會議是在1943年10月
中旬召開。蘇門答臘也建立若干省議會。至於日本海軍控制區雖設立有
地方議會，但未有「中央顧問委員會」。

　　為了統合印尼人，日本也在印尼設立「印尼兒女協會」（Putera），
該組織由蘇卡諾擔任主席，只允許印尼土著參加。其宗旨在促進印尼與
日本合作，宣傳大東亞理想，協助日本駐印尼軍部推動經濟目標。日本
駐印尼司令官指示，為了防衛印尼之需要，以及抵抗盟軍之入侵，希望
當地居民組織家鄉防衛義勇軍。「印尼兒女協會」立即響應，遞出成立該
類家鄉防衛義勇軍之申請書。原田中將立即在10月批准該申請書。

　　「家鄉防衛義勇軍」（Pembela Tannah Air, Protectors of the Fatherland,
Defenders of the Fatherland, Peta）是在1943年10月3日組成的，主要招
募爪哇地區的印尼青年，拒絕讓曾受荷蘭教育者入伍。該一軍隊的訓練
中心設在文登（Tanggerang），由日軍第16軍情報組織主辦，主要訓練
「家鄉防衛義勇軍」的軍官。然後在爪哇其他地區設立訓練中心，對軍
官施予為期半年的初步軍訓和民防訓練。在茂物亦設有培養中下級軍官
的訓練中心。至戰爭結束時，該組織人數在爪哇有37,000人，在巴里島
有1,600人，在蘇門答臘有2萬人。「家鄉防衛義勇軍」不是日軍的一部
份，而是反抗盟軍的輔助性游擊隊。其軍官團包括官員、教師、地方首
長（kyais）（或宗教學者）和以前參加荷軍的印尼軍人。蘇卡諾在該軍隊
開訓時，曾到現場演講，激勵印尼的民族主義，以後該「家鄉防衛義勇
軍」成為印尼民族主義觀念醞釀的溫床。1944年2月1日，在東爪哇的布
里塔（Blitar）爆發反日的武裝暴動，由「家鄉防衛義勇軍」中尉蘇普里

加迪（Suprijadi）率部屬抗日，原因不明，遭到日軍血腥的鎮壓。以後反日活動變得更為公開，特別是學生團體。[12]至戰爭結束時，在爪哇的「家鄉防衛義勇軍」有32,000人，蘇門答臘有20,000人。

此外，日本亦於1943年在印尼成立「兵輔」（Heiho）（或譯為兵補），「兵輔」並非正規軍，而是從事軍中雜物處理及後勤的工作。他們是由各州軍事當局和教育部門挑選16–25歲的印尼青年組成，接受半年軍事訓練，然後分配到日軍的附屬機關擔任勞務工作，例如挖路和鋪橋的工作。在日本佔領期間，「兵輔」共有3萬5千人。

圖 7-1：日據時期的印尼「兵輔」

資料來源："An online timeline of Indonesian History," *Sejarah Indonesia*, http://www.gimonca.com/sejarah/sejarah05.shtml 2022 年 5 月 20 日瀏覽。

日本亦在1944年12月成立「伊斯蘭軍」（the Army of God, or Barisan Hizbullah），約有5萬人，配屬在瑪斯友美黨（印尼穆斯林諮商協會）（Madjlis Sjuro Muslimin Indonesia, Consultative Council of Indonesian Muslims）之下。該組織成為「家鄉防衛義勇軍」的後備部隊。「青年團」（Seinendan）人數約60萬人。「民防團」，人數約128萬6千人。「先鋒隊」（Shishintai），人數約8萬人。「敢死隊」（Jibakatai），人數約5萬人。「學生隊」（Gakatai），人數約5萬人。上述各種準軍隊，並沒有配備武器，攜帶的是木劍、木槍或竹劍。[13]

1943 年 11 月 10 日，蘇卡諾、哈達和「穆罕默迪亞」的主席哈迪庫

12　Bruce Grant, *op.cit.*, pp.26–27; Bernhard Dahm, *op.cit.*, p.98.

13　Joyce Lebra-Chapman, *Japanese-trained Armies in Southeast Asia*: Independence and Volunteer Forces in World War II, Columbia University Press, New York,1977, p.96.

蘇莫（Ki Bagus Hadikusumo）受邀訪東京，接受天皇之頒勳。蘇卡諾向日本首相東條英機建議使用「大印尼歌」（Indonesia Raya, Greater Indonesia）為印尼國歌，及以紅白色旗為印尼國旗，但遭到拒絕。[14] 最重要的是蘇卡諾等人要求日本給予印尼如同日本給予緬甸和菲律賓一樣的獨立地位，結果未獲日本同意。

　　日本為控制印尼的伊斯蘭的勢力，在1942年3月派遣堀江出任佔領軍宗教局首長，5月初，堀江在泗水與「印尼最高伊斯蘭協會」（Majlis Islam A'laa Indonesia, MIAI, Supreme Islamic Council of Indonesia）（成立於1937年）的代表進行會談。7月，在雅加達成立「伊斯蘭社會統一準備委員會」，阿畢庫士諾．特卓克洛蘇卓梭出任該委員會的主席。9月，日軍要求印尼各伊斯蘭組織同意「印尼最高伊斯蘭協會」為他們的中央領導機構。該理事會的責任是協調各伊斯蘭組織的立場。理事會的總部也從泗水遷到雅加達。日軍安排「伊斯蘭聯盟黨」主席翁多阿米塞諾（W. Wondoamiseno）擔任該理事會的主席。然而，「印尼最高伊斯蘭協會」並無法做到協調各伊斯蘭團體的任務，各團體仍各自為政，並不聽命於「伊斯蘭聯盟黨」。再加上「伊斯蘭聯盟黨」積極擴權，例如設立伊斯蘭財庫、有權向居民徵收用於救濟的什一稅等，引起日軍的疑慮。日軍在1943年10月解散「印尼最高伊斯蘭協會」，另成立「瑪斯友美黨」，由前伊斯蘭教師聯合會的領導人阿斯賈里．哈辛（Asjari Hasjim）任主席。「瑪斯友美黨」在爪哇各地設立分會。

　　1944年1月，成立「爪哇奉公會」（Jawa Hokokai/Java Service Association），取代「民眾力量中心」，規定年滿14歲者都需參加。蘇卡諾為該會主席，阿斯賈里．哈辛為顧問。在地方城鎮基層，每10到20個家庭組成「閭鄰協會」（Neighbourhood Association, Rukun Tetangga, Tonari Gumi），在農村成立「互助協會」，其目的在動員、組訓和情報之用。基層官員和村長負責該基層單位。「爪哇奉公會」為日本在佔領期間組織當地民眾支持日本政策的組織。

　　1944年1月，爆發首起有組織的抗日運動，靠近塔希克馬拉加（Tasikmalaja），「伊斯蘭教師聯合會」的一名成員穆斯塔發（Kijai

---

14　M. C. Ricklefs, *op.cit.*, 2001, p.254.

Zainal Mustafa）率領500人抗日，經數日後亂事才平定。[15]該事件之起因是日本招募14歲以上男性加入「家鄉防衛義勇軍」，引起穆斯塔發不滿。2月，勃良安的農民也因反對日本徵糧而起來反抗，結果遭日軍鎮壓。[16]

　　3月，日本當局將過於偏向民族主義色彩的「印尼兒女協會」解散，另以「爪哇社會服務團」替代之。該一新組織由印尼所有各種族和宗教團體組成，也包括住在印尼的日本人組織和宗教團體，其領導機構是「中央管理局」，完全由日本人擔任。其下層組織，亦大多是由日本人領導，其目的在動員地方民眾支持日本的「大東亞共榮圈」的目標。

　　1944年9月2日，日本新首相小磯國昭（General Koiso）在內閣會議上決議，將讓印尼獨立，但日期未確定。此一妥協案的背後原因是陸軍同意讓印尼獨立，而海軍反對。9月8日，小磯國昭在帝國議會上宣布應允印尼在最近的將來獨立。日本還允許印尼在特定場合懸掛印尼國旗以及唱印尼國歌。日本也任命更多的印尼人進入政府工作、在日本軍部擔任顧問。9月和11月，「中央顧問委員會」舉行臨時特別會議，商討如何與日本合作，以確保印尼的安全。蘇門答臘的日本司令官也表示，地方行政機構將會與爪哇的地方行政機構採取同樣的步調。隔年1月，宣布蘇門答臘將成立類似爪哇的「中央顧問委員會」。2月，日本駐印尼海軍將南婆羅洲、西里伯斯和小巽他群島建立一個由30人組成的顧問委員會，同時任命更多的印尼人至政府工作

　　在日本統治印尼期間，傳統蘇丹並未被廢掉，日軍仍保留其特別地位。1944年11月，蘇拉卡達的帕庫布烏諾十二世（Pakubuwono XII）成為蘇蘇胡南。

　　日本統治印尼，支持伊斯蘭教和反西方活動。蘇卡諾和哈達獲允在各地旅行和演講，蘇卡諾利用該機會傳播民族主義。日本讓印尼人參與政治、行政和軍事。荷蘭的官員和軍人有17萬人被關在集中營，其留下的空缺都由印尼人填補，惟高層位置仍由日本人充當。由於日本採取高壓統治，在日據時期擔任地方官員的印尼人在日本投降後，有一些人被不滿的印尼人所殺害。

15　Bernhard Dahm, *op.cit.*, p.92.

16　Sanderson Beck, "Southeast Asia 1941–1945," *Beck Index*, http://san.beck.org/SoutheastAsia1941-45.html#a3 2022年6月27日瀏覽。

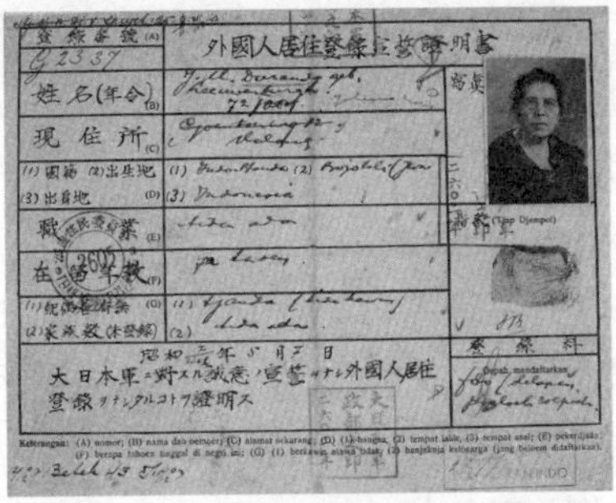

圖 7－2：日本佔領印尼期間發給當地印歐婦女的日本身份證

資料來源： "Japanese occupation of the Dutch East Indies," Military Wiki, https://
military-history.fandom.com/wiki/Japanese_occupation_of_the_Dutch_
East_Indies 2022 年 6 月 28 日瀏覽。

說明：身份證使用印尼語和日語書寫，帶有指紋和照片。

第二節　籌備獨立

在第二次世界大戰末期，日本首相小磯國昭在 1944 年 9 月 7 日同意讓印尼獨立，但未提及獨立日期。日本亦允許印尼國旗在「爪哇奉公會」辦公室豎立。1945 年 3 月 1 日，日本宣佈成立「印尼預備獨立工作調查委員會」（Investigating Committee for Preparatory Work for Indonesian Independence, BPUPKI），成員共 63 人，主席為韋迪歐寧格拉特（Radjiman Wedioningrat），其他重要人物包括蘇卡諾、哈達、曼蘇爾、狄萬托洛、沙林（Hadji Agus Salim）、卡托哈迪庫蘇莫（Soetardjo Kartohadikoesoemo）、特卓克洛蘇卓梭（Abikusno Tjokrosoejoso）、哈迪庫蘇莫（Ki Bagus Hadikusumo）、瓦契德‧哈辛（Wachid Hasjim）、雅敏（Muhammad Yamin）等。其中有華人代表 4 人、阿拉伯人代表 1 人、歐亞混血種代表 1 人，以及其他來自爪哇、蘇門答臘和東部地區的代表，集會協商制訂印尼憲法。在這些代表中，伊斯蘭教的代表人數很少，並非日本不重視或限制其影響力，而是因為伊斯蘭團體中有名望的人物不多。[17]

5 月 2 日，該會舉行第一次會議，蘇波莫（Supomo）在會上表示反對個人主義，贊成國家統一。雅敏建議新國家應包括砂拉越、北婆羅洲

17　Bernhard Dahm, op.cit., p.101.

（1963年改名為沙巴）、馬來亞、葡屬帝汶以及荷屬東印度的所有領土。
他建議新印尼不要顧慮國際法，應將所有島嶼之間的海域宣佈為領海。

在1940年代中期，制憲時期，印尼知識份子對於未來國家之性質
進行討論，可將他們的主張歸納為三個派別。第一派是完整國家主義者
（integralist），他們的主張是由日本統治時期擔任法官的蘇波莫在推動，
他認為應模仿納粹德國和日本的制度，讓統治者和被治者形成一個整
體，而不應像英、美採取個人主義的制度。主權在於人民整體，而非個
人。國家應扮演重要的經濟角色。

第二派是伊斯蘭教的代表，他們主張印尼應成為伊斯蘭教國家，採
用伊斯蘭教為國家宗教，主要推動者是瑪斯友美黨。

第三派為憲政主義者（constitutionalist），較重視國家機關之間的
組織形式，主要推動者是哈達、賈里爾和雅敏。納蘇遜（Abdul Haris
Nasution）對於憲政主義的本質，曾主張人民有效參與政府，限制政府權
力，政府對人民負責。

但在建國初期，憲政主義的觀點未受到應有的重視，菁英份子重視
革命精神以及賦予領導人更大的權力。非伊斯蘭教政黨對於成立伊斯蘭
國家的觀點也不能接受，因為他們擔心非伊斯蘭教徒反對而造成國家的
分裂。[18]

蘇卡諾同情完整國家主義者的觀點，但畢竟他是一位民族主義者，
他在1945年6月1日在「印尼獨立預備工作調查委員會」上發表演講，宏
論他的建國五項原則，即「班察西拉」（Pancasila）（Panca是指五個，
sila是指原則），多數觀念是他在1930年代為了「勞動階級」利益奮鬥的
概念，作為號召群眾擁有共同信念，他現在以「班察西拉」概念作為成
立一個統一的、世俗的國家的基礎。此五項原則包括：信仰上蒼（belief
in God）、人道主義（Humanitarianism）、民族主義（Nationalism）、協商
民主（Indonesian democracy through consultation and consensus）、社會正
義（social justice）。這五項原則將當時各種意識形態和主張融合在一起，
考慮到各種團體的需要和觀念。

最後在6月22日，由蘇卡諾召開的特別委員會上達成妥協，同意「國

18　Adam Schwarz, *A Nation in Waiting, Indonesia in the 1990s*, Westview Press, Australia,
Boullder, Co., fourth printing, 1997, pp.7–10.

家將建立在信仰神之基礎上，伊斯蘭教徒作為一個公民，有義務遵守伊斯蘭的訓誡。」（The state was founded on belief in God and the Muslims were obliged, by virtue of their citizenship, to follow the precepts of Islam.）伊斯蘭教領袖同意先獨立，再來商討國家的性質。雅敏稱之為「雅加達憲章」（Jakarta Charter）。[19] 該文件寫在憲法前言中，規定印尼人民有權獨立，其哲學和期望如「建國五項原則」所示。

7月10日，該委員會舉行第二次會議，討論未來國家的性質和領土，以及起草憲法。中爪哇的代表主張採取君王政體，蘇卡諾主張單一國體、世俗國家，而哈達主張聯邦制，該委員會推選蘇卡諾為主席，哈達為副主席。但最後表決，以55票對6票，3票廢票，通過實施共和政體。

關於領土問題，意見很紛歧，哈達主張印尼領土應包括前荷屬東印度和馬來亞，但不包含紐幾內亞。雅敏則主張包括前荷屬東印度、紐幾內亞、葡屬帝汶、英屬婆羅洲、馬來亞。此議獲得蘇卡諾的支持。沙林和卡托哈迪庫蘇莫主張以前荷屬東印度之範圍為主要領土。哈達批評雅敏的民族主義主張，因為雅敏主張將西伊里安納入新印尼領土內。蘇卡諾支持雅敏。沙林建議住在英國和葡萄牙屬地的人可以投票決定是否加入印尼。[20] 最後表決，雅敏獲得39票，沙林獲得19票，哈達獲得6票。另外2票棄權。該決議亦即印尼領土將包括荷屬東印度、葡屬帝汶和英屬婆羅洲和馬來半島。[21]

接著成立憲草小組，由蘇卡諾擔任主席，蘇波莫教授在兩天之時間即提出憲法草案，關於行政權所在，小組會議以10票對9票通過行政權在總統。

在「印尼獨立預備工作調查委員會」的全體會議上，若干伊斯蘭教領袖反對「雅加達憲章」，認為其規定過於空泛，而且歧視伊斯蘭教，全印尼有95%的人口是信奉伊斯蘭教，應承認此一事實。但民族主義者反對再做讓步，認為問題已由「雅加達憲章」加以解決了，因此最後由起草「雅加達憲章」的穆查克爾（Kijai Muzakkir）拍桌，要求所有提到阿拉

19　Adam Schwarz, *op.cit.*, p.10; Bernhard Dahm, *op.cit.*, p.106.

20　"An online timeline of Indonesia history," *Sejarah Indonesia*, http://www.gimonca.com/sejarah/sejarah07.shtml 2022 年 6 月 27 日瀏覽。

21　Bernhard Dahm, *op.cit.*, p.104; Bruce Grant, *op.cit.*, p.28.

的地方，都應從憲法本文和序言中刪除。國家應成為世俗國家或伊斯蘭國家，應慎重考慮，不是口惠而已。7月15–16日晚上，民族主義者和伊斯蘭教者再度協商，雙方避開危險，同意在憲法中加上一個規定，即總統需為伊斯蘭教徒。次日，蘇卡諾眼中含淚地請求代表們接受此一新的妥協方案，最後達成共識（mufakat）。[22]

此外，對於公民權問題亦達成妥協。少數民族的代表要求自動承認少數民族為印尼公民，但最後妥協，在憲法草案第27條規定，非印尼土著取得印尼公民權之條件由法律定之。

7月，日本欲統一爪哇青年運動，乃將瑪斯友美黨和爪哇奉公會合併為「新人民運動」（Gerakan Rakyat Baru, New People's Movement），但遭到失敗。因為青年懷抱激進的民族主義熱情，與老一代人不同，青年代表要求在章程上加上「印尼共和國」詞句，遭日本方面拒絕，因此在開一次會後就宣告結束。日本逮捕青年活動家雅敏。

7月17日，日軍司令官接到東京的命令，加快印尼獨立的程序，此乃戰局對日本不利所致。7月27日，東京之命令規定，第16軍、第25軍和第2南方艦隊的參謀長在新加坡集會，會中就日本政府將於9月給予印尼獨立的方案進行協商，會議決定印尼領土範圍僅限於荷屬東印度，不應包括馬來亞、東紐幾內亞、葡屬帝汶及英屬婆羅洲。同意印尼獨立的時間訂在9月7日，為移交權力，會議決定在8月7日設立「印尼獨立籌備委員會」（Panitia Persiapan Kemerdekdan Indonesia, Indonesian Independence Preparatory Committee, PPKI）。

圖7-3：1945年4月30日蘇卡諾在望加錫與日本軍官和官員合影

22　Bernhard Dahm, *op.cit.*, pp.106–107.

說明：前排右第三位為蘇卡諾。

8 月 2 日，日軍駐西貢的日本南方軍司令部司令寺內壽一（Field
Marshal Terauchi Hisaichi）正式發佈命令，確認 7 月 27 日會議的決議：

(1) 日本帝國政府應立即承認印尼政府。

(2) 印尼政府成立，即向英、美、荷宣戰。

(3) 屆時，日本駐印尼第 16 軍司令將成為日本駐印尼大使。

(4) 印尼政府及其參謀部都應保持一定數量的日本軍官（或任命他們
為印尼政府官員或軍官）。

(5) 日本在印尼沒有治外法權，但日本人的財產權益應維持現狀。

(6) 在最近的將來，日本帝國政府將指導印尼與第三國的關係。

8 月 6 日，美國在廣島丟下第一顆原子彈。「印尼獨立籌備委員會」
在 8 月 7 日正式成立，開始工作，一週後宣布印尼將在 9 月 7 日獨立，亦即
小磯國昭同意讓印尼獨立的一週年。日本軍政府同時規定印尼的領土限
制在前荷屬東印度，故排除馬來亞、東紐幾內亞、葡屬帝汶和英屬婆羅
洲在外。「印尼獨立籌備委員會」的委員共 20 人，首次將外島的代表納
入，包括 3 名蘇門答臘的代表，有巴塔克（Batak）地區的阿巴斯（Abdul
Abbas）、西蘇門答臘的阿米爾博士（Dr.Mohammed Amir）、亞齊的哈
山（Mohammed Hasan）；來自第 2 南方艦隊控制地區的代表有 5 人，包
括來自南西里伯斯的蘭吉博士（Dr. Ratu Langie）和安迪·班哲蘭（Andi
Pangeran），來自婆羅洲的哈米漢（A. Hamidhan），來自巴里島的普德
加（I. Gusti Ketut Pudja），來自安汶的拉杜哈哈里（Latuharhary）。爪
哇的代表蘇卡諾則擔任該委員會的主席，哈達為副主席。韋迪歐寧格拉
特博士和蘇波莫教授代表「印尼獨立籌備委員會」。瓦契德·哈辛和哈
迪庫蘇莫（Ki Bagus Hadikusumo）代表伊斯蘭教。迪納塔（Oto Iskandar
Dinata）和卡迪爾（Abdul Kadir）代表「前鋒陣線」（Barisan Pelopor）
和「家鄉防衛義勇軍」。蘇羅梭（R. Pandji Suroso）和卡托哈迪庫蘇
莫代表知識分子（prijajis）。普魯波卓（Purubojo）和佘卓哈米德卓卓
（Surjohamidjojo）代表日惹和梭羅的王室。蘇巴德卓擔任顧問，而華裔

葉萬彬（Yap Tjwan Bing）代表華人。[23]另外有代表日本的委員，包括第16
軍12人、第25軍4人、海軍5人。

8月9日，第二顆原子彈在長崎空投爆炸，蘇聯同時入侵中國東北。
同一天，蘇卡諾、哈達和韋迪歐寧格拉特應日本南方軍區司令寺內壽一
之邀飛往西貢，他們於11日在大叻（Dalat）會見寺內壽一。寺內壽一要
求「印尼獨立籌備委員會」在8月18日開始工作，並沒有提及印尼獨立的
日期，但蘇卡諾後來表示日本同意讓印尼在8月24日獨立，可能因為日本
本土遭到原子彈轟炸，所以將原訂讓印尼獨立的時間從9月7日提前到8月
24日。[24]14日，蘇卡諾和哈達等一行人返回雅加達。

當蘇卡諾和哈達前往西貢之前，賈里爾曾遊說哈達以民族主義為
重，向日本爭取獨立。待哈達返回雅加達的次日，賈里爾再度遊說哈達
自行宣布印尼獨立，而無須由「印尼獨立籌備委員會」宣佈獨立，但為
哈達拒絕。他指出如沒有蘇卡諾參加，將不能吸引人民的支持。哈達遂
與賈里爾勸服蘇卡諾須立即宣佈獨立，但蘇卡諾不相信日本已在8月15日
宣佈投降。他向日本副海軍司令前田正（Admiral Maeda Tadashi）求證該
一消息。前田正應允查證。蘇卡諾向「青年領袖」（pemudas）表示宣佈
獨立一事延後一天。「青年領袖」急切想立即宣佈獨立，但為賈里爾所
阻，其理由為避免造成內亂。[25]

8月15日，在美力克（Sajuti Melik）之安排下，陳馬六甲在蘇哈
托博士（Dr. Suharto）的家中會見了蘇卡諾，在該次會面中，蘇卡諾表
示，如果他不能領導印尼革命，則將由陳馬六甲取代他的領導地位。蘇
卡諾並給陳馬六甲一些經費。數天後，蘇卡諾在「前鋒陣線」（Barisan
Pelopor）領袖穆瓦帝博士（Dr. Muwardi）的家中的會議中，再度重申上
述的意思。當時蘇卡諾是可能作此聲明的，因為謠傳盟軍可能逮捕與日
本合作的蘇卡諾和哈達，蘇卡諾為防患未然，所以會向陳馬六甲作此一
表示。陳馬六甲在10月1日離開雅加達時，他的口袋中即有一張紙條，上
面寫著：「假如我和哈達無法領導印尼革命，則將由陳馬六甲、賈里爾、
蘇曼特里（Iwa Kusuma Sumantri）、王松尼哥羅（Wongsonegoro）取代他

23　Bernhard Dahm, *op.cit.*, p.107.
24　Bernhard Dahm, *op.cit.*, pp.108–109.
25　Bernhard Dahm, *op.cit.*, p.110.

的領導地位。」該字條上面有蘇卡諾和哈達的簽名。[26]

　　8月16日下午3時，「青年領袖」韋卡納（Wikana）、沙勒、蘇卡尼（Sukarni）、馬力克、狄雅（B. M. Diah）等人挾持蘇卡諾及其妻子和孩子、以及哈達到「家鄉防衛義勇軍」在連格斯登克洛克（Rengasdengklok）（到井里汶的路上的小城鎮）的守備部，藉口是保護他們，以免「家鄉防衛義勇軍」和「兵輔」暴動傷害他們。事實上，並沒有暴動發生，蘇卡諾和哈達知道他們是要逼迫他們二人宣佈印尼獨立，但遭蘇卡諾和哈達拒絕。蘇卡諾的朋友蘇巴德卓，受前田正信任，抵達連格斯登克洛克，告知蘇卡諾日本確實投降的消息。他並向蘇卡尼保證，雅加達方面已做好宣佈獨立的準備。蘇卡諾和哈達與這些青年領袖達成協議，於返回雅加達時將儘快宣佈獨立，此後來稱為「連格斯登克洛克協議」（Rengasdengklok Agreement）。蘇卡諾等人遂回到雅加達，會見日軍指揮官山本（Yamamoto）將軍，希望日軍保持中立並同意他們宣佈獨立。惟新近到達雅加達的西村祥治中將（General Nishimura）拒絕此一要求，他表示應告知「青年領袖」，日軍將觀察注意情勢的發展，如有政變，將予鎮壓。當晚，蘇卡諾和哈達住在副海軍司令前田正在雅加達的家中，彼告訴蘇卡諾等人，日本已無法決定是否讓印尼獨立。蘇卡諾當晚起草獨立宣言，採用溫和的語氣，以免激怒日本或激起暴動。賈里爾對於在日軍司令家裡起草獨立宣言，認為是背叛了印尼革命。[27]

26　Aboe Bakar Loebis, "Tan Malaka's Arrest: An Eye-witness Account," *Indonesia*, No. 53, April 1992, pp. 71–78.

27　Bernhard Dahm, *op.cit.*, p.112.

第八章　成立印尼共和國

第一節　宣佈獨立

8月17日早上10點，蘇卡諾在他住家門口對少數群眾宣讀印尼獨立宣言。

宣言內容為：

> 我們，印尼人民，在此宣佈印尼獨立，關於權力之移轉，等等問題，將以理性的態度以及儘可能快速地執行。1945年8月17日，於雅加達。以印尼人民之名。
>
> 蘇卡諾 哈達 簽名[1]

他們同時在門口豎立紅白兩色的印尼國旗，並演唱「大印尼歌」。印尼共和國於焉誕生。印尼共和國包括8個省：蘇門答臘、婆羅洲、西爪哇、中爪哇、東爪哇、蘇拉威西、摩鹿加和小巽他群島（Sunda Kecil）。

8月17日，蘇卡諾在宣佈獨立宣言後，馬上召開「獨立籌備委員會」，另增加6人，包括狄萬托洛、蘇巴德卓、「家鄉防衛義勇軍」雅加達司令辛哥迪米德卓（Kasman Singodimedjo）、蘇曼特里（Iwa Kusuma Sumantri）、米里克（Sayuti Melik）、萬丹攝政官庫蘇瑪（Wirnata Kusuma）。「青年領袖」的代表亦受邀參加會議，但他們對於哈達宣稱該委員會的成員仍對日本負責，表示不滿，憤而退席。[2]

會中針對憲法草案重新加以討論，將前言中親日的詞句以及總統必

1　M. C. Ricklefs, *op.cit.*, 2001, p.260.
2　Bernhard Dahm, *op.cit.*, p.113.

須為伊斯蘭教徒的詞句予以刪除。會中還用歡呼的方式推舉蘇卡諾為總統、哈達為副總統。8 月 18 日，公佈新憲法。該憲法是在日本投降前最後數週由「獨立籌備委員會」所起草。憲法前言揭櫫「班察西拉」原則，全部憲法條文共 37 條，由於過於簡略，有些條文的規定不很清楚，或對政府權限與政府機關之間的關係沒有規定，如政府與人民的關係、公民的權利和義務等都付之闕如。

8 月 27 日，蘇卡諾宣佈成立印尼國民黨，其領袖包括米里克、蘇曼特里和韋卡納，並宣稱該組織將仿照「爪哇奉公會」的組織。但沒幾天，該政黨即解散，因為它與地方委員會相競爭，其他政黨以異樣眼光視之，理由是它將各種思想都包含在內，走聯合陣線路線，此與社會主義者、伊斯蘭教或共產主義者的主張相矛盾。[3]

8 月 29 日，蘇卡諾宣布解散「獨立籌委會」。蘇卡諾和哈達提名 135 人組成「中央印尼全國委員會」（KNIP, Central Indonesian National Committee），部份成員係「獨立籌委會」的委員。該組織是一臨時性的統治機關，其運作直到選舉產生國會為止。當天該會召開第一次會議，會中決議印尼人民將利用各種手段保衛其獨立，每一位印尼人有義務合作達此目的。蘇卡諾在 8 月 31 日組成新政府，共有 16 位部長。印尼共和國設立 8 省，包括西爪哇、中爪哇、東爪哇、蘇門答臘、卡里曼丹、蘇拉威西、摩鹿加群島和小巽他群島，由蘇卡諾在每一省任命一位省長主持政務，「中央印尼全國委員會」另任命一名代表協助省長。在地方亦設立全國委員會，獨立運作。蘇卡諾在 8 月 23 日呼籲菁英份子、伊斯蘭教師、青年領袖、民族主義份子和各階級的人參加地方委員會，以表達人民想要獨立、團結努力、保障國家安全、支持領袖實現其古老的理想。[4]

蘇卡諾第一個內閣成員包括：外長為蘇巴德卓，內長為攝政官庫蘇瑪，司法部長蘇波莫教授，教育部長為狄萬托洛，社會福利部長為蘇曼特里，交通與國家企業部長為阿畢庫士諾·特卓克洛蘇卓梭，新聞部長為賈里福丁（Amir Sjarifuddin），財政部長為沙斯特拉偉達格達博士（Dr. Samsi Sastrawidagda），經濟部長為特卓克羅迪蘇卓（Surachman Tjokroadisurjo），衛生部長為瑪托特摩迪歐博士（Dr. Buntaran

---

3　Bernhard Dahm, *op.cit.*, p.115.
4　Bernhard Dahm, *op.cit.*, pp.114–115.

Martoatmodjo），以及5位不管部長。以上諸部長中，除了賈里福丁被日本
逮捕至日本投降為止才釋放外，其他人在日據時期都曾與日本合作。[5]

激進的青年組織，在混亂的局勢中扮演重要的角色。日本人和「家
鄉防衛義勇軍」之間亦發生衝突，日本軍政府下令所有「家鄉防衛義勇
軍」和「兵輔」民兵解除武裝以及解散。蘇卡諾另建立「地方安全團
體」（Badan Keamanan Rakjat, BKR）。解散的軍人和準軍人人數約有6
萬人，再加上其他組織的人員，例如「前鋒陣線」、「胡茲布拉組織」
（Huzbullah）等，有20萬人，變成準軍事組織（Laskar）或地方的戰鬥單
位，但組織鬆散。大部分武器都是偷襲日軍軍械庫所獲得，只有少數地
方是由日軍移交的，例如在班朱瑪（Banjumas）。

「青年領袖」以及印共份子對蘇卡諾等不滿，認為他們是在為日本
服務，而印共領袖陳馬六甲才是印尼共和國的英雄，因此在9月19日在
雅加達舉行示威，抨擊日本介入印尼內部事務。日軍派遣軍人至獨立廣
場維持秩序，蘇卡諾在20萬示威群眾前演講，表示政府將保衛共和國，
人民須信任政府，群眾最後受其感召安靜地返家。印共領袖艾迪（Dipa
Nusantara Aidit）和馬力克在隔天被捕。

第二節　印度尼西亞的意義

Indonesia一詞，原係1850年人類學家羅根（J. R. Logan）用以指印尼
群島一帶說印尼語的語族，屬於人類學用語。故Indonesia一詞指的是「印
度尼西亞種族」。它包含舊馬來人和新馬來人兩大族群。後來經過審慎的
研究，發現印度尼西亞人來自不同族群來源，以致於認為使用該語詞易
致誤會，遂避而不用。[6]但蘇卡諾在其自傳中說，「印度尼西亞」一詞是一
位住在荷蘭的德國人種學家約丹（Jordan）率先使用，他用希臘文的Indos
一詞指印度人（Indian），Nesos一詞來指群島，他遂將「印度群島」（the
Islands of the Indies）稱為Indusnesos，最後演變成Indonesia。[7]

5　Bernhard Dahm, *op.cit.*, pp.117–118.

6　林惠祥，「『印度尼西亞』名稱考釋」，**南洋學報**（新加坡），第四卷，第一輯，
　　1947年6月，頁18–20。

7　Cindy Adams, *op.cit.*, p.63.

20世紀初，印尼群島人民出於民族主義的想法，乃使用Indonesia一詞自稱其民族，該名詞遂帶有政治意涵。1928年10月，來自印尼各地的青年代表在巴達維亞（雅加達）集會，決議三點如下：

(1) 吾等印度尼西亞之子孫自認有一個祖國，即印度尼西亞國。

(2) 吾等印度尼西亞之子孫自認為一個民族，即印度尼西亞民族。

(3) 吾等印度尼西亞之子孫自認有一個統一的語言，即印度尼西亞語。

以後該Indonesia詞即經常被使用，1939年要求荷蘭政府接受為公用語，1941年獲得接受。以後遂被廣泛使用。[8]不過，自印尼獨立後，「印度尼西亞」一詞帶有強烈政治意涵，乃指認同印度尼西亞國家以及具有印度尼西亞國籍的印度尼西亞人，中文簡稱印尼人。

日本統治印尼之初期，在1942年底將巴達維亞改名為雅加達（Jakarta）。印尼獨立後續用該名。明朝張燮在1617年出版東西洋考一書，曾記載：「下港一名順塔，唐稱闍婆，在南海中，一名訶陵，一曰社婆，元稱爪哇。……加留巴，下港屬國也，半日程可到，風土盡相類云。」加留巴（Kelapa），印尼話為椰子之意。明史亦稱為咬留吧，清朝文獻則稱為噶喇巴。14世紀，在茂物附近芝里翁（Tjiliwung）河中游，今稱為帕庫安（Pakuan）的地方有一小國巴查查南（Pedjedjaran），當時稱雅加達為順塔-加留巴（Sunda-Kelapa）。[9]順塔和加留巴應是同一個地點，也是當地華人對雅加達的稱呼。

第三節　武裝驅逐荷蘭

1945年8月14日夜晚，日本天皇決定投降，並在次日中午宣布投降後，盟軍東南亞最高統帥蒙巴頓（Admiral Earl Louis Mountbatten）就以盟軍名義命令駐印尼日軍不准把權力移交給任何印尼黨派。8月24日，英國和荷蘭簽訂行政協定，雙方合作分兩個階段佔領印尼。第一階段由英軍負責接收日軍投降。第二階段，英軍將其控制區移交給荷蘭。

8　林惠祥，**前引文**，頁18–20。

9　韓槐準，「椰加達紀行」，**南洋學報**（新加坡），第八卷，第二輯，1951年12月，頁45–46。

　　9月16日，蒙巴頓派遣英軍進入印尼群島接收日軍投降。在這之前，仍由日軍維持社會秩序和行政運作。日軍將部份武器移交給印尼共和國的軍隊，使共和國軍隊的裝備日益增強。

　　9月29日，梭羅的蘇蘇胡南、勃尼（Bone）（位在蘇拉威西島北部）的國王、望加錫的拉惹、武吉斯的拉惹、巴里島的拉惹都宣布支持共和國。日軍受到無條件投降的限制，需將其佔領地移交英軍，以致於與共和國軍隊發生戰鬥，雙方在萬隆、北加浪岸（Pekalongan）、三寶壟發生戰鬥，最後日軍將這些城市移交英軍。

　　10月16日，「中央印尼全國委員會」舉行第二次會議，哈達發佈一項命令，規定直到「人民議會」和國會建立起來為止，「中央印尼全國委員會」具有立法權，有權制訂政策，應設立一個工作委員會，對「中央印尼全國委員會」負責，它負責執行日常的工作。10月20日，賈里爾被任命為該工作委員會的主席，賈里爾出版小冊子支持民主和社會正義，反對封建主義、法西斯主義和殘餘的日本法西斯主義的思想。

　　在印尼宣佈獨立後，泗水由「青年組織」控制。但英軍在10月28日進入泗水欲接收日軍投降時，和「青年組織」及其他武裝團體爆發嚴重衝突，10月30日，英國霍松中將（British Major General Hawthorn）從雅加達搭機飛到泗水，與蘇卡諾、哈達和英軍司令馬樂畢（A.W.S. Mallaby）簽訂停火協議，但簽約後5小時，馬樂畢即被殺害。英軍採取報復手段，轟炸泗水，任意殺害平民。11月10日，印尼軍反攻泗水，有600名印度軍人背叛英軍，加入印尼軍。由於印度總理尼赫魯（Jawaharlal Nehru）批評英國派遣印度軍參加印尼的戰爭，刺激印度軍人反對英軍。戰爭持續到11月24日，導致數千人喪生。12月15日，荷軍取代在印尼東部的澳洲軍隊，接管該一地區。至1946年11月29日，最後一批英軍撤出印尼。

　　1945年11月3日，哈達宣布解除組織政黨的禁令。賈里爾所領導的工作委員會亦對「中央印尼全國委員會」負責，開始有議會民主制的雛形。11月8日，瑪斯友美黨宣布為一政黨，納特席爾（Mohammed Natsir）成為該新政黨的黨魁。11月9日，第一個內閣辭職，蘇卡諾任命賈里爾組織政府，新共和國組成議會制政府，賈里爾被任命為首任總理。賈里爾在戰時拒絕與日軍合作，與親日軍的「家鄉防衛義勇軍」進行對抗。

　　印尼和荷蘭的戰爭，影響亞太地區的安全，蘇聯駐聯合國代表約

克·馬力克（Jacob Malik）將荷印衝突問題提到聯合國安理會討論，1946年2月10日，荷、印雙方代表在聯合國舉行首次官方會談，由克爾（Sir Archibald Clark Kerr）擔任主席。

賈里爾的政策是親西方，反對暴力的左傾勢力和過激的民族主義者。1946年1月15日，陳馬六甲在中爪哇建立「戰鬥陣線」（ersatuan Perdjuangan, Fighting Front, PP），主張絕對獨立，除非外國勢力完全退出印尼，否則不與外國談判。為達此目的，應擱置國內的歧見。陳馬六甲的主張獲得普遍的喝采，幾乎所有政黨和軍方高層軍官都支持陳馬六甲。3月17日，陳馬六甲在茉莉芬舉行印共高層會議，公開與印尼共和國政府敵對。他隨後被共和國軍隊逮捕。其他被捕的人尚有阿畢庫士諾·特卓克洛蘇卓梭、雅敏、沙勒、蘇卡尼和馬力克。6月27日，軍方在蘇達梭諾（General Sudarsono）的領導下，在蘇拉卡達將陳馬六甲及其他共黨份子從監獄中釋放，同時扣押賈里爾及其他高官在蘇丹皇宮中，蘇達梭諾的軍隊控制日惹。蘇卡諾在當天宣佈戒嚴，要求釋放賈里爾，並派遣軍隊從泗水前往日惹，效忠蘇卡諾的西里萬紀（Siliwangi）師團亦趕赴日惹。7月2日，蘇達梭諾和雅敏親見蘇卡諾，要求以陳馬六甲替換賈里爾，由陳馬六甲主持最高政治會議，另委任蘇德曼（Sudirman）為總司令。蘇卡諾拒絕這些要求。蘇卡諾下令逮捕蘇達梭諾和雅敏。賈里爾亦安全獲釋。蘇德曼宣布支持共和政府。蘇卡諾逮捕陳馬六甲及其同夥，關在監獄直到1948年9月。賈里爾在10月改組政府，新成員包括納特席爾、賈里福丁、日惹蘇丹哈門庫布烏諾九世（Sultan Hamengkubuwono IX）、沙林和鍾安達（Djuanda）等人。

自1946年3月起，賈里爾政府和荷蘭政府開始進行談判。印尼共和國的談判代表是賈里爾，荷印政府的代表是總督范穆克（Van Mook）。賈里爾堅持荷印政府須承認印尼共和國，在此條件下，才能談進一步的合作。荷蘭國會同意印尼共和國可以構成在以荷蘭國王之名下組成的印尼聯邦（Indonesian Union）的一部份。賈里爾的反建議是，事實承認印尼共和國應包括蘇門答臘，共和國作為一個主權國家，應與荷蘭結成聯盟。後因印尼發生政治危機以及荷蘭改組政府，所以雙方停止談判。范穆克利用此空檔，於7月在靠近望加錫的馬里諾（Malino）與卡里曼丹、蘇拉威西、摩鹿加群島和小巽他群島的代表進行會談，討論邦聯

（confederation）的觀念。結果同意組織印尼合眾國聯邦（Federation of the United States of Indonesia, USI），將包括爪哇、蘇門答臘、婆羅洲、東印尼地區，每個地區之權力和地位平等。

1946年9月，在英國特別專員基里安（Lord Killearn）之斡旋下，荷蘭和印尼共和國在林牙耶蒂（Linggadjati）進行談判，印尼共和國的談判代表是總理賈里爾，荷蘭代表是荷蘭勞工黨（Dutch Labor Party）領袖及前首相斯撤莫宏（Willem Schermerhorn）。10月14日，簽訂停戰協定。11月15日簽訂「林牙耶蒂協定」（Linggajati Agreement）。該協定內容要點如下：

(1)荷蘭政府承認印尼共和國統治爪哇、蘇門答臘和馬都拉。

(2)成立荷蘭及印尼聯邦（Netherlands-Indonesian Union），以荷蘭國王為共同元首。該聯邦包括荷蘭、印尼共和國和東部群島。

(3)印尼群島成立印尼聯邦共和國（the Republic of the United States of Indonesia, RUSI），包括在爪哇和蘇門答臘的印尼共和國、卡里曼丹南部和大東部（Great East）〔包括：蘇拉威西、摩鹿加、小巽他群島和西紐幾內亞（West New Guinea）〕三大部分。

(4)荷蘭印尼聯邦應不晚於1949年1月1日成立。聯邦應設立本身的機構，來解決成員的共同利益問題，特別是外交、國防、經濟和財政問題。

(5)雙方同意減少軍隊的數量，除非有維持法律和秩序之必要，荷蘭軍隊應從印尼共和國領土撤出。外國公民在該領土內的財產權應予承認。[10]

但該協定的內容與印尼在1945年宣佈獨立時的領土主張違背，引起印尼人不滿。同樣地，荷蘭也沒有遵守該協定，又對印尼共和國展開進攻，且同時成立許多小邦，例如在1946年12月成立東印尼邦（在巴里島）[11]、西卡里曼丹邦[12]、南蘇門答臘邦、北蘇門答臘邦。蘇卡諾擔心「中央印尼全國委員會」不會通過該項協定，所以在12月增加其人數，從

10　Bernhard Dahm, *op.cit.*, pp.125–126.

11　荷蘭在1946年12月18–24日在巴里島的登帕剎（Denpasar）舉行會議，成立東印尼邦（East Indonesia/Negara Indonesia Timur），首都設在望加錫（Makassar），它的範圍包括印尼群島東半部。

12　荷蘭在1947年5月11日設立卡里曼丹邦，以坤甸（Pontianak）蘇丹為邦首。

200人增加到514人，有人反對增加人數，哈達即威脅說，如果反對，他和蘇卡諾將辭職。「中央印尼全國委員會」在1947年3月25日批准「林牙耶蒂協定」，荷蘭政府也在同一天簽署。

圖8-1：1946年10月14日印尼總理賈里爾與荷蘭代表斯撒莫宏簽署林牙耶蒂停戰協定

說　　明：中間為英國高級專員基里安（Lord Killearn），右為賈里爾，左為荷蘭代表斯撒莫宏（Willem Schermerhorn）。

資料來源："Negotiations and signing truce agreement; Linggadjati conference," *Alamy*, https://www.alamy.com/negotiations-and-signing-truce-agreement-linggadjati-conference-with-left-to-right-schermerhorn-lord-killearn-and-sutan-sjahrir-date-october-14-1946-location-batavia-indonesia-indonesia-dutch-east-indies-keywords-conferences-ministers-presidents-agreements-personal-name-killearn-lord-schermerhorn-willem-sjahrir-sutan-image340703464.html 2022年5月20日瀏覽。

表8-1：1947年3月「中央印尼全國委員會」之成員構造

代表背景	新增人數	原先人數
政黨：		
印尼國民黨（PNI）	45	(45)
瑪斯友美黨（Masjumi）	60	(35)
社會主義黨（Partai Sosialis）	35	(35)
勞工黨（Partai Buruh）	35	(6)
印尼共產黨（PKI）	35	(2)
印尼基督教黨（Parkindo,Indonesian Christian Party）	8	(4)
天主教黨（Partai Katolik）	4	(2)
職業：		
勞工	40	(0)
農民	40	(0)
地區（不含爪哇）：		
蘇門答臘	50	(1)
卡里曼丹	8	(4)
蘇拉威西	10	(5)
摩鹿加	5	(2)
小巽他	5	(2)

少數民族： 　華人	7	(5)
阿拉伯人	3	(2)
荷蘭人	3	(1)
其他： 　個人、小黨等	121	(49)
合計	514	(200)

資料來源：Bernhard Dahm, *op.cit.*, p.127.

　　然而，荷蘭意欲以武力控制印尼，在5月，片面成立西婆羅洲邦、宣佈成立獨立的巽他邦，並藉口修補破損的水壩而出兵佔領東爪哇的惹班。荷蘭也批評印尼共和國獨立自主的外交活動，而沒有經過荷蘭的同意，起因是賈里爾在1947年3月前往印度參加亞洲國家會議，以及副外長沙林訪問中東國家，尋求阿拉伯國家承認印尼共和國。5月27日，賈里爾接到荷蘭談判委員會的「最後建議」（即最後通牒），要求組成荷印聯邦的臨時政府以及成立「外交事務委員會」（Foreign Affairs Council），處理共同的對外政策。另外成立「內政安全指導委員會」（Directorate of Internal Security），負責維持法律和秩序。

　　雖然賈里爾堅持印尼共和國有權在其領土維持法律和秩序，但由於他接受以下的條件：(1)印尼共和國和荷蘭聯邦共組臨時聯邦政府，奉荷蘭女王為元首。(2)共同發行紙幣及設立聯合外匯局。立即歸還外國人的財產，允許外國企業有經濟開發權。(3)印尼共和國運輸米糧至荷軍佔領區。(4)共同辦理貨物輸出入事宜。而引起人民不滿，以至於在6月27日辭職下臺，由副總理賈里福丁取代。

　　賈里福丁採取賈里爾的政策，除了在共和國領土內保留警察權之外，同意荷蘭的要求。但荷蘭決議採取武力行動來執行上述權力。7月21日，荷蘭違反「林牙耶蒂協定」，發動第一次「警察行動」（police action），將共和國的軍隊驅逐出蘇門答臘、東爪哇和西爪哇，將印尼共和國活動的範圍拘限在中爪哇日惹一帶。國際對於荷蘭的「警察行動」反應負面，美國和英國表示不滿，印度、澳洲和蘇聯支持印尼共和國，法國和比利時支持荷蘭。聯合國安理會成立一個「斡旋委員會」（Good Offices Committee）負責協調。該委員會由美國、澳洲和比利時三國的代表組成。8月4日，荷、印雙方達成停火協議，荷蘭宣布在其控制的爪哇和

蘇門答臘的前線畫出「范穆克線（Van Mook[13] line）」。「幹旋委員會」建議「范穆克線」應被接受為臨時軍事疆界線，條件為荷蘭軍隊在3個月內撤回其原先的基地，以及允許共和國的文事政府返回其原先的地區。印尼共和國接受此一建議，但荷蘭反對，主張維持所佔領的現狀，且威脅說，假如不接受，則將再採取武力行動。

12月29日，范穆克利用談判的空檔，宣佈成立東蘇門答臘邦，其領土與印尼共和國的領土有重疊。

1948年1月9日，荷蘭按照「幹旋委員會」的6項額外建議發出最後通牒，其中最重要的建議之一是，在至少6個月到1年之內，在以前印尼共和國領土內（指被荷蘭新佔領的印尼共和國領土）舉行公民投票，以決定其居民是否歸屬印尼共和國或荷蘭控制的印尼合眾國（United States of Indonesia）。

最後雙方於1948年1月17日在美國軍艦「倫威爾號」（Renville）上簽署協議。該協議承認荷蘭「警察行動」所控制的地區為荷蘭臨時控制區，其未來由當地人民以公民投票決定。

「倫威爾協議」內容要點如下：

(1)雙方在簽署該協議時，立即停火，適用於荷、印政府在1947年8月29日宣布的疆界線的兩方。此線亦可稱之為現狀線。

(2)在現狀線設立非軍事區，是由荷蘭和印尼共和國的前沿線包夾的中間領土，在該區的中央劃一等距中間線。

(3)根據安理會在1947年8月1、25、26日和11月1日之決議，任何一方在該非軍事區的權利、一切主張和地位相同。

(4)雙方之軍事助理人員應承擔去決定是否任何意外事件需由兩方或單方的更高當局提出質問。

(5)在非軍事區維持法律和秩序、生命和財產安全應由各自的民事警察負責，民事警察包括從事民事警察的軍人。雙方警察應進行合作。

(6)雙方的貿易和交流應儘量予以同意。

(7)立即釋放戰俘，而不管哪一方戰俘較多。

13　Van Mook 為戰後荷蘭派駐印尼最高官員，其官銜為 Lieutenant-Governor，而非 Governor-General。

(8)軍事助理人員應立即調查在西爪哇的共和國軍隊持續在荷蘭疆界線內抵抗的數量。如果調查屬實,則應立即在21天內撤退。

(9)任何一方的軍隊在非軍事區內他方線內,應和平撤回己方線內。[14]

「斡旋委員會」的美國代表葛拉漢博士(Frank Graham)保證其政府將利用影響力確保該協議能執行,以及公民投票能舉行。

1948年1月21日,荷蘭在馬都拉建立馬都拉邦政府。1月23日,賈里福丁總理辭職,由哈達兼任緊急時期的總理。荷蘭在卡里曼丹建立邦賈領地政府(Daerah Banjar government)。賈里福丁所領導的左派政黨(Left Wing/Sayap Kiri parties)變成反對黨,在2月時,他將該左派組織改名為「人民民主陣線」(People's Democratic Front, Front Demokrasi Rakyat),包括印共、勞工黨、賈里福丁及其社會主義者、印尼社會主義青年(Socialist Youth of Indonesia, Pemuda Sosialis Indonesia or Pesindo)和工會聯盟、印尼中央工人組織(Central Workers' Organisation of Indonesia, Sentral Organisasi Buruh Seluruh Indonesia, SOBSI)。他要求中斷與荷蘭的談判、廢止他所簽署的「倫威爾協議」、國有化在印尼共和國領土內的荷蘭人企業和財產。

3月9日,荷蘭總督范穆克設立印尼聯邦臨時政府(Voorlopige Federale Regering, Provisional Government for Federated Indonesia)。此一作法,乃欲將印尼轉變成一個自治區,而非是荷蘭的殖民地。4月24日,荷蘭在西爪哇設立帕巽丹(Pasundan)邦。7月8日,由荷蘭控制的13個邦的代表在萬隆開會,討論成立印尼合眾國(United States of Indonesia)之事宜。11月26日,荷蘭在東爪哇設立東爪哇(Jawa Timur)邦。同時廢除「總督」職稱,改為「皇家高級代表」(High Representative of the Crown)。12月18日,荷蘭組織南蘇門答臘邦(Negara Sumatra Selatan),首府在巴鄰旁。

14　http://www.info.dfat.gov.au/info/historical/HistDocs.nsf/vVolume/310FF954F5089197CA256B7F0005BE2D 2006年1月15日瀏覽。

Indonesia:
Situation on December 1, 1948

- Republik Indonesia
- Dutch-founded "Negara"
- Dutch military occupation
- Other areas under Dutch control

Partially based on Cribb, "Historical Dictionary of Indonesia"

圖 8－2：1948 年 12 月 1 日印尼情勢圖示

說　　明：1 代表印尼共和國控制區。2 代表荷蘭控制的「邦」。3 代表荷軍佔領
區。4 代表荷蘭控制的其他領地。
資料來源："An online timeline of Indonesian History," *Sejarah Indonesia*, http://
www.gimonca.com/sejarah/sejarah05.shtml 2022 年 5 月 20 日瀏覽。

　　印尼共和國除了面臨荷蘭的威脅外，另外在西爪哇，由受尊敬
的伊斯蘭教學者等支持的伊斯蘭密教主張者卡托蘇偉卓（Sekar Madji
Kartosuwirjo），[15] 在 1948 年 5 月建立了「印尼伊斯蘭國」（Indonesian
Islamic State, Negara Islam Indonesia)，一般稱為「伊斯蘭國」（Darul
Islam）（該詞源自阿拉伯語，dar-al-Islam 一詞指伊斯蘭國）。卡托蘇韋卓
及其追隨者在西爪哇發動抗荷運動，也反對印尼共和國，直至 1962 年 6 月
卡托蘇韋卓被捕處死為止。

15　卡托蘇韋卓於 1905 年生於梭羅河畔的小鎮，其父為荷蘭政府控制的鴉片煙配銷所
的煙商。他從小進荷蘭開放給土著的小學就讀，但未能進荷蘭人讀的中學和高中，
他以後讀爪哇醫校，一年後從事政治活動。他主張混合的宗教和政治活動，受到伊
斯蘭教師以及其岳父的影響，而成為蘇非主義者（Sufist），獲得不少鄉下人的支
持，也成為他發動叛亂的群眾基礎。在 1948 年叛亂時，主要是反對荷蘭，以後蘇
卡諾政府亦清剿該叛軍。該一叛亂活動，估計死亡人數高達 4 萬人。參見 Theodore
Friend, *Indonesian Destinies*, The Belknap Press of Harvard University Press, Cambridge,
Massachusetts, and London, England, 2003, pp.53–55.

　　成立於 1920 年代的印尼共產黨亦由其領袖穆梭和托洛茨基
（Trotskyite）派領袖陳馬六甲領導，亦是共和國的威脅。1948年，賈里福
丁下臺，由哈達副總統兼任總理，共黨份子反對哈達的溫和政策。8月11
日，在蘇聯停留12年的印共領袖穆梭抵達日惹。他提出「印尼新道路」
的主張，內容要點為：(1)取消「林牙耶蒂協定」和「倫威爾協議」，打倒
哈達賣國政府，堅持印尼完全獨立。(2)印尼共黨應該成為民族獨立運動的
先鋒隊。(3)印尼應站在以蘇聯為首的反帝陣線這一邊。

　　賈里福丁宣布自己是地下的共產黨員。8月11日，共黨份子發動示威
和罷工。9月，印共改組，艾迪、魯克曼（Lukman）和卓莧（Njoto）成
為政治局委員。共和國政府釋放陳馬六甲。9月17日，共黨在蘇拉卡達發
動暴動，共和國軍隊加以鎮壓，共黨軍隊退入東爪哇的茉莉芬，號召民
眾推翻印尼共和國政府，另成立「印尼人民共和國」（Indonesian People's
Republic）。9月30日，共和國軍隊佔領茉莉芬，打死穆梭，逮捕陳馬六
甲，1949年2月將之處死。[16]艾迪和魯克曼則逃往中國。茉莉芬事件，使美
國瞭解到印尼共和國是反共的，並非如荷蘭所宣傳的它是紅色的政權。
美國乃開始對荷蘭施加壓力，迫其對印尼共和國的獨立要求讓步。

　　1948年12月18日，荷蘭官員通知在雅加達的美國代表和印尼共和
國的官員，荷蘭取消「倫威爾協議」。由於荷蘭切斷通往日惹的電話
線，所以此一消息未曾通達日惹。12月19日早上五點半，荷蘭在沒有
預警的情況下展開第二次「警察行動」，佔領印尼共和國首都日惹，逮
捕共和國總統蘇卡諾、副總統兼總理哈達和其他高層官員，將他們放逐
到北蘇門答臘的托巴湖畔的普拉帕特（Prapat）或邦加島。印尼反荷蘭
份子在西蘇門答臘的武吉丁宜，由財政部長和瑪斯友美黨領袖普拉偉拉
尼加拉（Syafruddin Prawiranegara）組成「印尼緊急政府」（Emergency
government for Indonesia）。隨後荷蘭又佔領武吉丁宜。除了亞齊外，其他
地方重被荷蘭佔領。22日，納蘇遜成立爪哇軍事政府。

　　在荷軍發動警察行動之第二天夜晚，印尼共和國軍將被逮捕的印共
份子，包括賈里福丁，予以槍斃，以杜絕印共再度作亂。

　　但荷蘭的強硬政策引起印度和美國的關切，國際輿論普遍不支持荷

16　M. C. Ricklefs, *op.cit.*, 2001, pp.260–263. 但 Bernhard Dahm 的書說陳馬六甲在4月16日
　　在東爪哇的布里塔（Blitar）被共和國軍隊殺害。參見 Bernhard Dahm, *op.cit.*, p.140.

蘭的作法，美國停止對荷蘭的馬歇爾計畫（Marshall Plan）的援助。印度總理尼赫魯22日在新德里召開19國會議，決議要求荷蘭釋放所有被捕的印尼人以及在1950年1月1日放棄在印尼的領土，並將該決議送交聯合國。12月24日，聯合國安理會呼籲荷蘭停火。31日，荷蘭接受聯合國的要求，在爪哇停火。

1949年1月5日，荷蘭在蘇門答臘停火。28日，聯合國安理會通過一項決議，要求停火，歸還日惹，荷蘭得召開海牙（The Hague）圓桌會議，但事先須釋放蘇卡諾和哈達，並在美國代表的主持下召開預備會議，並要求荷蘭在1950年7月1日以前讓印尼獨立。但荷蘭仍控制日惹不放，且詭稱已沒有印尼共和國政府和印尼軍隊。蘇哈托（Suharto）中校為證明荷蘭政府的說詞是錯誤的，於3月1日率軍進攻日惹，並佔領6小時，證明印尼軍隊還存在著。以後該事件被稱為「公開攻擊」（serangan umum, public offensive）。

4月6日，美國參議院通過決議，假如聯合國安理會通過制裁荷蘭，則美國將停止對荷蘭的「馬歇爾援助計畫」。4月14日，在美國的調停下，荷、印雙方在雅加達召開預備會議。5月7日，印尼代表羅姆（Mohammad Roem）和荷蘭代表范陸源（Van Rooyen）達成停火協議（Roem-Royem agreement）。荷蘭同意印尼共和國臨時政府由亞齊遷回日惹，根據1月28日聯合國安理會決議舉行談判，並根據「倫維爾協議」解決歧見。6月24日，荷軍撤出日惹。29日，印尼共和國軍進入日惹。7月6日，印尼共和國政府重新遷回日惹，接受普拉偉拉尼加辭去印尼緊急政府的工作，並贊同其建議接受荷、印停火協議。7月13日，由荷蘭設立的各邦召開會議，支持加入印尼共和國。但未能實現，因為荷蘭當局另有所圖。8月7日，「伊斯蘭國運動」（Darul Islam movement）正式與印尼共和國決裂，開始進行叛亂活動。

從8月23日到11月2日，荷、印雙方代表在荷蘭海牙舉行圓桌會議，在聯合國主持下，有印尼共和國（代表為哈達）、荷蘭以及荷蘭在警察行動後所設立的聯邦的代表〔代表為坤甸蘇丹哈米德二世（Hamid II）〕、調停委員會代表（美國、澳洲和比利時）出席，會議達成「海牙協議」，其要點如下：

(1)荷蘭承認印尼聯邦共和國（Republik Indonesia Serikat, Republic of

the United States of Indonesia, RUSI）為一個獨立國家。它由16個政治單位組成，其中包括印尼共和國和15個邦或領地。

(2)所有荷蘭武力在1950年7月以前撤出印尼。

(3)荷蘭在1949年12月30日以前移轉主權給印尼。

(4)印尼聯邦共和國應尊重荷蘭統治時期給予的權利、許可和執照，假如對當事人有利，應給予更新權利、許可和執照。

(5)徵收、國有化等措施，僅能在對公共福利有利的情況下進行，每一個案涉及的財產的價值，應由司法判決確定。

(6)荷蘭在印尼享有「最惠國」待遇。所有國家在與印尼的貿易以及工業發展，擁有平等權。

(7)西紐幾內亞仍由荷蘭控制，在移交政權後一年內加以解決。

(8)荷屬東印度時期積欠的債務43億盾由印尼聯邦共和國承擔。

(9)設立一個常設秘書處，由雙方派遣部長級官員每年集會兩次，討論雙方的問題。

　　上述協議中較有爭議的是有關債務之計算，原先荷蘭預估積欠的債務有61億盾，而共和國政府認為僅有5億4千萬盾，後經美國代表柯契蘭（H. Merle Cochran）的協調，最後定為43億盾。另一個問題是西伊里安問題。荷蘭認為西伊里安完全與印尼是分開的領土，二者有不同的種族和語言，而印尼認為西伊里安是其在1945年討論時納入領土的一部份。最後協調同意在1950年10月以前加以解決。

　　1949年12月14日，印尼共和國和聯邦代表簽署「印尼聯邦共和國憲法」。16日，選舉蘇卡諾為總統。19日，由哈達出組內閣。荷蘭在12月27日正式將其控制的領土移轉主權給「印尼聯邦共和國」。1949年12月27日，成立「印尼聯邦共和國」，由16個政治單位組成，包括印尼共和國、印尼聯邦的6個邦（東爪哇邦、馬都拉邦、帕巽丹邦、東蘇門答臘邦、南蘇門答臘邦、東印尼邦）和9個自治區（西婆羅洲、東婆羅洲、南婆羅洲、大達雅、班惹、廖內島、邦加島、勿里洞、中爪哇）。對於華裔的國籍，印尼聯邦共和國允許其自由選擇國籍。12月28日，蘇卡諾返回雅加達，受到民眾熱烈的歡迎。

　　1950年1月9日，泗水地區爆發7萬多人示威，要求取消東爪哇邦，邦長被迫辭職。1月10日，馬都拉議會通過決議，主張印尼應由聯邦國家轉

變為統一國家，取消各個邦區。1月15日，聯邦政府頒佈命令，任命政府專員管理東爪哇事務。荷屬印度皇家軍隊（Royal Netherlands Indies Army, KNIL）上尉也是反顛覆專家魏士特林（Raymond Paul Pierre "The Turk" Westerling）陰謀破壞印尼聯邦的統一，阻止帕巽丹邦（State of Pasundan）併入印尼共和國。他與聯邦政府國務部長、西卡里曼丹邦長蘇丹哈米德二世密謀，策劃於1月20日聯邦內閣開會時，進攻雅加達政府大廈，綁架全體閣員，槍殺國防部長，然後由哈密二世出掌國防部長，奪取政權。由於事跡敗露，1月23日，他在萬隆和雅加達發動政變，結果遭聯邦軍隊鎮壓。由荷蘭設立的帕巽丹邦的總理、交通部長等政府官員涉及該政變而被捕。2月9日，解散帕巽丹邦，由聯邦接管該邦政權。2月22日，魏士特林使用偽造的荷蘭通行證（護照）逃往新加坡，然後回到荷蘭。

2月，公佈印尼聯邦共和國臨時憲法，規定選舉制憲會議代表，來起草一部永久憲法。3月8日，頒佈「改變各邦組織緊急法令」，允許各邦和自治區加入印尼共和國，將16個政治單位合併為4個政治單位，包括：(1)印尼共和國；(2)東蘇門答臘；(3)西婆羅洲；(4)東印尼（西里伯斯及其鄰近各島）。[17]

3月9日，南蘇門答臘邦（Negara Sumatra Selatan）、馬都拉邦（Negara Madura）和東爪哇邦（Jawa Timur）解散，併入印尼共和國。4月4日，坤甸蘇丹因涉及魏士特林政變，遭印尼共和國政府逮捕，印尼共和國政府接管西卡里曼丹邦。4月5日，東印尼邦司法部長蘇莫基爾（Sumokil）策劃以前屬於荷屬印度皇家軍隊司令的阿濟茲上尉（Capt. Andi Abdul Aziz）率領自稱「自由協會」的軍隊控制望加錫，以阻止當天擬登陸該城市的共和國軍隊。印尼共和國軍和親荷勢力對立，東印尼邦陷入危局。「民那哈沙」脫離東印尼邦（East Indonesia/Negara Indonesia Timur），併入印尼共和國。4月18日，實施「堡壘計畫」（Benteng program），支持土著（pribumi）商人，給予土著商人出口的執照和優先貸款權，此一計畫實施至1957年。在4月18日，共和國軍隊登陸望加錫，阿濟茲叛軍潰敗。蘇莫基爾逃往摩鹿加群島。4月25日，他在安汶獲得基督教徒的支持宣布成立「南摩鹿加共和國」（Republic of South Maluk）。

5月19日，印尼共和國和僅存的印尼聯邦共和國的蘇門答臘邦和東印

17　**中華日報**，民國39年3月9日，版2。

尼邦達成協議，同意建立統一政府，設立「統一國家憲法預備委員會」
（A Committee for the Preparation of the Constitution of the Unitary States）。
此外，由聯邦共和國眾議院、參議院、印尼共和國「中央印尼全國委員
會」委員、「最高顧問委員會」委員組成統一的國會，總共有232人。7月
27日，印尼國會批准印尼共和國新憲法，並選舉蘇卡諾為總統，哈達為
副總統。8月17日，公佈新憲法，蘇卡諾宣佈正式成立印尼共和國。東印
尼邦同意解散，併入印尼共和國。首都設在雅加達。該新憲法採內閣制
政府，內閣及總理對單一院制國會負責。總統是國家元首，只具象徵性
權力。[18]

　　印尼聯邦共和國存立時間從1949年12月27日到1950年8月17日，共
由16個政治單位組成，包括印尼共和國（由爪哇和蘇門答臘組成，總人
口約3千1百萬），及由荷蘭組成的15個邦或自治區。

　　這些邦或自治區的歷史變化如下：

(1) 1947年7月12日，成立由邦加、勿里洞和廖內群島組成的鬆散的
邦聯；1950年4月4日併入印尼共和國。

(2) 邦賈領地（Daerah Banjar, Territory of Banjar)。1948年1月14日，
成立邦賈領地；1950年4月4日併入印尼共和國。

(3) 大達雅克邦（Dayak Besar, Great Dayak）。1946年12月7日，成立
大達雅克邦；1948年1月16日獲官方承認；1950年4月4日併入印
尼共和國。

(4) 東印尼邦（Indonesia Timur）。1946年12月24日，成立大東邦
（Negara Timur Besar, State of Great East)。1946年12月27日，改名
為東印尼邦（Negara Indonesia Timur, State of East Indonesia)。1950
年8月17日，併入印尼共和國。

(5) 中爪哇邦（Jawa Tengah, Central Java）。1949年3月2日，成立中
爪哇邦。1950年3月9日，併入印尼共和國。

(6) 東爪哇邦（Jawa Timur）。1948年11月26日，成立東爪哇邦
（Negara Jawa Timur, State of East Java)。1950年1月19日-3月9
日，由聯邦專員（Federal commissioner）管理邦務。1950年3月9

18　William H. Frederick and Robert L. Worden, *Indonesia: A Country Study*, Headquarters, Department of the Army, U.S.A., 1993, pp.45–46.

日，併入印尼共和國。

(7)西卡里曼丹（Kalimantan Barat）。1946年10月22日，成立西卡里曼丹聯邦（Federasi Kalimantan Barat, Federation of West Borneo）。1947 年5月12日，建立西婆羅洲特別領地（Daerah Istimewa Kalimantan Barat, Special Territory of West Borneo）。1950年8月17日，隨著印尼聯邦之解散而結束。

(8)東南卡里曼丹邦（Kalimantan Tenggara, Southeast Borneo）。1947年1月8日，成立東南卡里曼丹邦。1950年4月4日，併入印尼共和國。

(9)東卡里曼丹（Kalimantan Timur）。1947 年8月27日，成立大席亞克領地（Daerah Siak Besar, Great Siak Territory)。1948年2月4日，改名為東卡里曼丹聯邦（Kalimantan Timur, Federation of East Borneo)。1950年4月24日，併入印尼共和國。

(10)瓦林金市（Kota Waringin）。1950 年4月4日，併入印尼共和國。

(11)馬都拉（Madura）邦。1948 年1月23日，成立馬都拉邦（Negara Madura)。1948年2月20日，獲官方承認。1950年2月1日-1950年3月9日，由聯邦專員管理邦務。1950年3月9日，併入印尼共和國。

(12)巴東近畿（Padang dan Sekitarnya, Padang and surroundings）。1950年3月9日，巴東近畿併入印尼共和國。

(13)帕巽丹（Pasundan）。1947 年5月4日，成立帕巽丹共和國（Republik Pasundan, Sundanese Republic)，但未獲承認，以後解散。1948年2月26日，成立西爪哇邦（Negara Jawa Barat, State of West Java)。1948 年4月24日改名為巽他邦（Negara Pasundan, Sundanese State)。1950 年2月10日- 1950年3月11日，由聯邦專員管理邦務。1950年3月11日，併入印尼共和國。

(14)沙邦（Sabang）（位在蘇門答臘北端外海的島嶼港口）。1950年3月9日，併入印尼共和國。

(15)南蘇門答臘（Sumatera Selatan）。1948年8月30日成立南蘇門答臘邦（Negara Sumatera Selatan, State of South Sumatra）。1950 年3月9–24日，由聯邦專員管理邦務。1950年3月24日，併入印尼共

和國。

(16) 東蘇門答臘邦（Sumatera Timur）。1947年10月8日，設立東
蘇門答臘特別領地（Daerah Istimewa Sumatera Timur, Special
Territory of East Sumatra)。1947年12月25日，改名為東蘇門答臘
邦（Negara Sumatera Timur, State of East Sumatra)。1950年8月17
日，隨著印尼聯邦的瓦解而結束。

(17) 巴達維亞臨時聯邦區（Batavia Provisional Federal District)：1948
年8月11日到1950年。

以上各政治單位可歸納如下的性質：(1) 7個稱為邦（negara, state）
的單位，其中最著名的是印尼共和國，其他邦模仿印尼共和國。這些邦
包括：大達雅克邦、東印尼邦、中爪哇邦、東爪哇邦、馬都拉邦、巽他
邦。(2) 9個自治體，列在憲法中。常被稱為「領地」（daerah, territory），
但事實上僅有兩個以此為名。(3) 1個聯邦區（Federal District），在憲法中
提及。(4) 3個殘餘的政體，沒有列在憲法中，包括：在卡里曼丹的傳統政
體瓦林金市、巴東近畿和沙邦。[19]

至1950年5月，所有聯邦內的邦都加入印尼共和國，而以雅加達為首
都。整併過程之所以能夠加速，主要原因是1950年1月發生流產政變，荷
屬印尼皇家軍隊上尉魏士特林在西爪哇領導政變，利用恐怖手段、游擊
戰法在2月控制西爪哇帕巽丹邦。其他邦，在雅加達強大的壓力下，在以
後數月放棄其聯邦地位。但4月，南摩鹿加共和國在安汶宣佈成立。由於
該共和國有為數眾多的基督教徒，且長期以來與荷蘭合作，故在政治態
度上傾向荷蘭。11月，該共和國受到鎮壓。次年，有12,000名安汶軍人及
其眷屬移居荷蘭，並在荷蘭建立「南摩鹿加共和國流亡政府」。

19　"Indonesian States 1946–1950," *WorldStatesmen.org*, http://worldstatesmen.org/Indonesia_
states_1946-1950.html 2022年6月28日瀏覽。

圖 8－3：雅加達的印尼國家紀念碑

資料來源："National Monument (Indonesia)," *Wikipedia*, https://en.wikipedia. org/wiki/National_Monument_(Indonesia) 2022 年 5 月 23 日瀏覽。

第四節　總結荷蘭的遺產

　　荷蘭的領土約只有爪哇的四分之一，歷經 3 百多年與印尼人民的戰爭才完全控制其群島。荷蘭從原本只想取得香料之來源以及控制香料貿易航線，到併吞印尼群島，恐怕非當時荷蘭政府和荷屬東印度公司當局所想像的結果。回顧此一段歷史，可以給我們一些啟發和教訓。

　　第一，荷蘭以一蕞爾小邦依賴海洋貿易而成為西歐重要的航海國家，成為與西班牙和葡萄牙海上爭雄的強國。其控制從好望角到印尼群島的航運線，使得它獲得豐厚的商業利益，以及印尼群島的天然資源，長達 3 百多年。

　　第二，在荷蘭入侵以前，印尼群島滿布各種大小不一的港市國家，彼此經常戰爭，並未構成完整的統一國家。經過荷蘭的統治後，建立完善的官僚體系，使得印尼人開始出現印度尼西亞人的一體感。荷蘭對於印尼國家和民族的形成做出了重要的貢獻，沒有荷蘭的統治，印尼可能分解成數十個小國。

　　第三，雖然一般在討論殖民地經濟時，都會採取負面評價，將殖民地經濟低貶為剝削經濟，使當地人成為殖民主的奴隸。拋開該種政治意識形態不論，沒有荷蘭引進先進的技術和資金，印尼群島可能還停留在原始經濟階段，亦即經濟缺乏分工，使用大量勞力的低度農業社會。尤其在 19 世紀末業，荷蘭引進當時世界流行的電報、電話、郵電、汽車、

火車、醫學知識以及科學技術到印尼群島，使其得以開始進行現代化。荷蘭對印尼的經濟建設之貢獻還是不能一筆抹殺。

第四，在戰後，荷蘭昧於國際局勢，不顧民族主義的覺醒以及民族自決的要求，強要繼續殖民統治印尼群島，其愚昧和專斷已無法為印尼人民所接受，終於在印尼人民的英勇反抗下，黯然退出印尼，其不光榮之退場，足可為世人殷鑑。

第五，荷蘭對印尼的殖民統治採取類似非洲的模式，即將人民移殖到印尼群島，而非採取「不在地主」（absentee landord）的模式。在第二次世界大戰前，居住在印尼群島的荷蘭人總數有25萬人，此比其他歐洲人在亞洲的殖民地的人數還多。例如荷蘭人在爪哇的人數與英國人在全印度的人數相同。有些荷蘭人已將爪哇當成他們的母國。荷蘭在印尼未發展出類似南非的「種族隔離政策」（apartheid），格蘭特（Bruce Grant）認為此乃印尼獨立運動使此一想法無法實現所致。[20]惟筆者認為荷印當局原先在1830年也採取種族隔離政策，實施不同種族「分區居住」之辦法，但此一制度不利於貿易開放的新措施，所以在1866年廢除阻礙人民遷徙和私人企業發展的通行證制，也解除分區居住的限制，所以荷蘭統治下的印尼沒有發展成類似南非的「種族隔離政策」。

第六，荷蘭殖民統治印尼並未有培植殖民地人民的想法，在1940年，在印尼的高層官員3,039人中，印尼人僅有221人。[21]此與西班牙統治菲律賓類似，都是以殖民統治為主，非以培植土著為考慮。

20　Bruce Grant, *op.cit.*, pp.19–20.
21　Bruce Grant, *op.cit.*, p.25.

第九章 議會民主制的實驗

第一節 動盪的議會民主政治

1950年8月14日，印尼國會通過印尼共和國臨時憲法，採取議會民主制政府，國會採單一院制，國會議員由人民直接選舉產生，依政黨得票比例分配席次。該部憲法根據聯合國憲章所以訂定有保障人權的條款，也規定政府機關之間的制衡，軍人需服從文人的領導。蘇卡諾出任新國家的總統。雖然新國家組成了，選舉遲未能舉行，主因是荷蘭任命的印尼聯邦共和國立法議員仍留在國會裡，這是與各邦談判放棄聯邦而加入印尼共和國的妥協讓步的結果。立法議員們知道普選將使他們喪失地位，因此一直儘可能延遲舉行選舉。

在1950年代初，高階層軍官，所謂「技術派」，計劃動員軍人以尋求給軍人更好的現代化訓練，結果有教育訓練不足的「家鄉防衛義勇軍」軍人或日本統治時期和革命時期的其他軍事組織的軍人參加。新國家剛成立，軍事政變和反政府示威運動就頻繁發生，1951年8月，穆查卡中校（Kahar Muzakkar）在南蘇拉威西發動政變。印共在棉蘭和雅加達進行示威和罷工，有15,000名共黨份子被捕。1952年1月，穆查卡中校支持卡托蘇偉卓所發動的「伊斯蘭國家運動」。

納蘇遜（Abdul Haris Nasution）在1949年12月被任命為陸軍參謀長，司馬土邦（TB Simatupang）亦取代蘇德曼（Sudirman）出任武裝部隊總司令。1952年，納蘇遜和司馬土邦決定重組武裝部隊，目標在建立一支人數少但精良的軍隊。他們兩人都曾受過荷蘭的軍事訓練，想要解除受日本訓練的軍人之職務。結果引起蘇波諾（Bambang Supeno）帶領日本訓

練的軍人反對。納蘇遜和司馬土邦獲得總理韋洛波（Wilopo）和國防部長哈門庫布烏諾九世（Hamengkubuwono IX）之支持，蘇波諾則尋求人民代表會（國會）內反對黨之支持，國會議員遂反對該軍隊重組案。納蘇遜和司馬土邦不滿文人干預軍隊內部事務，在1952年10月17日動員軍隊在總統府前展現實力，將坦克砲塔指向總統府，要求總統解散國會。他們還動員人民起來抗議。蘇卡諾從總統府走出來，對軍隊和群眾演說，說服他們解散回家。經過調查後，納蘇遜上校於12月18日被解除軍職。[1]

1952年4月上臺的韋洛波總理處理東蘇門答臘外國煙草公司案遭到蘇卡諾的反對，而在8月下臺。此事起因為外國煙草公司撤出東蘇門答臘後，有非法的人民進住留下的地區，韋洛波主張將這些人民驅離，而與蘇卡諾意見不合。[2]1953年9月20日，亞齊的伯利尤宣布反抗雅加達，支持西爪哇的「伊斯蘭國家運動」。

1954年4月，印尼和荷蘭舉行會談，同意結束「印尼與荷蘭之憲法聯邦」（Constitutional Union between Indonesia and the Netherlands）關係。8月，印尼和荷蘭簽訂印、荷協定，廢除「荷印聯邦」，取消「海牙圓桌會議協定」中有關軍事、外交、文化等條款。1956年4月，阿里·沙斯特羅米卓卓（Ali Sastroamidjojo）總理片面宣布廢除「海牙圓桌會議協定」。5月8日，解散該荷印聯邦。荷印聯邦解散後，印尼共和國才在法律上取得獨立地位。

1955年9月29日，舉行首次正式的國會選舉。在登記的選民中，有91.5%的選民前往投票，約有3千8百萬選民參與，有28個黨參選。印尼採取比例代表制，選民是投票給政黨，再按各黨得票率分配議席。蘇卡諾的印尼國民黨贏得些微的勝利，獲得22.3%得票率，分得57個席次。瑪斯友美黨獲得20.9%得票率，分得57個席次。1952年從瑪斯友美黨分裂出來的「伊斯蘭教師聯合會」獲得18.4%得票率，分得45個席次。印尼共黨獲得16.4%得票率，分得39個席次。印尼社會主義黨（Indonesian Socialist Party, PSI)獲得2%得票率，分得5個席次。印尼基督教黨（Protestant

---

1 "Abdul Haris Nasution," *Wikipedia*, https://en.wikipedia.org/wiki/Abdul_Haris_Nasution#Second_term_as_chief_of_staff 2022年6月28日瀏覽。

2 Bruce Grant, *Indonesia*, Melbourne University Press, Australia; Cambridge University Press, New York, 1966, p.33.

Party, Parti Kristen Indonesia）獲8席。天主教黨（Catholic Party）獲6席。
印尼獨立主張者聯盟（League of Upholders of Indonesian Independence）獲
4席。全國共產主義黨（Partai Murba, the National-Communist Party）獲2
席。餘為其他小黨所獲，總數為257席。[3]（參見表9–1）

表 9－1：1955 年印尼各黨得票數、得票率和議席數

政　黨	有效票	有效票比率 (%)	議席數	議席數比率 (%)
印尼國民黨（PNI）	8,434,653	22.3	57	22.2
瑪斯友美黨（Masyumi）	7,903,886	20.9	57	22.2
伊斯蘭教師聯合會（NU）	6,955,141	18.4	45	17.5
印尼共產黨（PKI）	6,176,914	16.4	39	15.2
印尼伊斯蘭聯合黨（PSII）	1,091,160	2.9	8	3.1
印尼基督教黨（Parkindo）	1,003,325	2.6	8	3.1
天主教黨（Partai Katholik）	760,740	2.0	6	2.3
印尼社會主義黨（PSI）	753,191	2.0	5	1.9
平民黨（Murba）	199,588	0.5	2	0.8
其他政黨	4,496,701	12.0	30	11.7
合計	37,785,299	100.0	257	100.0

資料來源：Ricklefs, M. C., *A History of Modern Indonesia since C.1200* (3rd edition),
　　　　Standford University Press, Standford, California, 2001, p.304.

　　　印尼之選舉是採取直接、普通、自由和祕密投票方式。國會和地方
議會選舉是同時舉行的。1957年舉行省級議會選舉。

　　　依據1955年選舉法之規定，年滿18歲或未滿18歲但已婚者有投票
權。[4]1967年後，國會有軍人保障席次，但軍人沒有投票權。涉及1965年
政變事件、犯罪者及精神障礙者沒有投票權。在選前數月，進行選民登
記，寄發選舉通知單。每位選民在投票所拿到三張選票，一張投給國會
議員，一張投給省議員，一張投給縣議員。選民在選票上就其選擇的政
黨上打一個洞，再將選票投入票匭內。中央及省級議會是按各黨得票數
比率分配。

　　　12月，選出514名制憲議會代表起草憲法，以取代1950年臨時憲法。
制憲議會的代表主要來自印尼國民黨、瑪斯友美黨、回教教師聯合會和
印尼共產黨，此與國會議員的結構大體相同。由於意識形態的因素，制

3　Bruce Grant, *op.cit.*, p.33.
4　另一資料說須滿 17 歲即有投票權。參見 "Indonesia," in Alan J. Day(ed.), *Political Parties of the World*, Longman Group UK Limited, Uk, 1988, 3rd edition, p.285.

憲議會出現嚴重的歧見，回教政黨強烈主張重新恢復「雅加達憲章」，要求將之寫入憲法中。印尼國民黨和印尼共產黨則極力反對建立回教國。

在東部群島和蘇門答臘，軍官建立他們自己的轄地，因為中央給予的經費有限，各地軍區只好另闢財源，他們利用走私從中獲利。1952 年 12 月下台的陸軍參謀長納蘇遜，在家賦閒寫作，1953 年出版**游擊戰的基礎**（*Fundamentals of Guerrilla Warfare*）一書，經過三年的賦閒，納蘇遜在 1955 年 10 月 27 日重新被任命為陸軍參謀長，且與蘇卡諾合作，他在 1955 年下令各地軍區司令將地方軍權交給中央。1956 年 8 月 13 日，主管西爪哇省和大雅加達市的第三軍區掌權者卡維拉朗以貪污罪名下令逮捕當天預定搭機前往倫敦參加蘇伊士運河國際會議的外長拉斯蘭·阿布杜加尼（Raslan Abdulgani）。阿布杜加尼逃脫，阿里·沙斯特羅米卓卓總理亦拒絕逮捕阿布杜加尼。副參謀長盧比斯批評阿里·沙斯特羅米卓卓包庇外長。一些軍方將領也起而批評阿里·沙斯特羅米卓卓。阿里·沙斯特羅米卓卓遂將盧比斯、卡維拉朗等人解除職務。10–11 月，盧比斯兩次策動其親信發動軍事政變，結果失敗。11 月，卡里曼丹第六軍區司令阿比孟尤（Abimenju）下令南卡里曼丹駐軍團長哈山·巴斯里逮捕雅加達派出的中央官員和國會議員，哈山拒絕執行該命令，而使盧比斯的陰謀難以得逞。盧比斯背後的支持來源是美國，美國曾給予大筆活動經費。11 月 20 日，中蘇門答臘駐軍第四步兵團團長胡笙上校（Col. Ahmad Hussein）在巴東召開「雄牛師團重聚大會」，要求改組政府和軍中高層領導人以及由本地人出任中蘇門答臘政府官員。隨後萬隆陸軍參謀與指揮學校、軍事院校等機構紛紛響應。12 月 1 日，哈達因為不滿蘇卡諾集中權力而辭去副總統職位，一般認為哈達是蘇門答臘人、受西方教育、伊斯蘭教徒，此一特性可以和蘇卡諾的爪哇人、親蘇聯和多元宗教信仰互補。結果，兩人還是分道揚鑣。此一事件引起爪哇外的其他島嶼的瑪斯友美黨之支持者和區域主義者對雅加達的批評。

12 月 16 日，蘇門答臘 48 名陸軍軍官簽署宣言，反對雅加達中央政府。20 日，胡笙上校控制蘇門答臘的巴東政府，成立「中蘇門答臘臨時政府」。12 月 22 日，辛波倫上校（Col. Maludin Simbolon）控制棉蘭政府，後經政府軍鎮壓，退至山區。1957 年 1 月中，巴林中校（Lt. Col. Barlin）在南蘇門答臘稱兵作亂。3 月 2 日，蘇穆爾中校（Lt. Col. "Ventje" Sumual）

在蘇拉威西作亂。這些地方軍區司令發動叛亂的主要訴求是地方性的，即他們主張應注重地方的政治和經濟需要，他們並非以全國為訴求，所以難以激起全印尼各地的迴響。該股叛亂活動只持續半年就停止了，估計約有3萬人死於戰亂。[5]

印尼國民黨、印尼共產黨和伊斯蘭教師聯合會的主要支持者係來自爪哇地區，而瑪斯友美黨則來自爪哇外的地區，沒有一個政黨有力量支配全局，以至於在1945–49年間，有4位總理，1950–57年間，有6位總理。由於政府更動頻繁，造成政治不穩定，弱化議會制政府的基礎，導致最後出現威權主義政府。

蘇卡諾在1957年2月21日演講時，提出「指導民主」（Guided Democracy）概念，主張結束自由的、西方式的民主。他說：由於採用了西方民主制，致獨立建國迄今11年中，造成內閣變動不穩。「指導民主」是指印尼人民自古以來基於協商（musjawarah, consultation, discussion）和共識（mufakat, cosensus）的精神，由一位長老負責領導中央政權，他不能獨佔控制，而是領導和保護。蘇卡諾認為印尼自古以來就是實施「指導民主」，也是所有亞洲民主的特點。[6]他主張組成一個「互助內閣」（Gotong Rojong Cabinet, Mutual Assistance Cabinet），由各黨派的人參加內閣，印尼共黨亦可加入，這些內閣成員在國會中佔有一定席次。此外，他又主張成立「全國委員會」（National Council），將全國所有的功能團體的代表包括在內，這些功能團體包括：工人、農民、知識份子、企業家、基督教徒、天主教徒、伊斯蘭教學者（Alim Ulama）兩名代表、婦女團體、青年、1945年世代的人、能表示或提出地區問題的人或團體。尚可包括陸軍總司令、海軍總司令、空軍總司令、警察首長、總檢察長、數名部長。[7]5月6日，蘇卡諾設立「全國委員會」（Dewan Nasional），表面上是

5　Theodore Friend, *Indonesian Destinies*, The Belknap Press of Harvard University Press, Cambridge, Massachusetts, and London, England, 2003, p.60.

6　參考 Donald E. Weatherbee, *Ideology in Indonesia: Sukarno's Indonesian Revolution*, Yale University Southeast Asia Studies, 1966, p.38.

7　Sukarno, "Saving the Republic of the Proclamation,"(February 21,1957) in Herbert Feith and Lance Castles(eds.), *Indonesian Political Thinking, 1945–1965*, Cornell University Press, Ithaca and London, 1970, pp.83–89；Leo Suryadinata, *Military Ascendancy and Political Culture, A Study of Indonesia's Golkar*, Centre for International Studies, Ohio University, USA, 1989, p.7.

以該組織協助內閣執行計劃，實際上是要接管政黨之角色，其成員包括社會功能團體和軍人。

1957年3月2日，位在烏戎潘丹（Ujungpandang）（即望加錫）的東印尼軍區指揮官蘇穆爾中校（Lieutenant Colonel H.N.V. Sumual）發佈一項「全面鬥爭憲章」（Universal Struggle Charter, Permesta），呼籲「完成印尼革命」，主張給蘇卡諾更多的權力，減少國會和內閣的權力。他表示對阿里·沙斯特羅米卓卓總理的不滿。此外，源起於西爪哇的「伊斯蘭國」運動已擴散到亞齊和南蘇拉威西。印尼共和國瀕臨瓦解，蘇卡諾和納蘇遜認為議會制政府已不可行。

1957年3月14日，阿里·沙斯特羅米卓卓總理辭職，蘇卡諾宣佈戒嚴令，加強軍人的力量。他並前往棉蘭演講。4月9日，蘇卡諾任命「工作內閣」（working cabinet, Kabinet Karya），由鍾安達組閣。此時亞齊的叛軍同意停火。亞齊從北蘇門答臘省分開，另單獨成立一個省。4月22日，鍾安達前往巴東，與胡笙談判，胡笙堅持主張恢復蘇卡諾-哈達兩位一體政權、中央正式承認「雄牛委員會」為中蘇門答臘合法軍政機構以及地方擁有80%地方稅收的權利，結果談判未有結論。胡笙基本上是支持哈達，因為哈達是巴東地區人。

5月，蘇卡諾任命「功能團體」的41名領袖擔任「全國委員會」的顧問。6月，在萬鴉老的軍官宣布成立「北蘇拉威西自治邦」。9月2–8日，胡笙、蘇穆爾、巴利安等叛軍領袖在巨港舉行秘密會議，簽署「巨港憲章」（Palembang Charter），要求宣布印尼共黨為非法組織、哈達返回領導崗位、立即改組陸軍領導班子、建立地方分權機構、給予地方廣泛自治權、成立參議院等。9月20日，來自北蘇拉威西和蘇門答臘的叛軍領袖胡笙、巴利安、辛波倫及盧比斯等人在巴東集會，商討聯合行動事宜，決定由蘇門答臘中部、蘇門答臘南部和北蘇拉威西共同建立「全國國民陣線」，以「巨港憲章」為其政治綱領。

11月29日，印尼對於西伊里安（West Irian）的主權主張未獲聯合國大會支持，一群伊斯蘭教青年企圖謀殺蘇卡諾。11月，召開制憲議會，但對於是否將「班察西拉」作為國家意識形態、伊斯蘭在國家中的角色、以及聯邦主義的問題等出現歧見，以至於在1959年中制憲議會因無法達成共同意見而被解散。

1957年12月1日，蘇卡諾宣布將對246家荷蘭企業公司進行國有化。3日，印共和印尼國民黨所屬的工會開始接管荷蘭在印尼的公司、旅館、種植園、工廠、銀行、船舶等。許多荷蘭船舶開往公海，避免被國有化。印尼政府並下令將46,000名荷蘭公民驅逐出境。[8]12月13日，陸軍參謀長納蘇遜頒佈戒嚴令，授權陸軍司令從工人手中接管荷蘭人產業。他任命蘇托烏（Ibnu Sutowo）出任印尼石油公司（Permina, 以後改為Pertamina）主管。一年後，印尼政府將荷蘭產業完全國有化。由於國有化荷蘭產業，導致這些產業無法競爭，不僅生產減少，且造成貪污問題嚴重，為免經濟衰退，蘇卡諾仍維持卡爾特克斯（Caltex）、史坦瓦克（Stanvac）和殼牌（Shell）三家公司由外資經營。

1958年1月，反對蘇卡諾的瑪斯友美黨和社會主義黨（Socialist Party）的領袖在蘇門答臘中部集會。2月10日，趁蘇卡諾出國訪問日本之際，這個反蘇卡諾集團對雅加達發出最後通牒：除非蘇卡諾恢復虛位元首之地位以及鍾安達內閣在5天內辭職，另由哈達或日惹蘇丹哈門庫布烏諾九世取代，否則將在蘇門答臘中部建立一個敵對的政府。但雅加達沒有給予正面回應，該團體即在2月15日宣佈在武吉丁宜成立「印尼共和國革命政府」（Revolutionary Government of the Republic of Indonesia, Pemerintah Revolusioner Republik Indonesia, PRRI），由瑪斯友美黨領袖、巽他人、曾任中央銀行總裁、財政部長、在1948年曾擔任「印尼緊急政府」主席的普拉偉拉尼加拉（Sjafruddin Prawiranegara）擔任主席。[9]2月17日，此一革命活動獲得蘇門答臘中部和北蘇拉威西島軍區司令及地方領袖的支持，爪哇之外的其他島嶼則採取靜觀其變態度。北蘇拉威西的革命軍自稱為「全面鬥爭」（Permesta, Overall Struggle），亦加入該革命政府。參加叛軍者尚有貿易及財政部長德佐約哈迪庫蘇莫博士（Dr. Sumitro Djojohadikusomo），曾任總理的納特席爾和哈拉哈普（Burhanuddin Harahap）（他們兩位都是瑪斯友美黨人），還有其他上校參加，他們嚴厲批評雅加達政府的弱點。美國政府同情革命政府，國務

8　Herbert Feith, "Indonesia," in George McTurnan Kahin, *Governments and Politics of Southeast Asia*, Cornell University Press, Ithaca, New York, Second Edition, 1964, pp.183–280.

9　Bruce Grant, *op.cit.*, p.34.

卿杜勒斯（John Foster Dulles）公開表示支持革命軍，並給予武器援助，惟並未給予正式承認。此外，親美國路線的菲律賓、台灣[10]、馬來亞、南韓亦同情該革命政府。3月初，政府軍登陸蘇門答臘東海岸；4月，登陸西海岸，佔領巴東；5月中旬，收復蘇島重要城市武吉丁宜，革命政府首都遷到蘇拉威西島的萬鴉老。6月26日，政府軍收復萬鴉老。7月，政府軍亦收復蘇拉威西島。[11] 1960年，革命政府與亞齊和蘇拉威西的「伊斯蘭教軍」談判，同意將「革命政府」改組為「印尼聯邦共和國」，普拉偉拉尼加拉出任總統。惟該股叛軍力量渙散，殘部紛紛投降，至7月，胡笙和普拉偉拉尼加拉也先後投降。至該年底，除蘇島南部和西爪哇等山區外，印尼各地叛軍均已掃除。由於印尼政府軍隊平亂有功，益增其勢力，蘇卡諾為平衡軍隊之力量，乃與印尼共產黨加強關係。

第二節　指導民主

　　蘇卡諾長期以來對於政黨政治感到不耐，1956年10月28日在一次演講中曾建議廢棄政黨。不久，他建議「指導民主」（Guided Democracy）（指由中央領導及控制的民主，不是各自為政的民主）的概念。1957年3月14日，蘇卡諾宣佈戒嚴令。印尼共黨的力量逐次增強，1957年7月，舉行省級選舉，印尼共黨在西爪哇（Jawa Barat）和中爪哇（Jawa Tengah）兩省，贏得34%的選票，遠超過印尼國民黨、伊斯蘭教師聯合會和瑪斯友美黨。印尼共黨之所以成功，主因是它擁有良好的基層組織，以及宣傳進行土改，支持蘇卡諾的「指導民主」觀念。當印尼和荷蘭為了西紐幾內亞問題而劍拔弩張時，印共控制的工會發動國有化荷蘭公司的運動。1957年12月3日，控制印尼船運的荷蘭所有的「皇家郵輪公司」（Royal Packetship Company, KPM）被印尼政府收歸國有，兩天後，有46,000名荷蘭人被驅逐出印尼。納蘇遜下令武裝部隊軍官接管該石油公司，成立印尼國營石油公司，由納蘇遜的副手蘇托烏上校擔任該公司主管。此為軍人介入經濟事務之始。

10　關於台灣介入該一革命政府的情況，請參見陳鴻瑜，**中華民國與東南亞各國外交關係史（1912–2000年）**，鼎文書局，台北市，2004年，頁445–450。

11　Herbert Feith, "Indonesia," *op.cit.*

1956年12月1日，副總統哈達因抗議蘇卡諾擴權，而辭職下臺。1958年2月10日，當蘇卡諾出國訪問時，一群蘇門答臘軍官、瑪斯友美黨政治人物及其他黨派人物致送一份最後通牒給雅加達，要求蘇卡諾回到虛位總統的角色，另由哈達和日惹蘇丹哈門庫布烏諾九世組成新政府。5天後，該一團體宣佈成立「印尼共和國革命政府」。2月17日，在蘇拉威西的「全面鬥爭憲章」叛軍加入該革命政府的行列。至1958年中葉，政府軍弭平該叛亂。該一事件的後果影響有：蘇門答臘和東印尼群島的軍官多數被迫退役，使軍官團出現以爪哇軍人佔多數，中央軍權更為集中掌握在雅加達中央政府手中，納蘇遜地位升高，升為中將，成為最有權勢的軍人。但軍方鎮壓地方叛軍有功，卻引起蘇卡諾不安，擔憂軍人勢力抬頭，難以掌控。為抵銷軍人的勢力，他企圖結合印共，加以制衡。

在革命政府事件中，蘇卡諾與美國關係開始惡化，他指控美國暗中援助革命軍，因此拒絕美國提議派遣軍艦登陸產油的蘇門答臘地區，以保護美國人的生命和財產。1958年5月18日，一位駕駛美國B-25轟炸機的飛行員波普（Allen Pope）被擊落後被捕，造成印尼和美國關係緊張，導致蘇卡諾在外交立場上傾向蘇聯和中華人民共和國。

1958年7月，納蘇遜曾建議說，完成「指導民主」最有效的途徑是重新宣佈實施1945年憲法，由於它有強烈的「中道」（middle way）的總統體系。為加強控制，政府頒佈出版法，對出版品進行審查，政府有權撤銷出版准證。8月，印尼政府下令，由軍隊接管親台灣的印尼的華文華校、關閉華人會館和報紙。9月，納蘇遜下令禁止瑪斯友美黨以及支持革命軍和「全面鬥爭憲章」叛軍的其他政黨的活動。9月，印尼和中華人民共和國批准兩國在1955年4月22日簽署的「印尼和中華人民共和國關於雙重國籍條約」，規定在印尼的華裔須在1962年12月以前選擇印尼國籍或中華人民共和國國籍。10月，印尼民眾針對親台灣的華裔的店鋪、報紙進行攻擊。11月22日，印尼要求蘇卡諾制止攻擊華裔的行動。1959年5月14日，印尼政府下令禁止外國人在鄉下經商6個月，該項禁令主要針對拿中華民國或中華人民共和國國籍的華裔。8月28日，軍隊開始將居住在鄉下的華裔趕到城市，至1960年有10萬名華裔離開印尼返回中華人民共和國，有17,000人到台灣。其中由中國派船接回中國者有3萬9千4百人。[12]

12　**廣州市志**，網站：http://www.gzsdfz.org.cn/gzsz/05/hy/SZ05HY0702.htm 2007年5月21

　　蘇卡諾原希望召開制憲議會，通過決議恢復採用1945年憲法。制憲議會是在1955年選出的，因宗教和世俗理由而意見分歧，蘇卡諾不願接受「雅加達憲章」，1959年5月29日，制憲議會在萬隆召開會議，投票反對「雅加達憲章」，但伊斯蘭政黨拒絕蘇卡諾提出的「指導民主」的建議，以致於不能獲得三分之二多數來通過新憲法。

　　1959年7月5日，蘇卡諾下令解散國會，恢復採用1945年憲法，此標誌著「指導民主」的開始，持續6年。7月10日，蘇卡諾依據1945年憲法就任總統，同時任命新的「工作內閣」，內閣由16人組成。另成立臨時國會（MPR Sementara, provisional MPR），在原先的國會議員281人外，另加上由他遴選的94名省級代表和200名功能團體代表，總共575人的新國會。蘇卡諾同時禁止公務員參加政黨，取消地方民選官員，改由委派。解散「全國委員會」，由蘇卡諾兼任總理，委任鍾安達為首席部長，蘇班德里歐為副總理。8月17日，蘇卡諾在獨立紀念日發表主題為「我們革命的再發現」（Rediscovery of Our Revolution）的演說。9月23日，「最高顧問委員會」（Supreme Advisory Council）正式宣布該一演講構成國家政策的綱領，以後稱此命令治國的體系為「政治宣言」（Manifesto Politik or Manipol）。不支持該體系的報紙，即被關閉。

　　此外，蘇卡諾亦在1960年2月對青年組織演講時提出「US-DEK」概念，他解釋「政治宣言」包含五項原則，包括：1945年憲法（Undangundang dasar 1945）、印尼社會主義（Socialisme Indonesia）、指導民主（Demokrasi terpimpin）、指導經濟（Ekonomi terpimpin, Guided Economy）和印尼認同（Kepribadian Indonesia, Indonesian Identity）。以後西爪哇代表議會（West Java Representative Council）的主席說，將這五項原則的頭一字合併起來比較容易記，其簡縮語就是USDEK。[13]1960年10月，蘇卡諾亦提出「納沙共」（Nasakom）的概念，其意指民族主義（nasionalisme）、宗教（agama）和共產主義（Komunisme）的綜合概念，象徵蘇卡諾意圖將印尼國民黨、伊斯蘭教師聯合會和印尼共產黨三股勢力予以整合起來。

日瀏覽。

13　Justus M. van der Kroef, "An Indonesian Ideological Lexicon," *Asian Survey*, Vol. 2, No.5, July 1962, pp.24–30, at p.26.

1960年3月，國會否決政府的預算案，印共和伊斯蘭政黨批評蘇卡諾不尊重國會議事程序。3月5日，蘇卡諾解散國會，另成立新的議會，稱為「人民代表互助議會」（即合作國會）（House of People's Representatives-Mutual Self-help，DPR-Gotong RoyongDPR-GR，簡稱DPR），議員由總統委派，總共281席，其中政黨代表130席，西伊里安代表1席，功能團體（即職業團體）（functional groups）代表150席，包括軍人。這是軍人首次被任命為國會議員。這些功能團體以後即成為戈爾卡（Partai Golongan Karya, Functional Group Party, Golkar）。其他130席由10個政黨任命產生，[14]印尼國民黨44席，伊斯蘭教師聯合會36席，印尼共產黨30席，其餘20席為其他政黨。「人民代表互助議會」沒有權力制衡總統，其通過的法律需總統的同意。選舉總統和副總統則由臨時

（Provisional People's Consultative Assembly, MPRS，或簡稱MPR）負責。該「人民協商議會」每5年開會一次，決定政府的政策方向。「人民協商議會」總共有616名代表，印共主席艾迪成為該議會副主席。

7月21日，成立「最高顧問委員會」（Supreme Advisory Council），以前內閣的權力移轉到由45人組成的「最高顧問委員會」，總統為該委員會主席，納蘇遜和印共領袖艾迪都是委員，其成員都是由總統任命產生。該委員會有權提出建議案交由國會討論，然後由內閣執行。內閣或部長會議包括總統（兼總理）、首席部長、2位副首席部長、8位署理副首席部長以及數名部長。1963年11月，首席部長鍾安達博士去世後，任命了3位副首席部長雷米納博士（Dr. Leimena）、蘇班德里歐博士和沙勒。

另外在1960年9月15日成立「臨時人民協商議會」，共有616席，包括所有281名國會議員、94名區域代表、241名功能團體的代表。[15]蘇卡諾任命印共主席 艾迪為「臨時人民協商議會」副主席。1960年8月，宣佈瑪斯友美黨和印尼社會主義黨（PSI）為非法組織，因為涉及「印尼共和國革命政府」叛亂事件。[16]

1962–1963年，蘇卡諾制訂反顛覆法，政府可以不用逮捕令逮捕嫌疑

---

14 Bruce Grant, *op.cit.*, p.35.

15 Bruce Grant, *op.cit.*, p.35.

16 S. Takdir Alisjahbana, *Indonesia: Social and Cultural Revolution*, Oxford University Press, Kuala Lumpur, 1966, p.147.

份子，可以在沒有律師的協助下盤問嫌犯，可以在不經審訊的情形下拘禁嫌犯，也可以指定人民的居所。[17]

　　1962年1月16日，以涉嫌陰謀叛亂罪逮捕賈里爾，未經審訊，亦無任何正式法院命令，但允許其會見家人。1965年4月，蘇卡諾允許賈里爾及其妻子和子女前往瑞士旅行，但賈里爾患重病，已無法說話和寫字。1966年4月，賈里爾去世，蘇卡諾下令給予隆重的國葬。[18]

　　1963年1月21日，蘇卡諾下令新出版的書籍，必須在出版後48小時內送交政府審查。審查官有權禁止違反政令的出版品發行。5月1日，蘇卡諾解除戒嚴，這一天也是印尼取得西伊里安的控制權。7月10日，國會給予蘇卡諾「終身總統」的頭銜。9月17日，總值4億美元的英國財產被印尼政府國有化。美國也停撥對印尼剩餘的軍事援助款項。12月，美國停止對印尼的經濟援助，但暗中仍軍事援助親美的印尼軍官。印共在爪哇推行土改法，導致農民暴亂。伊斯蘭教師聯合會起來反對印共的作法。1964年1月25日，印共沒收英國人的財產。主要原因是英、美支持馬來西亞聯邦的成立，當時印尼政府對馬來西亞進行「對抗」（confrontation）政策。從而可知，印共並非政府機關，竟然能夠在鄉下推行土改，甚至接收英國人的財產，蘇卡諾也容忍印共這種行為，足見其已形成一股政治上的勢力，軍人開始企圖加以制裁。

　　1965年9月30日，發生左傾軍官和印尼共黨聯合政變，結果失敗，由右派的軍人蘇哈托控制政局。

　　1969年11月22日，國會通過普選法（General Election Bill）或稱第15號法，該法規定「人民協商議會」（以下簡稱「人協」）920席中三分之一由總統委任（即307席）；國會460席中22%由總統委任，即100席由總統委任；省級議會代表20%由總統委任。「人民協商議會」將包括國會460席和由總統委任的207席（包括軍人和功能團體的代表）、由省政府選出的131席和由未選上國會議席的政黨委任10席。總之，由政府直接委任的國會議員佔22%，由政府直接委任的「人協」代表佔33%。[19]又規定年滿

17　**南洋星洲聯合早報**（新加坡），1984年1月17日。

18　Theodore Friend, *op.cit.*, p.124.

19　"Brief history," *SEAsite*, http://www.seasite.niu.edu/Indonesian/Indonesian_Elections/Election_text.htm 2022年6月28日瀏覽。

17歲或已結婚而未滿17歲者擁有投票權，年滿21歲有被選舉權。第2和第16條禁止印尼共黨及其群眾組織之成員選舉和被選舉權。[20]因此在1970年代初，約有170–200萬人被剝奪投票權。[21]

表 9 - 2：印尼歷任總理

姓　名	任　期
Sultan Syahrir(PSI)	1945,11,14–1946,3,13
Sultan Syahrir(PSI)	1946,3,13–1946,10,2
Sultan Syahrir(PSI)	1946,10,2–1947,6,27
Amir Syariffuddin(PSI)	1947,7,3–1947,11,11
Amir Syariffuddin(PSI)	1947,11,11–1948,1,29
Mohammad Hatta	1948,1,29–1949,8,4
Mohammad Hatta	1949,8,4–1949,12,20
印尼共和國在蘇門答臘緊急政府 Syafruddin Prawiranegara	1948,12,19–1949,7,13
印尼聯邦共和國中的印尼共和國 Susanto Tirtoprojo(PNI)	1949,12,20–1950,1,21
Abdul Halim	1950,1,21–1950,9,6
印尼聯邦共和國 Mohammad Hatta	1949,12,20–1950,9,6
印尼共和國 Mohammad Natsir(Masyumi)	1950,9,6–1951,4,27
Sukiman Wiryosanjoyo(Masyumi)	1951,4,27–1952,4,3
Wilopo(PNI)	1952,4,3–1953,8,1
Ali Sastroamijoyo(PNI)	1953,8,1–1955,8,12
Burhanuddin Harahap(Masyumi)	1955,8,12–1956,3,26
Ali Sastroamijoyo(PNI)	1956,3,26–1957,4,9
Juanda Kartawijaya	1957,4,9–1959,7,9
Juanda Kartawijaya	1959,7,9–1963,11.7
Sukarno	1959,7,9–1967,3,12
Subandrio(1st Deputy PM)	1963,11.13–1966,3,18
Johannes Leimena(2nd Deputy PM)	1963,11.13–1966,3,30
Chaerul Saleh(3rd Deputy PM)	1963,11.13–1966,3,18
K. H. Idham Chalid(4th Deputy PM)	1966,2,24–1966,3,30
Johannes Leimena(1st Deputy PM)	1966,3,30–1966,7,28
K. H. Idham Chalid(2nd Deputy PM)	1966,3,30–1966,7,28
Ruslan Abdulgani(3rd Deputy PM)	1966,3,30–1966,7,28
Hamengkubuwono IX(4th Deputy PM)	1966,3,30–1966,7,28
Suharto(5th Deputy PM)	1966,3,30–1966,7,28
Adam Malik(6th Deputy PM)	1966,3,30–1966,7,28

資 料 來 源：Robert Cribb, ed., *Historical Dictionary of Indonesia*, The Scarecrow Press, Inc., Metuchen, N. J. & London, 1992, pp.522–524.

20　Nawaz B. Mody, *Indonesia under Suharto*, Sterling Publishers, New Delhi, India, 1987, p.224.

21　Nawaz B. Mody, *op.cit.*, p.227. 。

第十章　推動區域主義之進與退

　　印尼長期處於荷蘭殖民統治之下，在二戰結束之後，受民族主義之鼓舞，亟欲擺脫荷蘭之控制。經過4年的戰爭，終於獲得獨立。蘇卡諾為了彰顯其獨立地位，在1955年召開亞非會議，企圖團結亞非洲發展中國家走東西方之外的第三條路線。這是蘇卡諾推動區域主義前進之處。到了1963年，菲律賓有意成立包括馬來亞、菲律賓和印尼的「馬、菲、印組織」，因為蘇卡諾對於將砂拉越和沙巴，甚至汶萊併入馬來西亞聯邦之舉措耿耿於懷，發動對抗馬來西亞聯邦之軍事行動，致使該區域組織無法成形。這是蘇卡諾在追求區域主義後退之處。分別論述如下。

第一節　萬隆會議

　　面對美國在東亞地區建立雙邊的防衛條約體系〔指東南亞公約組織（Southeast Treaty Organization, SEATO）〕，以及在東亞地區形成的軍事集團對抗局面，東南亞的印尼、緬甸等中小型國家感到不安，為了避開美國和蘇聯在該一地區的集團性惡鬥，它們尋求採取一個中間偏左的路線。1954年3月，印尼總理阿里‧沙斯特羅阿米佐約提議召開亞非會議，共商團結之道。4月，印尼、印度、緬甸、錫蘭（以後改稱斯里蘭卡）、巴基斯坦五國總理在錫蘭首都可倫波（Colombo）集會，討論召開亞非會議問題。緬甸總理吳努（U Nu）在9月曾主張緬甸的中立主義是強調採取積極行動，舒緩東西方兩大集團之間的緊張關係，促進和平解決國際爭端。而此主張與印度和印尼等國家領袖的主張相近，乃成為日後亞非會議的主調。同年12月，上述5國在印尼茂物開會，決定由這五國發起邀請另外25個亞非國家代表出席會議。會中提出了亞洲中立主義的兩個基本

論點，一是亞洲的中立主義是遠離兩大超強鬥爭之外的一條道路，因為陷於險境的小國是沒法控制這類衝突的；二是沒有捲入兩大超強鬥爭的小國可作為兩大超強之橋樑。1955年4月18日，有29個亞非國家代表在印尼萬隆開會，稱為「萬隆會議」，或稱「亞非會議」（Asian-African Conference, Bandung Conference 1955），會後發表的公報中提出10項原則，呈現各不同立場的代表的觀念，該10項原則強調亞非地區經濟合作、文化合作、人權和自決，以及不使用集體防禦的安排為任何大國的利益服務，任何國家不對他國施加壓力。

此項會議是戰後亞、非洲國家共商議題的首次，而參與該項會議的國家來自不同意識形態的背景，可分為三個集團：親西方集團（包括菲、泰、南越、土耳其、巴基斯坦、伊拉克、日本、錫蘭、伊朗、約旦、黎巴嫩、利比亞、賴比瑞亞、黃金海岸、衣索匹亞和蘇丹）、中立主義集團（包括印尼、緬甸、寮國、柬埔寨、印度、阿富汗、尼泊爾、埃及、沙烏地阿拉伯、葉門、敘利亞）、親共產主義集團（包括中國和北越）。會中對於結盟或不結盟、共產主義是否構成新形式的殖民主義等問題進行激烈的辯論。中立主義者積極倡議不結盟，而且反對批評共產主義之行為。中華人民共和國出席代表周恩來對於這些問題卻出乎意料之外的沒有提出強烈的主張，反而採取彈性態度，願意異中求同。儘管會中出現不同的聲音，但會議的主調是期望在美、蘇之外另尋第三條路，後來被認為是「不結盟運動」的濫觴。

蘇卡諾召開此項會議，不僅提升了他個人的國際聲望，也使印尼成為二戰後脫離殖民地地位成為獨立國家的典範。以後的「不結盟運動」都以「亞非會議」作為論述的起點。蘇卡諾在此時仍然倡議「中立不結盟」，但面臨缺乏經濟實力和先進武器，不得不向中國和蘇聯集團尋求援助，致使其外交路線逐漸左傾，結果引來美國採取糾正性的干預政策，在1957–58年支援印尼右派軍人發動反蘇卡諾運動，意圖扭轉其外交路線向右傾。

第二節　「對抗」馬來西亞

馬來亞聯邦和新加坡自治邦在1961年8月23日達成合併組成馬來西亞

聯邦的協議。11月，英國表示將把其所控制的砂拉越和北婆羅洲（沙巴）歸併入該馬來西亞聯邦。印尼總統蘇卡諾對此表示不滿，認為此係英國陰謀在背後操縱成立馬來西亞聯邦，意圖建立其殖民勢力。事實上，蘇卡諾等印尼民族主義領袖在第二次世界大戰末期時，曾主張將英屬婆羅洲納入印尼版圖，但未獲日本同意。因此，當馬來亞發出有意將過去英屬婆羅洲納入馬來西亞聯邦的版圖之消息時，印尼領袖內心之不滿可想而知。印尼領袖很早就想將砂拉越、北婆羅洲和汶萊併入自己的領土，一直苦無機會，因為這三地還是英國的殖民地。此時馬來亞有意將這三地併入馬來西亞聯邦內，且獲得英國同意，並未事先知會蘇卡諾，引起蘇卡諾的不滿。

於是蘇卡諾在背後支持砂拉越聯合人民黨和汶萊人民黨在1962年12月8日發動武裝反抗，他們組織「北卡里曼丹民族軍」（North Kalimantan National Army, TKNU）在汶萊發動叛亂，企圖逮捕汶萊蘇丹、控制油田和拘押歐洲人做為人質。汶萊人民黨領袖阿札哈里（Shaikh A. M., Azahari）宣佈成立北卡里曼丹統一邦，主張將汶萊、砂拉越和沙巴組成單一國家。汶萊蘇丹逃脫，尋求英國協助，英國從新加坡調來廓卡（Gurkha）軍至汶萊鎮壓叛亂。12月16日，英國宣布完全清除叛軍，恢復秩序。12月23日，印尼成立「團結北卡里曼丹全國委員會」，在雅加達舉行群眾示威，譴責英國鎮壓北卡里曼丹的人民。馬來亞首相東姑阿都拉曼（Tunku Abdul Rahman）則批評印尼在背後支持汶萊人民黨暴動。

1963年1月，印尼第一副總理蘇班德里歐宣布對馬來西亞採取「對抗」政策，反對馬來西亞聯邦的成立，印尼懷疑英國企圖利用馬來西亞包圍印尼的卡里曼丹。

2月13日，蘇卡諾在「印尼民族陣線」會議上批評英國帝國主義者企圖利用馬來西亞聯邦包圍印尼。

4月12日，印尼「志願軍」數度越過卡里曼丹和砂拉越及沙巴的邊界進行攻擊行動。印尼軍隊亦有突襲馬來半島的海岸地帶，但均遭到格殺或逮捕。

東姑阿都拉曼於5月31日訪問日本東京，剛好蘇卡諾非正式訪問東京，所以雙方在6月1日舉行會談。由於印尼領袖同情汶萊人民反對併入馬來西亞聯邦，所以批評馬來西亞聯邦計畫為「新殖民主義」、「新帝

國主義」，目的在包圍印尼。東姑阿都拉曼和蘇卡諾在日本外相大平正芳（Ohira Masayoshi）的官邸舉行兩次會談，在會後的聯合聲明中強調兩國將盡力採取避免彼此攻擊的措施，馬來亞、印尼和菲律賓三國將在最近舉行會談，討論彼此關切和互利的問題。

　　馬來亞副首相兼外長敦拉薩（Tun Abdul Razak）、菲律賓副總統兼外長皮拉茲（SeñorEmanuel Pelaez）和印尼外長蘇班德里歐於6月7–11日在馬尼拉集會，討論因為馬來西亞聯邦計畫所引發的區域問題。皮拉茲主張該會議接受菲律賓總統馬嘉柏皋（Diosdado Macapagal）於1962年7月的建議，成立「馬、菲、印組織」（MAPHILINDO）的大邦聯，還同意如經一個獨立公正的機構確認砂拉越和沙巴人民願意併入馬來西亞聯邦，該兩地即可併入馬來西亞聯邦。此外，若能成立該一邦聯，則菲律賓對沙巴的領土主權要求就可以迎刃而解。三國外長同意將上述建議提交給三國領袖在不晚於7月底前召開的高峰會議。[1]

　　7月7–9日，英國、馬來亞、新加坡、沙巴、砂拉越和汶萊在倫敦集會，除汶萊外，其他各方都簽署正式協議，預定在1963年8月31日成立馬來西亞聯邦。此一消息傳至印尼，引起印尼人民的不滿，群眾在街上舉行示威抗議英國殖民主義的陰謀。7月27日，蘇卡諾宣稱將「毀滅馬來西亞」（Crash Malaysia, Ganyang Malaysia）。7月30日至8月5日，印、馬、菲三國政府首長在菲國舉行會議，同意在成立馬來西亞聯邦之前，需由聯合國秘書長派遣的調查團確認砂拉越和沙巴人民願意加入馬來西亞聯邦，在調查過程中三國可以派出觀察員進行觀察。三國還同意不得在任一國內設立顛覆其他兩國的外國基地。8月16日，英國廓卡軍打死了50名入侵的印尼游擊隊員。

　　9月13日，聯合國秘書長吳譚（U Thant）宣布聯合國調查團的結果，確認砂拉越和沙巴的民意是願意併入馬來西亞聯邦。9月16日，馬來西亞聯邦如期宣佈成立。隔天，印尼宣布不承認馬來西亞聯邦，馬國也宣布與印尼和菲國斷交。

　　9月18日，「印尼民族陣線」在雅加達舉行反英示威遊行，暴民攻擊英國駐雅加達大使館，焚燒英國國旗和大使的座車。次日，馬來西亞群眾也舉行反印尼示威遊行，攻擊印尼駐吉隆坡大使館。吉隆坡也採取報

1　*Keesing's Contemporary Archives*, November 2–9, 1963, p.19715.

復措施，佔領印尼大使官邸。25日，蘇卡諾宣布「粉碎馬來西亞」。11月，印尼宣布完全禁止與馬來西亞的貿易往來，並沒收在印尼的馬來西亞人的財產。以後印尼派遣軍隊支援在北卡里曼丹的「自由戰士」。

1964年5月3日，印尼組織志願軍入侵新加坡和北卡里曼丹。5月16日，建立以空軍司令達尼（Omar Dhani）為首的「警戒司令部」。然而，印尼軍方並無意擴大與馬來西亞的戰爭，雙方的衝突都是侷限性的小股軍人戰鬥，而沒有進行大規模的戰爭。

1964年8月，印尼正規軍亦進行越界攻擊行動。8月17日，印尼傘兵在馬來半島柔佛西南部海岸登陸，意圖建立游擊據點。9月2日，印尼傘兵在柔佛的拉美士（Labis）進行空降攻擊。10月29日，印尼傘兵進攻柔佛和馬六甲交界的笨珍（Pontian），遭到紐西蘭秘密派遣（獲英國和馬來西亞的邀請）的軍隊的反擊，以致於失敗。[2]

在馬來西亞的邀請下，澳洲在1965年1月秘密派遣軍隊至婆羅洲。澳洲派遣的軍隊是皇家澳洲軍團第三營（3rd Battalion of the Royal Australian Regiment）和澳洲空軍特戰團（the Australian Special Air Service Regiment）。此時，英國等大英國協派在婆羅洲的軍隊有1萬4千人。[3]而部署在卡里曼丹與砂拉越和沙巴邊界的印尼軍隊約有22,000人，包括12個步兵營、4,000名非正規軍、2,000名「秘密共黨組織」（Clandestine Communist Organization, CCO）和24,000名華人同情者。[4]3月，澳洲軍隊部署在砂拉越，以對抗印尼軍隊。至「對抗」結束，有23名澳洲軍人殉難，8人受傷。由於澳洲出兵事涉敏感，故當時澳洲報紙均未報導該一參戰行動。[5]

馬來西亞在1965年1月成為聯合國安理會非常任理事國，印尼對此表示不滿，因此退出聯合國。印尼為因應此一國際局勢的發展，在印共之支持下，在1965年8月17日，蘇卡諾企圖組織「雅加達-金邊-北京-河內-平壤軸心」（Jakarta-Phnom Penh-Beijing-Hanoi-Py'ngyang axis），以

2　"Indonesia–Malaysia confrontation," *Wikipedia*, https://en.wikipedia.org/wiki/Indonesia%E2%80%93Malaysia_confrontation 2022年6月28日瀏覽。

3　"Indonesia–Malaysia confrontation," *Wikipedia*, https://en.wikipedia.org/wiki/Indonesia%E2%80%93Malaysia_confrontation 2022年6月28日瀏覽。

4　"Indonesian Confrontation 1964–65," *Digger History*, http://www.diggerhistory.info/pages-conflicts-periods/malaya-korea/confrontation.htm 2022年5月20日瀏覽。

5　http://www.raafschoolpenang.com/malaysia.htm 2006年6月8日瀏覽。
　http://www.awm.gov.au/atwar/confrontation.htm 2006年6月7日瀏覽。

對抗新殖民主義、殖民主義和帝國主義（Neocolonialism, Colonialism, and Imperialism, Nekolim）。印尼在此一階段獲得蘇聯的武器和經濟援助，亦與中國的關係日益密切。[6]他在該日表示：「印尼明白表示，其革命仍在民族民主階段，雖然有許多重要的結果已在該階段完成了。當印尼建立社會主義，即在帝國主義資本已完全消除之後，時間將告成熟，屆時地主所擁有的土地將由人民重分配。」[7]

由於美國支持馬來西亞，引起印尼人對美國的不滿，從1964年初開始，印尼各地出現反美活動，例如攻擊美國新聞處和圖書館、抵制美國電影、驅逐美國人、燒毀美國和西方國家的書籍、抵制拒發送美國人的郵件、鐵路工人拒送美國貨物。1965年2月，為了抗議美國擴大在越南的戰爭，印尼工人接管在印尼的美國的石油企業和種植園，印尼政府甚至接管美國人的企業。

蘇卡諾在1965年9月30日印尼共黨政變中失勢，掌握政權的蘇哈托不想繼續與馬來西亞對抗，印尼外長馬力克（Adam Malik）在1966年5月28日與馬來西亞副首相兼外長敦拉薩在曼谷進行談判，8月11日簽署停止敵對及關係正常化協議（又稱曼谷協議(Bangkok Agreement)），恢復兩國外交關係，結束「對抗」政策。1966年9月19日，印尼駐聯合國大使帕勒（L.N. Palar）致函聯合國秘書長說：「關於印尼副總理兼外長在1月20日的信以及鈞座在1965年2月26日的信，敬覆如下，本人有榮幸在我的政府之指示下知會你，我的政府已決定與聯合國充分合作，從大會第21屆會期開始參加活動。由外長所率領的代表團將出席該次大會。」[8]印尼因此重返聯合國。

6　"Indonesia Sukarno's Foreign Policy," *Library of Congress*, USA, http://memory.loc.gov/cgi-bin/query2/r?frd/cstdy:@field(DOCID+id0034) 2006年6月9日瀏覽。

7　Paul Hampton, "Communism and Stalinism in Indonesia," *Workers' liberty*, http://archive.workersliberty.org/wlmags/wl61/indonesi.htm 2022年5月20日瀏覽。

8　"Indonesia–Malaysia confrontation," *Wikipedia*, https://en.wikipedia.org/wiki/Indonesia%E2%80%93Malaysia_confrontation 2022年6月28日瀏覽。

第十一章　蘇哈托的「新秩序」時代

第一節　「930」軍事政變

印尼從 1945 年宣佈獨立起至 1965 年為止，曾發生數次的軍事政變或叛變，但都未成功，即使影響印尼政治深遠的 1965 年 9 月 30 日的政變亦告流產。惟這次政變為蘇哈托在 1966 年的政變預先鋪了一條通路，使他能因勢利導地取得政權。

1964–1965 年之間，印尼的政治氣氛變得很緊張，當時謠傳蘇卡諾生病，印尼共黨懷疑軍人會趁機鎮壓印共，而軍人則擔心印共繼續擴張勢力，會造成內戰。

1964 年 11 月，印共建立秘密組織滲透入軍中。蘇卡諾亦前往中國，密商大計。獲得中國援助 10 萬枝小型武器，用以裝備印尼的農民民兵。在印尼的中國銀行亦貸款給印尼政府。12 月 4 日，暴民攻擊美國駐雅加達和泗水的新聞處。

1965 年 1 月 1 日，馬來西亞成為聯合國安理會非常任理事國，印尼不滿，而宣布退出聯合國。1 月 17 日，印共領袖艾迪發表演講，號召百萬工人和農民武裝起來對抗馬來西亞。在印尼共黨的壓力下，蘇卡諾禁止群眾黨（Murba Party, Party of the Masses）的活動，沙勒（Chaerul Saleh）和馬力克為該黨領袖。2 月，反印共的報紙被關閉。3 月，在泗水的左傾海軍軍官叛變。4 月 24 日，蘇卡諾下令所有外資企業國有化。5 月，艾迪要求改選國會。蘇卡諾亦要求成立由農民民兵組成的「第五軍種」。5 月 29 日，蘇卡諾公布英國駐印尼大使吉爾克里司特（Andrew Gilchrist）的信函，指責軍中有部分軍官與英國駐印尼大使館陰謀推翻他的政府。一般認為該

一信函是偽造的。

6月，在軍中開始討論按照中國的辦法成立「第五軍種」的問題，結果陸軍避開不表態，空軍和海軍表示支持。陸軍參謀長雅尼將軍（Gen. Ahmad Yani）在萬鴉老演講，指出依據印共武裝農民的作法是沒有必要的。印尼政府委派印共支持者出任雅加達警察局長。7月19日，武裝部隊參謀長（ABRI Chief of Staff）納蘇遜將軍亦公開反對武裝農民的作法。有2千名印共支持者在雅加達哈林（Halim）機場接受空軍軍官施予的軍事訓練。7月30日，暴民攻擊在棉蘭的美國領事館。在印尼國民黨內的反印共份子遭到整肅。8月5日，蘇卡諾在一次公共集會上舊病復發，急送醫院搶救，蘇卡諾病重謠言傳遍雅加達，引起各種揣測及政局動盪。

8月7日，示威者佔領美國駐泗水領事館5天。8月9日，印尼國民黨和伊斯蘭教師聯合會的支持民眾和印共的支持民眾在東爪哇和中爪哇升高對立衝突。8月17日，蘇卡諾在獨立廣場（Merdeka Square）宣佈成立反帝國主義的「雅加達-金邊-河內-北京-平壤軸心」，聲稱人民必須武裝起來，他還表示陸軍將領反對此一主張。他呼籲陸軍不要反對，他考慮採用印共武裝農民的想法。艾迪亦從中國訪問歸來，呼應蘇卡諾8月17日的演講，呼籲數百萬農民和工人武裝起來。為獲取中國之軍援，蘇卡諾於9月16–19日密派空軍司令達尼（Air Marshal Omar Dhani）訪北京，請求援助小型武器，此事未先知會國防部長納蘇遜。此時中國密派一名醫生替蘇卡諾做身體檢查，蘇卡諾患有嚴重的腎臟病，知道此一病情者可能有艾迪、蘇班德里歐和北京政府。

1965年1月13日，納蘇遜、雅尼、蘇哈托和其他陸軍將領召開會議，討論有企圖分化納蘇遜和雅尼之陰謀活動，陸軍高層如何團結因應。此後也召開類似的會議，以致於該類會議被認為是陸軍高層已有「將軍委員會」（General's Council）的存在。

4月，西婆羅洲陸軍司令蘇帕德卓（Brigadier General Supardjo）告訴空軍司令達尼（Air Marshal Omar Dani）說有一個「將軍委員會」存在，且有年輕異議的軍官企圖反對陸軍的領導層。達尼沒有採取實際行動。9月29日，達尼才向蘇卡諾報告，蘇卡諾要求達尼在10月3日將蘇帕德卓帶至茂物行宮，他想親自瞭解狀況。

5月，外長蘇班德里歐聽到有「將軍委員會」的存在以及陸軍陰謀

推翻蘇卡諾的謠言。蘇班德里歐向蘇卡諾報告，蘇卡諾召集幾位陸軍將領問話，其中有陸軍參謀長雅尼，雅尼承認有「將軍委員會」存在，不過它只是討論軍中升遷辦法，蘇卡諾追問是否軍中有反蘇卡諾之觀點？雅尼說他已完全掌控他們，你可以完全信任我。但空軍和印共一直認為「將軍委員會」另有陰謀。

根據一名親蘇卡諾的「士兵和士官委員會」（Committee of Soldiers and Non-commissioned Officers）的委員在1966年1月說，雅尼、陸軍情報局長帕曼（Major General S. Parman）和「將軍委員會」其他人曾在1965年6月8日開會，計畫擴大聯合陸軍和印尼國民黨的右派份子，以對付印共。

9月14日，帕曼向雅尼警告，4天後將有暗殺陸軍將領的事件發生。9月18日晚，陸軍做了特別的安全防患措施。該日沒有事情發生。中央情報局局長蘇班德里歐也表示，約在四、五天前，他接獲情報稱印共準備在9月19日發動政變。[1]

9月23日，蘇卡諾宣布完全解散群眾黨。25日，蘇卡諾在演講中表示，印尼正進入革命的第二階段，即應實施社會主義制度。9月27日，陸軍參謀長雅尼宣佈陸軍反對建立「第五軍種」，以及反對在軍中施行「納沙共」（Nasakom）」（即民族主義加上宗教主義和共產主義的一種意識形態）化政戰制度。此一宣佈，使軍隊和印共對立表面化。9月28日，反共學生領袖要求納蘇遜給予準軍事訓練，就如印共支持者所受的訓練一樣。9月29日，參加政變的軍官舉行一次秘密會議，通過了由雅加達守備區第一旅旅長拉帝夫擬定政變的行動計畫，代號「達卡里」，參加行動的總兵力約為1個師。9月30日上午10時，在哈林基地舉行參加政變的所有成員的會議，決定在10月1日凌晨4時發動政變。9月30日，印共組織「人民青年組織」（Pemuda Rakyat, People's Youth）、「印尼婦女運動」（Gerwani, Gerakan Wanita Indonesia,Indonesian Women's Movement）在雅加達舉行示威，抗議升高的通貨膨脹。當天晚上10時一群中高階軍官發動政變，其首謀人物包括：蘇帕卓准將（Brigadier

---

1 J. M. Van Der Kroef, "Origins of the 1965 Coup in Indonesia: Probabilities and Alternatives," *Journal of Southeast Asian Studies*, Vol. 3, No. 2, September, 1972, pp. 277–298.

General Supardjo）（卡里曼丹陸軍戰略後備軍第四戰鬥司令部司令）、
阿特莫卓空軍中校（Lieutenant Colonel(Air)Heru Atmodjo）、蘇那迪海
軍上校（Colonel(Navy) Ranu Sunardi）、塔努阿米德加加警察副資深專
員（Adjutant Senior Commissioner(Police) Anwas Tanuamidjaja）夥同印共
發動政變，在卡柯拉畢拉瓦皇宮（Cakrabirawa）侍衛長溫東（Untung）
中校[2]之主導下，獲得迪波尼哥羅師團（Diponegoro）和布拉韋查亞師
團（Brawijaya Division）的軍人、空軍和共黨青年團之支持，聚集哈林
空軍基地，達尼將軍和艾迪均出席。蘇帕卓准將率領叛軍綁架及殺害陸
軍參謀長雅尼及其他5位將軍，包括哈約諾中將（Lt.-Gen. Haryono）、
帕曼中將（Lt.-Gen. Parman）、蘇普拉托中將（Lt.-Gen. Suprapto）、潘
嘉義坦少將（Maj.-Gen. Panjaitan）、西司瓦莫哈德卓少將（Maj.-Gen.
Siswamohardjo）。他們的屍體被丟進雅加達東邊哈林空軍機場的一口廢棄
的井內。納蘇遜幸運翻牆逃走，躲入隔壁伊拉克大使家的庭院，未被殺
害，其5歲女兒則受傷。此外，納蘇遜的助手一名中尉亦被殺害。附近地
區的一名警察，亦被害。叛軍佔領獨立廣場、總統府、電台和電視台。

　　當時印尼內部可分為四個集團：

(1)總統派：其核心人物是蘇卡諾和溫和的、靈巧的外長蘇班德里
歐，他們的外交政策是傾向中國。

(2)將軍集團：以雅尼將軍為首的將軍集團，他們反對蘇卡諾和印尼
共黨。

(3)印共政治局：印尼共黨同情蘇卡諾，以艾迪為首，該黨有黨員及
支持者2千多萬人，勢力龐大。

(4)進步官員。此一集團協助共黨份子，其領導人為溫東中校侍衛
長。[3]

　　戰略後備部隊（Army Strategic Reserve Command, KOSTRAD）司令
蘇哈托將軍並不屬於上述四個集團，他並未與蘇卡諾親近，亦未特別受

2　溫東中校曾擔任迪波尼哥羅軍團第454營營長，曾到新伊里安作戰，1965年初擔任
　　在Tjakrabirawa皇宮的守衛營營長。他率領第454營和第530營（在東爪哇）的軍
　　隊發動政變。Daniel S. Lev, "Indonesia 1965: The Year of Coup," *Asian Survey*, Vol.6,
　　No.2, February 1966, pp.103–110, at pp.105–106.

3　Theodore Friend, *Indonesian Destinies*, The Belknap Press of Harvard University Press,
　　Cambridge, Massachusetts, and London, England, 2003, p.103.

伊斯蘭集團的支持。在9月30日晚，蘇哈托到醫院探望住院的兒子通米
（Tommy），通米被熱湯燙傷。[4]

　　叛軍在10月1日早上7點發表的聲明中說，一些將軍們在美國中央情
報局（CIA）之支持下準備在10月5日趁蘇卡諾生病時發動政變，而「930
運動」主要目的是在阻止該一政變發生。叛軍宣稱一些將軍準備召開會
議，陰謀推翻蘇卡諾。他們並宣稱他們是支持蘇卡諾、反貪污、反美。
蘇卡諾從一開始即否認知悉溫東的政變行動或與政變陰謀者有關連。達
尼將軍在該天中午發表聲明支持叛軍。迪波尼哥羅師團7個戰鬥營中的5
個營也支持叛軍。泗水的海軍軍官也支持叛軍。蘇卡諾前往哈林空軍基
地與達尼將軍會商，而未與艾迪會商。[5]

　　叛軍佔領中央電台和電報局，宣佈成立「革命委員會」。「革命委員
會」宣布的第一號命令是成立由45人組成的「革命委員會」。當天下午
發佈第二號命令，將中校以上軍官之軍階降為中校以下軍階。蘇哈托將
軍當時為陸軍戰略後備部隊司令，他在10月1日上午9點發表簡短聲明，
宣稱有6位將軍，包括陸軍總司令被反革命勢力綁架。他接掌軍權，將聯
合海軍和警察部隊擊潰叛軍。他迅即號召右派軍人撲滅叛軍。蘇哈托對
在「獨立廣場」上的軍人提供飲水，導致這些軍人倒戈傾向蘇哈托。蘇
哈托希望由納蘇遜領導軍隊對抗叛軍，但為後者拒絕。所以他在陸軍、
海軍和警察之支持下（不包括空軍），以「臨時軍隊領導（Temporary
Army Leadership）」之名義發布命令。他在電台上發表聲明，由他領導
軍隊對抗叛軍，他將保護蘇卡諾。在政變發生後30個小時，蘇哈托在10
月2日清晨平息政變，佔領哈林空軍基地。蘇卡諾前往茂物總統行宮，艾
迪前往日惹，達尼將軍前往茉莉芬。蘇哈托在武裝部隊的主要支持者是
伊德里斯准將（Brig. Gen. Kemal Idris）、韋波烏上校（Col. Sarwo Edhie
Wibowo）和達梭少將（Maj. Gen. Dharso）。

　　蘇卡諾在政變當晚應邀在體育場舉行的技術人員會議上發表演說，

4　Theodore Friend, *op.cit.*, p.104.

5　根據李維（Daniel S. Lev）的說法，在政變當晚，溫東告訴蘇卡諾，他的部隊和空
　軍已發動政變，情勢危險，為保護蘇卡諾之安全，他們一起前往哈林空軍基地。當
　他們抵達哈林空軍基地時，情況趨於明朗，陸軍起來反對政變，蘇卡諾見到情勢
　不利，拒絕與溫東在一起，但其政治處境已變得很困難，難有轉圜餘地。Daniel S.
　Lev, *op.cit.*, pp.106–107.

他並不知道發生政變。他當晚本想前往總統府，但路上已被叛軍控制，所以驅車前往其夫人黛薇的住家。隔天早上9點30分抵達哈林空軍基地。10月2日，印尼軍事行動最高指揮部政治事務部主任蘇吉托召集各政黨（除印尼共產黨外）和團體，要求各政黨表態就陸軍和印尼共黨之間做一抉擇。結果這些政黨和團體組成「粉碎反革命9月30日運動統籌團體」，並主張消滅印尼共黨。10月3日，蘇卡諾在電台宣稱空軍沒有介入這次政變，他前往哈林基地，完全出於自由意志。10月6日，蘇卡諾在茂物接見其閣員，包括蘇班德里歐和印共份子魯克曼（Lukman）和恩卓托（Njoto），然後發表聲明譴責這次政變。隨後軍方逮捕恩卓托。軍方指控這是印尼共黨的陰謀，其理由是印共領袖艾迪和共黨婦女組織與「青年組織」的成員出現在哈林機場，以及以後政變者和共黨份子的自白。10月8日，約有10萬人在雅加達示威，要求解散印共，並放火燒毀印共總部。10月16日，蘇卡諾解除達尼將軍空軍司令職，另任命蘇哈托為陸軍總司令。18日後，在東爪哇和中爪哇地方，印共份子遭到屠殺。11月22日，艾迪在中爪哇被逮捕槍決，他的自白後來成為法庭上的證詞。[6]印尼政府隨後整肅約30萬印共幹部和2百萬黨員，估計有30萬到40萬人被殺害。[7]執行屠殺的工作有軍人、地方義警、激進伊斯蘭教徒（例如伊斯蘭教師聯合會的「安梭(Ansor)青年團」）和不滿共產黨進行土改的東爪哇和中爪哇的地主。在西卡里曼丹，1967年，達雅克族（Dayaks）暴動，驅逐當地華人45,000人，有數千人被殺。[8]

　　印尼共黨政變失敗後蘇卡諾失去一隻依靠的手臂，另一方面，伊斯蘭教組織又不信任蘇卡諾，蘇卡諾愈形孤立，政治和軍事大權被平亂有功的蘇哈托攫奪。

6　Adam Schwarz, *A Nation in Waiting, Indonesia in the 1990s*, Westview Press, Australia, Boullder, Co., fourth printing, 1997, p.19.

7　Adam Schwarz, *op.cit.*, p.20. Ben Anderson 在 1966 年估計死亡人數有 20 萬人，1985 年改稱有 50 萬人到 1 百萬人被殺害。美國大使館估計約有 30 萬人死亡。數年後，該大使表示他是高估了，因為受到新聞媒體的壓力。Theodore Friend 估計約有 50 萬人被殺害。參見 Theodore Friend, *op.cit.*, p.113; Robert Cribb, ed., *The Indonesian Killings, 1965–1966, Studies from Java and Bali*, Monash University, Papers on Southeast Asia, No.21, Clayton, Victoria, Australia, 1990, pp.7–14.

8　Adam Schwarz, *op.cit.*, p.21.

第二節　蘇哈托「311」政變

　　1966年1月，蘇卡諾在西帕那斯（Cipanas）召集經濟顧問會議，討論美國石油公司財產的國有化問題，蘇哈托搭乘直昇機抵達，當他走進會議室，表示不會對美國石油公司國有化。蘇哈托利用學生運動反對蘇卡諾。2月21日，蘇卡諾總統進行內閣改組，一些右派部長被撤換，例如國防與安全統籌部長納蘇遜將軍。有許多親共部長繼續在位，如副總理蘇班德里歐。此一新內閣無疑是對蘇哈托的一項挑戰，如果蘇哈托不反應，則將讓蘇卡諾得以重新鞏固其權力基礎，軍人的勢力將隨之削減。當時親蘇卡諾的軍官還是很多，對蘇哈托是一個很大的掣肘。蘇哈托必須反對該項內閣改組，但又不能讓軍官在蘇卡諾和蘇哈托之間作選擇。結果他支持反蘇卡諾派軍官的意見，即支持學生在首都製造混亂的氣氛。此一作法的目的是迫使蘇卡諾尋求溫和的蘇哈托的支持，以防止被激進派軍人奪權。

　　2月23日，大學生對內閣改組不滿，認為其中有些部長是親共份子，於是發動反蘇卡諾示威運動，衝入政府大廈，破壞辦公設施，警衛向學生開槍，傷數人。次日，學生又包圍總統府，警衛開槍，打死2名學生，蘇卡諾下令關閉大學，禁止5人以上集會。學生組織「街頭議會」（Street Parliament），在街上蒐集一般人民對政府不滿的意見以及瞭解人民的要求。3月2日，學生又在印尼大學示威。3月6日，軍方決定逮捕副總理蘇班德里歐及其他部長。8日，學生攻擊外交部。9日，攻擊教育部大樓及中國駐雅加達「新華社」。10日，又攻擊中國領事館及華人文化館。3月11日，蘇卡諾召開9個政黨聯合會議，學生在會議廳外示威鼓譟，氣氛緊張，會後簽署一項宣言，認為最近的暴動是美國中央情報局在幕後出錢支援，目的在推翻印尼政府。蘇卡諾繼而召開108人的內閣會議，蘇哈托因喉嚨痛未出席。在內閣會議開始後20分鐘，蘇卡諾被告知有不明軍隊包圍茂物的總統行宮。後來證實為伊德希（Sarwa Edhie）的傘兵突擊隊，但未佩戴徽章。蘇卡諾乃與副總理沙勒和副總理蘇班德里歐搭乘直升機前往茂物的總統行宮。蘇哈托命雅加達軍區司令馬契慕德（Amir Machmud）、基礎工業部長朱素福（Major General Mohamad Jusuf）及退伍軍人暨復員部部長拉契馬特（Major General Basuki Rachmat）立即前往茂物會見蘇卡

諾。結果蘇卡諾被迫簽下「3月11日信函（Letter of 11 March）」，賦予蘇哈托下述職權，包括：

> 命令第1條：為了保障個人的安全，「人民協商議會」為了國家統一所委任的偉大革命領袖的權力，以及為了印尼共和國和絕對地執行所有偉大的革命領袖的教諭，蘇卡諾命令蘇哈托採取所有必要的行動保障安全、寧靜及政府運作的穩定和革命的進行。
>
> 命令第2條：蘇卡諾命令蘇哈托儘可能地與其他武裝部隊的總司令協調執行此一命令。
>
> 命令第3條：要求蘇哈托報告執行這項任務的每項工作。[9]

以後該文件被稱為「授權書」（Supersemar letter）。到底在三位將軍前往茂物會見蘇卡諾之前，是否已草擬好此一信函？這三位將軍極力否認。馬契慕德說，他們勸服蘇卡諾，唯有軍隊可以恢復雅加達秩序，並建議蘇卡諾草擬該份「授權書」文件。一般的看法認為，應是這三位將軍在與蘇卡諾會談時，已深知蘇哈托的想法，所以要求蘇卡諾寫下此一手諭。[10]

1966年3月12日，蘇哈托下令解散印共，結束「納沙共」。直至1966年底清除共黨份子的過程中，被殺害的人數約在25–50萬人之間。[11]3月16–17日，學生再度舉行示威，背後受到軍方的支持。18日，軍隊包圍總統府，逮捕包括蘇班德里歐、海魯‧沙勒等15位部長及2位親蘇卡諾的軍官。另宣布由蘇丹哈門庫‧布沃諾、阿姆達‧馬力克、魯斯蘭‧阿布杜加尼、伊達姆‧哈立德和萊梅納五人組成內閣主席團，以及14名部長。3月27日，蘇卡諾任命24名部長組成「人民疾苦呼聲內閣」。其中14名部長為軍人，蘇哈托為內閣主席團成員，納蘇遜為「粉碎馬來西亞指揮部」部長級副總指揮。1967年2月，蘇哈托重新任命組成「臨時人民協商議會」（People's Consultative Assembly）。蘇哈托曾向蘇卡諾建議，只要他宣佈無法視事，即可維持總統職位，但遭蘇卡諾拒絕。2月20日，蘇卡

9　引自Brain May, *The Indonesian Tragedy*, Graham Brash(PTE), LTD, Singapore, 1978, p.138.

10　Adam Schwarz, *op.cit.*, p.26.

11　Harold Crouch, *The Army and Politics in Indonesia*, Cornell University Press, Ethaca and London, 1978, p.155.

諾同意將政府權力移轉給蘇哈托，蘇哈托則保證免讓蘇卡諾出庭受審。

3月7–12日，「臨時人民協商議會」由納蘇遜擔任主席，由委員會提出有關蘇卡諾在1965年9月30日扮演角色的報告，結果大會取消對蘇卡諾之總統權力之委任，另選蘇哈托為代理總統。1967年7月7日，爪哇各軍區司令、戰略司令部和空降兵司令部在日惹舉行會議，會後發表「日惹誓言」，宣稱要「採取堅決步驟，反對目的在恢復舊秩序和使蘇卡諾掌權的任何人或組織。」此後，印尼國民黨遭到禁止活動，武裝部隊四個軍種的司令被免除內閣部長職務，並將他們置於國防及安全統籌部長蘇哈托之指揮之下，並勒令200名軍官退役。10月，進一步改組內閣，取消內閣主席團，所有部長由代理總統直接領導。1968年3月27日，「臨時人民協商議會」委任蘇哈托為總統。蘇卡諾則被軟禁在其總統行宮，禁止參加政治活動，1970年6月21日去世。

蘇哈托在權力鬥爭過程中，是相當具有耐心的，1962年2月當學生發動反蘇卡諾示威運動時，一些將軍如莫托波（Ali Murtopo）、馬蘇里（Mashuri）等人向他勸進取代蘇卡諾，蘇哈托告訴他們假如他們想要他成為領袖，他們必須接受他的時間表。不可否認的，蘇哈托相當具有政治智慧，他在取得政權後，開始採取中爪哇人的「緩慢但確實（alon alon asal kelakon, slow but sure）」的原則來清除蘇卡諾的人馬，主要是為了保留這些人的面子，其作法是界予政府職位，經一段時間後再予以解職，例如對最具聲望的武裝部隊參謀長納蘇遜之處理即採此方法，蘇哈托將他安排出任「臨時人民協商議會」主席，不久又將之罷黜。[12] 此後，蘇哈托成為唯一的軍事強人，沒有一位革命元老比得上他資深，而確立了他在軍中的地位。

關於蘇哈托逐步地剝奪蘇卡諾的權力的過程，之所以採取緩慢策略，克羅契（Harold Crouch）曾做了一個具有文化意義的解釋。他說根據印尼的文化，年輕人必須敬老，有一種禮節感（sense of propriety），不可侮辱長者，儘管蘇哈托等人不喜歡蘇卡諾之行為及其政策，但他們是蘇卡諾的晚輩，不可以公然對抗及侮辱的方式來削減其權力。如同爪哇的皮影戲中的英雄嘎度特卡加（Raden Gatotkaca），被迫要去譴責其叔叔巴拉迪瓦國王（Raja Baladewa）一樣。蘇哈托自視為蘇卡諾的子姪輩，要去

12　Harold Crouch, *op.cit.*, p.347; Brain May, *op.cit.*, pp.155–156.

譴責其犯錯的叔叔。在皮影戲裡的故事中，嘎度特卡加開始時是跪在他
的叔叔面前規勸；當叔叔不接受規勸時，嘎度特卡加就站起來；當叔叔
拔出劍後，嘎度特卡加就不得不與他戰鬥。在戰鬥進行中，嘎度特卡加
還繼續顯示對叔叔的尊敬。1967年2月，「臨時人民協商議會」決定取消
對蘇卡諾的總統委任時，爪哇軍官希望蘇卡諾按照皮影戲中另一人物哈
比歐蘇（Habioso）的角色去做。哈比歐蘇是一位睿智的國王，離開王宮
到山中悟道，但當他的兒子請教他時，他也願意給予忠告。也就是當蘇
卡諾最後被解除職務時，蘇哈托還要求人民視蘇卡諾為「不在位而當權
的總統」，人民應對他表示尊敬。[13]

第三節　蘇哈托的生平

　　蘇哈托在1921年6月8日生於中爪哇日惹以西15公里的基木蘇克
（Kemusuk）村，在生下不久，其父母即離異。其父為水利官員，在娶其
母前，已婚並育有二子。其母蘇基拉（Sukirah）改嫁，並育有7名子女。
蘇哈托從小由其姑媽扶養，因其母親健康不良。以後輾轉在其親戚家輪
流居住，過著寄養的日子。

　　在讀初中時，因無錢購買學校的短褲制服和鞋子而輟學。他轉到日
惹，就讀由「穆罕默迪亞」（Muhammadiyah）辦的伊斯蘭學校，18歲完
成學業。他獲得銀行職員的工作，但有一天他騎腳踏車時將他的沙龍裙
（sarong）弄壞了，他太窮了，無法買一條新沙龍裙，穿沙龍裙是在銀行
工作的必備服裝，所以結束了在銀行的工作。蘇哈托在1940年6月加入皇
家荷蘭印度軍（Royal Netherlands Indies Army, KNIL），很快地升上士官
長。但荷蘭在1942年初投降日本，所以他只好加入日本人組織的地方民
兵，即「家鄉防衛義勇軍」的軍官。當日軍投降離開印尼時，他參加了
抗荷軍。1945年8月日軍投降後，他組織及領導了一支游擊隊，攻擊在中
爪哇日惹地區的日軍。1946年年中，他成為日惹的「迪波尼哥羅師團」團
長，官拜陸軍中校。1947年12月，與西蒂・哈遜納（Siti Hartinah）結婚，
育有3男3女。1949年3月，他參加的軍隊從荷軍手中奪回日惹。他被派去
蘇拉威西島協助平定叛亂。在1950年代中期，參加平定「伊斯蘭國」叛

13　Harold Crouch, *op.cit.*, pp.199–200.

亂。1957年，他升為「迪波尼哥羅師團」師長，官階為上校。

在1950年代中期，蘇哈托與華人商人林紹良（Liem Sioe Liong）[14]和鄭建盛（Bob Hasan）結交，這兩位華人提供給蘇哈托軍隊經費，而蘇哈托給他們從事走私的保護。[15]1959年10月，國防與安全統籌部長納蘇遜解除蘇哈托「迪波尼哥羅師團」師長的職位，因為他涉嫌向商人索賄，而被派到西士寇德（Seskoad）的陸軍參謀學院深造。結業後，他升為准將。1962年，他出任西伊里安地區解放軍司令部（Mandala Command for the Liberation of West Irian）的司令。由於一方面印尼軍隊在西伊里安叢林作戰，另一方面美國在外交上壓迫荷蘭，才迫使荷蘭在1962年8月15日與印尼達成協議，將西伊里安移交給聯合國，再由聯合國於1963年5月1日移交給印尼。1963年，他升上少將，成為陸軍戰略後備部隊（Kostrad）司令。[16]

圖 11－1：1947 年的蘇哈托中校

資料來源："Suharto," *Wikipedia*, https://en.wikipedia.org/wiki/Suharto 2022 年 5 月
　　　　　20 日瀏覽。

14　林紹良在1937年從福建移居印尼，時年21歲，以販賣雜貨為生，包括花生、丁香、
　　腳踏車零件、衣服、藥品、肥皂和軍用品。1950年代，成為在三寶壟迪波尼哥羅
　　（Diponegoro）軍區司令部的供貨商，當時擔任該軍區的軍需和財務官就是蘇哈托
　　中校。以後雙方關係密切，蘇哈托當權後，給予丁香的專賣權。林紹良開始變成
　　有錢的富商，他的三林集團（Salim）的資產在1990年估計達80–90億美元。Adam
　　Schwarz, *op.cit.*, pp.109–110.

15　Adam Schwarz, *op.cit.*, p.28.

16　引自 Brain May, *op.cit.*, p.158.

圖 11－2：1967 年代理總統蘇哈托

資料來源："Suharto," *Wikipedia*, https://en.wikipedia.org/wiki/Suharto 2022 年 5 月
20 日瀏覽。

圖 11－3：蘇哈托全家福

資料來源："Suharto," *Wikipedia*, https://en.wikipedia.org/wiki/Suharto 2022 年 5 月
20 日瀏覽。

圖 11－4：蘇哈托

資料來源："Suharto," Wikipedia, https://en.wikipedia.org/wiki/Suharto 2022 年 5 月
20 日瀏覽。

第四節　蘇哈托的「新秩序」

1966年3月11日，當蘇卡諾將權力移交給蘇哈托時，為蘇哈托開始進入「新秩序」（New Order）之歷史階段。此一權力移轉，反映了印尼政治勢力的重組，左傾勢力被清除出去，1966年3月12日，頒佈反共法令，宣佈印共為非法組織。

與蘇卡諾的「指導民主」一樣，蘇哈托的「新秩序」也是威權主義，他採取中央控制、個人統治。統治階層的最上層是蘇哈托，其下是武裝部隊，軍人介入政府事務以及國營公司。軍人扮演雙元功能角色（dual functions），一方面扮演保家衛國的角色，另一方面亦扮演政治、經濟和社會的角色。軍人不僅出任國營公司董監事，亦擔任地方省長或其他機構首長。軍人對政府的效忠，使得「新秩序」時期比其以前或其他發展中國家，如印度、中南美洲國家等更為穩定。

其他有助於政治穩定的因素，是建立許多組合主義類型（corporatist-style）的組織，將社會團體結合起來，此包括社會、階級、宗教和專業團體。

綜合歸納，新秩序時期採取下述的各種政策措施：

一、 長期在位的總統

依照1945年憲法之規定印尼實施的是總統制，總統由人民協商議會多數票選舉產生，任期5年，沒有連任之限制。憲法對總統資格之唯一限制是總統候選人必須是土生的印尼公民。總統對人民協商議會負責，擁有行政權，是武裝部隊最高司令。

從1945年獨立以來到1998年，印尼只有2位總統。印尼首任總統蘇卡諾，在位期間是從1945年到1967年；第二位是蘇哈托，從1967年至1998年。1966年3月11日，在強大壓力下，蘇卡諾簽了「執行命令」（Supersemar, Executive Order），將總統大權授權交給蘇哈托。1967年3月12日，「臨時人民協商議會」經特別會議一致地解除蘇卡諾之總統職，任命蘇哈托為代理總統。1968年3月，「人協」正式選舉蘇哈托為總統。以後蘇哈托繼續在1973、1978、1983、1988、1993、1998年3月當選連任。蘇哈托在「人協」被推舉為總統，是採用熱烈鼓掌方式。印尼在1997年

中爆發金融危機，民生凋敝，各地民眾和學生示威不斷，各外島發生種族和宗教衝突，社會秩序蕩然。大學生高呼口號要求蘇哈托下臺，但蘇哈托執意參選總統。1998年3月10日，「人協」宣佈總統候選人只有一位蘇哈托，已具備行政手續上所須具備的條件，因此宣告蘇哈托當選，「人協」議員起立鼓掌通過。5月21日，印尼局勢持續惡化、經濟困頓、通貨膨脹嚴重、外債攀升到1,400億美元（其中屬於私人工商界向外國銀行或金融機構借貸的債款有640億美元[17]）、國會議長哈莫科（Harmoko）和內閣成員倒戈、學生要求政治改革和民眾示威要求下臺等的壓力，蘇哈托終於辭職。

　　憲法亦設有副總統，當總統死亡或不能視事時，有權繼任為總統。雖然1945年憲法沒有規定，但慣例上是由總統提名副總統，再由人民協商議會投票。1945年至1956年，是由革命英雄哈達擔任副總統。他在1956年辭去副總統，該職位即懸缺。1973年才恢復設副總統，由日惹蘇丹哈門庫布烏諾九世擔任。1978年，由前外長馬力克出任副總統。1983年，由退伍軍人烏瑪（General Umar Wirahadikusumah）出任副總統。1988年，由戈爾卡主席退伍軍人蘇達莫諾中將（Lieutenant General Sudharmono）擔任副總統。1988年選舉副總統時，武裝部隊領袖並不支持蘇達莫諾出任副總統，因為蘇達莫諾是軍法學校畢業，曾任律師，與陸軍關係不深，軍方並不視其為武裝部隊的代表。對於蘇哈托提名蘇達莫諾為副總統，部份軍人表示反對。一般人也認為此一衝突是蘇達莫諾與武裝部隊參謀長穆達尼（Benny Murdani）之間的衝突。然而因為蘇達莫諾是戈爾卡的主席，所以獲得蘇哈托的提名。[18]當時建設統一黨領袖納洛（Jailani(Johnny) Naro）也宣佈為副總統候選人。由於兩人競爭激烈，蘇哈托受到軍方的壓力，被迫公開表示支持蘇達莫諾，以及他可能繼續做總統，以澄清他早先暗示的可能只做到1993年為止。在這種情況下，納洛發覺情勢不利，乃在最後一分鐘宣佈放棄用投票方法來產生副總統，蘇達莫諾即在「人協」議員的歡呼聲中當選副總統。在1992年初，印尼民主黨就公開

17　**南洋星洲聯合早報**（新加坡），1998年5月4日，版19。

18　Max Lane, *'Openness', Political Discontent and Succession in Indonesia: Political Development in Indonesia, 1989–91*, Centre for the Study of Australia-Asia, Relations, Griffith University, Queensland, Australia, 1991, p.13.

支持武裝部隊司令蘇特里斯諾將軍（General Try Sutrisno）出任副總統，到1993年，再加上軍人的支持，「人協」即選出蘇特里斯諾將軍為副總統。[19]1998年3月，蘇哈托提名科技部長哈比比（Jusuf Habibie）競選副總統，他跟蘇哈托一樣，在「人協」中當選為副總統。

二、削減政黨的角色

蘇哈托亦儘量削減政黨的角色，在1966年4月，對印尼國民黨施加壓力，將親蘇卡諾的幹部更換為親蘇哈托的幹部。被禁止的瑪斯友美黨的領袖申請恢復政黨活動，亦遭駁回。1968年，蘇哈托下令組成新的印尼穆斯林黨（Partai Muslimin Indonesia, Parmusi），並禁止瑪斯友美黨的領袖擔任該新黨的要職，由政府提名的納洛出任該黨主席。1973年1月下令強制將政黨整併，將4個信仰伊斯蘭教的政黨合併為建設統一黨（NU Parmusi PSII Perti, Unity Development Party, PPP），將非伊斯蘭教的政黨合併為印尼民主黨(Indonesian Democratic Party, PDI)。1964年由武裝部隊組成的「功能團體聯合秘書處」（Joint Secretariat of Functional Groups），或稱為「戈爾卡」（Golkar），則給予號召群眾支持「新秩序」的重要角色。

1969年，戈爾卡共有270個社團成員，分別代表公務員、工人、學生、婦女、知識份子和其他團體。由於有政府的資助和組織，戈爾卡主宰了印尼政治舞臺，1971年選舉，戈爾卡贏得62.8%得票率，1977年獲62.1%得票率，1982年獲63%得票率。

根據政黨和社團法的規定，政黨在平時不可活動，只有在競選期間才可以活動。而戈爾卡因非政黨，不受此法之限制，平時戈爾卡即可在鄉下活動。戈爾卡享有比另外兩個政黨更大的活動空間。

三、建立「班察西拉」意識形態

蘇哈托為了穩固政權，恢復蘇卡諾的「班察西拉」概念，作為國家團結的意識形態，亦採用協商和共識的方法，消除歧見。

1975年，明定將「班察西拉」列入學校的教學課程。1978年，國會決議政府各級機關與團體均必須奉守「班察西拉」。1984年由於印尼政府要

19　William H. Frederick and Robert L. Worden, *Indonesia: A Country Study*, Headquarters, Department of the Army, U.S.A., 1993, p.221.

求所有政黨將「班察西拉」作為政治指導原則，8月間，建設統一黨舉行大會，按照政府的要求，採納「班察西拉」為黨的指導原則，而引起伊斯蘭教激進派不滿，因為他們認為「班察西拉」違反伊斯蘭教精神。擁有300萬名會員的印尼最大伊斯蘭教社會團體「穆罕默迪亞」要求蘇哈托收回此一各團體必須實施「班察西拉」為指導原則的計劃。[20]9月7日，在雅加達的丹戎不碌（Tanjung Priok）港區的拉哇峇達伊斯蘭教堂周圍寫了許多含有種族及宗教的挑撥性口號，政府加以取締。3天後，一名政府人員在當地遭到毆打，同時有4名青年伊斯蘭教徒被當局逮捕。12日，有3名伊斯蘭教領袖在該伊斯蘭教堂發表煽動性演講，要求釋放4名被捕者，不久，爆發伊斯蘭教民暴動，超過1千多名伊斯蘭教徒帶著刀、鐵棒、汽油桶向附近的警局進行包圍，和軍隊發生衝突，導致9人死亡，51人受傷。暴動歷時2小時，到13日凌晨1時軍警才控制局勢。[21]涉及該案的伊斯蘭教領袖包括前內閣部長沙努西（Haji Mohammad Sanusi）和退役陸軍將領達索諾中將（Lieutenant General (retired) H.R. Dharsono）被捕。[22]

　　1984年12月13日，印尼最大的伊斯蘭教組織「伊斯蘭教師聯合會」舉行第27屆全國代表大會，通過決議案，宣佈退出政壇，只保留為一個宗教組織；同時允許其成員1千2百萬人今後可以依照自己的意願在大選中投票支持或參加任一政黨。「伊斯蘭教師聯合會」與建設統一黨存在著矛盾，彼此無法合作，此次「伊斯蘭教師聯合會」決議禁止其領導人在建設統一黨中的中央執委員會中任職，並宣佈它今後將在國會外從事宗教、教育和福利等非政治性活動。[23]

　　1985年5月，國會通過一項「社會組織法」（Social Organizations Bill），該法規定所有政黨、社團和宗教組織應宣佈支持以「班察西拉」作為他們的意識形態的基礎。對於伊斯蘭教團體和建設統一黨而言，做此宣佈是極為敏感的問題，因為此與其組織的認同基礎有違背。此一政

<hr>

20　曼梳譯，「新報社評，椰城暴力事件令人擔憂」，**南洋星洲聯合早報**（新加坡），
　　1984年11月20日，版16。
21　曼梳，「椰城暴動的前因後果」，**南洋星洲聯合早報**（新加坡），1984年9月18日，
　　版21。
22　「印尼潘查希拉之謎」，**南洋星洲聯合早報**（新加坡），1984年10月23日，版
　　26；年11月22日，版1。
23　曼梳，「印尼『回聯』退出政壇」，**南洋星洲聯合早報**（新加坡），1984年12月
　　14日，版29。

策引起激進伊斯蘭教徒的強烈反對。

　　印尼早在1980年5月5日就爆發民主運動，當時有「50人請願團」（Petition of Fifty），由退役將軍、政治領袖、學界人員、學生等組成，他們向國會提出一份「關心聲明」（Statement of Concern），呼籲要求更大的政治自由，譴責蘇哈托總統視所有對他及其政策之批評為破壞國家統一和安全，也指責總統鼓勵武裝部隊介入政治。1981年和1982年，相繼有人提出類似的請願，指責政府不能執行真正的民主體系，不能真正讓人民參與政治，以及免除軍人干涉選舉過程。在1981年由61人提出的請願書中，最有名的人物是前國防部長納蘇遜，但未見報紙披露該事。社會輿論反而充滿要求蘇哈托連任總統的言論。[24]1984年，該團體指控蘇哈托透過其「班察西拉」政策企圖建立一黨國家。在1984–1985年的動亂中，該請願團的一名領導人前東協秘書長達梭諾中將（Lieutenant General H.R. Dharsono）被法庭以反政府罪名判處10年有期徒刑，他在1990年被釋放。

四、控制言論自由

　　1945年憲法因係臨時草成，條文過於簡略，關於公民權利和義務、公民與政府之關係等都付闕如。即使有規定，亦與後來的法律相牴觸。例如，憲法第29條規定：「集會自由和組織工會之權利、言論和出版之自由和相同的自由，應依法規定。」但以後制訂的法律並沒有按照此一憲法所保障的民權規定。政府的新聞法是用來控制媒體，以維持政府的穩定和發展。

　　印尼政府查禁報刊，在「新秩序」初期已有先例。1978年，雅加達最大的晚報希望之光報與其他報紙因報導政府預算問題而遭停刊。1982年第21號新聞法（Press Law Number 21）規定，新聞之責任是加強國家統一和團結，加強國民之責任和紀律，協助提高國民之智慧，鼓舞人民參與發展。1982年4月30日，印尼政府發表禁令，禁止報紙從5月1日到5月4日投票日為止報導大選活動的消息，以降低選舉熱度。

　　1983年，新聞部長哈莫科（Harmoko）表示，只要出版公司之新聞不

24　Gordon R. Hein, "Indonesia in 1981: Countdown to the General Elections," *Asian Survey*, Vol.XXII, No.2, February 1982, pp.200–211.

符合民族和國家之哲學，就可以取消其許可證。此一情況導致新聞的主編和發行人對其報紙進行自我審查。1984年，授權新聞部長有權吊銷報章的出版准證。1986年9月，發行量 220,340 份的希望之光報（Sinar Harapan, Ray of Hope）（由抗議教派和非爪哇人辦的報紙）因報導印尼盾貶值後對經濟之可能影響，引起許多銀行之定期存款者到銀行擠提，新聞部長哈莫科說該報的經濟報導引起人們意氣消沈、混亂和社會不安，政府當局就取消該報的准證。[25]1987年6月，一家雅加達報紙優先日報（Prioritas, Priority），因刊登一些影射與惡意的報導，而遭到當局吊銷執照。這兩家報紙後來改組資方及編務人選後重新復刊，希望之光報在 1987年允許復刊，但名稱改為更新之聲（Suara Pembaruan, Voice of Renewal），編輯人員也更換。優先日報改名為印度尼西亞新聞報。[26]

印尼的電影、小說、電台等一樣有審查制度，印尼國際知名小說家阿南塔（Pramudya Ananta）和詩人、創作家王德拉（Willibrordus S. Rendra）的作品都遭禁。

1978年，學生發動反政府示威，反對蘇哈托蟬聯第三任總統，印尼政府乃宣佈禁止學生在校內搞政治活動。1982年5月，印尼舉行國會選舉，3月19日，在雅加達，戈爾卡舉行的選民群眾大會上，暴徒以土製炸彈襲擊群眾，造成11人喪生，100人受傷，暴亂擴大至茂物以及萬隆等附近的村鎮。[27]大學生在雅加達舉行反政府示威，攻擊蘇哈托及某些政府內閣官員。戈爾卡和建設統一黨的支持者，在日惹發生衝突，造成一名建設統一黨的青年黨員喪生。伊斯蘭教的火炬報報導該項消息，遭到政府的懲戒，政府要求報紙在報導競選衝突消息時，應有所節制，以免使局勢惡化。[28]

1990年，箴言週刊因刊登一則最受歡迎人物的民意調查報告，把伊斯蘭教教祖穆罕默德排列在第11位，結果觸怒了無數伊斯蘭教徒，政府當局遂查禁該刊物。

25　余文鎮，「希望之光報復刊無望」，南洋星洲聯合早報（新加坡），1986年11月2日，版21。

26　南洋星洲聯合早報（新加坡），1990年10月2日，版32；10月4日，版32。William H. Frederick and Robert L. Worden, *Indonesia*, pp.256–257.

27　南洋商報（新加坡），1982年3月20日。

28　南洋商報（新加坡），1982年4月1日。

　　印尼三份週刊，包括時代（Tempo）、點滴（DeTik）、編者（Editor）遭到查禁。前面二者因為刊登批評科技部長哈比比的文章，報導哈比比因向德國購買軍火而與國防部長和財政部長瑪里‧穆罕默德（Marie Mohammad）不合的消息，報導說哈比比以11億美元向德國購買前東德39艘軍艦，其間涉及貪污。哈比比和穆罕默德在國會的聽政會上所說的購艦金額差額約1億美元。[29]而編者週刊，係因報導徙置部長西斯烏努準備籌組一個全國學生運動組織，以便與哈比比領導的「印尼伊斯蘭教知識份子協會（ICMI-Ikatan Cendekiawan Muslim Indonesia, Indonesian Association of Muslim Intellectuals）」抗衡，而遭到查禁。[30]1994年6月21日，政府當局查禁該三家週刊，理由是該三家週刊挑撥政府首長之間的互信，破壞社會的穩定。結果有1千名記者、青年和人權運動份子發動示威，抗議政府查禁三家週刊。示威運動波及雅加達、萬隆、日惹和沙拉迪加等城市。[31]7月11日，約有70名學生在國會大廈外示威，要求對鎮壓學生抗議政府查禁三家週刊的問題展開調查。

五、剝奪共黨份子之公民權

　　蘇哈托為了防止共黨蠢動，成立新的情報機構，例如恢復安全與秩序運作指揮部（Operational Command for the Restoration of Security and Order, Kopkamtib）和國家情報協調署（State Intelligence Coordination Agency, Bakin)。蘇哈托政府繼續在鄉下清除潛伏的印共份子，至1968年底，約有20萬人被捕。涉嫌共產主義份子的軍方高階軍官，例如東爪哇的布拉韋查亞軍區的蘇米特羅（Soemitro）少將和賈辛（Mohammad Jasin）少將、海軍的蘇多摩（Sudomo）艦隊官，空軍司令達尼被判終身監禁。[32]

　　涉及1965年印共政變的共黨份子有146萬人。依據1975年11月28

29　John McBeth, "Loyal House, but Parliament is becoming more animated," *Far Eastern Economic Review*, Vol.157, No.36, September 8, 1994, pp.32–33.

30　余文鎮，「印尼封禁報刊的前因後果」，**南洋星洲聯合早報**（新加坡），1994年7月2日，版18。

31　**南洋星洲聯合早報**（新加坡），1994年6月22日，版19；6月23日，版2；6月25日，版2。

32　Adam Schwarz, *op.cit.*, p.29.

日總統令,這些被列入涉及印共政變C級的工人,被分為三個等級。列入
C1級的工人,是曾參加印共發動的茉莉芬暴動事件。屬於C2級的工人,
曾為與印共有關的群眾團體成員。列入C3級的工人,是曾在態度上、行
為上或在文字上,對印共流產政變表示同情,但在這次政變中沒有扮演
明顯的角色。根據總統的訓令,屬於C1級的公務員(包括國營公司的職
員)是直接地被解雇。至於C2和C3級人士,則可以在監督下繼續獲准工
作。在1974年,國家電氣局即依照國家安全局發出的訓令,進行整肅行
動,裁減3千名工人。屬於C2及C3級的職工中,有80%是第一及第二級
公務員,其餘為低級(第三級)公務員。鐵道局的工人,也在1973年遭
資遣。[33]

涉及共黨者在1979年已全部獲釋,但限制他們擔任大眾傳播機構
的執行人員、公立機構的職務,也不得參加政治活動,須定時向警局報
到。他們的身份證上有特殊的代號,以使警方便於監視他們的行動。1985
年9月10日,恢復145萬9千名基層共黨份子的投票權,但他們必須經有關
方面證明他們已經服完刑期,並證明出獄後從未涉及任何刑事罪案,才
能取得投票權。[34]另外也準備給予B級3萬4,700名中階共黨份子選舉權。
但363名最高階共黨領袖則不包括在內。[35]1987年的大選,尚有4萬多名共
黨份子未能通過國家安全局和武裝部隊戰略情報署的安全審查,而沒有
投票權。

1991年3月,印尼政府釋放B級印共黨員3萬3千多人。A級印共中委
級的成員,已被判處死刑,但還在司法審理階段。[36]7月30日,印尼政府
釋放兩名印共領袖,他們被關超過20年。監獄中還關了33名印共領袖。[37]

六、支援土著及排華運動

從1950年到1957年,印尼政府採取各種溫和的政策,透過國營的人

---

33 曼梭譯,「印尼整肅親共工人」,**南洋星洲聯合早報**(新加坡),1985年11月20日,
    版25。

34 **南洋星洲聯合早報**(新加坡),1985年9月11日,版33。

35 **南洋星洲聯合早報**(新加坡),1985年6月17日,版29。

36 佘文鎮,「蘇哈托將軍蟬聯總統」,**南洋星洲聯合早報**(新加坡),1991年3月20
    日,版14。

37 **南洋星洲聯合早報**(新加坡),1991年7月31日,版25。

民銀行（Bank Rakyat, or People's Bank）提供的津貼信用貸款支援土著，而且透過給予土著商人特定進入市場的方式支援土著。1957年，印尼政府接管荷蘭人的企業，並由國家控制進口部門。有300家荷蘭種植業和300家公司，如礦業、貿易、金融業等皆由印尼政府控制，由印尼官員和軍官接管這些企業，這些人大多沒有管理經驗。

蘇哈托在「新秩序」時期實施一連串排華法令，意圖將華裔同化入印尼社會。例如1966年12月，關閉華文學校、華人社團、華文報紙。1967年4月，雅加達爆發排華示威。10月27日，印尼與中國斷交。1969年4月，印尼廢棄與中國簽訂的雙重國籍條約，導致有8萬名華裔喪失印尼國籍。此外，其他重要的排華法令，包括：要求華人改用印尼姓名、禁止使用華文、禁止舞龍舞獅、限制華人經營外貿業、限制華人向國營銀行貸款、限制華人讀大學之學生人數比例。

蘇哈托一方面通過各種排華法令，另一方面卻與少數華人富商建立密切的政商關係，例如，1969年12月4日，蘇哈托夫人（Tien Suharto）和林紹良簽訂設立波嘎沙里（PT Bogasari）麵粉廠合約，該廠擁有國營麥子和麵粉的進口、碾磨和銷售的專有權利。1970年8月16日，林紹良和蘇哈托的弟弟普羅波蘇特卓（Probosutedjo）合作，獲得丁香進口的專利權。

蘇哈托這種作法，引起民怨。1978年10月4日，雅加達發生三起爆炸案，地點在華裔富商林紹良所經營的中亞銀行（Bank Central Asia）的兩間分行和一間華人經營的雜貨店，三宗爆炸案相隔約10分鐘。暴徒指責蘇哈托和武裝部隊總司令穆達尼將軍親近華商。[38]

印尼華人約佔印尼總人口1億8千5百萬的3%左右，是印尼境內的少數民族，但因握有印尼私人經濟部門的50–60%的財富，而引起當地土著的忌妒和排斥。自印尼獨立以來，印尼排華運動層出不窮，華人成為刺激印尼民族主義情緒的催化劑。

從1980年代中葉以來，印尼政府採取若干對印尼華人較為有利的措施，如1984年取消土著和非土著的身分登記制度、1990年7月，印尼政府取消雅加達地區華人身分證上帶有歧視性質的特別記號。印尼雖在1990年恢復與中國的邦交，但仍限制人民前往中國旅遊。至1991年7月，才取消禁令，允許印尼華人前往中國旅遊，不必再申請特別的保安許可證。

38　*南洋星洲聯合早報*（新加坡），1984年10月6日，版1。

惟基本上，因華人經濟普遍佔優勢，所以難以消除印尼土著對華人的疾視。

1994年4月14日，蘇門答臘北部的印尼第三大城棉蘭市，發生排華運動，暴動結果有150家華人商店遭到搶劫、12輛汽車被燒毀、一名華人商人被殺害。印尼政府派2,600名軍隊前往鎮壓，逮捕20餘名工運領袖及100多名滋事工人。

從4月14日至19日，暴動的範圍包括棉蘭及其附近的城市，如賓加（Binjai）、丹絨摩拉瓦（Tanjung Morawa）、日里杜亞（Deli Tua）、布拉揚島（Pulau Brayan）。4月16日，在棉蘭市以北35公里的勿拉灣（Belawan）港，有200名工人抗議示威，要求加薪。4月19日，在棉蘭市西南方125公里的皮馬坦‧席安塔（Pematang Siantar）鎮，約有6千名示威者破壞9輛汽車，及1家塑膠工廠。廖內省也有回教徒舉行示威，抗議北干巴魯在不久前發生的2人死亡和12人受傷的事件。4月20日，棉蘭以南130公里的先達地區，有5千多人示威，與警方發生衝突。棉蘭市的示威者曾散發一份傳單，主要內容是對於華人控制印尼經濟感到不滿，特別指控去年一家由華人經營的普拉西特亞‧穆爾亞（Prasetya Mulya）商業公司購買了阿斯特拉國際公司（Astra International）的7,500萬股權，顯然華人經濟已控制該公司。

其次是指控當地國營銀行厚待華人，只對華人提供融資貸款，而不願貸款給當地土著。第三是指控最近印尼建設銀行（Bank Pembangunan Indonesia）發生4億3千萬美元冒貸案（1989至1991年之間在沒有足夠抵押的情形下貸款給金匙集團），是政府官員與當地華人相互勾結造成的。第四是抗議印尼軍方干預勞工糾紛。在印尼只有政府許可的「全印尼勞工總會（All Indonesia Workers Union）才獲准和資方進行談判，而禁止非法的「印尼勞工福利聯合會」代表工廠工人和資方談判的資格。示威者最後呼籲將華人逐出棉蘭市外。其他地區的示威者也提出了要求加薪、改善工作環境和擁有自組工會的權利。

5月7日，雅加達市政府舉行一項普查華裔人口的行動，主要目標是要統計市內1千萬人口中無國籍的華裔人數。有些敏感人士認為在排華事件發生後進行此一人口普查，相當不尋常。

6月4日，雅加達和萬隆出現排華傳單，呼籲民眾在6月5日展開暴力

排華示威。據報導，策劃示威者還在一些傳單裡夾帶鈔票，鼓勵年輕人參加示威。導致有許多華人前往新加坡避風頭。幸經印尼政府的疏導和防患，當天未發生示威。

外商或華人商家在印尼普遍不遵守當地法令，特別是有關於工資的規定，工廠資方通常壓低工資，致時有工資糾紛，從1993年11月至1994年2月全印尼有19個城市發生185起罷工事件。印尼政府遂於1994年1月1日公佈最低工資率，規定最低工資為日薪3,800盾，約合1.8美元。但非法的「印尼勞工福利聯合會」認為此一最低工資率不足以使工人過最低生活，而要求提高到7千盾。印尼的工資政策在1994年初受到美國的壓力，美國政府限期印尼至2月15日以前依國際勞工組織所定的標準作為改善勞工之工作條件的最後期限，否則美國將取消給印尼在「普遍優惠制」（Generalized System of Preferences, GSP）下的貿易優惠，印尼將因此可能損失6億美元的關稅優惠特權。印尼政府不得不宣布2月12日為雅加達和西爪哇所有公司必須符合最低工資率的最後日期。印尼政府同時批准成立14個新的工會，但把它們納入在官方工會行政管轄之下，「印尼勞工福利聯合會」認為此一作法違反自由組織工會之精神，乃號召各地工人舉行罷工（2月1日萬隆即發生5千名工人要求加薪的罷工）。美國的人權外交政策，對4月棉蘭工人要求提高工資有推波助瀾之作用。

臺商在印尼投資的地區集中在雅加達和泗水，在泗水就有2、3百家臺商工廠，人數在7、8百人，而1994年4月棉蘭排華的地區是屬於老僑居住的區域，排華是針對老僑而非台僑。6月初，雖在雅加達和萬隆曾醞釀排華示威，幸好未發生。一般而言，在東南亞地區，臺僑對待當地土著工人比老僑為寬厚，也較少成為抗爭的對象。

七、反政府示威運動

受到伊朗的激進伊斯蘭運動之影響，印尼激進伊斯蘭教徒也發動一連串反政府示威，要求建立伊斯蘭國。1985年爆發一連串的炸彈爆炸和縱火事件。暴徒攻擊的目標包括婆羅浮屠佛教寺廟、蘇拉卡達的王宮、雅加達的商業中心和印尼國營電台的總部。

1989年，在蘇門答臘南部的楠榜發生軍人和穆斯林的衝突，主要起因是村民的土地所有權問題，軍隊鎮壓當地的騷亂，有100名村民被殺。

亞齊省亦發生叛亂活動，有數十人被殺。

　　1989年3月，中爪哇建水壩，可能淹沒當地居民房屋，政府強迫居民遷移，學生向內政部提出抗議。4月12日，約有60多名學生聚集在礦業能源部前示威，他們自稱「拉低電費學生委員會」，抗議政府自4月開始實施提高電費5%，學生們發傳單反對提高電費。[39] 4月18日，雅加達的教師訓練學院學生600多人舉行示威，抗議軍隊在萬隆以武力驅散示威者。6月8日，日惹約有100名大學生示威，要求政府延後同中國恢復邦交的計劃。蘇哈托在7月24日回應學生要求的民主開放，他說：「印尼在開放政策中，人民有言論自由的權利，但為國家利益，大家應遵守四項原則，即健康、合理及邏輯的思考、不違反人民利益、不削弱國民團結、以及不牴觸國家意識--『建國五大原則』。」[40] 8月5日，內政部長魯帝尼受邀到萬隆理工學院演講，有200多名學生在校園內示威，批評他未能實踐諾言為窮人請命，並說部長此次來訪之目的是為了本身政治利益。過後該學院開除9名學生，另外30名學生被勒令停課，罪名是對部長不敬，有損校譽。繼之，其他城市的學生也行動起來，聲援萬隆理工學院的學生。9月15日，日惹、萬隆、雅加達等幾所大學的學生又發動示威，抗議政府逮捕學生的政策。日惹約150名大學生指責警方以刺刀強行驅散在校園內的示威學生，也抗議政府以顛覆罪名判處兩名學生分別為7年與8年徒刑。政府當局指控這兩位學生散發馬克斯主義的書刊。[41]

　　1991年4月初，「伊斯蘭教師聯合會」主席瓦希德（Abdurrahman Wahid）成立「民主論壇」（Democracy Forum），成員除了伊斯蘭教知識份子外，也有基督教知識份子。印尼政府下令該論壇改名，以免和波蘭的「民主聯盟」相混。政府也對該論壇定下四個條件：論壇不得涉及政治，活動範圍只限於主持座談會及辯論會，開放會員入會資格，由研討會所獲得的意見均須通過現有的政治途徑傳達，它不能成為反對派組織。

　　另一個民主組織是「恢復民主同盟」，由人權律師兼印尼非官方的

39　南洋星洲聯合早報（新加坡），1989年5月1日，版12。

40　南洋星洲聯合早報（新加坡），1989年7月25日，版11。

41　南洋星洲聯合早報（新加坡），1989年9月17日，版15；9月30日，版10；11月27日，版30。

自由工會「團總」主席普林森領導，其目標在號召選民抵制1992年的大選。[42] 1992年11月和12月，學生和青年遊行到「人民協商議會」大廈前，要求「人民協商議會」選出蘇哈托以外的其他人擔任總統，因為蘇哈托掌政太久。

　　1993年7月28日，印尼國立理工學院的學生不滿教師水準不夠，及學校將試驗室租給外人，導致學生無法使用學校之設施，數百名學生強佔學院，扣留4名教師為人質。有200名警察和軍人進入校園，救出4名教師和逮捕數十名學生。[43]11月18日，「雅加達伊斯蘭教大學生通信論壇」發動數百人到總統府獨立宮和國會大廈前示威，要求立刻宣佈廢除被認為是違背伊斯蘭教教義的國營博彩，爪哇、蘇門答臘和蘇拉威西等島的大城市都有示威。社會福利部長恩當古蘇瑪在9月宣佈延長國營博彩的營業期限，而導致各地發生反對聲浪。[44]

八、實施移民重徙置政策

　　在「新秩序」時期，印尼政府進行了一項大規模的移民，從1969年展開第一個5年計劃之後，政府計畫將爪哇島上擁擠的人口移出500萬人，主要是移向蘇門答臘、卡里曼丹和西伊里安等人口稀少地區。至1983年，已有250萬人從爪哇和巴里島移至北方外島。政府用飛機和輪船將移民運至尋徙置區，每一移民家庭可分得2公頃耕地，1間木屋，1年的糧食，2年的種籽、農具、廚房用具及蚊帳。[45]這些外移至北方外島的人，大多數是伊斯蘭教徒，至1998年蘇哈托統治末期，在卡里曼丹、摩鹿加群島、蘇拉威西島和西伊里安等地都爆發宗教和族群衝突，其中很多衝突就是移民造成的後遺症。

九、威權主義下的選舉

　　自獨立以來的第二次國會選舉是在1971年舉行。除了戈爾卡外，另有9個黨參選。戈爾卡贏得62％的選票，4個伊斯蘭教政黨獲27.1%選票，

42　**南洋星洲聯合早報**（新加坡），1991年4月6日，版26；4月11日，版28。
43　**南洋星洲聯合早報**（新加坡），1993年7月29日，版26。
44　余文鎖，「印尼伊斯蘭教徒大示威的前因後果」，**南洋星洲聯合早報**（新加坡），1993年11月20日，版26。
45　曼梭，「印尼的大遷徙計劃」，**南洋星洲聯合早報**（新加坡），1983年9月11日。

另外5個政黨贏得其餘10.1%選票。1977年國會選舉，戈爾卡獲61%得票率，獲232席；建設統一黨29.3%，獲99席；印尼民主黨8.6%，獲29席。

1982年5月4日，舉行國會選舉，此次選舉競選期間有45天，但競選活動在4月29日截止，以降低選溫。競選過程相當激烈，有數10人死亡。[46]這一屆國會共有460席。戈爾卡獲64.3%得票率，建設統一黨27.8%，印尼民主黨7.9%。在460席中，戈爾卡分配獲得246席，建設統一黨94席，印尼民主黨24席。另外96席為軍人保障席次，無須參選投票。[47]

1987年4月23日，舉行國會選舉，限制選舉活動期限為25天，政黨可舉行群眾大會，歌星、電影明星和跳傘者助陣，在現場施放1萬個氣球升空，進行幸運抽獎。在投票日前5天為冷靜期，禁止報章刊登任何足以影響選舉的報導文字，且須將牆上、電線桿上和橋樑上的競選標語清除乾淨。合格選民數有9,400萬人，投票率為91.32%，結果戈爾卡獲得6,280萬張選票，佔74.75%的得票率，贏得299席，較1982年的246席還多。建設統一黨獲得1,370萬張選票，佔15.75%的得票率，贏得61席，較上屆94席少。印尼民主黨獲得930萬張選票，佔9.5%的得票率，贏得40席，較上屆24席增加。[48]

印尼政府在1989年放寬言論自由空間，採取公開性（keterbukaan）政策。許多人也期望此一公開性可鼓勵更大的政治參與，不僅在國家政策對話，而且在參加政治過程方面。最重要的公開性之表現，是在1991年成立的「民主論壇」。該論壇由「伊斯蘭教師聯合會」的秘書長瓦希德擔任主席，有知名的學者、記者和其他知識分子參加。此外，尚出現下述的團體，「民主復興聯盟」（Democracy Restoration League）、「全國民主聯盟」（National Democracy Alliance）、「民主力量全印尼聯盟」（All-Indonesia Alliance of Democratic Strength）。這些新興團體可以針對政府政策的執行提出不同的觀點，但不能批評「班察西拉」或憲法的內容。[49]

1992年6月10日，舉行國會選舉，有2,283名候選人競爭國會中400

46　南洋商報（新加坡），1982年4月30日。

47　南洋商報（新加坡），1982年5月11日。關於三黨的議席數，該報導與南洋星洲聯合早報（新加坡），1987年5月6日的資料不同，本文採用後者的資料。

48　南洋星洲聯合早報（新加坡），1987年5月6日，版15；6月8日，版17。

49　Blair A. King, "The 1992 General Election and Indonesia's Political Landscape," *Contemporary Southeast Asia*, Vol.14, No.2, September 1992, pp.154–173.

席。選民是選黨而非候選人。選票尚需印出各黨的標誌,戈爾卡的標誌是榕樹,建設統一黨的標誌是五角星,印尼民主黨的標誌是牛頭。每個黨在參選時,必須按順序排出候選人名單,選舉結果依各黨得票率比例分配議席。在1987年以前競選期有45天,1992年則縮短為25天。候選人不得對政府的政策提出批評,批評須很謹慎,對總統更不能批評。競選集會須在數星期前申請,在幾公里半徑範圍內,不可同時有兩個政黨在同天舉行集會;遊行不可分別在不同地點舉行,必須在同一地點舉行。1992年1月禁止汽車集會及張貼政治領袖之照片海報。如印尼民主黨不可張貼蘇卡諾的照片。大型戶外集會也加以禁止、禁止出動汽車宣傳隊伍、禁止攜帶武器,每個政黨的候選人獲准在電視台和電台發表15分鐘的演講,但競選講稿須事前經選舉委員會之同意。競選宣傳期是從5月10日到6月3日。在投票日前5天禁止競選活動。禁止參選政黨的候選人在競選演說中提到民族、宗教或種族等敏感問題。[50]印尼總人口有1億8千萬人,合格選民有1億零700萬人,有9,723萬人前往投票,佔90.39%。戈爾卡獲得67.96%的選票,分得282席;建設統一黨獲得17.06%的選票,分得62席;印尼民主黨獲得14.68%的選票,分得56席。[51]

十、印尼經濟蓄勢待發

印尼天然資源豐富,出產有石油、天然氣、木材、煤、橡膠、咖啡及其他礦藏,但其得天獨厚的自然條件並未造就其成為經濟強國,主要原因是殖民地的經濟結構未能在獨立後完全改正過來,反而因內部紛爭、軍人介入企業活動、行政效率低落、貪污橫行及沒有刺激人民的勞動意願等因素,致不能使其資源做有效的運用,從1950年獨立以來,印尼的經濟就長期陷入低度發展狀態,國民經濟無法滿足人民的基本需要,國內貧窮問題嚴重。

在1980年代期間,印尼的經濟成長率一直維持在3-4%之間,是東協國家中經濟成長率僅次於菲律賓的國家。印尼的平均國民收入至1981年始達到520美元,到1990年還一直維持此一數目。

為了加速經濟發展的速度,印尼政府改變經濟政策,欲以吸引外

---

50 南洋星洲聯合早報(新加坡),1992年1月16日,版22;5月15日,版24。
51 南洋星洲聯合早報(新加坡),1992年6月14日,版35。

資，來改善產業結構，提高非石油產品出口，並採取一連串自由化經濟政策。不過此一外資政策還有禁止百分之百獨資的規定，以致吸引外資之成果相當有限。而同時印尼外債也節節升高，總計在1985年為321億美元，1988年為500億美元，1993年為930億美元。印尼成為亞洲最大的債務國，世界第六大債務國。

東南亞國家和中國為了發展經濟紛採開放政策，競相爭取外資，而印尼的較為保守的外資政策，經常受到外商詬病。1994年4月印尼開始第六個5年發展計畫，預定在未來5年取得6.2%經濟成長率，以及3,300億美元的資金，為籌措資金，印尼乃於5月宣布第20號法令，大幅放寬外資規定，取消資本額限制、設廠地點限制、獨資企業股權限制、合資企業股權移轉限制、開放外商投資的領域，包括港口、電力、電信、航空、海運、鐵路和核能等。

這項政策實施後，頗見成效，到1994年5月止，已核准外人投資達51億美元，外來投資件數為144件，較1993年同期增加24%。

此外，國內投資也在調降利率的刺激下，1994年前5個月亦創下114億美元的記錄，新的投資案高達356件，較1993年同期成長一倍，資金進入市場已見效果。

1994年4月，印尼棉蘭發生排華運動、6月又發生學生和文化界人士反政府示威，這些事件多少會影響外來投資。但總的來看，印尼經濟已逐步邁向較好的方向發展。1994年印尼又獲得由聯合國屬下的金融機構和先進工業國聯合組成的「印尼諮詢集團」的52億美元貸款，顯示各國對印尼的未來經濟發展深具信心。從東亞新興國家經濟成功的例子來看，光靠外資和外援是不夠的，還需有其他條件的配合，如政府卓越的領導、高度的行政效率、廉能的官員以及勤奮的人民等，這些印尼都還未完全具備。印尼能否繼馬來西亞和泰國之後成為東亞新小虎的關鍵，即在於其能否完成這些條件，利用這波東亞經濟起飛的浪潮，趁勢而起。

十一、印尼縮減國會中軍人議席

在蘇哈托主政下的印尼是一個軍人主控政局的國家，在其執政期間，軍人成為政治上的主要人物。1965年9月30日，印尼共黨政變失敗，一些左傾的軍人亦告失勢，起而代之的是右派軍人。以蘇哈托為首的軍

人控制當時的總統蘇卡諾，解散印尼共黨，採取嚴厲的軍事統治。印尼的民主政治暫時中斷生機。蘇卡諾所主張的「指導民主」，繼續成為蘇哈托的治國原則。

由於蘇哈托政權是出於軍人的支持，因此新政權的基礎就必須考慮保障軍人的政治權利。1967年初，印尼國會通過三項選舉法，其中一項選舉法規定，國會、臨時人民協商議會和省級議會的議員，應各有四分之一的武裝部隊成員。同年7月27日，國會與政府達成協議，國會中的政黨承認政府有權任命人民協商議會三分之一的成員、國會460人代表中的100人，受委任者可包括文人及部隊的代表。1969年11月22日，臨時人民協商議會通過國會組織法，規定國會議員由460人組成，其中100人由總統委任，其餘依政黨比例產生。受委任者應包括武裝部隊和非軍人的功能團體的代表，前者佔75席，後者佔25席。1985年通過國會組織法修正案，將議席數由460人增加到500人，其中由總統委任的軍人議席共100席。國會議員任期5年，依慣例在5年期間軍人議員必須更換人選三次。依法律規定，軍人沒有選舉和被選舉權。

1995年2月，為了因應印尼的民主化發展，蘇哈托總統委任印尼科學院就選舉制度進行研究，然後提出國會組織結構改革的報告。6月15日，印尼國會根據該項報告的建議通過一項國會組織法修正案，將總統委任的100名軍人席次縮減為75席，另外的425席將由三黨經由選舉分配，此一法律將從1997年選舉時開始適用。

最令人感到驚訝的是，國會在討論削減軍人的議席時，軍人並未持異議，反而表示贊成。其可能的原因是該項改革是出於蘇哈托的提議，而且事先已與軍方溝通過，因此獲得軍人的支持。基本上，軍方對於此一發展，態度是相當平靜的，一些軍人領袖認為軍人仍在國會及政府中扮演重要的角色。如國會中軍方派系的發言人諾爾（Brig. Gen. Taheri Noor）在該年6月12日接受雅加達郵報（Jakarta Post）訪問時表示，在國會中的軍人比一般政黨的國會議員更為民主，在1980年代末發起政治開放之辯論的是軍人議員，軍人繼續留在國會，可以確保國家的穩定和統一、保障「班查西拉（建國五項原則）」意識形態和1945年憲法。印尼內政部秘書長蘇博拉塔（Suryatna Subrata）也表示，印尼公務員要應付各種挑戰，就必須學習軍人的精神，如紀律、貫徹命令、行動有效率等。

　　自1990年代初以來，印尼出現民主改革之議論，人民要求更大的言論自由以及組織活動的空間，批評的矛頭也指向國會，認為印尼國內政局已大抵穩定，情勢跟1980年代以前不同，無須再保障軍人在國會中的席次，因此，蘇哈托此次的改革，可說是適時的反應了民意，但採逐步改革策略，而且還強調軍人即使有能力亦無意控制國會，以釋群疑。儘管如此的辯解，軍人在印尼社會中仍具有相當大的影響力。

十二、政府介入印尼民主黨黨魁之爭

　　印尼民主黨中央執行委員會共26人，在1996年6月初，其中16人由副主席法弟瑪（Fatima Achmad）領導倒戈，要求召開黨代表大會改選黨主席，為該黨現任主席梅嘉娃蒂（Megawati Sukarnoputri）拒絕，因為她的任期至1998年（她在1993年當選黨主席，任期5年）。反對派系乃向內政部要求召開發予推選領袖大會的正式准證，獲得內政部的批准。6月20日，印尼民主黨反對派系在棉蘭市召開黨代表大會，目的在罷黜該黨現任主席梅嘉娃蒂。親梅嘉娃蒂的黨員和群眾於20日在雅加達舉行示威，佔領街道，與警察發生衝突。22日，該黨選出國會副議長蘇雅迪（Suryadi）為新任黨主席，並立獲內政部長約吉批准為印尼民主黨黨主席。梅嘉娃蒂則向全印尼該黨黨支部尋求支持，並向法庭控告內政部長、警察總長、印尼民主黨造反派違法，要求賠償220億美元。

　　7月3日，蘇雅迪正式向武裝部隊請求驅趕霸佔在雅加達的印尼民主黨總部的親梅嘉娃蒂份子。7月22日，一批學運份子及知識分子成立民主人民黨（Democratic People's Party）。27日，印尼警察佔領由親梅嘉娃蒂份子控制的印尼民主黨總部而引發暴動。民主人民黨在雅加達市中心策動1萬多人的暴動，劫掠商店，火燒22棟建築物（包括日商豐田汽車和本田汽車經銷處、數家民營銀行和兩家公營銀行），93輛車遭人放火焚燒，與軍警對抗，造成3人死亡，20多人受傷，200多人被捕。這是自1974年1月15日印尼發生反日商投資及排華的暴亂事件以來雅加達發生的最嚴重暴亂。28日，警察再用催淚瓦斯驅散聚集在印尼民主黨總部門口的群眾。

　　蘇哈托總統在7月25日正式承認造反派領袖蘇雅迪為印尼民主黨的新主席。印尼政府也禁止梅嘉娃蒂的支持者舉行自由論壇。印尼新聞報也呼籲全印尼所有報章封鎖一切與民主黨有關的新聞，直至該黨的黨爭平

息為止。但印尼報章未予理會，繼續刊登民主黨黨爭消息。

7月31日，印尼警方逮捕印尼勞工福利工會領袖派克帕韓，並以叛亂罪起訴。印尼政府指控他具有左派之思想。

蘇哈托總統於7月7日赴西德檢查身體，引起民心動搖，金融市場驚慌，從1美元兌印尼盾2,329.5元跌至1美元兌印尼盾2,334元。數天的街頭動亂也導致股票大跌。

印尼政府高度介入反對黨的內部派系爭端，印尼的反對黨之政治活動空間有限，仍須仰賴政府之鼻息。印尼軍方分裂印尼民主黨之目的在遏阻該黨明年國會選舉之勢力，因為該黨的力量有增強之趨勢。

蘇哈托之健康狀況，引發隱憂，因為尚難以知道誰是蘇哈托的接班人。印尼軍方在此時削弱印尼民主黨之實力，可能係在先為總統接班過程鋪平道路。

印尼自1965年蘇哈托弭平印共政變以來，即由蘇哈托執政，他依賴軍人的支持而穩定地執掌大權。政黨是經其整編而成的三大合法政黨，一是執政的戈爾卡，另外二個是在野的印尼民主黨和建設統一黨。但這兩個反對黨沒有活動的自由，受到很大的限制。印尼的新聞媒體，也受到政府的嚴密控制。因此印尼政局的決定因素有二：一是蘇哈托總統，二是軍人。

1996年4月蘇哈托喪妻，再加上他前往西德檢查身體，一般傳言他將不可能繼續競選下屆（1998年）的總統大選。因此關於政治繼承人問題就浮出檯面，輿論似乎歡迎前總統蘇卡諾的女兒即現任印尼民主黨主席梅嘉娃蒂成為總統。反對黨希望在蘇哈托下台後，有更開放的政治。但軍方似乎不願採取開放的政策，而特別選在國會選舉前一年先下手為強，意圖分裂印尼民主黨，削弱民主勢力，打擊梅嘉娃蒂的聲望，使其無法參加明年的國會議員選舉以及後年的總統選舉。梅嘉娃蒂所領導的印尼民主黨的鬥爭派將是非法的，因為法律規定只有三個政黨為合法，才可以參加國會選舉。

歸納言之，在印尼民主黨事件後印尼政府之控制措施如下：

(一)在政治上

1.印尼武裝部隊社會與政治首長哈密中將於1996年8月14日表示，因

為印尼民主黨遭到共產黨滲透，所以軍方採取行動。政府已逮捕民主人民黨主席及幹部250人。印尼一名將軍說，菲律賓共產黨的軍事組織「新人民軍」為印尼民主人民黨黨員提供軍事訓練。

2.印尼政府於1996年8月8日規定，所有社團必須重新註冊，以清除一些非法的社團。蘇哈托總統在9月6日下令在明年大選前的競選運動期間，限制群眾大會和其他公眾集會的次數。

3. 1996年8月21日，印尼三大政黨誓言支持蘇哈托，並表明在明年的國會選舉中將避免相互指責。

4.至於梅嘉娃蒂則採取低姿態，只表示將在法律上採取行動，而非上街頭抗爭。政府仍在調查其涉及暴動之情形。

(二)在經濟上：為免除外商之疑慮，印尼政府採取了數項刺激外商繼續在印尼投資的政策，分述如下。

第一，印尼商工總會在1996年6月間提出11項建議獎勵出口之產品，包括紙漿、蔬菜油、蔬菜油產品、橡膠產品、紙張與紙產品、非鐵金屬、電子產品、通訊器材、傢具、漁業及有機化學品。此一措施之目的在增強這11項產品之出口，以賺取外匯。印尼政府將以政策拓銷上述產品，打開國際市場。

第二，印尼政府在1996年8月公佈一項新規定，外商在特定住宅區，可購買不超過40%之房屋數。同時為了禁止外商購買低成本和國家給予津貼的房子，規定外商必須買不低於70平方公尺的房子。這些房子必須建於200平方公尺至2,000平方公尺之土地面積上。其建築成本必須超過平均每一平方公尺50萬印尼盾至60萬印尼盾。同樣的限制亦適用於公寓。外商購買的公寓不得小於54平方公尺，其建築成本必須高於平均每平方英里60萬至70萬印尼盾。當外商離開印尼時，則須在1年內將其房子賣給政府許可的購買者。否則政府有權取得該房子產權。至於在印尼有重要的商業利益而不住在印尼的外商，亦可購買房子。這是為了方便外商在進出印尼時有地方可住。

第三，印尼政府在1996年9月初頒佈第45號令，規定某些特定行業將可享有10年免公司所得稅之優惠。如該項行業設廠於爪哇及巴里島以外地區，則可以再享有2年免稅待遇。依該法令第二及第三款之規定，適

用「免稅期」待遇之投資必須在投資獲准後5年內完成投資行為；如投資者在5年內提前完成投資案，則其餘年可併計入10年免稅待遇中。此一規定之目的在落實投資案，以免很多投資案在核准後久未進行實際投資。此外，該法令第四款規定，凡設廠於爪哇及巴里島以外地區者，將可獲得延長2年之「免稅期」待遇，其目的在鼓勵外商在印尼的外島進行投資，以期縮短各島之間經濟發展程度的差距。至於哪些產業可適用「免稅期」，將再由政府決定。

美國國務卿克里斯多福（Warren Minor Christopher）於1996年8月1日說，美國將鼓勵印尼實行多元化的權力過渡，以反應印尼國內在這方面的與日俱增的意願。在克里斯多福訪問印尼結束後數天，印尼軍警開始鎮壓民主黨總部前之騷亂。在克里斯多福訪問印尼期間，曾談及東帝汶人權問題。美國副國務卿瓊·斯佩羅（Joan E.Spero）曾會見多名反對黨人士，包括梅嘉娃蒂。因此美國是否介入印尼事務，引起揣測。

美國駐印尼大使館發言人施特羅莫表示，美國關切人權問題，印尼政府應釋放行使憲法自由權而遭逮捕者，同時呼籲印尼政府保證被控跟這些事件有關的任何人獲得合法審訊。印尼政府應公佈在此次事件中失蹤及被捕者的名單，允許獨立監察者充分享有探訪被捕者和仍留醫者的便利。

印尼軍方分裂印尼民主黨之目的在遏阻該黨明年國會選舉之勢力，因為該黨的力量有增強之趨勢。印尼政府說該黨內部為左傾勢力滲透，將為印尼政局帶來隱憂，因此軍方採取削弱該黨措施。

十三、印尼政府連續警告印共可能捲土重來

印尼雅加達在1996年7月27日發生動亂，一批學運份子及知識分子成立民主人民黨，進行街頭反政府示威，印尼政府採取鎮壓手段，逮捕反政府份子。印尼政府高層領導人稱共黨份子滲透進入民主人民黨及印尼民主黨，他們挑起雅加達的動亂，因此政府必須採取必要的措施。

8月14日，蘇哈托總統首先公開對日本經濟新聞記者說，追隨印尼共產黨的民主人民黨利用印尼民主黨主席之爭以及梅嘉娃蒂在雅加達總部前舉辦的「自由論壇」，攻擊政府，意圖推翻政府。武裝部隊社會與政治首長哈密中將亦公開稱印尼民主黨被共黨份子滲透，迫使軍方介入。

　　印尼武裝部隊總司令費薩爾將軍於9月29日接受記者訪問時說，黨與共產黨有密切關係，有許多證據可以支持這項指控。他說該黨在發動暴動前5天所發表的政治宣言，所使用的措詞和思想意識很多與共黨相同。他警告稱，共產主義的威脅仍在，任何仍逍遙法外的共產黨人會因為理想主義的驅使而試圖復興或成立共黨組織。他舉出四項理由說明印尼仍受共產主義之威脅：共產主義還在中國、古巴、北韓存在；共產主義仍然是資本主義的對立面；海內外的印共殘餘份子仍然想以另外的形式捲土重來；印尼的貧富懸殊使共黨有機會進行攻擊。

　　他告誡青年，共黨挑起階級衝突，並利用敏感的政治問題如人權、民主和環保等問題來達到自己的目的。他認為民主人民黨是一個由印共殘餘份子組織起來的親共政黨。印共殘餘份子可能利用印尼民主人民黨和其他極端組織取得聯繫，以達到他們的目的。

　　9月30日，印尼中爪哇勿里碧縣政府使用的電腦，突然出現印共黨徽（鐵鎚和鐮刀）圖案，當天恰好為印共流產政變31周年紀念日。

　　10月16日，蘇哈托總統在執政的戈爾卡集團常年大會上講話，他說，印尼青年一代不要把國內最近的一些事態發展當成等閒事，因為共產主義的威脅可能改頭換面，以新的名義捲土重來。

　　印尼將前印尼共黨份子按其涉入共黨情節輕重，分為三類，最重者從1965年以來仍一直關在監獄中，次輕罪者則判處徒刑後剝奪其參政權，迄今一直不給予投票權，仍須定期前往警局報到，輕罪者雖已釋放，但仍經常受到監視。由此可知，印尼政府在國內仍然採取反共政策。

　　由於國內貧富不均，故擔心共黨份子利用此一情勢煽動人民。印尼政府領導人經常利用各種場合警告人民注意共黨的活動，以免使社會再度發生動亂。但反政府的是否為共黨，仍有待查證。因為印尼政府為防止共黨份子捲土重來，所以都一律稱之為共黨份子。

　　印尼蘇哈托政權係以弭平共黨政變而取得政權的，因此反共便成為維繫政權的重要要素。印尼軍方仍受到法律保障，擁有國會75席保障席次，以及其他的特權，此一對軍人的特殊保障，將使軍人團結在蘇哈托周圍，形成一個權力核心關係，軍人與蘇哈托之間有共生關係，其地位將繼續獲得保護。

十四、1996－1997年印尼連續發生暴亂事件

1996年7月，雅加達發生暴動，是在軍警突擊印尼民主黨總部，驅逐梅嘉娃蒂的支持者之後由親共學生團體挑起的反政府暴動。

10月，東爪哇小鎮斯都文羅鎮（Situbondo）曾發生因法庭對一名侮辱回教的男子判刑5年，民眾認為判刑太輕，有1千多名群眾不滿而上街頭示威，放火燒毀20多間基督教和天主教堂以及華人的佛寺，造成1名神父在內的5人在教堂中被燒死。

12月26日，西爪哇省小鎮塔西克馬拉雅（Tasikmalaya），因當地一名警官之子在其就讀的回教寄宿學校偷竊被老師處罰，有3名老師稍後被抓去警察局毆打，導致約有5,000名回教徒暴動，在該鎮商業區及附近城鎮放火滋事，攻擊基督教和天主教堂、辦公室和華人商店，共有4人喪生，184人被捕，100座建築物被毀，包括12間教堂、11間警署和9家工廠、3間銀行、8家汽車代理商行及48間商店。此外還有107輛汽車和22輛摩托車被破壞或燒毀。印尼回教學者理事會主席巴斯里把暴動歸咎於可能跟印共有關的一個「無形組織（OTB）」。「無形組織」是印尼政府用來形容涉及類似共黨活動的無名集團的名稱。暴徒之所以攻擊基督教堂，主要原因是基督教徒通常是較為富裕，而華裔大都信奉基督教。

1997年1月1日，西卡里曼丹省桑高勒多區約有5,000名達雅克族（Dayak）發起暴動，起因是當天晚上舉行流行音樂聯歡會，來自馬都拉島的移民與達雅克族人為了一名婦女而發生爭執，結果兩名達雅克族男子被一名馬都拉移民刺死，兩族人就發生衝突。結果有5人喪生，9人受傷，多棟房屋被燒毀。

1月27日，雅加達市中心丹那阿邦市場在人行道上擺攤的300名小販因不滿警方的取締，而聚眾鬧事，燒毀丹那阿邦區辦事處、5輛官方的汽車和1輛摩托車。

1月30日，西爪哇的蘭佳斯丹洛鎮一名基督教華裔婦女指責隔壁清真寺一群回教青年在清晨兩點鐘為喚醒回教居民起床晨禱聲音（使用擴音器）太喧嘩，引起雙方衝突，有數千名群眾攻擊華人住屋，結果有76間住屋與72家商店被破壞，有兩間教堂和一間佛寺被燒毀，有19輛汽車被砸毀、7輛汽車被焚毀。

1月31日，西爪哇萬隆市因官員取締街邊小販而引起小販的不滿，

紛紛向有關官員拋石頭。市郊的一家擁有9,600名工人的紡織廠的數千名工人舉行示威，要求資方給予花紅、女工產假、加薪、保健金及其他津貼，但未獲資方同意，結果在暴動下燒毀該一工廠及兩輛汽車，但局勢很快就被控制下來。市內有人散發傳單，威脅要燒毀華商和基督教徒的房子。在聽到謠言後，大部分教會學校放假，許多商店也休業一天。

為了因應這些社會紛起的騷亂，蘇哈托總統在1996年9月下令1997年5月大選前的競選期間，限制群眾大會和其他公眾集會的次數。他並訓令印尼武裝部隊制定國內安全法，以便使當局能更有效處理國家安全威脅問題。印尼有一部荷蘭統治時期制定的顛覆法（Subversion Law），規定政府有權拘留人犯1年不須送法庭審判，亦可對犯罪者處以死刑。印尼希望採取新、馬的國內安全法，政府有權拘留人犯2年不須送法庭審判。

印尼政府也擴編警察編制和人數，從原先的49個機動大隊增加至56個機動大隊，以執行反暴動之任務。印尼軍方並宣佈在240個軍區設立防暴警報中心（Riot-alert Centres），由軍區司令負責，其任務是提出預防措施，監督蒐集可能引起種族和宗教衝突的各種謠言，就安全問題向警方提出報告。印尼警方繼續逮捕7名民主人民黨活躍份子。警方並對被認為有問題的32個團體展開調查，包括環保組織、法律援助會和獨立工會。

印尼一再發生暴動，從宏觀面來看，主要原因為法律不公平、貧富懸殊、宗教緊張、社會發展失衡、種族猜忌、官員貪污、社會道德淪喪、軍方掌權人物的權力鬥爭。印尼軍方則認為這些問題不可能在各地造成衝突，最大的可能性是有團體在幕後操縱利用，其發現的證據是每在暴動時就會出現煽動性傳單，而散佈這類傳單者最有可能的就是印尼共黨份子。參與暴亂的人群有三類：包括失業者、工人和大學生，這三類人很容易受到左傾思想之影響。印尼因幅員廣大，為多元文化、多元族群社會，在經濟發展過程中產生的社會分化，極易出現被剝奪感，社會衝突發生的機率會有增無減。

十五、1998 年 5 月蘇哈托宣布辭職

1997年7月，受到泰國金融危機之波及，印尼貨幣也開始暴跌，1美元兌2,576元印尼盾，到10月底，暴跌至3,598元印尼盾。印尼政府在10月初與國際貨幣基金組織接洽貸款之前就已計劃進行銀行業改革。11月1日，

印尼政府關閉了16家（包括由蘇哈托親屬控制的3家銀行）資本不抵債的銀行，併計劃採取其他緊縮措施。[52] 然而，許多印尼分析師認為政府仍沒有擺脫任人唯親的作法。由蘇哈托的一個兒子控制的已關閉銀行之一，又以不同的形式重新開張。儘管外國經濟學家擔心爪哇島已經電力供應過剩，但政府還是批准了在爪哇島開發由蘇哈托的兩個女兒控制的發電廠。[53]

11月5日，國際貨幣基金組織同意給印尼紓困30億美元，並提出一攬子改革計劃，將視印尼改革的情況在明年3月中旬再決定下一波貸款。

「新秩序」時期最後一次國會選舉是在1997年5月29日舉行，除了75席為軍人保障席次外，共選出425席，其中戈爾卡獲得325席、建設統一黨89席、印尼民主黨11席。

在蘇哈托的「新秩序」社會下，採取威權主義統治方式，蘇哈托成為印尼人民的大家長，從社會到政治的各層面多在政府的有效監督控制範圍內，人民沒有言論自由，只有三個政黨可以參加選舉，人民也只能從中選擇他所喜歡的政黨候選人，蘇哈托透過給予軍人特權的方式，利用軍人穩穩地掌握政權，人民只有在劃定的範圍內活動。「新秩序」實踐了秩序重於自由，穩固不變的政治結構，讓蘇哈托執政了32年。1997年爆發金融風暴，印尼遭受波及，造成工廠、商店倒閉、失業率攀升、貨幣貶值、物價上漲；排華暴動日益嚴重，全印尼各地爆發搶劫和火燒華人商店，以及殺害、強姦華人婦女事件；亞齊、蘇拉威西、卡里曼丹、摩鹿加群島和西伊里安爆發嚴重的分離主義運動和宗教與種族流血衝突；學生、工人、民眾等上街示威遊行，反對調漲油價、要求開放民主，進行政治改革。

國際貨幣基金組織貸款給印尼，提出經濟改革的重大方向是開放市場。但蘇哈托的開放幅度過小，說服蘇哈托接受國際貨幣基金組織的計劃將是困難的，因為該組織要求的許多措施會影響他的孩子、親戚和

52　Geoff Spencer," Indonesia Closes Insolvent Banks, Plans Austerity Steps," *Associated Press*, November 2, 1997; p. A28,. https://www.washingtonpost.com/wp-srv/inatl/longterm/indonesia/stories/banks110297.htm 2022年5月22日瀏覽。

53　Paul Blustein, "White House, IMF Launch Joint Effort On Indonesia Crisis," *The Washington Post*, January 9, 1998, p.A01,. https://www.washingtonpost.com/wp-srv/inatl/longterm/indonesia/stories/joint010998.htm 2022年5月22日瀏覽。

支持他上台的強大的印尼企業高層的個人利益。美國柯林頓（William Jefferson Clinton）政府和國際貨幣基金組織於1998年1月8日發起了一項緊急倡議，企圖使國際貨幣基金組織的紓困計畫達成既定目標，柯林頓總統致電蘇哈托談了20分鐘，表示華府隨時準備在危機時刻支持印尼，但前提是蘇哈托政權不再猶豫不決，應立即履行重組印尼經濟的承諾。[54]美國之所以關心印尼，是擔心其金融危機會造成印尼動亂、影響美國之利益和區域情勢不穩定。

　　1月15日，蘇哈托同意國際貨幣基金組織的一攬子改革措施，包括限制官方對他富有的孩子控制的公司的偏袒。蘇哈托的家族在過去30年中積累了超過160億美元，並幫助激發了「裙帶（或朋黨）資本主義」（crony capitalism）的發展。[55]蘇哈托之新承諾包括：減少及削弱印尼經濟基礎的任人唯親和裙帶關係，並採取行動「加強和加速」他在第一次紓困中接受但後來不願實施的步驟。例如，蘇哈托的兒子湯米・蘇哈托深度參與的一個「國民汽車」項目將失去政府的所有支持，而由蘇哈托的親密盟友領導的一個建造客機的項目也是如此，印尼的經濟學家長期以來一直嘲笑該項建造客機之計畫是揮霍無度。計劃消除的壟斷和卡特爾（cartel）（指獨佔壟斷）名單將擴大到包括糖等關鍵項目，並且其他壟斷和卡特爾的消除時間表已經提前，包括同樣由湯米・蘇哈托控制的丁香壟斷。丁香是印尼的主要商品，因為它們用於製作非常受歡迎的香料味香煙。從事該類商品之貿易和分銷者，可獲得特別優惠，這些與總統關係密切的權勢大亨獲得豐厚的收入來源。此外，還將取消大約10幾個大型基礎設施項目，包括蘇哈托的女兒們持有主要利益的2座發電廠。此前，蘇哈托只說他會「推遲」或「審查」他們。[56]由於此時印尼積欠1,400億美元外債，無力償還，只好接受國際貨幣基金組織的貸款條件。

54　Paul Blustein, "White House, IMF Launch Joint Effort On Indonesia Crisis," *The Washington Post*, January 9, 1998, p.A01.. https://www.washingtonpost.com/wp-srv/inatl/longterm/indonesia/stories/joint010998.htm 2022年5月22日瀏覽。

55　Cindy Shiner, "Suharto Reelected President," *The Washington Post*, March 10, 1998, p.A11. https://www.washingtonpost.com/wp-srv/inatl/longterm/indonesia/stories/suharto031098.htm 2022年5月22日瀏覽。

56　Paul Blustein, "Indonesian Leader, IMF Agree on Reforms," *The Washington Post*, January 15, 1998, p.A01. https://www.washingtonpost.com/wp-srv/inatl/longterm/indonesia/stories/acts011598.htm 2022年5月22日瀏覽。

　　1997年12月，蘇哈托因為取消參加在德黑蘭舉行的伊斯蘭領導人會議的計劃，以致於傳聞他患重病。輿論就有人呼籲蘇哈托不要參加1998年3月10日的總統大選，然而他還是在1998年1月20日宣布參選總統，即連任第七個5年任期。蘇哈托還暗示將提名科技部長哈比比為副總統。其宣布令國際貨幣基金組織深惡痛絕，因為哈比比最受疵議之處是他將政府大量資金投入到他認為將使印尼在技術進步方面超越其他國家的製造客機項目。而國際貨幣基金組織才在上週讓蘇哈托勉強同意終止政府對哈比比飛機項目的補貼。一位外國分析家說：「他（指蘇哈托）似乎準備選擇未來管理這個國家的人是政府中最國家主義（statist）的人。如果是真的，我們將面臨一場真正的災難。」[57]

　　1998年2月13日，西爪哇的帕曼努干（Pamanukan）、羅沙里（Losari）、吉邦（Gebang）、加替汪吉（Jatiwangi）、西亞申（Ciasem）、丹絨（Tanjung）和布路干巴（Bulukamba）等城市居民因為抗議物價上漲而進行示威活動，暴民攻擊華人店鋪，在街上放火焚燒了一座教堂，警察出面鎮壓，有1人死亡。[58]

　　蘇哈托想提名哈比比出任副總統，引發各種反對聲浪，對於副總統人選擺不平。過去長期以來副總統都是由軍方將領出任，可是這次蘇哈托執意要提名科技部長哈比比，引發蘇哈托和軍方的不和。由於印尼經濟受到金融危機之影響至鉅，向國際貨幣基金組織借錢430億美元，國際貨幣基金組織向蘇哈托要求取消對發展航空工業的補貼，獲得蘇哈托的同意。而發展航空工業是科技部長哈比比所推動的工業發展計畫之一部分。國際貨幣基金組織希望印尼多在教育方面作更多的支出。[59]

　　蘇哈托不顧軍方的反對，最後還是提名哈比比為副總統。3月10日，由1,000名議員組成的人民協商議會以鼓掌通過蘇哈托為總統、哈比比為

57　Paul Blustein, "Suharto Says He Will Seek Seventh Term," *The Washington Post*, January 21, 1998, p.A15. https://www.washingtonpost.com/wp-srv/inatl/longterm/indonesia/stories/seventh012198.htm 2022年5月22日瀏覽。

58　Cindy Shiner, "One Dead as Price Riots Escalate in Indonesia Towns," *The Washington Post*, February 14, 1998, p.A25. https://www.washingtonpost.com/wp-srv/inatl/longterm/indonesia/stories/dead021498.htm 2022年5月22日瀏覽。

59　Paul Blustein, "Suharto Says He Will Seek Seventh Term," *The Washington Post*, January 21, 1998, p.A15. https://www.washingtonpost.com/wp-srv/inatl/longterm/indonesia/stories/seventh012198.htm 2022年5月22日瀏覽。

副總統。3月14日，蘇哈托任命其女兒圖圖特（Siti Hardijanti Rukmana，Tutut Suharto）為社會事務部長，華裔木材大亨穆罕默德·鮑勃·哈桑（Mohamad "Bob" Hasan）（鄭建盛）（The Kian Seng）為貿易和工業部長。47歲的圖圖特通過建造發電廠和收費公路賺錢。她的最新項目是在雅加達建造一個三層運輸系統，包括地鐵。鄭建盛的主要商業利益在林業領域；他還控制著印尼膠合板協會，根據國際貨幣基金組織的協議，該協會本應被解散。作為民族主義者，鄭建盛與蘇哈托的關係可以追溯到40年前。他們是打高爾夫球的伙伴。[60]有關蘇哈托將任命圖圖特、鄭建盛和其他親信加入他的內閣的猜測在美國和國際貨幣基金組織官員中引起了恐慌，但他們沒有公開發表評論。[61]國際貨幣基金組織原定於3月15日支付30億美元貸款將至少推遲到4月，就顯示該一組織對於印尼政局的保留態度。[62]

美國支持國際貨幣基金組織暫停對印尼430億美元國際紓困計劃的決定，又擔心印尼人民受到經濟衰退之影響，所以柯林頓總統在3月24日宣布將向印尼捐贈5,600萬美元的食品和醫療援助，包括向受乾旱地區分發糧食、為窮人提供基本醫療用品以及購買美國農產品的優惠貸款。[63]

4月7日，國際貨幣基金組織與印尼達成協議，允許恢復對印尼430億美元的國際紓困計劃。但該組織對印尼在經濟改革方面倒退的傾向保持警惕，增加了旨在讓蘇哈托政府受到約束的條款。此乃由於蘇哈托違背了他在之前的兩項協議中做出的關於廢除由其親屬和親信經營的壟斷和卡特爾的承諾。該協議還要求印尼維持高利率以抑制通貨膨脹，但它允許印尼政府在食品和能源公共補貼上的支出大大超過最初的設想。國際貨幣基金組織將對印尼進行每月審查一次，以決定是否將承諾的100億美

60　Cindy Shiner, "Suharto Ignores Criticism, Names Cronies to Cabinet," *The Washington Post*, March 14, 1998, p.A17. https://www.washingtonpost.com/wp-srv/inatl/longterm/indonesia/stories/cronies031498.htm 2022 年 5 月 22 日瀏覽。

61　*Ibid.*

62　Cindy Shiner, "Suharto Reelected President," *The Washington Post*, March 10, 1998, p.A11. https://www.washingtonpost.com/wp-srv/inatl/longterm/indonesia/stories/suharto031098.htm 2022 年 5 月 22 日瀏覽。

63　Paul Blustein, "U.S. to Give Indonesia $56 Million in Food, Medical Aid," *The Washington Post*, March 25, 1998, p.A04. https://www.washingtonpost.com/wp-srv/inatl/longterm/indonesia/stories/aid032598.htm 2022 年 5 月 22 日瀏覽。

元貸款發放給印尼政府。[64]

　　至4月24日，印尼已按照國際貨幣基金組織之要求，將利率大幅調升、取消對外國參與批發業的限制、放寬對棕櫚油出口的禁令、並宣布一項旨在加強國家破產法的總統令。為了遏制價格上漲和數以百萬計的裁員之後所帶來的社會動盪，在國際貨幣基金組織的支持下，印尼政府推遲了取消對大米和燃料等大宗商品的補貼。[65]

　　根據印尼政府和國際貨幣基金組織之紓困協議，印尼政府在5月5日停止對交通和電力補貼，燃油價格上漲71%，引發各地民眾上街頭進行反政府示威，棉蘭爆發群眾示威騷亂事件，約有1千多名暴民燒毀車輛，攻擊華人店鋪，萬隆、泗水、日惹、三寶壟和雅加達有大學生示威。在雅加達，警方對示威學生發射塑膠子彈和催淚瓦斯。示威學生要求政治和經濟改革，消除貪污、勾結和裙帶關係，愈來愈多學生甚至要求蘇哈托下台。國防部長威蘭托（Wiranto）警告軍隊將採取嚴厲措施，以防變成無政府狀態。安全部隊試圖將抗議者限制留在校園內，示威活動變得越來越暴力，[66]

　　阿敏·瑞斯（Amien Rais）領導著擁有2,800萬人口的「穆罕默迪亞運動」（Muhammadiyah movement），該運動是印尼兩個主要伊斯蘭組織中規模較小但更進步的組織。阿敏·瑞斯在5月11日在體育場內對成千上萬的追隨者說：「蘇哈托除了下台及讓其他人有機會組建新政府之外，別無選擇。」[67]

　　5月12日，約有5,000名學生參加了示威活動，他們無視禁止街頭抗議的禁令，衝破了大學的圍牆並走上了主要街道。警方向雅加達的私立

64　Paul Blustein, "IMF, Indonesia Agree on Bailout Revision," *The Washington Post*, April 8, 1998, p.A18. https://www.washingtonpost.com/wp-srv/inatl/longterm/indonesia/stories/bailout040898.htm 2022年5月22日瀏覽。

65　Cindy Shiner, "Indonesia Meets First IMF Deadline," *The Washington Post*, April 23, 1998, p.A33. https://www.washingtonpost.com/wp-srv/inatl/longterm/indonesia/stories/deadline042398.htm 2022年5月22日瀏覽。

66　Cindy Shiner, "Indonesians Riot as Prices Rise," *The Washington Post*, May 6, 1998, p.A26. https://www.washingtonpost.com/wp-srv/inatl/longterm/indonesia/stories/indo050698.htm 2022年5月23日瀏覽。

67　Cindy Shiner, "Muslim Leader Urges Suharto to Step Down," *The Washington Post*, May 12, 1998, p.A13. https://www.washingtonpost.com/wp-srv/inatl/longterm/indonesia/stories/indo051298.htm 2022年5月23日瀏覽。

基督教機構大學特里薩克蒂大學（三聖大學）（Trisakti University）的抗議者開槍數分鐘，造成全國校園近3個月來要求結束蘇哈托總統專制政府的示威活動中首例學生死亡，有6名學生死亡，16人受傷。警方還在雅加達以東75英里的萬隆大學驅散了學生抗議活動，向空中開槍並用棍棒毆打示威者，其中5人受傷。學生高呼「蘇哈托應該被推翻！」並高唱國歌。在首都以東1,100英里的古邦（Kupang），當警察向300名人群發射催淚瓦斯和塑膠子彈時，至少有2名學生受傷，他們大喊：「民主已死！」。儘管政府在1978年禁止在大學舉行政治集會，但全國各地的學生已經設法組織了近3個月的日常抗議活動，質疑蘇哈托的統治合法性。在5月初，美國暫停了與印尼軍方的聯合訓練演習，擔心被指控在安全部隊使用鎮壓措施鎮壓民主示威之際向印尼提供支持。[68]

5月14日，雅加達爆發騷亂和搶劫，年輕的抗議者燒毀了全市數百家商店、車輛和辦公室，北雅加達唐人街部分受災最為嚴重。在該市的其他地方，希望避免燒毀和搶劫的企業張貼標語，上面寫著「Pribumi」，意思是「印尼原住民」。在雅加達附近，長期服務總統蘇哈托的親屬和親密夥伴的住宅和企業被挑出來被燒毀。美國大使館建議主要居住在雅加達以及印尼第二大城市泗水的8,000名美國人盡快離開印尼。美國主要公司開始將其美國員工轉移到酒店，以便可能的疏散。蘇哈托曾在5月12日前往埃及開羅參加發展中國家的會議時對一位聽眾說，如果他失去了人民的信任，他將不會使用武力繼續執政。這一聲明，以及軍方在14日晚上成立新危機委員會的明顯舉措，進一步引發了人們的猜測，即蘇哈托可能下台。[69]

有一個海軍陸戰隊部隊，頭戴猩紅色貝雷帽，手持大棒，步行在Salemba Raya街上，該街是市中心附近的主要商業區，靠近印尼大學醫學院。海軍陸戰隊與人群一起行進了大約半英里，他們的自動武器隨意地掛在他們的背上，伴隨著「海軍陸戰隊萬歲！」的口號。抗議者以歡呼

68　Cindy Shiner, "Police Slay 6 Jakarta Protesters," *The Washington Post*, May 13, 1998, p.A01. https://www.washingtonpost.com/wp-srv/inatl/longterm/indonesia/stories/indo051398.htm 2022年5月23日瀏覽。

69　Keith B. Richburg, "Riots Rage in Indonesian Capital," *The Washington Post*, May 14, 1998, p.A01. https://www.washingtonpost.com/wp-srv/inatl/longterm/indonesia/stories/riots051498.htm 2022年5月23日瀏覽。

和握手回應，然後在一個關鍵十字路口與發射催淚瓦斯和橡皮子彈的戴頭盔的防暴警察進行了緊張的對峙，防暴警察想驅散人群。經過近一個小時的嘲弄，防暴警察向人群發起衝鋒，發射催淚瓦斯並追趕一些抗議者並用藤條毆打他們。試圖保護抗議者的海軍陸戰隊和防暴警察之間爆發了推擠和叫喊聲。

據報導，與蘇哈托關係密切的華裔富商林紹良的房子已被燒毀。同樣被燒毀的還有政府社會事務部的一間辦公室，該辦公室現在由蘇哈托的女兒圖圖特領導。在 Salemba Raya 街，暴徒襲擊了蘇哈托的兒子邦邦（Bambang Trihatmodjo）擁有的畢曼塔拉（Bimantara）汽車公司的陳列室；暴徒拆毀金屬百葉窗，拖出辦公家具和輪胎，在馬路中間生起巨大的篝火，然後推出新的卡克拉（Cakra）汽車並將其點燃。在阿巴阿比大學（Universitas ABA-ABI）的校園裡，學生們待在大門後面，用擴音器向外面街道上的年輕人高喊「人民萬歲！」一個學生領袖喊道：「打倒蘇哈托！」[70]

銀行被洗劫一空，自動提款機被毀。汽車經銷商和裡面的汽車被燒毀。在南雅加達，一家倉庫大小的玩具反斗城所有窗戶都被砸碎，店內空無一人。高層寫字樓的平板玻璃窗被砸碎。服務站被摧毀。許多商店和企業不遺餘力地避免洗劫，通常在臨時標語牌上宣傳自己是穆斯林擁有的或寫上「Pribumi」的牌子，意思是「印尼原住民」。

潭林（MH Thamrin）街上的一家麥當勞店用大塊布覆蓋其金色拱門，顯然是為了避免在騷亂帶有反外國氣氛時造成損壞；麥當勞的一個標語寫為「穆斯林所有」，另一個標語試圖表達對示威者的同情，上面寫著「改革萬歲！」

沿著街道，高檔的印尼廣場購物中心，時尚精品店和高級商店的所在地，被帶刺鐵絲網包圍，並受到軍隊坦克車的保護。該日的暴亂至少死了 500 多人。

為了平息公眾對不斷惡化的經濟形勢的憤怒和沮喪，政府宣布將撤銷10天前實施的燃料和電力大幅漲價。戈爾卡的一個派別加入了要求蘇哈托辭職的合唱團。科斯戈羅派（Kosgoro faction）宣布撤回對蘇哈托的支

---

70 *Ibid.*

持，要求他下台。[71]

　　5月18日，蘇哈托在電視上說，他將留任到新國會選出新的繼承人為止。蘇哈托的政治命運似乎搖擺不定，強大的國會議長哈莫科（Harmoko）要求他辭職，而武裝部隊負責人則表示，這樣的要求是非法的，似乎會把軍隊的重量投置在總統的後面。在反駁哈莫科的要求蘇哈托下台時，武裝部隊指揮官威蘭托將軍還表示，激進的學生和其他批評政府的人應該與軍方代表一起成立一個新的、未定義的「改革委員會」，這將有助於實現對蘇哈托政府全面改革之升高的要求。威蘭托說，總統的主要任務不是辭職，而是進行內閣重組並開始實施改革以解決蔓延的危機。16日早上，學生們將抗議直接帶到了國會大樓，在短暫的對峙之後，軍隊允許他們進入廣闊的場地。然後，他們開始接管委員會會議室，並宣布靜坐計劃，直到總統下台。隨著高級軍事指揮官公開站在蘇哈托一邊，國會議長呼籲總統辭職，印尼的政治機構似乎無法挽回地分裂並走向對抗。國會議長哈莫科長期效忠於蘇哈托，是該國第三大高級官員，僅次於總統和副總統。因此，當哈莫科宣布與蘇哈托決裂並接受學生要求總統辭職時，令人感到震驚。哈莫科在國會大樓舉行的新聞發布會上宣讀準備好的聲明，數百名學生聚集在那裡靜坐，哈莫科說：「國會議長和他的副手都希望國家團結起來，希望總統明智地下台。」他說，國會五個派別的領導人

　　——包括武裝部隊派別——將起草一份正式聲明，要求蘇哈托辭職。」在他講話時，代表各個立法派系的國會領導人在他的兩側，其中包括一名任命的軍方的國會議員。[72]

　　但隨後，威蘭托在多名高級軍事指揮官的陪同下，進入了簡報室並發表了講話。他說：「國會領導人要求蘇哈托總統下台的聲明是個人的行動和意見」，「根據憲法，這種意見沒有法律依據。」「哈莫科等人在新聞發布會上的觀點，並不能代表議會所有派系的觀點，特別是不能代表

71　Keith B. Richburg, "Indonesia Tallies Victims, Eyes Suharto," *The Washington Post*, May 16, 1998, p.A01. https://www.washingtonpost.com/wp-srv/inatl/longterm/indonesia/stories/riots051698.htm 2022 年 5 月 23 日瀏覽。

72　Keith B. Richburg, "Suharto to Step Aside," *The Washington Post*, May 19, 1998, p.A01. https://www.washingtonpost.com/wp-srv/inatl/longterm/indonesia/stories/suharto051998.htm 2022 年 5 月 23 日瀏覽。

武裝部隊派系的觀點。」[73]

　　5月20日早上，數千名學生繼續佔領印尼國會場地，國會大樓和周邊場地成為學生反政府抗議的新焦點。軍隊已經在國會場地周圍佔據了陣地，封鎖了一條經過該建築群的主要高速公路沿線的交通。但士兵們並沒有阻止新來的學生在出示學校身份證後通過大門進入大院。到中午時分，成千上萬的非學生聚集在國會場地周圍，高呼支持學生，高呼「改革，改革，改革」的口號，並對在大院周圍圍成一圈的士兵進行侮辱。阿敏‧瑞斯、反對派政治家梅嘉娃蒂和其他著名的反政府之政治和宗教領袖計劃聚集在國會大樓舉行大規模反政府集會。該天是印尼反對荷蘭殖民統治的民族主義運動誕生90週年。抗議者要求蘇哈托立即下台，並駁斥了蘇哈托提出的逐步過渡的提議，認為這是一種拖延策略，可以讓他繼續掌權數月。[74]

　　在此強大民意壓力下，蘇哈托終於在5月21日早上辭去總統，由副總統哈比比繼任總統。美國白宮在一份聲明中說，在華盛頓，柯林頓總統對蘇哈托的決定表示歡迎，認為這是「一個開始為印尼實現真正民主過渡的進程的機會。」柯林頓敦促印尼新領導層「迅速推進獲得廣泛公眾支持的和平進程。」[75]

圖 11－5：蘇哈托在獨立宮宣讀辭職聲明

資料來源："Suharto,"*Wikipedia*, https://en.wikipedia.org/wiki/Suharto 2022 年 5 月 20 日瀏覽。

73　*Ibid.*

74　Keith B. Richburg, "Jakarta Opposition Rejects Suharto Plan,"*The Washington Post*, May 20, 1998, p.A01. https://www.washingtonpost.com/wp-srv/inatl/longterm/indonesia/stories/rejects052098.htm 2022 年 5 月 23 日瀏覽。

75　Keith B. Richburg, "Suharto Resigns, Names Successor,"*The Washington Post*, May 21, 1998, p.A01. https://www.washingtonpost.com/wp-srv/inatl/longterm/indonesia/stories/resignation052198.htm 2022 年 5 月 23 日瀏覽。

第十二章　平息地方分離主義運動

第一節　亞齊問題

　　亞齊（Aceh）位在蘇門答臘島西北端，人口約500萬，大都為伊斯蘭教徒。亞齊產木材和天然氣、石油，天然氣出口每年為印尼賺10億美元。在戰後，伊斯蘭教在亞齊的發展，呈現幾個特色。第一，一些非屬於亞齊的伊斯蘭組織，例如「伊斯蘭協會」（Sarekat Islam, Islamic Union）和「穆罕默迪亞」在亞齊建立根據地，而亞齊的伊斯蘭教師卻在亞齊之外接受宗教教育，在上述組織中扮演重要角色。第二，在亞齊新建立的教育機構，利用印尼語的使用而跨越亞齊的認同，不至於侷限於傳統亞齊的社會。它將亞齊和印尼民族主義的知識和政治趨勢連結起來。[1]

　　1939年，由布里烏（Daud Beureueh）領導成立的「亞齊宗教學者聯合會」（Persatuan Ulama Seluruh Aceh, Al-Aceh Religious Scholars' Association, PUSA），在日本於1941年底入侵東南亞時，抓住機會進入政治領域，挑戰荷蘭的統治。當日軍進入馬來亞時，該組織派人與日軍接觸，在1942年初在亞齊進行怠工。「亞齊宗教學者聯合會」的目標在推翻荷蘭的統治，另建立以伊斯蘭領袖組成的國家。日軍利用該組織動員亞齊人民支持其戰爭。1944年，亞齊的宗教法的執行是掌握在伊斯蘭教師的手裡，而非在傳統地方酋長的手裡。

　　戰後，荷軍重回印尼。荷軍並未佔領亞齊，因此印尼共和國對亞齊

1　Clive J. Christie, *A Modern History of Southeast Asia: Decolonization, Nationalism and Separatism*, I. B. Tauris & Co. Ltd., London, 1996, p.144.

還有影響力。但亞齊領袖和印尼共和國對於亞齊的地位有不同的看法，印尼共和國有意將亞齊建立一個省的地位，其地區大到足以包含廣泛的地區和種族團體，以建立國家團結感。但問題是印尼共和國政府對亞齊的控制力很弱，僅能透過在1945–1946年與當地有力人士建立的溝通管道。1947年7月，荷軍對印尼共和國進行第一次警察行動後，共和國政府將亞齊列入「軍事區」，布里烏被任命為軍事首長。亞齊被賦予自治地位。1948年初，當印尼局勢稍穩後，共和國欲重建北蘇門答臘的政治行政組織，其範圍包括亞齊、打板努里（Tapanuli）和東蘇門答臘。1948年12月荷蘭採取第二次警察行動後，重整亞齊的軍事區。亞齊成為共和國唯一未被荷軍佔領的地區。以後亞齊漸變成一個中央政府控制之外的事實自治區。亞齊之效忠共和國，成為共和國成立初期一個重要的支持來源。

然而，亞齊因為擁有自己的武力以及對外貿易權，幾乎脫離了中央政府的控制。1949年12月，設在蘇門答臘的印尼共和國臨時政府同情亞齊的期望，所以設立亞齊省，以取代以前的軍事區。

1950年頭數個月，新成立的共和國政府拒絕承認亞齊省的地位，以及不承認布里烏的軍事首長的地位。共和國政府將蘇門答臘劃分為北蘇門答臘省（North Sumatra）、中蘇門答臘省（Central Sumatra）和南蘇門答臘省（South Sumatra）。

而將亞齊劃入北蘇門答臘省。儘管亞齊行政當局和省議會極力反對，布里烏在12月亦警告說，此一結束亞齊自治地位的作法，將引起亞齊人民普遍的不滿，共和國政府仍執意執行該計畫。1951年初，亞齊省的作為單一省的地位終告結束。[2]

亞齊地位改變後，行政中心轉到棉蘭，亦被剝奪對外貿易權，改由省政府執掌。亞齊的軍隊亦逐步歸由中央控制，並由外地派軍隊進入亞齊駐守。亞齊人民對於此一改變，心存不滿。1948年，在西爪哇的山區，靠近萬隆東部，爆發反對共和國的伊斯蘭叛亂活動。此事肇因於1947年7月荷蘭第一次警察行動後，共和國政府和荷蘭達成從西爪哇地區撤兵的協議，西爪哇的伊斯蘭教教師和民兵領袖反對撤兵，建立獨立的伊斯蘭議會和軍隊，繼續對荷軍作戰。該地伊斯蘭教領袖在1949年8月宣佈成

---

2 Clive J. Christie, *op.cit.*, p.148.

立「印尼伊斯蘭國」（Islamic State of Indonesia, Negara Islam Indonesia, NII）。亞齊人在1950年代支持「伊斯蘭國」伊斯蘭教民叛亂。

1953年，亞齊公開要求建立伊斯蘭國家，建立準軍事組織，布里烏與西爪哇的「伊斯蘭國」運動的領袖卡托蘇偉卓（Kartosuwiryo）取得聯繫。9月21日，布里烏及其徒眾正式參與「伊斯蘭國」叛亂活動。「伊斯蘭國」運動反對將民族主義提升高於伊斯蘭來作為建國的基石。

1957年亞齊的叛軍同意停火。亞齊從北蘇門答臘省分開，另單獨成立一個省。1959年印尼政府宣佈亞齊為「特別區」（special region），擁有宗教、文化和教育事務的自治地位，但政府從未執行該特殊地位。1962年，布里烏向政府投降，而結束叛亂活動。

自1960年代起，雅加達中央政府對於亞齊的控制愈趨增強。從過去的投票記錄，亦可看出來該省人民大都支持執政的戈爾卡，例如在1971年，戈爾卡在該省獲得49%的選票，1977年獲得41%的選票，1982年獲得37%的選票，1987年獲得51.8%的選票，1992年更獲得57%的選票。[3]

1976年12月4日，激進伊斯蘭教主義者在亞齊成立「自由亞齊運動」（Free Aceh Movement，Gerakan Aceh Merdeka, GAM）或稱為「亞齊民族解放陣線」（National Liberation Front of Acheh），要求亞齊成為獨立的伊斯蘭國家。雅加達中央政府則稱此一運動為「亞齊安全干擾運動」（Aceh Security Disturbance Movement, GPK），1999年8月，武裝部隊總司令威蘭托改稱為「非法的煽動運動」（unauthorized agitation movement, GPL）。該組織的領袖為流亡瑞典的哈山·迪羅（Hasan di Tiro）。他認為在1873年3月26日，亞齊遭到荷蘭的入侵，以後在抗拒失敗後遂至亡國，荷蘭在戰後遭到印尼人民的反抗而在1949年底退出印尼群島，取而代之的是爪哇人統治亞齊，實施另一種方式的爪哇殖民主義。亞齊人並未參加1949年協議，亞齊所以自1949年起被納入印尼共和國，是在武力下被迫的，未經亞齊人的同意，所以要起來反抗此一不公平不正義的統治。[4]

迪羅在利比亞的支持下，在1980年代底進行游擊戰。印尼政府在

3　"Free Aceh (Aceh Merdeka)," *FAS: Intelligence Resource Program*, https://irp.fas.org/world/para/aceh.htm 2022年5月20日瀏覽。

4　"Declaration of Independence of Acheh–Sumatra, December 4, 1976," *Aceh Links*, http://www.Declaration of Independence of Aceh.htm 2022年5月20日瀏覽。Clive J. Christie, *op.cit.*, p.158.

1988年宣佈亞齊地區戒嚴。1989年2月，激進伊斯蘭教組織「聖戰突擊隊」300人在蘇門答臘南部的楠榜省塔朗沙里村與軍隊發生衝突，造成叛軍27人死亡，3名軍官和2名平民喪生。[5]至2001年，「自由亞齊運動」的游擊隊員有2,000人。[6]

　　1998年8月7日，印尼政府解除亞齊地區戒嚴令，並從8月31日開始從亞齊撤軍，結束了對亞齊長達9年的軍事控制。在戒嚴9年期間發生的軍事衝突中，有1,300人死亡，940人失蹤，終身殘廢489人，1,244間房屋被焚毀，287間房屋被破壞，被劫掠財物損失將近70億盾。[7]遭政府軍清剿的「自由亞齊運動」部份人員流亡到馬來西亞，其領袖哈山‧迪羅則流亡瑞典。1999年，合法的亞齊人組織「全民投票資訊中心」發動百萬人參加的亞齊人民大會。2000年11月，該組織又舉行約有50萬人的人民大會，通過了要求在亞齊舉行全民投票的動議。根據該中心的民意調查，有91%的亞齊人支持亞齊獨立的主張，只有1%的人贊成亞齊實施高度自治邦計劃。[8]

　　2000年5月13日，印尼政府和「自由亞齊運動」代表在日內瓦簽署「人道停火」（Humanitarian Pause）協議，規定從6月2日到12月7日為「人道停火期間」，但在5月15日雙方又爆發衝突，造成5名平民和2名士兵受傷。在這段期間，政府軍和叛軍經常發生衝突，有393人因暴力衝突喪生，其中278人是平民，74人是軍警，41人是亞齊叛軍。2000年全年有675人被殺，1,214人輕重傷，392人被綁架失蹤，另有2,028次搶劫燒毀案件，123次武力駁火，甚至發生12次強姦婦女事件。[9]

　　2000年11月8日，約有2,000名亞齊人在雅加達的聯合國辦事處門外舉行大規模集會，要求聯合國進行國際干預來結束亞齊的戰鬥。11月11–12日，約有40萬人在亞齊省會班達亞齊參加獨立大會，為慶祝亞齊獨立大會成立一週年。在1999年11月8日時，亞齊人民約有100萬人集會要求

5　**南洋星洲聯合早報**（新加坡），1989年2月12日，版24。

6　**南洋星洲聯合早報**（新加坡），2001年4月23日，版1。

7　余文鎮「亞齊分離主義勢力抬頭」，**南洋星洲聯合早報**（新加坡），1999年8月13日，版16。

8　余文鎮，「瓦希德亞齊之行是『公關秀』」，**南洋星洲聯合早報**（新加坡），2000年12月21日，版32。

9　李卓輝，「實行伊斯蘭教法解決不了亞齊問題」，**南洋星洲聯合早報**（新加坡），2000年12月19日，版32。

印尼當局就亞齊的獨立問題舉行全民投票。瓦希德原本答應讓亞齊舉行公投，但國會第一委員會主席巴哈魯丁（Yusril Ananta Baharuddin）認為總統無權同意某一地區舉行自決公投，所以瓦希德總統不應重蹈東帝汶覆轍。司法部長馬亨達（Yusril Ihza Mahendra）亦認為「人協」已經確定亞齊為印尼國土之一部分，亞齊人民要求舉行公投是可以的，但國會已經規定亞齊為印尼國土之一部分，並給予充分自治權，總統應處理亞齊問題。印尼國民軍新聞處主任蘇特拉少將亦認為亞齊的獨立要求不切實際。國防部長尤多約諾在國會與第一委員會會議中強調，總統並無給予亞齊獨立的意思，總統的公投內容只是給予亞齊執行伊斯蘭教律法。[10]12月底，印尼政府應允在亞齊實施伊斯蘭教法。印尼政府為了平息該省的叛離運動，在2000年特別撥出1,050萬美元援助，作為發展基礎建設，發展通信及加強教育工作。

從2000年開始，印尼政府和「自由亞齊運動」進行談判，由瑞士的「亨利·杜南特人道對話中心」（Henry Dunant Center for Humanitarian Dialogue）負責談判事宜，雖達成數次停火協議，但常被破壞，因為印尼政府只應允給予特別自治地位。而「自由亞齊運動」主張除了自治地位外，尚應允許亞齊人舉行公投決定其前途。

2001年3月18日，印尼政府和「自由亞齊運動」代表達成協議，同意在亞齊的兩個縣設立和平區，包括北亞齊縣和美倫縣。雙方將從3月22日到4月3日作為停止暴亂的試行區，如果有效，將該和平區繼續擴大到其他縣。[11]

在2001年7月19日，國會通過「亞齊特別自治區法」，規定亞齊在自然資源收益中可保留70%，授權省政府制訂伊斯蘭教法，自行決定其司法和教育體系。梅嘉娃蒂總統在8月9日簽署頒佈2001年第18號法，成立「亞齊特別自治區」（Nanggroe Aceh Darussalam, NAD）。但因為省政府尚未通過執行的法律，故並未實施自治。

為化解衝突，梅嘉娃蒂總統於該年9月8日訪問亞齊，表達雅加達政府的善意。

2002年5月8–9日，印尼政府與自由亞齊運動組織在日內瓦舉行談

10　鄺耀章，改革中的印尼，印華之聲雜誌社，印尼雅加達，2000年，頁156–162。

11　南洋星洲聯合早報（新加坡），2001年3月19日，版15。

判。8月，印尼提出對亞齊七點政策，其要點是「自由亞齊運動」必須在該年底前接受特別自治法，否則以武力征剿。12月3日，由日本、美國、歐洲聯盟（European Union）及世界銀行等38國和國際組織共同出資在東京召開「亞齊和平與重建預備會議」（Preparatory Meeting on Peace and Reconstruction in Ache），同意捐款來從事監督停火、人道救助和重建等工作。12月9日，印尼政府與「自由亞齊運動」組織在日內瓦簽訂「停止敵對協定」（Cessation of Hostities Agreement, COHA），規定在「亨利‧杜南特人道對話中心」主持下，設立一個由150人（主要由泰國人和菲國人組成）組成的國際監督停火觀察團；雙方組成一個聯合安全委員會，執行非軍事化，在兩個月內收繳叛軍武器；亞齊自治政府在2004年舉行自由和公平的選舉；亞齊可從生產的石油和天然氣的歲入中獲得70%。該協議沒有提到「自由亞齊運動」所主張的經由公投達到獨立的目的。[12]

2003年5月18日，印尼政府和「自由亞齊運動」的總理馬慕德（Malik Mahmud）、美國、歐洲聯盟和日本的代表在東京舉行會議，商量如何執行「2002年5月停止敵對協定」，印尼政府要求「自由亞齊運動」放棄獨立，接受特別自治以及解除武裝，但不為「自由亞齊運動」所接受，雙方再度發生戰鬥。印尼政府於5月18日宣佈「亞齊省軍事緊急層級的緊急狀態令」（Declaration of a Stateof Emergency at a Military Emergence Level in the Province of Aceh），將從5月19日起半年內在亞齊實施軍事管制。印尼軍隨即攻擊北蘇門答臘「自由亞齊運動」活動的地區。11月19日，梅嘉娃蒂簽署亞齊地區延長戒嚴令6個月的命令。

「自由亞齊運動」在亞齊的活動，遭到政府的壓制，發展不易，乃尋求國際承認其合法地位，此一策略略有進展，南太平洋的小國萬那杜在2003年8月17日承認「亞齊國」，「亞齊國」在萬那杜首都維拉港（Port Vila）設立大使館。[13]

印尼政府據情報顯示，「自由亞齊運動」的游擊隊人員是在利比亞接受游擊戰訓練，並獲得利比亞在武器和其他方面的支援。過去蘇哈托政

12　*Keesing's Record of World Events*, Vol.48, No.12, 2002, p.45146.

13　http://www.asnlf.net 2005年2月20日瀏覽。

　　"Aug 19, 2003, Aceh rebels claim to open embassy in Vanuatu," *Unrepresented Nations and Peoples Organization*, https://unpo.org/article/277 2022年5月20日瀏覽。

府無意與該極端領袖格達費（Muʻammar al-Qaddāfī）領導的伊斯蘭國家建立外交關係。瓦希德總統為了斷絕利比亞對「自由亞齊運動」的支援，而決定和利比亞建交。[14]另外亦有報導稱，「自由亞齊運動」亦從伊朗和利比亞獲得物質援助，其武器則係從柬埔寨共產黨運入泰南、北馬後再運入亞齊。[15]

　　2004年12月26日，南亞發生大海嘯，印尼死傷人數高達16萬6千人，[16]其中受難最嚴重者大部分在亞齊省。由於亞齊叛軍是住在山上，未受到海嘯影響，但叛軍的眷屬住在沿海地區者有很多人死於海嘯，此影響到叛軍的戰鬥力和對人生的看法。在2005年初，「自由亞齊」叛軍表示單方面停火，政府軍也釋出善意，表示願意和叛軍坐下來協商。美國也呼籲雙方在海嘯重創亞齊的前提下拋棄歧見，共同為亞齊問題尋求政治解決方案。[17]在2月，雙方在芬蘭前總統阿提沙利（Martti Ahtisaari）居中協調下，印尼政府和「自由亞齊運動」進行和平談判，在2005年8月15日在赫爾辛基簽署和平協議，叛軍將獲得特赦、解除武裝，由歐洲聯盟和東協（ASEAN）組織一個「亞齊監督任務團」（Aceh Monitoring Mission, AMM），分別駐守在班達亞齊、謬拉波（Meulaboh）、羅克司馬威（Lhokseumawe）、比路安（Bireuen），時間為1年，負責叛軍解繳武器、銷毀武器、非當地軍隊之撤離。[18]在2003年5月頒佈戒嚴令之前，亞齊叛軍人數約有1萬人，隨後經過政府軍的清剿，至簽署和約時，只有3千名叛軍。印尼政府準備給予每名叛軍2–3公頃的農地，使他們可以靠種棕櫚油和咖啡維生。[19]

　　2006年7月，印尼國會通過亞齊治理法（Law on the Governance of

14　佘文鎖，「瓦希德亞齊之行是『公關秀』」，**南洋星洲聯合早報**（新加坡），2000年12月21日，版32。

15　Larry Niksch, *Indonesian Separatist Movement in Aceh, CRS Report for Congress*, Order Code RS20572 Updated September 25, 2002. *UNT Digital Library*, https://digital.library.unt.edu/ark:/67531/metacrs3110/ 2022年6月29日瀏覽。

　　佘文鎖，「亞齊分離主義勢力抬頭」，**南洋星洲聯合早報**（新加坡），1999年8月13日，版16。

16　「印尼大幅度調高地震海嘯遇難者人數」，*BBC Chinese. Com*, http://news.bbc.co.uk/chinese/trad/hi/newsid_4170000/newsid_4179200/4179233.stm 2022年5月20日瀏覽。

17　http://www.cna.tv/stories/other/view/26268/1/b5/.html 2006年4月20日瀏覽。

18　*The Jakarta Post*, August 11, 2005, p.1.

19　*The Jakarta Post*, August 13, 2005, p.2.

Aceh），規範亞齊政府組成的方式。

12月11日，亞齊舉行首次省長、副省長、縣市長、省議員選舉，要選出一名省長和19名縣市長。亞齊總人口有440萬人，選民總共有260萬人，投票從上午八時到下午二時，投票率高達85%。選舉過程和平順利，沒有發生衝突。選舉結果由前「自由亞齊運動」發言人伊爾旺迪（Irwandi Yusuf）獲得39%選票，當選省長。[20]此應為印尼民主化後一次重要的地方選舉，有助於作為其他省份的示範。

亞齊省長在1999年就曾頒佈44號法（Law 44/1999），實施有限的回教法（Sharia），例如要求女性公務員要穿戴伊斯蘭服飾。亞齊省議會在2002年和2004年之間制訂了5項對違反回教法之懲罰的地方法律，包括，11/2002號法是關於「信仰、儀式和推廣伊斯蘭教」，其中包含伊斯蘭服裝要求；12/2003號法是禁止消費和銷售酒類；13/2003號法是禁止賭博；14/2003號法是禁止「隔離」；和7/2004號法是關於伊斯蘭施捨的支付。2016年4月，一名年60歲非穆斯林婦人因為販賣酒類，而被處罰打30鞭。此引起爭議，非穆斯林應否適用回教法。

2009年4月，亞齊黨贏得亞齊特別自治區議會的選舉，在其9月就職前的8月，舊議會通過了兩項法律，一是刑事訴訟法（Qanun Hukum Jinayat），旨在為亞齊的警察、檢察官和法院執行回教法制定全新的程序守則。二是加強刑事處罰，包括親密關係（ikhtilat）、通姦（zina，指未婚人士的性交）、性騷擾、強姦和同性戀行為。法律授權的懲罰包括：對「親密關係」最高可處以60鞭，對從事同性戀行為最高可處以100鞭，對未婚者通姦最高處以100鞭，對已婚者通姦處以石刑處死。

公開鞭打是對賭博、通姦、飲酒、同性戀或婚前性行為的常見懲罰。通常鞭刑是由男人執刑。2020年，隨著女性犯罪率的增多，女性鞭刑是由女性執刑。

2018年亞齊頒佈新伊斯蘭法

2018年9月5日，印尼亞齊省頒佈新伊斯蘭法，今後男女在餐館同桌用餐是犯法的，除非能證明彼此是親屬關係。當地伊斯蘭法機構頒佈新

20　南洋星洲聯合早報（新加坡），2006年12月12日。http://www.asia-pacific-action.org/news/gida_landmarkelectionsinacehsw_121206.htm 2006年12月28日瀏覽。

規,列明除非有丈夫或其他男性親屬陪同,否則女性不能在餐館跟男性同桌吃飯,以確保女性「行為更端正」。另一新規要求餐館和咖啡廳在晚上9時過後,不要招待落單或沒有家人陪伴的女性。亞齊是印尼唯一施行伊斯蘭法的省份。這已不是該省首次頒佈令人詬病的政策,過去已頒佈一些對女性實施道德限制的政策,例如,晚上11時過後禁止女性單獨進出娛樂場所,規定女性乘坐電單車時只能側坐而不能跨騎。

第二節 西伊里安問題

西伊里安(West Irian, Irian Jaya)位在紐幾內亞島西半部,為荷蘭在1828年8月24日將其納為殖民地,稱為西紐幾內亞。1949年11月海牙圓桌會議上,對於西伊里安問題留待一年內談判解決,該協議有關西伊里安的規定如下:「西紐幾內亞的駐紮區的地位,應在將主權移轉到印尼聯邦共和國之日起一年內加以解決,紐幾內亞的問題應透過談判決定。」

然而,直至1954年,荷蘭和印尼未能對西伊里安問題達成任何協議,印尼乃將該案訴請聯合國處理。1955年4月,在萬隆舉行的「亞非會議」通過決議支持印尼對西伊里安的立場。聯合國大會和第一委員會曾討論該一問題,結果無進展。印尼在1961年提出一個「動員全國將荷蘭驅逐出伊里安的策略」(Tri Komando Rakyat, Trikora)。1961年4月,荷蘭在西伊里安成立巴布亞議會,由24–28名議員組成,一半由當地人選出,一半由荷蘭總督任命。6月,荷蘭籌設「紐幾內亞委員會」(Nieuw-Guinea Raad),準備讓西紐幾內亞獨立。9月,印尼將西紐幾內亞提到聯大討論,結果失敗。9月26日,荷蘭外長魯恩斯(Joseph MAH Luns)向聯大表示,同意將西紐幾內亞交由聯合國託管,一旦西伊里安人擁有自行管理的能力時,就將西伊里安主權移交給西伊里安人民。但該項提議遭到印尼和其他亞非國家的反對,而未獲通過。1961年,美國總統甘迺迪(John F. Kennedy)支持印尼迫使荷蘭放棄西紐幾內亞。

西巴布亞人(為巴布亞人使用之名稱)在1961年12月1日宣佈獨立,面對此一新局勢,蘇卡諾在12月9日發佈三項命令,包括:(1)粉碎荷蘭建立巴布亞國的企圖。(2)在西伊里安升起印尼國旗。(3)為維護祖國統一,準備總動員。印尼人民為響應該項號召,於是組織自願軍,有500萬人報

名參加自願軍。自願軍的總部設在望加錫。

1962年3月，聯合國秘書長吳譚（U Thant）委任美國大使邦克（Elsworth Bunker）擔任調人，邦克起草了一個談判建議，要點是荷蘭立即將西伊里安的行政權移交給印尼政府，在兩年之內允許西伊里安人民行使自決權。在移交期間內由聯合國負責維護西伊里安的法律和治安。印尼接受美國此一方案的基本原則，但荷蘭遲不予明確答覆。印尼為了迫使荷蘭接受該項建議，派遣1,500名傘兵和海軍登陸西巴布亞內陸和海岸。最後荷蘭在7月接受美國的方案。

1962年8月15日，印尼外長蘇班德里歐與荷蘭政府代表羅伊仁（J.H. van Roijen）和薛曼（C. Schurmann）在聯合國總部簽訂「紐約協議」（New York Agreement），規定在聯合國大會討論該伊里安問題之前，兩國需先予以批准，在聯合國大會通過後才生效，當協議的有關原則都被執行時，該協議即告終止。因此，聯大在1962年9月21日通過第1752號決議案，使該協議正式生效。「紐約協議」共有29條，其內容要點如下：

(1) 關於將伊里安的行政權從荷蘭移轉到聯合國，規定在第2、3、4、5、6、7、8、9、10、11等條。

(2) 關於將伊里安的行政權從聯合國移轉到印尼，規定在第12和13條。

(3) 關於自決問題，規定在第14、15、16、17、18、19、20、21等條。

10月1日，由荷蘭手中移轉主權給「聯合國臨時行政機構」（United Nation Temporary Executive Authority, UNTEA），在伊里安降下荷蘭國旗，升上聯合國旗幟。聯合國並派遣維和部隊維持當地秩序。聯合國秘書長定期向印尼、荷蘭和聯大提出報告。依據「紐約協議」，「聯合國臨時行政機構」之治理伊里安分為兩個階段。第一階段從1962年10月1日到1963年5月1日，由非荷蘭官員和非印尼官員取代荷蘭官員。「聯合國臨時行政機構」並需將有關伊里安管理權移交印尼和自決的原則的消息公布。當聯合國認為時間適當，「聯合國臨時行政機構」就需將行政權移交給印尼，聯合國維和部隊也需由印尼軍隊接替，並實行印尼的法令。最晚伊里安行政權需在1963年5月1日移交印尼。

其次，必須執行「自由選擇法」（Act of Free Choice）。依據「紐約協議」之規定，「自由選擇法」之原則如下：

(1)「自由選擇法」之執行必須直接接受聯合國的質詢、協助和參與。

(2)「自由選擇法」之過程需與人民之代表諮商。

(3) 參與「自由選擇法」需符合國際慣例。

(4) 聯合國和印尼應向聯大報告「自由選擇法」。

(5) 印尼和荷蘭應承認及應接受「自由選擇法」之約束。

「紐約協議」並未規定伊里安人民之自由選擇或自決（Penentuan Pendapat Rakyat, PEPERA）應採取一人一票，它僅規定需經由聯合國的諮詢、協助和參與等透明化措施。

該協議又規定西巴布亞人民將在1969年底以前舉行公民投票決定其前途。1962年9月21日，聯大通過西伊里安協議。聯合國任命玻利維亞桑茲（Fernando Ortiz Sanz）大使為聯大代表，負責對伊里安問題提供諮詢、協助和參與的工作。桑茲在1968年8月12日抵達雅加達，在8月22日前往伊里安首府查亞普拉（Jayapura），設立聯合國辦事處，1969年8月4日正式運作。

為執行伊里安之自決行為，印尼與聯合國在雅加達和紐約舉行會議，印尼在1969年2月18日向桑茲遞送一項照會，說明執行自決之行為的方法建議，其要點如下：

(1)自決行為應由每個攝政區（按即行政區）的代表會議運用民主商議（democratic deliberation）的機制來執行。

(2)代表會議由三類代表組成：由社區選出的區域代表；代表政治、社會、文化和宗教的功能代表；以及由部落代表直接選出的傳統代表。

(3)依據「紐約協議」，自決行為之方法應先與伊里安人民諮商。

聯合國代表在與印尼和荷蘭代表諮商後，三方都同意印尼政府有關自決行為之方法建議，即經由諮商而非一人一票的機制。墨洛克攝政區的區立法機關（Regional Legislature of Merauke regency, kabupaten）發表一項聲明，強調「自由選擇法」要執行時，則應透過區域立法機關，由代表來投票。基此，伊里安之「自由選擇法」採用代表和商議的機制。聯大代表從7月14日到8月2日進行「自由選擇法」的諮商，然後向聯大提呈的報告說：

(1)伊里安有人民反對併入印尼，贊成獨立。但在諮商會議中，對於該項問題，參與諮商者一致贊同併入印尼。

(2)受到領土地理特性的限制以及該地區一般的政治情勢的限制，在西伊里安舉行的「自由選擇法」是符合印尼慣例，人民之代表已表達他們併入印尼的願望。

1969年5月20–21日，印尼外長馬力克和荷蘭外長魯恩斯和發展合作部長巫丁克（BJ Udink）在羅馬開會，會後發表聯合聲明，內容要點如下：

(1)印尼外長重申印尼政府有意充分執行1962年「紐約協議」確定的條件。印尼外長對荷蘭外長提供有關印尼政府在伊里安採取「自由選擇法」之措施的細節，以及在聯合國桑茲大使及其助手的諮商、協助和合作下所採取的措施。

(2)印尼政府重申印尼政府的立場，由於技術和實際的問題，採取諮商機制來執行「自由選擇法」是最好的程序。

(3)關於經濟合作，同意荷蘭提供聯合國西伊里安計畫基金的資金，計畫以空中、海岸和河流運輸為優先。兩國將進一步向亞洲開發銀行申請技術援助計畫的貸款。[21]

根據印尼在1968年通過的「自由選擇法」，規定在聯合國主持下於1969年7月14日到8月2日舉行西巴布亞人民公民投票，有1,026名經過挑選的代表（部落領袖）在印尼軍警的監視下投票，其中一人生病缺席，實際有1,025人投票，在西巴布亞設立8個諮商會議所進行公開諮商（並非秘密投票），結果獲得百分之百同意併入印尼，印尼將西巴布亞併入版圖為其第26省。反對併入印尼者，受到恐嚇、暗殺，鄉村的房子遭到燒毀或被逮捕判處死刑。該次公投普遍被認為公正性不足，第一，前往投票者僅有少數部落領袖，無法代表當時的80萬人民。第二，這些代表清一色都是男性，沒有女性代表。第三，聯合國監督人員僅在諮商會議所監督，並沒有深入各地實地瞭解民意。

美國駐印尼大使加爾布來施（Frank Galbraith）在1969年7月9日致送美國國務院的一份節略說，在印尼軍隊的鎮壓下，可能有數百名或數千

21　http://www.indonesia.nl/articles.php?rank=5&art_cat_id=53 該資料是由印尼外交部國際組織司所提供。2006年4月20日瀏覽。

名平民死亡，此導致當地人恐懼可能發生種族大屠殺，西伊里安人民約有85–90%的人是反印尼、支持西巴布亞獨立。[22]

西伊里安案在聯大討論時，迦納（Ghana）駐聯合國代表和其他非洲國家認為此一民意公投違反「紐約協議」，要求在1975年舉行西巴布亞人民正式自決公投。但聯大以60票對15票，39票棄權，否決了該項建議。[23]

在分析印尼和聯合國的報告和其他文獻後，第24屆聯大在1969年11月19日通過第2504 (XXIV)號決議，同意「伊里安的自決法」（Act of Self Determination），意即採用諮商方式，而非一人一票方式。聯大會議承認西巴布亞為印尼的屬地。

西巴布亞人在1971年7月1日組織「自由巴布亞運動」（Free Papua Movement, Organisasi Papua Merdeka, OPM）宣佈獨立，進行反抗，印尼政府則採取高壓控制，濫殺平民，引起國際關切。印尼在該地進行移民，引起文化衝突。西伊里安省居民大多數為基督教徒，1984年時人口有130萬人，印尼政府計劃至1989年從別處移入70萬人，當地人懷疑雅加達政府有意伊斯蘭教化該省，而起來反對。[24]

1988年12月14日，托馬斯哇柏博士宣佈成立「西美拉尼西亞國」（Negara Melanesia Barat），演唱國歌，並升國旗，隨即被警察逮捕，以顛覆罪被判處20年徒刑，他的日籍妻子央子被判處8年徒刑。後托馬斯哇柏博士因腸癌而逝於監獄。[25]

1999年初，印尼政府為了方便管理西伊里安將該省劃分為三省：東伊里安省、中伊里安省和西伊里安省。8月2日，有5千人在伊里安省的提米卡舉行和平示威，要求成立一個獨立的美拉尼西亞國，他們高呼：「巴布亞萬歲」、「巴布亞就是美拉尼西亞國！」口號。10月15日，1千多名

22　美國國務院解密檔案，國家安全檔案（National Security Archives），電子檔藏美國喬治華盛頓大學（George Washington），檔名：Indonesia's 1969 Takeover of West Papua，參見 http://www.gwu.edu/~nsarchiv/NSAEBB/NSAEBB128/29.%20Airgram%20A-278%20from%20Jakarta%20to%20State%20Department,%20July%209,%201969.pdf 2022年5月25日瀏覽。

23　"West Papua: 'We will be free!'," *New Internationalist*, https://newint.org/issues/2002/04/01 : http://www.newint.org/issue344/history.htm 2022年5月20日瀏覽。

24　南洋星洲聯合早報（新加坡），1984年7月6日，版31。

25　余文鎖，「西伊里安暴亂的真相」，南洋星洲聯合早報（新加坡），1996年4月8日，版10。

學生和民眾佔領省府大廈,要求獨立。該年12月31日,瓦希德總統將西伊里安改回巴布亞。

2000年5月底,在西巴布亞省省府查亞普拉,西巴布亞的部落領袖們舉行秘密會議,溫和派和激進派之間曾發生激烈爭論,激進派主張立即宣佈獨立和成立臨時流亡政府。兩派最後達成協議,同意提出巴布亞省獨立的要求。5月31日至6月4日,在西巴布亞省會查亞普拉舉行巴布亞人民大會,有4,000人出席,會中通過5點決議,重申說:「西巴布亞自1961年12月1日起就已獨立,享有主權地位。」並呼籲印尼政府與原本統治西巴布亞的荷蘭和聯合國舉行會談,討論西巴布亞人民的獨立要求。會中選出伊路艾(Theys Eluay)為「自由巴布亞運動」的主席。[26]雅加達政府稱該次大會是非法的,並指該大會不能代表西巴布亞省各階層人民,只代表少數分離運動份子。[27]

至2001年,西巴布亞省人口有250萬,其中有四分之一人口是外來移民。從該年以來,該省有十多位獨立運動份子被當局拘捕。該省政府向雅加達施壓,要求保留80%稅收,中央政府只提取20%。[28]印尼政府為了平息該省的叛離運動,在2000年特別撥出5千萬美元援助,作為發展基礎建設,提高醫療服務及加強教育工作。

2001年10月,印尼國會通過巴布亞省特別自治法,從2002年1月起生效,它的主要內容包括:

(1)70%的石油和天然氣的產量留在當地(25年後重新評估)。

(2)80%的礦產、林產和漁產留在當地。

(3)從全國的普遍分配基金(General Allocation Fund)分配基金給西巴布亞:如同一般正常的自治區一樣。

(4)從全國的普遍分配基金提撥20%的基金從事教育和健康工作。

(5)提撥額外基金(數目未定)從事基礎建設。

(6)設立巴布亞人民議會(Papuan People's Council, MRP),由當地土著、教會和婦女領袖組成,以保護當地巴布亞族的習慣權

---

26 南洋星洲聯合早報(新加坡),2000年6月1日,版20。*Keesing's Record of World Events*, Vol.46, No.6, 2000, p.43628.

27 南洋星洲聯合早報(新加坡),2000年6月5日,版1。

28 南洋星洲聯合早報(新加坡),2001年4月17日,版29。

（customary (adat) rights）。

(7)使用巴布亞旗幟只是作為文化象徵，而非作為巴布亞獨立國家主
權的象徵。[29]

2001年11月，伊路艾在訪問當地印尼軍隊總部後被綁架，11月11日，
他被發現死在巴布亞紐幾內亞的邊境他的座車內，是被窒息而死，一般
咸信是被印尼軍隊殺害。他反對從2002年1月生效的巴布亞省特別自治
法，該法給予西巴布亞省特殊自治地位，而他主張完全獨立，他與另外4
人被控顛覆罪正在受審中。[30]

2004年3月，愛爾蘭國會有88名議員要求聯合國秘書長安南（Kofi
Annan）重新檢討聯合國在1969年「自由選擇法」中扮演何種角色。後來
又有南非樞機主教圖圖（Desmond Tutu）、非政府組織和歐洲國會議員參
加。6月28日，有19位美國參議員要求安南委派一名特使到印尼監督巴布
亞和亞齊的人權問題。

2005年1月，憲法法院做出司法審查，將巴布亞省分為兩省，包括巴
布亞省和西伊里安查亞省（West Irian Jaya）。印尼政府在2001年給予巴
布亞特別自治地位，並給予5億7千7百30萬美元的自治基金，但西伊里
安查亞議會主席艾德傑（Jimmy Demianus Idjie）質疑該筆錢被濫用、貪
污，要求總統派人調查。他們亦在雅加達總統府前示威，要求政府調查
此案。[31]

8月12日，約有1千多名群眾穿戴傳統武士服裝、扛著蓋著黑布的
棺木在省會查亞普拉舉行示威，抗議特別自治不能改善人民的生計、要
求舉行全國和國際會議解決問題。示威領導人巴布亞部落議會（Papuan
Tribal Council）秘書英比里（Leo Imbiri）要求巴布亞省議會召開全體會
議，正式反對特別自治。他的理由是特別自治法在2001年頒佈後，中央
政府仍控制安全和國際事務權。第二，政府贊同設立西伊里安查亞省，
它與巴布亞省分開，破壞了2001年特別自治法。該法規定設立新省需獲
得巴布亞人民議會的同意，事實上是在巴布亞人民議會建立之前就設立
了。數週前美國國會議員提出一個法案，質疑1969年巴布亞人民「自由

29　http://dte.gn.apc.org/51Ach.htm 2005年2月20日瀏覽。

30　*Keesing's Record of World Events*, Vol.47, No.11, 2001, p.44460.

31　*The Jakarta Post*, August 11,2005, p.4.

選擇法」的有效性，當時有經過篩選的1千名巴布亞領袖無異議投票贊同併入印尼共和國。此次示威事件，與該新聞報導有密切關係。[32]

2011年8月1日，印尼疑似分離主義叛軍身份不明的襲擊者封鎖了巴布亞省首府查亞普拉附近一條道路，向過路車輛開槍，再用大砍刀攻擊驚惶失措的乘客。1名軍官和3名平民被打死，另有7人受傷。這是當地近4個月來，首次發生這類襲擊事件。警方懷疑是「自由巴布亞運動」（Free Papua Movement）叛軍所為。在前一天，查亞普拉西南數百公里外的旁卡克（Puncak）區也發生與選舉有關的暴亂，造成17人死亡。

2012年6月15日，巴布亞警方前往巴布亞首府查亞普拉，準備逮捕「西巴布亞全國委員會（National Committee for West Papua，KNPB）」副主席塔布尼（Mako Tabuni）。由於塔布尼拒捕，還奪下一名警員的槍械，警方於是向塔布尼開槍，他過後在醫院不治。憤怒的民眾上街縱火焚燒了5家店鋪、4輛車子和20多輛電單車。許多暴徒手持大砍刀和弓箭，1名圍觀者慘遭砍死，另有4人被打傷。警方說，大部分死傷者是從印尼其他省份移居到當地的。自上個月以來，巴布亞省多個地點共有16人，包括7名士兵和警員遭殺害；有4名死者是親獨立的活躍分子。

巴布亞分離主義者不僅在印尼活動，也在外國活動。2017年1月6日，有不明身份者闖入印尼駐澳洲墨爾本大使館懸掛巴布亞分離主義旗幟。

2017年，西巴布亞人爭取獨立異於往常，爆炸及示威抗議不斷，他們要求舉辦公投，他們不承認在1969年舉行的公投中，經由印尼軍方精心挑選的1,026名「領導」來代表全體巴布亞人決定前途。在該年，有多達180萬巴布亞人簽署請願書，請求聯合國承認西巴布亞為獨立國。「巴布亞獨立組織」目的在爭取西巴布亞獨立，尚未被美國列入恐怖主義組織。

2017年11月初，在巴布亞省米米卡（Mimika）縣有1,300多名工人被一群武裝份子扣押，直到政府派遣特種部隊後才得以獲釋。但支持巴布亞自治的「西巴布亞全國委員會」的人則說該一消息不可靠。[33] 一年後，

32　Nethy Dharma Somba, "Ten Thousand Papuans Criticize Special Autonomy Implementation," *The Jakarta Post*, August 13, 2005, p.1.

33　Adriana Elisabeth, "Understanding the root problem in Papua and its solution," *The Conversation*, November 22, 2017. https://theconversation.com/understanding-the-root-problem-in-papua-and-its-solution-87951 2022年6月2日瀏覽。

武裝份子又屠殺政府工程項目的工人，造成31人死亡。此外他們還開槍射擊直升機和軍隊大本營。[34]

2019年1月28日，「西巴布亞聯合解放運動」（ULMWP）將請願書提交給聯合國人權理事會主席麥克里（Michelle Bachelet）。「西巴布亞聯合解放運動」領導人班尼(Benny Wenda) 說，在印尼統治下，巴布亞人沒有言論和集會的自由。在與麥克里的會晤中，這位流亡英格蘭的印尼公民班尼也表示，兩人已經討論過恩度加（Nduga）地區的情況。班尼還聲稱至少有22,000名巴布亞人流離失所。在森林中運作的「巴布亞獨立組織民族解放軍」（TPN-OPM），仍繼續進行游擊戰。印尼政府每年撥出數兆盾發展基金供特別自治區使用，這實際上足以建設巴布亞。巴布亞的兩個省人口只有500萬。從2002年到2016年，巴布亞特別自治基金（巴布亞和西巴布亞省）的總額達到47.9兆盾，來自全印尼一般撥款基金（DAU）的2%。2017年，巴布亞特別自治基金預算為7.9兆盾，並在2018年再次上升至8兆盾。中央政府還承諾在自由港（PT Freeport Indonesia）的撤資中撥出10%的股份給巴布亞。[35]

8月16日，印尼獨立日前夕，在東爪哇省首府泗水，警方進入一所大學宿舍，拘捕43名涉嫌將印尼國旗扔入水溝的巴布亞學生。巴布亞人指警方在校舍內發射催淚彈，辱罵被逮捕的學生是「猴子」、「豬」和「狗」。消息傳出後引起軒然大波，巴布亞兩省示威不斷，還演變成暴動。巴布亞人向來認為中央政府把他們視為「二等公民」，印尼人歧視他們。8月19日，巴布亞的示威活動蔓延到更多市鎮，印尼當局也封鎖巴布亞及西巴布亞兩省的互聯網。印尼警方派飛機將1,200名警察送到亂區，包括西巴布亞省最大城市梭隆市（Sorong）。當地連日來已有至少34人被捕，包括多名爭取巴布亞獨立的分離分子。首都雅加達也有數百名巴布亞學生從軍方總部遊行到總統府大門前，抗議警方種族歧視，並高喊分離主義口號「巴布亞要公投」、「給巴布亞自由」等。

8月29日，在巴布亞省最大城市查亞普拉附近的阿貝普拉市展開示威活動，不但放火焚燒議會大樓，還向商店和酒店拋擲石頭。上千名示威者高喊反種族歧視和要求巴布亞獨立的口號。示威者包括學生高喊「巴

34　「社論：政府應堅決打擊巴布亞的武裝犯罪集團」，印尼商報，2018年12月6日。

35　「社論：巴布亞成為國際人權組織的焦點」，印尼商報，2019年1月29日。

布亞自由」，還高舉布條呼籲政府為巴布亞獨立進行公投。他們還在臉上畫上代表獨立運動的「晨星旗」。

印尼警方稱策動這次暴動的是溫達（Benny Wenda），他是「西巴布亞聯合解放運動」主席。2002年，他被控煽動暴徒燒毀警察局，後來他跨越邊界逃到巴布亞紐幾內亞，2003年，獲得英國提供政治庇護。

2022年2月2日，巴布亞省的分離主義分子襲擊了旁卡克縣山區一座電信塔，並擊斃了正在維修電信塔的8名技術人員。

巴布亞人因為宗教和種族與印尼其他地方的人不同，他們不承認1969年的「公投」，認為是受到印尼軍方控制的不自由表達，而要求重新進行一次真正的全民公投。此一訴求，不為雅加達當局接受，擔心重蹈東帝汶的覆轍。就巴布亞情勢來看，此一風波將會持續不斷。

第三節　東帝汶問題

東帝汶在1556年為葡萄牙佔領，直至1974年4月葡萄牙發生左派軍事政變成功，葡國新政府採取反殖民化政策，準備放棄海外殖民地，希望東帝汶能依據公民投票方式決定自己的未來。1975年7月17日，葡萄牙公佈新憲法，規定東帝汶在1976年10月舉行人民議會選舉，以決定其前途。在1975年7月17日後的100天內須組成「帝汶領土的代表與政府之過渡機構」。葡萄牙對於東帝汶之主權將於1978年10月結束。但在1975年8月10日，帝汶民主聯盟發動政變，佔領東帝汶首府帝力。15日，由霍塔（Jose Ramos Horta）領導主張獨立的「東帝汶獨立革命陣線」（Revolutionary Front for an Independent East Timor, Fretilin）驅逐東帝汶民主聯盟，武裝佔領帝力，11月28日，宣佈成立東帝汶民主共和國（Democratic Republic of East Timor）。次日，主張與印尼合併的帝汶民主聯盟、人民民主協會、帝汶山之子協會（Sons of Mountains, Kilbur Oan Timor Aswain, KOTA）、勞工黨聯合宣佈東帝汶與印尼合併。12月5日，美國總統福特（Gerald R. Ford）及國務卿季辛吉（Henry Kissinger）從中國轉赴印尼訪問。12月6日，福特離開印尼。7日，印尼派遣10營兵力志願兵進佔東帝汶。17日，印尼安排人民民主協會和帝汶民主聯盟在帝力組織「東帝汶臨時政府」以及東帝汶人民議會（People's Representative

Council）。1976年5月31日，民選的東帝汶人民議會決議東帝汶正式併入印尼共和國。經印尼國會同意東帝汶成為印尼第27省。印尼出兵入侵東帝汶，遭到東帝汶人強烈的抵抗，在這場反抗侵略戰爭中，有將近25萬人喪命。

1978年，印尼中央政府頒佈命令接管東帝汶省政府。1988年12月29日，蘇哈托廢止該項命令。1989年1月1日，蘇哈托下令撤銷東帝汶的特殊地位，使其與其他省分地位平等。[36]

東帝汶人民屬於巴布亞族，大都信奉羅馬天主教，對印尼的伊斯蘭教文化產生排斥。1984年起，印尼和葡萄牙就東帝汶問題舉行談判。1991年11月12日，東帝汶青年進行反政府示威，遭軍隊射殺，約50至1百人喪生。蘇哈托總統命令組織全國調查委員會（National Investigation Commission），調查軍人過度使用武力的情形，結果撤換東帝汶高級官員瓦洛（Brigadier General Rafael S. Warouw）及3位軍官，另有8名官員和軍人遭法庭起訴。1993年4月22日，印尼和葡萄牙在羅馬舉行談判，聯合國秘書長蓋里（Boutros Boutros-Ghali）也以調解人身份參加談判，但未獲結果。

1994年4月中旬，有10名東帝汶青年因在到訪的外國記者面前舉行示威 而被判坐牢。6月，東帝汶首府帝力發生軍人干擾當地一家天主教堂舉行的聖餐儀式，導致約有一百五十名青年在街上舉行抗議示威。7月14日，東帝汶一所大學的學生因嘲笑兩名天主教修女，引起學生之間的鬥毆，最後演變成反印尼的示威運動，政府軍包圍學校，驅散學生，約有70餘名學生被補，20名學生受重傷。

7月的這起衝突，本質上反應了東帝汶問題的癥結所在，印尼1億8千萬人口中，有85%的人信奉回教，而東帝汶的78萬人口中，有90%的人是信奉天主教，他們反對來自爪哇島的回教徒對當地生活方式的影響，雙方因宗教信仰不同而時有衝突。由於東帝汶與菲律賓大多數人同樣信奉天主教，因此菲律賓特別關切東帝汶的人權問題，一些民間團體乃決定於5月底召開東帝汶問題大會，而引起印尼的不滿，除了退出原訂於5月底在菲國南部納卯市舉行的菲、印、馬、汶四國經濟會議外，同時也恫嚇要舉行摩洛問題大會，以為報復。

36　*南洋星洲聯合早報*（新加坡），1989年1月6日，版12。

　　美國也對印尼施加人權外交的壓力，其眾議院於1994年5月通過一項決議禁止輕型武器出口到印尼，除非東帝汶及印尼其他地區的人權問題獲得重大改善。參議院也在7月14日通過同樣的禁令，另外要求印尼遵守聯合國在1993年呼籲印尼大幅度削減駐東帝汶的軍隊及賦予東帝汶自治權的決議。

　　美國對印尼人權問題的干預不僅止於東帝汶，還對印尼的勞工條件提出要求改善的呼籲，否則將取消對印尼在「普遍優惠制」下的貿易優惠。

　　1998年5月蘇哈托總統下臺，東帝汶反對運動益加積極，哈比比總統被迫允許給予東帝汶自治地位，但仍難以滿足東帝汶人民之要求。7月26日，聯合國開始介入協商東帝汶問題。8月5日，印尼外長阿拉塔斯（Ali Alatas）和葡萄亞外長賈瑪（Jamie Gama）在聯合國秘書長安南（Kofi Annan）之安排下進行談判。1999年4月21日，東帝汶統獨兩派代表在國防部長威蘭托之見證下，簽署和平協議。5月5日，印、葡簽署東帝汶自治協定，其中規定東帝汶人民將在1999年8月以公投決定其前途；如果東帝汶人民選擇獨立，那麼印尼將在一段時間內把行政權移交給聯合國；另外亦規定，聯合國將派「東帝汶任務團」（UN Assistance Missions for East Timor），派遣約280名民警官員、50名軍事聯絡官以及政治、選舉和新聞官員，負責監督公民投票事宜，聯合國的民警只擔任顧問工作。6月18日，東帝汶統獨兩陣營在雅加達簽署三項協議，其內容分別規範於8月8日東帝汶前途自決投票前解除武裝相關事宜、雙方的行為準則，以及關於投票過程的相互約定。7月1日，東帝汶獨立解放軍4百名成員離開山區，與親印尼民兵簽署和平協議。東帝汶獨立解放軍是主張獨立的「東帝汶抗爭委員會」（National Council of Resistance for East Timor, CNRT）的軍事組織。

　　東帝汶人口數約80萬人，參加公投登記的選民須為年滿17歲的東帝汶人或父母之一是在東帝汶出生的人，登記人數有446,000人，其中包括約12,000海外僑民或流亡份子。1999年8月30日舉行公投，有95%的人出席投票，除少數地方發生衝突外，大抵投票秩序和平順利。印尼政府在9月4日公佈投票結果，有78.5%的人贊成獨立。

　　根據此一投票結果，印尼的「人協」在11月做出最後決定，讓東帝

汶脫離印尼版圖。東帝汶的行政權將交給聯合國託管3年。印尼公務員及軍警將逐步撤出東帝汶。東帝汶臨時過渡政府將由各黨派的人士組成。從事東帝汶獨立運動的組織為「東帝汶抗爭委員會」，是在1998年由「東帝汶獨立革命陣線」和「帝汶民主聯盟」兩個組織合併而成。親雅加達的組織為「東帝汶自治統一陣線」以及民兵。依據古斯茂之意見，未來東帝汶可組成全國和解政府，他希望這兩派人共組臨時政府。

2000年6月9日，以前親印尼的民兵領袖科士塔返回東帝汶的帝力，表示他接受公投主張獨立的事實，並對他過去所犯下的暴行向東帝汶人民表示歉意。東帝汶聯合國過渡政府已在5月31日正式承認他組織的帝汶人民黨。而且他也表示他極力支持獨立運動領袖古斯茂（Xanana Gusmão）出任總統。

聯合國安理會為維持東帝汶的安全以及解決東帝汶政府的問題，在2001年1月31日通過第1338號決議案，延長聯合國東帝汶過渡政府的任務到2002年1月31日。聯合國安理會又在2004年5月14日，通過第1543號決議案，延長「聯合國東帝汶任務團」駐東帝汶1年，直到2005年5月20日為止。以後該支援團將由下述人員組成：58名文人顧問、157名警察文人顧問、42名軍事聯絡官、310名軍隊、125名國際反應單位人員。

2001年8月30日，東帝汶舉行有史以來首次普選，選出78名制憲會議代表，投票率為91.3%。結果，「東帝汶獨立革命陣線」贏得57.37%的選票，在制憲會議75個全國席次中贏得43席，另外在地方代表13席中贏得12席。2002年3月，將制憲會議改變為國會。

2002年3月22日，制憲會議通過憲法，4月16日，舉行總統選舉，在投下的378,538張票中，由反抗印尼的英雄古斯茂獲得82.7%的選票，當選為首任總統。5月20日獨立。

東帝汶舉行獨立慶典時，印尼總統梅嘉娃蒂前往參加，引起注目。印尼的外交政策展現靈活性，並不因為東帝汶脫離而懷恨在心，這毋寧說是印尼的外交考慮是冷靜理性的，因為印尼若不採取此一低姿態，則東帝汶將倒向澳洲，成為澳洲的一個據點，此對印尼的安全將帶來隱憂。

東帝汶獨立後，積極想參與東協組織，但東協內部有不同的聲音。印尼前總統瓦希德在1999年11月6–9日訪問東南亞國家，曾向泰國首相川

立沛表示，如果東帝汶想加入東協，希望泰國給予支持。2000年印尼在東協會議上曾提議讓東帝汶加入東協，卻遭到新加坡的反對，新加坡認為東帝汶的經濟困難，在大部分東協國家都未派駐大使。以後印尼繼續支持東帝汶加入東協，均未能如願。

2007年5月，霍塔（José Ramos-Horta）當選為總統。2008年2月11日，霍塔遭槍擊受傷，由國會副議長古特禮斯（Vicente Guterres）代理總統，宣布兩天的緊急狀態。2月13日，國會議長阿洛約（Fernando de Araújo）從葡萄牙返國，出任代理總統。4月17日，霍塔康復，重行視事。2012年5月，魯阿克（Taur Matan Ruak）當選為總統。2017年5月，古特禮斯當選總統。

從1976年至2002年東帝汶正式獨立為止，因為反抗印尼統治總共死了約25萬人，印尼軍人亦死2萬多人。誠所謂浴血獨立，其悲壯一如印尼從荷蘭手中獨立一樣。

第四節　南摩鹿加群島問題

最早進入摩鹿加群島的歐洲人是葡萄牙人，接著是西班牙人、荷蘭人，他們前後引進了天主教和基督教，而以基督教的傳播較成功。荷蘭統治摩鹿加群島的時間較久，不僅控制這些島群港口和香料貿易，而且使當地土著信仰基督教。在安汶及其附近的島嶼，包括哈路庫（Haruku）、沙帕魯阿（Saparua）等，所保留的習慣法（adat）和基督教倫理形成衝突的關係，以後在與新基督教和伊斯蘭教的交往中，逐漸出現融合。在1930年，對安汶的宗教信仰做過一項調查，基督教徒約佔三分之二，其餘為伊斯蘭教徒。[37]安汶成為不同宗教和社群的融合的地點。

19世紀中葉，荷印政府取消丁香專賣權，香料貿易失去其重要性。荷印的經濟重心轉移到爪哇島和蘇門答臘島，香料群島變成邊緣地區。自19世紀起，安汶的土著和荷蘭人發展出特殊的依賴關係。安汶的基督教徒成為特殊階級，他們可以擔任低階官員和單獨的軍事單位。在法律意義上，土著的基督教徒被視同「歐洲人」，在殖民地軍隊中獲得平等的薪

37　Clive J. Christie, *op.cit.*, p.109.

俸。[38]

在荷蘭統治時期，荷蘭給予摩鹿加群島土著基督教徒更好的工作機會，如出任官員和軍人，因此基督教徒比伊斯蘭教徒更有優越感。在1930年，安汶土著中有十分之一的人出任荷印政府的官員和軍人，分散在印尼各地區，與其家人自成一個單獨的社區。[39]當日本在第二次世界大戰佔領印尼群島時，伊斯蘭教徒與日軍合作對抗荷蘭，伊斯蘭教徒獲得日軍的信任。

戰爭結束後，荷軍在1946年7月重新佔領東印度群島。范穆克總督在建立「摩鹿加國協」（Moluccan Commonwealth）時遭到壓力，該一國協將包括北摩鹿加群島和南摩鹿加群島以及荷屬紐幾內亞（即紐幾內亞島西半部），他意圖將它與荷蘭國協區別開來。他在1946年7月在蘇拉威西的馬里諾（Malino）召開印尼東部的代表會議，他驚訝地發現這些代表主張聯邦制。他遂與印尼共和國的領袖談判，意圖說服他們加入聯邦。經過1946年11月和1947年3月的協商，終於達成「林牙耶蒂協定」，同意組成荷印聯邦共和國。

安汶的菁英在1946年8月組成「印尼獨立黨」（Partai Indonesia Merdeka, PIM），也獲得伊斯蘭教徒的支持，該黨在11月舉行的「南摩鹿加議會」中贏得超過半數的議席。12月，范穆克再召開印尼東部各代表的會議，同意成立「大東印尼邦」（Negara Indonesia Timor, State of East Indonesia, NIT），南摩鹿加群島也加入該「大東印尼邦」。「大東印尼邦」的首府設在望加錫。

1949年夏天，當印尼共和國和荷蘭達成停火協議時，一些參加荷軍的安汶軍隊陸續復員，至1950年初，約有2千名安汶基督教徒軍人返回安汶。

1950年4月，在印尼共和國的壓力和威脅下，「大東印尼邦」瓦解。安汶成為兩邊不搭邊的邊緣地區，分離主義油然而生。那些過去曾為荷蘭作戰的軍人，開始出現脫離印尼共和國的想法。4月25日，他們在安汶舉行非正式的集會，宣佈成立南摩鹿加共和國（Republic of the South Moluccas, Republik Maluku Selatan, RMS），主張脫離印尼獨立。其獨立宣

38　Clive J. Christie, *op.cit.*, pp.110–111.
39　Clive J. Christie, *op.cit.*, p.112.

言中聲明：第一，南摩鹿加地區是臨時性的併入「大東印尼邦」；第二，印尼共和國已違反圓桌協議；第三，由於印尼共和國違反圓桌會議，所以「大東印尼邦」已不存在。因此，南摩鹿加地區有自由解除其與現在不存在的「大東印尼邦」的關係，有權脫離聯邦。[40]分離主義者又說，南摩鹿加地區並不是印尼共和國的一部份，印尼共和國摧毀南摩鹿加共和國是違反國際法的。[41]

　　該獨立運動組織在抗爭期間，曾摧毀當地不少伊斯蘭教徒村莊，導致伊斯蘭教徒懷恨在心，影響至今。

　　在蘇卡諾執政時期，安汶的基督教徒還成功的出任當地的官員。在蘇哈托執政時期，刻意甄拔伊斯蘭教徒出任當地官員，基督教徒則逐漸失去優勢，而為伊斯蘭教徒取代。從其他省分移入的新移民，大都是伊斯蘭教徒，最後伊斯蘭教徒人數超過基督教徒。1992年，摩鹿加省長由伊斯蘭教徒出任，省長為阿吉布・拉土康熙納（Akib Latuconsina），〔與後來出任該省省長的沙勒・拉土康熙納（Mohamad Saleh Latuconsina）是遠房親戚〕省政府高官亦大部份由伊斯蘭教徒出任，引起基督教徒心生不滿。摩鹿加省長沙勒說，安汶爆發衝突有兩個原因，第一個原因是當地人反對從蘇拉威西島來的新移民，他們是積極的小生意人。第二個原因是安汶流傳一個謠言，沙勒任命伊斯蘭教徒出任該省高官38個位置，引起基督徒不安。[42]

　　在蘇哈托統治末期，安汶開始爆發宗教衝突，摩鹿加群島的哈魯庫島、卡伊群島上的圖阿爾市，以及摩鹿加群島東南方的拉臘特島和凱勿刹島等地也爆發一連串的宗教和種族衝突。1999年1月19日，在安汶爆發1名基督教徒的公共巴士司機和1名伊斯蘭教青年的衝突，導致有600多名伊斯蘭教徒攻擊島上基督教徒居住的米拉（Batu Merah）村，亂事蔓延到周邊的村鎮。1999年3月18日，印尼軍方下令禁止安汶市街上3人以上的集會，軍隊取代警察，負起恢復該省治安的任務。該年底，北摩鹿加省的激進伊斯蘭教徒攻擊哈馬黑拉島上的基督教徒，導致800人死亡。據統

40　Clive J. Christie, *op.cit*., p.119.

41　Clive J. Christie, *op.cit*., p.121.

42　Gerry van Klinken, "What caused the Ambon violence?," *Insideindonesia*, No. 60 Oct -Dec 1999; Sep 11, 2007 https://www.insideindonesia.org/what-caused-the-ambon-violence 2022年6月2日瀏覽。

計，至1999年3月為止，安汶島有6,000人被殺。[43]

2000年5月，從東爪哇來的「聖戰軍」（Laskar Jihad）前往安汶島，協助當地的伊斯蘭教徒，攻殺基督教徒，該批激進斯蘭教徒接受武裝訓練，除了使用大刀和棍棒外，也使用現代武器，用來攻擊基督教徒。5月30日，激進伊斯蘭教徒再度攻擊哈馬黑拉島上一座基督教徒的村莊，導致44人死亡，102人受傷。附近的德那地島也爆發同樣的宗教衝突。

2002年2月12日，印尼政府和反抗團體的24名領袖、7名協調者和11名觀察員在馬里諾簽署和平協議，共11條，其目的在終止衝突、樹立法律威信、反對武裝團體的活動、設立一個獨立調查團。以後該地的宗教衝突事件減少，逐漸恢復社會秩序。

然而至2004年4月25日安汶又爆發暴動，一個激進的基督教團體「摩鹿加主權陣線」（Moluku Sovereignment Front）的10多名成員發動街頭暴動，縱火燒燬聯合國地區機構辦事處一所建築物和伊斯蘭教堂、4輛聯合國的車子，造成12人死亡，90多人受傷。該一陣線是為了紀念54年前發生的一場失敗的獨立運動而在街上遊行，結果與伊斯蘭教徒發生衝突，以致縱火焚燒附近的建築物。[44]

表12-1：摩鹿加省人口數和宗教人口分佈

	南摩鹿加	中摩鹿加	北摩鹿加 (North/ Ternate)	北哈馬呵拉 (Halmahera engah)	安汶市	總數
人口數	307,231	668,870	637,713	162,728	311,974	2,088,516
伊斯蘭教	22.13%	68.20%	69.78%	80.63%	42.38%	59.02%
	67,990	456,169	444,996	131,208	132,215	1,232,578
基督教	54.26%	29.00%	28.83%	18.77%	51.92%	35.29%
	166,704	193,972	183,853	30,544	161,977	737,049
天主教	23.08%	1.70%	1.21%	0.60%	5.55%	5.18%
	70,909	11,371	7,716	976	17,315	108,287
印度教	0.00%	0.38%	0.01%	0.00%	0.09%	0.14%
	-	2,542	64	-	281	2,886
佛教	0.00%	0.09%	0.05%	0.00%	0.06%	0.05%
	-	602	319	-	187	1,108
其他	0.53%	0.63%	0.12%	0.00%	0.00%	0.32%
	1,628	4,214	765	-	-	6,607

43　"Indonesia," *Human Right Watch*, 1999, https://www.hrw.org/reports/1999/ambon/amron-01.htm 2022年5月20日瀏覽。

44　南洋星洲聯合早報（新加坡），2004年4月26日。

總額	100.00%	100.00%	100.00%	100.00%	100.00%	100.00%

說明：人口數是1995年印尼人口普查數字。百分比是1997年統計局的資料。

資料來源："Population and Religious Breakdown of Maluku," *Ambon Information Website,* http://www.websitesrcg.com/ambon/Malukupop.htm 2022年5月20日瀏覽。

第五節　其他地方衝突問題

1999年10月22日，約有1萬5千多名大學生在南蘇拉威西的首府望加錫示威，要求成立「蘇拉威西國」。望加錫大學生之所以群情不滿，乃是因為出生南蘇拉威西省巴里巴里（Parepare）人哈比比無法蟬聯總統，所以主張獨立。[45]

2000年5月23日，蘇拉威西的中部波索市（Poso）發生暴亂和宗教衝突，6月6日，再度爆發衝突，導致1百多人死亡，2萬多人逃離家園。蘇拉威西島北部的居民大都信奉基督教，南部則是信奉伊斯蘭教，波索市則是基督教徒和伊斯蘭教徒各半，且分村居住。2001年11月27日，波索市再度爆發衝突，政府派2,000名軍人鎮壓，有15人死亡，教堂和伊斯蘭教堂都被焚燬，有數千名村民逃難到他鄉。有7,000名激進伊斯蘭團體「聖戰軍」進入摩鹿加群島和東蘇拉威西省，煽動宗教衝突。12月12日，印尼情報局局長亨德羅普里約諾（Abdullah Hendropriyono）中將對記者表示，由奧沙瑪（Osama bin Laden）所領導的國際「凱達」（al-Qaida）組織網已在蘇拉威西建立訓練營地。12月17日，蘇拉威西地方警察首長對此表示質疑，所以亨德羅普里約諾的說法轉為委婉。2001年12月20日，伊斯蘭教和基督教領袖在南蘇拉威西的馬里諾簽署10點協議，結束在波索市自1998年12月以來的衝突，協議由人民福利協調部長（Co-ordinating Minister for People's Welfare）卡拉（Yusuf Kalla）見證，協議內容包括：保證停止武裝衝突、遵守法治、恢復受損害的人的財產、允許難民回鄉、恢復基礎建設、尊重每一個人的宗教信仰和行為。自1998年以來，波索市因宗教衝突而死亡1,000人。[46]

1999年3月，西卡里曼丹三發縣爆發種族衝突，有2萬1千多名馬都拉

45　**南洋星洲聯合早報**（新加坡），1999年10月23日，版40。
46　*Keesing's Record of World Events*, Vol.47, No.12, 2001, p.44515.

人（Maduranese）難民避難到坤甸，有9千人安頓在三發縣的安全地方。三發縣的馬來族、達雅克族（Dayak）、華族和武吉斯族（Bugis）代表發表聯合聲明，反對馬都拉人在三發縣定居，因為種族特性、文化及習俗完全不同，馬都拉人出門身上配戴大刀，常引起其他種族的反感。[47] 2001年2月18日，中卡里曼丹三必市〔桑皮特（Sampit）〕爆發嚴重的種族衝突，當地土著達雅克人攻擊外來的馬都拉族住區，殺害5個人，引起馬都拉人報復反擊，發生血腥衝突，蔓延到附近7個鄉鎮，造成最少300人以上死亡，千間屋子被燒燬，5萬人以上難民無家可歸。2月24日，中卡里曼丹暴亂持續，達雅克人繼續追殺外來移民馬都拉人，印尼軍方增派4連陸軍前往鎮壓，並疏散該地區3萬難民，包括爪哇人和華人。

　　造成此次衝突的原因有三：第一，在蘇哈托執政時期，大企業進入卡里曼丹開發金礦和其他礦產，礦業主併吞當地土地導致當地土著生活陷入困難，被迫退至偏僻深山，形成長期的不滿。大木材商在該地大肆砍伐森林，使得林地縮小，影響當地土著的狩獵和遊耕生活，乃發生紛爭。第二，土地糾紛和爭奪地區利益加劇。外來的馬都拉人勤勞悍勇，在鄉下地區擴充地盤，形成一個又一個新村鎮，與當地達雅克人和馬來人形成競爭局面。當地官員和警察，亦因利害關係而捲入糾紛，使局勢更為惡化。第三，宗教文化生活有差異。馬都拉族是信奉伊斯蘭教，與主流社會有良好關係，達雅克人都信奉基督教，生活習慣和文化不同，兩族本存在著隔閡，很容易為小事而引發衝突。概括而言，中央政府和地方政府官員沒有盡到解決下層民眾的生活問題和各種爭端的責任，亦是主要原因。大企業在卡里曼丹開發森林和擴展業務，必然會侵犯當地人的祖地，而政府沒有做好溝通的工作，才會爆發流血衝突。[48]

　　關於馬都拉族和達雅克族之間的衝突，並非出於地方政治因素，而是出於兩族群間的仇恨，因為馬都拉族被當地達雅克族逐出他們的住地。該一事件可以用來解釋印尼早期的徙置政策並沒有錯誤，因為在同一個發生衝突的地區，也有來自其他地方的移民，如爪哇人、馬來人和

47　**南洋星洲聯合早報**（新加坡），1999年3月27日，版45。

48　李卓輝，「印尼加里曼丹種族衝突的根源」，**南洋星洲聯合早報**（新加坡），2001年2月27日，版14。

武吉斯人，這些族群並未遭到達雅克人的攻擊。[49]顯然馬都拉族和達雅克族之間存在者特別的仇恨關係，可能是早期馬都拉族人移入中卡里曼丹時就曾發生土地和宗教的糾紛。

印尼在1950年代實施的移民政策，導致今天土著被邊緣化，引起兩方的仇恨。從1950–1988年，印尼政府已移住73萬戶到卡里曼丹和摩鹿加群島，其中移住東卡里曼丹就有3萬6,400戶。此外，還有自行移往上述外島者有20多萬戶。[50]國防部長馬福卻認為印尼政府未能及時平息中卡里曼丹種族暴亂，歸因於美國在1999年對印尼實行武器禁運，印尼空軍的24架大力士型軍用運輸機沒有維修，全部不能運作，所以空軍無法迅速空運軍隊到桑皮特鎮。[51]這應該是一種技術上的問題，指暴亂發生時，印尼軍隊未能及時派往出事地點鎮壓。

無論如何，自從蘇哈托獨裁統治結束後，以前被壓制的種族、宗教、地方經濟利益衝突等問題，都一一浮現，以致於印尼各地都發生衝突事件。以後隨著印尼中央政府改選總統和國會議員成功，各地亂事逐漸平息。惟激進回教運動卻趁機蠢動，成為印尼政局的大患。

49　Taufiq Tanasaldy, "The Establishment of Ethnic Interaction Channels," *The Indonesian Quarterly*, Vol.XXX, No.4, 2002, pp.416–424.

50　郭豔春，「燃燒的地平線：熱帶雨林煙塵的幕後」，南洋星洲聯合早報（新加坡），1998年4月13日，版12。

51　南洋星洲聯合早報（新加坡），2001年3月27日，版29。

第十三章　平穩過渡民主化

第一節　哈比比受與蘇哈托同夥之災而下臺

一、哈比比的改革措施

　　哈比比，原係蘇哈托時期的副總統，在1998年5月蘇哈托在反政府示威聲中下臺，由其接任總統。

　　5月25日，哈比比承諾取消對政黨的限制並舉行公開選舉，他承諾進行改革，不僅開放印尼的政治，而且結束蘇哈托統治的「腐敗、勾結和裙帶關係」。他開始進行下述的改革。能源部長昆托洛（Kuntoro Mangkusubroto）宣佈，國有石油和天然氣公司（Pertamina）將「審查」與披塔公司（Peta）和柏明度公司（Permindo）的合同。披塔公司是由蘇哈托的一個兒子胡托莫（Hutomo Mandala Putra）部分擁有，他被稱為通米（Tommy）；另一個兒子邦邦（Bambang Trihatmodjo）是柏明度公司的主要股東。

　　雅加達市政府在5月23日取消了與兩家公司的協議，這些公司參與向首都提供自來水。其中一家公司由蘇哈托的長期商業夥伴林紹良（Liem Sioe Liong）所有；另一家由蘇哈托的長子西吉特（Sigit Harjoyudanto）所控制。

　　由於裙帶關係已經過時，且受到嚴厲的批評，所以武裝部隊指揮官威蘭托將軍在5月25日宣佈，他的妻子和女兒將辭去他們在人民協商議會中的指定席位，人民協商議會基本上是橡皮圖章機構，每5年召開一次以選舉總統和副總統。

　　武裝部隊宣佈，對特里薩克蒂大學6名學生在民主示威中受害的槍擊事件進行初步調查，該事件引發了暴力騷亂並最終導致蘇哈托倒臺，顯示有8名士兵參與了槍擊事件，6名警察涉嫌支持這起事件。[1]

　　5月28日，哈比比與國會議長哈莫科就一項計劃在1999年舉行選舉達成一致意見，該計劃是在1998年晚些時候由國會制訂全面改革政治制度之法律。哈比比在由軍隊和裝甲運兵車保護的國會大樓裡會見了國會議長哈莫科和高級內閣成員，國會附近還有數百名學生示威者。哈莫科後來宣佈，由500名議員和500名其他任命官員組成的人民協商議會將於1998年年底或1999年初舉行會議，以修改該國的選舉法，領導反對蘇哈托和一些新的反對派的學生團體要求立即由一位不認同前政權的新總統和過渡政府來取代蘇哈托的長期門徒哈比比。

　　穆斯林領袖阿敏·瑞斯（Amien Rais）是反對蘇哈托抗議活動的知名領袖，他已經宣佈參選總統，他表示反對前述哈莫科的計劃。他說，國會充滿了精心挑選的蘇哈托同夥，因此不能依靠它來實施新的選舉制度。

　　同一天，陸軍最高指揮官、國防部長威蘭托主持了一個儀式，將其主要競爭對手蘇哈托的女婿普拉博沃（Prabowo Subianto）中將調離在雅加達的一個關鍵特種部隊司令職，轉調至萬隆市的一所軍事學院院長。

　　自蘇哈托下臺以來，印尼最大的私人銀行中亞銀行（Bank Central Asia）一直遭受恐慌的儲戶提取現金的困擾，5月28日被政府收購。蘇哈托的兩個孩子擁有該銀行的部分股權。[2]

　　6月1日，印尼政府當局下令調查前總統蘇哈托的財富，此前越來越多的呼聲要求調查其32年執政期間的腐敗商業行為。

　　司法部長蘇卓諾（Sudjono Atmonegoro）指派一名調查員調查蘇哈托的財富。政府計劃審查給予與他有關聯的公司的特殊稅收減免；國有石油和天然氣公司正在審查其所有與該家族有聯繫的承包商和供應商；國

1　Keith B. Richburg, "Habibie Promises Open Elections," *The Washington Post*, May 26, 1998, p.A01. https://www.washingtonpost.com/wp-srv/inatl/longterm/indonesia/stories/habibie052698.htm 2022年5月22日瀏覽。

2　Jackson Diehl, "Indonesian President Agrees to 1999 Election," *The Washington Post*, May 29, 1998, p.A29. https://www.washingtonpost.com/wp-srv/inatl/longterm/indonesia/stories/habibie052998.htm 2022年5月24日瀏覽。

家港口管理當局取消了與蘇哈托最小兒子擁有的一家公司的4份服務合同；國家警察在宣佈蘇哈托的大女兒貪污腐敗後，正在審查與她的大女兒處理駕照申請的合同。福布斯雜誌（Forbes Magazine）將蘇哈托列為世界上最富有的人之一，個人財富估計有 160 億美元。該雜誌稱，他家族的財富總和約為 400 億美元，[3] 蘇哈托在1998年5月21日辭職下臺，距離他就任總統僅72天，由副總統哈比比繼任。哈比比結束蘇哈托的三黨體系，開放政黨競爭，出現了150個政黨，但合格參選的政黨只有48個。他亦開放讓東帝汶自主決定是否獨立，釋放政治犯，解除媒體限制，進行經濟改革。

6月7日，印尼政府宣佈取消5項實行多年限制新聞自由的法規，包括：出版准證及其辦理手續、新聞記者地位、新聞記者和出版業單一組織、私人電台轉播官方節目的規定。此後，新聞部無權吊銷報刊的出版准證，吊銷報紙出版准證須經由法院裁定，由法院審理。新法規定，出版業准證辦理手續簡化，不必記者公會的推薦書，並且免費受理。新聞記者及報業出版人可以成立一個以上的組織。私立電台可以自由廣播新聞節目，過去每天須轉播官方電台的新聞14次，今後只要3次。[4]

哈比比在1998年8月15日發表首次的國情咨文，提出8點改革計畫，呼籲建立一個公平、開放和民主的社會。其中有關經濟改革有四個要點，包括優先處理整頓金融機構、解決私人企業界債務問題、消除壟斷及提高效率和競爭力、杜絕貪污和裙帶關係。

哈比比政府的首要工作是穩定貨幣，使印尼盾幣值回升，以扭轉利率不穩、失業率上升和物價上漲的局面。印尼盾匯率從危機前的1美元兌2,400盾跌至1萬5千盾。印尼盾最近大幅回升，10月初1美元兌1萬盾，至11月約升至7,000盾。印尼經濟逐漸恢復復甦景象。但印尼盾升值太快，使得印尼出口產品無法維持國際市場競爭力。國際貨幣基金組織於1998年11月7日同意貸款印尼9億6千萬美元。不過，外來投資大幅下降，1998年1–10月，外資只有127億美元，較去年同期的253億美元，減少50%。印

3　Cindy Shiner, " Indonesia to Probe Suharto's Finances," *The Washington Post*, June 2, 1998, p.A07. https://www.washingtonpost.com/wp-srv/inatl/longterm/indonesia/stories/suharto060298.htm 2022 年 5 月 24 日瀏覽。

4　**南洋星洲聯合早報**（新加坡），1998年6月8日，版20。

尼國內投資亦減少57.1%。如果政治動亂減少，不搞排華運動，則經濟可望逐步復甦。

　　為了防止米荒，印尼政府把食米供應價格維持在每公斤2千印尼盾以下，並由政府全力供應。不過到處都可看到搶米人潮，糧價每公斤在4,000印尼盾之上。印尼官方宣稱全國稻米存量足夠供應4個月的需求，此時之所以會出現米荒，主因是馬來西亞糧價高漲，商人囤積走私到馬國販賣，才會造成印尼供需失調。

　　反對人士阿敏‧瑞斯辭去印尼第二大回教團體「穆罕默迪亞」主席職，於8月23日自組「民族使命黨」（或稱國民公義黨），參加者大都是大學的學術人員和中產階級人士，一般認為它將成為下一次選舉時的新勢力。

　　「印尼基督教大學生協會」主席布利馬亨德拉表示，如果哈比比沒有認真地進行改革，大學生將繼續展開示威，要求哈比比對印尼面對的危機做出交代。

　　印尼國防部長威蘭托在9月19日向「回教教師聯合會」屬下一個青年團體的集會者發表演講，他指出某些集團想在大學生示威運動中復興共產主義，有人出錢發動學運，為了其集團的利益而企圖推翻合法的政府。他表示將鎮壓非法的示威活動。

　　在9月初組織大學生前往國會示威的「大學生聯絡論壇」，是印共的化身。該論壇示威時要求哈比比下台，組織「人民委員會」綜理政務。親官方的回教最高組織「回教學者理事會」及其他多個回教團體提醒回教信徒，要慎防共產主義企圖復興的跡象。一個稱為「真理與正義伸張者聯盟」的組織發表聲明指出，有人計畫要在9月30日在印尼全國進行大暴動，目的在製造有如5月中旬那樣的騷亂及不安。

　　9月7日，數百名要求總統哈比比下臺的學生示威者推倒了印尼國會大樓的前門，這是自5月前總統蘇哈托因大規模示威活動垮臺以來最大規模的抗議活動。當天早些時候，至少有1,000名對物價高漲感到憤怒之抗議者在國會前示威，到了黃昏時，只有大約300人留在國會與防暴警察對峙。學生將哈比比視為舊秩序時代的一部分，必須將其除名以完成他們的革命。

　　同一天，暴徒在爪哇島的一個鄉村小鎮基布門（Kebumen）燒毀了華

人擁有的9家商店。騷亂是在與一名華裔商人發生爭執後爆發的。[5]

印尼政府在9月16日公佈一項法令，規定給予所有印尼人平等待遇，同時禁止使用「土著（pribumi）」和「非土著（non-pribumi）」的名詞。估計在印尼有1千萬華人。除了內政部命令禁止在身份證上對華人加上特別註記外，尚無法律加以規範。排華運動仍繼續發生，並不因政府公布上述法令而停止，將來仍可能再度發生。

哈比比在11月10–13日召開人民協商議會臨時會議，主要目的有二，一是取得人民協商議會對他的支持，因為他並非在人民協商議會中從蘇哈托手中接掌政權，反對派批評他缺乏合法性。第二，為了反應民意需求，必須透過該一機構修改現行不合時宜的法令，特別是有關總統的任期、總統及國會議員選舉的辦法和時間。然而，反對派認為人民協商議會是前朝機構，不具民意基礎，因此反對示威抗議不斷。

儘管發生嚴重暴力和反哈比比示威運動，有許多學生被警察擊斃，而使會議受阻，「人協」最後通過重要法案，採取下述更為開放的措施：

(1)修改「人協」內規，允許新政黨選舉產生的代表出席「人協」以及國會。

(2)限制總統和副總統的任期為5年，僅能連任一次。

(3)決定在1999年5月或6月舉行國會選舉，符合規定的政黨可以參選。委任的軍方代表將逐步減少，另以法律定之。

(4)設立一個獨立的中央選舉委員會（General Election Commission, Komisi Pemilihan Umum, KPU），監督選舉。

哈比比總統下令內政部長哈米德（Syarwan Hamid）修改選舉法，提供一個開放和公正的選舉。他任命7名學者專家組成的小組協助起草新法律，該7名學者專家小組將諮詢國內民間領袖和外國專家的意見。

11月13日晚上，暴徒攻擊雅加達華裔社區，唐人街地區的商店遭到洗劫和縱火。14日，雅加達再度爆發學生示威動亂，在阿特雅查亞（Atma Jaya）大學，警察因為鎮壓而殺害至少5名學生和另外2名示威者。學生們在一場大規模的「人民力量」運動的領導下湧入國會，該運動似乎不

5　Cindy Shiner, "Indonesian Students Riot, Ask President to Resign," *The Washington Post*, September 8, 1998, p.A21. https://www.washingtonpost.com/wp-srv/inatl/longterm/indonesia/stories/riot090898.htm 2022年5月24日瀏覽。

僅包括學生，還包括中產階級上班族工作人員和不斷擴大的城市失業隊伍。一支頭戴獨特紅色貝雷帽的海軍陸戰隊隊員帶領最大的遊行隊伍沿著寬闊的林蔭大道前往目的地。與武裝部隊的其他成員——防暴警察和軍隊——不同的是，海軍陸戰隊受到廣泛尊重，他們背著自動武器帶領群眾遊行者，迎接他們的是「海軍陸戰隊萬歲！」的口號。在棉蘭，約有5,000名學生佔領機場數小時，要求飛往雅加達參加抗議活動，最後和平結束。[6]

無論如何，人民協商議會順利完成會議及修改法令，已增強了哈比比政權的穩固性和實力。在這一波反政府示威運動中，哈比比下令國防部長威蘭托採取嚴厲鎮壓手段，威蘭托忠誠地執行該一命令，雙方的合作關係看來不錯，導致反對派要求威蘭托下台。因此，從此時之情勢看，軍中高層軍官還是效忠哈比比，哈比比的政權將日益鞏固。然而，也有一些報導認為軍中出現分裂，亦即有些軍人暗中支持學運。由退休高級將領及前閣員成立的「國民陣線」，亦公開要求哈比比下台。

在反政府的勢力中，學生是一股不可忽視的力量。從1998年5月以來，學運已朝兩極化發展，大部份的學運是反對哈比比，力量十分強大，只有一小部份是支持哈比比，不過支持哈比比的大學生也在整合力量之中。在反政府的學生團體中，因缺乏領導人物，而呈現分裂的情況。他們之所以能成群結隊走上街頭示威抗議，是因為有共同的反對目標—蘇哈托及其體制。

學運中有些團體被認為具有左傾色彩，例如「雅加達、茂物、當格蘭和柏加西大學生聯絡論壇」((Forkot)，領導人為吉米‧法沙爾，該組織主張成立「人民委員會」、降低物價、哈比比下台，該組織可動員學生4、5千人。

回教團體是印尼政治上重要的一股力量。印尼最大的回教組織「回教教師聯合會」於10月3日發表8點聲明，反對將異議份子歸類為共黨份子，呼籲全民反思及尊崇宗教價值，加強全民團結與合作，取消所有的壟斷，武裝部隊必須重新定位，檢討過去的雙重職能角色。武裝部隊應

6　Keith B. Richburg, "Riots Follow Peaceful Jakarta Protest," *The Washington Post*, November 15, 1998, p.A41. https://www.washingtonpost.com/wp-srv/inatl/longterm/indonesia/stories/jakarta111598.htm 2022年5月24日瀏覽。

在各集團之間採取中庸之道，與執政者及某個政治集團保持距離。

另外亦有支持哈比比的回教團體，有10多個回教團體組織「回教徒樹立正義與憲制論壇」（Furkon），是一個反共組織，主張回教徒堅決反對成立聯合執政團、「人民委員會」或取代現政府的任何形式政府，不放任反民主及無政府主義份子強行改變憲制的作法，支持哈比比領導的內閣所制訂的政治議程，蘇哈托將政權移轉給哈比比符合憲制，拒絕5月暴動時發生強姦案的說法。

關於軍人之角色，國防部長威蘭托於10月4日表示，軍隊會重新界定其政治角色，將較少強調安全方面的角色。在11月11日，威蘭托表示，軍方已遵照人民的意願，逐漸調整其非國防的角色，但軍方不會放棄政治角色。軍方放棄社會政治角色的限期，要看社會民主進程而定。此時軍人在國會及人民協商議會中分別擁有75席和38席。人民協商議會已於11月13日將軍人在國會中的席次減為55席。就此而言，在短期內軍人還不會退出政治。

基本上，在蘇哈托下台後，國防部長威蘭托仍支持哈比比。執政黨戈爾卡主席阿巴丹戎已表態支持威蘭托明年競選總統。但威蘭托並未回應表態。印尼政局將決定於數股正在重整的勢力，包括戈爾卡、回教教師聯合會及其民族覺醒黨、梅嘉娃蒂的民主黨鬥爭派、瑞斯的民族公義黨、哈比比及其回教知識份子聯合會、威蘭托及其武裝部隊。

哈比比政府決定在1999年5月15日舉行全國各級議會選舉。向內政部登記的政黨有64個。較被看好的政黨有5個，包括由最大回教團體「回教教師聯合會」成立的「民族覺醒黨」，梅嘉娃蒂領導的民主黨鬥爭派，戈爾卡，民族公義黨，以及1960年代被蘇卡諾解散的最大回教政黨「瑪斯友美黨」改組的「星月黨」。

國會在1999年1月28日通過三項選舉法，包括組織政黨的條件、選舉制度、全國和地方議會的組成。該國會是1997年選出的人民代表，該國會由戈爾卡黨325人、建設統一黨89人、印尼民主黨11人、軍人代表75人等組成。經過協商後，三項法律草案的內容被修改，最後獲得通過。分述如下。

(1)政黨法（The Party Law）。

學者專家小組提出的草案規定，為了減少政黨參選的數量，政黨必

須在全印尼27省中的14個省,有半數的縣設立黨分部,並須有1百萬黨支持者的簽名。最後通過的決議是,政黨必須在全印尼27省中的9個省設立黨分部,並在這些省中的半數縣設立黨支部。符合此一條件的政黨,即可提出候選人參選。訂出9省的原因是,印尼沒有一個島有9個省(蘇門答臘有8省),因此每黨必須提出超過一個島的代表。

政府的草案又規定,一個黨必須贏得國會席次5%,才可以參選2004年的選舉。但最後僅通過只要2%即可,而且規定只要獲得2%席次的政黨,就可以分配1999年國會席次。但該法沒有規定在5年期內,出現議員因死亡、叛黨或其他原因而使得議席數低於2%時應如何處理。該法禁止政黨在競選時使用國家設施,各政黨成員必須效忠「班察西拉」,不得為共產黨員或任何其他被禁組織的成員。

(2)選舉制度。印尼有兩個立法機關,有不同的功能和職責,與兩院制國會不同。在蘇哈托時期的國會都是扮演橡皮圖章,沒有自行立法的角色。在後蘇哈托時期,開始議立法律,變得更為積極。

7人學者專家小組本來的選舉法草案規定採取單一選區地區代表制和比例代表制的混合制度,前者席次佔84%,後者佔16%,結果在國會遭到否決,仍採用傳統的比例代表制。反對黨擔心改用單一選區制有利於戈爾卡黨,而且距離1999年6月7日選舉日期太近,準備劃分選區時間上來不及,所以反對單一選區制。沒有想到,戈爾卡也反對該制,以致未能通過。

新的選舉辦法對比例代表制略做修改,規定每一個政黨必須在縣(district, kabupaten)和市(municipal, kotamadya)層級列出候選人名單,然後視勝選的政黨在該縣贏得多少選票來分配席次(選舉法第68條)。至少每一縣須選出一名代表。選民還是選黨不選人,每張選票上要印參選政黨黨徽。每黨提出的候選人名單公佈在投票站。候選人沒有省或縣的居住條件,一旦每一政黨確定了其贏得的席次,就依據各縣贏得的票數分配席次。省級和縣級的選舉亦採取跟國會選舉一樣的比例代表制,亦在同一天舉行。

選舉法允許每一個政黨在每一投票站派監票員,監票員有權提出抗議,選務機關應立即予以處理。印尼國內和國外團體都可以派觀察選舉人員,須事先向選務機關登記。

　　歸納1999年1月的全面政治與選舉改革法，重點如下：(1)國會議員席次共500席。軍人保障席次從75席減為38席。(2)允許新政黨成立。(3)「人協」的代表人數從1,000席減為700席。(4)廢除由武裝部隊任命軍人保障席次的權力。(5)由地區委任的「人協」代表席次為135席。分配給社會團體的席次為65席。(6)投票制度將採比例代表制，以27省為基礎。國會選舉改由各省計算選票和分配議席。(7)選舉將由一個政府委員會和註冊的政黨負責人監督。(8)正副總統由「人協」選舉，任期為5年。(9)投票年齡為17歲以上，結婚者不到17歲也有投票權。[7]

　　1999年的選舉法規定被選舉權的資格如下：(1)年滿21歲。(2)信仰神。(3)居住在印尼共和國領土內，有身份證證明者或者由當地縣長出具的證明函。(4)能讀說寫印尼語文。(5)高中畢業或同等學力。具社會工作經驗。(6)效忠「班察西拉」作為國家的意識形態、1945年憲法、1945年8月17日宣告的目標。(7)不是被禁止的前印尼共黨及其群眾組織的份子，不直接或間接參與流產政變的共黨以及其他被禁的組織。(8)未被法庭判決剝奪公權者。(9)登記為選民者。[8]參選者必須屬於參選政黨提名者，沒有政黨提名的獨立人仕不可參選。

　　這次選舉做了特別安排，在海外的印尼公民可以在投票日前往印尼駐在地使領館投票，但只能投票選國會議員。

　　省級議會（DPRD-I）亦是由民選產生的代表組成，其人數按每省人數計算，大概在45席至100席之間，每一縣或市在省議會至少有一席。縣或市議會（DPRD-II）亦是由民選產生的代表組成，其人數按每縣或市人數計算，大概在20席至25席之間，每一下層議會在縣或市議會至少有一席。

　　1999年4月5日到5月4日，「印尼選舉委員會」舉辦選民登記，和蘇哈托時代不同的作法是，選舉官員會登門造訪，為選民進行登記，選民亦可前往規定的地點辦理登記。競選活動從5月20日開始，為期16天。選舉委員會亦重新按照每省的人口和地區的數目調整各省應獲得多少國會席次。人口眾多的西爪哇獲得82席，東爪哇67席，中爪哇59席，北蘇門答臘24席，蘇拉威西24席，楠榜18席，雅加達18席，南蘇門答臘15席，

7　南洋星洲聯合早報（新加坡），1999年1月29日，版1。
8　http://www.dpr.go.id/humas/English/general-elec.htm 2005年2月20日瀏覽。

西蘇門答臘14席，東努沙登加拉13席，南卡里曼丹11席，廖內省10席，巴里島9席，亞齊12席，伊里安13席，東帝汶4席。[9]

4月14日，印尼政府廢除存在已36年的反顛覆法，另將相關國內安全的條款納入刑事法中，新條款包括控制危害國家意識的罪行，禁止馬克斯主義和列寧主義的傳播，並破壞國家或軍事設施或分配基本必需品的活動。觸犯反顛覆法令的最高刑罰是死刑，而新條款的最高刑罰是20年監禁。在反顛覆法令下，嫌犯可以被警方扣留1年，新條款則將扣留時間限制在60天。[10]

二、哈比比上台後頻繁的反政府示威活動

哈比比接替蘇哈托出任總統，社會動亂尚未停歇，在他任上持續有示威和騷亂事件，列舉如下。

1998年8月25日，雅加達約150多名大學生示威，要求政府降低物價並要總統哈比比辭職。這批學生曾在5月間舉行靜坐示威，迫使前總統蘇哈托下台。他們當中有三分之一是印尼華裔。另有大約300名紡織工人為了爭取工人權益，要求提高最低工資至少15%，遊行到雅加達市區的國際勞工組織辦事處示威。

8月26日，棉蘭市附近的潘朱巴都的一處種植園保安人員指責一輛從種植園開出的卡車司機偷竊，引發該地村民攻擊種植園辦事處，發生警民衝突，警方擊斃一名村民，另外9人受重傷。

蘇門答臘南部楠榜省數千名示威者在省長辦公室外集會示威，要求收回被國有化和私營公司佔用的土地，因省長不在，乃憤而向辦公大樓投擲石塊。

8月27日，東爪哇文多禾梭縣的幾個鄉鎮人民集體搶劫米糧，有四家碾米廠倉庫的150公噸大米被數百名暴民搶劫一空。在爪哇亦發生暴民搶劫米糧事件。軍方下令就地槍決劫奪犯。在中爪哇克布曼附近的芝拉札和亞齊亦發生動亂。

9月7–8日，西卡里曼丹省首府坤甸市兩處米糧和蔗糖倉庫遭暴民搶劫，損失約80噸米和40噸蔗糖。中爪哇的基布曼鎮也連續兩天發生暴

亂，數千名暴民攻擊、焚燒和破壞49家華人商店和無數的汽車。

9月8日，來自大雅加達地區37所大學生在印尼國會大廈前集會示威，要求政府採取立即措施，降低民生日用品的價格，同時要求總統哈比比下台。

9月9日，在泗水有4千名學生包圍哈比比的車隊，要求哈比比立即拿出具體措施，設法降低民生用品的價格，否則就應下台。

在卡里曼丹首府坤甸及蘇門答臘首府棉蘭市發生暴民掠奪華人開設的米倉及日用品商店的事件。中爪哇的克布曼亦發生搶劫華裔商店的暴亂。

9月14日，棉蘭有數千名公車司機罷工示威，要求調降汽車零件與民生必需品價格，導致數百名暴民搶劫購物中心。

9月16日，廖內省巴眼亞比鎮因謠傳一名華裔開車撞死一名土著而引發數千人暴動，導致400多家民房和商店被燒毀，其中大多數為華裔所有，警方實施宵禁。同一天在中爪哇的直葛鎮，也發生暴民搶劫蝦池事件。在西卡里曼丹的道房鎮、蘇門答臘的首府巨港以及距離巨港30公里的馬利阿納鄉、蘇卡查迪鄉等地均發生暴民搶劫民生用品及糧食。

同一天，雅加達有100名示威者要求印尼武裝部隊專注於軍務，放棄在社會政治生活的角色。示威者主要為非法的印尼民主人民黨及其附屬的勞工組織「勞工改革行動委員會」以及婦女組織「婦女之聲」。

9月22日，東爪哇岸外的馬都拉島約有150名屬於支持改革委員會的示威者，因議員拒絕聆聽他們的投訴，憤而搗毀地方政府官員的5輛汽車。

9月23日，雅加達有1千多名學生舉行示威，抗議物價高漲和要求哈比比總統把政權移交給過渡時期機構─即成立印尼人民委員會。

在棉蘭市有2,000多名農民在省府前示威，要求取回他們被國家和私人公司強佔的土地。在西蘇門答臘省省會巴東市的農民和學生亦舉行示威，要求政府迅速解決農民與私人公司之間的糾紛。學生改革聯盟的100名會員亦在巴東市舉行示威，要求涉及貪污案的市長辭職。在中蘇拉威西省省會帕魯市，數百名示威學生在省府外面與鎮暴警察發生衝突，造成至少10人受傷。

9月24日，有300多名農民和學生在雅加達國會大廈前廣場示威，要

求土改、停止破壞良田、以及歸還蘇哈托時期強徵人民的土地。在茂物亦有200多名「印尼農民團結組織」的成員示威，要求提控蘇哈托及其親友在良田上建造高爾夫球場和房屋。他們指責說，這些球場和房屋的土地係在1974年被政府徵收，只給極少的賠償。他們要求歸還這些土地。在巴東、棉蘭和巴里島亦發生農民示威事件，要求政府歸還以前強徵的土地。

9月29日，棉蘭有500名農民和工人因其土地被一家私人公司強佔，而走上街頭示威要求歸還。泗水有2,500名工人因要求加薪不成，將一家製造殺蟲劑工廠破壞。10月5日，棉蘭的這批農民和工人再度示威。

10月3日，伊里安省的瑪諾瓜利縣約有500名群眾破壞縣政府及縣議會大廈，同時在縣議會前升起「巴布亞獨立運動組織」旗幟。從1997年7月起，伊里安省發生一連串土著要求獨立的騷亂。

10月5日，數百名大學生在雅加達的國會大廈前示威，要求武裝部隊不要參政，不再扮演雙重角色。

10月13日，「雅加達學生國會溝通論壇」號召1,000多名大學生在國會大廈前示威，要求政府進行更多改革，並且以濫用職權的罪名提控蘇哈托。他們也要求人民協商議會召開公平的特別大會。

10月20日，300多名學生在國會大廈前示威，要求成立過渡政府，並解散本屆國會。

10月23日，棉蘭市一間塑膠工廠（PT BPLP）的數百名員工在棉蘭市政府前集會要求加薪。

10月24日，棉蘭市一家製造橡皮手套的工廠（PT Latexindo）有數百名員工因要求加薪以及讓之前參加示威而被解雇的其他同事復職，進行示威，與警方發生衝突。

10月28日，約8,000名學生在人民協商議會大廈外面聚會，舉行自哈比比5月上台以來最大的抗議行動，要求成立過渡政府。

10月28日，有10萬名印度教徒在巴里島舉行示威，要求哈比比總統撤換糧食與園藝業部長薩富丁，原因是薩富丁批評反對派梅嘉娃蒂不應該出任總統，因為她是「印度教徒」，不能領導以回教為主的印尼。此一談話引起印度教徒不滿。事實上，梅嘉娃蒂是回教徒。

10月29日，雅加達東南方200公里的小鎮尖米士，一家華人商店的二

樓改作基督教堂，引起當地回教徒不滿，約有數百人攻擊該基督教堂及附近的華人商店和住宅。

11月1日，「回教徒支持憲法組織」號召3,000多名回教徒在雅加達市中心集會，表示支持哈比比總統和全國武裝部隊。

11月6日，1千多名學生在國會大廈附近示威，反對軍人扮演雙重角色。在印尼大學有1萬多名學生示威，發表「沙林巴最後通牒」（沙林巴為該校校園內一地名）的宣言，內容有四要點：要求人民協商議會制訂提審蘇哈托及其親信的議決案、要求取消武裝部隊有雙重職能的方案、撤銷建國五大原則作為單一指導原則的規定、要求民主及公平地於明年舉行全國大選。

11月7日，印尼東部松巴哇島瓦伊卡布巴克鎮因一名未參加公務員考試的青年，其名字卻出現在錄取名單上，引起當地人民不滿，迫使當地首長辭職，當地兩個土著部落亦因之發生衝突，死23人。

11月9日，反政府的學生分別在雅加達、巴東、泗水、三寶壟、日惹、萬隆、巨港、東卡里曼丹的三馬林達等城市示威，人數從數百人到數千人不等。他們要求軍人退出國會、審訊蘇哈托、要求哈比比下台、反對舉行人民協商議會。另外有支持政府的學生亦在雅加達和馬塔蘭市集會，但人數只有2百多人。

11月10日，5,000名學生在國會大廈前與親政府份子、軍警對抗，其他6個城市亦有同樣的示威，結果有許多學生及群眾遭到軍警的毆打受傷。13日，雅加達約有10萬群眾集會，爆發警民衝突，造成9人死亡，百餘人受傷。14日，暴民攻擊雅加達市中心商業區、總統府附近的購物中心、市中心的華人商業區，軍隊對暴民開火，在這兩天的暴動中，估計死亡人數達16人，傷無數。棉蘭、沙拉迪加、萬隆、泗水、日惹等城市亦發生學生示威事件。

11月16日，雅加達有數百名學生示威，要求釋放被扣押的學生、軍隊退出政治、威蘭托辭職、蘇哈托交出財產。其他城市亦有學生示威。

三、1999 年 6 月 7 日國會選舉

印尼從1999年5月19日開始進行選舉活動，6月7日投票，要選出500席國會議員，其中462席為民選，另外38席將由總統從武裝部隊中委派。

接著將在11月由人民協商議會（有7百名議員）選出總統和副總統。擁有投票權的人數約有130.978,040人，約有48%的人是在35歲以下，約有39%的人未受過教育。

印尼各地騷亂依舊，摩鹿加群島的安汶島、亞齊、東帝汶、西卡里曼丹、伊里安查亞的種族及宗教衝突、分離主義運動引發的動亂仍餘波蕩漾。敵對政黨間因競選而發生衝突者，亦有趨於激烈之勢，至該年5月已死10餘人，傷50餘人，還有房屋及汽車被燒毀破壞者。

反對黨為取得選舉勝利，進行合縱連橫，5月18日，三大反對黨，包括梅嘉娃蒂的印尼民主黨鬥爭派（PDI-Struggle）、阿敏‧瑞斯的民族使命黨（或譯為國民公義黨）（National Mandate Party）、瓦希德（Abdurrahman Wahid）的民族覺醒黨（National Awakening Party）組成大聯盟，協議在此次選舉中由得票最多的政黨推出總統候選人。5月22日，以回教為主的建設統一黨與民族使命黨和公正黨組成聯合陣線。反對勢力有結成大聯合之趨勢。

執政黨戈爾卡於5月14日提名哈比比為該黨總統候選人。

1998年印尼經濟成長率為-13.68%。「路透社」在1999年3月公佈的亞洲經濟預估，認為印尼經濟情況稍有起色，預估1999年經濟成長率在-4.13%。通貨膨脹率在8–10%。印尼盾匯率上升。國際貨幣基金組織已應允提供印尼430億美元貸款。印尼將靠脫售國營企業籌措資金1百億美元。另外將再向國際社會籌資70億美元，以因應其需要。

印尼華裔為維護本身的權益，從1998年9月成立「百家姓協會」，由華裔軍官熊德怡（BG Teddy）准將擔任主席團主席。另有李學雄（Lieus Sungkharisina）領導的「中華改革黨」，但並沒參加國會選舉。1999年4月10日成立的印尼華裔總會（INTI）。正式參加6月國會選舉的是吳能彬（Nurdin Purnomo）領導的大同黨，該黨主張爭取華裔權利。

為了拉攏華人，許多政黨都提名華人候選人參選。哈比比總統也先後發佈解除限制華裔活動的禁令，例如在5月4日發布1999年第4號政令，允許恢復開辦華文教育，華裔公民必須具備有印尼國籍證供作某些用途的相關法規將失效。合作社部長薩索諾亦於5月4日表示，印尼政府將不再向華裔要求捐獻特別基金或股權以作為政治用途。過去蘇哈托時期，曾下令華裔大企業把20%股權轉移給合作社，又規定稅後收入1億盾以上

的個人或公司須把2%的收入捐作扶貧基金。

外籍投資商及印尼華裔，為避開選舉期間的亂象，有不少人出國避風頭。據稱華裔有2萬多人離開印尼。雅加達的學校，亦提前在5月中旬放假。

執政黨和反對黨的主張大體相同，皆強調民主、人權、新聞自由、和平選舉。民族使命黨總統候選人阿敏‧瑞斯特別表示，一旦他當選，將委任一名華裔部長。

民族覺醒黨主席馬托里（Matori Abdul Djalil）表示，該黨如贏得大選，將組成一個廉潔的政府，並化解經濟危機。該黨主張多元種族政策，不歧視華人。華裔林綿基（Solfian Wanamdi）（為印尼戰略研究中心主任）是該黨智囊團成員。林綿基認為民族覺醒黨及印尼民主黨鬥爭派在中爪哇和東爪哇地區深獲民心。

6月7日，舉行44年來首次自由選舉，上一次自由選舉是在1955年。這次要選出462名國會議員，另外38席保留給軍人。投票過程堪稱和平順利，唯一重大事件是發生在雅加達工業郊區的唐格朗，一小群因未登記而被禁止投票的男子放火焚燒投票箱。為了防止可能出現的舞弊，大約50萬國內觀察員和500名外國人前往印尼觀察選舉，其中100名來自總部位於亞特蘭大的卡特中心（Carter Center）和國家民主國際事務研究所（National Democratic Institute for International Affairs）。48個參選之政黨也可在投票站派遣自己的監察人員。

投票過程相當順利，獲得國外媒體及觀察團的讚許。唯一發生動亂的是在西亞齊，有6名軍人遭不名人士槍殺。此次選舉違反選舉法規者有5,618件，較1997年選舉的9,087件少。此次選舉過程中因衝突而死亡者有46人，較1997年死327人少。

開票過程雖然緩慢，但有些印尼人士卻認為，開票慢沒有關係，最重要的是正確和誠實，以前開票很快，但都是作票給執政黨戈爾卡，希望這次情況有所改善。有些人則批評開票慢，易發生舞弊情事。

依據新的選舉法之規定，軍警及公務員在選舉中應保持中立，亦是前所未有的改變。

東帝汶雖然在1999年8月8日將舉行自治或獨立公投，但東帝汶在此次國會選舉中分配到6席，選民還是出席投票。

　　這次選舉選民要選出國會議員、省和地方議員。選舉結果，在國會
民選議席462席中，印尼民主黨鬥爭派贏得153席，戈爾卡120席，建
設統一黨58席，民族覺醒黨51席，民族使命黨34席，星月黨（Crescent
Star Party, Partai Bulan Bintang, PBB）13席，公正黨（Justice Party, Partai
Keadilan, PK）7席，愛國民主黨（Love the Nation Democratic Party, Partai
Demokrasi Kasih Bangsa, PDKB）5席，伊斯蘭教教師黨（Nadhlatul Ummah
Party, Partai Nahdlatul Ulama, PNU）5席，公正統一黨（Justice & Unity
Party, Partai Keadilan dan Persatuan, PKP）4席，印尼民主黨（Indonesian
Democratic Party, Partai Demokrasi Indonesia, PDI）2席，人民主權黨
（People's Sovereign Party, Partai Daulat Rakyat, PDR）1席，統一黨（Unity
Party, Partai Persatuan, PP）1席，印尼伊斯蘭聯合黨（Indonesian United
Islamic Party, Partai Syarikat Islam Indonesia, PSII）1席，印尼全國勞工群
眾黨（Indonesian National Party Marhaen Mass, Partai Nasional Indonesia
Massa Marhaen, PNI MM）1席，印尼全國勞工陣線黨（Indonesian National
Party Marhaen Front, Partai Nasional Indonesia Front Marhaenis, PNI FM）1
席，印尼瑪斯友美伊斯蘭政黨（Indonesian Masyumi Islamic Political Party,
Partai Politik Islam Indonesia Masyumi, PPIIM）1席，伊斯蘭教社區覺醒黨
（Muslim Community Awakening Party, Partai Kebangkitan Ummat, PKU）
1席，民主天主教黨（Democrat Catholic Party, Partai Katolik Demokrat,
PKD）1席，獨立先鋒黨（Independence Vanguard Party, Partai IPKI, IPKI）
1席。另外38席為軍人保留議席。[11]

　　各黨得票率和議席數如表13–1：

表13-1：1999年印尼國會選舉各黨得票數和議席數

政　黨	得票數	得票率	配額議席數	剩餘票議席數	議席數	議席數比例
印尼民主黨鬥爭派	35,706,618	33.73	135	18	153	33.12
戈爾卡	23,742,112	22.43	99	21	120	25.99
建設統一黨	11,330,387	10.70	39	19	58	12.55

11　http://www.dpr.go.id/humas/English/general-elec.htm
　　http://www.seasite.niu.edu/Indonesian/Indonesian_Elections/Election_text.htm 2005年2月
　　20日瀏覽。
　　King, Dwight Y., *Half-Hearted Reform Electoral Institutions and the Struggle for Democracy
　　in Indonesia*, London and Wesport, Praeger, Connecticut, 2003.

民族覺醒黨 (National Awakening Party, Partai Kebangkitan Bangsa, PKB）	13,336,963	12.60	40	11	51	11.04
民族使命黨 (National Mandate Party, Partai Amanat Nasional, PAN）	7,528,936	7.11	26	8	34	7.36
星月黨 (Crescent Star Party, Partai Bulan Bintang, PBB）	2,050,039	1.94	2	11	13	2.81
公正黨 (Justice Party, Partai Keadilan, PK）	1,436,670	1.36	1	6	7	1.52
愛國民主黨（Love the Nation Democratic Party, Partai Demokrasi Kasih Bangsa, PDKB）	550,856	0.52	-	5	5	1.08
伊斯蘭教教師黨（Nadhlatul Ummah Party, Partai Nahdlatul Ulama, PNU）	679,174	0.64	-	5	5	1.08
公正統一黨（Justice & Unity Party, Partai Keadilan dan Persatuan, PKP）	1,065,810	1.01	-	4	4	0.87
印尼民主黨（Indonesian Democratic Party, Partai Demokrasi Indonesia, PDI）	655,048	0.65	-	2	2	0.43
人民主權黨（People's Sovereign Party, Partai Daulat Rakyat, PDR）	427,875	0.40	-	1	1	0.22
統一黨（Unity Party, Partai Persatuan, PP）	590,995	0.56	-	1	1	0.22
印尼伊斯蘭聯合黨（Indonesian United Islamic Party, Partai Syarikat Islam Indonesia, PSII）	376,411	0.36	-	1	1	0.22
印尼全國勞工群眾黨 (Indonesian National Party Marhaen Mass, Partai Nasional Indonesia Massa Marhaen, PNI MM）	345,665	0.33	-	1	1	0.22
印尼全國勞工陣線黨 (Indonesian National Party Marhaen Front, Partai Nasional Indonesia Front Marhaenis, PNI FM）	365,173	0.36	-	1	1	0.22
印尼瑪斯友美伊斯蘭政黨（Indonesian Masyumi Islamic Political Party, Partai Politik Islam Indonesia Masyumi, PPIIM）	456,750	0.43	-	1	1	0.22
伊斯蘭教社區覺醒黨（Muslim Community Awakening Party, Partai Kebangkitan Ummat, PKU）	300,049	0.28	-	1	1	0.22
民主天主教黨（Democrat Catholic Party, Partai Katolik Demokrat, PKD）	216,663	0.20	-	1	1	0.22
獨立先鋒黨（Independence Vanguard Party, Partai IPKI, IPKI）	328,440	0.31	-	1	1	0.22
小計	101,854,891	96.23	342	120	462	100
27 個政黨未獲席次	3,991,046	3.77	-	-		
軍警保障席次					38	
合計	105,845,937	100	342	120	500	100

資料來源：http://www.dpr.go.id/humas/English/general-elec.htm

"Brief history(Indonesia）," *Seasite*, Niu, http://www.seasite.niu.edu/Indonesian/Indonesian_Elections/Election_text.htm 2022 年 5 月 20 日瀏覽。

King, Dwight Y., *Half-Hearted Reform Electoral Institutions and the Struggle for Democracy in Indonesia*, London and Wesport, Praeger, Connecticut, 2003.

　　在該年國會議員選舉時，軍人還保留38個席次（原先有75席），在省和地區議會還保留10%的席次（原先有20%的席次），因此軍人還沒有投票權。在1999年，在全部省長中，軍人佔一半，縣首長中，軍人佔40%。「人協」共有700名議員，其中有200名由總統委任，再加上38席軍人議員，共有238人係由總統委任，意即34%的「人協」議員不是由人民直接選出。

　　1999年10月14日，哈比比在「人協」做施政（責任）報告，「人協」中11個派系亦對哈比比提出質詢意見，然後由哈比比答覆。18日，國防部長兼三軍總司令威蘭托拒絕擔任哈比比競選搭擋選副總統，哈比比失去軍人的支持。19日，「人協」以355票對322票否決哈比比的施政報告，代表執政黨戈爾卡的總統候選人哈比比鑑於情勢不可為而宣佈退選。20日，「人協」進行總統投票，結果卻出乎意外的選出排名第四大黨的民族覺醒黨提名的候選人瓦希德。梅嘉娃蒂（Megawati Soekarnoputri）[12]則被選為副總統。這是印尼首次出現總統和副總統不屬於同一政黨。

****

哈比比小傳

圖 13－1：哈比比

12　蘇卡諾在1963年曾有意將梅嘉娃蒂許配給跳傘英雄莫達尼（Benny Moerdani）少校，但莫達尼已與他人訂婚，所以梅嘉娃蒂嫁給空軍中尉，育有二子，其夫在1971年在伊里安查亞飛機失事而喪生，當時她懷有其女兒的身孕。1972年中，認識一名埃及人，其家人反對交往，所以與該埃及人私奔。在他與該名男子前往宗教事務局登記婚姻的一個半小時後，她的家人將她帶回家，兩星期後，透過雅加達特別伊斯蘭法院的判決，解除了她的婚姻。1973年，她嫁給南蘇門答臘人Taufik Kiemas，其先生在雅加達華人區開設瓦行。1979年，她與朋友合開花店，供應飯店。1986年，他首度參與印尼民主黨的政治活動。參見Theodore Friend, *op.cit.*, pp.391–392.

資 料 來 源： "B. J. Habibie," *Wikipedia*, https://en.wikipedia.org/wiki/B._J._Habibie
2022年6月28日瀏覽。

哈比比（Bacharuddin Jusuf Habibie）在1978年出任印尼研究暨科技部長，而成為公眾人物。他的任務就是加速印尼經濟的高科技工業化，完成自足，減少依賴外國。由於他與蘇哈托有將近40年的友誼，他所推行的高科技政策都獲得蘇哈托總統之支持，因此他被認為是蘇哈托總統的接班熱門人選。

至1995年他的一些政策遭到反對，使得他再度成為爭議人物，印尼總統繼承人問題提早浮出檯面。

哈比比與蘇哈托之關係

哈比比於1936年6月25日生於南蘇拉威西的巴里巴里（Pare Pare），兄弟姊妹共8人，他在男孩中排名第四位。其父為望加錫（Makassar）農業官員。

在他14歲時，當地出現反中央政府的叛亂，中央政府派中爪哇的蘇哈托中校率軍控制望加錫，蘇哈托駐軍總部靠近哈比比的家，時年29歲的蘇哈托遂成為哈比比家的朋友，因為哈比比的母親亦為爪哇人。哈比比的父親臨終時，蘇哈托前往參加最後的回教儀式。以後蘇哈托協助哈比比讀完高中。1954年哈比比就讀有名的萬隆理工學院，1955年前往西德的亞辰（Aachen）讀航空工程，1965年獲得博士學位。以後在米塞契米特・博爾寇・布洛姆（Messerschmitt–Bolkow -Blohm）公司擔任助理科學家1年，研究發展部組長4年，商用飛機和軍事交通部門的研究暨科技組組長4年，然後升任該公司的副總裁兼應用科技中心主任，時年38歲，足見他有過人的才幹才能在白人社會裡取得如此高的地位。

1973年12月，蘇哈托派印尼國營石油及天然氣公司總裁蘇度悟（Ibnu Sutowo）前往西德邀請哈比比回國服務。1974年初，哈比比返回印尼，他表示只要蘇哈托提供充裕的資金來發展航空工業，他答應在航空工業上貢獻所長。剛開始時，他擔任蘇度悟的顧問，數月後出任印尼國營石油及天然氣公司先進科技暨航空部的主管及印尼政府有關先進科技暨航空方面的顧問，直接對蘇哈托負責。1976年，他出任在萬隆的努山塔拉航空工業公司（Nusantara Aircraft Industry）總裁。1978年，出任研究暨科技部

長。

政策受人訾議

　　他計劃發展的項目共有8項，包括航空工業、造船、武器、炸藥、鋼鐵、電傳通訊、電子、鐵路車輛。這些發展計劃都由一個跨部會的委員會來決策，而由哈比比擔任主席。他也擔任國防科技委員會主席，成員包括國防部長、工業部長及武裝部隊參謀長。這些計劃獲得蘇哈托在經費和人力物力上的大力支持，使得他成為印尼炙手可熱的人物。

　　然而，他的工業化計劃遭到兩股力量的反對，一股是保守的經濟專家，他們是留學美國柏克萊大學的經濟學家，主張採取開放外資、放寬金融管制、推動自由貿易政策，不贊同哈比比所推動的勞力密集的工業政策。另一股是軍方，軍方將領反對由哈比比來支配軍事硬體之取得，因為經常會與軍方所需的武器和人員配備計劃不符合，在1980年代初，他向比利時購買10萬隻步槍，被批評價格過高，兩年前他未事先與海軍和武裝部隊協商，而向德國購買39艘前東德軍艦，亦因價格過高而引起批評。1994年有印尼三家週刊報導內閣對此一軍艦採購案之爭議，導致該三家週刊被停刊的處分。

　　哈比比在1990年組織「印尼回教學者聯合會」，由蘇哈托擔任贊助人，其成員約有2萬人，另有8萬支持者。武裝部隊擔心該組織可能被利用成為反對軍方扮演軍事和社會政治的「雙元功能」的機構，當然主要是懷疑哈比比另有政治上的企圖，因此公開表示印尼在蘇哈托之後還沒有讓文人成為總統的條件。

　　印尼從1966年以來就由蘇哈托執政，他給予軍人相當大的特權，包括國會議席、政府官職及商業上利益，軍人已成為印尼社會上的一股力量，在1992年關於副總統人選，軍人支持武裝部隊參謀長蘇特里斯諾（Try Sutrisno）出任副總統的意見起了決定性的作用，因此像哈比比這樣的文人就無法獲得軍方之支持。1993年3月11日，蘇特里斯諾被選為副總統。哈比比等到1998年才出任副總統。

****

第二節　瓦希德在亂局中出任總統

瓦希德所領導的民族覺醒黨在國會中是第四大黨，他之所以能出任總統，那是因為各黨派政爭激烈，相爭不下，又不願讓第一大黨的梅嘉娃蒂出任總統，說什麼女性不適合出任伊斯蘭國家的元首，所以他在妥協下脫穎而出。以第四黨而位居總統寶座，對於實施總統制的印尼而言，是相當不自然的，因為國會掌握在反對黨手裡。反對黨企圖利用國會的力量來制衡瓦希德。

瓦希德政府面臨之政治動盪

地方分離主義運動日趨嚴重。亞齊、伊里安查亞、安汶、廖內省等地的分離主義運動持續不斷，且有武裝游擊隊出現，造成地方情勢混亂。

軍方和文人政府間嫌隙擴大。瓦希德為削弱軍方的勢力，在2000年1月25日簽署一項政令，迫使其內閣的4名將領，包括前三軍總司令、現任政治與安全統籌部長威蘭托、礦物與能源部長尤多約諾、交通部長阿貢、國家改革行政部長農貝里退役。瓦希德於1月31日在瑞士參加「世界經濟論壇」會議時，指責前國防部長威蘭托應為東帝汶侵犯人權事件負責，而要求他辭去政治與安全統籌部長職位。因為官方的印尼國家人權委員會於1月31日提出的東帝汶侵犯人權調查報告書指出，威蘭托及另外5名將領、東帝汶省長和東帝汶多名前地區首長、以及1百多名中央及地方文武官員涉及侵犯人權。這些被指控的軍人曾發表抗議，認為他們在東帝汶之所為是奉蘇哈托總統和哈比比副總統之命行事。印尼陸軍參謀長蘇達托保證，在總統出國期間將不會有軍人政變。2月1日，美國國務院發言人雷克表示，美國認為瓦希德這項要求是合法的，也是民主進程的一部份。但威蘭托並沒有辭職之意，瓦希德繼之於2月11日在漢城訪問時公開表示，假如威蘭托仍拒絕辭職，將受到停職處分。印尼陸軍參謀長蘇達托將軍等軍方將領亦公開支持瓦希德的此項決定。瓦希德作此決定的原因是，他過去曾與閣員有所約束，即誰被控上法庭，誰就必須暫時停職和被撤換。

宗教衝突持續不斷。在巴里島、龍目島、安汶島、民丹島等地陸續

發生基督徒和回教徒、或者回教徒與佛教徒之間的衝突。1月30日，在日惹約有9千多名回教徒、梭羅約有3千多名回教徒集會示威，抗議在摩鹿加群島的回教徒遭到迫害，要求展開「聖戰」。

　　經濟復甦速度緩慢。1999年8月至10月，出口取得比前年同期高15%的增長。預估2000年經濟成長可達2%。1999年印尼外債高達1,400億美元，等於國民總收入的92%。

　　修憲動議剝奪副總統接掌總統大權之機會。2000年1月，人民協商議會主席阿敏‧瑞斯（民族使命黨）訪問日本，他公開表示將設法修改憲法，如果總統因故不能視事時，副總統將不能自動取代總統。在2月初，中間派的地方代表向印尼人民協商議會第一工作委員會建議，要求修改1945年憲法，規定如果總統因故永久不能視事時，「人協」議長可兼任總統。該項修憲動議明顯係針對副總統梅嘉娃蒂，不希望她在瓦希德不能視事時接掌總統大權。亦充分顯示此時印尼各個政客彼此勾心鬥角，爭奪總統大位。

　　各地分離主義運動持續不斷，政府軍與各地分離主義運動游擊隊經常發生流血戰鬥和衝突。此一情勢非短期內能解決。印尼內部有主張採聯邦制來解決此一問題，但主要政黨印尼民主黨鬥爭派反對此一主張，因此，該項地方分權問題遲遲未有結論。軍方雖贊同實施聯邦制，但不認為該制能解決問題。瓦希德總統曾樂觀地認為可在2000年3月底解決此一問題。

　　瓦希德總統試圖透過各種方法削弱舊軍方勢力，同時改善與軍方的關係。他所採取的措施包括：撤換發言不當的三軍發言人蘇德拉查少將；要求內閣中軍人部長退役；要求軍隊克服目前層出不窮的暴亂事件；要求軍隊放棄過去的雙元功能角色，回到軍營去，不再干預政治事務；甄拔少壯派軍官，以替換威蘭托時代的軍官；他也透過國家人權委員會公佈東帝汶侵犯人權報告，來削弱軍人在社會上之聲望。他利用訪問亞洲和歐洲國家之機會，幾乎每到一國即公開要求威蘭托下臺，作法頗不尋常，企圖利用外國勢力支持其作法。他的作法獲得美國之支持，例如，1月15日，美國駐聯合國大使赫爾布魯克（Richard Charles Albert Holbrooke）表示，印尼將領不要企圖發動政變，因為一旦發動政變，將導致印尼在世界上陷入孤立境地。美國國務院也發言支持他撤換威蘭

托。

　　2000年2月9日，前印尼副總統、現任退役軍官協會主席蘇特里斯諾警告說，如果公眾不停止批評軍方，軍方將做出強烈的反應。但軍方不會發動政變。

　　很顯然印尼軍方已分裂成兩派，新近任命的軍方首長，傾向瓦希德總統，而遭撤換的軍人則傾向維護軍方的舊有利益。但軍方要發動政變，應有所顧忌，因為瓦希德獲得國際之支持，最重要的是國際金融機構的援助。假如軍方政變，將難以獲得這些援助，印尼經濟將可能惡化，則軍人政權難以維持。此外，還必須考慮民心向背問題，民主似乎已成為一般人民及知識份子之期望，除非軍人政權採取類似泰國的作法，在政變後支持另一個文人政權，讓民主繼續運作。

　　當地方分離主義運動一日不停，則軍人勢力一日難消除，軍人奪權之機會即隨時存在。

　　宗教問題由來已久，消除不易，此類衝突又經常與政局不穩有關，因此，除非印尼民主化順利進行，否則宗教衝突還是會繼續發生。

　　關於華裔資金回流問題，在1997–1999年政局動亂中，流出的資金將近百億美元以上（有的說法是將近8百億美元），雖然印尼政府逐步解除了一些對華人之禁令，允許華文、過農曆年、舞龍舞獅，但印尼銀行弊端叢生、公司債務高築、社會衝突不斷、印尼政府如何整頓華裔經營的巴里銀行，等都是資金回流的指標。印尼華裔是否將資金調回印尼還在觀望之中。印尼政府擬和新加坡簽訂引渡條約，遭新加坡拒絕，印尼想引渡這些避險到新加坡的華裔印尼富商（其中最有名的是林紹良）歸於失敗。

　　瓦希德上任後，經常出國訪問，主要目的在爭取支援、外來投資和經濟援助，以及最重要的希望各國不要以武器援助印尼境內的分離主義者。（瓦希德曾公開說有外國在幕後煽動摩鹿加省的動亂-「安塔拉通訊社」指控的是澳洲一家金礦公司Newcrest Mining Co.。）2000年2月2日，世界銀行宣佈將對印尼2000年的財政援助47億美元，其中日本提供15億6,000萬美元、世界銀行提供15億美元、亞洲開發銀行10億6,500萬美元。新加坡亦提供印尼12億新元的投資配套，以協助印尼經濟復甦。顯示國際金融機構對於印尼政局已有較正面的評估，才會繼續給予貸款援助。

由於瓦希德政府是由四大政黨和軍方所支撐，因此決策須考慮各方之利益，要進行改革也同樣遭到阻礙，例如，改革國營企業即遭到抵制。印尼政經改革的步伐蹣跚。瓦希德獲得國際的支援，有助於他穩定控制政權，嚇阻野心軍人發動政變。

****

瓦希德小傳

瓦希德（Abdurrahman Wahid）於1940年9月7日出生於東爪哇的忠邦（Jombang），他的父親是回教學者，故他從小被稱為Gus。又因為他從小英俊，故又被稱為bagus。他的名字Abdurrahman太長的關係，被簡化稱為Gus Dur。他的祖先具有阿拉伯人、華人和印尼人的血統。他的祖先陳金漢在5百多年前移民爪哇島。他的祖父哈辛（Hasyim Asy'ari）是「回教教師聯合會」（Nahdlatul Ulama, NU）的創立者。他的外祖父畢斯里（Bisri Syansuri）是第一個開班教育女子的教育家。他的父親瓦希德‧哈辛（Wahid Hasyim）參加民族主義運動，是蘇卡諾時期的第一任宗教部長。

1943年，日本成立「印尼回教徒諮商協會」（Consultative Council of Indonesian Muslims, Masyumi），他的父親成為成員，故他的家庭搬遷到雅加達。日本投降後，他的家又搬回忠邦。他的父親參加抗荷運動。1950年初，印尼脫離荷蘭成為獨立國家，他的父親成為第一任宗教部長。瓦希德在雅加達唸小學，1952年，其父從部長去職，隔年車禍過世。1953年，他在日惹唸中學。畢業後，轉到中爪哇的瑪吉琅寄宿學校（Pesantren Tegalrejo Magelang），在此接受神秘論的思想和作為。他提早2年即完成學業，而非讀4年。1959年，他到忠邦，在畢拉斯寄宿學校（Tambak Beras）就讀。此時，瓦希德20歲，該寄宿學校為其叔叔所有，他成為該校的秘書和安全官。他同時也替地平線（Horizon）和再也文化雜誌（Majalah Budaya Jaya）寫稿。

1962年，他前往麥加朝聖。1963年，獲得宗教部獎學金到埃及開羅進亞薩大學（Al-Azhar University），但該校只允許他先讀大學預備課程，因為他不懂阿拉伯文，必須先上阿拉伯文班。所以他經常前往美國文化中心的圖書館和書店看書打發時間。等到阿拉伯文考試通過後，他在

1965年開始學習回教教義和阿拉伯課程。但有些課程內容他在印尼已經學過以及對於該校之死記硬背的學習方法感到不滿，以及剛好印尼發生「930」印共政變，印尼駐開羅大使館要求印尼學生寫報告，瞭解他們的政治態度，在此情況下，他在1966年獲得巴格達大學的獎學金，就前往伊拉克，就讀巴格達大學宗教系，1970年畢業。隨後他到荷蘭半年，本想進萊登大學（Leiden University），但該校不承認巴格達大學的學歷，所以轉到德國和法國遊歷。他也到加拿大的麥吉爾大學（McGill University）訪問，從事伊斯蘭研究。1971年返回印尼。

瓦希德在忠邦的德布伊鑾大學的巫蘇魯丁學院（Faculty of Ushuluddin in Tebu Ireng University）任教。1974年擔任德布伊鑾寄宿學校（Tebu Ireng pondok pesantren）的秘書，從此開始寫作，成為報社的專欄作家。1979年，他在雅加達建立西甘朱寄宿學校（Pesantren Ciganjur）。1980年，出任「回教教師聯合會」中央委員會的顧問委員會的副主席（deputy 'khatib' of syuriah）。1983年，出任「雅加達藝術委員會」（Jakarta Arts Board,DKJ）主席。1986–87年，擔任印尼電影節審查委員會的主席。1984年，在「回教教師聯合會」中央委員會第27屆會議上，在眾人歡呼聲的情況下他被選為該會主席。以後他連任兩屆主席，1999年，他出任總統後才辭去該主席職位。1991–1999年組織「民主論壇」，批評時政。[13]

1998年6月，「回教教師聯合會」開始鼓動他出來組織政黨，7月，正式成立民族覺醒黨（PKB），他是顧問委員會主席，黨主席是馬托里。瓦希德開始投身進入政界，最後在1999年10月獲得「人協」373票之支持，超過梅嘉娃蒂的313票，而當選為印尼第四任總統。

他在2009年12月30日病逝。他的政治遺產，包括：與亞齊的反叛勢力發起和平談判，取消對中國語言、文字和文化的禁令，以及尋求與以色列建立聯繫，雖然沒有成功。瓦希德宣揚並實踐了對回教的溫和解釋，他說：「信仰是非常個人化的，不受國家指導。」[14]

13　參見 http://www.gusdur.net/english/index.php?option=com_content&task=view&id=546&Itemid=63 2006年5月20日瀏覽。
　　"Abdurrahman Wahid," *Wikipedia*, https://en.wikipedia.org/wiki/Abdurrahman_Wahid 2022年6月15日瀏覽。

14　Ernest Z. Bower, "The Legacy of Abdurrahman Wahid, Gus Dur, Fourth President of the Republic of Indonesia," *CSIS*, Washington, DC, USA, December 30, 2009, https://www.

圖 13－2：瓦希德

資料來源： "Abdurrahman Wahid," *Wikipedia*, https://en.wikipedia.org/wiki/
Abdurrahman_Wahid 2022 年 6 月 15 日瀏覽。

****

修改法律強化民主制度

2000 年 6 月 7 日，國會又修改 1999 年的選舉法，稱為印尼共和國第四
號法（Law of the Republic of Indonesia Number 4 of 2000 on Amendment of
Law of No.3 of 1999 on General Elections），規定中央選舉委員會的成員共
由 11 人組成，由總統提名經國會同意任命之，每位委員權力相等。每位
委員不得為政黨黨員或公務員。

2000 年選舉法規定，「印尼選舉委員會」由參選的每一黨推派一名代
表及另由政府委任的 5 名代表組成，這兩類代表都有平等的投票權，亦即
48 名政黨代表和 5 名政府代表，各有 50% 的投票權。依據選舉法，「印尼
選舉委員會」的主席是由全體委員選舉產生，但獲得最多委員支援的布
揚‧納蘇遜（Buyung Nasution）迫於政治現實，退出主席職，而由得次高
票的魯迪尼（Rudini）出任。魯迪尼曾做過陸軍參謀長和內政部長，獲軍
方和政府的信任，他為政正直，在蘇哈托統治晚期還挺身反對蘇哈托。
魯迪尼是互助與深思熟慮黨（Mutual Self-Help and Familial Deliberation
Party, Partai Musyawarah Kekeluargaan Gotong Royong, MKGR）的黨員，
該黨係從戈爾卡分裂出來。「印尼選舉委員會」的兩位副主席是布揚‧納
蘇遜和阿爾拉希德（Harun Alrasyid），他們是國立印尼大學憲法學的教
授，皆主張憲法改革。

csis.org/analysis/legacy-abdurrahman-wahid-gus-dur-fourth-president-republic-indonesia
2022 年 6 月 15 日瀏覽。

選舉法規定，年滿17歲有投票權，未滿17歲但結婚者，亦有投票權。競選活動只有17天。該年制訂的新選舉條例訂出8項禁令，禁止政黨討論，這8項禁令包括：採取暴力手段爭取支持、擾亂公共秩序、爭論1945年憲法及「建國五大原則」、諷刺任何政黨所代表的宗教或種族、利用政府和宗教設施進行宣傳。[15]

該選舉法亦規定，公務員和軍人禁止在選舉時扮演積極角色。過去，公務員和軍人都須為戈爾卡助選。新法規定公務員要助選，須獲得其上級主管的許可，一經許可，他即須辭職，同時賠償1年的本俸薪俸，在特定情況下，也可延長5年。軍人參加政黨，也希望該軍人辭職。競選捐款，個人限制在1,500萬盧比（盾），公司限制在1億5千萬盧比（盾）。此外，過去公務員須自動每月捐款給戈爾卡，現在加以限制。禁止公營企業和私人企業對政黨捐款，以取得政府的合約。

該選舉法規定在新選區採取開放名單的比例代表制（Open-List Proportional Representation），此一制度可以使選民選擇政黨，亦可以選擇政黨提名的候選人。在1999年的選舉，是以省為選區，2004年的選舉則加以改變，選區縮小，每個選區選出的代表數亦較1999年少，約在3到12名之間。若選區代表數太少，則可能獲得比例席次者會集中在少數政黨。反之，則可以擴大包含更多的政黨獲得比例席次。平均每個選區的選民數約在325,000人（人口密度低的省）到425,000人（人口密度高的省）之間。中央選舉委員會在2003年7月中旬到10月中旬初步劃定選區，在12月底定案，俾便各政黨在選區提名候選人。

印尼在2000年8月18日進行第二次修憲，主要是採取地方自治，規定地方設省、縣（regencies，kabupaten）和市（municipalities，kota），每一層級依法應有地方政府。每一省、縣和市政府應依據地方自治原則和協助之責任（the duty of assistance，tugas pembantuan）管理其各自本身事務。各級地方亦設立有地方人民代表院（Regional People's Representative Assembly，DPRD），由民選產生省長、縣長和市長。國家應認知和尊重傳統社會的習俗權利，只要其尚存在著以及符合社會發展和印尼共和國單一制國家的原則，並應以法律規定之。

該修憲第27條還規定：(1)所有公民在法律和政府之前平等，須尊敬

15　*南洋星洲聯合早報*（新加坡），1999年5月19日，版27。

法律和政府，沒有人可以例外。(2)每一公民有權工作，賺取生活所需。(3)每一公民有權利和義務參與保衛國家。

　　第二十八條規定：結社、集會、出版和言論等的自由，應以法律定之。

　　最特別的是，該修憲案增加了第十A章人權條款，十分詳細的將各項人權保障納入憲法條文，堪稱是最先進的人權條款。其條款規定如下：

第二十八A條

每人應有居住權、保護其生命和生存權。

第二十八B條

(1)每人有權建立家庭以及基於合法婚姻繁衍後代。

(2)每一小孩有權居住、成長、發展以及免除暴力和歧視的權利。

第二十八C條

(1)每人有權經由滿足其基本需要、接受教育、受惠予科學、技術、藝術和文化使自己過得更好，以改善其生活品質以及謀取人類福祉。

(2)每人有權經由集體努力發展其社會、民族和國家來改善他（她）自身。

第二十八D條

(1)每人有權承認、保證、保護和確定在公正法律之前依法獲得平等對待。

(2)每人有權工作，並獲得公平合宜的報酬和待遇。

(3)每一公民有權獲得政府工作的平等機會。

(4)每人應有權獲得公民權地位。

第二十八E條

(1)每人應有權選擇宗教、教育、就業、公民權、居住地點、進出國境的自由。

(2)每人應有權依其良知堅持信仰、表達觀點和思想的自由。

(3)每人應有權結社、集會和表達意見的自由。

第二十八F條

　　每人應有權傳達和獲得資訊，以發展他（她）自身和社會環境，且有權利用所有可用的管道尋求、獲得、擁有、儲存、加工和傳遞資訊。

第二十八G條

(1)每人應有權保護自己、家庭、榮譽、尊嚴和財產,且應有權獲得保護、免於安全威脅的人權。

(2)每人應有權免於拷打或不人道、不體面的待遇,且應有權獲得他國的政治庇護。

第二十八H條

(1)每人應有權在地理環境和感覺良好的地方居住、有住屋權、享有良好和健康的環境,且應有獲得醫療照顧的權利。

(2)為合乎平等和公正,每人應有權以相同的機會和福利獲得設施和特別待遇。

(3)為發展自身成為有尊嚴的人,每人應有社會安全權。

(4)每人應有私有財產權,不受任何人專斷地干涉。

第二十八I條

(1)生命、免於拷打、思想和良知自由、宗教信仰、免為奴隸、法律前人人平等、不受溯及既往法律之審判等權利,都是人權,不得在任何環境下受到限制。

(2)每人應有權免於基於任何理由的歧視待遇,且應有權避免該歧視待遇。

(3)文化認同和傳統社區的權利應依據時間的發展和文明而予尊重。

(4)人權的保護、促進、維護和實踐是國家的責任,特別是政府。

(5)依據民主和法律為基礎的國家的原則,為了維護和保護人權,人權的實踐應予保證、以法律和條例加以規定。

第二十八J條

(1)每人在社區、民族和國家之秩序生活中,應有義務尊重他人之人權。

(2)在行使每人之權利和自由時,應有義務接受法律之限制,以保證承認和尊重他人的權利和自由,並滿足在一個民主社會中基於道德、宗教價值、安全和公共秩序的需求。

該修憲案還補足了以前憲法的缺失,將獨立以來行之多年而沒有法律規定的國旗、國語、紋章和國歌納入第十五章。第三十五條規定,印尼國旗應為紅白兩色。第三十六條規定,印尼國語應為印尼語

（Bahasa Indonesia）。第三十六A條規定，印尼國家紋章應為班查西拉鷹（Pancasila eagle，Garuda Pancasila），以及異中求同（Unity in Diversity，Bhinneka Tunggal Ika）的銘辭。第三十六B條規定，印尼國歌應為偉大印尼頌（Indonesia Raya）。

國會扳倒瓦希德總統

　　印尼人民協商議會在2000年8月通過第7號令，規定警察總長和軍事首長之任免需事先獲得國會的同意。印尼國會最大黨印尼民主黨鬥爭派建議瓦希德下臺，否則與副總統梅嘉娃蒂分享權力，或是重組內閣，將權力移交給印尼民主黨鬥爭派。戈爾卡主席、國會議長譚尊（Akbar Tanjung）也建議瓦希德成為國家象徵領袖，實權移轉給副總統梅嘉娃蒂。這些反對黨的動作，明白地就是想拘限瓦希德總統的權力，將實權移轉到國會和副總統手裡。但瓦希德不予理會，也不妥協，導致軍警兩大勢力倒向副總統那一邊。瓦希德的總統職務已比跛鴨總統更糟，幾乎到了令不出總統府的地步。

　　反對黨在國會對瓦希德提出貪污指控，指控他侵佔汶萊蘇丹對印尼亞齊難民的2百萬美元捐款，以及他貪污國家糧食局雇員基金（Bulog）410萬美元的公帑。印尼國會特別委員會對此要求瓦希德澄清。[16]為此，總統顧問理事會於2001年2月6日向瓦希德發出信函，提出兩項供瓦希德選擇的建議：第一，瓦希德將政府首長的權力完全移交給副總統梅嘉娃蒂，而只擔任象徵性的國家元首職位，此一權力移交需經人民協商議會之通過。第二，瓦希德自行停職（引退），以健康為理由，辭去國家元首的職位，把權力完全移交給副總統梅嘉娃蒂，此一權力移交需經人民協商議會之通過。[17]但此一建議不為瓦希德接受。3月12日，約有3萬名大學生及民眾上街頭示威，要求瓦希德下臺。「回教教師聯合會」屬下的「安梭青年團」和民族覺醒黨青年團也發動數千名人員前往總統府進行示威支持瓦希德，一度與反瓦希德群眾發生石頭戰，因寡不敵眾而撤退。

　　2月1日，國會以393票對4票絕對多數通過對瓦希德不信任的動議，約有50名支持瓦希德的民族覺醒黨議員退席抗議。有5,000名來自雅加達

16　**中國時報**（臺北市），2001年1月31日，版9。
17　**南洋星洲聯合早報**（新加坡），2001年2月9日，版29。

及外地30多所重點大學的大學生在市中心國立印尼大學校園集會，並遊行到國會大廈外示威反瓦希德。2月5日，國會向瓦希德發出第一份備忘錄，列出他所犯的執政過錯，尤其是他涉及兩項醜聞案，並限定他在3個月內提出答覆。反對瓦希德的主要團體有四：包括前總統蘇哈托的擁護者、伊斯蘭教大學生協會、伊斯蘭教知識份子協會和戈爾卡。

3月29日，瓦希德向國會答覆關於他涉嫌金融醜聞的指責，一方面是拒絕國會備忘錄，另一方面是公開說道歉。

4月30日，國會以363票對52票通過對瓦希德的譴責案，向瓦希德發出第二份備忘錄。5月25日，瓦希德表示，他願意將少部份行政權與副總統分享，以解除政治危機，但梅嘉娃蒂拒絕此項建議。

瓦希德欲發佈緊急命令，以挽回傾頹的政權，但遭到軍警的反對。印尼在1959年公佈的緊急狀態法（State of Emergency Law），允許總統採行三種類型的緊急狀態，即民事緊急狀態（a state of civil emergency）、軍事緊急狀態以及戰爭狀態。在民事緊急狀態，是由警察負責，不屬於軍方的責任，警察有權逮捕人犯。在軍事緊急狀態下，軍方則有權逮捕人犯關20天，必要時可延長為50天。軍方也有權關閉建築物、接管郵局、電訊和廣播電台。唯有總統能終止緊急狀態，但至多僅能實施6個月。

5月25日，警察總長比曼多羅（Surojo Bimantoro）宣稱，國家警察總部不會支持任何緊急狀態。5月28日，瓦希德下令政治暨安全統籌部長尤多約諾（Susilo Bambang Yudhoyono）採取行動，維護國家安全與法律秩序，但尤多約諾反對宣佈進入緊急狀態。5月30日，國會以365票對4票通過建議請人民協商議會彈劾瓦希德，59名民族覺醒黨和1名基督教小黨議員退席未投票，另外38名軍方代表和1名代表棄權。6月1日，瓦希德因比曼多羅未能配合其宣佈緊急狀態的期望，而命令（Presidential Decree No. 40 and 41/POLRI/2001）其辭職，另任命查魯丁（Chaeruddin Ismail）為新任警察總長，但遭比曼多羅拒絕，比曼多羅獲得102名高級警官、軍方及國會的支持。雅加達警察首長蘇菲安在6月3日發表7點聲明，強調警察部隊決心維護其獨立與專業的精神與作業，反對政治干預警察部隊的運作。國會反對黨認為瓦希德違法，因為他必須先取得國會的同意才能撤換警察總長。（人民協商議會在2000年8月通過第7號令(Decree No. VII)，規定警察總長和軍事首長之任免須事先獲得國會的同意。）副總統梅嘉娃

蒂也支持比曼多羅繼續留任，與瓦希德抗爭。6月1日，瓦希德撤換政治暨
安全統籌部長尤約多諾，另任命古米拉（Agum Gumelar），尤約多諾因反
對瓦希德宣佈緊急狀態而被撤換，不過，新上任的古米拉也表明反對宣
佈緊急狀態。

　　瓦希德面臨「人協」的彈劾，於6月8日，提出「三不」條件，即
「人協」不能要他提送責任報告；不能評定政府的工作表現；不能討論
司法、立法及行政的關係。但此一建議遭「人協」的拒絕。

　　瓦希德任內因涉及收受賄款，印尼「人協」為免夜長夢多，提前一
星期，於7月23日召開臨時會議，討論瓦希德總統的適任問題，並要求
瓦希德前往作「責任報告」。瓦希德心裡非常明白，以「人協」的生態
而言，無論他如何為自己辯護，或者舉證政局如何有進展，都難以挽回
「人協」已決定將他撐下臺的命運，因此他堅拒前往作報告，而且直呼
該項作法是違憲的。瓦希德且於23日凌晨1時15分下令宣佈全國進入緊急
狀態、凍結國會、解散戈爾卡及提前舉行大選，但軍方和警方均抗命，
印尼最高法院院長巴吉瑪也宣佈此令無效，內閣閣員則紛紛辭職。「人
協」終於不負各反對黨派眾望，以起立表決方式，以588票對0票通過了
解除對瓦希德總統委任的決議，同時通過由副總統梅嘉娃蒂遞補總統的
決議，梅嘉娃蒂並於當天宣誓為印尼總統。

　　印尼國會從2001年初以來逐步對瓦希德進行法律上的責任審查，有
將近半年時間的譴責程序，然後移交「人協」處理，可以說在法律程序
上完美無瑕，比起老牌民主國家菲律賓表現得可圈可點，菲律賓在經由
國會途徑彈劾總統失敗後，轉而以人民革命手段迫使艾斯特拉達（Joseph
Estrada）總統下臺，已影響民主鞏固之進程。

　　自從蘇哈托統治末期以來，印尼軍方即逐漸退出政治，在東帝汶
事件上因遭受國際之譴責，更使軍方角色壓縮，軍方領袖避談軍人的雙
元功能（即扮演衛國和政治角色），在國會主導軍方人事後，軍方更以
文人領導為師。無論瓦希德如何更換軍中高階領導人，都難以獲得軍方
的首肯，同意他發佈緊急狀態命令。印尼軍方已經歷一次民主的洗禮和
蛻變，他們的支持民主勢力，使不受民意支持的總統，喪失三軍的統帥
權。其情況與菲律賓如出一轍，當菲國軍方將領背離馬可仕或艾斯特拉
達時，就註定了總統下臺的命運。

雖然瓦希德是擁有3千多萬成員的「回教教師聯合會」的領導人，而且有東爪哇鄉親的支持，但這些可能都不是「人協」7百名議員所考慮的因素。對於一個急於想走上穩定民主、經濟發展之路的印尼，怎能再容忍這樣一位特立獨行、不尊重國會、政策搖擺不定、貪汙、在重要會議上數次公然睡覺的半盲者領導印尼？「人協」不再浪費時間，進行了一次革命，中途解除不適任者的委任關係，修正了民主化過程中選任領導人錯誤的缺點，而瓦希德成了這一波新民主化過程中的祭品。瓦希德和梅嘉娃蒂因政黨利益不同，經常出現不同政策主張，最後梅嘉娃蒂利用國會彈劾權之手段，由「人協」於7月23日取消對瓦希德總統之委任，而取代他出任總統。「人協」另選建設統一黨的漢简‧哈茲（Hamzah Haz）為副總統。

印尼軍人在亂局中之角色

自蘇哈托下臺後，東帝汶人民反抗雅加達的活動日益激烈，最後迫使新上任的哈比比總統讓步，同意以公投方式決定其前途。但在一年多的時間中，東帝汶暴亂持續不斷，統獨衝突日益升高。在公投結果於1999年9月4日揭曉後，支持統一的東帝汶民兵更肆無忌憚，濫殺獨派人士及聯合國監督投票任務團人員，引起聯合國及國際社會之關切和譴責，希望印尼能有效控制局面，否則將派遣維和部隊。印尼政府乃在9月7日宣佈東帝汶戒嚴，並施行宵禁。

印尼軍方所以採取此一行動，引起諸多揣測，部份傳媒認為印尼軍方正在進行一場政變，即將利用東帝汶事件重新掌握政權。

從東亞金融危機以來，印尼政局即受到嚴重影響，社會動亂升高，不僅有民主化之問題，而且有貧富、種族、宗教等的衝突，印尼各島皆發生烽煙，軍方疲於奔命，鎮壓平亂出現困難。在蘇哈托下臺後，擁有武力的軍人並未因此掌握政權，反而收起以前反對哈比比的宿怨，公開支持哈比比出任總統。軍人在亂局中所扮演的是「勤王」的角色。這一點印尼是與泰國不同的，在泰國的歷史裡，因不滿文人政府而由軍人以政變方式取得政權的例子很多。但印尼自二戰結束以來，發生軍人政變的次數並不多。

1956至1958年、1965年的軍事政變都是失敗的。蘇哈托是在反政變

中護勝而取得政權的，但他非常有技巧的、有耐性的等待機會爬到權力頂峰。

在1965年9月底發生左派軍人與印尼共黨聯合政變，蘇哈托當時任陸軍戰略後備部隊司令，他聯合其他軍方將領進行反政變，平服叛軍，控制政局。10月。蘇卡諾任命他為陸軍總司令。次年3月，他迫使蘇卡諾總統授予他採取行動穩定政局的權力，蘇卡諾則被軟禁在茂物的總統行宮。1967年2月，蘇哈托重新任命組織臨時人民協商議會，3月，該臨時人民協商議會取消對蘇卡諾的權力委任，另選蘇哈托為代理總統。至1968年3月，臨時人民協商議會才選舉蘇哈托为正式總統。

在蘇哈托從1965年到1968年取得政權的3年期間，印尼社會是動盪不安的，學生和軍人聯合持續進行反左大運動，清洗印尼共黨的殘餘份子，攻擊左派政府部長，甚至中國駐雅加達使領館。印尼軍人透過此一社會清洗運動，逐步取得政治上的權力，而且是牢不可破的特權，至1999年仍控制國會中至少38席保障席次。

從上述簡短的敘述裡可以知道蘇哈托是相當有智慧的，他並非立即推翻蘇卡諾總統而自立為統治者，而係採取了中爪哇人的格言「緩慢但確實」的原則逐步清除蘇卡諾的人馬。而在這一過程中，他非常重視爪哇人的精神，就是給予下臺的人面子，尤其是對長者，須給予一定的尊重。透過這種恩威並施的方式，他控制政局長達32年之久。

從此一背景來觀察哈比比政府的國防部長兼武裝部隊總司令威蘭托，他可說是印尼政局的守護人。無論誰在1999年10月當選為總統，都須獲得他的支持，否則難以執政。印尼社會一直動亂不已，而武裝部隊為何平亂無功？有人懷疑是武裝部隊故意放任不管或在背後操縱所致，其目的在使社會動亂持續發生，讓人民知道文人政府軟弱無能，最後生厭，屆時軍人上臺就順理成章。

哈比比出任總統，原本就受到社會的批評，認為他不過是蘇哈托的化身。在6月的國會選舉中，他所領導的「戈爾卡」黨在500席國會議員中只獲得120席，他能否順利當選總統出現變數。他又因同意讓東帝汶舉行公投以決定其未來而遭到民族主義份子的批評。軍中不滿分子在東帝汶組訓民兵，進行暴亂。如今東帝汶已宣佈戒嚴，威蘭托以軍事手段控制東帝汶局勢。這是對聯合國秘書長安南（Kofi Atta Annan）於7日要求

印尼在48小時內阻止東帝汶殺戮亂象，否則將介入的警告的回應。印尼如不能在短期內維持東帝汶之局勢，聯合國是很可能提前介入的，因為東帝汶事件是屬於種族滅絕的人權問題。

從1965年以來，印尼軍人擁有相當高的社會聲望和政治地位，軍人力量廣布社會各階層，軍人勢力獲得威權體系之庇護。然而，在1999年6月改採民主化措施後，印尼政體結構將逐漸轉型，軍人力量勢必隨之減弱。但哈比比文人政府並未採取激烈手段，只將國會中原本75席的軍人保障名額縮減為38席。印尼的民主化已成為國際關注的焦點，也是印尼繼續獲得國際金融機構援助的關鍵因素。東帝汶之公投也是彰顯印尼邁向民主化的一個重要指標。這些民主化動作皆已獲得聯合國及相關國際組織之支持，因此軍人如果在此時採取政變手段，將難以獲得國際同情和支持，其對印尼經濟亦將帶來另一次災難。

就此而言，印尼軍人將不會再採取以前蘇哈托的作法，畢竟那是在冷戰時期，蘇哈托的反左行動可以獲得西方國家的支援。現在在後冷戰時期，西方國家已改用人權標準來衡量政策的正當性。當然，對於還沈湎於過往軍人特權的少數軍人而言，要改變他們的想法，還須一段時間。而東帝汶的戒嚴應不至於使他們重燃恢復軍人特權的欲望。

至於武裝部隊總司令威蘭托將軍，在後蘇哈托時期，成為最有權勢的軍方將領，是總統職位早期的熱門人選，但大多數獨立分析家都認為他與1998年下臺的長期專制總統和前將軍蘇哈托關係密切，因此大多數獨立分析家都認為他沒有機會。學生和其他變革力量可能永遠不會接受另一位將軍擔任總統。[18]

第三節　梅嘉娃蒂進一步改革開放

梅嘉娃蒂於2001年8月設立電訊與資訊部，部長三蘇・慕阿立夫向傳媒發表談話時，他保證將繼續保障新聞自由，並承諾今後不會有封閉報刊或限制新聞自由，如透過電話禁止報刊刊登某則新聞等的事情發生。

18　Keith B. Richburg, "Indonesian Politicians Mobilize to Stop Victor," *The Washington Post*, August 3, 1999, p.A11. https://www.washingtonpost.com/wp-srv/inatl/longterm/indonesia/stories/stop080399.htm 2022年5月24日瀏覽。

　　梅嘉娃蒂在宣佈內閣名單時指出,將繼續實行改革開放和民主生活。然而,新聞界對此有所質疑,並引起爭論,認為是已被前總統瓦希德取消的新聞部的化身,數十年來,新聞部一直成為封殺新聞自由的劊子手。

　　梅嘉娃蒂政府在2001年8月27日與國際貨幣基金組織重新達致50億美元貸款計劃協議而備受稱贊。印尼仍需要美國的經援,因此不會與美國斷交或採取背離政策。基本上,在當前國內外的敏感局勢中,印尼必須保持與美國的友好關係,因為印尼在政治上、經濟上和軍事上,在在需要美國的援助。

　　2001年9月11日,美國紐約市遭到極端回教恐怖主義份子以飛機炸掉世界貿易中心雙塔,全球各地激進回教團體感到振奮,印尼也沒有例外,10月12日,好幾個城市的回教徒進行反美示威。梅嘉娃蒂面對該股反美壓力,立場依舊強硬,並明確地表示決不從國際反恐戰線上撤退。她在一個少有的記者會上答問時告訴記者說:「恐怖主義必須根除,我們將同國際社會合作,共同處理這樣的一個問題。」

　　10月21日,梅嘉娃蒂在雅加達伊思掛回教堂舉行的慶祝穆罕默德先知上天儀式中發表談話,表示不贊成一個人或一個集團或一個政府,為了尋找恐怖分子,而擅自去攻擊另一個民族國家。梅嘉娃蒂的這篇講話,即刻被新聞媒體解讀為她改變不公開批評美國攻擊阿富汗的中立立場。在這之前,她通過政治與安全統籌部長尤多約諾發表的6點聲明,要點是支持美國對付恐怖主義的軍事行動,但強調美軍攻擊的目標要盡可能限制在恐怖分子藏匿的地點周圍,並且不可傷害無辜平民。她較早時採取的這個立場,被極端回教集團人士利用來打擊她的政治領導能力。

　　副總統漢薩‧哈茲則站在回教徒的立場,反對美國的政策。一般觀察家認為哈茲的主要目的是著眼於2004年總統大選。哈茲強調美國轟炸阿富汗傷及無辜平民以及炸毀清真寺,是不對的。但他後來謹慎地不批評美國反恐怖行動,因為這與印尼政府的外交政策不合。此外,擔任國會議長的戈爾卡主席譚尊也有些動搖,而要求梅嘉娃蒂對美國攻擊阿富汗採取明確的態度。

　　梅嘉娃蒂與國會中各黨派代表的會談,化解了她的政府可能動搖的潛在危機。她這次調整立場,很大程度上受到聯合政府中回教政黨(例

如建設統一黨在10月中旬的大會，通過了反對美國攻擊阿富汗的決議。）
壓力的影響。如果她內閣中的幾個回教政黨與政府外面的極端回教集團
合流，那麼不但她的政府會動搖和瓦解，而且整個局勢也將動盪不安。

　　梅嘉娃蒂總統起初為了獲得美國的援助和支持，發表聲明，譴責恐
怖活動，而且支持美國打擊恐怖活動。但後來國內激進回教徒一再進行
示威，反對美國轟炸阿富汗。而且矛頭逐漸針對印尼政府。梅嘉娃蒂不
得不調整其對阿富汗事件的態度，以贏取國內回教團體的支持。

　　儘管梅嘉娃蒂語調稍有改變，但印尼沒有採取反美政策。宗教部長
賽阿吉在10月21日強烈地表示印尼政府不允許印尼人民到阿富汗參加對
抗美國的「聖戰」。他表示，如果有人到阿富汗參加所謂「聖戰」，那麼
他們將觸犯印尼法律，其公民權將被吊銷。

　　梅嘉娃蒂所領導的政府，除了面對回教團體的壓力外，還有經濟惡
化以及分離主義運動。印尼盾幣值已經跌破1萬盾兌1美元的水準；股市
綜合指數已從480點跌到380點、外貿不斷減退、外債高築（達到1,376億
美元：政府外債為742億美元，私人外債是634億美元）。如果經濟無法復
蘇，失業或半失業的人數可能從4,700多萬人增加到7,000萬人。

　　儘管政局仍然不穩，「人協」繼續在2001年11月9日進行第三次修
憲，以鞏固民主進程。將憲法第一條修改為主權在於人民，印尼國是一
個基於法律的國家。第三條確定「人協」有權解除總統和副總統依憲法
的職務。第六條規定總統或副總統的候選人應天生為印尼公民，不得為
他國公民、不得背叛國家、須在身心皆能執行總統和副總統之職務和責
任。

　　最重要的是修改第六A條，規定：(1)總統和副總統由人民直接以單一
張選票選出。(2)總統和副總統候選人應由參選的政黨或數政黨組成的政團
向舉辦大選的機關提出。(3)總統和副總統候選人在大選中贏得過半數選票
以及印尼過半數省份至少20%得票率，才能宣稱當選總統和副總統。

　　2003年7月8–9日，印尼國會通過新的總統和副總統普選法（Law on
the General Election of the President and Vice-President）以及「人協、國
會、地區代表院和地方人民代表院組織結構法」，規定總統和副總統由政
黨提名，然後由人民直選產生。

****

梅嘉娃蒂小傳

　　梅嘉娃蒂（Megawati Sukarnoputri）於 1947 年 1 月 23 日出生在日惹，梅嘉娃蒂一名取自梵文雲女神之意。她是蘇卡諾和第三個太太法特馬娃蒂（Fatmawati）所生之女兒，為蘇卡諾的長女。當蘇卡諾在 1945 年 8 月 17 日宣佈獨立時，懸掛的國旗是由法特馬娃蒂所縫製。梅嘉娃蒂曾入學萬隆的帕加加蘭大學（Padjadjaran University）農業系，因蘇卡諾在 1967 年下台，她也就輟學。1970 年，蘇卡諾去世，她進印尼大學心理系就讀，讀了兩年就輟學。

　　蘇卡諾在 1963 年曾有意將梅嘉娃蒂許配給跳傘英雄莫達尼（Benny Moerdani）少校，但莫達尼已與他人訂婚，所以梅嘉娃蒂嫁給空軍中尉，育有二子，其夫在 1971 年在伊里安查亞飛機失事而喪生，當時她懷有其女兒的身孕。1972 年中，認識一名埃及外交官，其家人反對交往，所以與該埃及外交官私奔。在他與該名男子前往宗教事務局登記婚姻的一個半小時後，她的家人將她帶回家，兩星期後，透過雅加達特別伊斯蘭法院的判決，解除了她的婚姻。1973 年，她嫁給南蘇門答臘人陶菲克（Taufik Kiemas），其先生在雅加達華人區開設瓦斯行。1979 年，她與朋友合開花店，供應飯店。1986 年，他首度參與印尼民主黨的政治活動。[19]

　　1987 年，她代表印尼民主黨參選國會議員，結果當選。1993 年 12 月，印尼民主黨舉行黨大會，有三人競選黨主席職位，第一位是現任黨主席蘇雅迪（Suryadi），是政府的批評者；第二位是親政府的布迪（Budi Harjono），第三位是梅嘉娃蒂。當時蘇哈托政府對於反對黨進行打壓，印尼民主黨召開黨大會，政府派軍隊在會場外把守。由於會議進行緩慢，還沒有投票選出黨主席，軍隊就表示集會時間還剩下兩小時，希望該黨儘早結束活動。因此梅嘉娃蒂就逕行召開新聞記者會，宣稱她已獲得大多數黨代表的支持出任黨主席。儘管政府未能阻止她出任黨主席，最後還是在 1994 年批准她為印尼民主黨黨主席，但未公開給予承認。1996 年，政府支持印尼民主黨前主席蘇雅迪在棉蘭召開印尼民主黨特別黨大會，蘇雅迪獲選為黨主席，梅嘉娃蒂被迫退出另組印尼民主黨鬥爭派。1996 年 7 月 27 日，蘇雅迪派系人馬企圖奪回該黨在雅加達的總部大樓，遭

19　參見 Theodore Friend, *op.cit.*, pp.391–392.

梅嘉娃蒂派驅退，隨後爆發嚴重衝突，軍警出動鎮壓。政府方面還是承認蘇雅迪為印尼民主黨正式的黨主席。

由於梅嘉娃蒂是蘇卡諾的女兒，家庭主婦出身，沒有貪污紀錄，態度隨和，平易近人，很獲得一般下層民眾、都市窮人和中產階級的喜歡。1998年10月，梅嘉娃蒂獲選為印尼民主黨鬥爭派黨主席。1999年6月國會選舉，民主黨鬥爭派成為國會第一大黨，共贏得153席，佔國會33%的議席數。在競選總統之初，梅嘉娃蒂和瓦希德、阿敏·瑞斯本想聯合對抗哈比比和戈爾卡，在1999年5月，學者阿爾維·希哈布（Alwi Shihab）在其住家舉行新聞記者會，邀請梅嘉娃蒂和瓦希德、阿敏·瑞斯出席，宣布他們三人將進行合作。但最後一刻，梅嘉娃蒂因為不信任阿敏·瑞斯而沒有出席。

此時，建設統一黨公開表示印尼是一個回教國家，反對印尼由女總統執政。6月底，阿敏·瑞斯聯合了回教政黨組織「中央軸心」（Central Axis），甚至揚言要支持瓦希德選總統。但瓦希德沒有給予正面回應。梅嘉娃蒂支持民族覺醒黨主席馬托里競選國會主席，結果敗給阿敏·瑞斯和戈爾卡的聯盟支持的譚尊。最後在「人協」選舉總統時，瓦希德獲得373票，梅嘉娃蒂獲得313票，由瓦希德出任總統。印尼民主黨鬥爭派的支持者在爪哇島和巴里島發動暴亂，攻擊阿敏·瑞斯在梭羅的住家。隔天，鑑於群眾的騷亂，參選副總統的譚尊和威蘭多退選，只剩梅嘉娃蒂和哈茲（Hamzah Haz）競選，結果梅嘉娃蒂獲得306票，哈茲獲得284票，梅嘉娃蒂當選為副總統。

2001年7月23日，「人協」罷黜瓦希德，另選梅嘉娃蒂為總統。她在2004年參選總統，敗給尤多約諾。她沒有出席尤多約諾的總統就職典禮，也沒有向他恭賀。

佐科威獲得梅嘉娃蒂的印尼民主黨鬥爭派的支持，提名他參選2014年總統，卒獲當選。同年9月，梅嘉娃蒂再度連任印尼民主黨鬥爭派黨主席。2018年3月，她被任命為「班查西拉意識形態發展機構」（Pancasila Ideology Development Agency）指導委員會主席。2021年5月，她又出任「國家研究與創新機構」（National Research and Innovation Agency）指導委員會主席。[20]

20　"Megawati Sukarnoputri," *Wikipedia*, https://en.wikipedia.org/wiki/Megawati_

圖 13－3：1960 年蘇卡諾與其女兒梅嘉娃蒂

資料來源："An online timeline of Indonesian History," *Sejarah Indonesia*, http://
www.gimonca.com/sejarah/sejarah05.shtml 2022 年 5 月 20 日瀏覽。

圖 13－4：梅嘉娃蒂

資料來源："Megawati Sukarnoputri," *Wikipedia*, https://en.wikipedia.org/wiki/
Megawati_Sukarnoputri 2022 年 6 月 10 日瀏覽。

****

2004 年國會及總統選舉

在 2003 年，印尼的政黨總數高達 187 個，但經過選舉委員會的審查通
過有資格參選的政黨僅有 50 個。

國會和地方人民代表院的候選人必須為政黨黨員，且由政黨在民主
開放的程序下提名。在政黨名單比例制下，每一個政黨須提出每一選區
的候選人名單，然後向相關的中央、省、縣市層級的選委會提出候選人
名單。每一政黨得提出每一選區應選出之代表數的 120% 的候選人名單。

Sukarnoputri 2022 年 6 月 20 日瀏覽。

但無最低提名人數的限制。政黨受鼓勵，但非強制，得在每個選區提出至少30%的婦女候選人名單。每個政黨可自由決定其提名的候選人名單的順序。選委會可用抽籤方式決定印在選票上的政黨（含候選人）的順序。

依據憲法之規定，參選地區代表院的候選人須為個人，即他可以是政黨黨員，但不可由政黨提名，而政黨可以支持地區代表院候選人。地區代表院候選人的資格是：須住在省內，在17歲以後在該省連續居住滿3年，或累積居住滿10年。候選人須獲得省民1,000到5,000人的連署，以身份證為證。公務員、武裝部隊或警察參選地區代表院，必須辭職。在2004年參選者，具政黨行政職務者參選地區代表院的候選人須在2003年6月12日以前辭職。

2004年4月的國會議員選舉，首次允許海外印尼人可以在指定的地點投票或使用通信投票。選民投完票後，須在手指上塗上黑墨汁，以避免重複領票和投票。選民必須在選票上選擇一個政黨，也得在候選人名單上選擇一名候選人（並非強制要求）。若在一個政黨黨徽上打洞，或在一個政黨黨徽上打洞以及在候選人名字上打洞，都屬有效票。普選法也沒有規定他必須從他選擇的政黨提名的候選人名單選擇，他可以寫上他屬意者的姓名。選民須在國會和地方人民代表院選票上的政黨黨徽上打一個洞，同時在他選擇的該黨的候選人上再打一個洞。中央選舉委員會解釋須打兩個孔才算有效選票。選民在地區代表院選票上僅能在他選擇的候選人上打一個洞。

2004年4月5日，印尼舉行國會選舉，合格選民人數有147百萬人，有89.96百萬人前往投票，投票率為60.8%。有24個政黨參選，候選人高達7,700人，競爭550席。[21]競選期間有3星期，投票日前3天為冷靜期，不准競選活動。選票上印著政黨黨徽和候選人姓名，選民在選票上政黨黨徽上用釘子打一小孔，同時須在同一政黨下的其中一名候選人姓名上打一小孔，表示投選該黨和某一候選人。如沒有打兩個小孔，即屬廢票。選民在投選地區代表院議員時，是投給候選人，而非政黨。印尼共有32省，每省要選出4名代表。

2004年國會選舉各黨得票率和議席數如表13-2所示：

21　南洋星洲聯合早報（新加坡），2004年3月22日。

表 13－2：2004 年印尼國會選舉各黨得票數和議席數

政　黨	得票數	得票率(%)	議席數
戈爾卡	24,480,757	21.58	127
印尼民主黨鬥爭派	21,026,629	18.53	109
建設統一黨	9,248,764	8.15	58
民主黨 (Partai Demokrat, PD)	8,455,225	7.45	56
民族覺醒黨 (Partai Kebangkitan Bangsa, PKB)	11,989,564	10.57	52
民族使命黨 (Partai Amanat Nasional, PAN)	7,303,324	6.43	53
繁榮公正黨 (Prosperous Justice Party, Partai Keadilan Sejahtera, PKS)	8,325,020	7.34	45
星月黨 (Partai Bulan Bintang, PBB)	2,970,487	2.62	11
星改革黨 (Partai Bintang Reformasi, PBR)	2,764,998	2.44	14
和平繁榮黨 (Partai Damai Sejahtera, PDS)	2,414,254	2.13	13
全國關心勞工黨 (Partai Karya Peduli Bangsa, PKPB)	2,399,290	2.11	2
公平與印尼祖國黨 (Partai Keadilan dan Persatuan Indonesia, PKPI)	1,424,240	1.26	1
祖國民主人民黨 (Partai Persatuan Demokrasi Kebangsaan, PPDK)	1,313,654	1.16	4
全國水牛獨立黨 (Partai Nasional Banteng Kemerdekaan, PNBK)	1,230,450	1.08	0
愛班察西拉黨 (Partai Patriot Pancasila)	1,073,139	0.95	0
印尼全國無產階級黨 (Partai Nasional Indonesia- Marhaenisme)	929,159	0.81	1
印尼伊斯蘭教學者聯合會 (Partai Nahdlatul Ulama Indonesia, PNUI)	895,610	0.79	2
先鋒黨 (Partai Pelopor)	878,932	0.77	1
印尼民主先鋒黨 (Indonesian Democratic Vanguard Party, Partai Penegak Demokrasi Indonesia, PPDI)	855,811	0.75	1
獨立黨 (Partai Merdeka)	842,541	0.74	0
印尼團結黨 (Partai Syarikat Indonesia, PSI)	679,296	0.60	0
新印尼團結黨 (Partai Perhimpunan Indonesia Baru, P-PIB)	672,957	0.59	0
祖國領土黨 (Partai Persatuan Daerah, PPD)	657,916	0.58	0
工人社會民主黨 (Partai Buruh Sosial Demokrat)	636,397	0.58	0
合計	113,448,398	100	550

資料來源：http://www.theswanker.com/macammacam/2004/05/indonesias_2004.html
　　　　　"Brief history(Indonesia)," *Seasite, Niu*, http://www.seasite.niu.edu/Indonesian/Indonesian_Elections/Election_text.htm 2022 年 5 月 20 日瀏覽。

2004 年國會選舉結果，在 550 席中，戈爾卡贏得 127 席，印尼民主黨鬥爭派 109 席，建設統一黨 58 席，民主黨（Partai Demokrat, PD）56 席，民族使命黨 53 席，民族覺醒黨 52 席，繁榮公正黨（Prosperous Justice Party, Partai Keadilan Sejahtera, PKS）45 席，星改革黨（Partai Bintang Reformasi, PBR）14 席，和平繁榮黨（Partai Damai Sejahtera, PDS）13 席，星月黨 11 席，全國關心勞工黨（Partai Karya Peduli Bangsa, PKPB）2 席，公平與印尼祖國黨（Partai Keadilan dan Persatuan Indonesia, PKPI）1 席，祖國民主人民黨（Partai Persatuan Demokrasi Kebangsaan, PPDK）4 席，印尼全國無

產階級黨（Partai Nasional Indonesia- Marhaenisme）1席，印尼伊斯蘭教教師聯合會（Partai Nahdlatul Ulama Indonesia, PNUI）2席，先鋒黨（Partai Pelopor）1席，印尼民主先鋒黨（Indonesian Democratic Vanguard Party, Partai Penegak Demokrasi Indonesia, PPDI）1席。[22]

　　在改革開放過程中，另一個值得關注的領域是對華人政策的調整。1998年6月，雅加達首都特別區決定取消有關外裔（華裔）市民必須具備K1表格，以及外裔市民的身份證號碼注有特別符號的法規。[23]華裔亦在1998年6月組織印尼中華改革黨。因為未能在9個省份設立黨分部，而未被列入參選政黨名單中。9月，由各階層華人組成「印華百家姓協會」，由退役華人陸軍准將熊德怡（德迪‧尤叔夫）擔任主席。該組織不是政黨，而是一個社會福利組織，主要宗旨在協助解決當時糧食缺乏問題。另外有主張同化的華裔組成的「同化黨」，由於社會反應不熱烈，招收黨員的人數不到500人，該黨在成立3個月後改為非政治組織。

　　在2004年國會選舉時，雖然沒有一個華裔政黨符合參選的政黨的條件，但參加中央和地方議會選舉的華裔有300多人，其中參加國會選舉的華裔候選人有170人，這是印尼建國以來華裔參選最為積極的表現。

第四節　直接民選產生的總統

　　印尼於1999年10月19日通過修憲案，限制總統任期，只能連任一次，任期5年。2003年7月8–9日，印尼國會通過新的總統和副總統普選法（Law on the General Election of the President and Vice-President）以及「人協、國會、地區代表院和地方人民代表院組織結構法」（Structure and Composition of the MPR, DPR, DPD and DPRDs Susduk Law）。總統和副總統普選法規定總統和副總統由直選產生，總統和副總統候選人須由政黨或政黨聯盟提出，獲得選票50%以上以及在全國半數省份至少20%得票率，才算當選。假如未達上述標準，則以得票最高的兩人進行第二輪

22　http://www.theswanker.com/macammacam/2004/05/indonesias_2004.html 2007年6月5日瀏覽。

　　"Brief history(Indonesia)," *Seasite, Niu*, http://www.seasite.niu.edu/Indonesian/Indonesian_Elections/Election_text.htm 2022年5月20日瀏覽。

23　*南洋星洲聯合早報*（新加坡），1998年6月27日，版42。

投票，以得票數高者當選。

在2004年總統選舉，有權提出總統候選人的政黨或政黨聯盟，必須在國會選舉中獲得3%議席數或得票率超過5%。總統和副總統採取絕對多數決，候選人必須獲得全國半數省份的20%以上的選票。在2009年及以後的總統選舉，進入第一輪選舉的政黨或政黨聯盟的門檻，則改為需在國會選舉中獲得15%議席數或得票率超過20%。另外也取消軍人保障席次，恢復軍人投票權。

競選期間從投票日前30天開始，在投票日前3天結束競選。第一輪總統選舉應在國會選舉結果公佈後3個月舉行，第二輪總統選舉日期由中央選舉委員會決定。選舉應在現任總統任期屆滿（2004年10月6日）前不晚於14天舉行。

總統和副總統候選人的資格規定如下：(1)須具備高中畢業學歷（為了梅嘉娃蒂而定的）。(2)判處徒刑未超過5年以上（為戈爾卡主席譚尊而定的）。(3)須年滿35歲。(4)須身心足以執行職務。(5)過去5年曾繳過稅者。(6)公佈財物。

競選經費的規定還不完備，對競選收入和支出，並未限制。競選收入可以來自餐券、支援的政黨或政黨聯盟、私人和法人團體。但禁止從外國、政府或國營企業和匿名的捐款。私人捐款最高限為1千萬盧比（Rp）（盾），法人團體限在7千5百萬盧比（盾）。個人捐款超過5百萬盧比（盾）者，須向中央選舉委員會報告。中央選舉委員會會出版該項報告。虛偽報告者，跟超過限額者一樣需受刑法處分。

一、第一次民選總統尤多約諾

2004年7月5日，舉行印尼史上第一次總統直接民選，登記選民數有151,010,784人，有效票為118,656,868張，無效票為2,635,976張。投票率為80.32%。[24]

7月26日，選委會宣佈正式選舉結果，得票最高的正副總統候選人是尤多約諾與尤索‧卡拉（Jusuf Kalla）組合（得票率33.57%）（獲得39.8百萬張票），其次是梅嘉娃蒂和哈欣慕查迪（Hasyim Muzadi）組合（得

---

24 "Brief History(Indonesia)," *Seasite.niu*, http://www.seasite.niu.edu/Indonesian/Indonesian_Elections/Election_text.htm 2022年5月20日瀏覽。

票率26.61%）（獲得31.5百萬張票）。另外三個淘汰出局的候選人組合是武裝部隊前總司令威蘭托和沙拉胡丁（Solahuddin Wahid）（為前總統瓦希德的弟弟）組合（得票率22.15%）（獲得26.2百萬張票）、「人協」主席阿敏‧瑞斯和西索諾（Siswono Yudohusodo）組合（得票率14.66%）及副總統漢簫‧哈茲和阿貢‧古米拉（Agum Gumelar）組合（得票率3.01%）。[25]

威蘭托挑戰選舉結果，他和副手候選人沙拉胡丁於7月23日向最高法院提出選舉訴訟，於7月27日又向憲法法院提出控案，指稱因為計票不正確和失誤，導致他喪失340萬張選票，他提出進行司法審查之要求，認為選舉委員會發表有關打兩個孔的選票是有效的聲明是違法的。

威蘭托的控案指在印尼32個省中，有26省計票有誤，包括東爪哇、西爪哇、日惹、北蘇拉威西和巴里。尤多約諾在東爪哇和日惹贏得選舉，梅嘉娃蒂在巴里和西爪哇贏得選舉。威蘭托在西爪哇喪失1,038,855張票，在南蘇拉威西喪失963張票，因為在4月5日國會選舉中，威蘭托所屬的戈爾卡黨在西爪哇和南蘇拉威西贏得支持。威蘭托在雅加達喪失348,878張票，在東爪哇喪失768,339張票，在中爪哇喪失752,552張票。

依據總統選舉法第68條規定，總統候選人得在選舉結果公佈3天內向憲法法院提出選舉訴訟，憲法法院須在接到控案14天內做出最後裁決。

威蘭托說，選委會在7月5日投票日知道不少選民在選票上打兩個孔，於是匆促發佈一份聲明，宣稱只要在同一組候選人欄位內打兩個孔的選票是有效的。但根據總統選舉法，打兩個孔的選票是無效的。假如最高法院宣佈選委會的決定是無效的，則選舉委員會必須重新計票。[26] 結果最高法院裁決選舉有效。

9月20日，第一輪得票最高的尤多約諾和梅嘉娃蒂舉行第二輪決選，投票結果，尤多約諾獲勝，獲69,266,350張票，得票率為60.62%，當選為印尼首度民選總統。梅嘉娃蒂獲44,990,704張票，得票率為39.38%。登記選民數為150,644,184人，有效票為114,257,054張，無效票為2,405,651張，未投票者33,981,479張。投票率為77.44%。[27] 依照選舉法之規定，總

25　南洋星洲聯合早報（新加坡），2004年7月26日。

26　"Wiranto challenges election result," *The Jakarta Post*, July 30, 2004.

27　"Brief history(Indonesia)," *Seasite, Niu*, http://www.seasite.niu.edu/Indonesian/Indonesian_

統和副總統須同組競選，當選為副總統的是尤索‧卡拉。此次選舉秩序良好，為印尼民主化奠定良好的基礎。

****

尤多約諾小傳

　　尤多約諾於1949年9月9日生於東爪哇的帕西坦（Pacitan），父為軍人。他在高中畢業後進入泗水理工學院機械工程學系就讀。1970年，考入印尼軍官學校。1973年畢業，獲得優良畢業生獎（Adhi Makayasa Medal）。他與一位有權勢的將軍的女兒克里斯蒂亞尼‧赫拉瓦蒂（Kristiani Herawati）結婚，幫助他迅速晉升。[28] 1976、1982、1984、1991等年被派至美國軍事院校受訓。1976年，他從美國受訓回國後，被派至東帝汶服務。1981–82年，在陸軍總部工作。1982年奉派到美國受訓，參加本寧堡（Fort Benning）的步兵軍官高級課程，並到巴拿馬考察叢林作戰學校。1983年返回印尼，出任步兵訓練學校司令。1989年，他成為陸軍參謀學院（Seskoad）的講師。他與阿古斯（Agus Wirahadikusumah）合寫了一本名為發展的挑戰（The Challenges of Development）的書。

　　1991年，前往美國堪薩斯州萊文沃思堡（Fort Leavenworth）的美國陸軍指揮和參謀學院（US Army Command and General Staff College）進修。同時他獲得美國偉伯士特大學（Webster University）商學管理碩士。1995–1996年，擔任聯合國派駐波士尼亞（Bosnia）維和部隊的印尼軍事觀察員。返國後，出任雅加達和南蘇門答臘軍區司令。1997年出任武裝部隊政治及安全事務參謀長。同時出任「人協」總會期武裝部隊派系的主席。隨著蘇哈托的下台，尤多約諾所領導的武裝部隊政治及安全事務參謀長在1999年改名稱為領土事務參謀長。武裝部隊也易名為印尼國軍（Indonesian National Military, TNI）。1999年，出任瓦希德政府的礦物與能源部部長。在2000年4月1日退役。8月，出任政治與安全事務統籌部部長。2001年7月因拒絕頒佈緊急狀態令而被瓦希德總統解除政治與安全事務統籌部部長職務。隨後「人協」解除了瓦希德的總統職務，新委任梅

Elections/Election_text.htm 2022年5月20日瀏覽。

28　Greg Fealy, "Susilo Bambang Yudhoyono: president of Indonesia," *Britannic*, https://www.britannica.com/biography/Susilo-Bambang-Yudhoyono 2022年6月15日瀏覽。

嘉娃蒂出任總統。尤多約諾參選副總統，敗給哈茲。梅嘉娃蒂又任命他
為政治與安全事務統籌部部長。

　　2001年9月9日，民主黨正式宣布成立，並於9月10日向司法和人權
部登記。2004年3月，因與梅嘉娃蒂及其先生發生爭執而辭職，因為他感
覺梅嘉娃蒂有意排擠他。梅嘉娃蒂邀請尤多約諾出席在2004年3月11日的
內閣會議，尤多約諾沒有出席，卻在當天召開新聞發布會，宣布辭去部
長職務，並已準備接受提名參選總統。10月3日，在他總統競選獲得勝選
的前兩天，他獲得茂物農業學院（Bogor Institute of Agriculture）的農業經
濟學博士學位。[29]

圖 13－5：尤多約諾

資料來源："Susilo Bambang Yudhoyono," *Wikipedia*, https://en.wikipedia.org/
　　　　wiki/Susilo_Bambang_Yudhoyono 2022年6月12日瀏覽。

＊＊＊

二、2009年國會和總統選舉

　　2009年4月9日，印尼舉行國會選舉，截至4月20日之初估，各黨得
票率及分配之議席如下：

表 13－3：2009 年印尼國會選舉各黨得票數及議席數

政　　　　黨	得票數	％	席次	增／減
民主黨	21,703,137	20.85	148	+93
戈爾卡	15,037,757	14.45	106	−22
印尼民主黨鬥爭派	14,600,091	14.03	94	−15
繁榮公正黨 (Prosperous Justice Party,PKS）	8,206,955	7.88	57	+12

29　"Susilo Bambang Yudhoyono," *Wikipedia*, http://en.wikipedia.org/wiki/Susilo_Bambang_
　　Yudhoyono 2022年5月20日瀏覽。

政　　　　黨	得票數	%	席次	增／減
民族使命黨	6,254,580	6.01	46	−7
建設統一黨	5,533,214	5.32	38	−20
民族覺醒黨 (PKB)	5,146,122	4.94	28	−24
大印尼運動黨 (Great Indonesia Movement Party, Gerindra)	4,646,406	4.46	26	新的
人民良心黨 (People's Conscience Party, Hanura(formed by Wiranto)	3,922,870	3.77	17	新的
新月星黨 (Crescent Star Party)	1,864,752	1.79	0	−11
繁榮和平黨 (Prosperous Peace Party)	1,541,592	1.48	0	−13
烏里瑪民族覺醒黨 (Ulema National Awakening Party)	1,527,593	1.47	0	新的
關注國家功能黨 (Concern for the Nation Functional Party)	1,461,182	1.40	0	−2
改革之星黨 (Reform Star Party)	1,264,333	1.21	0	−14
全國人民關心黨 (National People's Concern Party)	1,260,794	1.21	0	新的
印尼正義與統一黨 (Indonesian Justice and Unity Party)	934,892	0.90	0	−1
民主復興黨 (Democratic Renewal Party)	896,660	0.86	0	新的
國民陣線黨 (National Front Party)	761,086	0.73	0	新的
印尼工人和雇主黨 (Indonesian Workers and Employers Party)	745,625	0.72	0	新的
民主建國黨 (Democratic Nationhood Party)	671,244	0.64	0	−4
群島共和國 (Archipelago Republic Party)	630,780	0.61	0	新的
地區統一黨 (Regional Unity Party)	550,581	0.53	0	0
愛國黨 (Patriot Party)	547,351	0.53	0	0
印尼國家民粹要塞黨 (Indonesian National Populist Fortress Party)	468,696	0.45	0	0
主權黨 (Sovereignty Party)	437,121	0.42	0	新的
全國太陽黨 (National Sun Party)	414,750	0.40	0	新的
印尼青年黨 (Indonesian Youth Party)	414,043	0.40	0	新的
鬥爭職能黨 (Functional Party of Struggle)	351,440	0.34	0	新的
先鋒黨 (Pioneers' Party)	342,914	0.33	0	−3
印尼虔誠民主黨 (Indonesian Democratic Party of Devotion)	324,553	0.31	0	新的
繁榮印尼黨 (Prosperous Indonesia Party)	320,665	0.31	0	新的
印尼民族黨馬哈尼主義 (Indonesian National Party Marhaenism)	316,752	0.30	0	−1
工黨 (Labour Party)	265,203	0.25	0	0
新印尼鬥爭黨 (New Indonesia Party of Struggle)	197,371	0.19	0	0
印尼國民社區黨 (Indonesian Nahdlatul Community Party)	146,779	0.14	0	0
印尼統一黨 (Indonesian Unity Party)	140,551	0.14	0	0
印尼民主先鋒黨 (Indonesian Democratic Vanguard Party)	137,727	0.13	0	−1
自由黨 (Freedom Party)	111,623	0.11	0	0
合計	104,099,785	100.00	560	+10
有效票	104,099,785	85.62		
無效票	17,488,581	14.38		
總票數	121,588,366	100.00		
登記選民／投票率	171,265,441	70.99		

資 料 來 源： "2009 Indonesian legislative election," *Wikipedia*, https://en.wikipedia.org/wiki/2009_Indonesian_legislative_election 2022 年 6 月 7 日瀏覽。

在這次選舉中，以激進意識形態、宗教、魅力型領導和社會爭論，已趨於減少，改而注意良好治理、財政責任和政府的專業主義。印尼所面對的問題不再是其過去的社會和文化歧異，而是政治菁英的分裂，雖然他們瞭解選民的利益，但尚未能掌握新民主政治之本質。

另外從該次選舉亦可觀察到伊斯蘭和民主是可以並存的，激進伊斯蘭政黨選舉失利，因為伊斯蘭意識形態不符合選民之需要，選民並不希望透過激進伊斯蘭的意識形態來改變印尼政治基礎。[30] 選舉中有發生少數暴力事件，有人死亡和受傷，亦有舞弊買票情事，但情況並不嚴重。

依據2008年總統選舉法之規定，總統候選人需獲得國會選舉得票率25%或560席中的20%席次，即至少112席的政黨或政黨聯盟的提名。憲法法庭規定獨立候選人不得參選總統。

2009年5月1日，戈爾卡與其他黨共10個政黨組成政黨聯盟，包括印尼民主黨鬥爭派、大印尼運動黨、人民良知黨、繁榮和平黨、改革之星黨、回教學者民族覺醒黨（the Ulema National Awakening Party，PKNU）、全國人民關心黨（the National People's Concern Party，PPRN）、工黨（the Labor Party）和印尼國民社區黨（the Indonesian Nahdlatul (Associational) Community Party，PPNUI）。戈爾卡主席尤索・卡拉（Jusuf Kalla）乃與人民良知黨黨魁威蘭托宣佈競選正副總統。

總統和副總統候選人有三組：

(1)尤多約諾和中央銀行總裁波迪歐諾（Boediono）一組。尤多約諾的民主黨和民族使命黨、建設統一黨、民族覺醒黨組成政黨聯盟，繁榮公正黨則支持波迪歐諾。民主黨和另外23個政黨組成聯盟，支持尤多約諾。4月9日，國會選舉結果，公正福利黨得票率達8%，已取代歷史悠久的建設統一黨，躍居為最大回教政黨。另兩個進入國會的回教政黨是民族使命（國民公義）黨和民族覺醒黨。

(2)梅嘉娃蒂與大印尼運動黨黨魁普拉博沃一組。普拉博沃是蘇哈托的女婿，其父親蘇米特羅（Sumitro Djojohadikusumo）是蘇卡諾之政敵，

30　Michael Allen, "Indonesia's election a triumph of pragmatism over ideology, moderate Muslims over radical Islamists," April 24, 2009, *Democracy Digest*, http://www.myheadlines.org/modules.php?op=modload&name=MyHeadlines&file=index5&sid=1622&cid=367228&source=Democracy%20Digest 2009年5月4日瀏覽。

因此，梅嘉娃蒂與普拉博沃的結盟相當奇特。

(3)尤索・卡拉和威蘭托一組。尤索・卡拉為現任副總統，威蘭托為前國防部長。

各組候選人之政見如下：

(1)有關國會迄今未完成審議的設立反貪刑事法庭法案。

梅嘉娃蒂表示，該法案務必於今（2009）年9月底完成，否則肅貪工作將陷於停滯。

民主黨候選人、現任總統尤多約諾說，屆時國會若未能審結，總統有權發出「代法令政府條例」政令，作為解決辦法。戈爾卡黨候選人、現任副總統尤索・卡拉對此表示贊同，說有權發出該政令的是尤多約諾總統。

(2)保護在外國勞工權益問題。

關於剷除仍然盛行的對在外國勞工非法課徵各種稅收現象，尤索・卡拉認為，首先是要取締不明確的法規及嚴懲涉嫌者。

尤多約諾支持尤索・卡拉的看法，並說必須加強監督各種准證發出工作及有關法規的推介。梅嘉娃蒂則認為，公務人員的操守須予改正。兩人原則上贊同尤索・卡拉的論點。

對於如何保護在外國工作勞工的權益問題時，梅嘉娃蒂說，改善措施須從國內做起，如訂立內容明確的工作契約。尤多約諾表示，200%支持其對手梅嘉娃蒂的觀點，並認為必須加強駐外使領館保護外派勞工的努力。

(3)關於國防預算議題，尤索・卡拉指出，欲建立強大軍力的努力之一是，滿足武器系統裝備的需求，他主張更多採用國產武器，並曾下令陸軍兵工廠製造150輛裝甲車。尤多約諾則認為，增加國防預算須分階段地進行，目前實際需要為120萬億盾，但政府只編列35萬億盾。

(4)有關如何解決過去所發生侵犯人權案件，尤多約諾表示，一切將根據法律機制進行，或者採用成立真相與和解委員會方式，其他兩位候選人對此表示無異議。

(5)威蘭托表示，如果他的組合成功當選正副總統，將重新考慮不利於社會大眾的外資公司，是否應該繼續在印尼存在的問題。他說，外國公司在印尼投資不能只謀取其本身利益，也要照顧所在地周遭民眾的利

益，今後為了使外資公司對當地社會大眾有所貢獻，唯一辦法就是重新
談判他們所擁有之合約內容。

　　普拉博沃主張限制外資在印尼活動，他表示，當選後，將與在印尼
投資的外國石油與天然氣公司、以及其他礦務公司，重新談判其投資合
約。但他後來修正說：當選後不會撤銷已向外資發出的營業許可證，只
是不發出新的准證。

　　（五）三組總統和副總統候選人在登記參選後，到陸軍醫院進行一
項身體健康檢查和心智測驗，後者是使用「明尼蘇達多方位人格量表」
（Minnesota Multiphasic Personality Inventory）。

　　（六）7月8日舉行總統選舉。依據選舉法之規定，總統選舉需獲得
50%得票率以及全國33個省之半數省分至少20%之得票率，才能當選，否
則將舉行第二輪投票。第二輪時以得票率最高的兩組候選人競選。

　　選民數有1億7千6百萬人，全國設有45萬個投票站，選民投票時需
在左手小指頭塗上墨汁，以示已投過票。選舉結果，尤多約諾獲60%以上
得票率，以及22個省分至少20%之得票率。最重要的，選舉期間沒有發生
暴力事件。

表 13－4：2009 年總統大選各候選人得票數

總統候選人	副總統候選人	政黨	得票數	%
尤多約諾	波迪歐諾	民主黨	73,874,562	60.80
梅嘉娃蒂	普拉博沃	印尼民主黨鬥爭派	32,548,105	26.79
卡拉	威蘭托	戈爾卡	15,081,814	12.41
合計			121,504,481	100.00
有效選票			121,504,481	94.94
無效／空白票			6,479,174	5.06
總票數			127,983,655	100.00
登記選民／投票率			155,048,803	82.54

資料來源： "2009 Indonesian presidential election," *Wikipedia*, https://en.wikipedia.
org/wiki/2009_Indonesian_presidential_election 2022 年 6 月 7 日瀏覽。

　　投票結果，現任總統尤多約諾得票率高達60.8%，梅嘉娃蒂為
26.79%，卡拉得票率為12.41%。尤多約諾贏得連任。

　　歸納尤多約諾獲勝之原因，約有下述幾端：

　　(1)整治貪汙有功。他大力整頓政風，將涉貪官員繩之以法，其中中
央銀行副總裁是他兒子的教父，一樣受到判刑。

(2)改革軍隊的社會和政治角色，任命文人出任國防部長，使軍人不干涉政治。

(3)消除激進回教團體的威脅，將涉案的回教人士送上法庭。

(4)成功的解決亞齊的分離主義運動，亞齊已順利舉行高度自治的選舉，自選省長和省議員。

(5)過去兩年經濟成長率達6%，2009年第一季達4.4%。每人GNP所得從1,200美元增加到2,300美元。提前償還對國際貨幣基金組織的借款，解散由世界銀行擔任主席的印尼諮商團（Consultative Group for Indonesia），債信比例從54%降為32%。失業率從2004年的9.9%下降為2008年的8.5%。同一時期，貧窮率從16.7%降為15.4%。自2007年起，印尼從稻米進口國轉變為稻米出口國。選前降低油價，有助於增加選票。

(6)尤多約諾個性溫和，不疾言厲色，在選舉中從不中傷對手。尤索‧卡拉批評尤多約諾動作緩慢，優柔寡斷，不做決策，以及在2005年與亞齊叛軍和解。威蘭托和普拉博沃過去軍職生活涉嫌違反人權，這兩人都被禁入美國。波迪歐諾則是美國賓州大學華頓商學院（The Wharton School of the University of Pennsylvania）的商業經濟學博士，為一名技術官僚，現為中央銀行總裁，態度溫和，受人尊敬。

(7)民主黨在2009年4月國會選舉得票率只有20%，但尤多約諾組合在總統直選中得票達60%，許多選票是來自回教政黨支持者。公正福利黨和民族覺醒黨、國民公義黨和建設統一黨為主要支持政黨。

尤多約諾第一任總統任期治績受到肯定，政治穩定、經濟復甦，人民生活水準提高。選舉平順完成，沒有發生暴力事件，也很少選舉舞弊的新聞報導，顯示印尼民主化相當成功。以印尼這樣長期威權主義統治下，竟然能夠在2004年和2009年兩次總統直選中安然完成民主程序，令人刮目相看。其情況遠比菲律賓為佳。

印尼在2009年7月17日發生恐怖份子在萬豪酒店和麗思卡爾頓酒店（Ritz-Carlton）爆炸案，死9人傷53人的慘劇，尤多約諾指出，該一事件與總統直選有關，對總統直選結果不滿者，曾威脅要採取暴力行動，說如果中央選舉委員會公佈他當選，將攻佔中選會，並放言要在印尼搞革命，要把印尼變成伊朗，總之，使他不能宣誓就職。他表示該犯案者與印尼警方所查知的恐怖份子不同，所以會懷疑他們是另有政治動機。

　　無論如何，尤多約諾將繼續推動反貪污政策，他希望反貪法和反貪腐法庭的兩項法案能在該年12月19日之前獲得國會批准，否則他將頒佈政令，讓肅貪工作得以繼續。印尼在「國際透明組織」的貪腐排行榜上仍排在第126位，在巴西、印度和中國之後。

　　尤多約諾在競選期間許下將提高農民福利的承諾，意味著印尼將對玉米、白糖和黃豆等農產品實施較高的入口稅。

　　尤多約諾亦將重整石油工業主管。在能源與礦務資源部長布諾莫掌管下，印尼的石油產量滑跌，也屢次同外國石油與天然氣公司在油田和天然氣田所有權和專利權鬧僵，導致這些外國公司延遲在勘探和開採計劃投資數以十億美元計的金錢。新部長人選必須是親商的改革者。

　　此外，印尼的一些大規模油田和氣田埋在深海下，必須有大量外資和專門技術協助開採。故新政府必須積極吸引外商投資。

　　尤多約諾上臺之初，組成以他領導的民主黨為首的六黨聯盟聯合秘書處，包括公正福利黨、戈爾卡黨、民族使命黨（國民公義黨）、建設統一黨和民族覺醒黨主席，簽署新的結盟協議，有助於政府推動政務。但2011年2月22日，印尼民主黨鬥爭派、人民良知黨和民族覺醒黨瓦希德派的議員在國會投票支持一項動議，要求國會設立特別委員會，以徹查稅務局黑幫的活動；另一方面，尤多約諾的民主黨與其他聯合政府成員黨（民族使命黨、建設統一黨和民族覺醒黨當權派），加上作為反對黨的大印尼運動黨投票反對這項動議。結果民主黨一方以266票對戈爾卡黨一方的264票，也就是以兩票的微差，而推翻了這項動議。民主黨和民族使命黨的多位領袖，紛紛發表談話，指責戈爾卡黨和繁榮公義黨違背加入聯合政府時所作的承諾，並要求尤多約諾把它們驅逐出聯合政府。同時也有許多輿論建議邀請印尼民主黨鬥爭派和大印尼運動黨加入聯合政府，以填補戈爾卡黨和繁榮公正黨留下的空缺。

　　2012年4月4日，尤多約諾把反對提高燃油價格33%方案的公正福利黨逐出團結聯盟，以維護聯盟政府的團結。公正福利黨在國會表決該法案時，與三個反對黨，即印尼民主黨鬥爭派、大印尼運動黨和人民良知黨站在同一陣線投反對票。尤多約諾並撤換該黨的3名內閣部長，即農業部長、新聞部長和社會福利部長。團結聯盟屬下5黨在國會席次仍超過半數，約占65%。

　　印尼在2009年已經通過一條法律，規定總統、副總統和國家官員，在正式場合發表演講必須使用印尼語。2010年，當局已將這條法律列為總統條例之一。尤多約諾參加國際活動的時候，喜愛用英語發表演講，他在有關的總統條例發佈後做過多次英語演講，例如他在2010年11月招待美國總統歐巴馬（Barack Obama）來訪的時候。印尼憲法法庭首席法官馬赫福德說，尤多約諾在正式場合，用英語發表演講，違反了這一法律。他說：「有關的總統條例規定，在國際會議上發表演講時，政府官員應該使用印尼語。」印尼憲法法庭前首席法官吉姆萊也同意馬赫福德之看法，不過，他認為由法官來監視總統使用語言問題是不合適的。他說，在這件事情上，應由國會議員來負責。

2011年日惹蘇丹嫁女兒要申報收禮清單

　　2011年10月18日，日惹特區蘇丹哈孟古布沃諾十世幼公主出閣下嫁，肅貪委員會副主席查辛提醒日惹特區蘇丹哈孟古布沃諾十世，必須在30天內呈報他幼公主婚禮收到所有禮物的清單。因為蘇丹本人是日惹特區首長，需防止可能利用此一機會送厚禮給蘇丹，以換取回報。

三、佐科威繼往開來

　　2014年4月9日，舉行國會和各級地方議會議員之選舉。國會議員選舉投票結果，印尼民主黨鬥爭派贏得109席、戈爾卡91席、大印尼運動黨73席、民主黨61席、民族使命黨49席、民族覺醒黨47席、繁榮公正黨40席、建設統一黨39席、國民民主黨（National Democratic Party, NasDem）35席、人民良心黨16席，總共560席。[31]

　　7月9日，舉行總統大選，有雅加達省長佐科威（Joko Widodo）和前戰略後備司令普拉博沃競爭，前者獲得印尼民主黨鬥爭派、人民良心黨、國民民主黨、民族覺醒黨和印尼正義與統一黨（Indonesian Justice and Unity Party, PKPI）等政黨之支持。後者是蘇哈托之女婿，獲得大印尼運動黨、戈爾卡、建設統一黨、繁榮公正黨、星月黨（Crescent Star Party, PBB）和民主黨等政黨之支持。投票結果，佐科威獲得53.15%之選票，普

31　"Indonesian Legislative election, 2014," *Wikipedia*, https://en.wikipedia.org/wiki/ Indonesian_legislative_election,_2014 2018年8月1日瀏覽。

拉博沃獲得46.85%之選票，[32]佐科威贏得總統大選。

圖13－6：佐科威

資料來源："Joko Widodo," *Wikipedia*, https://en.wikipedia.org/wiki/Joko_Widodo,
2022年6月12日瀏覽。

普拉博沃以選舉存在舞弊行為為由，提出訴訟，挑戰選舉結果，憲法法庭裁定敗訴。

鍾萬學事件

鍾萬學於2009年以戈爾卡黨員身份參選眾議員，獲得當選。2012年辭去眾議員，接受印尼民主黨鬥爭派和大印尼運動黨之徵召，和佐科威搭檔競選，當選雅加達特區副首長。2014年6月，佐科威為參選總統請假，由鍾萬學代理首長。11月19日佐科威選上總統，辭去首長職，鍾萬學正式擔任雅加達特區首長。

雅加達首都特區首長鍾萬學（Basuki Tjahaja Purnama）於2016年9月27日前往雅加達外海的千島群島演講，爭取選民之支持，他引述可蘭經第五章51節中禁止穆斯林選擇非穆斯林擔任領袖，認為參選特區首長的對手利用宗教影響政治，「愚弄」大眾。他暗示伊斯蘭領導人試圖通過使用可蘭經中的一節經文來欺騙選民，以辯稱穆斯林不應投票給非穆斯林領導人。此一說法引發若干伊斯蘭團體認為他「侮辱可蘭經」，並提出控訴。警方調查後將他列為褻瀆宗教案嫌犯，並將案件移送檢方起訴。但當時在聽鍾萬學演講的千島群島居民認為此項指控不可思議，他們不認為他的講話有褻瀆回教可蘭經的意圖。[33]

32　"Indonesian Legislative election, 2014," *Wikipedia*, https://en.wikipedia.org/wiki/
Indonesian_legislative_election,_2014 2018年8月1日瀏覽。

33　「鍾萬學被指控褻瀆宗教千島群島居民感到驚異」，*印尼商報*，2017年1月6日。

　　檢察官阿里（Ali Mukartono）認為鍾萬學被證實犯有褻瀆宗教的行為，他表達仇恨的情緒是有罪的。阿里要求法院判處鍾萬學1年有期徒刑，緩刑2年。該項指控與即將舉行的省長選舉有關。

　　2月15日，舉行雅加達省長選舉投票，華裔基督徒鍾萬學以約43.2%得票率領先，阿尼斯（Anies Baswedan）以39.9%得票率居次，另一名候選人阿古斯（Agus Harimurti Yudhoyono）則以約16.9%的得票率墊底，沒有人超過半數，因此由現任省長鍾萬學和前教育部長阿尼斯於4月19日舉行第二輪投票，結果由阿尼斯勝出，獲得58%的選票。

　　在舉行第二輪投票前，強硬派組織「伊斯蘭捍衛者陣線」（FPI）恫言，若鍾萬學取得連任，他們將發起更多示威抗議活動。此次競選期間，該組織與其他強硬派組織還在社交媒體上散播激起反華情緒的假新聞，如指中國勞工將大舉「入侵」印尼、中國要利用受病菌感染的辣椒來摧毀印尼農作物等。阿尼斯在2014年總統選舉期間是佐科威的競選經理，曾在佐科威的內閣擔任文化與中小學教育部長，但2016年遭革職。支援阿尼斯的大印尼運動黨黨魁普拉博沃則有意參與2019年總統選舉，挑戰佐科威。[34] 這些激進派的恫嚇言論，影響選民的投票意向，最後導致鍾萬學落選。

　　2017年5月9日，鍾萬學被法院定罪，判有期徒刑2年並立即發監執刑。

開放宗教信仰

　　2017年11月，憲法法院宣佈，非宗教的信仰可以填寫在身分證上的宗教欄裡。憲法法院認為選擇宗教信仰是人類的基本人權，政府無權強迫人民接受某種宗教。以前印尼政府只承認六種宗教，即：伊斯蘭教、天主教、基督教、興都教（印度教）、佛教和孔教。除此之外的信仰一律不得填寫在身分證的宗教欄裡，因為政府不承認其為合法的宗教。孔教是蘇哈多政權垮台後，於1998年進行改革，政府才正式承認孔教為一種宗教。根據文化與教育部屬下的信仰與風俗署的資料，已向中央政府登記的就有187種信仰，人數約有1,200多萬人。另還有一些未向政府登記的

34　「分析：雅城首長選舉考驗多元文化 商界擔心落選方或暴力報復」，**南洋星洲聯合早報**（新加坡），2017年4月17日。

民間信仰。以往各宗教屬於宗教部輔導，而民間信仰屬於檢察署輔導，以後宗教與信仰全部歸由宗教部輔導。[35]

副總統不可兩任以上

2018年6月28日，印尼憲法法院駁回有關總統和副總統兩屆任期限制的司法覆核要求。憲法法院認為憲法覆核申請人對法律訴訟不具備法律地位。憲法法院的判決意味著，現任副總統尤索·卡拉不能再參加副總統選舉，因為卡拉曾在尤多約諾時代擔任過副總統職位。換言之，就是跨屆，也不能再競選副總統。

2017 年決定遷都

2017年7月，國民建設規劃部向總統佐科威彙報將首都雅加達遷移至其他地區的計劃。在第一任總統蘇卡諾執政時代，印尼政府就曾經考慮遷都至巴朗卡拉雅（Palangkaraya），最後不了了之。在蘇哈多執政時代，也曾經考慮遷都至茂物縣的絨戈爾（Jonggol），因絨戈爾離雅加達不遠只有40公里，但並未有詳細的計劃，只不過是紙上談兵，沒有認真去進行。在尤多約諾執政時期，也曾經考慮過遷都到雅加達和萬隆之間的蘇加巫眉的普爾瓦卡達（Purwakarta）及巴朗卡拉雅，但仍然胎死腹中，沒有進行下去。佐科威總統在聽取國民建設規劃部的報告後，下令數個相關部會進行可行性研究，及更詳細的計劃與評估，甚至於計算遷都所需經費，並希望於2018年或2019年開始進行遷都。

印尼之所以決定遷都，乃因為雅加達人口超過1千多萬人，車輛擁擠，空氣污染嚴重，而且地層下陷嚴重，地勢低窪，一下雨，到處積水，所以為了平衡印尼各地之發展，將遷往其他人口不多的地區。新都的條件必須：第一，新的首都必須具有地理上的戰略位置，即位於印尼領土的中央。這個中心位置是從西到東或從北到南計算出來的。第二，未來首都所需的地皮已經足夠，它們均為政府和國營企業所有。首都的建設需要大量的地皮，約在3萬到4萬公頃。土地是可以直接興建，不再需要徵購的地皮。第三，新首都所在地必須遠離地震、火山、海嘯、洪水、水土流失、森林和泥炭地火災等自然災害，至少也是風險最小的。

35　鄺耀章，「政府開放信仰禁令，非宗教的信仰可填入身分證」，**印尼商報**，2017年11月15日。

此外，還要有充足並且不受環境污染的水資源。第四，為了最大限度地減少對基礎設施建設的需求，印尼政府希望新的首都位於一個已相對發展的城市。亦即需有一個現有的中型城市，意即已有流動性或後勤保障的城市。因此不需要再建造新的機場、港口和連接的道路。第五，須離海邊不遠，但不一定要在海邊。第六，飲用水、衛生設施、電力和通信網路有足夠的接入和服務。第七，社會衝突風險最小，民眾對移民持開放積極態度。因為，將來會有許多公務員遷到這個城市在政府部門工作。第八，不靠近鄰國邊界。其目的是維護國家領土的完整性。[36]

佐科威總統在2019年12月決定將首都從雅加達遷到東卡里曼丹省北佩那揚巴塞爾縣（Penajam Paser Utara）瑟巴庫（Sepaku）區。該地區人民都是蘇哈托執政時推行的人口徙置計劃而從爪哇島遷到該地的人民。由於疫情影響，遷都計劃暫停。

2022年1月17日，將新首都定名為努山塔拉（Nusantara），意指群島，乃因該詞長久以來就被用來指印尼群島。2月15日，佐科威簽署國家首都法案（UU IKN），新首都努山塔拉陸地面積約為256,142公頃，海域面積為68,189公頃。隨後開始在該新都大興土木。為了開發該新都，印尼政府先在2021年8月完成從巴厘巴板到三馬林達的高速公路，全長97公里，全部車程兩小時，以便帶動附近各城市的經濟活力。

該新都預定在2024年完工，屆時政府機構辦公樓和公務人員將遷往新首都。

2019年總統和國會選舉

2019年印尼經濟陷入衰退、印尼盾嚴重貶值，佐科威總統爭取連任，多少會面臨更多的挑戰。佐科威延攬伊斯蘭學者理事會主席馬魯夫·阿敏（Ma'ruf Amin）為競選搭檔，希望借此鞏固穆斯林選票，以抗衡高舉民族主義大旗，以「伊斯蘭捍衛者」自居的普拉博沃。

2019年4月8日至4月14日，逾200萬海外選民分別在世界各地130個城市投選總統和國會議員。

4月17日，同時舉行總統和各級議會選舉，選民多達1億9,000萬人，而投票站開放時間只有5個小時（07.00至13.00）投票。投票站執勤人員

---

36 「佐科威政府再度探討遷都計畫」，**印尼商報**，2019年5月2日，

（KPPS）因工作辛勞而死亡或生病住院，亦有的死於交通事故。根據選舉委員會於25日稱投票站執勤人員死亡的人數有230人和病倒者1,465人，投票站執勤人員死亡和病倒的人數共有1,695人。[37]

除了中央選委會負責計票外，一個無黨派組織「守衛選舉」（Kawal Pemilu）派出45,000名志願者到各個投票站去拍下計票結果表格，將照片上傳到該組織的網站上。若發現計票資料有任何差異，就會直接向選委會舉報。

2019年大選的結果，在國會的9個政黨中，只有印尼民主黨鬥爭派可以在沒有聯盟的情況下單獨提名總統候選人。印尼民主黨鬥爭派在國會中擁有128個席位，占19.33％。其他各黨必須組成一個聯盟才能提名總統候選人。戈爾卡有85個席位（12.31％），大印尼運動黨有78個席位（12.57％），國民民主黨有59個席位（9.05％），民族覺醒黨有58個席位（9.69％），民主黨有54個席位（7.77％），繁榮公正黨有50個席位（8.21％），民族使命黨有44個席位（6.84％），以及建設統一黨有19個席位（4.52％）。

表 13－5：2019 年國會選舉各黨得票數和議席數

政　　　　黨	得票數	%	議席數
印尼民主黨鬥爭派	27,053,961	19.33	128
大印尼運動黨	17,594,839	12.57	78
戈爾卡	17,229,789	12.31	85
民族覺醒黨	13,570,097	9.69	58
國民民主黨	12,661,792	9.05	59
繁榮公正黨	11,493,663	8.21	50
民主黨	10,876,507	7.77	54
民族使命黨	9,572,623	6.84	44
建設統一黨	6,323,147	4.52	19
印尼統一黨 (Indonesian Unity Party, Perindo Party)	3,738,320	2.67	0
勞工黨 (Working Party, Berkarya Party)	2,929,495	2.09	0
印尼團結黨 (Indonesian Solidarity Party)	2,650,361	1.89	0
人民良心黨	2,161,507	1.54	0
星月黨	1,099,848	0.79	0
改變印尼運動黨 (Change Indonesia Movement Party, Garuda Party)	702,536	0.50	0
印尼正義與統一黨	312,775	0.22	0

37　「KPU: 2019大選投票站執勤人員死亡人數升至230人」，**印尼商報**，2019年4月27日。

合計	139,971,260	100.00	575
有效票	139,971,260	88.88	
無效票	17,503,953	11.12	
總票數	157,475,213	100.00	
登記選民數/投票率	187,781,884	83.86	

資料來源：　"2019 Indonesian general election," *Wikipedia*, https://en.wikipedia. org/wiki/2019_Indonesian_general_election 2022年6月7日瀏覽。

　　參選總統者有二組人馬，一組是現任總統佐科威，其副總統候選人是馬魯夫・阿敏，馬魯夫・阿敏曾帶頭反對鍾萬學，是一位相當保守的回教保守主義者，佐科威選擇他擔任副手，讓人感到驚訝。佐科威的競選對手是重披戰袍的普拉博沃，他選擇的副手是成功的富商桑迪亞加・烏諾（Sandiago Uno），桑迪亞加・烏諾曾任旅遊和創意經濟部長、雅加達副省長。

　　在2018年5月，有9個政黨組成支持佐科威聯盟，包括印尼民主黨鬥爭派、戈爾卡、建設統一黨、人民良心黨、國民民主黨、民族覺醒黨、星月黨、印尼正義與統一黨、印尼統一黨、印尼團結黨，支持佐科威爭取連任。參加聯盟的建設統一黨領袖稱此一聯盟為「工作中的印尼聯盟」（Koalisi Indonesia Kerja，Working Indonesia Coalition）。此一聯盟佔2014年國會席次560席中的338席，佔60.36%。

　　支持普拉博沃的政黨也組成聯盟，包括大印尼運動黨、民族使命黨、繁榮公正黨、民主黨、勞工黨。此一聯盟佔2014年國會席次560席中的222席，佔39.64%。[38]

　　5月21日，印尼選舉委員會在淩晨提前宣佈佐科威以55.5%的得票率（共8,503萬票）贏得選舉，對手普拉博沃拿到6,844萬票，約44.5%。普拉博沃堅稱選舉有舞弊和不公正現象，拒絕接受選舉結果。數千名普拉博沃支持者當天湧到選舉監督委員會位於雅加達市中心的辦事處附近舉行抗議集會，集會原本和平結束，但當晚11時突然湧來一批示威者到場滋事，警察被迫發射催淚彈驅散人群，引發暴力衝突。5月22日，暴民再度示威，與警方發生衝突，造成8人死亡、700多人受傷，另有400多人被逮捕。警方懷疑暴動是有人刻意策動的，被逮捕者包括了支援國際恐

38　"2019 Indonesian general election," *Wikipedia*, https://en.wikipedia.org/wiki/2019_Indonesian_general_election 2022年6月7日瀏覽。

怖組織「伊斯蘭國」（Islamic State）的印尼極端組織成員。[39]總統府幕僚長、印尼國民軍前總司令莫爾多科透露，警方從示威者身上搜出兩把手槍，他相信「在恐怖組織以外，有某個組織正試圖把局勢攪亂……我們知道誰是幕後主謀。」普拉博沃是退役軍事將領，他的3名盟友上周被警方援引叛國罪逮捕，其中一人是特種部隊前指揮官，他被指私運武器，準備用在抗議集會上。[40]該名特種部隊前指揮官是前陸軍特種部隊蘇納科（Soenarko）退休少將。另外有兩名「伊斯蘭改革運動組織」的恐怖份子。[41]

6月14日，普拉博沃律師團向憲法法庭提出15項要求取消佐科威和馬魯夫‧阿敏的當選資格。6月27日，憲法法庭對候選人普拉博沃向憲法法庭提起的大選結果訴訟案，表示無法證明普拉博沃第二組候選人向法庭提供的證據，包括第一組候選人進行政治獻金、國家政府機構及公務員不保持中立立場的證據。憲法法庭認為普拉博沃無法證明其贏得52%的得票率。憲法法庭法官也否定普拉博沃陣營指控佐科威利用現任總統的便利，使用國家資源，給公務員提高福利等指控，第二組律師團認為這是一場不公平的選舉。經過憲法法庭全體9名法官共同審理後駁回全部第二組候選人的指控，並判決第一組候選人佐科威-馬魯夫‧阿敏，依法當選為2019–2024年正副總統。[42]

10月23日，佐科威總統宣布新閣名單，其中最引起注意的是他任命跟他兩度競選失利的對手普拉博沃為國防部長。反對普拉博沃入閣者認為，1998年發生排華事件，時任首都陸軍戰略後備部隊司令的普拉博沃被指為幕後元兇。普拉博沃也被控在動亂期間刑訊民主人士。無論如何，從佐科威任命普拉博沃為國防部長來觀察，足見佐科威用人唯才，而且有寬大心胸，容納政敵，以穩定政局。

2021年8月，國家使命黨加入佐科威的執政聯盟，在國會總數575席

39　「分析：雅加達選後暴動 凸顯印尼社會分化日益嚴重」，**南洋星洲聯合早報**（新加坡），2019年5月26日。

40　「六人喪命數百人傷70人被捕 印尼警方：有人策劃選後騷亂」，**南洋星洲聯合早報**（新加坡），2019年5月23日。

41　「警方揭發三股黑手勢力滲透5月22日騷亂中」，**印尼商報**，2019年5月29日。

42　「MK宣判帕拉波沃敗訴 佐科威未來五年將繼續領導國家」，**印尼商報**，2019年6月28日。

中，執政聯盟佔了82%席位。國會內的反對黨僅剩下民主黨和伊斯蘭保守派繁榮公正黨。此時佐科威宣佈恢復推進已擱置1年的遷都計劃。佐科威在2020年決定將首都從雅加達遷移到東卡里曼丹。

民主黨鬧分裂

2010年5月，民主黨（Partai Demokrat）在萬隆舉行黨大會，要選出新的黨主席。有三位競爭者：安迪（Andi Mallarangeng）、馬祖基（Marzuki Alie）和阿那斯（Anas Urbaningrum）。尤多約諾當時是該黨顧問委員會主席。他對於競爭者沒有表態支持誰。他的兒子伊巴斯（Edhie Baskoro Yudhoyono (Ibas)）是安迪競選團隊的領導人，此顯示尤多約諾家族中意人選是安迪。安迪在2004年出任尤多約諾總統的發言人。尤多約諾擔心競爭太厲害，在大會第一天要求阿那斯退選，遭到拒絕。投票結果，阿那斯獲得236張票，馬祖基209張票，安迪82張票。最後由阿那斯和馬祖基決選，安迪支持馬祖基，最後還是由阿那斯獲選為民主黨黨主席。

阿那斯上臺後，為了整合內部，任命伊巴斯為黨秘書長，馬祖基為顧問委員會副主席，安迪為顧問委員會秘書長。若干創黨元老被任命為顧問委員會委員。效忠尤多約諾的人則另組成「高層會議」（Majelis Tinggi，High Assembly, MT），目的在決定黨的總統候選人、聯盟伙伴、省長和議員候選人。該會議由9人組成，顧問委員會主席尤多約諾擔任主席。安那斯為該「高層會議」副主席。故仍是由尤多約諾控制黨務。該黨的制度化以及領導層鞏固還有問題，因人設事仍很嚴重。[43]

尤多約諾的兒子阿古斯（Agus Harimurti Yudhoyono/AHY）在2016年獲得民主黨、民族覺醒黨、建設統一黨、民族使命黨任命參選2017年雅加達省長選舉，結果落選。2019年出任民主黨副主席。2020年3月15日，民主黨舉行黨大會，阿古斯是唯一黨主席候選人，他登記參選時有93%的地區黨代表支持他，尤多約諾遂宣布阿古斯出任民主黨黨主席。[44]

43　Jun Honna, "Inside the Democrat Party: power, politics and conflict in Indonesia's Presidential Party," *South East Asia Research*, Vol. 20, No. 4, December 2012, pp. 473–489.

44　Carlos K.Y. Paath, "Agus Inherits Democratic Party Chairmanship From Father," *Jakartaglove*, March 15, 2020, https://jakartaglobe.id/news/agus-inherits-democratic-party-chairmanship-from-father/ 2022年6月8日瀏覽。

"Agus Yudhoyono elected as Democratic Party chairman, taking over from his father," *The*

2021年2月1日，民主黨主席阿古斯向記者宣佈，有人擬在民主黨內部發動政變，他們是前黨幹部，黨員與外在勢力，阿古斯隨即致信向佐科威總統投訴。此事源起於民主黨前總統尤多約諾先安排小兒子伊巴斯擔任該黨副主席兼秘書長，後安排大兒子阿古斯擔任黨主席，引起該黨元老和高層不滿，批評尤多約諾將民主黨家族化。[45]

2月2日，一批民主黨資深黨員與黨元老聚集，討論該黨最新局勢，探討按照黨章召開全國黨代表大會。2月14日，阿古斯會見該黨第一副主席蘇布（Subur Budhisantoso），討論該黨局勢。2月23日，阿古斯接受全國34個地方黨部理事會主席的效忠宣誓。24日，尤多約諾在視頻發表演講，稱原意「下山」（按指退出），以表示對該黨負責。26日，民主黨開除7名黨幹部，因他們涉嫌推翻該黨主席。當時傳聞總統府幕僚長、前三軍總司令莫爾多科（Moeldoko）要接管民主黨的主席職位。莫爾多科否認，並說他並非該黨黨員，也不想干涉民主黨的內政。

3月5日，民主黨在北蘇門答臘省的日里（Deli Serdang）舉行了特別全國代表大會（KLB），莫爾多科在大會上發言，並被選為黨主席。民主黨分裂成兩大陣營，一方面由阿古斯領導，另一方面是由莫爾多科領導。

該黨曾經取得勝利，贏得了總統選舉，並使其核心人物尤多約諾成為印尼共和國總統，並連任兩屆總統。在最近的兩次選舉中，民主黨的得票率持續下降，這是由於幾個因素造成的，其中包括打擊民主黨官員的腐敗案件以及幹部選拔過程的不順利。阿古斯被任命為總主席，是內部分歧擴大的原因之一。通過北蘇門答臘特別大會接管阿古斯領導權的

Straits Times, March 16, 2020. https://www.straitstimes.com/asia/se-asia/agus-yudhoyono-elected-as-democratic-party-chairman-taking-over-from-his-father 2022年6月8日瀏覽。

45　程家弘，「印尼民主黨領導層鬧雙包」，**亞洲週刊**，2021年13期，2021/3/29–4/4。https://www.yzzk.com/article/details/%E4%BA%9E%E6%B4%B2%E7%84%A6%E9%BB%9E/2021-13/1616643584570/%E5%8D%B0%E5%B0%BC%E6%B0%91%E4%B8%BB%E9%BB%A8%E9%A0%98%E5%B0%8E%E5%B1%A4%E9%AC%A7%E9%9B%99%E5%8C%85/%E5%90%8D%E5%AE%B6%E5%8D%9A%E5%AE%A2/%E7%A8%8B%E5%AE%B6%E5%BC%98 2022年6月8日瀏覽。

"Judged Unable To Lead Democrats, AHY Asked To Resign," *VOI*, February 25, 2021. https://voi.id/en/berita/35583/dinilai-tak-mampu-pimpin-demokrat-ahy-diminta-mundur 2022年6月8日瀏覽。

做法似乎過於粗野和違反該黨的議事程序。此一作法很像1996年6月初印尼民主黨副主席法弟瑪領導倒戈，召開黨代表大會改選黨主席，結果罷黜黨主席梅嘉娃蒂的翻版。這次民主黨內鬨的介入者莫爾多科是現任總統府秘書長，而且他並非民主黨黨員。因此媒體懷疑政府干預民主黨內部事務。

民主黨並非佐科威執政聯盟之一員，它和公正福利黨仍是在野黨。莫爾多科的領導無疑會讓民主黨人更接近政府，並全力支持佐科威總統的政策。最後讓公正福利黨成了唯一的在野黨。

其次，莫爾多科具有政治企圖心，準備在2024年參選總統，除非普拉博沃第三次競選總統，否則再沒有退役軍官擁有成為接替佐科威總統的潛力。

第三，如果沒有政黨的支持，莫爾多科就沒有希望在即將到來的2024年總統選舉中競爭。即使莫爾多科沒有成為總統候選人的雄心，至少他可以讓民主黨置於有利於其政治利益的聯盟中。[46]

2011年第2號法律（關於對政黨的2008年第2號法律的修正案）在第32條中規定，政黨爭端必須首先在黨內解決，無論是通過黨內的尊嚴委員會，或是其他指定方式進行。尊嚴委員會裁決的結果由政黨負責人呈交給內政部，而且必須在60天內完成。

此外，第33條規定，如果黨內無法解決爭端，則必須通過地方法院進行解決。地區法院的裁決是第一級和最後一級的裁決，只能提交最高法院撤銷原判。訴訟在法院書記官處登記後的60天之內，在地區法院進行和解；從登記的撤銷原告日期起不超過30天，必須呈送最高法院審理。[47]

4月初，政府拒絕承認莫爾多科為民主黨主席，理由是未在政府規定的最後期限內完成行政程序。這一裁決讓阿古斯仍然繼續擔任民主黨主席。

民主黨是自從蘇哈托垮臺及民主化後成立的政黨，它與專制獨裁時期的三大政黨不同，它沒有前述三大政黨的傳統文化包袱，許多年輕世代的企業家和知識份子在2001年9月創立和加入該一政黨。該政黨在尤多

46　「社論：民主黨被強制接管 我國的民主正在倒退」，印尼商報，2021年3月8日。
47　「社論：民主黨被強制接管 我國的民主正在倒退」，印尼商報，2021年3月8日。

約諾執政後快速地在2009年成為印尼第一大黨，得票率達20.85%。但在他執政末期出現繼承接班問題，尤多約諾還是採取他那一時代人的想法和作法，將該黨變成家族化，在2004年他代表民主黨競選總統時，他的太太Ani出任該黨副主席，統籌競選事宜，[48]後由他的兩個兒子繼續控制該黨，這就制約了該黨的發展，最後爆發內部的倒戈危機。

提升國防軍備

印尼這個東南亞最大經濟體自2010年以來，經濟增長都超過6%，國家預算充足。國防預算從2004年的21.7萬億盾，激增到2012年的72.54萬億盾，2013年可能再增加到77萬億盾。印尼已與德國簽署訂購100輛坦克的合同，並向澳大利亞購買和翻新4架C-130H型運輸機，以及向韓國訂購3艘潛艇。印尼將不再向俄羅斯添購蘇凱戰鬥機，而改向美國訂購24架F-16型戰鬥機。

2012年8月，印尼國防部向韓國訂購3艘潛水艇。國防部長普諾莫表示，購買3艘潛水艇以技術轉移方式進行，即第一艘在韓國製造，第二艘由兩國合作製造，第三艘則在印尼製造。印尼海軍過去僅有2艘潛水艇。為加強印尼海軍實力，由韓國製造的潛艇可望從2015年起陸續服役。

2022年2月10日，印尼和法國簽署購買42架陣風（Rafale）戰機、潛水艇研製及彈藥生產協議。42架陣風戰機總值81億美元。印尼在2018年曾向俄羅斯購買11億美元戰機，在2021年12月因為預算考慮為由，取消向俄國購買戰機。印尼向法國購買戰機，有一項交換條件，就是法國將協助印尼研製潛水艇，印尼向法國購買2艘鮋魚級潛水艇。[49]

印尼分別向法國採購42架陣風戰機和向美國採購36架F-15EX型戰機，總價為176億美元。由於印尼戰機老舊，必須更新設備，印尼在2022年國防預算93億美元，其中30億美元將用於國防裝備現代化計劃，8.4億美元用於軍事人員開銷和福利。佐科威總統還簽署一項命令，批准將20.6億美元用於國防設備採購和工業，以達到2022年實現85%「最低限度必要軍事能力」（Minimun Essential force, MEF）的目標。

印尼國防部長普拉博沃在2021年宣佈印尼未來20年的國防現代化

48　Jun Honna, *op.cit.*

49　「印尼法國簽協議購買42架陣風戰機和兩艘潛艇」，**南洋星洲聯合早報**（新加坡），
　　2022年2月11日。

計劃（2044年戰略計劃），印尼的國防預算佔國內生產總值的比率為0.8%。[50]儘管印尼經濟還沒有從疫情中恢復過來，但根據2021年的國防現代化計劃，軍備更新如期進行，以增強印尼的防衛能力。

2022 年通過反性暴力法

經過6年的審議，印尼國會在2022年4月12日通過反性暴力法案，涉及肢體的性虐待行為，最高可判處12年徒刑，性剝削最高刑期為15年，強迫結婚及童婚最高刑期為9年。此外，加害人還必須支付賠償金。政府有關機關必須為受害人提供輔導。該一法律標誌著印尼邁向保護性別受害者的法治發展。

表 13-6：印尼歷任總統

姓　名	任　期
蘇卡諾 (Sukarno)	1945,8,17–1967,3,12
蘇哈托 (Suharto)(代理)	1967,3,12–1968,3,27
蘇哈托（Suharto）	1968,3,27–1998,5,21
哈比比 (Jusuf Habibie)	1998,5,21–1999,10,20
瓦希德 (Abdurrahman Wahid)	1999,10,20–2001,7,23
梅嘉娃蒂 (Megawati Soekarnoputri)	2001,7,23–2004,10,6
尤多約諾 (Susilo Bambang Yudhoyono)	2004,10,20–2009,10, 20
尤多約諾	2009,10,20–2014,10,20
佐科威（Joko Widodo）	2014,10,20–2019,10,20
佐科威	2019,10,20–

資料來源：作者自行整理。

表 13-7：印尼歷任副總統

姓　名	任　期
哈達（Mohammad Hatta ）	1945,8,17–1956,12,1
哈門庫布烏諾九世（Hamengkubuwono IX ）	1968,3,27–1978,3,23
馬力克 (Adam Malik ）	1978,3,23–1983,3,12
烏瑪 (Umar Wirahadikusumah)	1983,3,12–1988,3,11
蘇達莫諾 (Sudharmono)	1988,3,11–1993,3,11
蘇特里斯諾將軍 (General Try Sutrisno)	1993,3,11–1998,3,11
哈比比 (Jusuf Habibie)	1998,3,11–1998,5,21
梅嘉娃蒂 (Megawati Soekarnoputri)	1999,10,20–2001,7,23
漢箚‧哈茲 (Hamzah Haz)	2001,7,23–2004,10,20
尤索夫‧卡拉 (Jusuf Kalla)	2004,10,20–2009,10,20

50　「分析：經濟仍未從疫情中恢復，印尼斥巨資購軍備引發財務擔憂」，**南洋星洲聯合早報**（新加坡），2022年2月14日。

波迪歐諾（Boediono）	2009,10,20–2014,10,20
尤索夫‧卡拉 (Jusuf Kalla）	2014,10,20–2019,10,20
馬魯夫‧阿敏 (Ma'ruf Amin）	2019,10,20–

資料來源：作者自行整理。

****

佐科威小傳

佐科威（Joko Widodo）於1961年6月21日生於中爪哇的蘇拉卡達（Surakarta），由於其小時多病，父母親叫他「威多多威多多」（Widodo Widodo），意即「健康的」，這是爪哇文化的常見作法。他和他的家人都住在城市易受洪水氾濫的梭羅河附近的非法建造的棚屋裡。[51] 12歲，他就在父親的家具工廠工作。因為住屋係租來的，常遭房東驅趕而搬家。他讀公立小學、蘇拉卡達公立初中。報考蘇拉卡達第一公立高中落榜，後考上第六公立高中。1982年他就讀日惹的嘎迦瑪達大學（Gadjah Mada University）森林系。1985年大學畢業後，他前往亞齊，在一家國營水泥紙袋公司（PT Kertas Kraft Aceh）工作。1986 年至 1988 年間，他在亞齊特別行政區的畢訥莫里亞攝政區（Bener Meriah Regency）工作，擔任畢那斯莫庫熙種植園（Pinus merkusii plantation）的森林和原料部門的主管。

佐科威後來返回蘇拉卡達，在其祖父的家具工廠工作一年，然後自行開公司，專門從事柚木家具製造。有一段時間公司差點破產，幸獲「國家天然氣公司」（Perusahaan Gas Negara）5 億印尼盾貸款而倖存下來。1991年，公司產品開始外銷國際市場。其法國顧客伯那德（Bernard）稱他為「佐科威（Jokowi）」，以後該名稱普遍被使用。

2002年，佐科威成為蘇拉卡達家具製造協會主席。2004年，他加入印尼民主黨鬥爭派，競選2005年蘇拉卡達市長，結果當選市長。他積極從事市政建設，並禁止其家人從市政獲得計畫案，而贏得人民對他的信任。他在2006年成功讓蘇拉卡達獲得「世界遺產城市組織」（Organization of World Heritage Cities）的會員。2007年，蘇拉卡達主辦世界音樂節。2010年，他連任市長成功。2012年，他轉戰雅加達省長的選舉，擊敗現任

51　Sherman Hollar, "Joko Widodo: president of Indonesia," *Britannica*, https://www.britannica.com/biography/Joko-Widodo 2022 年 6 月 16 日瀏覽。

省長法齊博沃（Fauzi Bowo），獲得當選。[52]

　　由於佐科威在雅加達的政績亮眼，故印尼民主黨鬥爭派提名他參選2014年總統大選，結果他獲得當選，2019年再度連任成功。他的平民作風，沒有傳統政客的政治包袱，致力於反貪腐和解決貧窮問題，加上他的「肯做事」和「人和」，使得他可以快速崛起，登上印尼政治上的高峰。

　　**

第五節　激進伊斯蘭的組織和活動

一、印尼的「聖戰軍」

　　「聖戰軍」（Laskar Jihad, or 'Holy War Warriors'）是在2000年由塔里布（Ja'far Umar Thalib）創立的，成員約1萬至1萬5千人。塔里布曾在1980中葉前往巴基斯坦求學數年，後來前往阿富汗參加對抗入侵的蘇聯軍隊的戰爭。他承認在阿富汗見過「凱達」（al-Qaeda）的領袖奧沙瑪（Osama bin Laden），但否認與該組織有關連。他表示「凱達」人員曾在2001年夏天在安汶島會見他，提議雙方合作，則「凱達」可以提供資金和訓練。但遭他拒絕。他認為「聖戰軍」遵守伊斯蘭的瓦哈比教派（Wahhabi）信念[53]：即不看電視、婦女需戴頭巾（burqa），這一點與「凱達」相同，但他批評「凱達」的伊斯蘭教不是真正的伊斯蘭教。[54]

　　「聖戰軍」組織類似準軍隊，宣稱將從事對抗基督教徒的「聖戰」，在東爪哇曾訓練一些民兵，而於2000年5月，派遣數千人前往摩鹿加群島對抗基督教徒。其活動區域在爪哇、蘇拉威西、摩鹿加群島。主要資金2億印尼盾來自沙烏地阿拉伯、利比亞和阿富汗。

　　「聖戰軍」不是一個草根性運動，據傳與印尼軍方有關係。西方情

52　"Joko Widodo," *Wikipedia*, https://en.wikipedia.org/wiki/Joko_Widodo 2022年6月16日瀏覽。

53　Wahabi 是由 Muhammad ibn-Abd-al-Wahab 所創立的清教徒伊斯蘭教派，視其他教派為異端，該教派於20世紀初流行於阿拉伯半島，現在是沙烏地阿拉伯王國的官方的意識形態。Yusof Ghani, "Jemaah Islamiah leaders are Wahabi sect followers, says villager," *Malaysiakini*, http://www.malaysiakini.com/news/13762 2022年6月18日瀏覽。

54　http://www.cdi.org/terrorism/laskar.cfm 2007年7月18日瀏覽。

報單位指出，死硬派的印尼將軍們在2000年秘密建立該一組織，作為動搖改革派瓦希德總統的工具，以及阻止在獨裁者垮臺後由文人控制軍人的各種努力。據稱「聖戰軍」的資金來自印尼好戰的軍方份子，資金約有2千萬美元。該組織的領導人塔里布是伊斯蘭教基本教義派，在摩鹿加群島從事對抗基督教徒的工作。美國情報單位認為「聖戰軍」是東南亞激進伊斯蘭教團體網絡的一部份。

二、印尼的「回教祈禱團」

「回教祈禱團」（Jemaah Islamiah）一詞是阿拉伯語，意指「伊斯蘭教團體」（Islamic Group）或「伊斯蘭教社區」（Islamic Community），其宗旨是建立包括印尼、馬來西亞、新加坡、汶萊和菲律賓南部的「伊斯蘭國」。它是在1993年1月1日由印尼公民阿布巴卡·巴錫爾(Abu Bakar Bashir, Abdus Samad）和宋卡（Abdullah Sungkar）在馬來西亞所創立。阿布巴卡在1970年代成立慕敏習經院（Al Mukmin），該校出了許多與激進網絡有聯繫的畢業生。1979年印尼蘇哈多總統執政時期，阿布巴卡·巴錫爾因煽動建立「伊斯蘭國」而首次入獄。1985年，他潛逃到馬來西亞。在馬國14年，他逐步擴大對東南亞回教激進分子的影響力，也相信是創辦「回祈團」的其中一人。當蘇哈托在1998年5月垮臺後，阿布巴卡·巴錫爾在1999年返回印尼，在梭羅創辦伊斯蘭寄宿學校。隨後宋卡與阿富汗恐怖主義「凱達」組織領袖奧沙瑪建立聯繫關係。阿布巴卡在2011年因與亞齊省恐怖分子訓練營有關聯，被印尼法院判處入獄15年。他本應於2026年才獲釋，但按慣例減少刑期和扣除公共假期等後，於2021年1月8日刑滿獲釋。

在1998年，該組織的活動地點在摩鹿加群島和蘇拉威西中部的婆娑（Poso）港。以後將其注意力轉移到印尼和其他東南亞地區的反西方人活動上。其活動與阿富汗的「凱達」、菲律賓的「阿布沙耶夫」（Abu Sayyaf）、「摩洛伊斯蘭解放陣線」（Moro Islamic Liberation Front）、「密蘇瓦里叛變/分離團體」（Misuari Renegade/Breakaway Group, MRG/MBG）、「菲律賓蘇勒曼拉惹運動」（Philippine Raja Solaiman Movement, RSM）、以及馬來西亞、新加坡等地的恐怖主義團體有聯繫。

該組織成員約2千人，活動區域在中爪哇的梭羅和西爪哇。該組織

曾派人前往阿富汗接受軍事訓練，主要資金13億5千萬印尼盾來自「凱達」。

「回教祈禱團」在2000年8月1日企圖暗殺菲律賓駐印尼大使卡戴（Leonides Caday），汽車炸彈在大使的官邸爆炸，導致2人死亡、21人受傷，大使本人亦受傷。2000年9月13日，在雅加達一家股票交易中心的停車場發生汽車爆炸案，導致15人死亡、20人受傷。12月24日聖誕夜，在印尼和菲律賓發生數起爆炸案，亦與該組織有關。2001年12月，新加坡揭發「回教祈禱團」計劃攻擊美國和以色列大使館以及英國和澳洲在新加坡的外交使館建築物。2002年3月12日，有3名「回教祈禱團」成員在馬尼拉機場入關時行李中攜帶塑膠炸彈而被捕。10月12日，該組織在巴里島執行爆炸案，造成202人死亡，其中164人為外國遊客，過半是澳大利亞人；另有330多人受傷。該案是在2002年初在泰國計劃的，當時還計劃攻擊新加坡和該地區其他旅遊景點。

2003年6月，泰國政府亦揭發該組織企圖攻擊西方大使館和旅遊景點。2003年8月5日，該組織涉嫌爆炸印尼雅加達的萬豪酒店（J. W. Marriott Hotel），造成12人死亡及多人受傷。2003年8月11日，該組織重要領導人漢巴里（Hambali）在泰國大城（Ayutthaya）被捕，漢巴里本名為伊斯穆丁（Riduan bin Isomoddin, Riduan Ismuddin）。泰國將漢巴里交給美國，美國將他關在古巴東南端關達那摩省裡的美國海軍的關達那摩（Guantanamo Bay；Bahía de Guantánamo）基地。美國軍方檢察官在2021年1月21日正式起訴印尼極端武裝組織「回教祈禱團」頭目漢巴里和2名馬來西亞人。

「回教祈禱團」在2004年9月9日涉嫌爆炸澳洲駐雅加達大使館，導致11人死亡、160人受傷；2005年10月1日，又涉嫌爆炸巴里島旅館。此外，該組織與「阿布沙耶夫」聯手在菲律賓進行數起爆炸案。2006年8月5日，「凱達」領袖查亞希里（Al Zawahiri）在預錄的錄影帶中表示，「凱達」將和「回教祈禱團」組成聯合陣線，對付共同的敵人。[55]

阿布巴卡‧巴錫爾是中爪哇的伊斯蘭教宣教師，是梭羅的「信仰者」（Al-Mukmin）伊斯蘭寄宿學校的創辦人，也擔任教師工作，該校有

55　"Jemaah Islamiyah," *Wikipedia*, http://en.wikipedia.org/wiki/Jemaah_Islamiyah 2022年6月18日瀏覽。

2千名學生，學生被灌輸「聖戰」觀念。他也是「印尼伊斯蘭教護教者協會」（Indonesian Mujahidin Council, MMI）的創立人，創立時間不詳，其成員約有5萬人，致力於將伊斯蘭教法實施於印尼，並將印尼轉變成伊斯蘭國家。阿布巴卡·巴錫爾及其信眾設立地下電台，向窮人和被壓迫者宣傳「伊斯蘭國」的思想。1978年，他被控顛覆罪，關在監獄數年，在1985年上訴期間，潛逃到馬來西亞宣傳伊斯蘭教，吸收馬國、印尼、菲國和新加坡的信眾，並開始使用「回教祈禱團」的名稱。該組織的活動區域在中爪哇梭羅和馬來西亞，對新加坡、馬來西亞和菲國的恐怖份子提供領導和意識形態的指導。

　　阿布巴卡·巴錫爾否認為「回教祈禱團」的領袖，以及捲入巴里島爆炸案。他在1990年代初在其所創辦的伊斯蘭寄宿學校中會見漢巴里，兩人建立密切的合作關係。阿布巴卡·巴錫爾成為「回教祈禱團」的精神領袖，漢巴里成為軍事領袖。漢巴里娶馬來西亞華裔女子為妻，在1994年6月在吉隆坡成立一家空殼公司康索查亞貿易公司（Konsojaya Trading Company），從事國際洗錢。

　　阿布巴卡·巴錫爾在1999年返回印尼。在梅嘉娃蒂執政時期，他批評她在為美國利益服務，且接受美國援助進行反恐，已非一個真正的伊斯蘭教徒，他也讚揚奧沙瑪為真正的伊斯蘭戰士，但否認與他或「凱達」有任何關連。他在2002年10月，因涉嫌巴里島爆炸案遭印尼政府逮捕。

　　阿布巴卡·巴錫爾的重要助手漢巴里，在1980年代中葉前往馬國，宣傳激進伊斯蘭教教義。1980年代末前往阿富汗和巴基斯坦，在奧沙瑪的恐怖主義訓練營學習如何成為「伊斯蘭護教者」（mujahideen）戰士的方式，參加對蘇聯之戰爭。除了漢巴里外，還有耀賽夫（Ramzi Yousef）和賽克·穆罕默德（Khalid Shaikh Mohammed）等重要的恐怖份子在此一訓練營受訓。漢巴里在1999年派人參加摩鹿加群島對抗基督教徒的戰爭。2000年底，漢巴里返回印尼，並在印尼策劃基督教堂爆炸案。除了漢巴里外，另一位「回教祈禱團」高層領袖是馬來西亞公民華益士，他於2002年在新加坡被捕。

　　據印尼警方估計，「回教祈禱團」的人數約2千人。另據ABC亞太評論（ABC Asia-Pacific profile）在2003年4月估計，在馬國參加「回教祈

禱團」的人數約200人。馬尼拉的希洛加諾（Teresa Cerojano）報告稱，
該組織使用現代科技進行聯繫，例如手機和電子信，其成員都受過良好
的訓練。該報告又說「回教祈禱團」在東南亞有三個細胞組織，分述如
下：(1)曼逤奇1號（Mantiqi 1 或M1），設在馬來西亞，包括馬來西亞（除
了砂拉越和沙巴之外）、新加坡和泰南。(2)曼逤奇2號（M 2），包括印
尼，但除了蘇拉威西和卡里曼丹之外。(3)曼逤奇3號（M 3），包括婆羅
洲、汶萊、沙巴、砂拉越、蘇拉威西和卡里曼丹。[56]

　　據2004年菲律賓警方之資料，奧沙瑪在2000年時曾計劃將「凱達」
據點從阿富汗遷移到亞齊。奧沙瑪還派遣兩位助手到亞齊，進行評估，
瞭解當地人支持的程度。該報告甚至提及「回教祈禱團」在過去3年獲得
「凱達」4萬美元的援助。

　　由於東南亞激進伊斯蘭團體的領導人都曾在阿富汗受過軍事訓練，
而與「凱達」關係密切，以致於他們在東南亞的組織都被認為是「凱
達」在東南亞的代理機構。從各種跡象來看，東南亞恐怖主義份子與
中東「凱達」組織有來往，而且參加過軍事訓練。[57]美國國務卿鮑威爾
（Colin L. Powell）在2002年10月認定「回教祈禱團」為外國恐怖主義組
織，並請求聯合國將它列入制裁的恐怖主義組織。[58]美國與東南亞國家進
行合作反恐，已經有效遏阻該一激進伊斯蘭組織串連擴大恐怖活動，但
要完全加以根絕，恐非易事，畢竟它與中東伊斯蘭恐怖主義組織有密切
關係。

三、2002 年以來印尼的恐怖主義份子之活動

　　印尼擁有全球最多的穆斯林人口，多數印尼人奉行溫和伊斯蘭教
義，但自2001年「911事件」後，強硬派伊斯蘭組織越來越活躍。

　　印尼在1965年制定了褻瀆神明法。根據該法，任何人都不能以另
類的解讀來宣傳、推薦五大宗教及其他宗教，也不能以此來組織宗教
團體。2008年，印尼當局援引這項法律，禁止回教分支「阿末迪亞」

56　http://www.saag.org/papers8/paper746.html 2006 年 5 月 12 日瀏覽。
57　http://www.saag.org/papers8/paper746.html 2006 年 5 月 15 日瀏覽。
58　http://www.state.gov/secretary/rm/2002/14571.htm 2006 年 5 月 15 日瀏覽。
　　http://www.fas.org/irp/world/para/ji102302.htm 2006 年 5 月 15 日瀏覽。

（Ahmadiyah）教派，迫使這個教派轉入地下，一些少數派也常指責該法是導致歧視和威脅的根源。大約1,500個回教激進分子在2011年2月6日在西爪哇的板底蘭地區與「阿末迪亞」的支持者發生衝突，導致至少6人喪命。

「阿末迪亞派」成立於1920年代，擁有約50萬信徒。印尼政府在2008年下令，限制該教派的宗教信仰自由，但沒有公然加以禁止。一些高級政府官員卻認為，「阿末迪亞」信徒應該接受主流的遜尼派回教，或是放棄他們的信仰。

2011年2月8日，爪哇居民巴溫甘分發散播仇恨回教的書籍和傳單罪名成立，被中爪哇城鎮淡滿光一家地方法庭判處最高5年徒刑。不滿判刑的回教激進分子認為，巴溫甘應該被判處死刑，他們在法庭外高喊「殺了他，殺了他」。示威群眾過後從法庭遊行到基督教堂，途中也一直喊著「焚燒，焚燒」的口號。數百名回教激進分子焚燒中爪哇的兩座基督教堂，還攻擊一座法庭並毆打警察。暴民放火焚燒了兩座教堂，還向另一座教堂拋擲石塊。當地的一所天主教學校也遭破壞。

2011年9月12日，摩鹿加省會安汶市一名回教徒摩托計程車司機死亡而引起暴動，法醫檢驗結果雖證實他死於車禍，可是卻有謠言說，他是被當地的基督徒折磨致死的。這名司機的大批族人在他的葬禮後，去找基督徒興師問罪，結果引發衝突。有3人死亡，24人重傷和65人輕傷。

安汶市等多個摩鹿加省的縣市從1999年到2002年就發生過嚴重暴亂，超過9,000人死亡；那些城市成為回教徒和基督徒之間相處敏感的地區。摩鹿加省的回教徒和基督徒於2002年2月在政府的調解下簽署了和平協定，之後兩派之間基本上維持和平，不料2011年暴亂再起，引起震驚。

美國在2012年2月23日將回教極端組織「一神論信士祈禱團」（Jemaah Anshorut Tauhid）列為恐怖組織。「一神論信士祈禱團」（也稱為「唯一真主信士祈禱團」）是印尼激進回教教士、恐怖組織「回教祈禱團」創始人之一阿布巴卡在2008年成立的。阿布巴卡被控協助策劃恐怖襲擊，並為亞齊「聖戰組織」訓練營提供經費，於2011年3月被判罪名成立。

2012年8月26日，東爪哇的桑邦（Sampang）鎮，大約有500名遜尼

派回教徒攻擊一群什葉派回教徒學生。他們用鐮刀和大砍刀砍死2人，砍傷6人，後來還縱火燒毀39所房屋。

2016年，印尼頂尖大專農業研究院學生宣誓支持建立「哈里發國」（caliphate）的視頻外傳後，引起震驚。印尼的不少政治精英包括將領，往往培植這些極端組織來打擊政敵，尤其是平民出身的佐科威上臺後，他們開始利用這股勢力來削弱其政權，甚至在下一屆總統選舉來推翻他。

2016年1月，在雅加達塔姆林（Thamrin）大街發動恐襲，造成4名平民和4名襲擊者喪命。這是恐怖組織「伊斯蘭國」第一次宣稱在東南亞地區展開攻擊。極端組織「神權游擊隊」（Jemaah Ansharut Daulah）頭目阿曼（Aman Abdurrahman）雖身在牢房，卻涉嫌參與策劃了這一次的雅加達恐襲事件。[59]

2017年1月，美國將印尼境內支援「伊斯蘭國」組織的「神權游擊隊」列為恐怖組織，印尼當局相信該組織是2016年雅加達致命恐襲的幕後黑手。同時，美國宣佈制裁4名武裝分子，以阻止「伊斯蘭國」組織涉足國際金融體系。「神權游擊隊」是一個成立於2015年、總部設在印尼的恐怖組織，由20多個支援「伊斯蘭國」組織的印尼極端主義團隊組成。該組織之成員於2016年1月得到敘利亞1名「伊斯蘭國」組織武裝分子的財力支援，持槍在雅加達發動自殺式襲擊，造成4名平民和4名槍手喪命。此後，該組織在印尼發動和策劃一系列恐襲，包括在一座教堂外拋擲汽油彈，導致1名幼兒喪命。2016年耶誕節，該組織也策劃發動自殺式炸彈襲擊，但計劃被警方挫敗。美國制裁的4名武裝分子中，包括印尼恐怖組織頭目巴魯姆沙（Bahrumsyah）和激進教士阿曼（Aman Abdurrahman）。

菲律賓在2017年5月23日爆發「伊斯蘭國」游擊隊攻佔民答那峨島的馬拉威市（Marawi）事件，引起印尼緊張，擔心菲律賓的「伊斯蘭國」游擊隊滲透進入印尼的蘇拉威西島和卡里曼丹。先前，印尼軍方只在最靠近菲律賓邊境的三個島嶼部署部隊，不過隨著馬拉威炮戰越拖越久，印尼當局加派部隊到所有菲南武裝分子可能潛入的邊境島嶼駐守，包括

59　「印尼極端組織頭目涉在牢房策劃雅城恐襲」，**南洋星洲聯合早報**（新加坡），2017年8月23日。

北蘇拉威西的馬度度昂（Matutuang）和卡維奧（Kawio）。[60]

2017年5月24日，在雅加達東區馬來由村（Kampung Melayu）公車轉運站發生2起自殺式爆炸襲擊事件。出事的東雅加達巴士總站24日晚上9時左右發生兩次爆炸，前後相隔5分鐘，第一個現場在一個廁所外，第二個現場在一個巴士站附近，相距10至12公尺。第一次爆炸後，頓時引發滾滾黑煙，人們驚慌失措四處奔逃；就在這時，爆炸再起，現場更是大亂。有5個人在連環襲擊中喪命，包括2名行兇者和3名正在執勤的警察，另有6名警察和6個平民受傷。這是印尼自2016年1月以來最嚴重的攻擊事件。[61]一些觀察家都認為是「伊斯蘭國」武裝分子和「神權游擊隊祈禱團」（JAD）在背後操縱自殺式爆炸襲擊事件。[62]

6月，印尼警方向強硬派穆斯林組織「伊斯蘭捍衛者陣線」（FPI）領袖里齊克（Rizieq Shihab）發出通緝令。里齊克和「伊斯蘭捍衛者陣線」是反鍾萬學示威的領軍力量。

在雅加達首都特區首長鍾萬學被指褻瀆可蘭經的風波爆發之後。在強硬派穆斯林團體發起的一系列反雅加達首長鍾萬學的示威中，「印尼伊斯蘭解放組織」（Hizb ut-Tahrir Indonesia，HTI）就是其中的主力之一。該組織也經常舉行反美示威。印尼總統佐科威在2017年7月10日簽發政令，授權當局查禁違反印尼「建國五大原則」的極端組織，包括「印尼伊斯蘭解放組織」。印尼政府早前也以維護宗教和諧為由，禁了另一激進組織「曙光群島運動（Gerakan Fajar Nusantara，簡稱Gafatar）。此外，還有「印尼聖戰理事會」（Majelis Mujahiddin）、「聖戰軍」（Laskar Jihad）等激進回教組織。

2017年7月19日，司法部根據總統政令，指「伊斯蘭解放組織」違反「建國五大原則」而下令查禁。「伊斯蘭解放組織」主張實施伊斯蘭法，讓所有穆斯林同歸屬於一個「哈里發國」。印尼國會在10月24日通過，核准總統三個月前簽署的查禁極端組織政令成為正式法律。

佐科威在2017年9月在巴里島出席全國大專院校校長大會時，呼籲教

60　「軍方：印尼幾乎所有省份潛伏 "伊斯蘭國" 細胞組織」，**南洋星洲聯合早報**（新加坡），2017年6月14日。

61　「雅加達爆炸屬全球連環恐襲」，**南洋星洲聯合早報**（新加坡），2017年5月26日。

62　「極端組織 "伊斯蘭國" 宣稱對雅京馬來由村恐怖襲擊事件負責」，**印尼商報**，2017年5月26日。

育界向學生灌輸「建國五大原則」的世俗價值觀。約3,000名校長出席了會議，此為印尼首次聚集全國大專學府領導人開會。10月底，印尼全國34省350縣市逾450萬名大專院校教職員及學生也配合青年節，在校內宣讀反極端主義宣言。這在印尼也是第一次。[63]

總部設在雅加達的印尼人權組織「同等機構」（Setara Institute）於2017年7月至10月在茂物市（Bogor）與西爪哇德博市（Depok）展開宗教容忍和激進化的調查研究，結果總結出了令人擔憂的情況。該機構研究員穆罕默德在雅加達的發佈會上指出，茂物市向來是極端組織的中轉站，「但它現在已經成了恐怖主義的孵化點……，茂物已經出現非常嚴重的極端化情況。」[64]

該研究報告最令人關注的是，大學校園已經成了極端組織其中一個溫床。調查發現茂物農業大學是最近被查禁的極端組織「印尼伊斯蘭解放黨」（Hizbut-Tahrir Indonesia，簡稱HTI）的活動中心。這個組織詆毀民主，主張成立全球「哈里發國」。「同等機構」的研究報告也指出，極端組織如「伊斯蘭國組織」與「聖戰軍」（Laskar Jihad）把茂物當成是軍事訓練區。這些組織考慮到物流與便利程度，以及這個城市居民大部分支持建立「哈里發國」，因此選擇了這個地點。「同等機構」在2011年發表的題為「伊斯蘭捍衛者的真面目」的報告中曾指出，多達46％的茂物市居民贊成建立「哈里發國」。

「同等機構」的最新調查報告指出，自2002年以來所發生的恐怖主義事件中，有多達20名疑涉案的印尼恐怖分子是來自茂物。這其中包括馬來由村自殺炸彈攻擊事件的嫌犯羅欣（Rohim）和2016年雅加達塔姆林（Thamrin）恐怖襲擊事件的嫌犯蘇納金（Sunakim）。[65]

2018年1月25日，印尼、馬來西亞、菲律賓、新加坡、泰國和汶萊6國達成一個情報合作協定，旨在抵禦伊斯蘭武裝分子及提升應對區域安全威脅的多邊合作。在這項稱為「我們的眼睛」（簡稱「我眼」）（Our

---

63　「印尼致力遏制極端組織滲透大專學府」，**南洋星洲聯合早報**（新加坡），2017年11月9日。

64　「宗教容忍和激進化調查顯示 印尼茂物漸成恐怖主義溫床」，**南洋星洲聯合早報**（新加坡），2017年11月5日。

65　「宗教容忍和激進化調查顯示 印尼茂物漸成恐怖主義溫床」，**南洋星洲聯合早報**（新加坡），2017年11月5日。

Eyes）的情報合作計劃，各國的高級防務官員將每兩周會面一次，交換與分享彼此搜集的回教武裝組織活動情報；另一個安排是開發有關暴力極端分子資訊的共同資料庫。6國的情報分享主要是針對恐怖主義與極端主義份子和團體。

2018年5月13日早上，東爪哇省首府泗水市發生3起教堂襲擊事件，有13人死亡、42人受傷。襲擊者來自同一個家庭，包括父母和孩子，他們剛從敘利亞回國。國際恐怖組織「伊斯蘭國」宣稱幹案。該事件是由駕駛摩托車或汽車的自殺式襲擊者所為，襲擊者已在爆炸中死亡。[66] 14日早上，泗水警察總部遭受自殺式炸彈攻擊，炸傷了6名平民和4名警員。襲擊者是一家5口，他們分乘兩輛電單車，在警察總部外的檢查站引爆炸彈。令人震驚的是幹案者和13日一樣是攜兒帶女全家出動，而且都包括年幼孩子。這個家庭的一名8歲女孩活了下來，但她父母和兩個哥哥都死了。該案和國際恐怖組織「伊斯蘭國」有關。[67]

佐科威總統在5月17日同意恢復設立專責反恐的軍事部隊「聯合特別行動司令部」（Koopsusgab）。「聯合特別行動司令部」是2015年莫爾多科出任印尼國民軍總司令時設立，後來在莫爾多科的繼任者加托任內被解散。該部隊將由陸軍特種部隊（Kopassus）、海軍特種部隊（Denjaka）以及空軍特種部隊（Bravo 90）的成員組成。他們會隨時待命，在印尼遭受恐怖威脅時立即出動。印尼軍警本為一家，1999年警察部隊脫離武裝部隊後，由軍隊負責國防，警方則處理國內治安。

5月25日，印尼國會通過新修訂的反恐法令，根據新法，對付恐怖主義是軍隊在戰爭行動之外的任務之一，不過軍隊只能在警方提出要求並獲得總統批准的情況才能夠參與反恐行動。今後當局也有權採取行動對付與武裝組織合作或是為武裝組織招兵買馬的人；電子通訊內容、情報報告、財務交易將可作為指控恐怖嫌犯的呈堂證物。此外，過去警方在未經審訊的情況下只能關押嫌犯1週，現在則有權扣留恐嫌21天，在立案調查後可以關押嫌犯200天，以便讓警方有更多時間收集證據來控告對

66　「印尼泗水三教堂遭連環恐襲7死40多人傷」，**南洋星洲聯合早報**（新加坡），2018年5月14日。

67　「繼前天三教堂被炸後 泗水警察總部遭一家五口炸彈襲擊」，**南洋星洲聯合早報**（新加坡），2018年5月15日。

方。[68]

　　佐科威希望借此確保在他離任後，印尼仍然是奉行溫和派回教教義的楷模。佐科威堅信，極端回教主義威脅了國家機制以及民主的未來，因此審查高級公務員會是佐科威第二個任期的重點使命之一。佐科威希望在2024年下一屆選舉之前，能夠剷除強硬派和極端分子，以實現更健康的民主。佐科威政府要對高級公務員實施更嚴格的背景調查，也要對高級公務員進行心理測驗來評估他們的政治態度傾向，尤其是那些希望晉升到官僚體系最高兩級的人。這個政策從2017年開始在開支預算最大的10個部門與幾個國有企業率先推行。這些部門包括財政部、國防部、衛生部、教育部、宗教事務部和公共工程部；國有企業則包括印尼國家石油和天然氣公司、印尼國家航空公司鷹航、印尼主要國有商業銀行印尼人民銀行（BRI）、國營礦業公司（Antam）、國營錫礦公司（Timah）和兩家國營媒體公司。促使佐科威採取這個新政策的原因之一，是雅加達獨立民調機構阿爾瓦拉（Alvara）研究中心在2017年進行的民調結果，它顯示有20%的公務員以及10%的國企職員並不認同印尼的「建國五大原則」，而是更嚮往一個回教神權國家。「建國五大原則」是印尼憲法的基本精神，即在世俗政府體制中捍衛國家團結統一、社會公正與民主，信奉上蒼但尊重宗教多元化。

　　6月22日，印尼法院對於幕後策劃與發動一系列恐怖襲擊的極端伊斯蘭教士阿曼判處死刑。這是印尼13年來，第一次判處恐怖分子死刑。7月底，印尼法庭基於「神權游擊隊」奉行恐怖主義並與武裝組織結盟，因此宣佈該組織為「被禁組織」，下令它立刻解散，並禁止一切與它有關的活動。法官還下令，所有與「神權游擊隊」有關聯的組織也必須解散。

　　2019年3月12日，在北蘇門答臘西海岸實武牙（Sibolga）港1名恐怖嫌犯被捕後，留在家中的妻兒拒絕投降，與警方對峙數小時後，其妻子突然向警員拋擲一個爆炸裝置，1名警員和1名平民被炸傷。她也引爆炸彈自殺，警方查獲家中藏有30公斤炸藥。

　　印尼政府在5月初大選結果公佈前逮捕了29名武裝分子，多數恐嫌都曾到敘利亞加入「伊斯蘭國」組織，也是印尼本土恐怖組織「神權游擊

68　「印尼通過新反恐法令加強執法力度」，**南洋星洲聯合早報**（新加坡），2018年5月26日。

隊」的成員，其中一些人密謀在大選公佈日5月22日在人群聚集的場所發動炸彈襲擊。印尼警方從該年初至5月已經在全國各地逮捕了68名可疑武裝分子。另有8名嫌犯在與執法部隊對抗的過程中喪命，其中包括3月間1名恐嫌的妻子在與警方對峙數小時後，引爆炸彈自殺，也害死了她的1名孩子。

6月，印尼政府宣佈解散「伊斯蘭捍衛者陣線」，可是該組織繼續進行各種活動。2020年12月30日，印尼政府宣佈將該組織列為非法組織，即日起禁止該組織的一切活動。

7月1日，國家警察「反恐88特遣隊」（Densus 88）逮捕5名「伊斯蘭祈禱團」恐怖分子。即使該組織在2007年已經被印尼政府解散，但其仍然繼續在活動。

9月25日，中爪哇梭羅市一座基督教堂發生自殺式炸彈爆炸，除了自殺炸彈手之外沒有其他人喪命，另外有17人受傷。

10月10日，政治、法律及安全統籌部長威蘭托出訪萬丹省小鎮一所回教寄宿學校，當他下車時，突遭一名身份不明男子以刀刺傷腹部兩刀，另有一名當地警察首長和威蘭托2名助手在襲擊中受傷。警方當場逮捕一對夫婦。警方調查顯示，他們屬於當地一個激進組織「神權游擊隊」的成員，而該組織與國際恐怖組織「伊斯蘭國」有聯繫。

印尼警方說，「神權游擊隊」正在製造炸彈，炸彈摻有有毒物質，是屬於相思豆毒素（Abrin）。它非常具有危險性，大約0.7毫克就足以毒死100個人。

11月14日，棉蘭警察總部外的停車場裡，1名年輕男學生引爆身上的炸彈，炸死自己，炸傷另6人，也破壞了幾輛警車。

2020年11月27日，中蘇拉威西省西吉縣「東印尼神聖戰士」（MIT）武裝組織對當地進行恐怖襲擊，燒毀了多家居民的房屋，造成4人死亡。

美國軍方檢察官就19年前巴里島上的兩起恐怖襲擊案，正式起訴印尼極端武裝組織「回教祈禱團」頭目漢巴里和2名馬來西亞人。

2021年3月28日，印尼南蘇拉威西省首府望加錫一座天主教堂外發生自殺式炸彈襲擊，兩名男女炸彈手當場被炸死，並造成至少20人受傷。其中一名襲擊者是印尼本土激進組織「神權游擊隊」成員。

5月28日，印尼警方在巴布亞逮捕10名恐怖主義嫌犯，他們被懷疑

將在馬老奇（Merauke）、賈格博（Jagebob）、庫里克（Kurik）、瑟芒加（Semangga）和丹那米淩（Tanah Miring）的幾座教堂內進行自殺炸彈襲擊。巴布亞從2018年起就發現有與伊拉克和敘利亞「伊斯蘭國」有聯繫的可疑恐怖組織，即「神權游擊隊」。10名嫌疑恐怖分子被懷疑是「神權游擊隊」網絡的成員。[69]

9月19日，印尼警方在蘇拉威西島的一處村莊與「東印尼真主戰士」（Eastern Indonesia Mujahideenn, MIT）武裝份子交火，擊斃該組織頭目阿里·卡洛拉（Ali Kalora）和另一名武裝份子。另有4名武裝份子逃逸。

2022年1月19日，印尼法院判決涉嫌2002年巴里島爆炸案的「回教祈禱團」頭目祖卡南（Zulkarnaen）有期徒刑15年。祖卡南原名阿里斯·蘇馬索諾（Aris Sumarsono），他除了涉及巴里島爆炸案外，也涉及2003年雅加達萬豪酒店及2009年雅加達麗思卡爾頓酒店（Ritz-Carlton）爆炸案，這三件爆炸案總共奪走223條人命。他犯案後潛逃18年，2020年12月16日在蘇門答臘落網，後移至雅加達受審。他負責製造炸彈。[70]

「回教祈禱團」在印尼募集資金的方法很特別，他們在印尼各地回教清真寺放置2萬多個捐獻箱，將所募得的款項一部份供做教育和社會服務，一部份用於支援「回教祈禱團」。該組織集資機構之一「斯揚組織者」（Syam Organizer）旗下的一家子公司「斯揚阿馬爾阿巴迪」（Syam Amal Abadi）一年可以進帳150億印尼盾。印尼反恐特遣部隊在2021年11月突擊「斯揚組織者」總部時，搜獲將近10億印尼盾現金，並逮捕該機構的10名人員。[71]

印尼在前強人總統蘇哈多執政32年間致力於維持世俗政策，強硬派伊斯蘭組織被禁。1998年蘇哈多倒臺後，印尼在轉型為民主國家的同時，保守與強硬派組織也獲得更大的發展空間。這些組織原本多是小型團體且處於社會邊緣，可是近來卻日趨強勢。他們前後受到1979年伊朗「何梅尼（Sayyid Rūhollāh Musavi Khomeinī）革命」、1988年阿富汗「凱達」

69　「10名涉嫌策劃自殺炸彈襲擊嫌疑恐怖分子 在巴布亞馬老奇等地被88反恐特遣隊逮捕」，印尼商報，2021年5月30日。

70　「涉2002年峇裡島爆炸案回祈團頭目判監15年」，南洋星洲聯合早報（新加坡），2022年1月20日。

71　「反恐機構：實際金額或比報告更高，印尼回祈團善於籌款金源充裕」，南洋星洲聯合早報（新加坡），2021年11月27日。

組織及2004年在伊拉克和敘利亞發起的「伊斯蘭國」運動之影響。他們在印尼各地製造騷亂，攻擊外國人及不同宗教信仰者和建築物。儘管如此，印尼政府仍堅持「建國五大原則」，抑制激進回教思想和信仰的發展，以維持政治和社會的穩定。

第六節　經濟在穩定中發展

1995年緩進的開放政策

印尼在蘇哈托總統之統治下，經濟已逐漸朝向發展之路，隨著經濟情況之好轉，印尼國內也出現擴大言論及參與的聲音，1994年春天的工運，爆發排華運動，工人除了要求增加工資外，也要求擁有自組工會的權利。一些新聞界人士，亦要求更開放的言論空間。面對這些新興要求，印尼政府採取較為保守的作法，不允許全面開放，仍以鎮壓來維持社會秩序，關閉3家週刊，逮捕反政府的工運領袖和知識分子。政府及高層軍方領袖相繼發表意見，安撫民情，強調印尼的發展以穩定和秩序為要。

1965年的印共政變對印尼的影響是很大的，除了造成大量無數的人喪命之外，也造成軍人擁有政治權力和地位。如要維持此一體制，則需經常提防共黨的死灰復燃。因此，「反共」與「政局穩定」是具有同等意義的。至於印尼還有多少共黨份子呢？據中爪哇軍區司令卡塔內加拉1995年10月表示，印尼還有2百萬名前印共黨員和6百萬名同情者。這些共黨份子滲透到知識分子界和大學裡，或者潛伏在社會各個領域。

不過，印共份子是否如卡塔內加拉所說的如此多，是值得懷疑的，可能這些被懷疑者不過是社會中的窮人罷了。蘇哈托相當清楚此一情況，他在1995年8月召集全印尼96位工商界巨富在巴里島開會，要求他們協助1千2百萬窮人改善生活，10月2日簽訂協議，由這些巨富捐出229億印尼盾（約865萬美元），協助在貧窮線下的家庭。此外，對於250萬無法在現有濟貧計劃下受惠的家庭，每儲蓄2千盾，大企業就捐出2萬盾。

印尼的經濟是在發展，但在2億多人口中，窮人有2千6百萬人，這是社會不安的主要來源。印尼想在發展中求穩定，可能必須同時解決分配

的問題。

1996年印尼經濟自由化之兩難困境

當1990年代初，部份東協國家提出成立東南亞自由貿易區概念時，印尼是持猶豫態度的，因為印尼是一個工業不發達、失業率高的農業國家，如果貿然實施自由貿易區計劃，則將帶來不可預知的嚴重經濟問題。然而在經過深思熟慮後，印尼在1992年同意東協之建議從1993年開始實施自由貿易區計劃。後來因為泰國工商界對此一計劃有反彈，不得不延後於1994年1月1日開始實施自由貿易區計劃。

積極吸引外資

1994年4月印尼開始第六個5年發展計劃，預定在未來5年取得6.2%經濟成長率，以及3千3百億美元的資金，為籌措資金，印尼乃於同年5月宣佈第20號法令，大幅放寬外資規定，取消資本額限制、設廠地點限制、獨資企業股權限制、合資企業股權移轉限制、開放外商投資的領域，如港口、電力、電信、航空、海運、鐵路和核能等。這項政策吸引了大量的外資，有助於印尼經濟的提振，及在區域的經濟競爭力。

延緩農產品納入自由貿易計劃

至於自由貿易區之進展，印尼面臨了農產品是否應加以保護的困境。印尼於1995年9月向東協提出正式建議，要將白米、糙米、糯米、黃豆、麥粉、糖、丁香等15項農產品和加工農產品，從「有效普惠關稅制」的「臨時豁免名單」上抽出，而放入「敏感產品」名單上。在「臨時豁免名單」上的產品原本只享有5年的寬限期，在這段期間，有關的產品的關稅將可以不必調低到5%或以下，到2000年，「臨時豁免名單」將不再存在。

初期，東協自由貿易區計劃還沒有明文規定，「敏感產品名單」上的產品的寬限期有多長。有些官員因此認為印尼這麼做是在開倒車，延遲開放這些產品的市場。泰國副農業部長蘇威特（Suwit Khunktti）亦威脅要把44項已列入東協自由貿易區計劃項目的產品撤銷，因為泰國已將原列入敏感名單的51項產品削減至7項，如果印尼堅持要保留其農產品項

目，泰國亦要恢復其44項削減的產品。泰國認為這15項農產品只佔東協貿易總額的一小部份，印尼不需如此做，以免破壞東協整體的行動。

最後東協達成妥協，決定在「臨時豁免名單」上，為印尼的15項未加工的農產品另設一個類別，允許它們可以一直保留在「臨時豁免名單」上，直到2003年。理事會到時將另行檢討，以決定它們是否應該立刻開放市場或再延遲多幾年。不過，理事會也決定，在2003年進行檢討之後，這些產品的市場最遲也得在2010年完全開放。

進一步調降關稅

面對東協經濟自由化之開展，印尼也不得不亦步亦趨，繼續開放。1996年5月，印尼政府宣佈，凡進口關稅低於20%者將於2000年前降至5%以下之水準，高於20%者將於2003年再降至20%以下，並於2003年再降至10%以下。惟農產品、汽車、化學品、塑膠製品、金屬產品及酒類飲料等則不包括在內。農產品之降稅幅度，將依據印尼對世界貿易組織（WTO）之承諾另行安排。此外，亦取消進口附加稅、開放民間綜合貿易商進口資本財及原料銷售，設立反傾銷委員會，負責調查外國之傾銷商品案件，以保障印尼本國產業。

在加強出口方面，印尼政府亦做了若干改革措施，如允許印尼幣1億盾（約4萬3,000美元）以下之出口免辦出口申報准證、簡化產地證明申領程序、取消出口裝船前檢驗之規定、加速出口通關作業程序、印尼中央銀行對出口企業提供融資便利。

印尼這次的調降關稅是從1996年7月1日起生效，涉及的產品共有1,497項，其中包括資本財類385項。進口關稅降低後，印尼的平均名目稅率將自14.2%降為12.2%。這次調降關稅基本上是配合東協自由貿易區計劃，不過，調降幅度較自由貿易區所要求的5%以下的關稅率還有一段距離。

外債節節升高

在1980年代期間，印尼的經濟成長率一直維持在3%至4%之間，是東協國家中經濟成長率僅次於菲律賓的國家。印尼的平均國民收入至1981年始達到520美元，到1990年還一直維持此一數目。為加速經濟發展的速

度，印尼政府改變經濟政策，欲以吸引外資，來改善產業結構，提高非石油產品出口，並採取一連串自由化經濟政策。但值得注意的是，在進行經濟自由化之同時，印尼外債也節節升高，總計在1985年為321億美元，1988年為500億美元，1993年為930億美元，至1995年已突破1千億美元。印尼已成為亞洲最大的債務國，世界第六大債務國。經濟自由化是否會使印尼賺取足夠的外匯，抵消或清償其所欠的外債？抑或導使其經濟陷入被外國商品控制之境地？1997年爆發亞洲金融危機，印尼脆弱的經濟遭到嚴重傷害，導致蘇哈托政權垮臺。

繼續開放外商投資優惠

　　1996年6月中旬，印尼反對黨印尼民主黨發生內部領導權之爭，政府介入此次黨爭，利用政治手腕更換了該黨的黨主席梅嘉娃蒂，另選出國會副議長蘇雅迪（Suryadi）為新任黨主席，並立獲內政部長約吉批准為印尼民主黨主席。引起支持梅嘉娃蒂的黨員及自稱民主人民黨份子進行街頭抗爭運動；蘇哈托總統於7月7日赴西德檢查身體，進一步引起民心動搖，金融市場驚慌，從1美元兌印尼盾2,329.5元跌至1美元兌印尼盾2,334元。

　　數星期的街頭動亂也導致股票大跌。由於政局不安及政治繼承問題引起揣測，導致外商不安，外資裹足，為免除外商之疑慮，印尼政府採取了數項刺激外商繼續在印尼投資的政策。第一，印尼商工總會在1996年6月間提出11項建議獎勵出口之產品，包括紙漿、蔬菜油、蔬菜油產品、橡膠產品、紙張與紙產品、非鐵金屬、電子產品、通訊器材、傢具、漁業及有機化學品。外商投資上述產品將可獲得更大的優惠。第二，在1996年8月公佈一項新規定，允許外商購買房地產。第三，在1996年9月初頒佈第45號令，規定某些特定行業將可享有10年免公司所得稅之優惠。如該項行業設廠於爪哇及巴里島以外地區，則可以再享有2年免稅待遇。

　　儘管印尼政局暫時出現陰霾，但從印尼投資協調會公佈的1996年頭7個月的外來投資額來看，顯示相當的樂觀，在該一時期，印尼共核准外商投資案有611件，金額計215億美元。與1995年同一時期相較，有449件，272億美元，雖然1996年減少了57億美元，但件數增加了162件，反

應了在7月底以前外商投資數仍相當踴躍，並未對印尼政局不穩而有所遲疑。

蘇哈托為穩定政局及經濟發展，1996年8月16日發表的國情諮文中，強調印尼政府將控制經常項目赤字問題，即將經常項目赤字在國民生產總值中的比例必須控制在2%以內，1996年9月的通膨率為8.6%，而應將之控制在6%水準，此時印尼外債將近1千億美元，亦應加以減少。他也提到政府擴大外商投資有助於增加就業機會。印尼政府勢必在很短的時間內修改促進外商投資措施方案，才能挽救經濟頹勢。

1997－1998年印尼遭逢金融危機

印尼在經濟上面臨的主要問題是經濟危機加深。由於受到泰國經濟衰退之影響，印尼人心開始浮動，股市及印尼盾深受打擊，一路下滑。1997年12月中旬，1美元兌印尼盾為3,500元，至1998年1月8日下跌至1美元兌1萬零550元印尼盾，9日上升至7,900元印尼盾。從1997年7月迄1998年1月，印尼盾已貶值76%。印尼民眾開始搶購民生用品，部份商店的民生用品已被搶購一空。許多超級市場9日開始限制部份民眾採購食物的數量，並提高售價。5家印尼週報不堪印刷費一再調漲，不得不終止出報。至1997年底估計，約有100萬工人遭解雇。

印尼積欠外債為1,333億美元，其中國營企業外債為524億美元，私人企業外債為656億美元。

印尼之所以遭逢金融危機，歸納主要的原因如下：

1. 受到泰國金融風暴的影響，使得民心不安，對金融機構及印尼盾信心不足。

2. 金融機關不健全，貸款總額超過資本，導致銀行呆帳過多。

3. 超額投資，特別是營建業，因資金不足，豪華公寓無法賣出，導致公司倒閉。

4.印尼政府長期以來對燃油和電力給予補貼，以解決貧窮者的日常生活需求，人民享有較為低廉的燃油和電力。當金融爆發危機後，印尼為了向國際貨幣基金組織借錢，被迫取消上述補貼，頓時燃油和電價上揚，引爆民怨。

5.蘇哈托總統健康不佳，人民對政局不安感升高。

印尼政府為了應付金融危機，採取下述的因應措施：

1.大量向國際舉債。在這波金融危機中，印尼向國際金融機構貸款之數額如下：

國際貨幣基金組織給予印尼100億美元之紓困援助，其條件是印尼必須取消數項國家獨佔事業、取消引起爭議的國民車計劃的免稅方案、逐步降低進口關稅、消除出口障礙及調整公共事業投資與支出。世界銀行借給印尼 45 億美元。亞洲開發銀行借給印尼 35 億美元。馬來西亞借給印尼 10 億美元。澳洲借給印尼 10 億美元。其他國家及機構借給印尼 50 億美元。

1997年 11月初，印尼向新加坡借 50 億美元，條件為印尼用完由國際貨幣基金組織等機構提供的 230 億美元貸款之後，才能動用到新加坡所提供的這筆輔助款。印尼亦向日本貸款 50 億美元，將用作印尼在必要時所需的備用信貸以及平衡國際收支的用途。美國總統柯林頓於1月9日與蘇哈托通電話，柯林頓支持國際貨幣基金組織對印尼的紓困計劃，並要求印尼遵守國際貨幣基金組織的規範。柯林頓將派遣副財長桑莫斯（Lawrence Summers）於11日啟程訪問印尼，以便評估蘇哈托政府是否徹底實施向國際貨幣基金組織承諾的經濟改革。美國將等桑莫斯返國後再決定是否撥款援助印尼30億美元，以履行國際援助印尼的部份總計劃。以上借款總額高達380億美元。

2.1997年11月1日，關閉16家經營不善之銀行。

3.放寬管制措施，包括：削減進口稅、提供出口獎勵等。

4.下令暫停向價值2億盾以上的政府建設工程放款。停止130餘項大型基礎建設，涉及資金約170億美元。

5.蘇哈托總統於1月6日向國會提出1998/99財政年度預算案，強調將著重收支平衡，並力求開源節流。其要點如下：

(1)1998/99 財政年度國家總預算為 133 萬5,000億盾，比上一財政年度 117 萬億盾增加32.1%。此一預算案是依據1美元兌4,000印尼盾的匯率編製的。

(2)GDP 計劃提高 4%。

(3)預算中的25萬零8億盾將由外國援助款支應，比1996年增加一倍。1997年發展計劃的3分之1由外國援助款支應，1998年則增加至3

　　分之2。

(4)提高國內燃油和電力價格。

(5)對燃油、糧食、種子和化肥提供津貼。

(6)不提高公務員的薪金，但軍事現代化計劃將繼續進行，社會計劃
　　的開支也將增加。

　　在另一方面，印尼在政治上面臨的主要問題是蘇哈托總統的健康所引發的接班繼承問題。1997年10月28日，在萬隆約有200多名學生舉行示威，反對蘇哈托連任，與警察發生衝突，3名學生受傷。12月初，雅加達亦有學生團體反對再提名蘇哈托連任總統。

　　印尼武裝部隊總司令費薩爾於1998年1月3日表示，印尼軍方完全支援政府為解決金融危機而採取的一切措施。他提出的10點訓令要點為：

(1)政府的一切努力是旨在恢復國家的自信心。

(2)嚴格控制武裝部隊的開支，避免不必要的支出，同時維持效率。

(3)創造冷靜、健康和有利的政治氣候。

(4)武裝部隊應盡力保持政治穩定和維護社會治安，軍民應進行密切
　　的合作，讓民眾積極參與保安工作，以免國家的安全和社會治安
　　受威脅。

(5)武裝部隊應採取堅決行動，阻止惡毒的誤導性消息被傳播。

　　從1998年1月9日開始，出現政變以及蘇哈托準備潛逃出國的傳聞，部分退休的政治人物和軍事將領要求蘇哈托下臺。印尼軍方立即發表談話，否認有政變之情事，同時表示將以最快的速度穩定局勢。

　　印尼軍事發言人莫柯東於1月9日表示，將暫停對外軍事採購，軍費減少將迫使印尼把向俄羅斯購買蘇凱噴射戰鬥機等軍備事宜延後。印尼將因暫緩軍購而節省200億美元。

　　許多評論都一直認為蘇哈托係因為金融危機而下台，但這種看法很弔詭，蘇哈托向國際金融機構借款總數是380億美元，而當時印尼在1997年的外匯儲備有174.9億美元、1998年有236.1億美元，跟借款的差額僅有144億美元左右，以蘇哈托的政治手腕，向民間富商要求捐輸，或學習泰國向民間呼籲捐款救國，當不致有任何問題。或者，他可不向國際貨幣基金組織借錢，而向其他國家借錢，就無須受到國際貨幣基金組織的牽制，答應其借款條件，開放市場以及停止政府補貼，導致物價上漲民

怨沸騰，到不可收拾局面。足見其財經幕僚沒有給他充足的建言或者有
建言而沒有被他接受，以致於失去有效的因應危機的政策。如果他也學
習馬來西亞的馬哈迪首相的作法，拒絕向國際貨幣基金組織借錢以及採
取固定匯率，管制外匯買賣，那麼印尼或許能度過危機，蘇哈托也可安
然無恙度過難關。蘇哈托政府當年的財經專家都是留美柏克萊大學的菁
英，他們相信西方學者的開放市場政策和主張，都認為馬哈迪的封閉型
金融經濟管制措施必然會遭到失敗，沒有想到馬哈迪的作法竟然成功，
而印尼遭到失敗，且付出慘重的代價。

2004 年經濟成長

2004年，尤多約諾上臺時，印尼的GDP每年平均經濟成長率為5%，
年均收入為6859.1美元，失業率為10%，貧窮線下的人口佔總人口的
17.4%。尤多約諾為了樽節政府開支，將減少對燃油的補貼政策，政府每
年對燃油的補貼高達63萬億印尼盾（約合68億美元），佔全年財政支出的
16%，是一個沉重的財政負擔。

2011 年提出六大經濟走廊建設計劃

尤多約諾在第一個總統任期，開始整頓經濟，吸引外資，使得印尼
經濟逐漸趨於穩定。2009年，進入第二個總統任期，才開始推行各種大型
經建計劃。

2011年4月20日，尤多約諾在茂物主持加速與擴大國家經濟建設會議
時說，政府正在規劃建設的6項經濟走廊，需要籌集超過2,000億美元的資
金。這些資金需要中央和地方、國企和地方企業，以及私營企業等方面
的支援。

印尼從2011年至2014年度推行的6項經濟走廊建設，需資約3,348萬
億盾，其中的1,550萬億盾用作基建。

2011年印尼提出了未來15年加快經濟建設的三大綱領：

1.在印尼發展6大經濟走廊，使每一個經濟走廊都能形成具有產業特
色的工業中心；

2.加強島際間聯合，使各島產業中心都能夠直接參與國際市場競爭；

3.加快人才培養，為6大經濟走廊提供人力資源支援和動力。

這6大經濟走廊分別為(1)爪哇走廊，以服務業和高科技產業為主，東爪哇省沿海地區將發展成化工工業中心與造船業中心，而內陸地區將發展為食品及飲料生產中心；

(2)蘇門答臘島走廊，重點發展農業種植園以及礦產加工和開採等，蘇南省及廖內群島將發展成棕油加工中心；(3)卡里曼丹走廊，以農業種植園和採礦業為主；(4)蘇拉威西走廊，主要發展漁業、農業種植園以及採礦業；(5)巴里和努沙登加拉走廊，重點發展旅遊業及手工業，將巴里和龍目島打造成旅遊休閒中心；(6)巴布亞和摩鹿加走廊，以發展漁業、礦業及林業為主。[72]

經濟穩定成長

亞洲開發銀行（ADB）承諾在2014–2019年5年期內，向印尼提供每年20億美元的貸款，主要用來興建在印尼的各項基礎設施工程，包括能源部門，區域發展，水利灌溉工程和水壩。[73]

印尼經濟發展在很大程度上離不開世界經濟相互依存和相互促進及互相牽動。因此，2015年在全球經濟不景氣的陰影籠罩下，印尼經濟也遭到拖累，經濟增長僅有4.8%。至2016年，印尼經濟開始復甦，再次回升至5.02%的經濟增長。總體上印尼經濟仍處於穩中增長，通貨膨脹受到良好的管控並低於預期的水準，截至2017年7月，印尼通貨膨脹率為2.6%，較2016年的3.88%低。印尼國家貿易額也呈現7,000億美元的順差。[74]

截至2017年7月，印尼的外匯儲備有1,278億美元。[75]印尼的外債，無論是雙邊或者是多邊的達729.58兆盾，雙邊的外債，以日本、法國 和德國為最大的債權國。而多邊的外債，則以世界銀行、亞洲開發銀行和伊斯蘭開發銀行（IDB）為最大的債權國際組織。[76]

---

72 「印尼建6經濟走廊需籌2600億元」，**南洋星洲聯合早報**（新加坡），2011年4月21日。

73 「為興建基礎設施項目亞開行向我國提供133兆盾貸款」，**印尼商報**，2017年3月23日。

74 「我國經濟發展仍保持緩中趨穩的好態勢央行稱我國經濟復甦程度低於預期」，**印尼商報**，2017年8月25日。

75 「截至2017年7月底 我國外匯儲備1278億美元創歷史新高」，**印尼商報**，2017年8月30日。

76 「截至2017年7月份我國政府外債達729.58兆盾」，**印尼商報**，2017年8月22日。

截至2017年9月為止，印尼貧窮人數達到2,658萬人，比2017年3月的2,777萬人有所下降。[77]

佐科威總統在2017年1月表示，印尼經濟面臨三大挑戰：經濟上的不平等、失業和貧困問題，他強調他要實施的是「班察西拉」和互助的經濟政策，其核心內容是公平和機會均等的經濟。佐科威總統走的路線即過去蘇哈托總統的政策，特別是關係到經濟平等方面。蘇哈托時期推動發展三部曲（Trilogi Pembangunan），即平等、發展和穩定。起初實行得不錯，但隨後蘇哈多遭到批評，因他首重穩定和經濟增長，並袒護其親信，而使得印尼經濟呈現歪斜，只有少數跟權貴有關者才獲利。佐科威則要避免重蹈蘇哈托覆轍，他說：「我們採取的政策是從偏遠地區、邊境小島和鄉村進行建設。我認為如今已實行的就是『班察西拉』經濟，以便能儘量地消除我們國家的經濟鴻溝。」除了積極推行教育和衛生方面的平等國策外，政府也開始推動資產重新分配，或土地改革，並從某地部族所有的13塊土地開始進行。佐科威說：「真主允許的話，今年將大肆推行。通過提供傳統土地特許權、民間特許權、合作社特許權，我認為享受特許權的將是民眾，而不是極少部分的人。」他將分配給民眾的土地有1,270萬公頃。他說：「我們即將把部族的土地分配給全國各合作社。」他對合作社和小企業的支持，也體現在把民間企業貸款（KUR）利率從18%下調至9%。[78]

農業部長阿姆蘭·蘇萊曼確保印尼在2018年不再進口大米，因為印尼的產量已足夠，已能自給自足。他說：「在最近3年期間，我們的大米產量已達900萬噸，總值36兆盾，在最近2年內，我們已能自給自足，無須進口，明年我們也不再進口大米。」他又說：「以前我們進口玉米達360萬噸玉米，到了2017年5月我們已不再進口玉米了。」[79]

直到2018年8月，印尼的公開失業率（TPT）在2018年8月的總勞動人口中達到5.34%或700萬人。[80]

77　「中央統計局局長表示我國貧窮人數已減少僅達2658萬人」，印尼商報，2018年1月3日。

78　「佐科威總統三大經濟挑戰」，印尼商報，2017年1月11日。

79　「農業部長阿姆蘭.蘇萊曼：2018年印尼不再進口大米」，印尼商報，2018年6月2日。

80　鄺耀章，「評論：政府努力減少失業人口」，印尼商報，2019年3月22日。

表 13－8：1990－2020 年印尼歷年 GDP 成長率

年度	GDP 成長率 %	年度	GDP 成長率 %	年度	GDP 成長率 %
1990	7.2	2001	3.6	2012	6
1991	6.9	2002	4.5	2013	5.6
1992	6.5	2003	4.8	2014	5
1993	6.5	2004	5	2015	4.9
1994	7.5	2005	5.7	2016	5
1995	8.2	2006	5.5	2017	5.1
1996	7.8	2007	6.3	2018	5.2
1997	4.7	2008	6	2019	5
1998	-13.1	2009	4.6	2020	-2.1
1999	0.8	2010	6.2	2021	3.7
2000	4.9	2011	6.2		

資料來源：	"GDP growth (annual %）– Indonesia," *The World Bank*, https://data.
worldbank.org/indicator/NY.GDP.MKTP.KD.ZG?locations=ID 2022 年 6
月 9 日瀏覽。

說　　明：2021 年的資料係取材自 "**Indonesia and ADB**," *Asian Development Bank*, https://www.adb.org/countries/indonesia/economy 2022 年 6 月 10 日
瀏覽。

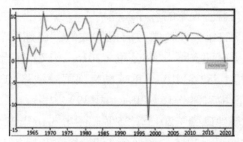

圖 13－7：印尼 GDP 成長率曲線圖（1960－2020）

資料來源：	"GDP growth (annual %）– Indonesia," *The World Bank*, https://data.
worldbank.org/indicator/NY.GDP.MKTP.KD.ZG?locations=ID 2022 年 6
月 9 日瀏覽。

2019 年 4 月 1 日，佐科威總統宣佈在東部三省設立三個新的經濟特區，東卡里曼丹、北蘇拉威西和北摩鹿加，占地總面積 2,200 公頃。希望為這些發展較落後的地區吸引投資，促進當地經濟增長。

2019 年 4 月印尼的債務達 4,567 兆盾（4021 億美元），佔國內生產總值的 30%。

2011年8月底印尼外匯儲備創新高，達1,246億美元。2017年6月，達1,250億美元。

2016年印尼國內生產總值（GDP）的世界排名第8，預估到2030年將排在世界第5，到了2050年將再上升至世界第4大經濟體。

直至2017年4月底，根據印尼財政部融資與風險管理局的資料顯示，政府總債務達3,667.41兆盾。總體來看，政府債務的組成是由國家債券達2,932.69兆盾和來自雙邊與多邊貸款達734.71兆盾。[81]

此外，印尼在推動實現公平的經濟增長方面，其中之一的作法是通過土地改革和社會林業方案。加快土地證書發給無地農民是佐科威總統自第一個任期推行的綜合土地註冊系統（PTSL）重要執政綱領的一部分。在過去印尼政府平均僅分發500份土地證書，到了2019年，全國各社區民眾已收到了1,120萬份土地證書。2020年擬定的700萬份土地證書目標中，迄該年11月政府已實現了大約650萬份土地證書發給全國各地居民。[82]

佐科威-卡拉政府逐年削減社會補貼，如燃油和電力補貼，將補貼資金轉用於更有效的基礎設施發展，讓政府能充分和有效使用國家有限的收支預算發展更有益於大眾的基建工程。[83]

在2014–2017三年，佐科威政府已完成的基礎建設計有：2,623公里（2015–2016年）高速公路：568公里（2015–2017）蘇門答臘縱貫鐵路完成247公里（目標1,582公里），爪哇島南部兩線鐵路103公里（目標277公里），蘇拉威西縱貫鐵路16公里（目標399公里）。

在全國各地興建碼頭：2015年25個碼頭，2016年22個碼頭，2017年34個碼頭。新建機場：2015–2016年4個機場，2017年3個機場。修護舊機場439個。

2016年預定貫通巴布亞的公路至2,480.78公里，至2017年年底已完成2,000公里，尚有400多公里未完成，計劃2019年完成全線通車。通車後可減少內地與大城市物價的差距。

加速基礎設施建設成為佐科威總統2015–2017這三年的首要工作目

81　「解」，印尼商報，2022年5月30日。

82　「2020年政府已移交大約650萬張土地證給民眾」，印尼商報，2020年11月9日。

83　「交通基建改善 通脹率維持約4% 貧窮與失業率下降，評估佐科威-卡拉執政三年來的政績」，印尼商報，2017年10月17日。

標，主要目的在平衡各地的經濟發展，第二個重要工作目標是減少貧窮
人口比例，發放給貧民的津貼逐年增加，2015年20兆盾，2016年47兆盾，
2017年60兆盾，三年總共發放了127兆盾貧民津貼。接下來兩年的主要工
作目標，應該是提升人力資源的水準，包括繼續肅貪。[84]

中央統計局局長蘇哈利延多（Suhariyanto）表示，2016年9月，印尼
貧窮人數達2,776萬人，2017年9月印尼貧窮人數達到2,658萬人，比2017
年3月人數達2777萬人有所下降。2018年9月，印尼貧窮人數已減少10%
或12%。[85]

2018年8月31日，印尼之外債中，貸款佔821.3兆盾，國家有價證券
（SBN）發行佔3,541.89兆盾。在貸款債務中，外國貸款為815.05兆盾；
國內貸款為6.25兆盾。國家有價證券（SBN）價幣佔2,499.44兆盾，外幣
債券佔1,042.46兆盾。印尼外債突破4,363兆盾。[86]

2018年，由於油價上漲、美元堅挺和美國聯邦儲備銀行加息等因
素，印尼盾跌勢不止，該年已累計貶值11%，是東南亞貨幣當中表現最差
的。印尼盾匯率一度創下自1997年亞洲金融危機以來的最低點，10月15日
為1美元兌1萬5,214印尼盾。由於印尼盾持續下滑，佐科威曾在7月間約
見40家出口企業的主管，促請他們將海外收益匯回國。印尼央行2012年
規定出口商須通過當地銀行接受買家付款，目的是希望部分資金能留在
國內並兌換成印尼盾。大多數出口商其實遵守這項規定，九成的出口收
益匯入當地銀行，可是最終轉換成印尼盾的僅占15%至25%。印尼國信集
團主席兼董事長翁俊民響應佐科威政府發出的扶持印尼盾號召，從個人
資金中撥出總值9,300萬美元和5,500萬新元兌換成印尼盾。[87]

印尼貿易部長呂有恩在2018年9月宣佈對大宗商品出口商制定新條
例，棕櫚油、煤炭等大宗商品的出口商須將一半收益留在國內至少6個
月，並將其轉換為印尼盾。

從2016年到2019年，印尼政局穩定，經濟也保持平穩，平均GDP增

84　「佐科威總統執政滿三年」，**印尼商報**，2017年10月20日。
85　「中央統計局局長表示我國貧窮人數已減少僅達2658萬人」，**印尼商報**，2018年1
　　月3日。
86　「社論：政府外債創新高」，**印尼商報**，2018年9月25日。
87　「響應號召 翁俊民將上億美元新元換成印尼盾」，**南洋星洲聯合早報**（新加坡），
　　2018年10月16日。

長率維持在5%左右，堪稱是佐科威執政平穩增長的最佳表現。孰料2019
年12月爆發武漢肺炎（或稱新冠肺炎(COVID-19)），肆虐全球，印尼也
沒有例外地受到波及，因為各階層的人都有被感染的風險，因此經濟生
產活動受到限制，許多商店被迫關門，國際旅客也不能隨意進出，出口
貿易量減少，政府要花大筆經費用在防疫措施上。因此，在2020年很明
顯的反映在GDP成長率上，該年下降至-2.1%。。印尼政府經過一番努力
後，在2021年GDP成長率恢復得不錯，爬升到3.7%。

　　印尼財政惡化發生於1998年金融危機，當時外債高達1,514億美元，
佔國民生產毛額（GNP）的168.2%，政府無力還債，只好向國際貨幣基
金組織借錢，導致物價高漲，蘇哈托政權垮臺。從2013年以後，外債控
制得宜，佔其國民生產毛額平均在35–36%之間。在2020年，外債佔比國
民生產毛額稍高，達40.54%。但以該年全球116個國家之平均值為64.03%
來比，[88]印尼的財政狀況堪稱健康。

　　印尼財政部在2021年2月公布，截至2021年1月底的政府債務達
6,233.13兆盾（4,175億美元），或占國內生產總值（GDP）的40.28%。
該政府債務中，國家有價證券（SBN）占86.37%，貸款占13.63%。根據
國際貨幣基金組織2020年世界經濟展望資料庫的資料，在187個國家中，
2020年的印尼政府債務排名世界第154位，也就是說，僅占國內生產總值
的38%左右。[89]

　　截至2021年4月底，印尼外匯儲備達1,388億美元。

　　截至2021年11月底，印尼政府積欠債務達6,713兆盾，佔GDP的
39.84%。主要外債源自發行債券及貸款，其中國內貸款為12.48兆盾和國
外貸款811.03兆盾。[90]截至該年12月底，印尼外匯儲備為1,449億美元。[91]

88　 "Indonesia: External debt," *GlobalEconomy.com*, https://www.theglobaleconomy.com/
　　 Indonesia/External_debt/ 2022年6月11日瀏覽。

89　 「2021年1月底我國政府債務達6233兆盾 財政部稱去年我國政府債務排名世界第
　　 154位」，**印尼商報**，2021年2月28日。

90　 「截至2021年11月底 政府債務達6713兆盾占GDP 39.84%」，**印尼商報**，2022年1
　　 月7日。

91　 「受支付政府外債需求影響 2021年12月我國外儲降至1449億美元」，**印尼商報**，
　　 2022年1月7日。

表 13－9：印尼外債總和及其佔 GNP 之百分比

單位：美元

年度	外債總額	佔 GNP 之 %
1998	151,484,839,253	168.2
2013	263,643,564,689	29.78
2014	292,565,178,480	33.98
2015	307,749,279,474	36.98
2016	318,942,189,756	35.36
2017	353,564,020,105	35.95
2018	379,588,979,497	37.54
2019	402,083,881,044	37.06
2020	4,175.3 億美元	40.54

資料來源：1998–2019 年外債資料係取材自 "Indonesia External Debt 1970–2022," *Macrotrends*, https://www.macrotrends.net/countries/IDN/indonesia/external-debt-stock 2022 年 6 月 11 日瀏覽。

2020 年外債資料係取材自 "External debt stocks, total (DOD, current US$）– Indonesia," *The World Bank*, https://data.worldbank.org/indicator/DT.DOD.DECT.CD?locations=ID 2022 年 6 月 11 日瀏覽。

外債佔 GNP 之百分比係取材自 "Indonesia: External debt," *GlobalEconomy.com*, https://www.theglobaleconomy.com/Indonesia/External_debt/ 2022 年 6 月 11 日瀏覽。

表 13－10：印尼外匯儲備額（1997－2021）

單位：億美元

年度	外匯儲備	年度	外匯儲備
1997	174.9	2010	962.1
1998	236.1	2011	1101.4
1999	273.5	2012	1128
2000	293.5	2013	993.9
2001	281	2014	1118.6
2002	320.3	2015	1059.3
2003	362.6	2016	1163.7
2004	363.1	2017	1302.2
2005	347.3	2018	1206.6
2006	426	2019	1291.9
2007	569.4	2020	1359.2
2008	516.4	2021	1449.1
2009	661.2		

資料來源："Total reserves (includes gold, current US$），" *The World Bank*,

https://data.worldbank.org/indicator/FI.RES.TOTL.CD 2022 年 6 月 12 日
瀏覽。

　　根據印尼中央統計局（BPS）之資料，2021 年 2 月，印尼失業人數有
875 萬人，2022 年 2 月為 840 萬人，約減少 35 萬人。男性失業率為 6.31%，
女性為 5.09%。[92]

　　印尼在 1997 年亞洲金融危機後，外來投資減緩，直至 2000 年才有
152.9 億美元的外來投資，以後隨著政局穩定，所以外來投資平穩增加，
在 2014 年達到 251.2 億美元。但 2015 年遭到全球經濟不景氣的影響，印尼
經濟增長僅有 4.8%，以致於第二年的外來投資下降至 45.4 億美元。隔年再
度增加。至 2019 年又遭到新冠病毒疫情衝擊，外來投資從 2019 年的 249.9
億美元減少至 2020 年的 191.2 億美元。

表 13-11：印尼外來直接投資額（2000-2020）

單位：億美元

年度	外來投資額	年度	外來投資額
2000	-45.5	2011	205.6
2001	-29.8	2012	212
2002	1.45	2013	232.8
2003	5.96	2014	251.2
2004	19	2015	197.8
2005	83.4	2016	45.4
2006	49.1	2017	205.1
2007	69.3	2018	189.1
2008	93.2	2019	249.9
2009	48.8	2020	191.2
2010	152.9		

資料來源：　"Foreign direct investment, net inflows (BoP, current US$) – Indonesia,"
The World Bank, https://data.worldbank.org/indicator/BX.KLT.DINV.
CD.WD?locations=ID 2022 年 6 月 12 日瀏覽。

　　另外從印尼年均所得的資料來分析，從 1990 年到 2020 年，中間只有在
1997 年亞洲金融危機、2008 年金融海嘯兩次金融風暴以及 2019 年新冠病
毒之影響外，都是呈現一路增加的現象。最值得注意的是，印尼在 2011

92　「BPS 稱今年二月失業者減少 35 萬人，尚未恢復到疫情前水平」，**印尼商報**，2022
年 5 月 10 日。

年年均所得突破1萬美元，為10,518.8美元，成為高中等（upper middle income）收入國家。在東協國家中，印尼的經濟狀況跟馬來西亞差距不大，馬來西亞也是在同一年年均所得達到10,399.4美元。印尼的經濟條件遠超過泰國、菲律賓、越南、柬埔寨、寮國和緬甸等國。泰國年均所得最高的是2019年的7,817美元。汶萊是在1978年年均收入達10,715.2美元。新加坡是在1989年達到10,394.5美元。印尼是東協國家中年均收入排名第三高的國家。可見印尼自從蘇哈托垮臺後文人政府積極發展經濟，成效斐然。

基於上述傲人的經濟成績單，印尼成為東南亞最大的經濟體，在2011年已經在世界排名第20名，有一半人口已屬中產階級，故印尼受邀成為2021年20國集團（G20）成員國。

印尼在2021年12月1日正式接替義大利，成為20國集團輪值主席國，印尼是繼韓國、中國、日本、沙烏地阿拉伯和土耳其之後，第六個擔任G20輪值主席國的亞洲國家。印尼擔任輪值主席國的任期為一年，於2022年11月30日結束。高峰會在2022年11月在巴里島舉行，著重包容性醫療、數位化轉型和永續能源過渡三大主題。

表 13 - 12：1990 - 2020 年印尼年均所得

單位：美元

年度	年均所得	年度	年均所得	年度	年均所得
1990	4306.7	2001	5427.3	2012	10623.3
1991	4416.2	2002	5566.7	2013	10792.7
1992	4657.2	2003	6163.2	2014	10958
1993	4662.9	2004	6859.1	2015	10223.2
1994	4957.7	2005	7337.2	2016	10266
1995	5439.8	2006	7853.9	2017	10802.3
1996	5481.6	2007	8740.8	2018	11348.2
1997	5384.6	2008	9482.2	2019	11397
1998	5297.2	2009	8886.7	2020	10916.1
1999	5424.9	2010	9607.3		
2000	5533.2	2011	10518.8		

資 料 來 源 ： "GDP per capita (current US$)," *The World Bank*, https://data. worldbank.org/indicator/NY.GDP.PCAP.CD 2022 年 6 月 10 日瀏覽。

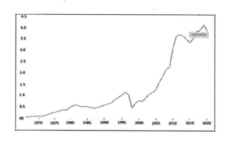

圖 13 - 8：印尼年平均所得曲線圖（1970－2020）

資料來源：“GDP per capita (current US$)，”*The World Bank*, https://data.
worldbank.org/indicator/NY.GDP.PCAP.CD 2022年6月10日瀏覽。

2022年禁止煤礦出口一個月

　　2018年，印尼政府頒佈一項名為「國內市場義務」（DMO）的政
策，要求煤礦企業公司必須向「印尼國家電力公司」（Perusahaan Listrik
Negara，PLN）出售產量的25%，且供應的6,322大卡動力煤價格上限為每
噸70美元/噸，遠低於當前的市場價格。

　　然而，近年來國際煤價不斷走高。印尼能源部的數據顯示，印尼動
力煤標桿價（HBA）2021年連續上漲8個月，在11月超過210美元/噸，是
政府限價的三倍；即便在12月大跌，依然在160美元/噸左右，是限價的兩
倍多。越來越大的差價使印尼煤企公司不願意將煤炭供應國內，而更傾
向於出口。

　　在 2020 年，印尼煤炭出口量約 4 億噸，其最大客戶是中國、印度、
日本和南韓。

　　能源和礦業資源部禁止在2022年1月1日至2022年1月31日期間出口
煤炭。此前有報導稱，國電總裁告訴政府，蒸汽發電站（PLTU）的煤炭
供應目前處於關鍵時刻，國內電力的煤炭供應量非常低，有可能會對國
家電力系統產生影響。印尼有20座煤炭燃料的蒸汽發電站。因此，能源
和礦業資源部禁止從2022年1月1日至31日向國外銷售煤炭，礦業公司必
須為國內需求提供所有煤炭生產。已在裝貨港或船上的煤炭應立即發送
至國電和私人發電商（獨立發電商/IPP）擁有的蒸汽發電站。

　　這並非印尼首次下達煤炭出口禁令，2020年8月，印尼政府對34家國

內煤企公司下達暫停煤礦出口的禁令，因為這些企業公司未能履行1–7月的「國內市場義務」政策。

2022年1月3日，印尼總統佐科威重申了這一政策。他要求煤炭和天然氣生產商優先考慮國內市場需求，而不是對外出口，如果煤礦企業公司未能達到政府要求，將常年煤炭產量的25%保留給國家電力公司，將面臨懲罰。他表示，這些業者的營業執照可能被吊銷。

企業家當然難於接受這項政策。印尼煤炭開採協會（APBI）總主席潘度（Pandu Sjahrir）表示，他不同意政府根據能源和礦業資源部礦產和煤炭總局編號：B-1605/MB.05/DIB.B ／ 2021，日期為2021年12月31日的信函發佈的禁止煤炭出口政策。

佐科威總統於2022年1月 6日在西爪哇茂物行宮發表了關於撤銷數千份的採礦、林業和種植園土地使用 （HGU）業務許可證的聲明。政府宣佈撤銷了2,078 份礦產和煤炭開採公司（minerba）業務許可證，因為他們從未提交過工作計劃。多年來政府批准頒發的許可證沒有得到執行，這導致自然資源的浪費，對改善人民的福利沒有做出任何貢獻。許可證的撤銷是國營電力公司經歷的煤炭供應危機的後果。煤炭對國營電力公司發電廠的重要性也使政府發佈了一項政策，即從2022年1月1日起至31日停止煤炭出口1個月。根據能源與礦物資源部的一項印尼礦產數據稱，包括礦產和煤炭協議/合同持有人在內的開採許可證數量為7,851份，其中持有開採業務許可證者就達到5,285份。這個數字不包括剛剛由佐科威總統宣佈撤銷的2,078份許可證。[93]

由於受到許多煤礦公司的反對，1月12日，印尼決定分階段恢復煤炭出口，也考慮向煤企公司徵收煤炭稅，以協助國家電力公司購煤發電。

93　「由於從未提交過工作計畫表 政府撤銷數以千計採礦林業和種植園業務許可證」，*印尼商報*，2022年1月6日。

第十四章　對外關係

第一節　蘇卡諾從中立到偏左外交路線

一、因左傾引來美國干預

　　蘇卡諾在1945年8月17日宣布印尼獨立，但並沒有任一個國家給予外交承認，因為各國都忙於二戰結束後國內建設。最重要者，在波茨坦會議上決議由英國接收印尼群島日軍之投降，所以印尼領地必須等候英軍登陸接收後再決定其前途。英國是在9月16日登陸爪哇島，此時印尼共和國軍隊已佔領各大城市，包括泗水、巴鄰旁等。10月28日英軍欲進入泗水，印尼共和國軍隊不願讓英軍進入，雙方在泗水爆發一場大戰。以後英國控制印尼群島，直至1946年11月29日，最後一批英軍撤出印尼，將印尼群島移交荷蘭。印尼共和國軍隊和荷蘭交戰，直至1949年底荷蘭才退出印尼。故該一階段印尼共和國陷入戰爭，沒有外交關係可言。

　　1949 年 11 月 24 日，印尼聯邦共和國（Republic of the United States of Indonesia）和菲律賓建交，雙方互設總領事館。印尼駐馬尼拉總領事館於1950年升格為大使館。菲律賓駐印尼總領事館於1951年升格為大使館。1949 年 12 月 27 日，印尼和緬甸互設總領事館，1950年4月印尼駐仰光總領事館升格為大使館。印尼和澳洲在 1949 年 12 月 27 日建交。美國於1949 年 12 月 28 日承認印尼聯邦共和國。1950年2月，印尼與蘇聯建交，3 月 7 日和泰國建交，4 月 13 日與中華人民共和國建交。1950 年 8 月，印尼聯邦共和國改名為印尼共和國。9 月 29 日，印尼正式成為聯合國第 60 個會員國。印尼於1951年3月3日和印度建外。1958年4月15日，印尼和

日本建交。

　　早期的蘇卡諾政府標榜反帝反殖，意圖走中立不結盟路線。最明顯的例子是跟南北越的關係。在 1955 年萬隆會議之後。印尼於9月和西貢互設總領事館；12月和北越互設總領事館。最初希望在南北越之間保持中立，但蘇卡諾逐漸支持共產主義的北越。胡志明於1959年訪問印尼，次年蘇卡諾回訪。1964 年 8 月 10 日，印尼在河內設立了大使館，導致與南越斷絕外交關係，並關閉了其駐西貢領事館。

　　美國鑑於北越共黨日益擴張勢力，1950年6月27日美國與法國達成協議，美國增加對法國的援助，讓法國能繼續維持在中南半島的戰爭，開始介入越南事務。美國在越南設立「美國印度支那軍事援助顧問團」（American Military Assistance Advisory Group, MAAG Indochina），負責該項援助計畫的執行。1954年7月，法國在奠邊府戰役落敗而在日內瓦召開和平會議，最後簽署以北緯17度線劃分為南北越之協議。美國駐越軍事首長在同年12月和法國駐越軍事首長簽訂協議，由美國承擔協助訓練南越軍隊的任務。1955年2月，美國在越南成立美軍駐越軍事訓練顧問團，正式接掌訓練南越軍隊的工作。1955 年 11 月 1 日，美國將「美國印度支那軍事援助顧問團」更名為「美國越南軍事援助顧問團」（MAAG Vietnam）。[1]

　　美國在1954年開始構思成立東南亞公約組織。美國國務卿杜勒斯（John Foster Dulles）在4月20日邀請英國、法國、澳洲、紐西蘭、菲律賓和泰國等國駐華府大使開會，決議建立一非正式工作小組，研究東南亞集體防衛問題。7月20日，法國、英國、蘇聯、中國、越南民主共和國、柬埔寨和寮國七國簽署日內瓦和約，美國和越南國因為不想受該約有關所有外國軍隊撤出印度支那之規定的限制而拒絕簽署。美國在9月6日在馬尼拉召開籌組東南亞公約組織正式會議。9月8日，美、英、法、澳、紐、菲、泰、巴基斯坦等國代表在馬尼拉正式簽署東南亞公約組織，故又稱「馬尼拉條約」（Manila Pact）。1955年2月23日，在曼谷召開第一次會議。該組織之目的在共同集體防衛，對抗外來的敵人，以「東南亞公約組織」（South East Asia Treaty Organization, SEATO）稱之。

1　"Military Assistance Advisory Group," *Wikipedia*, https://en.wikipedia.org/wiki/Military_Assistance_Advisory_Group 2022 年 6 月 19 日瀏覽。

　　對於美國準備在東亞成立共同防共防衛組織，蘇卡諾不想捲入美國和蘇聯在該一地區的集團性對峙而想另外尋求採取一個中間的路線。1954年3月，印尼總理阿里・沙斯特羅米卓卓（Ali Sastroamidjojo）提議召開亞非會議，共商團結之道。4月，印尼、印度、緬甸、錫蘭（以後改稱斯里蘭卡）、巴基斯坦五國總理在錫蘭首都可倫坡（Colombo）集會，討論召開亞非會議問題。1955年4月18–24日，有29個亞非國家代表在印尼萬隆開會，稱為「萬隆會議」，或稱「亞非會議」（Asian-African Conference, Bandung Conference 1955），會後發表的公報中提出10項原則，呈現各不同立場的代表的觀念，該10項原則強調亞非地區經濟合作、文化合作、人權和自決，以及不使用集體防禦的安排為任何大國的利益服務，任何國家不對他國施加壓力，倡議「中立不結盟」之外交路線。

　　美國對於蘇卡諾在1955年召開「萬隆會議」（或亞非會議）特別感到敵視，因為蘇卡諾有意走第三條中立主義路線，擺脫西方和東方之對峙局面。美國中情局在該年進行了一項暱稱為「健康選擇委員會」（Health Alteration Committee）計畫，擬暗殺蘇卡諾。中情局副局長比瑟爾（Richard Bissel）後來曾承認有此一計畫。以後蘇卡諾愈來愈傾向東方集團，訪問莫斯科和北京，從東歐國家購買武器。印尼共黨在蘇卡諾的聯合政府內勢力增強。[2]此一情勢之發展都為後來美國企圖扭轉蘇卡諾的左傾路線而開始介入印尼內政鋪路。

　　此後，印尼內部開始發生動亂，主要原因是各地軍區不想歸由中央政府控制其權力和地方利益。各地軍區司令在抗荷運動中，累積地方實力，成為地方的軍閥。在東部群島和蘇門答臘，軍區司令建立他們自己的轄地，經常從走私椰乾和橡膠等產品中獲利。納蘇遜（Abdul Haris Nasution）重被任命為陸軍參謀長，且與蘇卡諾合作，他在1955年下令這些地方軍區司令將地方軍權交給中央，意圖削弱地方軍區司令的力量，結果引發反抗，各地反雅加達聲浪此起彼落。

　　1956年10–11月，盧比斯上校（Col. Zulkifli Lubis）兩次策動其親信發動軍事政變，結果失敗。

　　11月，卡里曼丹第六軍區司令阿比孟尤（Abimenju）下令南卡里曼

2　Oliver Stone and Peter Kuznick, *The Untold History of the United States*, Gallery Books, New York, 2012, p.348.

丹駐軍團長哈山・巴斯里逮捕雅加達派出的中央官員和國會議員，哈山拒絕執行該項命令，而使盧比斯的陰謀難以得逞。盧比斯背後的支持來源是美國，美國曾給予大筆活動經費。11月20日，中蘇門答臘駐軍第四步兵團團長胡笙上校（Col. Ahmad Husein）在巴東（Padang）召開「雄牛師團重聚大會」，要求改組政府和軍中高層領導人以及由本地人出任中蘇門答臘政府官員。隨後萬隆陸軍參謀與指揮學校、軍事院校等機構紛紛響應。12月1日，哈達（Mohammad Hatta）因為不滿蘇卡諾集中權力而辭去副總統職位，此一事件引起爪哇外的其他島嶼的瑪斯友美黨（Masyumi）之支持者和區域主義者對雅加達的批評。

12月16日，蘇門答臘48名陸軍軍官簽署宣言，反對雅加達中央政府。20日，胡笙上校控制蘇門答臘的巴東，成立「中蘇門答臘臨時政府」。12月22日，辛波倫上校（Col. Maludin Simbolon）控制棉蘭（Medan）政府，後經政府軍鎮壓，退至山區。1957年1月中，巴利安中校（Lt. Col. Barlian）在南蘇門答臘稱兵作亂。

1957年3月2日，位在烏戎潘丹（Ujungpandang）（即望加錫）的東印尼軍區指揮官蘇穆爾中校（Lt. Col. Herman Nicolas "Ventje" Sumual）和來自民那哈沙（Minahasa）、武吉斯（Bugis）、望加錫（Makassar）和安汶（Ambon）的領袖在武吉斯貴族、蘇拉威西省長拉尼（Andi Pangerang Petta Rani）的住家宣布「全面鬥爭」理念。發佈一項「全面鬥爭憲章」（Universal Struggle Charter, Permesta, Overall Struggle），呼籲「完成印尼革命」，主張給蘇卡諾更多的權力，減少國會和內閣的權力。此外，源起於西爪哇的「伊斯蘭國」（Darul Islam）運動已擴散到亞齊和南蘇拉威西。3月14日，阿里・薩斯特羅米卓卓總理辭職，蘇卡諾宣佈戒嚴令，加強總統蘇卡諾和軍人的權力。鍾安達（Djuanda）總理於4月22日前往巴東，與胡笙談判，胡笙堅持主張恢復蘇卡諾-哈達兩位一體政權、中央正式承認「雄牛委員會」為中蘇門答臘合法軍政機構以及地方擁有80%地方稅收的權利，結果談判未有結論。

6月，在萬鴉老（Manado）的軍官宣布成立「北蘇拉威西自治邦」。8月，蘇穆爾派遣倫度蘭比少校（Maj. Dolf Runturambi）到香港，會見椰乾貿易商的美國人貝林（Alexander Baylin），希望他能運送武器給「全面鬥

爭」的革命軍。貝林向美國駐香港官員報告此事。[3]

　　從1957年4月到8月，面對印尼外島的變局，美國中情局的人員加緊在印尼外島與異議份子聯繫，並將各外島情勢匯報給華府。從9月「巨港憲章」起，這些右派軍人就主張將印共宣布為非法組織，但不為蘇卡諾所接受，蘇卡諾企圖利用印共平衡右派軍人的勢力，印尼的動亂給予美國有可趁之機的企圖，美國中央情報局駐印尼人員開始策劃聯合這些右派軍人推翻蘇卡諾政權。

　　美國國家安全委員會在1957年8月1召開會議，聽取中情局長艾倫・杜勒斯（Allen Dulles）有關印尼情勢之報告，會議通過第1758號行動（NSC Action NO.1758），決議成立「關於印尼跨部會特別小組」（Ad Hoc Committee on Interdepartmental on Indonesia），成員包括國務卿（擔任特別小組主席）、國防部長、聯合參謀首長、中央情報局局長和國際經濟援助事務合作署（International Cooperation Administration for Economic Aid Matters）署長。9月1日，該特別小組向國安會提出報告，建議：(1)將秘密支持爪哇島以外的蘇門答臘島和蘇拉威西島的反共勢力，以有效影響爪哇的情勢，若爪哇情勢惡化，將採取進一步措施。(2)利用和發展這兩個島的政治和經濟資源，在爪哇的軍隊和準軍隊中利用和支持非共和反共的勢力。(3)立即中斷對印尼政府的經濟援助和情報資訊是沒有必要的，但要加以掌控，毋使他們認為美國的技術援助計畫和經濟發展計畫將改移到外島。(4)國防部的立場是，假如共黨控制爪哇、或者擴大控制外島（按指爪哇島以外的其他島嶼），則美國將採取行動。但國務院則不主張採取躁進政策。目前尚未有所共識，若有所決定，則不會以紙面文件通報各級政府。(5)目前美國仍要繼續和印尼政府維持密切關係，儘可能親近。[4]根據此項對印尼的新政策，中央情報局採取秘密支持蘇門答臘島和蘇拉威西島革命軍的策略，由中情局主導跟該兩島革命軍接觸、聯繫和軍援等所有活動。

3　Kenneth Conboy and James Morrison, *Feet to the Fire: CIA Covert Operations in Indonesia, 1957–1958*, Naval Institute Press, Annapolis, Maryland, 1999, p.19.

4　"262. Report prepared by the Ad Hoc Committee on Interdepartmental on Indonesia for the National Security Council, Special report on Indonesia, Washington, September 3, 1957," John P. Glennon, ed., *Foreign Relations of the United States, 1955–57*, Vol.XXII, Southeast Asia, United States Government Printing Office, Washington, 1989, pp.436–440.

　　9月2-8日，胡笙、蘇穆爾、巴利安等革命軍領袖在巨港舉行秘密會議，簽署「巨港憲章」（Palembang Charter），要求宣布印尼共黨為非法組織、哈達返回領導崗位、立即改組陸軍領導班子、建立地方分權機構、給予地方廣泛自治權、成立參議院等。9月20日，來自北蘇拉威西和蘇門答臘的革命軍領袖胡笙、巴利安、辛波倫及盧比斯等人在巴東集會，商討聯合行動事宜，決定由蘇門答臘中部、蘇門答臘南部和北蘇拉威西共同建立「全國國民陣線」，以「巨港憲章」為其政治綱領。

　　美國駐印尼中情局主任史密斯（James A. Smith Jr.）在1957年9月前往武吉丁宜（Bukittingi）山區革命軍秘密據點，會見辛波倫上校、胡笙上校，革命軍要求美國提供金援和電報系統，而沒有提及武器援助。隨後美國就決定運送他們所需要的物資，中情局透過其駐棉蘭官員阿爾米（Dean Almy）負責運送任務，他運送總值5萬美元的印尼盾給革命軍，專款用於購米。阿爾米在給中情局的報告中建議對印尼外島提供秘密援助。[5]開啟了美國中情局介入印尼內政的序幕。

　　10月，美國金援就送到外島，開始展開「駭客」（HAIK）行動。3日或4日，美國中情局開始給辛波倫上校金援5萬美元，首次交款是在武吉丁宜，以後辛波倫上校到新加坡會見美國駐棉蘭中情局官員。辛波倫告訴中情局官員說，他們在巴東的伙伴將起來反對雅加達政府，他們需要金錢和武器。美國中情局派駐新加坡官員立即將該訊息通報華府，馬上獲得回應，同意給予金錢和武器。辛波倫的隨行人員有數人留在新加坡接受收發電報訓練。以後5個月，美國提供給蘇門答臘革命軍的武器足夠裝備8千名軍隊。有少數武器據信是由英國供應，亦有革命軍向其他國家購買。[6]

　　11月7日，印尼舉行地方議會選舉，印共在日惹贏得30%得票率，比1955年國會選舉的得票率13%還高出17%，印共在爪哇島獲得重大勝利，引起美國之擔憂。印尼陸軍參謀長納蘇遜在此時曾要求美國提供武器援助，但遭美國拒絕，因為美國已決定對外島革命軍提供軍援。11月底，印尼沒收荷蘭在印尼的產業，2天後，蘇卡諾遭暗殺，僥倖平安。國務卿

5　Kenneth Conboy and James Morrison, *op.cit.*, pp.24–27.

6　Audrey R. Kahin and George McT. Kahin, *Subversion as Foreign Policy The Secret Eisenhower and Dulles Debacle in Indonesia*, New Press, New York, 1995, p.120.

杜勒斯在11月底致電報給美國駐印尼大使阿里生（John M. Allison），表示鑑於印尼情勢不明，故不同意軍援印尼雅加達政府，[7]因為美國正在計畫暗中支持印尼革命軍以及擔心印尼利用此批武器對付荷蘭，荷蘭仍堅持不放棄西伊里安（紐幾內亞島西半部），結果納蘇遜向東歐集團請求軍援。

11–12月，美國使用潛水艇將武器運至巴東以南20英里的小港口派南（Painan）。美國亦利用潛水艇將約50名革命軍送至琉球、關島和塞班島（Saipan）接受電報和武器訓練。12月，一艘臺灣貨輪運送武器到巴東附近的海岸，然後由盧比斯上校的前助理伊布拉欣（Saleh Ibrahim）使用快艇將武器駁運到巴東。[8]

印尼各地軍區紛起反抗雅加達中央政府的運動，他們大都屬於右派的軍人，反對蘇卡諾與印共合作，印共在1955年國會選舉後，勢力大增，印尼共黨獲得16.4%得票率，在257席中分得39個席次，佔15.2%。1957年7月，舉行省級選舉，印尼共黨在西爪哇（Jawa Barat）和中爪哇（Jawa Tengah）兩省，贏得34%的選票，遠超過印尼國民黨、回教教師聯合會和瑪斯友美黨。印尼共黨之所以成功，主因是它擁有良好的基層組織，以及宣傳進行土改，支持蘇卡諾的「指導民主」觀念。當印尼和荷蘭為了西紐幾內亞問題而劍拔弩張時，印共控制的工會發動國有化荷蘭公司的運動。1957年12月3日，控制印尼船運的荷蘭所有的「皇家郵輪公司」（Royal Packetship Company, KPM）被印尼政府收歸國有，兩天後，有46,000名荷蘭人被驅逐出印尼。納蘇遜下令武裝部隊軍官接管該石油公司，成立印尼國營石油公司，由納蘇遜的副手蘇托烏上校擔任該公司主管。此為軍人介入經濟事務之始。

美國中情局為了執行其在印尼的秘密行動，暗中聯合台灣和菲律賓執行其計畫。美國中央情報局人員可能在1957–1958年之際，建請臺灣協助「印尼革命軍」。此對於蔣中正而言，正是他施展拳腳的機會。所以就一口答應，立即在1958年2月23日第一次空運支援「印尼革命軍」7個營

7　"298.Telegram from the Department of State to the Embassy in Indonesia, Washington, November 25, 1957," John P. Glennon, ed., *Foreign Relations of the United States*, 1955–1957, South East Asia, Vol.XXII, United States Government Printing Office, Washington, 1989, pp.515–516.

8　Audrey R. Kahin and George McT. Kahin, *op.cit.*, p.121.

的裝備武器給在印尼蘇門答臘島的「印尼革命軍」。以後「印尼革命軍」在蘇門答臘島失利，轉移到蘇拉威西島北部，以萬鴉老（Manado）為據點。臺灣繼續空運武器和裝備給北蘇拉威西的「印尼革命軍」。

中國外長陳毅於1958年3月告訴印尼駐北京大使蘇卡德卓（Soekardjo）說，只要印尼蘇卡諾總統有需要，中國願意無條件提供任何的援助。當年印尼就派遣代表團秘密訪問北京，蘇卡諾總統和鍾安達總理分別致函毛澤東和周恩來總理，請求中國給予援助。中國對印尼提供總值2千萬美元軍備援助，[9] 5月18日，美國人波普（Allen Lawrence Pope）駕駛「印尼革命軍」的B-26轟炸機飛越印尼摩鹿加群島的安汶島（Ambon）上空時遭到印尼政府空軍狄萬特上尉（Captain Ignatius Dewant）駕駛的野馬獵人機擊落，暴露了美國介入印尼內政之證據。此後，美國停止支援「印尼革命軍」，由於美國沒有通知臺灣計畫改變，此項支援行動已停止，以致於臺灣開始規劃「南海計畫」，準備擴大出兵及增加對「印尼革命軍」的軍援規模。

臺灣以小島之力，根本無法供應支援「印尼革命軍」之活動，在「印尼革命軍」趨於失敗的情勢下，最後一批臺灣飛機在1958年7月中旬離開北蘇拉威西，同時關閉了在菲律賓蘇祿群島的山嘎山嘎機場的基地。8月6日，臺灣又進行最後一次空投。[10]

值得注意的是，此時美國和印尼有正式邦交，印尼知悉美國暗中支持「印尼革命軍」，只是勸請美國停止支援，而沒有跟美國斷交，蘇卡諾考慮的是希望美國提供軍經援助。印尼政府開始對美國提出援助之要求。6月3日，美國駐印尼大使鍾斯會見印尼外長蘇班德里歐，蘇班德里歐請求美國提供非戰鬥的機械、造橋設備給陸軍，用來恢復蘇門答臘之道路交通。此跟早先印尼提出的援助項目相同。鍾斯要求國務院能授權給他，在納蘇遜列出請求援助項目後，將立即同意對方會儘快提供援助。這樣做將有助於美國和印尼陸軍之關係長期穩固。[11]

9　Taomo Zhou, *Migration in the Time of Revolution: China, Indonesia, and the Cold War*, Cornell University Press, Ithaca and London, 2019, p.69.

10　關於臺灣介入印尼內部事務，請參見陳鴻瑜，**揭密：冷戰時期台灣與東南亞之軍事關係**，臺灣學生書局，台北市，2022年，頁55–106。

11　Office of the Historian, "117. Telegram From the Embassy in Indonesia to the Department of State, Djakarta, June 3, 1958," United States Department of State, *FRUS*, 1958–1960,

　　印尼情報局長蘇根德羅中校在6月6日向美國大使鍾斯說，內部團體包括蘇卡諾、鍾安達、納蘇遜和蘇班德里歐對於美國擬定的出售印尼7百萬美元軍備感到讚賞，這項軍售包括武器、船運、航空運輸、服務學校。納蘇遜也組織一個小組研究軍購的項目，他本人準備訪問美國，討論軍援問題。[12]

　　美國遠東事務助理國務卿羅勃生（Walter S., Robertson）於7月30日向杜勒斯建議，此時(1)應立即對印尼提供7百萬美元軍援，特別是對印尼陸軍。美軍太平洋總司令（Commander in Chief of the Pacific, CINCPAC）更是如此建議。後者建議應派遣一名高級官員到印尼與印尼陸軍協調該項軍援計畫。(2)是建議增加名額給印尼軍官到美國軍校讀書。(3)同意使用配套資金為印尼軍隊建造軍營。[13]

　　美國國務卿杜勒斯在8月1日召開有關軍援印尼的會議，與會者有副國務卿、羅勃生、國務院情報研究局（Director of the Bureau of Intelligence and Research, Department of State）局長康明（Cumming, Hugh S., Jr.）、中情局局長艾倫‧杜勒斯等，會中討論羅勃生提出的軍援印尼建議案，會中通過該項軍援案。最後羅勃生提議該項軍援案應通知英國、澳洲和菲律賓。等該案執行時，要通知荷蘭政府。杜勒斯同意其意見。[14]美國沒有將軍援印尼政府一事通知臺灣，應是怕惹惱蔣中正，引起其反彈。

　　8月13日，美國和印尼簽署象徵性（token）軍援協議，主要內容包括：(1)美國將分階段提供印尼陸軍總值700萬美元軍援；(2)提供額外名額給印尼軍官到美國軍校就讀；(3)同意利用配套資金為印尼陸軍建造軍

　　　Indonesia, Vol. XVII, https://history.state.gov/historicaldocuments/frus1958-60v17/d117 2020年5月13日瀏覽。

12　Office of the Historian, "118. Telegram From the Embassy in Indonesia to the Department of State, Djakarta, June 6, 1958," United States Department of State, *FRUS*, 1958–1960, Indonesia, Vol. XVII, https://history.state.gov/historicaldocuments/frus1958-60v17/d118 2020年5月13日瀏覽。

13　Office of the Historian, "138. Memorandum From the Assistant Secretary for Far Eastern Affairs (Robertson) to Secretary of State Dulles, Washington, July 30, 1958," United States Department of State, *FRUS*, 1958–1960, Indonesia, Vol. XVII, https://history.state.gov/historicaldocuments/frus1958-60v17/d138 2020年5月11日瀏覽。

14　Office of the Historian, "139. Memorandum of Conversation, Washington, August 1, 1958," United States Department of State, *FRUS*, 1958–1960, Indonesia, Vol. XVII, https://history.state.gov/historicaldocuments/frus1958-60v17/d139 2020年5月14日瀏覽。

營。[15]

8月15日，美國象徵性軍援印尼武器首批運抵雅加達（包括3架陸軍使用的L–20聯絡飛機和空軍使用的3架直昇機）。[16]美國國防部認為對印尼軍援存在著風險，因為印尼也接收大量東歐集團的軍經援助，再加上荷蘭對於美國軍援印尼有意見（因為荷蘭擔心印尼利用美援武器出兵佔領西紐幾內亞），故國防部建議在印尼設立援助印尼軍事顧問團、由國防部會同國務院共同提撥基金及授權儘快執行該計畫、儘早決定一個援助印尼的長期軍援計畫及縮小損害美國跟荷蘭之間的關係。[17]

印尼政府在獲得美國軍援後，採取了一些措施回應美國的要求，在9月8日，鍾斯給國務院的一分電報稱，印尼政府採取了若干反共措施，例如，限制印共的宣傳和示威活動、由陸軍控制退伍軍人組織、延遲選舉以防止共黨贏得選舉。在對美國示好方面，解除對時代（Time）雜誌的限制、無限期延期對波普的審判、禁止石油公司工人的罷工和停工、由陸軍控制「國民陣線」等。[18]

蘇卡諾接受了美國軍援，仍沒有改變其左傾外交路線，跟中國走得愈來愈近，中國不僅給予印尼軍援，而且鼓動印尼成立「第五軍種」，導致印尼軍隊分裂和左派軍人發動政變的後果。

15　Audrey R. Kahin and George McT. Kahin, *op.cit.*, p.193.

16　軍援總額為780萬美元，陸軍分到240萬美元，造12座橋；海軍分到290萬美元，購一艘登陸艇、2艘掃雷艦、一個海軍陸戰隊步槍連的裝備、一個60厘米迫擊砲；空軍分到250萬美元，從事飛行員訓練、指揮參謀學校訓練。Office of the Historian, "163. Telegram From the Department of State to the Embassy in Indonesia, Washington, November 7, 1958," United States Department of State, *FRUS*, 1958–1960, Indonesia, Vol. XVII, https://history.state.gov/historicaldocuments/frus1958-60v17/d163 2020 年 5 月 14 日瀏覽。

17　Office of the Historian, "158. Letter From the Assistant Secretary of Defense for International Security Affairs (Irwin) to the Under Secretary of State for Economic Affairs (Dillon), Washington, October 7, 1958," United States Department of State, *FRUS*, 1958–1960, Indonesia, Vol. XVII, https://history.state.gov/historicaldocuments/frus1958-60v17/d158 2020 年 5 月 14 日瀏覽。

18　Office of the Historian, "152. Telegram From the Embassy in Indonesia to the Department of State, Djakarta, September 8, 1958," United States Department of State, *FRUS*, 1958–1960, Indonesia, Vol.XVII, https://history.state.gov/historicaldocuments/frus1958-60v17/d152 2020 年 5 月 14 日瀏覽。

二、1960 年與荷蘭斷交

依據1949年荷蘭海牙圓桌協議之規定，西伊里安（西紐幾內亞）將在荷蘭移交政權給印尼聯邦共和國後一年內加以解決。然而，直至1954年，荷蘭和印尼未能對西伊里安問題達成任何協議，印尼乃將該案訴請聯合國處理。1955年4月，在萬隆舉行的「亞非會議」通過決議支持印尼對西伊里安的立場。聯合國大會和第一委員會曾討論該一問題，結果無進展。蘇卡諾乃在1960年8月宣布與荷蘭斷交。

荷蘭在1961年4月宣佈成立「紐幾內亞委員會」（Nieuw Guinea Raad），意圖建立一個獨立的巴布亞國。1961年12月19日，蘇卡諾在日惹發表演講，宣布與荷蘭進入軍事對抗狀態。然後，他派軍進入西伊里安，到1962年底，有3,000名印尼士兵出現在西伊里安（西巴布亞）。

1962年2月，美國司法部長羅伯特・甘迺迪（Robert Kennedy）前往荷蘭，向荷蘭政府表示，美國不會支持荷蘭與印尼發生武裝衝突。在蘇聯軍備和顧問的幫助下，蘇卡諾計劃在1962年8月對荷蘭比亞克（Biak）軍事總部進行大規模的空中和海上攻擊。蘇哈托組織了3,000人的敢死隊，從海上及空中進入爭議地區。但這些敢死隊員大部分跳傘掉進叢林，而沒有對於荷蘭在西巴布亞的行政中心產生威脅。後來在大批共黨游擊隊的幫忙之下，1962年8月15日，蘇哈托冒險地下令25,000人以空降和兩棲作戰的方式，進攻荷蘭軍事中心比亞克島，行動代號為「佳佳偉佳佳行動」（Operasi Djajawidjaja）。然而就在他已經迫近蘇拉威西的柏蘭島（Peram）的軍事指揮部時，卻收到中央下的撤退命令。8月15日，在美國的壓力之下，荷蘭和印尼簽訂了「紐約協議」（New York Agreement），在1962年10月1日將西伊里安問題交給「聯合國臨時行政機構」（UNTEA）託管。1963年5月1日，「聯合國臨時行政機構」將領土控制權交給印尼。[19]

蘇卡諾為了爭奪西巴布亞領土，不惜與荷蘭斷交並開戰，他先獲得亞洲國家的支持以及美國從中協助和施壓，迫使荷蘭放棄西巴布亞，其外交策略獲得成功。

19　"Sukarno," *Military wiki*, https://military-history.fandom.com/wiki/Sukarno#Domestic_tensions 2022 年 7 月 1 日瀏覽。

三、1963年對抗馬來西亞聯邦

馬來亞聯邦和新加坡自治邦在1961年8月23日達成合併組成馬來西亞聯邦的協議。11月，英國表示將把其所控制的砂拉越和北婆羅洲歸併入該馬來西亞聯邦。印尼總統蘇卡諾對此表示不滿，認為此係英國陰謀在背後操縱成立馬來西亞聯邦，意圖建立其殖民勢力。其實蘇卡諾想兼併砂拉越和北婆羅洲。

於是蘇卡諾在背後支持砂拉越聯合人民黨和汶萊人民黨在1962年12月8日發動武裝反抗，他們組織「北卡里曼丹民族軍」（North Kalimantan National Army, TKNU）在汶萊發動叛亂，企圖逮捕汶萊蘇丹、控制油田和拘押歐洲人做為人質。

1963年1月，印尼第一副總理蘇班德里歐宣布對馬來西亞採取「對抗」政策，反對馬來西亞聯邦的成立。2月13日，蘇卡諾在「印尼民族陣線」會議上批評英國帝國主義者企圖利用馬來西亞聯邦包圍印尼。4月12日，印尼「志願軍」數度越過卡里曼丹和砂拉越及北婆羅洲的邊界進行攻擊行動。印尼軍隊亦有突襲馬來半島的柔佛海岸地帶，但均遭到格殺或逮捕。6月，馬、菲、印三國外長在馬尼拉集會，同意接受菲國提議成立「馬、菲、印組織」（MAPHILINDO）的大邦聯。

9月13日，聯合國秘書長吳譚（U Thant）宣布聯合國調查團的民意調查結果，確認砂拉越和北婆羅洲的民意是願意併入馬來西亞聯邦。9月16日，馬來西亞聯邦如期宣佈成立。隔天，印尼宣布不承認馬來西亞聯邦，馬國也宣布與印尼和菲國斷交。

以後印尼發動反馬來西亞、反美和反英之群眾運動，暴民攻擊英國駐雅加達大使館，焚燒英國國旗和大使的座車。從1964年初開始，印尼各地出現反美活動，例如攻擊美國新聞處和圖書館、抵制美國電影、驅逐美國人、燒毀美國和西方國家的書籍、抵制拒發送美國人的郵件、鐵路工人拒送美國貨物。

1964年印尼正規軍亦進行越界攻擊行動。馬來西亞獲得澳洲和紐西蘭暗中派遣軍隊協助，擊敗入侵的印尼軍隊。

馬來西亞在1965年1月成為聯合國安理會非常任理事國，印尼對此表示不滿，因此退出聯合國。印尼為因應此一國際局勢的發展，在印共之支持下，在1965年8月17日，蘇卡諾企圖組織「雅加達-金邊-北京-河

內 - 平壤軸心」（Jakarta-Phnom Penh-Beijing-Hanoi-Py'ngyang axis），以對抗新殖民主義、殖民主義和帝國主義（Neocolonialism, Colonialism, and Imperialism, Nekolim）。印尼在此一階段獲得蘇聯和中國的武器和經濟援助。[20]

蘇卡諾在1965年9月30日印尼共黨政變中失勢，掌握政權的蘇哈托不想繼續與馬來西亞對抗，印尼外長馬力克（Adam Malik）在1966年5月28日與馬來西亞副首相兼外長敦拉薩（Tun Razak）在曼谷進行談判，8月11日簽署停止敵對及關係正常化協議[又稱曼谷協議（Bangkok Agreement）]，恢復兩國外交關係，結束「對抗」政策。1966年9月19日，印尼重回聯合國。

蘇卡諾因為感受到英國和美國在背後支持馬來西亞擴張領土，有損印尼之權益，因此其外交政策更轉向左傾，企圖聯合北越、中國和北韓建立新的反西方陣線，終於隨著蘇哈托右派軍人掌權後而歸於結束。

四、1965 年中國介入印尼政變

1965年9月30日，印共組織「人民青年組織」（Pemuda Rakyat, People's Youth）、「印尼婦女運動」（Gerwani, Gerakan Wanita Indonesia,Indonesian Women's Movement）在雅加達舉行示威，抗議升高的通貨膨脹。當天晚上10時一群中高階軍官夥同印共發動政變，在卡柯拉畢拉瓦皇宮侍衛長溫東中校之主導下，獲得迪波尼哥羅師團和布拉韋查亞師團的軍人、空軍和共黨青年團之支持，聚集哈林空軍基地，達尼將軍和艾迪均出席。蘇帕卓准將率領叛軍綁架及殺害陸軍參謀長雅尼及其他5位將軍，納蘇遜幸運翻牆逃走，躲入隔壁伊拉克大使家的庭院，未被殺害，叛軍佔領獨立廣場、總統府、電台和電視台。

戰略後備司令蘇哈托率領右派軍人在10月2日控制政局，大肆逮捕印共份子，1966年3月12日，蘇哈托下令解散印共。1966年12月，關閉華文學校、華人社團、華文報紙。1967年4月，雅加達爆發排華示威。10月27日，印尼與中國斷交。1969年4月，印尼廢棄與中國簽訂的雙重國籍條約，導致有8萬名華裔喪失印尼國籍。此外，其他重要的排華法令，包

20　"Communism and Stalinism in Indonesia," *Workers' Liberty #61*, http://archive.workersliberty.org/wlmags/wl61/indonesi.htm 2022 年 6 月 19 日瀏覽。

括：要求華人改用印尼姓名、禁止使用華文、禁止舞龍舞獅、限制華人
經營外貿業、限制華人向國營銀行貸款、限制華人讀大學之人數比例。

第二節　中間偏右外交路線

一、推動成立「東南亞國家協會」（ASEAN）

馬來亞總理東姑阿都拉曼（Tunku Abdul Rahman）為了化解印尼對於
成立馬來西亞聯邦之不滿，曾提議籌組由馬來亞、菲律賓和印尼參加的
「東南亞協會」（Association of Southeast Asia），但不為蘇卡諾所接受。
1966年5月底，印尼改變態度，第六副總理兼外長馬力克（Adam Malik）
與馬來亞副首相敦拉薩（Tun Abdul Razak）在曼谷會談，同意進行區域
合作。

1966年8月16日，蘇哈托對國會致詞時表示，「當對抗馬來西亞此一
問題解決時，我們就能進一步把外交政策之活動向前推進，促使東南亞
國家間在互利基礎上密切合作。我們將恢復擴大『馬、菲、印』組織的
觀念和範圍，俾在不同領域達成東南亞合作，特別是在經濟、技術和文
化領域。」又說：「假如有一天一個整合的東南亞能夠建立起來，這個世
界的一部份就能堅強地站起來，以及面對來自各方，無論是經濟的、軍
事的干涉等外來影響。一個合作的東南亞，一個整合的東南亞，將構成
最強大的堡壘和基地，可面對無論何種形式以及來自何方的帝國主義和
殖民主義的挑戰。」[21] 1968年3月，蘇哈托向「人協」表示，東協之組成
是出於印尼之主動。

馬來西亞在1971年倡議成立「東南亞和平、自由和中立區」，獲得印
尼的支持，成為東協的組織目標。基此認知，印尼反對東協成為軍事性
同盟組織。1984年9月，印尼和其他伙伴國提出東南亞「無核區」概念，
作為實現「和平、自由和中立區」的一個步驟。

東帝汶在1999年以公投脫離印尼成為一個獨立國家，東帝汶擬申請
加入東協，遭到新加坡反對，認為東帝汶經濟條件不佳，在很多東協國

21　Michael Leifer, *Indonesia's Foreign Policy*, The Royal Institute of International Affairs,
　　London, 1983, p.119.

家都還沒有設立使領館,將來要籌辦東協年會會有困難。但東帝汶加入東協卻獲得印尼之支持,新加坡吳作棟總理在2000年11月24日東協非正式高峰會上表示,東協首腦都認為,東協目前與中國、日、韓的關係有待加強,因此現在還不是增加對話夥伴的時候。瓦希德在新加坡非正式高峰會期間,曾向李光耀建議讓巴布亞紐幾內亞和東帝汶加入東協,以及建議東協與西太平洋島國建立一個「合作論壇」,但都遭到李光耀拒絕,認為讓這些國家加入,將會付出難以承擔的高昂代價。導致瓦希德不滿,他公開批評新加坡輕視鄰國、唯利是圖,而且揚言聯合馬國切斷對新國供應食水。

2002年5月19–20日,梅嘉娃蒂出席東帝汶獨立慶典,印尼展現了一個大國的寬容態度。以後歷任印尼總統都支持東帝汶加入東協,都因東帝汶無法在東協各國設立三分之二以上的大使館,以致於遲未能加入。

印尼作為東協集團的龍頭,卻在東協內部及對外事務上,並不以老大自居,東協從一開始成立起就以「共識決」進行,與其他東協國家立於平等地位處理東協內部及對外政策。在東協所推動的各項計畫方案中,很少由印尼提出,基本上都是配合東協的發展目標。然而,基於國家利益,涉及到印尼的農業發展問題,印尼是相當堅持意見,且在很多場合與其他成員國意見相左。例如在1995年為了將白米、黃豆等15項農產品和加工農產品從「普惠制」的「臨時豁免名單」上抽出,另放入「敏感產品」名單上,就是要限制這些農產品納入自由貿易區計畫內,印尼與泰國曾發生歧見。最後妥協這類農產品在2010年全數要納入自由貿易區免除關稅計畫內。又例如1990年,當新加坡同意美國使用其軍事設施時,曾遭到印尼之批評,後來雙方經過協商取得諒解,印尼後來也效法新加坡讓美國軍艦使用其港口。

由於蘇哈托在對外關係上採取低姿態,印尼與其他東協國家關係良好,在發生金融危機時,獲得新加坡和馬國的金援,新加坡提供印尼100億美元備用貸款。馬來西亞從1997年7月以來,也受金融風暴之苦,失業人口增加,因此大肆逮捕驅趕非法入境的印尼勞工,一度使雙方關係出現緊張,但馬國在1997年還是提供印尼10億美元貸款,1998年又提供2億5千萬美元額外貸款。印尼在隨後爆發的學運及社會動亂,又獲得東協國家的同情,希望印尼恢復穩定。東協國家也充分表現自制,互不干涉成

員國的內政。

二、與中國的關係

在美國解密的檔案中，只有兩個文件提及中國介入印尼政變事。美國大使格林恩（Marshall Green）於1965年10月26日致電國務院對印尼情勢作進一步的報告，該報告直接指明「『930運動』的罪魁禍首是蘇卡諾、蘇班德里歐、艾迪和印共、達尼及其他空軍軍官。共黨中國也介入，至少走私提供數千枝槍，分配給印共青年組織，就當時的情況而言，北京應該知悉該一運動，甚至插手介入，但沒有成功。」

另一項文件是美國駐印尼大使館呈報給國務院的機密報告，標題為「印尼930流產政變之歷史：由北京啟動」（The History of the Gestapu Abortive Coup: engineered in Peking）。該報告轉引印尼軍方出版的報紙武裝部隊（Angkatan Bersendjata）在1966年4月25–26日刊登了「印尼930流產政變之歷史：由北京啟動」一文，而沒有評論。

該文開頭即說，基於事實，現在可以說印尼「930」流產政變是由北京啟動和安排，是在北京主張的世界革命架構內，由毛主席決定的第一優先計畫，目的在建造一個傾向北京的共產世界。毛澤東決定印共在9月30日發動政變，隔日成功，期使印尼之國慶日與中國的國慶日10月1日相同。艾迪曾訪問北京八天，近日訪問北京與毛澤東會談三次，艾迪提及印尼在政變後政府重整，蘇卡諾應下台，總統由非政黨人士出任，他則出任總理。毛澤東則說你應出任總統。艾迪說武裝部隊可能不服。毛說：「不用擔心，只要一次解決所有反動的高階將軍，如納蘇遜、雅尼和蘇哈托，武裝部隊將群龍無首，他們就會臣服於你。」

艾迪又訪問劉少奇，討論給予武器援助，劉少奇答應提供武器以裝備3萬部隊。艾迪在9月中旬與溫東和達尼數度會談，確定政變時間。後來溫東向艾迪說，政變時間能否改在10月5日建軍節？屆時這些將軍到場參加，可一次全擒。艾迪請示毛澤東，毛澤東堅持在9月30日晚上起事。[22]

該報告並不能反映美國政府之觀點，它僅屬於情報蒐集的性質，反

22　"Document 29. Enclosure 1: A-666, Djakarta," *U.S. Embassy Tracked Indonesia Mass Murder 1965*, National Security Archives, https://nsarchive2.gwu.edu//dc.html?doc=4107040-Document-30-Enclosure-1-A-666-Djakarta 2018年4月7日瀏覽。

應印尼軍方對於政變之觀點。

印尼政府首度對該一流產政變跟中國的關係表示立場的是外長馬力克，他在1966年9月27日訪問美國，他沒有直接譴責中國政府介入該一事件，但說有中國共產黨人介入。[23]這是很委婉的說法。印尼群眾從1965年11月2日起開始攻擊中國駐印尼各地領事館和辦事機構，印尼和中國關係陷入低谷。印尼蘇哈托政府懷疑中國介入「930」政變。

蘇卡諾為了慶賀中國國慶，派了500人的龐大代表團在1965年10月1日參加北京天安門之慶祝活動。「930」政變發生後，有些代表陸續返回印尼，約有200多人留在中國。在該年底，印尼外交部秘書長在曼谷召開印尼在亞洲各國使節會議，聽取他做的簡報，印尼駐北京大使德加烏菟（Djawoto）沒有出席，派其副大使出席。1966年4月16日，德加烏菟尋求中國給予政治庇護。

印共政治局候補委員阿吉托洛普（Jusuf Adjitorop）在1964年6月26日到北京醫病，在印尼的印共政治局委員大多數都被處決或被逮捕，只有他躲過一劫。他和其他從蘇聯、古巴、東歐、中東等國的前印尼外交官、印共份子和學生齊聚北京，他成為印共在北京的海外代表的領導人，獲得中國的援助。在北京的印共通過新政綱：「沿著馬列主義路線建立印共，領導印尼人民進行民主革命」，在北京發行刊物，及透過印尼語廣播攻擊蘇哈托政權。[24]

在「930運動」事件後，中國給予阿吉托洛普及其他印共份子200多人政治庇護，以及企圖在北京暗中成立「印尼流亡政府」，支持在印尼國內的印共進行反政府活動。[25] 1967年3月，在北京的印共份子成立了毛派

23　"U.S. agrees to supply aid to Indonesia," *The Morning Record*, Meriden, Conn., USA, September 28, 1966, p.7. https://news.google.com/newspapers?nid=2512&dat=19660928&id=CC5IAAAAIBAJ&sjid=dgANAAAAIBAJ&pg=807,3553022 2018年4月16日瀏覽。

24　David T. Hill, "Cold War Polarization, Delegated Party Authority, and Diminishing Exilic Options: The Dilemma of Indonesian Political Exiles in China after 1965," *Bijdragen tot de Taal-, Land- en Volkenkunde / Journal of the Humanities and Social Sciences of Southeast Asia and Oceania*, 176(2–3), June 2020, pp.338–372. https://www.researchgate.net/publication/342146758_Cold_War_Polarization_Delegated_Party_Authority_and_Diminishing_Exilic_Options_The_Dilemma_of_Indonesian_Political_Exiles_in_China_after_1965 2022年8月7日瀏覽。

25　Rizal Sukma, *Indonesia and China: The Politics of a Troubled Relationship*, Routledge, London, 1999, pp.50–51.

印共，接受了毛澤東的以農村包圍城市的戰略。[26] 1967年10月27日，印尼終於和中國斷交。

1985年4月，中國外長吳學謙訪問印尼，參加萬隆會議三十週年紀念會。印尼表示中、印尼關係正常化取決於中國斷絕和印共的關係。中國逐漸停止對北京的印共份子的支援。印共份子紛紛離開中國，至1986年初約僅剩下50名印共份子。1989年1月2日，印尼外長阿拉塔斯通過印尼駐聯合國代表薩特雷納斯納大使轉告中國常駐聯合國代表李鹿野大使，印尼將全力促進中、印尼復交進程。中國外長錢其琛在1989年2月23日在東京分別會見了印尼國務部長穆爾迪奧諾（Murdiono）和蘇哈托總統，錢其琛表示：「中國和印共沒有關係，我們甚至不知道有該政黨存在，我們不允許住在中國的印尼人從事政治活動。」[27] 蘇哈托在該年10月1日電賀中國國慶。12月3日，中國外交部亞洲司司長徐敦信率團訪問印尼，就雙方關係正常化的技術性問題進行協商。1990年8月8日，印尼與中國恢復邦交。簽訂復交公報地點是在雅加達舉行，同時還規定中國駐雅加達外交官，在未經印尼政府同意之前不可隨意離開雅加達。

瓦希德總統與中國的關係

1999年12月1日至3日，印尼總統瓦希德訪問北京，會見江澤民，他表示印尼將保障華人利益，印尼政府將為印尼華人享有與其他民族同等權利、完全融入印尼社會而做出不懈的努力。雙方同意建立和發展長期穩定的睦鄰互信全面合作關係。

12月2日，瓦希德前往中國中醫研究院檢查眼疾，隨後中國派該院名譽院長唐由之前往印尼為瓦希德進行中醫醫療。2000年2月底，唐由之因心臟不適返回中國。

12月3日，瓦希德在對北大學生演講時表示，中國、印尼、新加坡、日本、印度應該聯合起來，加強亞洲在世界上的地位。其目的不是要對抗西方，而是要建立一種不會危及別人或損害別人的關係。在傍晚的記

26　Guy J. Pauker, *The Rise and Fall of the Communist Party of Indonesia*, The Rand Corporation, the United States, 1969, p.62. https://apps.dtic.mil/sti/pdfs/AD0684526.pdf 2022年8月6日瀏覽。

27　David T. Hill, *op.cit.*

者會上，他宣佈要在印尼設立「中國學院」，也聲明印尼從此將開放華文教育。

　　在瓦希德與江澤民發表的「聯合公報」中，雙方認為「多極化」已成為國際關係發展的總趨勢，並強調任何國家都無權以任何藉口干涉其他主權國家的內部事務。雙方認為人權問題不能通過犧牲國家主權和國家間主權平等的原則來解決，不能違背或破壞聯合國本身賴以成立的原則。雙方也支持裁減武器，尤其是大規模殺傷性武器，並認為「反彈道導彈條約」對於維護國際和平、安全與戰略穩定具有重要意義。

　　12月28日，中國駐印尼大使陳士球與印尼簽署一項援助印尼4千萬人民幣協議，以協助印尼動亂地區安汶、亞齊和西帝汶流離失所的民眾。

　　2000年1月18日，印尼旅遊與文化副國務部長阿迪卡（I Gde Ardika）說，印尼政府預定在4月放寬中國遊客進入印尼的入港處，從目前的5處（雅加達、棉蘭、泗水、巴里島的登帕薩(Denpasar)和巴潭島）放寬為13處，並給予短期停留免簽證或至少是落地簽證。1999年安全與政治統籌部長威蘭托對於給予中國遊客免簽證案，採取擱置之議，主要原因是擔心此舉將帶來不利後果，包括毒品走私。瓦希德同意對這些限制措施重新加以研究。

　　2000年1月，印尼空軍總司令哈納非‧阿斯南（Hanafie Asnan）上將訪問中國，與中國磋商開展有關裝備維修及系統更新之合作事宜，以延長印尼軍機、武器系統及維修裝備之使用年限。雙方並達成兩國空軍高層官員年度互訪計畫。中國已邀請印尼國防部長蘇達梭諾擇期訪問中國，中國「國防科工委」亦於近期應邀訪問印尼。

　　2月9日，瓦希德在訪問印度時接見印度商會與工會聯盟（Federation of Indian Chambers of Commerce and Industry）主席時說，為了在世界市場有一堅強的地位，我們必須與中國、俄國、印度發展所謂的緊密同盟關係。

　　7月，印尼海軍總司令蘇吉普托上將訪問北京，洽談由中國提供貸款購買武器裝備事宜。8月，陸軍參謀總長蘇達多將軍（Gen. Tyasno Sudarto）訪問北京。此外，海軍後勤署長陸迪諾少將亦訪北京，洽談軍購事宜。

　　在該年印尼和中國洽談的軍購項目包括：

1.陸軍：包括7.62釐米54型手槍2千支，AK47型步槍3千支，81釐米迫擊砲5百挺，96型戰車10輛，以及軍用直昇機。

2.海軍：(1)向中國北方精工公司洽購APC WMZ5516X6型戰車。

(2)向中國精密機械進出口公司洽購C-101、C-301、C-801、C-802等型攻船飛彈。採購數量以裝備3–5艘艦艇之裝配量為主。

(3)向中國艦船電機製造廠洽購德國MAM GERMAN授權該廠生產之艦用發電機。

(4)洽購Bofors 120釐米快砲彈藥，其數量為2–3艘艦艇之裝配量。 印尼向中國購買的軍艦上裝備，可能是用來裝備它在1993年向德國購買的39艘前東德舊軍艦，因為艦上武器系統在賣給印尼時均已拆除。

歸納言之，印尼與中國加強軍事合作關係之原因和目的如下：

1.印尼因在1999年派遣武裝民兵在東帝汶進行鎮壓，造成迫害人權的問題，而在該年9月遭到美國的軍事禁運，停止供應印尼軍備，亦與澳洲終止雙邊的軍事合作協議，影響印尼武器系統提昇層次。再加上國防和警察預算不足，嚴重影響印尼軍警執行任務。據稱印尼8架洛克希德公司製造的Martin C-130B大力士型（Hercules）運輸機，有5架因缺乏零件而停止飛行。其他如F-16和F-5戰機亦因缺乏零件而停止飛行。1996年，印尼曾向美國訂購16架BAE System Hawk 200型戰機，原本要先運交6架給印尼，因美國實行禁運，拒絕提供雷達、飛航通訊設備以及飛機所需的動力操控設備，所以也停止運送這第一批戰機。印尼意圖與中國合作，解決它所面臨的軍備上的困難。

2.對東南亞軍售是中國近年之主要外交政策之一，中國已先後向泰、菲、緬、柬等國提供軍售。印尼是其進行軍事外交以及軍售的對象之一。

3.中國欲以廉價的軍備，拉攏東南亞國家。

4.中國意圖透過軍事合作，建立雙邊互信，消除「中國威脅論」。

5.中國對東南亞或其他國家軍售，除了建立軍事合作關係外，亦有賺取外匯的考慮。

6.印尼總統瓦希德在1999年作為總統候選人，在會見中國中央委員會的代表時說，他期望尋求建立一個印度、中國和印尼的新聯盟，此有助

於改正傾向西方權力的偏頗。雖然印度與中國難以結成同盟關係，但印尼和中國似乎正在進行某種程度的軍事合作關係。

7. 中國對印尼提供友誼價格軍售，亦是一大誘因，例如允諾以每一架1百萬美元之優惠價格提供直-九直昇機。中國並提供20億美元貸款供印尼向中國採購軍備之用。中國以提供貸款援助東南亞國家購買其軍備，是近年的作法，接受該項貸款援助的國家有菲國、緬甸、泰國、柬埔寨、印尼。此一作法對中國有利，將會使得貸款國繼續依賴中國。

瓦希德有華人血統，想獲得中國對他的支持。尤其是希望藉此動作讓1958–1965年離開印尼的華人放心重回印尼投資，以恢復印尼經濟之活力。印尼和中國在國際議題上有共同的立場，相互支持，例如1999年9月中國在聯合國安理會召開前，反對將印尼在東帝汶違反人權的依據包含在一份決議草案中；中國也反對將東帝汶違反人權案移交國際法院處理，此一立場獲得印尼贊同。

印尼有意加強跟中國的雙邊經濟合作。1996年印、中貿易額為36.5億美元，1997年為37億美元，1998年為27億美元。從1994年到1998年，印尼對中國貿易均為出超。至1999年底，中國對印尼投資額為3億美元，而印尼在中國之投資額為10億美元以上。雙方均強調貿易有待進一步加強。

梅嘉娃蒂總統與中國的關係

2001年11月7日，朱鎔基訪問印尼，會見印尼總統梅嘉娃蒂。中國準備邀請印尼主要政黨，包括印尼民主黨鬥爭派、民族覺醒黨、戈爾卡黨的領袖赴中國訪問。同時中國也邀請印尼總統梅嘉娃蒂在2002年3月25日至28日訪問北京。

12月17日，梅嘉娃蒂的先生率領礦物與能源部長布爾諾莫（Purnomo Ysgiantoro）、貿工部長麗妮、海洋與漁業部長洛克敏、住宅暨區域發展部長納蘇等五位閣員訪問中國，以爭取中國所舉行供應廣東發電廠所需液化天然氣之投標。為取得該項投標機會，印尼準備與中國舉行能源會議，商討兩國能源合作問題，印尼將給予中國在減免稅及優待中國銀行在印尼開設分行之便利。

印尼礦物及能源部長布爾諾莫在中國訪問時表示，印尼決定向中國

購買三座發電廠及若干艘油輪。這些發電廠發電量每座達100兆瓦特，每座價值約8億美元，將分別建在北蘇門答臘與東卡里曼丹。中國和印尼雙方也將在棕油、紙漿、紙品、電訊器材等方面進行「以貨易貨」貿易。中國亦建議在電訊器材製造業方面進行合作。

中國和印尼也達成多項漁業合作協議，包括中國將在印尼漁業部門投資6千3百萬美元，並將協助印尼培訓漁業人才，而印尼同意讓中國300艘漁船在印尼專屬經濟區海域作業。此外，中國亦向印尼兜攬爪哇與蘇門答臘、馬都拉島及巴里島等跨海大橋工程，總工程費約70億美元。

印尼交通部部長阿古姆·古默拉爾（Agum Gumelar）在2002年2月1日表示，中國和印尼已同意達成協議，將由中國協助印尼建造從井里汶到泗水的鐵道副線，印尼將以棕油、化肥、煤炭和其他天然資源作為價款。

「中國海洋石油總公司」（CNOOC）在2001年購買了西班牙最大油氣公司REPSOL-YPF在印尼9家子公司的5個區塊的油氣開採權，總價約5.85億美元。在上述收購行動後，「中國海洋石油總公司」成為在印尼最大的海上作業石油公司。REPSOL-YPF印尼油氣田的儲量估計有3.6億桶石油當量。收購後，「中國海洋石油總公司」的年度產量將增加150–200萬桶石油當量。

根據「印尼投資協調委員會」（BKPM）公布的官方統計數字表示，2001年印尼吸收外商直接投資金額為90.2億美元，比上年驟降41.5%，其中新批外資項目金額僅為54億美元，占全年投資總額的59%，比上年下降47%。此外，2001年印尼國內投資也比上年下降了37%，為58.67兆印尼盾（約合58億美元）。

據此來看，印尼主要擴展對外關係，包括對中國的關係，將以強化經貿關係為主，主要以取得外商投資為考慮。印尼政府準備降低外商取得居留權的條件，外商只要投資10萬美元即可取得居留權，目的即在鼓勵外商前往印尼投資和居留。

其次，印尼也希望增加工作機會，因此，政策走向是希望提高人民的就業機會。漁業合作即是一例。2001年11月印尼海洋和漁業部公布該部部長第60/2001號決定，擬前往印尼200海里專屬經濟區捕魚的外國船隻可採取三種方式，第一種方式是和印尼公司成立合作公司；第二是和印尼

公司合作以分期付款方式轉讓船隻；第三是申請捕魚許可證。為了推動
該項工作，印尼政府將和有意在印尼專屬經濟海域合作捕魚的有關國家
簽定諒解備忘錄。中國即是在此一新規定下與印尼進行漁業合作，此對
於雙方皆是有利。

尤多約諾總統與中國之關係

　　中國國家主席胡錦濤於2005年4月25日訪問印尼，會晤尤多約諾總
統，雙方建立了戰略合作夥伴關係，中國並且提出向印尼提供價值3億美
元的優惠貸款，還向亞齊海嘯災區提供150萬美元的經濟援助。中國在加
強與印尼經貿關係的同時，也希望向印尼出售武器，同時進行其他方面
的軍事合作。印尼國防部長蘇達梭諾指出，雙方就中國向印尼出售武器
等防務技術以及雙邊軍事合作的問題，簽署了一份備忘錄。

　　胡錦濤訪印尼，兩國建立戰略伙伴關係，雙方發表關於建立戰略伙
伴關係的聯合宣言，這一戰略伙伴關係應是不結盟、非排他的關係，旨
在促進兩國和兩國民眾的和平、穩定與繁榮。這一戰略伙伴關係應以聯
合國憲章、和平共處五項原則、萬隆會議十項原則、東南亞友好合作條
約以及其他公認的國際法為準則。雙方達成以下共識：

　　(一) 政治與安全合作：

(1) 加強高層經常性互訪與溝通，促進相互接觸與聯繫，推展雙方就
　　共同關心和關注的雙邊、地區和國際問題開展對話。

(2) 透過亞、非新型戰略伙伴關係加強與亞、非國家的合作，加強與
　　「不結盟運動」國家和「77國集團」的合作，共同應對全球化和
　　不斷變化的世界環境所帶來的挑戰，確保開發中國家在全球化進
　　程中充分受益。

(3) 再次肯定東協透過建設東協共同體在促進地區合作方面發揮的作
　　用，再次肯定中國透過參與「東協東部增長區」等項目在支持東
　　協工作方面發揮的作用。

(4) 推展落實南海各方行為宣言，使南中國海成為合作平台和友誼橋
　　樑。

(5) 促進雙方在防務和軍事領域的互信，推展各自國防工業發展，積

極探討建立防務安全磋商機制。

(6)鼓勵雙方執法和情報部門間開展合作，透過落實現有合作協議，共同應對恐怖主義、走私、販毒、販賣人口、洗錢、網路犯罪及其他跨國有組織犯罪活動等非傳統安全問題，並積極探討建立磋商機制，根據各自國家法律促進其他適宜領域的合作。

(7)密切開展海上合作，提升能力建設，建立海上問題磋商與合作機制。

　　（二）經濟和發展合作：加快落實中國－東協全面經濟合作框架協議，開放並推展貨物和服務貿易，創建透明、自由、便利的投資制度。

　　（三）社會文化合作：在平等、公正的基礎上重視人權和基本自由，遵循聯合國憲章和其他國際人權文件的原則，致力於在社會各層面和國際社會中保護上述人權和自由。

　　印尼國營石油和天然氣公司（Pertamina）於2005年7月底與中國石油商中石化簽署合資協議，雙方將在印尼東爪哇共同興建一座日生產能力15萬至20萬桶的煉油廠。中海油在2002年就從西班牙公司手中買下印尼油田，一舉成為印尼最大的海上石油生產商。同年，中石油與印尼得文能源集團達成協議，收購其在印尼的油氣資產，包括油田和天然氣田。中國尋求「以合作求安全」，也就是與能源國家進行合作，以取得必須的能源。[28]

　　7月29日中午，中國華電公司總經理賀恭與印尼國家電力公司（PLN）總裁埃迪·維迪約諾等人共同簽署印尼南蘇門答臘4×600MW坑口電站投資的相關協議。這個合同金額在20億美元的項目，只是尤多約諾總統此次訪北京期間簽下的總額達40多億美元的能源大單中的一個。此次雙方共簽署3個備忘錄和6個項目協議。在6個簽約項目中，除一項是建立貿易中心、工業園外，其餘5項全部是能源類項目，包括2個煤炭運輸（合約金額分別是8億美元和4.9億美元）、2個電站建設（合約金額分別是20億美元和11億美元）和一個石油項目。據印尼石油部長尤斯吉安托羅透露，石油項目是由印尼國營石油和天然氣公司與中石化合作，在印尼東爪哇共同興建一座日生產能力15萬至20萬桶的煉油廠。雙方先後

28　「中國石油商南下印尼 馬六甲繫緊『安全紐帶』」，華龍網新聞中心，http://news.cqnews.net 2005年7月26日瀏覽。

啟動了北蘇門答臘電站、泗水-馬都拉大橋、福建液化天然氣採買等大型合作項目，成為雙方經貿關係發展的重要標誌。

尤多約諾總統仍繼續向中國洽購軍備，2005年9月1日，印尼國防部長尤沃諾（Juwono Sudarsono）在訪談中說，在2009年之後同中國合力生產短程飛彈的計畫是為了「應付軍事防衛所需」。他說：「我們的計畫是製造10枚至15枚飛彈，飛彈射程在150公里至200公里之間。」他說，這些飛彈將部署在印尼的幾個島嶼上，以便形成有效的防衛力量。[29]

一艘中國漁船「福遠漁132」號於2005年9月19日上午在印尼巴布亞島的阿拉夫拉海水域非法作業，遭到印尼海軍追趕和砲擊，中國船員1死2傷。另外3艘中國漁船逃逸。印尼軍艦懷疑中國船隊在巴布亞省和摩鹿加省之間的阿拉夫拉東部海域非法捕魚，並稱開火前軍艦曾嘗試透過廣播與視頻通訊與船隊聯繫，但船隊沒有回應，而是繼續逃逸，所以不得不開火射擊。[30]

從1999年到2004年間，中國總共向印尼投資60億美元，其中12億美元是在能源開採領域。[31]據雅加達郵報（Jakarta Post）在2005年8月底報導，印尼和中國簽署了多項價值總計200億美元的投資協議。該報導援引印尼副總統尤索·卡拉（Jusuf Kalla）的話指出，協議包括兩國國有企業之間達成的6份諒解備忘錄和4項協議。另外援引政府官員阿里斯（Aris Mufti）的話稱，協議涉及未來15至20年間的投資項目。

2005年，中國對印尼主要出口商品為紡織品、成品油和原油、船舶、機車、電子產品、機械設備等；從印尼進口主要產品為原油、紙漿、自動數據處理設備及其部件、成品油、紙和紙板、對苯二甲酸、膠合板、棕櫚油等。

印尼與中國優先合作項目是能源開發、軍售、基礎建設投資、貿易等。能源是最為重要的項目，雙邊有定期的能源部長會議，討論有關石油、天然氣和其他能源的合作。軍售應不是重要項目，印尼還在試探階段，除了瞭解中國武器的性能外，也要用來制衡美國。中國至今未表明將以「友誼價格」賣武器給印尼，雙方還會再進行試探。這當中，印尼

29　**南洋星洲聯合早報**（新加坡），2005年9月2日。
30　「印尼海軍稱中國漁民試圖撞擊軍艦開火屬合法」，**瞭望周刊**，2005年9月22日。
31　**第一財經日報**，2005年8月1日。

也有意向俄國採購軍火，所以還有議價空間。

印尼是東南亞大國，其與中國的關係發展，在東南亞國家中速度算是快的。因為雙邊建交的時間很短。印尼的對中國的政策和態度對其他東南亞國家是有影響的。但印尼不至於會成為東南亞國家中領導與中國加強關係的國家。該項工作，現在是由馬來西亞和柬埔寨在做，馬來西亞已與中國在2005年9月2日簽署一項包括軍事訓練、交換情報及加強軍事對話的防禦合作諒解備忘錄（准防禦合作諒解備忘錄）。

2013年10月，中國國家主席習近平訪問印尼時，與印尼總統尤多約諾會談時提出「一帶一路」的籌建概念，並在巴里島「亞太經合會」（APEC）領袖會議場合中，提出想法與創立宗旨，主要是為亞太地區缺乏基礎建設資金的國家，提供金融協助，類似美國及日本主導的世界銀行和亞洲開發銀行等。

佐科威總統與中國之關係

2015年，印尼和中國簽約由中國投資建設從雅加達到萬隆高鐵。2016年1月21日，雅萬高鐵開工。雙方合作採用企業對企業（B2B）模式，雙方企業聯合成立合資公司「印、中高鐵公司」（Kereta Cepat Indonesia China(KCIC)），印尼方持股60%、中方持股40%。雙方共同建設，共同經營。

2016年4月26日，中國和印尼副總理級對話機制第五次會議在北京舉行。由國務委員楊潔篪和印尼政治、法律和安全事務統籌部長盧胡特（Luhut Binsar Panjaitan）共同主持會議。中國共青團中央書記處書記汪鴻雁率中國青年代表團一行97人在5月11日訪問印尼青年與體育部，並和印尼青年企業家舉行座談。5月9日，印尼總統佐科威在雅加達會見國務委員楊潔篪。5月9日，國務委員楊潔篪和印尼經濟統籌部部長達爾明在雅加達共同主持中、印尼高層經濟對話第二次會議。國務院總理李克強在5月27日下午在中南海紫光閣會見來訪出席中、印尼副總理級對話機制第五次會議的印尼政治、法律和安全事務統籌部長盧胡特。8月1日，國務院副總理劉延東與印尼人類發展與文化統籌部長布安在貴陽共同主持中、印尼副總理級人文交流機制第二次會議，雙方同意在教育、科技、文化、衛生、體育、旅遊、青年、傳媒等八個領域合作。9月2日，習近平在杭州

會見前來出席G-20國集團領導人杭州峰會的印尼總統佐科威。

　　從2014年以來，中國向印尼出售一些軍火，包括雷達、反艦導彈、兩國艦船之間的往來、聯合演習（主要是反恐演習）；兩國國防部長亦時有互訪。

　　自2015年8月起，印尼開始對中國遊客實行免簽。2016年1月至11月間，共有180萬中國遊客到印尼，但這仍遠低於中國赴泰國和馬來西亞的遊客人數。

　　2016年，中國國家開發銀行向印尼萬自立銀行、印尼人民銀行和印尼國家銀行三家國有銀行提供30億美元（39萬億盾）貸款。[32]

　　截至2016年7月底，中國企業對印尼投資累計已超過88億美元，占中國企業對東協累計投資總額的七分之一，印尼已成為中國在東協最大的投資目的地和第二大工程市場。在印尼投資的中國企業已超過1,000家，涉及能源、通信、電力、礦產開發、金融、保險、交通、汽車以及農漁業等眾多領域。[33] 2018年3月22日，華為印尼公司與印尼12家高職學校簽署備忘錄，標誌著華為印尼「智慧一代——從學生到工程師轉身」計畫正式啟動。根據協定，華為印尼公司將為1,000名印尼高職學生免費提供為期5天的資訊與通信技術職業培訓，為當地培養該領域的青年人才。「智慧一代」專案2017年由華為印尼公司發起，旨在為印尼培養更多掌握通信技術的青年人才。自2000年以來，華為已向印尼12,000多名工程師與3,000多名學生提供各類技能培訓。

　　印尼企業、金融行業和媒體行業等十多位人員獲邀前往中國北京參加中國商務部的「2018年中國與印尼商業文化融合研修班」。為期一周的培訓集中在「商務部國際商務官員研修學院」（Academy for International Business Officials）裡進行並於9月6日舉行開幕式。

　　4月9日，印尼戰略與國際研究中心（CSIS）、中國發展研究基金會及中國對外承包工程商會在雅加達香格里拉大酒店聯合舉辦一場「一帶一路框架下的中國與印尼基礎設施合作交流會」。

32　「中方提供印尼30億美元貸款成為熱議話題」，*每日頭條*，https://kknews.cc/world/4mj9ev2.html 2016年10月8日瀏覽。

33　「中國用兩年時間飆升成印尼第3大投資國 計劃開發其房地產」，*每日頭條*，環球，2016年9月8日，https://kknews.cc/zh-tw/world/2za85g.html 2016年10月8日瀏覽。

9月27日，印尼大學與中國華僑大學在福建省廈門市華僑大學簽署了學術交流與合作協定儀式。印尼大學由社會和政治學院院長（FISIP）阿里・S・蘇西洛博士代表，而華僑大學由迪恩國際關係學院教授林宏宇（Lin Hongyu譯音）代表簽字。

2019年4月26日，在北京舉行第2屆「一帶一路」倡議峰會，印尼副總統尤索・卡拉出席該項峰會。印尼與中國雙方企業家在這次峰會簽署備忘錄，將推動兩國23項合作計畫。根據這些合作計畫，將在北蘇門答臘、西卡里曼丹、北卡里曼丹、摩鹿加和巴里島進行合作，雙方企業家投資總額逾142億1,500萬美元。合作計畫包括在北卡里曼丹省的丹那庫寧建設工業區和配套基礎設施，以及在巴里島的龜島建造科技園。[34]

2020年9月8日，中國國防部長魏鳳和訪問印尼，與印尼國防部長普拉博沃舉行會談。雙方討論兩國之間的各種重要合作事項，其中包括印尼政府在防控新冠肺炎疫情的擴散和傳播所採取的戰略性防範措施。印尼與中國通過北京科興公司（Sinovac）與印尼生物農場製藥廠（PT Bio Farma）合作，在萬隆巴查查蘭大學醫學系（FK Unpad）合作進行第三期臨床試驗。

與美國之關係

1966年9月27日，印尼外長馬力克訪問美國，和美國國務卿魯斯克（David Dean Rusk）發表聲明，美國同意給印尼稻米、棉花、機器零件和年輕人技術訓練，這些經援總值約6千萬美元。[35]此時蘇哈托已掌握政權，所以美國才同意經援印尼。至於小型武器之援助，在已公佈的美國解密文件中，顯示美國有所顧慮而未提供。

在蘇哈托執政時期，印尼和美國維持密切的友好關係。蘇哈托統治時期跟美國發生衝突的案例有二，一個是美國船艦通航印尼境內海峽問題，二是東帝汶人權事件引起美國對印尼禁止軍售。

印尼群島內有數條重要海峽，如巽他海峽、龍目海峽、奧姆拜海峽

34　「一帶一路・印中企業簽署備忘錄・23合作計畫將落實」，*印尼商報*，2019年4月29日。

35　"U.S. agrees to supply aid to Indonesia," *The Morning Record*, Meriden, Conn., USA, September 28, 1966, p.7. https://news.google.com/newspapers?nid=2512&dat=19660928&id=CC5IAAAAIBAJ&sjid=dgANAAAAIBAJ&pg=807,3553022 2018年4月16日瀏覽。

等，印尼擬在聯合國海洋法公約公佈（1982年）及生效（1994年11月）後，有意限制國際船隻通行，而引起國際關切。印尼政府在 1994 年 11 月 14 日批准了聯合國海洋法公約，進而準備通過立法將上述三條海峽納入管制。美國是通行印尼上述海峽的一個重要海權國家，因此，對於印尼政府上述的聲明，美國及澳洲均感到關心及不安。1996年3月27–30日，美國與印尼舉行第四輪有關通行印尼海峽的會談。美國反對印尼管制海峽通行的建議，理由是這將對在指定航道以外的水域川行的美國船隻帶來不便，同時也對美國軍艦之通行造成困擾。

1996年4月5日，澳洲外長唐納（Alexander Downer）訪問印尼，與印尼外長阿拉塔斯（Ali Alatas）談到印尼的海峽通行權問題，唐納要求印尼開放一條在爪哇海的東西向的航道，供國際船隻通行。從而可知，美國及澳洲都要求印尼准其船隻使用爪哇海第四條航道，即東西向之航道。[36]

1996年8月，印尼公佈印尼領水法，第一條第八款規定群島海峽允許外國船舶和航空器無害通過。這是印尼對美國和澳洲等航運大國的善意回應。

1999年，印尼為了鎮壓東帝汶之獨立運動，屠殺大量東帝汶人，美國遂以印尼違反人權為理由，禁止對印尼軍售。至2005年，印尼遭到恐怖主義份子攻擊，印尼政府才顯示支持美國的反恐政策，包括將200多名激進回教徒關進監獄，美國乃於2005年11月解除對印尼的軍事制裁。

2008年11月，印尼總統尤多約諾訪問華盛頓時，曾呼籲要和美國建立「戰略性夥伴關係」。美國國務卿希拉蕊（Hillary Diane Rodham Clinton）在2009年2月訪問印尼，她表示：「美國致力於跟印尼建立『全面的夥伴關係』。」

美國和印度尼西亞於 2010 年啟動了全面合作夥伴關係，持續的高層參與以促進民主和公民社會、教育、安全、韌性和緩解、海事、能源和貿易問題等。

2011年11月19日，美國決定向印尼出售24架翻新的F-16C及D型戰機。美國將按印尼的要求，從2014年7月開始交運這批戰機。這批飛

36　**南洋星洲聯合早報**（新加坡），1996 年 4 月 17 日，版15。*The Straits Times* (Singapore), April 6, 1996, p.23.

機約7億5,000萬美元。美國將翻新這批F-16C及D型戰機的所有引擎，包括備用引擎。此外，這些戰機也將安裝最先進的「模組化任務電腦」（Modular Mission Computer）系統，其雷達和航空電子設備也將提升，並且配有更先進的武器和感測器。

另一方面，美國也將向印尼提供6億美元的援助，其中絕大部分將用來推進印尼的「綠色繁榮」。美國國務卿希拉蕊在巴里島出席東亞峰會時，宣佈這個消息。美國政府將通過其獨立的對外援助機構「千喜年挑戰公司」（Millennium Challenge Corporation）撥款給印尼。「千喜年挑戰公司」披露，美國政府提供的6億美元援助中，超過3億美元將投入再生能源和自然資源專案，以提高印尼人民的收入和減少廢氣排放。[37]

2012年6月5日，美國海軍陸戰隊員在東爪哇詩都文羅（Situbondo）與印尼軍隊進行兩棲進攻演習。這是「聯合備戰與訓練」（Cooperation Afloat Readiness and Training Exercise，簡稱CARAT）計畫下的常年聯合軍演之一。在這個計畫下，美國太平洋艦隊和一些東協成員國每年進行雙邊聯合軍演。

在取得成功的基礎上，2015年兩國將關係升級為美國－印度尼西亞戰略夥伴關係，將合作擴展到具有地區和全球意義的問題。

2017年4月21日，美國副總統彭斯（Mike Pence）訪問印尼，印、美簽署了100億美元11項領域合作協議，其中，絕大部分是在能源和礦業領域合作。有關防務的協議有一項，即由美國洛克希德馬丁公司（Lockheed Martin）與印尼空軍簽署的合作協議。印尼將購買「狙擊手高級瞄準莢」（Sniper Advanced Targeting Pod），用在F-16c/d戰機上。印尼在2011年獲得美國的24架Block 25 F-16C/Ds戰機。至2017年3月已完成交機19架，1架因為事故而取消。[38]

印尼陸軍部隊與美國陸軍部隊於9月18日至29日在西爪哇省蘇加巫眉（Ciemas）市舉行聯合軍事演習，印尼派遣陸軍戰略後備部隊參加，而美軍是由太平洋司令部（USARPAC）參與該聯合演習。印尼共有732名

37　「美向印尼出售翻新F-16戰機」，**南洋星洲聯合早報**（新加坡），2011年11月20日。

38　"Indonesia Orders Lockheed Martin's Sniper Advanced Targeting Pod For F-16 Falcons,"，April 26, 2017, https://stage.dw.lvps46-163-112-225.dedicated.hosteurope.de/news/19121/Indonesia_Orders_Lockheed_Martin___s_Sniper_Advanced_Targeting_Pod_For_F_16_Falcons#.Yr63nL1BzX4 2022年6月28日瀏覽。

官兵和美方共有342名官兵參與。該聯合軍事演習的主要目的是執行聯合
國和平部隊的使命，聯合演習也根據聯合國的演習標準進行。

10月26日，國家警察總長狄托・卡納維安（Tito Karnavian）應美國
聯邦調查局（FBI）的邀請，前往美國進行反恐課程交流，此次狄托到訪
美國的主要目的是就美國聯邦調查局反恐課程進行交流，尤其是針對反
恐方法。狄托・卡納維安認為，他應對恐怖分子的方法是選擇採用柔軟
手段為主。不過軍事行動的方法可以用不同的方法或根據每個國家的國
情來進行。[39]

12月8日，印尼向美國購買的24架F-16 c/d，至本月完成最後6架交
機。

2018年，「千喜年挑戰公司」與印尼政府簽署5年協議，提供4.74億
美元給印尼從事更新能源，改善營養以減少普遍的發育遲緩，並使印尼
的公共採購系統現代化。美國派遣「和平團」（Peace Corps）在服務不足
的農村學校和社區開展工作，通過基層民間接觸、文化交流和技術技能
轉讓，幫助印尼實現其教育發展目標。

2021年，在新冠肺炎防治上，美國提供給印尼7千7百萬美元與防
治新冠肺炎有關的援助。在過去20年，美國總共提供印尼10億美元衛
生援助。2022年3月，美國透過「嚴重特殊傳染性肺炎疫苗實施計劃」
（COVAX facility）提供給印尼3千5百萬劑莫德納（Moderna）疫苗和輝
瑞（Pfizer）疫苗。[40]

印尼和日本的合作關係

除了越南，日本首相安倍晉三（Shinzo Abe）還對菲律賓、馬來西
亞、印尼的海上交通和救援設備等給予支援和人才培訓，2007年將3艘新
造27米級巡邏船賣給印尼。

2016年12月，印尼和日本簽署啟動兩國海上安全合作框架協定，日
本將支援印尼捍衛其海域主權。2017年1月15日，安倍晉三訪問印尼，會
晤印尼總統佐科威，雙方重申，兩國將致力於推動海上安全合作，以及

39　「FBI邀請印尼警察總長到美國進行反恐課程交流」，**印尼商報**，2017年10月27日。
40　"U.S. Relations With Indonesia," *U.S. Department of State*, https://www.state.gov/u-s-relations-with-indonesia/ 2022年6月21日瀏覽。

深化防務關係。印尼和日本對中國在南中國海日益增加軍事實力表示關注，並希望維持該水域的海洋法律秩序。日本將通過兩國簽署的海上安全合作框架支援印尼捍衛其海域主權。安倍晉三表示，日、印兩國都把海洋領域的合作視為最優先事項，日本會積極推動海上安全和開發印尼離島的合作。[41]

佐科威透露，日本將向印尼提供約740億日元貸款用於灌溉專案和海岸保護專案。中國向來承認納土納群島（Natuna Islands）是印尼的領土，但同時宣稱擁有印尼納土納群島專屬經濟區附近海域的主權，可開發該海域的資源。印尼誓言保護其海域，並炸毀一些外國漁船以顯示武力，其中包括中國漁船。印尼海軍將繼續緊密監督和巡邏南中國海南部納土納群島的海域，印尼也提議和日本合作勘探該海域的油氣資源。佐科威也透露，與2015年相比較，日本2015年在印尼的投資額已翻倍至大約50億美元。兩國領袖集中討論如何在基礎設施專案合作，包括建造一個中速鐵路和參與總投資額30.9億美元的西爪哇帕廷班（Patimban）深海港口，以及共同開發摩鹿加群島的馬瑟拉（Masela）油氣田。

佐科威試圖通過建設道路、港口和鐵路等基礎設施來刺激印尼的經濟增長。日本此前標得印尼最大燃煤電廠和雅加達捷運系統的工程，但失去連接雅加達和萬隆的高速鐵路合約。這個龐大工程項目由中國標得。印、日已初步協定合作建造連接雅加達和泗水的中速鐵路。[42]

2017年1月15日，佐科威總統與日本首相安倍在茂物行宮發表聯合新聞聲明時表示，兩國將繼續加強政治、經濟、海事與社會文化等合作。雙方簽署了幾項協議，首先兩國外長與國防部長之間將於本年在印尼舉行合作會談。其次，印尼要求日本開放印尼的農產品和漁業產品進入日本市場，以及重新複查解決避免雙重稅務協議。此外，日本增加印尼護理人員的數量，以便能夠滿足日本的市場。並在本年開始重新複查經濟夥伴關係協定。第三，印尼還要求日本考慮增加空中連通計畫，開放印尼鷹航雅加達 - 洛杉磯（美國）航班路經東京（日本）上空通道。第四，

41　「推動海上安全合作印日深化防務關係」，**南洋星洲聯合早報**（新加坡），2017年1月16日。

42　「推動海上安全合作印日深化防務關係」，**南洋星洲聯合早報**（新加坡），2017年1月16日。

印、日也同意加強經濟合作，包括西爪哇帕廷班港口建設規劃，開發馬瑟拉油氣田，初步討論雅加達－泗水高鐵的建設合作計畫，以及討論印尼前沿島嶼建設綜合海洋和漁業中心合作計畫。

9月6日，印尼海洋與漁業部長蘇西・普吉亞司杜蒂（Susi Pudjiastuti）在雅加達海洋與漁業總部與日本首相安倍晉三特別顧問和泉洋人（Hiroto Izumi）簽署合作發展印尼6個外島合作備忘錄。簽署合作備忘錄也象徵著印尼與日本建交60周年紀念。蘇西部長在雅加達中部甘密埔海洋與漁業辦公室稱：「印、日在海洋漁業的合作，不僅攜手合作發展印尼海洋漁業，兩國也將共同維護海洋航行的安全。」日本政府將援助印尼政府發展6個外島所需要的綜合漁業設施和沿海雷達設施。這6個島嶼，包括沙璜島（Sabang）、納土納、莫羅泰（Morotai）、薩溫拉基島（Saumlaki）、莫阿島（Moa）和比亞克島（Biak）。[43]

2021年3月30日，印尼國防部長普拉博沃和印尼外長蕾特諾（Retno Marsudi）在東京向日本首相菅義偉（Yoshihide Suga）進行了禮節性拜訪。在這次訪問中，普拉博沃與前任首相安倍晉三的弟弟現任日本國防大臣岸信夫（Nobuo Kishi），印尼外長蕾特諾與日本外長河野太郎（Taro Kono）一同舉行2＋2國防部長和外交部長會議。會議中，印尼與日本簽署了國防設備和技術轉讓協定。

印尼與澳洲之關係

在蘇卡諾對馬來西亞聯邦對抗時期，澳洲暗中支援馬來西亞，而與印尼敵對。蘇哈托上臺後，與澳洲關係改善，澳洲總督保羅・哈斯拉克（Paul Hasluck）在1966年8月到1968年1月曾三度訪問印尼，會見蘇哈托。澳洲總理戈東（John Gorton）在1968年6月訪問雅加達。蘇哈托在1972年訪問澳洲。澳洲在1973年捐助印尼1百萬美元協助婆羅浮屠重建。

印尼在1975年以武力兼併東帝汶，澳洲總理佛瑞塞（Malcolm Fraser）在1976年10月訪問印尼，事實承認印尼兼併東帝汶。1979年，澳洲在法律上承認印尼兼併東帝汶。1989年12月，印尼和澳洲簽署帝汶溝條約（The Timor Gap Treaty），劃分兩國海域疆界，在帝汶海溝設立合作區，進行石油和天然氣合作探勘。

43　「日本政府協助印尼發展六個離島」，*印尼商報*，2017年9月6日。

　　1997年，兩國又簽署海域疆界條約（Maritime Boundary Treaty），解決了兩國未定的海域疆界問題。該年爆發亞洲金融危機，澳洲提供給印尼880萬美元援助計畫案，協助東印尼人民解決因為旱災、物價上漲和失業所帶來的問題。澳洲另外提供印尼10億美元貸款，做為國際貨幣基金組織之紓困金援用罄時備胎之用。

　　1999年8月30日，東帝汶在聯合國監督下舉行公投。獨派團體和親印尼民兵以及印尼軍方支持的團體爆發嚴重衝突，澳洲帶領維和部隊（NTERFET）到東帝汶維持秩序。但印尼政府不滿澳洲介入東帝汶事務，認為澳洲在東帝汶的行動違反了兩國在1995年簽署的安全條約的宗旨，而宣布加以廢止。隨後「國際維和部隊」被「聯合國東帝汶過渡行政當局」（United Nations Transitional Administration in East Timor, UNTAET）的聯合國國際警察部隊所取代，該部隊成立了一個分隊來調查所謂的印尼軍隊的暴行。

　　印尼政局動盪，對東南亞造成不安，除了其人民外流至鄰近國家外，亦影響東協的運作以及印尼與澳洲的安全合作關係。1998年10月底，澳洲政府宣佈因為印尼政府削減武裝部隊的訓練預算，因此雙方同意展延原訂將於11月舉行的兩項大型特種部隊演習。惟據新聞報導稱，澳洲政府該項行動與印尼特種部隊涉及折磨、強姦和集體屠殺批評蘇哈托份子的案件有關，澳洲政府受到人權問題之壓力，所以暫停該項演習。

　　2002年，巴里島遭恐怖份子攻擊，死了202人，其中澳洲人有88人。幹案的「回教祈禱團」稱是為了報復澳洲支持東帝汶獨立。2003年，「回教祈禱團」再度攻擊萬豪酒店，也是針對西方人和澳洲人。2004年，「回教祈禱團」對澳洲駐雅加達大使館的襲擊導致9名印尼人死亡。

　　2004年2月4–5日，由印尼和澳洲共同主辦亞太地區反恐會議，有25國派代表出席，在250名代表中有20位部長參加，會議在巴里島舉行。澳洲外長唐納、美國總檢察長約翰·阿社克勞福特（John Ashcroft）也出席該項會議。會中重要決議：

　　(1) 印尼在會上提議設立「印尼執法協作中心」（Center for Law Enforcement Cooperation），又稱為反恐訓練中心（anti-terror centre），其工作在反恐，包括訓練、情報交換和建立反恐能力。澳洲政府承諾投資3,830萬澳元，和印尼共同成立一個反恐訓練中心，印尼方面表示，這個

反恐訓練中心將能在數星期後就開始運作。

澳洲將在今後5年間，投資3,830萬澳元在這個反恐訓練中心。這個命名為「印尼執法協作中心」的機構，主管將會是一名印尼人，中心內將有20名澳洲人，他們大多數是澳洲聯邦警察部隊的人員。這個中心預期將在2004年底就可以運作了。中心將提供的培訓科目包括：法醫學、追蹤和攔截恐怖分子、調查資金來源以及其他和反恐有關的各個領域。日本警察部隊也對此中心表示感興趣參與。

(2)印、澳簽署交換洗錢和禁止以金錢援助恐怖主義資訊協議，先前印、澳已簽署8項反恐協議。假如獲得印尼同意的話，該項中心將會有澳洲警官派駐雅加達，從事該地區有關反恐的諮詢和情報提供的工作。

(3)各國將採納大會提出的引渡協定，各國應採納引渡協定以確保犯法者是在最適當受審的司法地區被起訴，並防止罪犯通過逃到另一個司法地區而逃離法律的制裁。各國同意交換情報以及聯手調查恐怖襲擊的各項方案，以便更有效地對付在本區肆虐的恐怖主義。

(4)與會的各國部長也同意，成立一個特別工作小組，讓各國執法人員交流分享反恐工作經驗。

(5)與會的各國部長與高官們在會議中同意，可開始著手草擬國際反恐公約。而其他沒有參與這次會議的國家也可在以後參與簽署這個反恐公約。這個公約是由印尼和澳洲提出，印度附議。

(6)在第二天反恐會議時，印尼向美國施壓，堅持要直接盤問恐怖頭目漢巴里。漢巴里涉及「回教祈禱團」的多起爆炸案，包括2002年10月巴里島大爆炸案和2003年8月雅加達萬豪酒店爆炸案。漢巴里2003年8月在泰國落網後，由美國拘禁在一個秘密地點。2月8日，正在印尼訪問的美國反恐巡迴大使科弗‧布萊克說，對印尼來說，能夠盤問漢巴里是件重要的事情，阿斯克羅夫特已經向印尼總統梅嘉娃蒂保證，美國願意同印尼政府合作。

印尼和澳洲主辦反恐會議，主要關鍵是2002年10月巴里島發生大爆炸案，有88名受難者是澳洲人，明顯地，恐怖份子是針對澳洲人，此促使澳洲政府開始與印尼政府協商合作反恐，雙方已有8項反恐合作協議。如今為了加強該地區的反恐活動，印尼和澳洲舉辦該項會議，以保障澳洲人在亞洲活動的安全。

在東南亞地區進行反恐，美國的重點放在菲律賓和印尼，但印尼反美情緒高昂，美國在印尼推動反恐遭到阻礙，澳洲在這期間介入印尼反恐活動，應有其特殊意義，它可以彌補美國的不足，協助美國在該一地區推動反恐。

但澳洲介入東南亞的反恐活動，並不表示澳洲和印尼已達密切的合作關係，印尼對澳洲還是不信任。印尼對於澳洲干預東帝汶問題仍耿耿於懷。印尼對於澳洲參加美國的反飛彈計畫表示不滿。澳洲在2004年1月決定參加由美國領導的飛彈防衛計畫，澳洲計畫準備158億澳元購買美國飛彈，包括在太空中攔截飛彈，也為海軍購買3架空中戰鬥機，配備飛彈。印尼對於澳洲參加美國飛彈防衛計畫表示關切，認為此將不會有助於區域穩定，反而會造成區域武器競賽。

無論如何，此次會議對於促進區域反恐有利，它與東協區域論壇、亞太經合會或其他相關安全會議構成一個連環，藉反恐議題，交換情報訊息，或能遏阻恐怖份子在該一地區活躍。

2004年12月26日，發生南亞大地震及海嘯，印尼受害嚴重，澳洲提供人道援助，其中包括聯邦政府提供的10億美元一攬子援助計劃，州和領地政府進一步捐款1,745萬美元，以及900名澳洲國防軍人員在蘇門答臘北部亞齊開展救援工作。[44]

2006年6月29日，印、澳在巴里島舉行第八屆印、澳部長級論壇，雙方同意簽署安全協議。2006年11月13日，雙方在龍目島（Lombok）簽署關於安全合作框架協議（稱為龍目島協議(Lombok Agreement)），雙方同意將在國防、執法、反恐、情報、海上安全、航空安全、大規模殺傷性武器不擴散以及為和平目的開展雙邊核能合作。

2010年4月，尤多約諾總統訪問澳洲，在聯邦國會發表演講，為印尼第二位領袖在澳洲聯邦國會發表演講者。尤多約諾總統同時獲頒「澳大利亞榮譽之友勳章」（Honorary Companion of the Order of Australia），以加強雙邊關係，促進民主和發展。

2010年7月15日，澳洲外長史密斯（Stephen Smith）訪問雅加達，他

44　"Australia–Indonesia relations," *Wikipedia*, https://en.wikipedia.org/wiki/Australia%E2%80%93Indonesia_relations#New_Order_and_East_Timor 2022年6月21日瀏覽。

表示澳洲將免除印尼的7,500萬澳元債務,這相等於印尼欠澳洲債款的大約11%。被免除的債務,有半數或3,750萬澳元,將轉移至「環球基金」。該基金是一個在全球範圍內為防治愛之病、肺結核和瘧疾提供資助的機構,而印尼的計畫重點是對抗肺結核病。

總部設在日內瓦的「環球基金」創意融資部門負責人菲力浦說,部分款項將用來確保肺結核患者服完整個療程的藥物,以降低出現新的耐藥菌株的風險。

9月15日,印尼警方承認,警方精銳的「88反恐特遣部隊」(Densus 88)確是由澳洲培訓。同時,澳洲警察部隊也向反恐部隊提供先進器材援助。印尼國家警察總部新聞處處長瑪律沃托指出,澳洲警方參與調查工作,是因為反恐部隊接受澳洲警方所提供的培訓及裝備。不過,他駁斥澳洲媒體報導,指澳洲政府每年為印尼反恐部隊撥出數百萬美元援款。[45]

2012年3月16日,印尼外交部長馬蒂(Marty Natalegawa)接受悉尼先驅晨報訪問時說,完全不反對美國在澳洲駐軍,但美國應該更妥善地向亞洲國家解釋這個行動,以免此舉在亞洲太平洋國家之間造成不信任。美國在2011年11月宣佈將在2016年至2017年間,在澳洲北部的達爾文派駐2,500名海軍陸戰隊員。此舉被認為是美國對中國崛起和中國態度越來越強硬的一種反應。馬蒂、印尼國防部長普爾諾莫、澳洲外長卡爾及防長史密斯3月16日針對外交及安全政策舉行會談。澳洲和主要盟友美國、英國及日本定期舉行類似的會談,與印尼則是頭一回。馬蒂在會談後說,他知道美國此舉的矛頭並非對準印尼,「但除非妥善地說明白,否則會在國家之間製造不信任……那裡有那麼多的潛在衝突燃點。」[46]

2017年1月10日,印尼國民軍總司令加托(Gatot Nurmantyo)擅自宣佈中止同澳洲的軍事聯繫後,佐科威政府認為加托「失控」,於是召他到總統府,未做具體懲罰,僅給予警告。當印尼媒體報導加托突然宣佈中止同澳洲的軍事聯繫時,佐科威和內閣嚇了一跳。加托當時說,一名軍中教官2016年11月在伯斯的澳洲特種部隊基地受訓時,看到基地內展示

45　「印尼警方承認 澳洲為其培訓反恐特遣部隊」,南洋星洲聯合早報(新加坡),2010年9月16日。

46　「印尼促美解釋駐軍澳洲行動」,南洋星洲聯合早報(新加坡),2012年3月17日。

了質疑印尼對西巴布亞主權的海報，也看到了一些嘲諷印尼武裝部隊建軍思想的文件。印尼人權監督機構（Imparsial）主任阿爾阿拉法認為，加托的目的有二；一是推進個人的政治野心，一是為軍隊擴大角色爭取支持。加托也被指與印尼強硬派穆斯林走得很近。2016年7月，他出席了強硬派穆斯林組織「伊斯蘭唯一真神」（Wahda Islamiyah）的聚會並發表演講。這個組織正是過去兩個月來連續召集示威群眾衝擊雅加達特區首長鍾萬學的鼓動者之一。這些抗議行動表面上是針對鍾萬學，可是分析員和官員都認為實際上都是沖著佐科威政府而來的。[47]

2017年7月30日，印尼召開區域安全會議，商討區域國家面對的恐怖威脅，特別是如何應對菲律賓馬拉威市叛軍份子流竄各國的問題。會議在印尼北蘇拉威西省首府萬鴉老召開，由印尼和澳洲聯合主持，參加會議的還有來自馬來西亞、菲律賓、汶萊以及紐西蘭的部長和官員。會議主要商討馬拉威市戰爭所引發的問題，以及逃離敘利亞和伊拉克的回教極端組織「伊斯蘭國」的成員，對各國的威脅。

印尼和澳洲從2010年即開始談判自由貿易協定，至2019年3月4日，雙方完成談判並在雅加達簽署「印尼—澳洲全面經濟夥伴協定（Indonesia-Australia Comprehensive Economic Partnership Agreement, IA-CEPA）」。澳洲將100%取消對所有印尼進口產品課徵關稅，印尼則會階段性削除94%澳洲進口產品之關稅。

印尼國會於2020年2月6日批准了印、澳全面經濟夥伴協定。2月10日，佐科威總統與澳洲總理斯科特·莫里森（Scott Morrison）簽署2020至2024年IA-CEPA行動計畫的諒解備忘錄。

尋求向南韓購潛艇

印尼正準備淘汰現有的兩艘老舊德國製造之潛艇，另在2011年向韓國採購3艘Type 209/1400 *Chang Bogo*-class潛艇。第一艘潛艇在2017年8月移交給印尼海軍。第二艘潛艇正在韓國玉浦（Okpo）建造，第三艘則在印尼泗水建造。印尼總共斥資11億美元購買此3艘潛水艇。[48]

47　「擅自中止同澳軍事合作 印尼總司令遭佐科訓斥」，南洋星洲聯合早報（新加坡），2017年1月10日。

48　"Brand new South Korea-made submarine joins Indonesian navy," *The Jakarta Post*,

印尼簽署加入全面禁止核子試驗條約

2011年12月6日，印尼國會批准「全面禁止核子試驗條約組織」（Comprehensive Test Ban Treaty Organization，簡稱CTBTO）的**全面禁止核子試驗條約**，成為承認該條約的第156個國家，使該項條約接近成為全球法律的重要一步。

印尼原屬於包括核武器國家美國和中國在內的9個未批准該條約的國家之一。這是在1990年代中期議定待生效的條約。

這項條約贏得了國際廣泛的支持，但在剩下的8個核技術擁有國未批准前尚無法生效。這些國家是美國、中國、印度、巴基斯坦、以色列、伊朗、朝鮮和埃及，其中印度、巴基斯坦、朝鮮和以色列四國不承認核**不擴散條約**。**全面禁止核子試驗條約**需要44個核心國家中的8個（中國、埃及、印度、伊朗、以色列、巴基斯坦、俄羅斯和美國）批准才能生效。這是1970年產生的阻止核武器擴散的條約。美國國會在1999年拒絕承認**全面禁止核子試驗條約**。

印尼外長馬蒂在2012年2月6日向聯合國秘書長潘基文遞交了**全面禁止核子試驗條約**的文件。

英國開放對印尼軍售

1999年，英國前工黨政府因印尼當時利用英國提供的戰機轟炸東帝汶叛軍，而對其下達武器出口禁令。2012年4月11日，英國首相卡麥倫（David William Donald Cameron）訪問印尼時表示，英國準備恢復對印尼的武器出口。他認為，印尼軍方不再干涉政治，這些情況為雙方達成武器供應的協定創造了條件。

海上多國聯合巡邏

2016年5月，印尼、馬來西亞和菲律賓三國達成協定，要在蘇祿海域開展聯合巡邏和情報分享。2017年6月19日上午，菲律賓、印尼、馬來西亞三國在印尼宣佈正式啟動「三邊海上巡邏」，組隊打擊蘇祿海域的恐怖

August 29, 2017, HTTP://WWW.THEJAKARTAPOST.COM/NEWS/2017/08/28/BRAND-NEW-SOUTH-KOREAN-MADE-SUBMARINE-JOINS-INDONESIAN-NAVY.HTM L 2017年10月23日瀏覽。

主義份子和跨國犯罪。19日上午，三邊聯合巡邏的啟動儀式在印尼打拉根市的一艘海軍艦艇上舉行。菲律賓國防部長洛倫札納、印尼國防部長里亞米札爾德、馬來西亞國防部長希沙姆丁簽署了一份合作諒解備忘錄。新加坡和汶萊受邀以觀察員身份參加儀式。印尼軍方當日發佈的聲明表示，該一區域水域面臨著海盜、綁架、恐怖主義及其他跨國犯罪等非傳統安全威脅，印尼、馬來西亞和菲律賓三國採取的行動將「秉持東協精神及東協中心地位」，維護東協地區的穩定。除了開展聯合海上巡邏，印尼、馬來西亞和菲律賓三國也將調動空中和陸上軍事資源，保障蘇祿海域的安全。負責協調聯合巡航的海上指揮中心已分別在印尼打拉根、馬來西亞沙巴州斗湖、菲律賓塔威塔威省邦奧成立，這些海上指揮中心將為三邊海上巡邏提供資訊和情報分享支援。

2016年8月，印尼配合獨立日的重點項目之一就是炸毀71艘在印尼海域非法捕撈的外國漁船。這些漁船多來自越南，也有少數中國漁船。從2014年以來，有350艘外國漁船非法入境印尼海域而被逮捕。

2016年12月，印尼和日本簽署啟動兩國海上安全合作框架協定。2017年1月安倍晉三訪印尼，印尼總統佐科威和日本首相安倍晉三重申，兩國將致力於推動海上安全合作，以及深化防務關係。兩國領袖集中討論如何在基礎設施專案合作，包括建造一個中速鐵路和參與總投資額30.9億美元的西爪哇帕廷班深海港口，以及共同開發摩鹿加群島的馬瑟拉油氣田。

2017年6月底，印尼主辦多邊協調會議，邀請紐西蘭、澳洲、汶萊、馬來西亞、菲律賓共商對策，消滅在東南亞地區的恐怖主義基地。印尼國民軍總司令卡鐸稱，極端組織「伊斯蘭國」成員正分散在印尼各地活動，幾乎每個省都存在其成員，目前他們仍處在休眠狀態，可隨時醒來並發動襲擊。印尼政治、法律與安全統籌部長威蘭托認為，目前在敘利亞的「伊斯蘭國」恐怖組織大本營已經被消滅，該組織將壯大實力的目標轉向東南亞的兩個地方，即印尼中蘇拉威西的波梭和菲律賓的馬拉威。

2017年6月22日，菲律賓、印尼和馬來西亞三國外長和高官在菲律賓首都馬尼拉會面，研究聯合反恐戰略以共同應對地區反恐形勢，確保極端主義武裝分子不會在東南亞立足。本次會議由印尼發起，菲外長加

耶丹諾、印尼外長蕾特諾和馬來西亞外長阿尼法以及三國軍隊、警方和情報機構高官出席。三國政府會後發表聯合聲明強調，只有通過共同的反恐戰略並在安全和情報方面加強合作，才能解決該地區存在的跨國恐怖主義行為。三國同意，為阻止極端組織「伊斯蘭國」在本地區開闢基地，要加強情報和資訊共用，切斷支援恐怖活動的資金來源，遏制互聯網特別是社交媒體上極端主義、恐怖主義內容的傳播。三國承諾，將採取措施阻止非法武器走私，嚴防恐怖分子流竄，防止極端主義言論通過教育、社群、宗教活動等方式傳播，倡導多元文化的寬容、溫和以及團結理念，推行去極端化、改造性、融入型的反恐配套工程。三國強調，需共同促進三國交界地區的社會和經濟發展，以解決貧困、毒品、犯罪和社會不公等可能導致極端主義滋生的潛在問題。

向俄國購買軍備

2006年12月，尤多約諾總統訪問莫斯科，向俄國購買軍備30億美元，俄國則提供印尼5年為期10億美元貸款，以購買俄國軍備，包括6架蘇凱戰機、潛艇、兩棲坦克車、海軍使用的艦對空飛彈。印尼在2003年亦向俄國購買1億9千2百萬美元的軍備，主要是購買衝鋒槍、裝甲運兵車、軍用直昇機、蘇凱戰機。印尼亦與俄國協商由俄國在印尼籌建核能電廠。[49]

俄國在2016年10月也派軍艦訪問印尼。

2016年底，印尼決定向俄國購買蘇凱35戰機，以替換老舊的美製戰機。其中部分貨款將用棕櫚油、茶和咖啡等實物來支付。印尼現役裝備中既有俄製武器，也有西方國家生產的武器。自2016年以來，除了蘇凱35戰機外，印尼還對俄製潛艇、水陸兩棲飛機以及直升機等裝備表現出採購意向。俄外長拉夫羅夫2017年8月在訪問印尼時表示，俄國有意在軍事技術合作領域向印尼提供支持。2017年8月23日，印尼駐俄羅斯大使蘇普里亞迪表示，印尼希望年底前與俄國簽署蘇凱35戰機購買合同。蘇普里亞迪當天在莫斯科對外界表示，印尼已與俄羅斯簽了合作備忘錄，這是簽訂購買合同前的最後階段。2017年8月初，俄羅斯技術集團與印

49　Bill Guerin, "Indonesia-Russia: Arms, atoms and oil," *Asia Times online*, Dec 12, 2006. in http://www.atimes.com/atimes/Southeast_Asia/HL12Ae02.html 2009 年 7 月 17 日瀏覽。

尼簽署了合作備忘錄。根據該備忘錄，印尼將向俄購買11架蘇凱35戰鬥機。[50]

印尼與印度之關係

印度新任海軍總司令蘭巴（Sunil Lamba）在2017年10月31日到11月2日的海軍指揮官會議上透露，印度已和10個國家分享海上即時情報。10個國家包括緬甸、印尼、馬來西亞、泰國、斯里蘭卡、模里西斯、孟加拉、馬爾地夫、塞昔爾（Seychelles）和新加坡，10國海軍高階將領也出席會議。印度首次與其他國家分享海事情報，包括打擊人口販運、走私、海上恐怖攻擊、海上救援等非傳統安全威脅及南海爭端等。蘭巴還透露，印度海軍已在波斯灣至馬六甲海峽的印度洋地區，部署12到15艘戰艦，全天候巡航並駐守印度洋出入口，與沿岸國家海軍討論彼此關切及具共同利益的領域之合作。

印尼與斐濟之關係

2017年9月30日，印尼國防部長利亞米薩爾・利亞庫都（Ryamizard Ryacudu）與斐濟國家安全部長拉杜伊諾克・庫布瓦波拉（Ratu Inoke Kubuabola）簽署國防合作協議。利亞米薩爾說，有幾個原因促使兩國能締結國防領域的合作，其中一個原因即是斐濟一貫不支援巴布亞獨立，並連貫性地表現出對印尼主權國家的支持。這一承諾使斐濟成為在太平洋地區的印尼戰略合作夥伴。有鑑於此，印尼希望能在印尼駐斐濟大使館派駐一名武官以方便兩國在國防合作方面進行協調。

印尼在南海爭端中的角色

印尼在南海擁有納土納群島，該群島不涉入南海島礁之爭端，但其海域和中國主張的南沙群島有海域重疊之處。有鑑於此，印尼對於南海爭端甚為關切，早在1991年，由印尼東南亞研究中心主任賈拉（Hasjim Djalal）在加拿大國際開發總署（Canadian International Development Agency）之經費支持下，召開「處理南海潛在衝突會議」，邀請東協國

50　「印尼駐俄大使蘇普里亞迪：希望年底前與俄簽署購買蘇35戰機合同」，**印尼商報**，2017年8月24日。

家代表出席，舉行非正式的會議，第二年再擴大邀請台海兩岸及越南參加。印尼企圖透過該項會議使南沙問題國際化，為了達成其國際化之目的，印尼主辦單位還經常邀請聯合國的官員、澳洲的學者參與「南海會議」。

參加該項會議者有官員和學者，至1996年印尼試圖將該項會議轉型為正式官方會議，遭中國反對，以致於該項會議最後變成只是討論問題而已，無法發揮影響力。印尼想主導南海議題的企圖也功敗垂成。

基本上印尼是最早質疑中國的南海九段線之合法性。2009年5月7日，中國向聯合國大陸礁層外界線委員會提出照會，謂中國擁有南海諸島以及鄰近海域的無可爭辯的主權，反對馬國和越南提出的在南海南部地區的大陸礁層外界線主張。中國並提出一張南海地圖，用九段線劃出其南海疆域。[51]

7月8日，印尼對中國的照會提出照會，「質疑中國九段線的法律基礎、如何畫出、每段線的地位。這些遙遠的、小的岩塊、無人居住的小礁不能擁有專屬經濟區和大陸礁層，因此九段線缺乏國際法地位，是違反1982年聯合國海洋法公約。」[52]

2012年，菲律賓和中國爆發黃岩島爭端。4月3日，東協外長在金邊開會，關於是否要在與中國協商時有共同的東協立場，出現歧見，以致於沒有達成協議。菲國希望先由東協達成「南海行為準則」草案，再與中國協商，但其他東協國家，如印尼，則認為應直接與中國協商「行為準則」草案。[53] 印尼的立場很清楚，關於南海爭端，不宜由東協有統一的

51　"The Permanent Mission of the People's Republic of China to the United Nations presents its compliment to the Secretary-General of the United Nations and, with reference to the Joint Submission by Malaysia and the Socialist Republic of Vietnam dated 6 May 2009," *CML/17/2009*, New York, 7 May 2009. http://www.un.org/Depts/los/clcs_new/submissions_files/mysvnm33_09/chn_2009re_mys_vnm_e.pdf 2022年6月22日瀏覽。

52　"The Permanent Mission of the Republic of Indonesia to the United Nations presents its compliment to the Secretary-General of the United Nations and with reference to the circular note of the Permanent Mission of the People's Republic of China No CML/17'2009 dated 7 May 2009," *No.480/POL-703/VII/10*, 8 July 2009, http://www.un.org/Depts/los/clcs_new/submissions_files/mysvnm33_09/idn_2010re_mys_vnm_e.pdf 2022年6月23日瀏覽。

53　Allen V. Estabillo, "ASEAN leaders fail to come up with protocol on Spratlys," *Mindanao News*, April 4, 2012, http://www.mindanews.com/top-stories/2012/04/04/asean-leaders-fail-to-come-up-with-protocol-on-spratlys/ 2012年5月8日瀏覽。

立場。東協也首次在外長會議後沒有發表主席聲明。

2013年9月14日，在蘇州舉行「落實執行南海各方行為宣言」第六次資深官員會議及第九次工作小組會議，由中國和泰國擔任共同主席，會中同意繼續充分及有效執行「南海各方行為宣言」，深化實際合作，繼續健康及穩定發展中國和東協戰略伙伴關係。會中贊同「落實執行南海各方行為宣言2013–2014年工作計畫」，中國建議設立中國和東協之間海洋緊急協助熱線，進行聯合海洋搜救沙盤推演。泰國和印尼亦提出相關的合作建議。關於推動「行為準則」，與會者同意採取逐步以協商達成共識的方式，以及逐步設立名人專家小組。

2016年3月，印尼試圖扣留進入印尼納土納群島200海里專屬經濟區內一艘中國漁船「桂北漁10078號」，中國海岸警衛隊強行追回一艘被印尼當局沒收的漁船。但8名漁民和漁船船長被扣押在印尼船上，遭帶走。6月17日，數艘中國漁船在南海「中國西南傳統漁場」作業時，遭多艘印尼軍艦騷擾和開火攻擊，造成漁船受損、1名船員中彈受傷，以及另一艘漁船和船上7名船員被印尼當局拘捕，中國向印尼當局提出強烈抗議。7月，印尼總統佐科威將內閣會議移師到南海納土納群島外海的戰艦上舉行，而這艘戰艦數日前才鳴槍警示中國漁船隊，扣留1艘漁船和部份船員。[54] 8月17日，印尼將越界被逮捕的68艘越南和3艘中國漁船予以炸毀。

2016年7月12日南海仲裁案做出裁決後，印尼並沒有表示任何意見，總統佐科威在2016年7月13日公開主張印尼漁船、石油探勘船和國防設施應部署到納土納群島。海洋部長蘭里（Rizal Ramli）亦表示將召集400艘30噸或大一點的船隻前往納土納海域捕魚。印尼將該一海域讓給西方國家的石油公司探勘，包括：艾克森美孚石油公司（Exxon Mobil）、康菲公司（Conoco Phillips）、雪佛龍公司（Chevron）和泰國的國營石油探勘與生產公司（PTT Exploration and Production）。[55]

印尼沒有對南海仲裁案表示意見，是有原因的，仲裁庭將0.48平方公里面積的太平島判定為岩礁而非島嶼，其將影響南海周邊國家已公佈的

54　張詠晴譯，「捍衛南海，佐科威槓上中國」，**天下雜誌**，601期，2016年7月6日，http://www.cw.com.tw/article/article.action?id=5077225 2016年9月11日瀏覽。

55　"Indonesia hopes fishermen can net its South China Sea claims," July 14, 2016, http://english.vietnamnet.vn/fms/world-news/160390/indonesia-hopes-fishermen-can-net-its-south-china-sea-claims.html 2016年9月11日瀏覽。

基點和基線，像菲律賓的群島基線法、越南1982年關於越南之領海基線之聲明、印尼1996年印尼共和國第六號法案關於印尼領水的法案（領水法）等，許多基點都是選擇仲裁庭法官所說的「岩礁」，因此它們就無法據此劃定其專屬經濟區的界線。尤其是菲國在巴丹群島北方所選擇的幾個基點是岩礁，菲國必須重新修改其群島基線法。越南和印尼的情況也是一樣。因此那些主張歡迎及接受仲裁結果的國家，勢必修改其國內有關領海和專屬經濟區的法律。菲國以一己之私，要求法官判決像太平島這樣的大島為岩礁，受影響的是周邊的印尼、馬國、越南以及日本，因此，在7月24日的東協外長會中，沒有一個國家支持菲國將仲裁案納入會後公報中。

2017年11月13日下午舉行第20屆中國－東協高峰會議上，宣佈啟動「南海行為準則」下一步案文磋商。在舉行該項會議之前，印尼曾召集東協國家之外長，共商對於「行為準則」的共同立場。據媒體獲悉的「南海行為準則框架」未涉及「法律約束力」，實際效果受到質疑。與中國存在主權爭議的越南等國強烈要求賦予其法律約束力，東協內部對於行為準則之內容仍存有歧見。[56]

中國海警船與印尼海軍船艦在2020年1月6日再度在北納土納重疊海域對峙衝突。

2020年9月8日，印尼外交部長蕾特諾在東協外長會議前夕提醒中、美，別把印尼和東協捲入兩國的博弈之中。她重申，東協在中、美課題上保持中立和團結，東協各國願意與大家合作，但不願被困在中、美博弈中。蕾特諾在8日接受路透社訪問，表明了印尼和東協的中立立場。

佐科威訪問歐洲和莫斯科

佐科威在2022年6月26–28日前往德國巴伐利亞州埃爾茂宮（Schloss Elmau）參加 G7 峰會，七個工業國家包括英國、美國、法國、德國、加拿大、日本和義大利，德國主席國還邀請了阿根廷、印度、印尼、塞內加爾和南非的領導人在峰會期間參加了幾次工作會議。會中發表支持烏克蘭的聲明，將繼續對俄羅斯實施嚴厲和持久的制裁，以幫助結束這場戰爭；已準備好或已承諾提供 280 億歐元的預算援助。七國集團領導人

56　「中國和東盟準備聲明草案」，菲律賓商報，2017年11月11日。

同意加強全球合作。在與南非現有的伙伴關係的基礎上，他們將努力建立新的公正能源轉型夥伴關係，其中包括：印尼、印度、塞內加爾和越南。[57]

　　佐科威在會議結束後。於29日前往烏克蘭首都基輔，與總統澤連斯基（Volodymyr Zelenskyy）舉行會談，佐科威也到一處醫療中心參觀，並向烏克蘭提供藥品援助，並支持基輔周邊醫院的重建。他直接邀請澤連斯基總統參加將於2022年11月在巴里島舉行的G20峰會。他還轉達了印尼繼續加強與烏克蘭雙邊合作的承諾。[58] 30日，他轉往莫斯科訪問，會見總統普丁，他呼籲儘快結束戰爭。他與普丁討論出席2022年11月15日至16日在巴里島舉行的20國集團（G20）峰會事宜。西方國家向他施壓，希望他不要邀請普丁參加。他發函邀請普丁，最後普丁沒有出席峰會，由外交部長謝爾蓋·拉夫羅夫（Sergey Lavrov）代表參加。

57　"G7 summit, Schloss Elmau, 26–28 June 2022," *European Council, Council of European Union*, https://www.consilium.europa.eu/en/meetings/international-summit/2022/06/26-28/ 2022年6月30日瀏覽。

58　Indra Arief, Raka Adji ， "Jokowi offers to relay Zelenskyy's message to Putin," *Antara*, June 30, 2022, https://en.antaranews.com/news/236909/jokowi-offers-to-relay-zelenskyys-message-to-putin 2022年6月30日瀏覽。

第十五章　結論

在荷蘭入侵印尼之前，印尼群島應該有300多個大小不一的部落或小國，較大的國家有控制爪哇中部和東部以及爪哇島以東和以北鄰近地區的馬塔蘭王國，控制西爪哇的萬丹、控制蘇門答臘西部的亞齊等較大的王國。這些王國和部落都停留在傳統的統治方式，沒有複雜的官僚組織，大王朝馬塔蘭也對其周邊小國建立朝貢體系，最遠北邊到婆羅洲南部，西邊到巴鄰旁，東邊到爪哇島東南部的東角。

在第15世紀左右，住在內陸地區的印尼人信奉的是佛教和印度教，住在沿海城市的人是信奉回教。從第15世紀末葉起，回教王朝和佛教（印度教）爆發宗教戰爭，後者逐漸落敗，回教勢力從中北爪哇的淡目向西、向南和向東擴張，最後使得爪哇島完全回教化。殘餘的佛教徒和印度教徒逃亡到巴里島。

無論是佛教、印度教或者後來傳入的回教，都成為當地人的宗教信仰。不僅國王，貴族和一般平民都沉湎於宗教儀式的氛圍中。有些國王還沒有卸任，就出家悟道去了，過一段時間再回去當國王。平民也熱心於修練求道。他們有各種節慶和祭祀儀式，過著多彩多姿的宗教生活。

從第12–13世紀開始，摩鹿加群島的香料運到蘇拉威西島南部的望加錫、爪哇東北岸的錦石、杜並等港口，再集中往西航經巴鄰旁，穿過馬六甲海峽到亞齊，再航行到南印度，將香料賣到南歐。此即為何滿者伯夷王國，甚至以後的馬塔蘭王國都要控制巴鄰旁，因為巴鄰旁扼控早期馬六甲海峽的航道。

在印尼群島過著散漫、無憂無慮、經濟自足、充滿宗教生活氛圍的土著，萬萬沒有想到將香料和其他貨物賣到歐洲國家，會在第16世紀遭到反噬，飢餓的貪婪的商人尋香料香味而來，葡萄牙、西班牙和荷蘭紛

至杳來，在印尼群島爭奪香料，相互殺戮，也屠殺蹂躪印尼土著。

葡萄牙、西班牙和荷蘭為了香料和熱帶經濟作物而到印尼群島，為了加速掠奪，引進了有效率的種植方法、管理和運送系統，將印尼群島的傳統農耕技術做了重大的改變，並將印尼的農作物買賣提升到國際貿易層次，印尼土著農民之生產活動不是為了自身之需要，而是要供應國際銷售市場之需要。然而，這些新措施並沒有為印尼土著帶來好處，土著們成為農地上的農奴，有時還被荷蘭以奴隸賣到斯里蘭卡和南非。

荷蘭的政治遺產

荷蘭以小國寡民而竟然能統治廣袤的印尼群島，一定有其特殊的統治技術。大體言之，印尼群島島嶼眾多，種族也多元複雜，彼此也不和，這就給荷蘭可趁之機，荷蘭以少數的白人軍隊帶領多數的土著軍隊去攻打另一個部落，對於效勞的部落頭目，則施予恩惠，贈以禮物，加以籠絡。

荷蘭初到印尼群島，無法使用西方國家的貨幣購買土著的香料和貨物，而是使用印度布料和鴉片來交換土著之香料和貨物。土著部落頭目喜歡抽鴉片，早期是直接點火吸鴉片煙，後來發明鴉片煙管後才改變吸食方法。

第三，荷蘭對於歸順的土著部落，要求小邦土王宣誓效忠荷印政府，承認荷印政府的宗主權。在1916年調查，荷屬東印度總數有350個大小不一的小邦，其中有330個土王宣誓「簡易宣言書」，確立了荷印政府對他們的主權。以後定期要納貢以及參加會議，接受荷蘭殖民當局的政令布達。

第四，荷蘭對於反抗的部落頭目，若是頑固反抗，就加以處死，輕微者則將之流放到印尼的另一邊，即若是東印尼人，就流放到西印尼地區。或者，流放至錫蘭或南非的好望角。

第五，對於傳統王國的統治採取間接統治方式，就是將白人、東方外僑（華人、暹羅人、印度人）和土著分地區居住，而且各適用不同的法律。例如，白人有自己的民法、刑法和商法。土著適用警察裁判法、習慣法和刑法。東方外僑則適用白人的民法和商法，及土著的警察裁判法和刑法。日本人因為日本和荷蘭雙方有領事關係，日本從荷蘭學習西

方科學技術，在神戶還闢建荷蘭村，所以在荷屬東印度享有跟白人一樣的法律地位，其適用白人的民法、刑法和商法。

在行政體系上，也分為兩種。在東印度設立駐紮區，派駐駐紮官，由荷人出任，會經常調動。同時也派駐土著酋長或貴族出任攝政官，起初是世襲，後來在1808年，丹德爾斯（Marshal Herman Willem Daendels）總督引進新的官僚體系，將「攝政官」改為公務員，受荷蘭官員指揮。攝政官名義上是土著的官員，專門負責管理土著事務，其實都要聽命於荷人駐紮官。

第六，荷蘭在1830年實施強迫種植制度，為了便於控制勞動力，將人民分種族居住，並禁止他們隨意移動，必須申請獲得許可以及繳稅，才可以移動。為因應印尼經濟發展之需要，1848年後，荷蘭國會開始討論殖民地開放貿易的問題，減少政府在殖民地的經濟所扮演的角色，以及減少對殖民地爪哇地區私人企業的限制，廢止強制勞動。荷印政府開始漸進地採取一些開放措施，意圖刺激人民勞動的意願和活絡市場機制。荷蘭殖民地首先將獲利不大的作物停止強迫種植制，依次為：胡椒在1862年、丁香和肉荳蔻（nutmeg）在1864年；靛藍、茶、肉桂（cinnamon）在1865年；煙草在1866年。1863年，在北蘇門答臘引進種植煙草。1870年的「蔗糖法」（Sugar Law）規定從1878年起12年內政府退出種植甘蔗。1917年1月1日，在今稱為萬隆的勃良安廢除強迫種植咖啡。1919年6月，在爪哇北海岸廢除強迫種植咖啡。

1866年廢除阻礙人民遷徙和私人企業發展的通行證制。1870年，荷屬東印度政府採取自由開放政策，允許私人擁有土地產權，使得經濟快速發展，大大地改變印尼群島的歐洲人和土著的生活水準。

第七，荷蘭對土著採取武力征服手段，對其他西方國家則採取武力戰爭和外交談判，以取得控制領地。例如，在1824年與英國簽訂倫敦條約，劃分兩國在蘇門答臘和馬來半島之間的勢力範圍，新加坡和馬來半島歸屬英國所有，新加坡以南的島嶼歸屬荷蘭所有。

1871年，荷蘭和英國在荷蘭海牙簽訂「蘇門答臘條約」，英國撤銷反對荷蘭在蘇門答臘島任何地方擴張領地之聲明。

1851年，荷蘭和葡萄牙東帝汶行政長官羅培茲（Lima de Lopes）達成協議，將帝汶島劃分為兩部份，東帝汶歸屬葡萄牙，西帝汶歸屬荷蘭。

1859年4月20日，荷蘭與葡萄牙簽訂帝汶島劃界條約。

英國和荷蘭在1891年簽訂協議，劃分兩國在英屬婆羅洲和荷蘭屬婆羅洲之疆界。以後經過邊界測量，重定兩國邊界，在1915年和1928年修訂邊界條約。

1895年，簽訂英、荷協議，劃分兩國在紐幾內亞的伊里安（Irian, New Guinea）的疆界，即西紐幾內亞屬於荷蘭所有，東紐幾內亞屬於英國所有。

這些條約成為日後印尼疆域的根據，荷蘭殖民統治結束後，其所控制的疆域移轉給印尼共和國。

第八，鴉片之毒害。當葡萄牙在16世紀初航行到東南亞國家時，開始抽鴉片煙，發現有瞬間快樂的感覺。葡萄牙在1511年佔領馬六甲時，就使用鴉片作為與東南亞各地統治者的見面禮。[1]

荷蘭也學葡萄牙的作法，以鴉片作為「以貨易貨」的工具。1642年，荷屬東印度公司獲得蘇門答臘島的巴鄰旁蘇丹的許可，享有進口鴉片和紡織品的專有權。荷蘭以之換取當地生產的胡椒。1833年至1836年擔任荷屬東印度總督的鮑德（Jean Chrétien Baud）曾記載：「從1640年到1652年，該公司進口鴉片平均每年500英鎊。從1653年到1665年，每年平均進口鴉片1,100英鎊。1666年到1677年，平均每年進口鴉片10,000英鎊，而1666年剛好是馬塔蘭王國（指統治中爪哇和東爪哇的土著國家）的蘇蘇胡南（Susuhunan）（指蘇丹）給予荷蘭鴉片貿易獨佔權。」[2]　1705年，馬塔蘭王國蘇蘇胡南再度給予荷屬東印度公司鴉片貿易獨佔權。荷屬東印度係從孟加拉進口鴉片到印尼群島。整個17世紀，荷屬東印度從孟加拉進口的鴉片總值為210萬英鎊；18世紀約有1,260萬英鎊，而且這僅是孟加拉一地進口的數額。而抽鴉片煙者有荷蘭士兵、爪哇貴族和華人。荷屬東印度進口如此大量的鴉片，並非僅供給荷屬東印度使用，它還賣至菲律賓、臺灣和日本。[3]

1700年，荷屬東印度將印度鴉片賣至中國和東南亞，還將抽鴉片煙

1　Hans Derks, *History of the Opium Problem: The Assault on the East, ca. 1600 – 1950,* BRILL, 2012, p.229.

2　Hans Derks, *op.cit.*, p.230.

3　Hans Derks, *op.cit.*, pp.231,234,235.

管引進中國，中國開始流傳抽鴉片煙。以後英國也如法炮製，英屬東印度公司在印度、孟加拉和印度東北部的比哈爾（Bihar）邦生產鴉片，然後出口到中國。[4]

在18–19世紀，荷屬東印度將鴉片包給華商經營，華商承包鴉片煙館，每年再向殖民政府繳稅。吸食鴉片者主要是華人，土著只有少數內陸地區的貴族階層吸食，他們與荷人有來往。吸食鴉片較多的地方是在亞齊、巴鄰旁、萬丹等港口地區，因為這些港口有較多外商。當然，並非土邦蘇丹都同意進口鴉片，像龍目島蘇丹和萬丹蘇丹都禁止吸鴉片。[5]

第九，對於有眾多種族和小邦土著國家的印尼而言，若沒有荷蘭的統治，可能難以形成有共同的「印尼」認知，荷蘭變成印尼群島的第一次出現的大王朝，因荷蘭頒佈統一的政令，才整合成單一的「民族國家」。印尼並非想像的國度形成的統一國家，而是荷蘭透過其武力征服和殖民統治，才將散漫的土邦整合成荷印政府統治下的單一的政治實體。

此外，原本土邦有簡易的官僚組織，大王朝設有國王和少數幾位官員，議政時僅用口述，沒有使用官方文書紀錄，因此在荷蘭入佔後，都沒有發現以前王朝相關的官方文書留存下來。後來考古和歷史學者只發現少數石碑、銅片和金箔的文書記載。最主要的原因是土邦沒有官方文書記錄的制度。另一個原因是當時的文字載體是使用貝多葉（棕櫚葉），易遭蟲吃和腐蝕，不易保存。

荷蘭的統治，最大的貢獻是建立嚴密的官僚機構，以及鉅細靡遺的文書記錄，無論是官員或者傳教士，都按日記載工作內容，大至政府的施政，小至土著的日常生活，都一一詳細記載，可以這麼說，荷蘭官員是最為勤奮的學者和學生。不知他們是懷抱怎樣的心態進行殖民地統治？他們是認真、努力地在經營殖民地，不是隨便的隨心所欲的統治。只是以荷蘭小國寡民要去統治廣土眾民的印尼群島，並非易事，各項建設進展的速度是很緩慢的。

4　Pierre-Arnaud Chouvy, *Opium: Uncovering the Politics of the Poppy*, Harvard University Press, Cambridge, 2010, p.5.

　　"Dutch East India Company," *Wikipedia*, https://en.wikipedia.org/wiki/Dutch_East_India_Company 2022年6月24日瀏覽。

5　J. F. Scheltema, "The opium trade in the Dutch East Indies, I," *American Journal of Sociology*, Vol. 13, No. 1 (Jul., 1907), pp. 79–112.

印尼人浴血獨立

二戰結束後，各殖民地興起了反帝反殖的民族主義情感，印尼也沒有例外，蘇卡諾等民族主義者立即在日本投降後的第三天，即1945年8月17日匆促宣佈獨立，成立印尼共和國。他們從日本手中接受少數武器，實力薄弱。等英軍登陸爪哇後，在泗水等幾個城市進行反英軍抗戰，最後失敗。英軍接收日軍投降後，按照波茨坦宣言以及英國和荷蘭協議，英軍將印尼群島移交給荷蘭。此激起蘇卡諾等共和軍之不滿，雙方開戰，直至1949年底，才迫使荷蘭退出印尼群島。中間要感謝美國對荷蘭施加壓力，美國以給予荷蘭戰後馬歇爾計畫之經濟援助作為條件，才能順利讓荷蘭簽字同意放棄印尼群島。

與其他東南亞國家相較，印尼是較早能脫離荷蘭而獨立的，前後共打了4年的戰爭。越南則從1946年12月到1954年5月跟法國作戰，最後才迫使法國退出越北。馬來亞共黨從1948年和英國作戰，至1957年才迫使英國放棄馬來亞，讓馬來亞獨立。

印尼從1945年到1949年和荷蘭進行一場獨立戰爭，又被稱為「反殖民化戰爭」（decolonization war），荷蘭對印尼人進行即決處決、酷刑、大範圍縱火等惡行，到底有多少印尼人傷亡，至今沒有確實的統計數字。荷蘭已公布荷蘭人方面死亡人數為4,751名軍人，其中半數是因為戰鬥死亡者，另一半則係因為生病或意外而死亡的。荷蘭平民死亡者有5,000人到30,000人不等。此外，荷蘭軍方的報告稱，印尼人在這次戰爭中死亡97,421人。印尼人對於該項數字表示懷疑，認為是低報。[6]

荷蘭對印尼表示道歉

1947年，至少有150名印尼人在蘇拉威西島原名Rawagede的Balongsari村被荷蘭軍隊殺害。由遇難者的親屬向荷蘭法院提起訴訟。1947年1月，200多名印尼男子在當時稱為西里伯斯（現稱為蘇拉威西

6　Cigh Exeter, "Do the Indonesians count? Calculating the number of Indonesian victims during the Dutch-Indonesian decolonization war, 1945–1949," *Imperial & Global Forum*, August 14, 2017, https://imperialglobalexeter.com/2017/08/14/do-the-indonesians-count-calculating-the-number-of-indonesian-victims-during-the-dutch-indonesian-decolonization-war-1945-1949/ 2022年6月21日瀏覽。

島）的當地政府辦公室前的田野上被處決。當時的一份聯合國報告譴責
殺戮是蓄意和無情的。海牙國際法院在2011年9月15日裁定，荷蘭必須為
1947年於印尼發生的大屠殺負責，並責令荷蘭政府向受害者家屬及其後
代支付賠償受害人2萬歐元（26,600美元）。2011年12月8日，荷蘭駐印
尼大使特吉德（Tjeerd de Zwaan）為1945年至1949年印尼獨立戰爭期間
的「荷蘭軍隊所犯的過度行為」道歉。[7] 2013年9月11日，荷蘭駐印尼大
使特吉德再度正式道歉。[8]

　　據報導，在1946年12月至1947年4月期間，在蘇拉威西島至少有
860名男子被荷蘭行刑隊殺害。[9]

　　在第六起控告荷蘭政府之案件中，一名男子在第二次世界大戰後印
尼爭取獨立的鬥爭中受到荷蘭軍隊的折磨，受害者遭到毆打，在他的頭
上掐滅一根香煙，法院對他受的折磨作出了賠償判決，判給他5,000歐
元。[10]

　　另一個起訴案件是針對1947年12月9日，荷蘭軍隊到印尼爪哇島西
部的一個村落追捕一名當地戰士。荷蘭軍隊尋人不獲後，竟殺了該村子的
400多名男人和男孩。8名受害者的遺孀和一名倖存者在2008年起訴荷蘭政
府。其中2人後來逝世。海牙法庭判決，荷蘭政府必須向受害人或家屬支
付賠償。

　　荷蘭政府於2011年12月9日為1947年爪哇島的屠殺事件，正式向印
尼作出道歉。之前，荷蘭同意支付85萬歐元給當地社群，不過在海牙法
庭作出裁決後，它將需要另外支付18萬歐元的賠償金給原告或他們的家
人。

　　2013年，荷蘭國王威廉-亞歷山大（King Willem-Alexander）公開為

7　"Dutch apology for 1947 Indonesia massacre at Rawagede," *BBC News*, 9 December
　2011, https://www.bbc.com/news/world-asia-16104751 2022年6月22日瀏覽。

8　"Netherlands apology for Indonesia 1940s killings," *BBC News*, 12 September 2013,
　https://www.bbc.com/news/world-asia-24060913 2022年6月22日瀏覽。

9　"Netherlands to compensate children of executed Indonesians," *Aljazeera*, 19 Oct.
　2020, https://www.aljazeera.com/news/2020/10/19/netherlands-to-compensate-children-of-
　executed-indonesia 2022年6月22日瀏覽。

10　"Relatives of Dutch colonial victims in Indonesia to get day in court," *The Guardians*,
　October 1, 2019, https://www.theguardian.com/world/2019/oct/01/relatives-of-dutch-
　colonial-victims-in-indonesia-to-get-day-in-court 2022年6月22日瀏覽。

荷蘭在整個戰爭期間對印尼的「過度暴力」道歉。雖然這無疑是朝著正確方向邁出的一步，但許多人批評國王的措辭，即他沒有對整個殖民化表示遺憾。

2020年3月，海牙法院裁定，在戰爭期間被處決的 11 名蘇拉威西島男子的遺孀和部分家庭成員有權獲得荷蘭政府賠償。雖然這起案件中包括了一些親屬，但最近的裁決是第一個明確給予這些受害者子女賠償的裁決。法院最初收到了荷蘭政府的反對意見，後者辯稱，隨著 70 年前戰爭的結束，訴訟時效已經過去。然而，由於荷蘭士兵實施的極端暴力行為，法院拒絕修改其裁決。10 月 19 日，荷蘭承諾賠償在印尼獨立戰爭期間被荷蘭士兵即決處決的任何印尼受害公民的子女。任何能夠可靠地證明他們與受害者的關係並確認死者是被荷蘭士兵處決的結果，則其子女都有資格獲得 5,000 歐元或 5,890 美元。[11]

一項由荷蘭政府資助並由荷蘭和印尼兩國學者和專家從2017年開始進行有關1945–49年印尼獨立戰爭期間荷蘭軍隊之暴行的研究，在2022年2月17日公布調查報告，稱荷蘭軍隊為了維護其殖民統治而使用了法外處決和酷刑等極端暴力行為。荷蘭首相呂特（Mark Rutte）立即對於荷蘭在1940年代統治印尼時系統性使用「極端暴力」一事，向印尼人民表示道歉。[12]

左傾的民族主義者蘇卡諾

蘇卡諾的政治態度是一位真正的民族主義者，雖不是真正的社會主義者，但是左傾者。他的父親是荷蘭統治時期的小學校長，應該是跟荷蘭關係很密切，所以蘇卡諾才能就讀荷蘭人讀的高中。惟這一點他卻跟他的父親不同，他從事的是抗荷運動。他的抗荷思想，應不是來自其父親，而是他的第一任太太的父親。他在泗水念中學時，他的父親安排他

---

11 Sydney Stewart, "Netherlands Commits To Long Overdue Compensation For Indonesian Victims," *The Organization for World Peace*, November 6, 2020, https://theowp.org/netherlands-commits-to-long-overdue-compensation-for-indonesian-victims/ 2022 年 6 月 23 日瀏覽。

12 Toby Sterling and Anthony Deutsch, "Dutch apologize for violence in Indonesian War of Independence," *Reuters*, February 17, 2022, https://www.reuters.com/world/panel-finds-dutch-used-excessive-violence-indonesian-war-independence-2022-02-17/ 2022 年 6 月 23 日瀏覽。

住在他朋友的家，就是特卓克羅民諾托的家裡，特卓克羅民諾托是「伊斯蘭協會」的會員。因此1918年，蘇卡諾參加「爪哇青年運動」（Jong Java），開始以筆名Bima（偉大戰士）為「伊斯蘭協會」的期刊**東印度信使**（*Oetoesan Hindia, Indies Messenger*）寫文章，並在「伊斯蘭協會」的集會上發表動人的演說。

「伊斯蘭協會」是當時具有改革思想的印尼人參加的社團，蘇卡諾高中時就參加該一社團的活動，應該就是他的政治思想啟蒙者。蘇卡諾是知識份子的家庭，他大學讀的是當時印尼最高學府萬隆理工學院，1930–31年該校學生總數是111人，其中荷人66人，土著學生36人，東方外僑學生9人，[13] 所以他是印尼菁英份子。

蘇卡諾大學學的是機械和建築，但不影響他的政治熱情，他在1926年11月從萬隆理工學院畢業，他撰寫一些文章，主張伊斯蘭、馬克斯主義和民族主義可以融合為一體，以追求獨立。特別是前面兩項可併入最後一項。1927年7月4日，他與「萬隆研究俱樂部」的成員創立「印尼民族主義協會」（Perserikatan Nasional Indonesia, Indonesian Nationalist Association），由他擔任主席。1928年5月，將該組織改名為印尼國民黨。該黨主張以不合作的方法、群眾組織達成印尼的獨立。

事實上，他對於當時印尼流行的社會主義並不很瞭解，只是表面初淺的認識。而且從荷蘭引進來的社會主義思想，比較接近早期馬克斯的想法，不是俄國革命後的列寧主義。

蘇卡諾試圖將爪哇傳統、伊斯蘭和他自己的馬克斯主義觀念結合起來，他提出了一個重要的理論是「勞動階級」（Marhaenism），Marhaen在巽他話指的是農民，蘇卡諾在1930年在萬隆的鄉下看到一位農民在用手犁犁田，他問該農民是否擁有該手犁，農民答是。又問他是否擁有土地，農民也答是。又問他是否擁有房子，亦答是。他問該農民的名字，答以Marhaen。蘇卡諾認為該農民是典型的印尼人，他不是馬克斯主義意義的無產階級，因為該農民擁有生產工具，也擁有土地，但農民還是貧窮和被剝削的。以後蘇卡諾在多次演講中闡釋印尼人的概念，最後變成

13　J. S. Furnivall, "Education," in Paul H. Kratoska(ed.), *Southeast Asia: Colonial History*, Vol. III, Empire-building During the Nineteenth Century, Routledge, London and New York, 2001, p.127.

為「勞動階級」理論。神秘的「勞動階級」體現了印尼民眾的困境，他們不是馬克斯主義意義的無產階級，而是在殖民主義者剝削下的窮人，依賴歐洲和美洲的市場。除了追求獨立外，他希望印尼免除依賴外國資本，成為一個無階級的社會，他們是快樂的「勞動階級」，而非貪婪的個人主義者，此反應傳統爪哇的農村的觀念「互助合作」（gotong-royong, or mutual self-help）。「勞動階級」一詞雖然空泛，但在1933年發展出的論點，它變成與社會-民族主義和爭取獨立為同義語。[14]

這些是他在沒有執政前的生活體會和政治思想，等到他在1950年開始執政時，就沒有採取任何一項社會主義政策，獨立後的印尼政治和社會結構仍然傳承荷蘭的資本主義體制。社會主義變成蘇卡諾的口號，他容忍社會主義政黨參政，但不能接受印尼共黨在地方搞共產革命政府和土改。在外交政策上，他也跟蘇聯和中國走得很近，接受他們的軍事和經濟援助。以致於在1958年引發美國暗中支持反對蘇卡諾的革命政府。然而，蘇卡諾並沒有改變其外交路線，繼續和中國加強軍事合作關係，到了1965年8月17日在印共之支持下，蘇卡諾企圖組織「雅加達-金邊-北京-河內-平壤軸心」（Jakarta-Phnom Penh-Beijing-Hanoi-Py'ngyang axis），以對抗新殖民主義、殖民主義和帝國主義，這次更激起內部的矛盾，左派軍人受到鼓舞，在和印共的合作下，發動「930」政變，最後導致蘇卡諾政權的垮臺。

印共在1965年孤注一擲盲幹搞革命，背後受到中共的指使，因為此時中共的社會主義改造已走到瓶頸，毛澤東的「三面紅旗」路線遭到國家主席劉少奇的批評。毛的地位岌岌可危，他想藉印共革命以提振其派系和鞏固其路線和地位。沒有想到，印共政變遭到失敗，有兩百多名印共幹部逃到北京避難。屬於中共國際共產革命之一支的馬來亞共黨，也受到印共失敗之影響。1965年初，馬共在雅加達成立「馬來亞民族解放聯盟」（Malayan National Liberation League），頗為猖獗一時，直至印共失敗後，始將其總部遷到北京。該組織有50名中央委員，其執行機關稱為「北馬來局」（North Malayan Bureau）和「南線組織」（South Line Organization）。「南線組織」係在森美蘭州、馬六甲、柔佛和新加坡等

14　 "Sukarno and the Nationalist Movement ," *Selleckchem.com*, http://www.country-data. com/cgi-bin/query/r-6195.html 2022年6月22日瀏覽。

地活動。毛澤東在遭到內外失利的情況下，在1966年5月發動「文化大革命」清算走資派的劉少奇等人，企圖穩固其地位。

嚴格而言，蘇卡諾另一個對印尼最大的貢獻是他提出的「建國五項原則」（Pancasila），讓一個全世界最大的回教國家，能在各種宗教信仰、多元種族、不同的風俗習慣和眾多島嶼的情況下「求同存異」共同組成一個共和國，印尼政治人物經常掛在口邊的「殊途同歸」，已成為印尼政治和社會文化的黏合劑。這都得拜受蘇卡諾之賜。

蘇哈托建構威權主義的統治機制

印尼在獨立初期，共和國軍隊對荷蘭戰爭，軍隊逐漸形成一股勢力。回教勢力亦企圖建立「伊斯蘭國」。印共有國際背景，後面有中共在指導，除了搞工運和罷工外，甚至在1948年9月在茉莉芬成立「印尼人民共和國」。蘇卡諾在1955年舉行第一次國會選舉，為了拉攏印共，讓印共參選。統治初期實施多黨民主制，結果不理想，因為無法產生多數黨，就組織多黨聯合政府，權力傾軋太厲害，聯合政府不穩，內閣頻頻更換，所以在1957年就宣佈戒嚴，組織他指定的「人民代表互助議會」，實施「指導民主」，他試圖讓軍隊、印共和回教勢力維持平衡。但軍隊之地方勢力和山頭，尾大不掉，再加上美國從中介入，支持反雅加達的右派軍人。印共亦藉外力對蘇卡諾施壓，企圖改組軍隊，另成立「第五軍種」。再加上蘇卡諾身體健康出現警訊，使得這三股勢力都在等待權力交替，產生焦慮，最後爆發流產政變。

蘇哈托之統治技術採用快刀斬亂麻的方式，大力掃蕩印共，壓制回教勢力，只剩下效忠他的軍隊。軍隊除了保家衛國外，還兼具政治功能，即要對政治服務及維持社會秩序。軍人除了擁有國會固定席次外，亦可兼任政府職務（包括出任地方省長和官員）和國營企業主管。

為了防止多黨體系之亂，他將民主政黨合併為印尼民主黨，將回教政黨合併為建設統一黨，另外由軍方負責成立「戈爾卡」，是一個職業團體組成的社團，但具有政黨功能，可以參選，並不受政黨法限制。在他執政期間，三黨制運作順利，因為蘇哈托嚴密控制輿論和媒體，不容有反對意見。

蘇哈托大力廓清政局，穩定壓倒一切，其功不可沒。他在1968年出

任總統，該年GDP經濟成長率為10.9%，以後開始下滑，1975年為5%，然後上揚，1980年為9.9%，1982年下降為2.2%，1984年為7%，1985年為2.5%，然後再上揚。到金融危機的爆發，才出現嚴重的負13.1%的成長率。在人均所得方面，1968年為702.4美元，到1998年他下台為止，為5297.2美元，在30年間增長7.54倍。在金融危機之前，他對於印尼經濟發展貢獻也是不容忽略，至少印尼是在穩定中進步。

激進回教運動仍暗潮不已

印尼回教信徒大都屬於遜尼教派，在二戰結束後，在西爪哇的回教徒就開始推動成立「伊斯蘭國」，後來遭蘇卡諾政府鎮壓而沉寂下來。以後代表回教勢力的政黨有瑪斯友美黨、回教教師聯合會和其他4個回教小政黨。

蘇哈托為了整合政黨，便於控制，在1973年將這些回教政黨整併為建設統一黨。該黨接受世俗國家的憲法體制。

在蘇哈托垮臺後，出現了許多回教政黨，在國會佔有議席的回教政黨只有公正福利黨、國民公義黨、建設統一黨和民族覺醒黨；由最大回教團體回教教師聯合會成員成立的多個小黨，以及由前最大回教黨瑪斯友美黨支持者組成的星月黨等，都難以獲得選民的青睞。

儘管回教政黨未能成為政治主流力量，激進回教團體卻此起彼落作亂。最重要的原因是印尼不可能自外於世界回教運動而不受影響，1979年伊朗發生何梅尼革命成功、同年阿富汗也發生抵抗蘇聯入侵的戰爭，都深切牽動印尼的回教徒。在1980年代末，印尼青年開始自覺，推動回教的復興運動。回教被認為是替代受高壓控制的政治結構的選擇。參加清真寺的人增多了，土地問題、財富分配不公平、官員貪污、官員偏向信仰基督教的華人等，都是爭議的問題。穆斯林要求更大的政治聲音，刺激了回教的復興運動，他們企圖透過回教的主張取得政治上的發言權。

印尼有激進思想的年輕人前往阿富汗參加抗蘇戰爭，他們在阿富汗戰爭結束後返回印尼，例如，塔里布（Ja'far Umar Thalib）曾在1980中葉前往巴基斯坦求學數年，後來前往阿富汗參加對抗入侵的蘇聯軍隊的戰爭。他在2000年在印尼組織「聖戰軍」（Laskar Jihad, or 'Holy War Warriors），成員約1萬至1萬5千人。

　　巴錫爾的重要助手漢巴里，在1980年代中葉前往馬國，宣傳激進回教教義。1980年代末前往阿富汗和巴基斯坦，在奧沙瑪的恐怖主義訓練營學習如何成為「回教護教者」（mujahideen）戰士的方式，參加對蘇聯之戰爭。除了漢巴里外，還有耀賽夫（Ramzi Yousef）和賽克・穆罕默德（Khalid Shaikh Mohammed）等重要的恐怖主義份子在此一訓練營受訓。漢巴里在1999年派人參加摩鹿加群島對抗基督教徒的戰爭。2000年底，漢巴里返回印尼，並在印尼策劃基督教堂爆炸案。除了漢巴里外，另一位「回教祈禱團」高層領袖是馬來西亞公民華益士，他於2002年在新加坡被捕。

　　以後印尼又受到阿富汗「凱達」組織、伊拉克和敘利亞的「伊斯蘭國」等激進組織之影響，將自殺性攻擊手段帶入印尼，因此從2002年巴里島爆炸案到目前為止，印尼各地都一再發生類似的自殺性爆炸攻擊事件。回教是一個最為保守的宗教，跟佛教和印度教不同，後者傳入印尼後都發生在地化的佛教和印度教，重新融合成新的宗教，而回教似乎沒有在地化轉變成一個更世俗化的回教，回教復興運動將回教帶入傳統主義，將會使激進回教暗中滋長。

反共與排華的弔詭掛勾與操作

　　蘇哈托撲滅印共政變，標誌著印尼將轉進一個反共的時代，在他執政期間，反共成為政府的施政主軸，不僅大肆逮捕共黨份子，也即決處死共黨份子。蘇哈托政府認為當時很多印尼華人是共黨份子，所以同時也激起土著和軍警排華和逮捕許多華人，政府也頒佈一系列排華法案，禁止華文、舞龍舞獅、關閉華人社團、華文學校、更改華人姓名為印尼姓名，反共和排華變成等同關係。

　　然而，蘇哈托一方面排華另一方面卻跟富有華商建立密切的官商關係，他給予跟他親近的華商商業上的好處和專利特權，當時最富有的20多位華商都跟他有密切的關係，例如，林紹良（水泥工廠、麵粉加工業）、林文鏡[15]、黃奕聰（食用油業）、黃雙安（林業）、鄭建盛（林

15　林文鏡是印尼一些著名企業的重要的創辦人之一，例如，印多福（Indofood），波加沙裡麵粉廠（Bogasari Flour Mills）和印多水泥（Indocement），這是國內第二大的水泥廠。林文鏡也是三林集團在香港的第一太平洋投資的非執行董事直到2010

業）、李文明（印尼銀行）、李文光（印尼銀行）、陳子興（印尼恆榮銀行）、徐清華（克拉卡托冷軋鋼廠、建築業）、時瑞基（造紙工業）、林英懷（遠洋航運業）等人。

鄭建盛出生於三寶壟，從小為一名陸軍將軍加托特（Gatot Soebroto）收養，而加托特將軍在1950年代為蘇哈托上校的長官，故鄭建盛從年輕時就認識蘇哈托。在蘇哈托取代加托特將軍擔任陸軍迪波尼哥羅師指揮官後，鄭建盛與蘇哈托合作發展由軍方控制的副業，為該師提供大量資金，並為軍官提供額外收入。蘇哈托出任總統後，給予鄭建盛林業開發的特許權，外國公司特別是美國喬治亞太平洋公司（Georgia Pacific）需與印尼林業開發公司合資，才能獲准在印尼投資，所以鄭建盛的林業公司成為該美國公司的股東。1983年，該美國公司從印尼撤資，鄭建盛成為該公司唯一股東。他從伐木業開始，將業務擴展到金融、保險、汽車等行業。據稱他的卡里曼尼斯（Kalimanis）集團控制著超過200萬公頃在卡里曼丹的林地，他擁有印尼政府給予的特許權。在蘇哈托的妻子於1996年去世後，鄭建盛成為蘇哈托6個孩子之間商業糾紛的調解人。他安排了一項交易，以解決股東對布里X礦業公司（Bre-X Minerals）在之前在卡里曼丹發現的布山（Busang）金礦的爭議，後來被發現此為一個騙局。1998年3月14日，他出任工商部長，蘇哈托下台後，他也失去部長職務，並被控告他曾下令在蘇門答臘放火燒森林，而被法院判處500億印尼盾罰款。2001年2月，他因1990年代初期在爪哇的一個欺詐性森林測繪項目給印尼政府造成2.44億美元的損失而被判處2年有期徒刑。2004年2月假釋出獄。[16]

當蘇哈托的子女長大成年後，紛紛從商開公司，其資金大都是前述富有的華商挹注資金，構成一個裙帶膩友（Cronyism）結構關係。1998年國際貨幣基金組織準備給印尼紓困資金時，就要求蘇哈托斬斷該種裙帶關係。蘇哈托沒有遵守承諾，反而任用鄭建盛出任工商部長。

在蘇哈托執政期間，曾出現經常性的排華運動，暴民攻擊華人商

年。他也是中國冠捷科技有限公司（TP Vision Technology，品牌AOC）的共同創辦人。參見「印尼富商林文鏡80年代再創光輝事業」，隨意窩，2013年8月20日。https://blog.xuite.net/rokok.indonesia/twblog/143805371 2022年6月21日瀏覽。

16　"Bob Hasan," *Wikipedia*, https://id.wikipedia.org/wiki/Bob_Hasan 2022年6月23日瀏覽。

店，軍警放任無所作為，這就引人懷疑，是政府故意放縱暴民攻擊華人店鋪以轉移人民對政府的不滿嗎？華人遂成為政治操作下的替罪羔羊。1998年5月的情況更是如此，蘇哈托政權陷入危機，全印尼各地爆發排華運動，明明是政府取消油電補貼，導致物價上漲，印尼盾大貶值，市面上流傳是因為華人資金外逃，所以導致經濟崩潰，其實應該是政府金融政策錯誤，失去控制，印尼華人才將錢匯出國外。印尼如能像馬來西亞一樣，從一開始就管制外匯，採固定匯率，當不致有資金外逃現象。

印尼會對「930事件」做出道歉嗎？

　　當蘇哈托在1998年下台後，印尼進入後蘇哈托時代，在民主化轉型之要求下，各界如何看待「930」事件成為一個廣受注意的議題。印尼國家人權委員會（Indonesian National Commission on Human Rights, Komnas HAM）在2012年出版了一份印尼人權報告，列出了準備進行調查的人權案例，其中包括1965–1966年的違反人權案例。但該報告稱，印尼政府在2002年通過第三號政府條例（Government Regulation No. 3 of 2002），旨在針對因為遭受重大違反人權的受害人給予恢復原狀、補償和康復，但委員會認為由於下述原因而使第三號政府條例無法執行，(1)總檢察長中斷對這些重大違反人權案之調查，雖然國家人權委員會已完成對這些案子的調查一段時間了。這些案子包括(a)1998年三聖（Trisakti）大學、1998年西瑪吉第一案（Semanggi I）、1999年西瑪吉第二案（Semanggi II）等事件。(b) 1998年5月暴動。(c) 2001–2002年瓦西兒（Wasior）和2003年瓦米納（Wamena）事件。(d)1982–1985年草率執行死刑。(e)1965–1966年悲劇事件。(2)2006年國會建議總統設立特別人權法庭，負責審判強制失蹤、對受害者給予補償和康復的案子。但迄今總統未設立該一法庭。[17]

　　2014年，由印尼流亡者、人權組織行動家、1965年事件受害人組織和研究人員成立「1965年國際人民法庭基金會」（Foundation IPT (International People's Tribunal) 1965）。該基金會在2015年11月在海牙成

17　"Submission for the preparation by the Human Rights Committee of a list issues to be considered during the examination of the initial report Indonesia, submitted December 2012," *The Indonesian National Commission on Human Rights*, https://www2.ohchr.org/english/bodies/hrc/docs/ngos/nationalcommissiononhumanrights_indonesia_hrc107.pdf 2022年6月24日瀏覽。

立了調查1965年印尼違反人權法庭，由南非前憲法法庭法官約克伯（Zak Yacoob）擔任主審法官，有當年事件的20名證人出庭，法庭也邀請美國、英國和澳洲政府派人出席，遭到拒絕。該法庭在2016年7月21日做出裁決，認為1965年印尼政府涉嫌有系統的性暴力、政治迫害和放逐、數千人失蹤，有將近40萬到50萬人被殺害。該法庭建議印尼政府對受害人及其家屬做出道歉、調查違反人權情況、對生還者給予適當的賠償。但印尼的政治、法律和安全事務統籌部長盧胡特表示，印尼有自己的法院，不勞外國法庭干預，印尼政府也不接受海牙法庭的建議。[18]

印尼總統佐科威支持在2016年6月1日舉辦「免除印共和其他意識形態之威脅以保護建國五原則全國研討會」（National Symposium on Securing Pancasila From the Threat of the PKI (Indonesian Communist Party) and Other Ideologies），邀請1965年事件受害人在會上發表意見，但有退役將軍提出反駁意見，「回教保衛者陣線」（Islam Defenders' Front）批評佐科威是共黨的同路人。該陣線領袖李茲克（Muhammad Rizieq Shihab）威脅說，假如佐科威要代表1965年受害人做出官方道歉，他將控告佐科威。[19]結果印尼政府未對1965年受害人做出官方道歉。

佐科威在2023年1月在審閱了「過去嚴重侵犯人權事件非司法解決小組」（PPHAM）的報告後做出口頭聲明，對這些發生違反人權案件表示遺憾，政府還沒有就日後如何繼續向受害者及其家屬進行懺悔做出決定。他審閱的12起事件包括：1965年至1966年的事件、1982年至1985年神秘槍擊事件、1989年楠榜（Lampung）的Talangsari事件、1989年亞齊的Rumoh Geudong和Pos Sattis事件、1997年至1998年強迫失蹤事件、1998年5月騷亂事件、1998–1999年Trisakti和Semanggi I-II事件、1998–1999年謀殺巫師事件、1999年亞齊KKA Simpang事件、2001–2002年巴布亞Wasior事件、2003年巴布亞Wamena事件、2003年亞齊Jambo Keupok事件。[20]

18　Juliet Perry, "Tribunal finds Indonesia guilty of 1965 genocide; US, UK complicit," *CNN*, July 22, 2016, https://edition.cnn.com/2016/07/21/asia/indonesia-genocide-panel/index.html 2022年6月26日瀏覽。

19　Margareth S. Aritonang, "FPI threatens to impeach Jokowi over 1965 apology," *The Jakarta Post*, June 1, 2016, http://www.thejakartapost.com/news/2016/06/01/fpi-threatens-to-impeach-jokowi-over-1965-apology.html 2022年6月24日瀏覽。

20　「社論：承認並表遺憾過去嚴重侵犯人權行為　政府已向前邁出積極一步」，*印尼商報*，2023年1月15日。

印尼至今尚未解除1966年頒佈的禁止共黨令,刑法第219條規定任何人主張共產主義而違反法律者,最高可處以7年有期徒刑,在這些法律尚未廢除或修改之前,要平反1965年事件受害人,還有一大段路要走。

文人政府發展經濟有成

在蘇哈托下台後,印尼進入了文人執政的新時代,從1998年到2004年之間在摸索衝撞中前進,蘇哈托時期留下來的軍事強人,例如威蘭托將軍、尤多約諾將軍和普拉博沃將軍都成為政壇的要角。甚至前三軍總司令莫爾多科在民主黨黨主席選舉時軋一腳。威蘭托將軍競選總統落敗,尤多約諾則成功當選總統兩任。普拉博沃競選總統兩次落敗,他很有可能在2024年再度投入選戰。軍人在政治轉型過程中,脫下軍服投入民主選舉,係印尼政局穩定的重要因素之一,他們不像泰國軍人那樣搞政變以取得政權。印尼算是幸運的。

至2004年,印尼政局終於確定總統改為人民直選產生,尤多約諾成為第一位民選總統。尤多約諾受過高等教育,不是沒讀過書的軍人,他獲得美國的碩士學位以及印尼的博士學位,是一位受過良好教育和訓練的軍人,他以穩定的步伐帶領印尼走上政局穩定及經濟發展之路,他在2004年上臺,該年的GDP經濟成長率為5%,以後一路攀升,2007年達到6.3%,隔年受到金融海嘯影響,經濟成長率為6%,2009年為4.6%,以後又向上攀升。到他下台的2014年為5%。另外就人均所得而言,2004年為6,859.1美元,2011年突破達10,518.8美元,2014年為10,958美元。在他執政10年期間,印尼已躋身中等收入的發展中國家,GDP人均所得是東協國家第三位,僅次於新加坡和汶萊,他帶給印尼寶貴的黃金10年。

他的繼任者佐科威,也是受過印尼嘎加瑪達大學教育者,經商有成,以平民作風以及積極任事的態度治理國政,他具有良好的政治管理,不使情況尖銳化,充滿柔軟政治操作的性格。[21]在他任內GDP經濟成長率2018年達到5.2%,受到2019年新冠肺炎之影響,2020年下滑為負2.1%。2021年上升為3.7%。人均所得在2019年達到11,397美元。印尼經濟穩定在進步。

21　「佐科威的高明政治手腕促成蘇西洛-美佳娃蒂握手言歡的關鍵」,**印尼商報**,
　　2017年8月18日。

　　整體而言，在文人統治下，印尼經濟發展獲得世界的肯定，所以印尼在2021年獲推薦主辦2022年G-20高峰會。在經濟發展之有利條件下，印尼正在東卡里曼丹的努山塔拉營建新都，其充滿自信的建都豪情，將帶領印尼邁入下一個進步和繁榮的新境界。

徵引書目

一、臺灣官方文獻

檔名：印尼華人刑事裁判不平等待遇案，**外交部檔案**，國史館藏，目錄號： 172–1，
    案卷號：3063，民國21年1月至25年10月。外交部訓令駐荷蘭公使館，事由：
    荷印政府適用法律時中國人應與歐美人、日本人享受同等待遇仰遵照交涉，民
    國22年1月22日。

檔名：印尼華人刑事裁判不平等待遇案，**外交部檔案**，國史館藏，目錄號： 172–1，
    案卷號：3063，民國21年1月至25年10月。駐巴達維亞總領事館呈外交部，事
    由：呈復和屬華僑刑事裁判未與歐洲人享受同等待遇之詳情，請鑑核提出交涉
    由，民國22年1月9日。附件：荷屬東印度司法概況，民國21年12月24日。

檔名：印尼華人刑事裁判不平等待遇案，**外交部檔案**，國史館藏，目錄號： 172–1，
    案卷號：3063，民國21年1月至25年10月。駐巴達維亞總領事館呈外交部，事
    由：呈復和屬華僑刑事裁判未與歐洲人享受同等待遇之詳情，請鑑核提出交涉
    由，民國22年1月9日。

檔名：印尼華人刑事裁判不平等待遇案，**外交部檔案**，國史館藏，目錄號： 172–1，
    案卷號：3063，民國21年1月至25年10月。駐和使館呈外交部，和字第1153
    號，民國23年5月，缺日期。

二、美國官方文獻

*   "262. Report prepared by the Ad Hoc Committee on Interdepartmental on Indonesia
    for the National Security Council, Special report on Indonesia, Washington, September 3,
    1957," John P. Glennon, ed., *Foreign Relations of the United States*, 1955–57, Vol.XXII,
    Southeast Asia, United States Government Printing Office, Washington, 1989, pp.436–440.
*   "298.Telegram from the Department of State to the Embassy in Indonesia, Washington,
    November 25, 1957," John P. Glennon, ed., *Foreign Relations of the United States*, 1955–

1957, South East Asia, Vol.XXII, United States Government Printing Office, Washington, 1989, pp.515–516.

- "Colonial Economy and Society, 1870–1940," *U.S. Library of Congress*, http://countrystudies.us/indonesia/13.htm 2022年6月27日瀏覽。

- "Document 29. Enclosure 1: A-666, Djakarta," *U.S. Embassy Tracked Indonesia Mass Murder 1965*, National Security Archives, https://nsarchive2.gwu.edu//dc.html?doc=4107040-Document-30-Enclosure-1-A-666-Djakarta 2018年4月7日瀏覽。

- Office of the Historian, "117. Telegram From the Embassy in Indonesia to the Department of State, Djakarta, June 3, 1958," United States Department of State, *FRUS*, 1958–1960, Indonesia, Vol. XVII, https://history.state.gov/historicaldocuments/frus1958-60v17/d117 2020年5月13日瀏覽。

- Office of the Historian, "118. Telegram From the Embassy in Indonesia to the Department of State, Djakarta, June 6, 1958," United States Department of State, *FRUS*, 1958–1960, Indonesia, Vol. XVII, https://history.state.gov/historicaldocuments/frus1958-60v17/d118 2020年5月13日瀏覽。

- Office of the Historian, "138. Memorandum From the Assistant Secretary for Far Eastern Affairs (Robertson) to Secretary of State Dulles, Washington, July 30, 1958," United States Department of State, *FRUS*, 1958–1960, Indonesia, Vol. XVII, https://history.state.gov/historicaldocuments/frus1958-60v17/d138 2020年5月11日瀏覽。

- Office of the Historian, "139. Memorandum of Conversation, Washington, August 1, 1958," United States Department of State, *FRUS*, 1958–1960, Indonesia, Vol. XVII, https://history.state.gov/historicaldocuments/frus1958-60v17/d139 2020年5月14日瀏覽。

- Office of the Historian, "163. Telegram From the Department of State to the Embassy in Indonesia, Washington, November 7, 1958," United States Department of State, *FRUS*, 1958–1960, Indonesia, Vol. XVII, https://history.state.gov/historicaldocuments/frus1958-60v17/d163 2020年5月14日瀏覽。

- Office of the Historian, "158. Letter From the Assistant Secretary of Defense for International Security Affairs (Irwin) to the Under Secretary of State for Economic Affairs (Dillon), Washington, October 7, 1958," United States Department of State, *FRUS*, 1958–1960, Indonesia, Vol. XVII, https://history.state.gov/historicaldocuments/frus1958-60v17/d158 2020年5月14日瀏覽。

- Office of the Historian, " 152. Telegram From the Embassy in Indonesia to the Department of State, Djakarta, September 8, 1958," United States Department of State, *FRUS*, 1958–1960, Indonesia, Vol. XVII, https://history.state.gov/historicaldocuments/frus1958-60v17/d152 2020年5月14日瀏覽。

- "Indonesia Sukarno's Foreign Policy," *Library of Congress*, USA, http://memory.loc.gov/cgi-bin/query2/r?frd/cstdy:@field(DOCID+id0034) 2006年6月9日瀏覽。

- "The Growth of National Consciousness," *U.S. Library of Congress*, http://countrystudies.us/indonesia/14.htm 2022年6月27日瀏覽。

- "U.S. Relations With Indonesia," U.S. Department of State, https://www.state.gov/u-s-relations-with-indonesia/ 2022年6月21日瀏覽。

- 美國國務院解密檔案，國家安全檔案（National Security Archives），電子檔藏美國

喬治華盛頓大學（George Washington），檔名：Indonesia's 1969 Takeover of West Papua，http://www.gwu.edu/~nsarchiv/NSAEBB/NSAEBB128/29.%20Airgram%20A-278%20from%20Jakarta%20to%20State%20Department,%20July%209,%201969.pdf 2022年5月25日瀏覽。

三、印尼官方文獻

- "Submission for the preparation by the Human Rights Committee of a list issues to be considered during the examination of the initial report Indonesia, submitted December 2012," *The Indonesian National Commission on Human Rights*, https://www2.ohchr.org/english/bodies/hrc/docs/ngos/nationalcommissiononhumanrights_indonesia_hrc107.pdf 2022年6月24日瀏覽。
- "The Permanent Mission of the Republic of Indonesia to the United Nations presents its compliment to the Secretary-General of the United Nations and with reference to the circular note of the Permanent Mission of the People's Republic of China No CML/17'2009 dated 7 May 2009," *No.480/POL-703/VII/10*, 8 July 2009, http://www.un.org/Depts/los/clcs_new/submissions_files/mysvnm33_09/idn_2010re_mys_vnm_e.pdf 2022年6月23日瀏覽。

四、中文書籍

- [印尼]薩努西‧巴尼著，吳世璜譯，**印度尼西亞史**，上下冊，商務印書館香港分館，香港，1980年。
- [明]馬歡，馮承鈞校注，**瀛涯勝覽校注**，柯枝條，臺灣商務印書館，臺北市，2005年。
- [清]慶桂等撰，**大清高宗純（乾隆）皇帝實錄（四）**，卷一百七十六，華文書局，台北市，1964年。
- 王大海撰，「海島逸志」，載於[清]鄭光祖編，**舟車所至**，中國書店出版，北京市，1991年。
- 王大海撰，「海島逸志」，載於〔清〕鄭光祖編，**舟車所至**，中國書店出版，北京市，1991年。
- **史料旬刊**，第二十二期，乾隆朝外洋通商案，慶復摺，天八百零三至八百零四。
- 李長傅，**中國殖民史**，台灣商務印書館，臺北市，民國79年。
- 沈鈞編著，**蘭領東印度史**，中華學術院南洋研究所重刊，文史哲出版社，臺北市，民國72年。
- 清高宗敕撰，**清朝文獻通考**，卷二百九十七，四裔考五，噶喇巴條，新興書局，臺北市，民國52年重印。
- 陳鴻瑜，**中華民國與東南亞各國外交關係史（1912－2000年）**，鼎文書局，台北市，2004年。
- 陳鴻瑜，**揭密：冷戰時期台灣與東南亞之軍事關係**，臺灣學生書局，臺北市，2022

年。
- 潘翎主編，崔貴強編譯，**海外華人百科全書**，三聯書店（香港）有限公司，香港，1998年。
- 酈耀章，**改革中的印尼**，印華之聲雜誌社，印尼雅加達，2000年。

五、英文書籍

- Adams, Cindy, *Sukarno: An Autobiography*, Gunung Agung, Hongkong, second printing, 1966.
- Alisjahbana, S. Takdir, *Indonesia: Social and Cultural Revolution*, Oxford University Press, Kuala Lumpur, 1966.
- Boomgaard, Peter, "Changing Economic Policy," in Paul H. Kratoska, *Southeast Asia: Colonial History*, Vol.III, High Imperialism(1890s-1930s), Routledge, London and New York, 2001, pp.77–94.
- Chapman, Joyce Lebra-, *Japanese-trained Armies in Southeast Asia*: Independence and Volunteer Forces in World War II, Columbia University Press, New York ,1977.
- Chouvy, Pierre-Arnaud, *Opium: Uncovering the Politics of the Poppy*, Harvard University Press, Cambridge, 2010.
- Christie, Clive J., *A Modern History of Southeast Asia: Decolonization, Nationalism and Separatism*, I. B. Tauris & Co. Ltd., London, 1996.
- Conboy, Kenneth and James Morrison, *Feet to the Fire: CIA Covert Operations in Indonesia, 1957–1958*, Naval Institute Press, Annapolis, Maryland, 1999.
- Creese, Helen, "New Kingdoms, Old Concerns: Balinese Identities in the Eighteenth and Nineteenth Centuries," in Anthony Reid, ed., *The Last Stand of Asian Autonomies, Responses to Modernity in the Diverse States of Southeast Asia and Korea, 1750–1900*, Macmillan Press Ltd., London, 1997, pp.345–366.
- Cribb, Robert, ed., *Historical Dictionary of Indonesia*, The Scarecrow Press, Inc., Metuchen, N. J. & London, 1992.
- Cribb, Robert, ed., *The Indonesian Killings,1965–1966*, Studies from Java and Bali, Monash University, Papers on Southeast Asia, No.21,Clayton, Victoria, Australia, 1990.
- Crouch, Harold, *The Army and Politics in Indonesia*, Cornell University Press, Ethaca and London, 1978.
- Dahm, Bernhard, *History of Indonesia in the Twentieth Century*, Praeger Publishers, London, New York, 1971.
- Day, Alan J. (ed.), *Political Parties of the World*, Longman Group UK Limited, Uk, 1988, 3rd edition.
- Derks, Hans, *History of the Opium Problem: The Assault on the East*, ca. 1600 – 1950, BRILL, 2012.
- Feith, Herbert, "Indonesia," in George McTurnan Kahin, *Governments and Politics of Southeast Asia*, Cornell University Press, Ithaca, New York, Second Edition, 1964, pp.183–280.

• Frederick, William H. and Robert L. Worden, *Indonesia: A Country Study*, Headquarters, Department of the Army, U.S.A., 1993.

• Friend, Theodore, *Indonesian Destinies*, The Belknap Press of Harvard University Press, Cambridge, Massachusetts, and London, England, 2003.

• Furnivall, J. S., "Colonial Policy and Practice: Netherlands India," in Paul H. Kratoska(ed.), *Southeast Asia: Colonial History*, Vol. II, Empire-building During the Nineteenth Century, Routledge, London and New York, 2001, pp.173–191.

• Furnivall, J. S., "Education," in Paul H. Kratoska(ed.), *Southeast Asia: Colonial History*, Vol. III, Empire-building During the Nineteenth Century, Routledge, London and New York, 2001, pp.117–128.

• Grant, Bruce, *Indonesia*, Melbourne University Press, Australia, third edition,1996.

• Kahin, Audrey R. and George McT. Kahin, *Subversion as Foreign Policy The Secret Eisenhower and Dulles Debacle in Indonesia*, New Press, New York, 1995.

• Kahin, George McTurnan, *Nationalism and Revolution in Indonesia*, Ithaca, Cornell University Press, 1963.

• Kartodirdjo, Sartono, "Political Transformation in the Nineteen Century," in Haryati Soebadio, ed., *Dynamics of Indonesian History*, North-Holland Publishing Company, Amsterdam, New York, 1978, pp.237–255.

• King, Dwight Y., *Half-Hearted Reform Electoral Institutions and the Struggle for Democracy in Indonesia*, London and Wesport, Praeger, Connecticut, 2003.

• Klerck, Eduard Servaas de, *History of the Netherlands East Indies*, v.1, W. L. & J. Brusse, Rotterdam, 1938.

• Kraan, Alfons van der, "Lombok under the Mataram Dynasty,1839–94," in Anthony Reid, ed., *The Last Stand of Asian Autonomies, Responses to Modernity in the Diverse States of Southeast Asia and Korea, 1750–1900*, Macmillan Press Ltd., London, 1997, pp.389–408.

• Lane, Max, *'Openness',Political Discontent and Succession in Indonesia: Political Development in Indonesia, 1989–91*, Centre for the Study of Australia-Asia, Relations, Griffith University, Queensland, Australia, 1991.

• Leifer, Michael, *Indonesia's Foreign Policy*, The Royal Institute of International Affairs, London, 1983.

• Lennox A. Mills, "The Netherlands Indies," in Paul H. Kratoska(ed.), *Southest Asia: Colonial History*, Vol.III, High Imperialism(1890s-1930s), Routledge, London and New York, 2001, p.50.

• Leo Suryadinata, *Military Ascendancy and Political Culture, A Study of Indonesia's Golkar*, Centre for International Studies, Ohio University, USA, 1989.

• Maclaine, Donald, Campbell, *Java:Past and Present, A Description of the Most Beautiful Country in the World, Its Ancient History, People, Antiquities, and Products*, William Heinemann, London, 1915. 。

• May, Brain, *The Indonesian Tragedy*, Graham Brash(PTE), LTD, Singapore, 1978.

• Mills, Lennox A., "The Netherlands Indies," in Paul H. Kratoska(ed.), *Southest Asia: Colonial History*, Vol.III, High Imperialism(1890s-1930s), Routledge, London and New York, 2001.

- Mody, Nawaz B., *Indonesia under Suharto*, Sterling Publishers, New Delhi, India, 1987.
- Pringle, Robert, *A Short History of Bali, Indonesia's Hindu Realm*, Allen & Unwin, Australia, 2004.
- Raffles, Thomas Stamford, *The History of Java*, Kuala Lumpur, Oxford University Press, Vol.One, 1978.
- Ricklefs, M. C., *A History of Modern Indonesia Since C. 1200*, Stanford University Press, Stanford, California, 2001, third edition.
- Schwarz, Adam, *A Nation in Waiting, Indonesia in the 1990s*, Westview Press, Australia, Boullder, Co., fourth printing, 1997.
- Snapper, I., "Medical Contributions from the Netherlands Indies," in Paul H. Kratoska(ed.), *Southeast Asia: Colonial History*, Vol.III, pp.129–152.
- Stone, Oliver and Peter Kuznick, *The Untold History of the United States*, Gallery Books, New York, 2012.
- Sukarno, "Saving the Republic of the Proclamation,"(February 21,1957) in Herbert Feith and Lance Castles(eds.), *Indonesian Political Thinking, 1945–1965*, Cornell University Press, Ithaca and London, 1970.
- Sukma, Rizal, *Indonesia and China: The Politics of a Troubled Relationship*, Routledge, London, 1999.
- Vandenbosch, A., "The Netherlands Colonial Balance Sheet," in Paul H. Kratoska(ed.), *Southeast Asia: Colonial History*, Vol.III, pp.108–116.
- Vlekke, Bernard H. M., *Nusantara: A History of the East Indian Archipelago*, Harvard University Press, Cambridge, Massachusetts, U.S.A., 1943.
- Weatherbee, Donald E., *Ideology in Indonesia: Sukarno's Indonesian Revolution*, Yale University Southeast Asia Studies, 1966.
- Zhou, Taomo, *Migration in the Time of Revolution: China, Indonesia, and the Cold War*, Cornell University Press, Ithaca and London, 2019.

六、中文期刊論文

- 「印尼海軍稱中國漁民試圖撞擊軍艦 開火屬合法」，**瞭望周刊**，2005年9月22日。
- J. Th. Vermeulen原著，劉強譯，「十七八世紀荷蘭東印度公司之司法與華僑」，**南洋學報**（新加坡），第三卷，第一輯，1946年6月，頁81–86。
- 林英強，「東印度公司的拓展與沒落」，**南洋學報**（新加坡），第五卷，第二輯，1948年12月，頁46–51。
- 林惠祥，「『印度尼西亞』名稱考釋」，**南洋學報**（新加坡），第四卷，第一輯，1947年6月，頁18–20。
- 程家弘，「印尼民主黨領導層鬧雙包」，**亞洲週刊**，2021年13期，2021/3/29–4/4。https://www.yzzk.com/article/details/%E4%BA%9E%E6%B4%B2%E7%84%A6%E9%B B%9E/2021-13/1616643584570/%E5%8D%B0%E5%B0%BC%E6%B0%91%E4%B8% BB%E9%BB%A8%E9%A0%98%E5%B0%8E%E5%B1%A4%E9%AC%A7%E9%9B% 99%E5%8C%85/%E5%90%8D%E5%AE%B6%E5%8D%9A%E5%AE%A2/%E7%A8

%8B%E5%AE%B6%E5%BC%98 2022年6月8日瀏覽。

- 張詠晴譯，「捍衛南海，佐科威槓上中國」，**天下雜誌**，601期，2016年7月6日，http://www.cw.com.tw/article/article.action?id=5077225 2016年9月11日瀏覽。

- 韓槐準，「椰加達紀行」，**南洋學報**（新加坡），第八卷，第二輯，1951年12月，頁45–46。

七、英文期刊論文

- Bower, Ernest Z., "The Legacy of Abdurrahman Wahid, Gus Dur, Fourth President of the Republic of Indonesia," *CSIS*, Washington, DC , USA, December 30, 2009, https://www.csis.org/analysis/legacy-abdurrahman-wahid-gus-dur-fourth-president-republic-indonesia 2022年6月15日瀏覽。

- Duval, Jean, "The first period of the Indonesian Communist Party(PKI):1914–1920," In Defence of Marxism, August 29, 2005, http://www.marxist.com/indonesian-communist-party-pki2000.htm http://www.marxist.com/Asia/earlyPKI.html 2022年6月27日瀏覽。

- Hein, Gordon R., "Indonesia in 1981: Countdown to the General Elections," *Asian Survey*, Vol.XXII, No.2, February 1982, pp.200–211.

- Hill, David T., "Cold War Polarization, Delegated Party Authority, and Diminishing Exilic Options: The Dilemma of Indonesian Political Exiles in China after 1965," *Journal of the Humanities and Social Sciences of Southeast Asia and Oceania*, 176(2–3), June 2020, pp.338–372.

- Honna, Jun, "Inside the Democrat Party: power, politics and conflict in Indonesia's Presidential Party," *South East Asia Research* , Vol. 20, No. 4, December 2012, pp. 473–489.

- *Keesing's Contemporary Archives*, November 2–9, 1963, p.19715.

- *Keesing's Record of World Events*, Vol.46, No.6, 2000, p.43628.

- *Keesing's Record of World Events*, Vol.47, No.11, 2001, p.44460.

- *Keesing's Record of World Events*, Vol.47, No.12, 2001, p.44515.

- *Keesing's Record of World Events*, Vol.48, No.12, 2002, p.45146.

- King, Blair A., "The 1992 General Election and Indonesia's Political Landscape," *Contemporary Southeast Asia*, Vol.14, No.2, September 1992, pp.154–173.

- Kroef, J. M. Van Der, "Origins of the 1965 Coup in Indonesia: Probabilities and Alternatives," *Journal of Southeast Asian Studies*, Vol. 3, No. 2, September, 1972, pp. 277–298.

- Kroef, Justus M. van der, "An Indonesian Ideological Lexicon," *Asian Survey*, Vol. 2, No.5, July 1962, pp.24–30.

- Lev, Daniel S., "Indonesia 1965: The Year of Coup," *Asian Survey*, Vol.6, No.2, February 1966, pp.103–110.

- Loebis, Aboe Bakar, " Tan Malaka's Arrest: An Eye-witness Account," *Indonesia*, No. 53, April 1992, pp. 71–78.

- McBeth, John, "Loyal House, but Parliament is becoming more animated," *Far Eastern Economic Review*, Vol.157, No.36, September 8, 1994, pp.32–33.
- Ricklefs, M. C., "Banten and the Dutch in 1619: Six Early 'Pasar Malay' Letters," *Bulletin of the School of Orient and African Studies*, University of London, Vol.39, No, 1976, pp.128–136.
- Scheltema, J. F., "The opium trade in the Dutch East Indies, I," *American Journal of Sociology*, Vol. 13, No. 1 (Jul., 1907), pp. 79–112.
- Stutje, Klaas, "Indonesian Identities Abroad, International Engagement of Colonial Students in the Netherlands, 1908–1931," *BMGN - Low Countries Historical Review*, Volume 128, No.1, 2013, pp. 151–172. file:///D:/%E4%B8%8B%E8%BC%89/8359-13920-2-PB%20(1).pdf 2018年12月27日瀏覽。
- Tanasaldy, Taufiq, "The Establishment of Ethnic Interaction Channels," *The Indonesian Quarterly*, Vol.XXX, No.4, 2002, pp.416–424.
- Tollenaere, Dr. H.A.O. de, "The Theosophical Society and Labour and National Movements in Indonesia, 1913–1918," Paper for the first European Social Sciences History Conference, Noordwijkerhout, The Netherlands, 9–11 May 1996. http://www.stelling.nl/simpos/indisch.htm 2006年1月18日瀏覽。

八、中文報紙

- 「10名涉嫌策劃自殺炸彈襲擊嫌疑恐怖分子 在巴布亞馬老奇等地被88反恐特遣隊逮捕」，**印尼商報**，2021年5月30日。
- 「2020年政府已移交大約650萬張土地證給民眾」，**印尼商報**，2020年11月9日。
- 「2021年1月底我國政府債務達6233兆盾 財政部稱去年我國政府債務排名世界第154位」，**印尼商報**，2021年2月28日。
- 「BPS稱今年二月失業者減少35萬人，尚未恢復到疫情前水平」，**印尼商報**，2022年5月10日。
- 「FBI邀請印尼警察總長到美國進行反恐課程交流」，**印尼商報**，2017年10月27日。
- 「KPU: 2019大選投票站執勤人員死亡人數升至230人」，**印尼商報**，2019年4月27日。
- 「MK宣判帕拉波沃敗訴 佐科威未來五年將繼續領導國家」，**印尼商報**，2019年6月28日。
- 「一帶一路‧印中企業簽署備忘錄‧23合作計畫將落實」，**印尼商報**，2019年4月29日。
- 「中央統計局局長表示我國貧窮人數已減少僅達2658萬人」，**印尼商報**，2018年1月3日。
- 「中國和東盟準備聲明草案」，**菲律賓商報**，2017年11月11日。
- 「六人喪命數百人傷70人被捕 印尼警方：有人策劃選後騷亂」，**南洋星洲聯合早報**（新加坡），2019年5月23日。
- 「分析：雅加達選後暴動 凸顯印尼社會分化日益嚴重」，**南洋星洲聯合早報**（新加坡），2019年5月26日。

- 「分析：雅城首長選舉考驗多元文化 商界擔心落選方或暴力報復」，**南洋星洲聯合早報**（新加坡），2017年4月17日。
- 「分析：經濟仍未從疫情中恢復，印尼斥巨資購軍備引發財務擔憂」，**南洋星洲聯合早報**（新加坡），2022年2月14日。
- 「反恐機構：實際金額或比報告更高，印尼回祈團善於籌款金源充裕」，**南洋星洲聯合早報**（新加坡），2021年11月27日。
- 「日本政府協助印尼發展六個離島」，**印尼商報**，2017年9月6日。
- 「由於從未提交過工作計畫表 政府撤銷數以千計採礦林業和種植園業務許可證」，**印尼商報**，2022年1月6日。
- 「交通基建改善 通脹率維持約4% 貧窮與失業率下降，評估佐科威-卡拉執政三年來的政績」，**印尼商報**，2017年10月17日。
- 「印尼法國簽協議購買42架陣風戰機和兩艘潛艇」，南洋星洲聯合早報（新加坡），2022年2月11日。
- 「印尼泗水三教堂遭連環恐襲 7死40多人傷」，**南洋星洲聯合早報**（新加坡），2018年5月14日。
- 「印尼促美解釋駐軍澳洲行動」，**南洋星洲聯合早報**（新加坡），2012年3月17日。
- 「印尼建6經濟走廊需籌2600億元」，**南洋星洲聯合早報**（新加坡），2011年4月21日。
- 「印尼致力遏制極端組織滲透大專學府」，**南洋星洲聯合早報**（新加坡），2017年11月9日。
- 「印尼通過新反恐法令加強執法力度」，**南洋星洲聯合早報**（新加坡），2018年5月26日。
- 「印尼極端組織頭目涉在牢房策劃雅城恐襲」，**南洋星洲聯合早報**（新加坡），2017年8月23日。
- 「印尼潘查希拉之謎」，**南洋星洲聯合早報**（新加坡），1984年10月23日，版26；年11月22日，版1。
- 「印尼駐俄大使蘇普里亞迪：希望年底前與俄簽署購買蘇35戰機合同」，**印尼商報**，2017年8月24日。
- 「印尼警方承認 澳洲為其培訓反恐特遣部隊」，**南洋星洲聯合早報**（新加坡），2010年9月16日。
- 「佐科威的高明政治手腕促成蘇西洛-美佳娃蒂握手言歡的關鍵」，**印尼商報**，2017年8月18日。
- 「佐科威政府再度探討遷都計畫」，**印尼商報**，2019年5月2日，
- 「佐科威總統三大經濟挑戰」，**印尼商報**，2017年1月11日。
- 「佐科威總統執政滿三年」，**印尼商報**，2017年10月20日。
- 「我國經濟發展仍保持緩中趨穩的好態勢央行稱我國經濟復蘇程度低於預期」，印尼商報，2017年8月25日。
- 「受支付政府外債需求影響 2021年12月我國外儲降至1449億美元」，**印尼商報**，2022年1月7日。
- 「宗教容忍和激進化調查顯示 印尼茂物漸成恐怖主義溫床」，**南洋星洲聯合早報**（新加坡），2017年11月5日。
- 「社論：政府外債創新高」，**印尼商報**，2018年9月25日。

- 「社論：政府應堅決打擊 巴布亞的武裝犯罪集團」，**印尼商報**，2018年12月6日。
- 「社論：巴布亞成為國際人權組織的焦點」，**印尼商報**，2019年1月29日。
- 「社論：民主黨被強制接管 我國的民主正在倒退」，**印尼商報**，2021年3月8日。
- 「為興建基礎設施項目亞開行向我國提供133兆盾貸款」，**印尼商報**，2017年3月23日。
- 「美向印尼出售翻新F-16戰機」，**南洋星洲聯合早報**（新加坡），2011年11月20日。
- 「軍方：印尼幾乎所有省份潛伏『伊斯蘭國』細胞組織」，**南洋星洲聯合早報**（新加坡），2017年6月14日。
- 「涉2002年峇裡島爆炸案回祈團頭目判監15年」，**南洋星洲聯合早報**（新加坡），2022年1月20日。
- 「推動海上安全合作印日深化防務關係」，**南洋星洲聯合早報**（新加坡），2017年1月16日。
- 「雅加達爆炸屬全球連環恐襲」，**南洋星洲聯合早報**（新加坡），2017年5月26日。
- 「極端組織 "伊斯蘭國" 宣稱對雅京馬來由村恐怖襲擊事件負責」，**印尼商報**，2017年5月26日。
- 「解」，**印尼商報**，2022年5月30日。
- 「農業部長阿姆蘭.蘇萊曼：2018年印尼不再進口大米」，**印尼商報**，2018年6月2日。
- 「截至2017年7月份我國政府外債達729.58兆盾」，**印尼商報**，2017年8月22日。
- 「截至2017年7月底 我國外匯儲備1278億美元創歷史新高」，**印尼商報**，2017年8月30日。
- 「截至2021年11月底 政府債務達6713兆盾占GDP 39.84%」，**印尼商報**，2022年1月7日。
- 「擅自中止同澳軍事合作 印尼總司令遭佐科訓斥」，**南洋星洲聯合早報**（新加坡），2017年1月10日。
- 「繼前天三教堂被炸後 泗水警察總部遭一家五口炸彈襲擊」**南洋星洲聯合早報**（新加坡），2018年5月15日。
- 「警方揭發三股黑手勢力滲透5月22日騷亂中」，**印尼商報**，2019年5月29日。
- 「鐘萬學被指控褻瀆宗教千島群島居民感到驚異」，**印尼商報**，2017年1月6日。
- 「響應號召 翁俊民將上億美元新元換成印尼盾」，**南洋星洲聯合早報**（新加坡），2018年10月16日。
- **中國時報**（臺北市），2001年1月31日，版9。
- **中華日報**，民國39年3月9日，版2。
- 佘文鎖，「瓦希德亞齊之行是『公關秀』」，**南洋星洲聯合早報**（新加坡），2000年12月21日，版32。
- 佘文鎖，「印尼伊斯蘭教徒大示威的前因後果」，**南洋星洲聯合早報**（新加坡），1993年11月20日，版26。
- 佘文鎖，「印尼封禁報刊的前因後果」，**南洋星洲聯合早報**（新加坡），1994年7月2日，版18。
- 佘文鎖，「西伊里安暴亂的真相」，**南洋星洲聯合早報**（新加坡），1996年4月8日，版10。

- 佘文鎖，「希望之光報復刊無望」，**南洋星洲聯合早報**（新加坡），1986年11月2日，版21。
- 佘文鎖，「蘇哈托將軍蟬聯總統」，**南洋星洲聯合早報**（新加坡），1991年3月20日，版14。
- 佘文鎖「亞齊分離主義勢力抬頭」，**南洋星洲聯合早報**（新加坡），1999年8月13日，版16。
- 李卓輝，「印尼加里曼丹種族衝突的根源」，**南洋星洲聯合早報**（新加坡），2001年2月27日，版14。
- 李卓輝，「實行伊斯蘭教法解決不了亞齊問題」，**南洋星洲聯合早報**（新加坡），2000年12月19日，版32。
- **南洋星洲聯合早報**（新加坡），1984年10月6日，版1。
- **南洋星洲聯合早報**（新加坡），1984年1月17日。
- **南洋星洲聯合早報**（新加坡），1984年7月6日，版31。
- **南洋星洲聯合早報**（新加坡），1985年6月17日，版29。
- **南洋星洲聯合早報**（新加坡），1985年9月11日，版33。
- **南洋星洲聯合早報**（新加坡），1987年5月6日，版15；6月8日，版17。
- **南洋星洲聯合早報**（新加坡），1989年1月6日，版12。
- **南洋星洲聯合早報**（新加坡），1989年2月12日，版24。
- **南洋星洲聯合早報**（新加坡），1989年5月1日，版12。
- **南洋星洲聯合早報**（新加坡），1989年7月25日，版11。
- **南洋星洲聯合早報**（新加坡），1989年9月17日，版15；9月30日，版10；11月27日，版30。
- **南洋星洲聯合早報**（新加坡），1990年10月2日，版32；10月4日，版32。
- **南洋星洲聯合早報**（新加坡），1991年4月6日，版26；4月11日，版28。
- **南洋星洲聯合早報**（新加坡），1991年7月31日，版25。
- **南洋星洲聯合早報**（新加坡），1992年1月16日，版22；5月15日，版24。
- **南洋星洲聯合早報**（新加坡），1992年6月14日，版35。
- **南洋星洲聯合早報**（新加坡），1993年7月29日，版26。
- **南洋星洲聯合早報**（新加坡），1994年6月22日，版19；6月23日，版2；6月25日，版2。
- **南洋星洲聯合早報**（新加坡），1996年4月17日，版15。
- **南洋星洲聯合早報**（新加坡），1998年5月4日，版19。
- **南洋星洲聯合早報**（新加坡），1998年6月27日，版42。
- **南洋星洲聯合早報**（新加坡），1998年6月8日，版20。
- **南洋星洲聯合早報**（新加坡），1999年10月23日，版40。
- **南洋星洲聯合早報**（新加坡），1999年1月29日，版1。
- **南洋星洲聯合早報**（新加坡），1999年3月27日，版45。
- **南洋星洲聯合早報**（新加坡），1999年4月16日，版24。
- **南洋星洲聯合早報**（新加坡），1999年4月18日，版22。
- **南洋星洲聯合早報**（新加坡），1999年5月19日，版27。
- **南洋星洲聯合早報**（新加坡），2000年6月1日，版20。

- 南洋星洲聯合早報（新加坡），2000年6月5日，版1。
- 南洋星洲聯合早報（新加坡），2001年2月9日，版29。
- 南洋星洲聯合早報（新加坡），2001年3月19日，版15。
- 南洋星洲聯合早報（新加坡），2001年3月27日，版29。
- 南洋星洲聯合早報（新加坡），2001年4月17日，版29。
- 南洋星洲聯合早報（新加坡），2001年4月23日，版1。
- 南洋星洲聯合早報（新加坡），2004年3月22日。
- 南洋星洲聯合早報（新加坡），2004年4月26日。
- 南洋星洲聯合早報（新加坡），2004年7月26日。
- 南洋星洲聯合早報（新加坡），2005年9月2日。
- 南洋星洲聯合早報（新加坡），2006年12月12日。
- 南洋商報（新加坡），1982年3月20日。
- 南洋商報（新加坡），1982年4月1日。
- 南洋商報（新加坡），1982年4月30日。
- 南洋商報（新加坡），1982年5月11日。
- 曼梳，「印尼『回聯』退出政壇」，南洋星洲聯合早報（新加坡），1984年12月14日，版29。
- 曼梳，「椰城暴動的前因後果」，南洋星洲聯合早報（新加坡），1984年9月18日，版21。
- 曼梳譯，「新報社評，椰城暴力事件令人擔憂」，南洋星洲聯合早報（新加坡），1984年11月20日，版16。
- 曼梭，「印尼的大遷徙計劃」，南洋星洲聯合早報（新加坡），1983年9月11日。
- 曼梭譯，「印尼整肅親共工人」，南洋星洲聯合早報（新加坡），1985年11月20日，版25。
- 第一財經日報，2005年8月1日。
- 郭豔春，「燃燒的地平線：熱帶雨林煙塵的幕後」，南洋星洲聯合早報（新加坡），1998年4月13日，版12。
- 酈耀章，「政府開放信仰禁令，非宗教的信仰可填入身分證」，印尼商報，2017年11月15日。
- 酈耀章，「評論：政府努力減少失業人口」，印尼商報，2019年3月22日。

九、英文報紙

- Aritonang, Margareth S., "FPI threatens to impeach Jokowi over 1965 apology," *The Jakarta Post*, June 1, 2016, http://www.thejakartapost.com/news/2016/06/01/fpi-threatens-to-impeach-jokowi-over-1965-apology.html 2022年6月24日瀏覽。
- "Agus Yudhoyono elected as Democratic Party chairman, taking over from his father," *The Straits Times*, March 16, 2020. https://www.straitstimes.com/asia/se-asia/agus-yudhoyono-elected-as-democratic-party-chairman-taking-over-from-his-father 2022年6月8日瀏覽。

- Blustein, Paul, "White House, IMF Launch Joint Effort On Indonesia Crisis," *The Washington Post*, January 9, 1998, p.A01. https://www.washingtonpost.com/wp-srv/inatl/longterm/indonesia/stories/joint010998.htm 2022年5月22日瀏覽。
- Blustein, Paul, "Indonesian Leader, IMF Agree on Reforms," *The Washington Post*, January 15, 1998, p.A01. https://www.washingtonpost.com/wp-srv/inatl/longterm/indonesia/stories/acts011598.htm 2022年5月22日瀏覽。
- Blustein, Paul, "Suharto Says He Will Seek Seventh Term," *The Washington Post*, January 21, 1998, p.A15. https://www.washingtonpost.com/wp-srv/inatl/longterm/indonesia/stories/seventh012198.htm 2022年5月22日瀏覽。
- Blustein, Paul, "U.S. to Give Indonesia $56 Million in Food, Medical Aid," *The Washington Post*, March 25, 1998, p.A04. https://www.washingtonpost.com/wp-srv/inatl/longterm/indonesia/stories/aid032598.htm 2022年5月22日瀏覽。
- Blustein, Paul, "IMF, Indonesia Agree on Bailout Revision," *The Washington Post*, April 8, 1998, p.A18. https://www.washingtonpost.com/wp-srv/inatl/longterm/indonesia/stories/bailout040898.htm 2022年5月22日瀏覽。
- Diehl, Jackson, "Indonesian President Agrees to 1999 Election," *The Washington Post*, May 29, 1998, p.A29. https://www.washingtonpost.com/wp-srv/inatl/longterm/indonesia/stories/habibie052998.htm 2022年5月24日瀏覽。
- "Relatives of Dutch colonial victims in Indonesia to get day in court," *The Guardians*, October 1, 2019, https://www.theguardian.com/world/2019/oct/01/relatives-of-dutch-colonial-victims-in-indonesia-to-get-day-in-court 2022年6月22日瀏覽。
- Richburg, Keith B., "Riots Rage in Indonesian Capital," *The Washington Post*, May 14, 1998, p.A01. https://www.washingtonpost.com/wp-srv/inatl/longterm/indonesia/stories/riots051498.htm 2022年5月23日瀏覽。
- Richburg, Keith B., "Habibie Promises Open Elections," *The Washington Post*, May 26, 1998, p.A01. https://www.washingtonpost.com/wp-srv/inatl/longterm/indonesia/stories/habibie052698.htm 2022年5月22日瀏覽。
- Richburg, Keith B., "Indonesia Tallies Victims, Eyes Suharto," *The Washington Post*, May 16, 1998, p.A01. https://www.washingtonpost.com/wp-srv/inatl/longterm/indonesia/stories/riots051698.htm 2022年5月23日瀏覽。
- Richburg, Keith B., Indonesian Politicians Mobilize to Stop Victor," *The Washington Post*, August 3, 1999, p.A11. https://www.washingtonpost.com/wp-srv/inatl/longterm/indonesia/stories/stop080399.htm 2022年5月24日瀏覽。
- Richburg, Keith B., "Riots Follow Peaceful Jakarta Protest," *The Washington Post*, November 15, 1998, p.A41 .https://www.washingtonpost.com/wp-srv/inatl/longterm/indonesia/stories/jakarta111598.htm 2022年5月24日瀏覽。
- Richburg, Keith B., "Suharto to Step Aside," *The Washington Post*, May 19, 1998, p.A01. https://www.washingtonpost.com/wp-srv/inatl/longterm/indonesia/stories/suharto051998.htm 2022年5月23日瀏覽。
- Richburg, Keith B., "Jakarta Opposition Rejects Suharto Plan," *The Washington Post*, May 20, 1998, p.A01. https://www.washingtonpost.com/wp-srv/inatl/longterm/indonesia/stories/rejects052098.htm 2022年5月23日瀏覽。
- Richburg, Keith B., "Suharto Resigns, Names Successor," *The Washington Post*, May 21,

1998, p.A01. https://www.washingtonpost.com/wp-srv/inatl/longterm/indonesia/stories/resignation052198.htm 2022年5月23日瀏覽。

- Shiner, Cindy, "One Dead as Price Riots Escalate in Indonesia Towns," *The Washington Post*, February 14, 1998, p.A25. https://www.washingtonpost.com/wp-srv/inatl/longterm/indonesia/stories/dead021498.htm 2022年5月22日瀏覽。
- Shiner, Cindy, "Indonesia Meets First IMF Deadline," *The Washington Post*, April 23, 1998, p.A33. https://www.washingtonpost.com/wp-srv/inatl/longterm/indonesia/stories/deadline042398.htm 2022年5月22日瀏覽。
- Shiner, Cindy, "Indonesia to Probe Suharto's Finances," *The Washington Post*, June 2, 1998, p.A07. https://www.washingtonpost.com/wp-srv/inatl/longterm/indonesia/stories/suharto060298.htm 2022年5月24日瀏覽。
- Shiner, Cindy, "Indonesian Students Riot, Ask President to Resign," *The Washington Post*, September 8, 1998, p.A21. https://www.washingtonpost.com/wp-srv/inatl/longterm/indonesia/stories/riot090898.htm 2022年5月24日瀏覽。
- Shiner, Cindy, "Indonesians Riot as Prices Rise," *The Washington Post*, May 6, 1998, p.A26. https://www.washingtonpost.com/wp-srv/inatl/longterm/indonesia/stories/indo050698.htm 2022年5月23日瀏覽。
- Shiner, Cindy, "Muslim Leader Urges Suharto to Step Down," *The Washington Post*, May 12, 1998, p.A13. https://www.washingtonpost.com/wp-srv/inatl/longterm/indonesia/stories/indo051298.htm 2022年5月23日瀏覽。
- Shiner, Cindy, "Suharto Reelected President," *The Washington Post*, March 10, 1998, p.A11. https://www.washingtonpost.com/wp-srv/inatl/longterm/indonesia/stories/suharto031098.htm 2022年5月22日瀏覽。
- Shiner, Cindy, "Police Slay 6 Jakarta Protesters," *The Washington Post*, May 13, 1998, p.A01. https://www.washingtonpost.com/wp-srv/inatl/longterm/indonesia/stories/indo051398.htm 2022年5月23日瀏覽。
- Shiner, Cindy, "Suharto Ignores Criticism, Names Cronies to Cabinet," *The Washington Post*, March 14, 1998, p.A17. https://www.washingtonpost.com/wp-srv/inatl/longterm/indonesia/stories/cronies031498.htm 2022年5月22日瀏覽。
- Somba, Nethy Dharma, "Ten Thousand Papuans Criticize Special Autonomy Implementation," *The Jakarta Post*, August 13, 2005, p.1.
- *The Jakarta Post*, August 11, 2005, pp.1,4.
- *The Jakarta Post*, August 13, 2005, p.2.
- *The Straits Times* (Singapore), April 6, 1996, p.23.
- "Wiranto challenges election result," *The Jakarta Post*, July 30, 2004.

十、網路資源

- "Brand new South Korea-made submarine joins Indonesian navy," *The Jakarta Post*, August 29, 2017, HTTP://WWW.THEJAKARTAPOST.COM/NEWS/2017/08/28/BRAND-NEW-SOUTH-KOREAN-MADE-SUBMARINE-JOINS-INDONESIAN-

NAVY.HTML 2017年10月23日瀏覽。

• Bill Guerin, "Indonesia-Russia: Arms, atoms and oil," *Asia Times online*, Dec 12, 2006. in http://www.atimes.com/atimes/Southeast_Asia/HL12Ae02.html 2009年7月17日瀏覽。

• "U.S. agrees to supply aid to Indonesia," *The Morning Record*, Meriden, Conn., USA, September 28, 1966, p.7. https://news.google.com/newspapers?nid=2512&dat=19660928&id=CC5IAAAAIBAJ&sjid=dgANAAAAIBAJ&pg=807,3553022 2018年4月16日瀏覽。

• "Australia–Indonesia relations," *Wikipedia*, https://en.wikipedia.org/wiki/Australia%E2%80%93Indonesia_relations#New_Order_and_East_Timor 2022年6月21日瀏覽。

• "Indonesia Orders Lockheed Martin's Sniper Advanced Targeting Pod For F-16 Falcons," April 26, 2017, https://stage.dw.lvps46-163-112-225.dedicated.hosteurope.de/news/19121/Indonesia_Orders_Lockheed_Martin___s_Sniper_Advanced_Targeting_Pod_For_F_16_Falcons#.Yr63nL1BzX4 2022年6月28日瀏覽。

• "The Permanent Mission of the People's Republic of China to the United Nations presents its compliment to the Secretary-General of the United Nations and, with reference to the Joint Submission by Malaysia and the Socialist Republic of Vietnam dated 6 May 2009," *CML/17/2009*, New York, 7 May 2009. http://www.un.org/Depts/los/clcs_new/submissions_files/mysvnm33_09/chn_2009re_mys_vnm_e.pdf 2022年6月22日瀏覽。

• Allen V. Estabillo, "ASEAN leaders fail to come up with protocol on Spratlys," *Mindanao News*, April 4, 2012, http://www.mindanews.com/top-stories/2012/04/04/asean-leaders-fail-to-come-up-with-protocol-on-spratlys/ 2012年5月8日瀏覽。

• "Indonesia hopes fishermen can net its South China Sea claims," July 14, 2016, http://english.vietnamnet.vn/fms/world-news/160390/indonesia-hopes-fishermen-can-net-its-south-china-sea-claims.html 2016年9月11日瀏覽。

• "G7 summit, Schloss Elmau, 26–28 June 2022," *European Council, Council of European Union*, https://www.consilium.europa.eu/en/meetings/international-summit/2022/06/26-28/ 2022年6月30日瀏覽。

• Indra Arief, Raka Adji , "Jokowi offers to relay Zelenskyy's message to Putin," *Antara*, June 30, 2022, https://en.antaranews.com/news/236909/jokowi-offers-to-relay-zelenskyys-message-to-putin 2022年6月30日瀏覽。

• "Dutch East India Company," *Wikipedia*, https://en.wikipedia.org/wiki/Dutch_East_India_Company 2022年6月24日瀏覽。

• Cigh Exeter, "Do the Indonesians count? Calculating the number of Indonesian victims during the Dutch-Indonesian decolonization war, 1945–1949," *Imperial & Global Forum*, August 14, 2017, https://imperialglobalexeter.com/2017/08/14/do-the-indonesians-count-calculating-the-number-of-indonesian-victims-during-the-dutch-indonesian-decolonization-war-1945-1949/ 2022年6月21日瀏覽。

• "Dutch apology for 1947 Indonesia massacre at Rawagede," *BBC News*, 9 December 2011, https://www.bbc.com/news/world-asia-16104751 2022年6月22日瀏覽。

• "Netherlands apology for Indonesia 1940s killings," *BBC News*, 12 September 2013, https://www.bbc.com/news/world-asia-24060913 2022年6月22日瀏覽。

• "Netherlands to compensate children of executed Indonesians," *Aljazeera*, 19 Oct. 2020, https://www.aljazeera.com/news/2020/10/19/netherlands-to-compensate-children-of-executed-indonesia　2022年6月22日瀏覽。

- Sydney Stewart, "Netherlands Commits To Long Overdue Compensation For Indonesian Victims," *The Organization for World Peace*, November 6, 2020, https://theowp.org/netherlands-commits-to-long-overdue-compensation-for-indonesian-victims/　2022年6月23日瀏覽

- Toby Sterling and Anthony Deutsch, "Dutch apologize for violence in Indonesian War of Independence," *Reuters*, February 17, 2022, https://www.reuters.com/world/panel-finds-dutch-used-excessive-violence-indonesian-war-independence-2022-02-17/　2022年6月23日瀏覽。

- "Sukarno and the Nationalist Movement ," *Selleckchem.com*, http://www.country-data.com/cgi-bin/query/r-6195.html　2022年6月22日瀏覽。

- 「印尼富商林文鏡80年代再創光輝事業」，**隨意窩**，2013年8月20日。https://blog.xuite.net/rokok.indonesia/twblog/143805371　2022年6月21日瀏覽。

- "Bob Hasan," *Wikipedia*, https://id.wikipedia.org/wiki/Bob_Hasan　2022年6月23日瀏覽。

- Juliet Perry, "Tribunal finds Indonesia guilty of 1965 genocide; US, UK complicit," *CNN*, July 22, 2016, https://edition.cnn.com/2016/07/21/asia/indonesia-genocide-panel/index.html　2022年6月26日瀏覽。

- Sherman Hollar, "Joko Widodo: president of Indonesia," *Britannica*, https://www.britannica.com/biography/Joko-Widodo　2022年6月16日瀏覽。

- "Joko Widodo," *Wikipedia*, https://en.wikipedia.org/wiki/Joko_Widodo　2022年6月16日瀏覽。

- Yusof Ghani, "Jemaah Islamiah leaders are Wahabi sect followers, says villager," *Malaysiakini*, http://www.malaysiakini.com/news/13762　2022年6月18日瀏覽。

- http://www.cdi.org/terrorism/laskar.cfm　2007年7月18日瀏覽。

- "Jemaah Islamiyah," *Wikipedia*, http://en.wikipedia.org/wiki/Jemaah_Islamiyah　2022年6月18日瀏覽。

- http://www.saag.org/papers8/paper746.html　2006年5月12日瀏覽。

- http://www.saag.org/papers8/paper746.html　2006年5月15日瀏覽。

- http://www.state.gov/secretary/rm/2002/14571.htm　2006年5月15日瀏覽。

- http://www.fas.org/irp/world/para/ji102302.htm　2006年5月15日瀏覽。

- No author, "History of Timor," p.18. http://pascal.iseg.utl.pt/~cesa/History_of_Timor.pdf　2006年12月27日瀏覽。

- 「中國石油商南下印尼 馬六甲繫緊『安全紐帶』」，**華龍網新聞中心**，http://news.cqnews.net　2005年7月26日瀏覽。

- 「中方提供印尼30億美元貸款成為熱議話題」，**每日頭條**，https://kknews.cc/world/4mj9ev2.html　2016年10月8日瀏覽。

- 「中國用兩年時間飆升成印尼第3大投資國 計劃開發其房地產」，**每日頭條**，環球，2016年9月8日，https://kknews.cc/zh-tw/world/2za85g.html　2016年10月8日瀏覽。

- http://www.indonesia.go.id/en/index.php/content/view/112/336/

- http://en.wikipedia.org/wiki/Geography_of_Indonesia 2007年7月10日瀏覽。
- http://worldviewmaps.com/fresh/details.aspx?pi=406 2005年4月5日瀏覽。
- Geoff Spencer, "Indonesia Closes Insolvent Banks, Plans Austerity Steps," *Associated Press*, November 2, 1997; p. A28,. https://www.washingtonpost.com/wp-srv/inatl/longterm/indonesia/stories/banks110297.htm 2022年5月22日瀏覽。
- "Sukarno," *Military wiki*, https://military-history.fandom.com/wiki/Sukarno#Domestic_tensions 2022年7月1日瀏覽。
- "Communism and Stalinism in Indonesia," *Workers' Liberty #61*, http://archive.workersliberty.org/wlmags/wl61/indonesi.htm 2022年6月19日瀏覽。
- "Anglo-Dutch Treaty of 1814," *Wikipedia*, http://en.wikipedia.org/wiki/Anglo-Dutch_Treaty_of_1814 2022年6月26日瀏覽。
- http://en.wikipedia.org/wiki/Anglo-Dutch_Treaty_of_1824 2007年5月4日瀏覽
- "Indonesia: the ethical policy," *Globalization Partner*, http://www.country-data.com/cgi-bin/query/r-6193.html 2022年6月27日瀏覽。
- http://users.skynet.be/network.indonesia/ni4001c9c.htm 2006年2月9日瀏覽。
- Greg Fealy, "Susilo Bambang Yudhoyono: president of Indonesia," *Britannic*, https://www.britannica.com/biography/Susilo-Bambang-Yudhoyono 2022年6月15日瀏覽。
- "Susilo Bambang Yudhoyono ," *Wikipedia*, http://en.wikipedia.org/wiki/Susilo_Bambang_Yudhoyono 2022年5月20日瀏覽。
- "Judged Unable To Lead Democrats, AHY Asked To Resign," *VOI*, February 25, 2021. https://voi.id/en/berita/35583/dinilai-tak-mampu-pimpin-demokrat-ahy-diminta-mundur 2022年6月8日瀏覽。
- http://www.4dw.net/royalark/Indonesia/pontian.htm 2006年12月7日瀏覽
- A. G.. Muhaimin, *The Islamic Tradition of Cirebon, Ibadat and Adat among Javanese Muslims*, Anu. E Press, 2006, p.207. in http://epress.anu.au/islamic/itc/pdf/cho7.pdf 2007年7月10日瀏覽。
- "The Treaty of Amiens," *The Waterloo Association*, http://www.napoleon-series.org/research/government/diplomatic/c_amiens.html 2022年6月26日瀏覽。
- http://www.asnlf.net/asnlf_int/diplomacy/treaty/treaty_02111871.htm 2007年7月11日瀏覽。
- http://www.info.dfat.gov.au/info/historical/HistDocs.nsf/vVolume/310FF954F5089197CA256B7F0005BE2D 2006年1月15日瀏覽。
- Carlos K.Y. Paath, "Agus Inherits Democratic Party Chairmanship From Father," *Jakartaglove*, March 15, 2020, https://jakartaglobe.id/news/agus-inherits-democratic-party-chairmanship-from-father/ 2022年6月8日瀏覽。
- "Brief history(Indonesia)," *Seasite, Niu*, http://www.seasite.niu.edu/Indonesian/Indonesian_Elections/Election_text.htm 2022年5月20日瀏覽。
- Michael Allen, "Indonesia' s election a triumph of pragmatism over ideology, moderate Muslims over radical Islamists," April 24, 2009, *Democracy Digest*, http://www.myheadlines.org/modules.php?op=modload&name=MyHeadlines&file=index5&sid=1622&cid=367228&source=Democracy%20Digest 2009年5月4日瀏覽。
- "Indonesian Legislative election, 2014," *Wikipedia*, https://en.wikipedia.org/wiki/

Indonesian_legislative_election,_2014 2018年8月1日瀏覽。

- "Indonesian Presidential election, 2014," *Wikipedia*, https://en.wikipedia.org/wiki/Indonesian_presidential_election,_2014 2018年8月1日瀏覽。

- "Indonesia: External debt," *GlobalEconomy.com*, https://www.theglobaleconomy.com/Indonesia/External_debt/ 2022年6月11日瀏覽。

- http://dte.gn.apc.org/51Ach.htm 2005年2月20日瀏覽。

- "Indonesia: the ethical policy," *Globalization Partner*, http://www.country-data.com/cgi-bin/query/r-6193.html 2022年6月27日瀏覽。

- "Indonesia–Malaysia confrontation," *Wikipedia*, https://en.wikipedia.org/wiki/Indonesia%E2%80%93Malaysia_confrontation 2022年6月28日瀏覽。

- "Indonesia–Malaysia confrontation," *Wikipedia*, https://en.wikipedia.org/wiki/Indonesia%E2%80%93Malaysia_confrontation 2022年6月28日瀏覽。

- "Indonesian Confrontation 1964–65 ," *Digger History*, http://www.diggerhistory.info/pages-conflicts-periods/malaya-korea/confrontation.htm 2022年5月20日瀏覽。

- http://www.raafschoolpenang.com/malaysia.htm 2006年6月8日瀏覽。

- http://www.awm.gov.au/atwar/confrontation.htm 2006年6月7日瀏覽。

- http://www.joglosemar.co.id/mataramking.html 2006年6月10日瀏覽。

- http://www.dpr.go.id/humas/English/general-elec.htm 2005年2月20日瀏覽。

- "Megawati Sukarnoputri," *Wikipedia*, https://en.wikipedia.org/wiki/Megawati_Sukarnoputri 2022年6月20日瀏覽。

- "Free Aceh (Aceh Merdeka) ," *FAS: Intelligence Resource Program*, https://irp.fas.org/world/para/aceh.htm 2022年5月20日瀏覽。

- "Declaration of Independence of Acheh–Sumatra, December 4, 1976," *Aceh Links*, http://www.Declaration of Independence of Aceh.htm 2022年5月20日瀏覽。

- Paul Hampton, "Communism and Stalinism in Indonesia ," *Workers' liberty*, http://archive.workersliberty.org/wlmags/wl61/indonesi.htm 2022年5月20日瀏覽。

- "Indonesia–Malaysia confrontation," *Wikipedia*, https://en.wikipedia.org/wiki/Indonesia%E2%80%93Malaysia_confrontation 2022年6月28日瀏覽。

- http://users.skynet.be/network.indonesia/ni4001c9c.htm 2006年2月9日瀏覽。

- http://sun.menloschool.org/~sportman/modernworld/chapter8/2003/ablock/bnichols/index.html 2006年2月9日瀏覽。

- "Military Assistance Advisory Group," *Wikipedia*, https://en.wikipedia.org/wiki/Military_Assistance_Advisory_Group 2022年6月19日瀏覽。

- Adriana Elisabeth, "Understanding the root problem in Papua and its solution," *The Conversation*, November 22, 2017. https://theconversation.com/understanding-the-root-problem-in-papua-and-its-solution-87951 2022年6月2日瀏覽。

- "Mohammad Hatta," *My hero*, http://myhero.com/myhero/hero.asp?hero=hatta_bandung 2022年6月27日瀏覽。

- Aboe Bakar Loebis, "Tan Malaka's Arrest: An Eye-witness Account," in http://e-publishing.library.cornell.edu/Dienst/Repository/1.0/Disseminate/seap.indo/1106966645/body/pdf?userid=&password= 2006年2月6日瀏覽。

- http://www.dpr.go.id/humas/English/general-elec.htm

- http://www.seasite.niu.edu/Indonesian/Indonesian_Elections/Election_text.htm 2005 年 2 月 20 日瀏覽。
- http://www.theswanker.com/macammacam/2004/05/indonesias_2004.html 2007 年 6 月 5 日瀏覽。
- "Brief history(Indonesia)," *Seasite, Niu*, http://www.seasite.niu.edu/Indonesian/ Indonesian_Elections/Election_text.htm 2022年5月20日瀏覽。
- "U.S. agrees to supply aid to Indonesia," *The Morning Record, Meriden*, Conn., USA, September 28, 1966, p.7. https://news.google.com/newspapers?nid=2512&dat=1966092 8&id=CC5IAAAAIBAJ&sjid=dgANAAAAIBAJ&pg=807,3553022 2018年4月16日瀏覽。
- "Tan Malaka," *Wikipedia*, https://en.wikipedia.org/wiki/Tan_Malaka 2022年5月17日瀏覽。
- Max Lane, "A sense of déjà vu," *New Internationalist*, 116, October 1982, in https:// newint.org/features/1982/10/01/dejavu 2022年6月27日瀏覽。
- "Sukarno and the Nationalist Movement ," in http://www.country-data.com/cgi-bin/ query/r-6195.html 2022年6月27日瀏覽。
- "Dewi Sukarnom" *Wikipedia*, https://en.wikipedia.org/wiki/Dewi_Sukarno 2022年5月18日瀏覽。
- http://www.gusdur.net/english/index.php?option=com_content&task=view&id=546&Item id=63 2006年5月20日瀏覽。
- "Abdurrahman Wahid," *Wikipedia*, https://en.wikipedia.org/wiki/Abdurrahman_Wahid 2022年6月15日瀏覽。
- "The Growth of National Consciousness," http://countrystudies.us/indonesia/14.htm 2022年6月27日瀏覽。
- 日本國防研究會網站，http://www.kokubou.com/document_room/rance/rekishi/seiji 2007年1月12日瀏覽。
- Sanderson Beck, "Southeast Asia 1941–1945," *Beck Index*, http://san.beck.org/ SoutheastAsia1941-45.html#a3 2022年6月27日瀏覽。
- "An online timeline of Indonesia history," *Sejarah Indonesia*, http://www.gimonca.com/ sejarah/sejarah07.shtml 2022年6月27日瀏覽。
- "Brief history," *SEAsite*, http://www.seasite.niu.edu/Indonesian/Indonesian_Elections/ Election_text.htm 2022年6月28日瀏覽。
- Gerry van Klinken, "What caused the Ambon violence?," *Insideindonesia*, No. 60 Oct -Dec 1999; Sep 11, 2007 https://www.insideindonesia.org/what-caused-the-ambon-violence 2022年6月2日瀏覽。
- "Indonesia," *Human Right Watch*, 1999, https://www.hrw.org/reports/1999/ambon/ amron-01.htm 2022年5月20日瀏覽。
- "Indonesian States 1946–1950," *WorldStatesmen.org*, http://worldstatesmen.org/ Indonesia_states_1946-1950.html 2022年6月28日瀏覽。
- "Abdul Haris Nasution," *Wikipedia*, https://en.wikipedia.org/wiki/Abdul_Haris_ Nasution#Second_term_as_chief_of_staff 2022年6月28日瀏覽。
- 「印尼大幅度調高地震海嘯遇難者人數」，*BBC Chinese*. Com, http://news.bbc.co.uk/

- chinese/trad/hi/newsid_4170000/newsid_4179200/4179233.stm　2022年5月20日瀏覽。
- http://www.cna.tv/stories/other/view/26268/1/b5/.html　2006年4月20日瀏覽。
- *廣州市志*，網站：http://www.gzsdfz.org.cn/gzsz/05/hy/SZ05HY0702.htm　2007年5月21日瀏覽。
- "Zamindar," *Wikipedia*, http://en.wikipedia.org/wiki/Zamindari　2022年6月26日瀏覽。
- http://www.asnlf.net　2005年2月20日瀏覽。
- "Aug 19, 2003, Aceh rebels claim to open embassy in Vanuatu," *Unrepresented Nations and Peoples Organization*, https://unpo.org/article/277　2022年5月20日瀏覽。
- Larry Niksch, *Indonesian Separatist Movement in Aceh, CRS Report for Congress*, Order Code RS20572 Updated September 25, 2002. *UNT Digital Library*, https://digital.library.unt.edu/ark:/67531/metacrs3110/　2022年6月29日瀏覽。
- http://www.indonesia.nl/articles.php?rank=5&art_cat_id=53　該資料是由印尼外交部國際組織司所提供。2006年4月20日瀏覽。
- "West Papua: 'We will be free!'," *New Internationalist*, https://newint.org/issues/2002/04/01；http://www.newint.org/issue344/history.htm　2022年5月20日瀏覽。
- http://www.asia-pacific-action.org/news/gida_landmarkelectionsinacehsw_121206.htm　2006年12月28日瀏覽。
- "2019 Indonesian general election," *Wikipedia*, https://en.wikipedia.org/wiki/2019_Indonesian_general_election　2022年6月7日瀏覽。

索引

六劃

國家圖書館出版品預行編目資料

印尼近現代史/ 陳鴻瑜著. -- 初版. -- 臺北市：蘭臺出版社,
2023.07
　　面；　公分. --（東南亞史研究；5）
　　ISBN 978-626-96643-5-1(平裝)

　　1.CST: 印尼史

739.31　　　　　　　　　　　　　　　　112005061

東南亞史研究5

印尼近現代史

作　　者：陳鴻瑜
總　　編：張加君
編　　輯：沈彥伶
美　　編：凌玉琳
封面設計：陳勁宏
出　　版：蘭臺出版社
地　　址：臺北市中正區重慶南路1段121號8樓之14
電　　話：(02) 2331-1675 或 (02) 2331-1691
傳　　真：(02) 2382-6225
E - MAIL：books5w@gmail.com或books5w@yahoo.com.tw
網路書店：http://5w.com.tw/
　　　　　　https://www.pcstore.com.tw/yesbooks/
　　　　　　https://shopee.tw/books5w
　　　　　　博客來網路書店、博客思網路書店
　　　　　　三民書局、金石堂書店
經　　銷：聯合發行股份有限公司
電　　話：(02) 2917-8022　　傳真：(02) 2915-7212
劃撥戶名：蘭臺出版社　　　　帳號：18995335
香港代理：香港聯合零售有限公司
電　　話：(852) 2150-2100　　傳真：(852) 2356-0735
出版日期：2023年7月 初版
定　　價：新臺幣880元整（平裝）
ISBN：978-626-96643-5-1